Guttentagsche Sammlung
Nr. 172. Deutscher Reichsgesetze. Nr. 172.
Textausgaben mit Anmerkungen und Sachregister.

Die reichs- und landesrechtlichen Bestimmungen auf dem Gebiete des Gesundheitswesens.

Zusammengestellt
und mit Anmerkungen versehen
von
Dr. jur. et rer. pol. Werner Voß
Verwaltungsrechtsrat
Regierungsrat i. e. R.

Berlin und Leipzig 1929.
Walter de Gruyter & Co.
vormals G. J. Göschen'sche Verlagshandlung — J. Guttentag, Verlagsbuchhandlung — Georg Reimer — Karl J. Trübner — Veit & Comp.

Vorwort.

Die Aufregungen des heutigen Lebens und die soziale Einstellung unserer Zeit erfordert, daß Reich und Staat sich mehr um die Gesundheit ihrer Bürger kümmern müssen. Beide sind damit von dem Prinzip des Rechtsstaates, der sich möglichst wenig um seine Untertanen sorgen zu müssen glaubt, auch auf dem Gebiete des Gesundheitswesens abgegangen und übergegangen zu dem Gedanken des Wohlfahrtsstaates, von dem Gesichtspunkt heraus, daß nur eine gesunde Bevölkerung einen gesunden und sich weiter in aufstrebender Linie entwickelnden Staat bilden, und in der Welt zu Ansehen, Achtung und Macht gelangen kann. Und dieser Standpunkt ist der richtige.

Mannigfaltig ist die auf dem Gebiet des Gesundheitswesens ergangene Gesetzgebung, nur zu uneinheitlich. Es wäre zu wünschen, daß das Reich diesen gesamten Fragenkomplex unter sein alleiniges Bestimmungs- und Gesetzgebungsrecht nähme, wozu ihm die Verfassung voll und ganz das Recht gibt, denn nur dann kann Vollkommenes herauskommen, zum Wohle des ganzen Volkes.

In dem vorliegenden Bande sind die Bestimmungen über den Handel mit Drogen und Giften nicht mitaufgenommen worden, da diese in Band 64 der gleichen Sammlung enthalten sind.

Weiterhin hat des Raummangels wegen nicht Platz finden können alles das, was sich mehr auf die Fürsorge bezieht, und das in den Bänden 152 und 152a der Guttentagschen Sammlung zusammengestellt ist.

Beerssen b. Uelzen (Hannover),
im Dezember 1928.

Der Verfasser.

Inhaltsverzeichnis.

Seite

Abschnitt I.

Gesetze und Verordnungen allgemeinen Inhalts.

Abschnitt II.

Gesetze und Erlasse betr. Bekämpfung von Krankheiten, Seuchen und Epidemien.

Abschnitt III.

Gesetze und Verordnungen über das Apotheken- und Drogenwesen.

Abschnitt IV.

Kreisarzt. Hebamme. Krankenpflegepersonal und Kurpfuschereibekämpfung.

Seite

Abschnitt V.

Das Dispensierrecht.

Abschnitt VI.

Verschiedenes.

Das in dem vorliegenden Buch öfters zitierte Ministerialblatt für Medizinal- und medizinische Unterrichtsangelegenheiten (MMBl., MBl. f. M., MBl. f. Med.Ang.) besteht seit dem 1. 4. 01. Da die Medizinalangelegenheiten bis 1. 4. 11 vom Kultusministerium, von da ab vom Ministerium des Innern bearbeitet worden sind, finden sich auch manche diesbezüglichen Erlasse in dem Ministerialblatt für die innere Verwaltung. Mit der Staatsumwälzung ging diese gesamte Materie auf das neu errichtete Wohlfahrtsministerium über, das dem nunmehr von ihm herausgegebenen Ministerialblatt am 1. 4. 23 den Namen Volkswohlfahrt gab.

Abschnitt I.

Gesetze und Verordnungen allgemeinen Inhalts.

Die Reichsverfassung ist das Grundgesetz, auf dem unser neues Deutsches Reich aufgebaut ist, und regelt neben den Bestimmungen über den Reichspräsidenten, die Reichsregierung, die Rechte und Pflichten der einzelnen Staatsbürger auch die Kompetenzen des Reiches gegenüber den Ländern.

Von diesen Kompetenzen die wichtigste ist das Gesetzgebungsrecht, das sich das Reich z. T. in ausschließlicher Form in Art. 6, der aber nichts enthält, was uns in diesem Buche interessiert, vorbehalten hat.

In dem für uns am meisten in Betracht kommenden Art. 7 hat sich das Reich die Gesetzgebung in konkurrierender Form vorbehalten, d. h. in der Weise, daß die Länder Gesetze erlassen können, bis das Reich die Materie in Anspruch nimmt. Auf dem von uns in diesem Buche zu besprechenden Gebiet hat das Reich größtenteils eingegriffen und die Gesetzgebung an sich genommen.

In dem Art. 8, dessen Abdruck auch nicht erforderlich ist, hat sich das Reich für Abgaben und sonstige Einnahmen im Bedarfsfalle, der ja bekanntlich vollkommen eingetreten ist, das Gesetzgebungsrecht vorbehalten, während in Art. 10 die Möglichkeiten aufgezählt sind, in denen sich das Reich das Recht vorbehalten hat, Grundsätze aufzustellen, deren weiterer Ausbau den Ländern überlassen bleibt.

In den Art. 109 u. ff. sind die uns interessierenden Rechte der Gleichheit vor dem Gesetz, der Gleichstellung zwischen Mann und Frau vor Gesetz und Recht und im Staatsleben, Aufhebung der Vorrechte oder Nachteile der Geburt und des Standes, das Recht der Freizügigkeit aufgeführt.

Art. 120—122 der Verfassung behandeln das Recht der Jugend zur Erreichung der leiblichen, seelischen und gesellschaftlichen Tüchtigkeit, die beabsichtigte Gleichstellung der unehelichen mit den ehelichen Kindern und den der Jugend zu gewährenden Schutz gegen Ausbeutung sowie gegen sittliche, geistige und körperliche Verwahrlosung.

Ähnliche Grundsätze stellt § 1 Reichsges. für Jugendwohlfahrt auf.

Die Freizügigkeit ist ein jedem modernen Staatswesen landläufiger Begriff. Einschränkungen sind einerseits nur aus polizeilichen Rücksichten und zur Wahrung kommunaler Interessen möglich, die aber beide für uns nicht in Betracht kommen. Eine Beschränkung der Freizügigkeit ist aber allerdings auch in dem Verbot des Behandelns von Kranken im Umherziehen durch nicht approbierte Krankenbehandler (§ 56a der Reichs-Gewerbeordnung) und in dem Verbot des Handels mit Giften, Arzneimitteln und Geheimmitteln sowie Bruchbändern (§ 56 d. RGO.) zu erblicken.

Die weiterhin angeführten Artikel der Reichsverfassung bedürfen keiner weiteren Erläuterung.

Die Gewerbeordnung für das Deutsche Reich ist eigentlich das Grundgesetz für die Kurierfreiheit, wie sie nun mal besteht, allerdings sagt sie nicht klipp und klar, „die Heilkunde ist frei", sondern erklärt im § 6 Abs. 1 Satz 2: „Auf ... die Ausübung der Heilkunde, ... findet das gegenwärtige Gesetz nur insofern Anwendung, als dasselbe ausdrückliche Bestimmungen darüber enthält."

§§ 14ff. und 40ff. befassen sich mit der Pflicht zur Anmeldung des Gewerbes und der Erfordernisse einer Approbation, Bestallung oder Konzession bezw. deren Zurücknahme. Es ist wichtig, darauf hinzuweisen, daß der Heilkundige, der sein Gewerbe beginnen will, sich nur beim Kreisarzt zu melden braucht. Zu einer Meldung auf Grund des § 14 ist er nicht verpflichtet. S. unten Abschnitt IV.

Der Handel mit Giften, Drogen usw. ist in den §§ 34, 35 geregelt.

Von beachtenswerter Bedeutung ist § 144, der die Behandlungspflicht der Ärzte aufhebt. Bis zur Einführung der Gewerbeordnung hatte jeder Arzt die Pflicht, auf Ansuchen jeder Privatperson Hilfe zu leisten. Die Pflicht zur Hilfeleistung bei behördlicher Inanspruchnahme ist geblieben.

Die Strafbestimmungen der §§ 147ff. und die Bestimmungen des § 155 bedürfen keiner weiteren Erwähnung.

Der in I 4 angeführte Abschnitt der Ausführungsbestimmungen zur RGO. befaßt [sich mit dem Konzessionierungsverfahren bei Privatkranken- usw. Anstalten.

Das Bürgerliche Gesetzbuch, die erste deutsche Kodifikation (zusammenfassende Regelung) des gesamten bürgerlichen Rechts (Zivilrechts), das in fünf Büchern die Rechtsverhältnisse zwischen zwei oder mehreren Privatpersonen regelt, ist in unserem Buche mit den Bestimmungen über die zivilrechtlichen Folgen der Körperverletzung und Tötung vertreten. Es sei hier gleich erwähnt, daß hiervon zu unterscheiden ist, die auf dem öffentlichen Rechte beruhende Bestrafung auf Grund des Strafgesetzbuches. (Vgl. I 6.)

In I 6 haben die hier interessierenden Bestimmungen des Strafgesetzbuches Aufnahme gefunden. Zunächst

§§ 222ff. mit den Strafbestimmungen über fahrlässige Tötung und fahrlässige und vorsätzliche Körperverletzung. Hier sei der sog. qualifizierten fahrlässigen Tötung Erwähnung getan (§ 222 Abs. 2), wonach derjenige schwerer bestraft wird, der vermöge seines Amtes, Berufes oder Gewerbes besonders zur Sorgfalt verpflichtet ist. § 263 behandelt den Betrug, § 277 die unberechtigte Ausstellung eines ärztlichen Zeugnisses. Die im § 300 angeführte Schweigepflicht umfaßt nicht die Tierärzte und die Heilkundigen. § 367 behandelt die Strafen für den unberechtigten Handel mit Giften oder Arzneien, auf den wir noch im Abschnitt V näher zurückkommen werden.

Das Gesetz über die Zuständigkeit der Verwaltungsbehörden (I 7) gibt die Behörden an, die über gewerbliche Konzessionen entscheiden.

I 8 bringt sehr wichtige Bestimmungen über die gesamte Behördenorganisation im Reich und in Preußen.

1. Die Verfassung des Deutschen Reichs.

Vom 11. August 1919 (RGBl. S. 1383).

Artikel 7[1]).

Das Reich hat die Gesetzgebung über:

1. das bürgerliche Recht;
2. das Strafrecht;
3. das gerichtliche Verfahren einschl. des Strafvollzugs sowie die Amtshilfe zwischen Behörden;

4.—5. usw.

6. das Presse-, Vereins- und Versammlungswesen;

7. die Bevölkerungspolitik, die Mutterschafts-, Säuglings-, Kinder- und Jugendfürsorge;
8. das Gesundheitswesen, das Veterinärwesen und den Schutz der Pflanzen gegen Krankheiten und Schädlinge;
9.—12. usw.;
13. die Vergesellschaftung von Naturschätzen und wirtschaftlichen Unternehmungen sowie die Erzeugung, Herstellung, Verteilung und Preisgestaltung wirtschaftlicher Güter für die Gemeinwirtschaft;
14. den Handel, das Maß- und Gewichtswesen, die Ausgabe von Papiergeld, das Bankwesen sowie das Börsenwesen;
15. den Verkehr mit Nahrungs- und Genußmitteln sowie mit Gegenständen des täglichen Bedarfs;
16. das Gewerbe und den Bergbau;
17.—20. usw.

[1]) Während in dem hier nicht abgedruckten Art. 6 die ausschließliche Gesetzeskompetenz festgestellt ist, handelt es sich in diesem Artikel um die sogenannte konkurrierende Kompetenz. Die Länder haben in diesen Materien so lange und so weit das Gesetzgebungsrecht, als das Reich von seinem Gesetzgebungsrecht keinen Gebrauch macht. Da auf dem Gebiete des Gesundheitswesens das Reich noch nicht alle Materien gesetzgeberisch erfaßt hat, so bestehen noch viele Landesgesetze.

Artikel 10.

Das Reich kann im Wege der Gesetzgebung Grundsätze aufstellen[1]) für:

1.—3. usw.;

4. das Bodenrecht, die Bodenverteilung, das Ansiedlungs- und Heimstättenwesen, die Bindung des Grundbesitzes, das Wohnungswesen und die Bevölkerungsverteilung;
5. usw.

[1]) Das Reich darf in diesen Materien nur Grundsätze aufstellen. Es liegt also hier eine Beschränkung des Gesetzgebungsrechts vor. Daß die Länder diese Grundsätze als richtunggebend anerkennen müssen, ist selbstverständlich.

Artikel 12.

Solange und soweit das Reich von seinem Gesetzgebungsrechte keinen Gebrauch macht, behalten die Länder das Recht der Gesetzgebung. Dies gilt nicht für die ausschließliche Gesetzgebung des Reichs.

Abs. 2 usw.

Artikel 13.

Reichsrecht bricht Landrecht[1]).

Bestehen Zweifel oder Meinungsverschiedenheiten darüber, ob eine landesrechtliche Vorschrift mit dem Reichsrecht vereinbar ist, so kann die zuständige Reichs- oder Landeszentralbehörde nach näherer Vorschrift eines Reichsgesetzes die Entscheidung eines obersten Gerichtshofs des Reichs[2]) anzurufen.

[1]) Dieser Grundsatz, der auch im alten Deutschen Reich Geltung hatte, ist eine grundsätzliche Notwendigkeit des Reiches.

[2]) Reichsgericht.

Artikel 14[1]).

Die Reichsgesetze werden durch die Landesbehörden ausgeführt, soweit nicht die Reichsgesetze etwas anderes bestimmen.

[1] Nur in einigen Materien, die aber für unser Gebiet nicht in Betracht kommen, hat das Reich die Durchführung der Gesetze in eigene Verwaltung genommen.

Artikel 15.

Die Reichsregierung übt die Aufsicht in den Angelegenheiten aus, in denen dem Reiche das Recht der Gesetzgebung zusteht.

Soweit die Reichsgesetze von den Landesbehörden auszuführen sind, kann die Reichsregierung allgemeine Anweisungen erlassen. Sie ist ermächtigt, zur Überwachung der Ausführung der Reichsgesetze zu den Landeszentralbehörden und mit ihrer Zustimmung zu den unteren Behörden Beauftragte zu entsenden.

Die Landesregierungen sind verpflichtet, auf Ersuchen der Reichsregierung Mängel, die bei der Ausführung der Reichsgesetze hervorgetreten sind, zu beseitigen. Bei Meinungsverschiedenheiten kann sowohl die Reichsregierung als die Landesregierung die Entscheidung des Staatsgerichtshofs anrufen, falls nicht durch Reichsgesetz ein anderes Gericht bestimmt ist.

Artikel 109.

Alle Deutschen sind vor dem Gesetze gleich.

Männer und Frauen haben grundsätzlich dieselben staatsbürgerlichen Rechte und Pflichten.

Öffentlich-rechtliche Vorrechte oder Nachteile der Geburt oder des Standes sind aufzuheben. Adelsbezeichnungen gelten nur als Teil des Namens und dürfen nicht mehr verliehen werden.

Titel[1]) dürfen nur verliehen werden, wenn sie ein

Amt oder einen Beruf bezeichnen; akademische Grade sind hierdurch nicht betroffen.

Orden und Ehrenzeichen dürfen vom Staat nicht verliehen werden.

Kein Deutscher darf von einer ausländischen Regierung Titel oder Orden annehmen.

[1]) Dieser Grundsatz hat schon manche Durchbrechung erfahren.

Artikel 111.

Alle Deutschen genießen Freizügigkeit im ganzen Reiche. Jeder hat das Recht, sich an beliebigem Orte des Reichs aufzuhalten und niederzulassen, Grundstücke zu erwerben und jeden Nahrungszweig zu betreiben. Einschränkungen bedürfen eines Reichsgesetzes[1]).

[1]) Vgl. Anm. zum Hebammengesetz (Abschn. 4).

Artikel 116.

Eine Handlung kann nur dann mit einer Strafe belegt werden, wenn die Strafbarkeit gesetzlich bestimmt war, bevor die Handlung begangen wurde.

Artikel 118.

Jeder Deutsche hat das Recht, innerhalb der Schranken der allgemeinen Gesetze seine Meinung durch Wort, Schrift, Druck, Bild oder in sonstiger Weise frei zu äußern. An diesem Rechte darf ihn kein Arbeits- oder Anstellungsverhältnis hindern, und niemand darf ihn benachteiligen, wenn er von diesem Rechte Gebrauch macht.

Eine Zensur findet nicht statt, doch können für Lichtspiele durch Gesetz abweichende Bestimmungen getroffen werden. Auch sind zur Bekämpfung der Schund- und Schmutzliteratur sowie zum Schutze der Jugend bei öffentlichen Schaustellungen und Darbietungen gesetzliche Maßnahmen zulässig.

Artikel 119.

Die Ehe steht als Grundlage des Familienlebens und der Erhaltung und Vermehrung der Nation unter dem besonderen Schutz der Verfassung. Sie beruht auf der Gleichberechtigung der beiden Geschlechter.

Die Reinerhaltung, Gesundung und soziale Förderung der Familie ist Aufgabe des Staats und der Gemeinden. Kinderreiche Familien haben Anspruch auf ausgleichende Fürsorge.

Die Mutterschaft hat Anspruch auf den Schutz und die Fürsorge des Staats.

Artikel 120[1]).

Die Erziehung des Nachwuchses zur leiblichen, seelischen und gesellschaftlichen Tüchtigkeit ist oberste Pflicht und natürliches Recht der Eltern, über deren Betätigung die staatliche Gemeinschaft wacht.

[1]) Vgl. auch § 1 des Reichsgesetzes für Jugendwohlfahrt vom 9. Juli 22 (RGBl. S. 633). S. unter I 2.

Artikel 121.

Den unehelichen Kindern sind durch die Gesetzgebung die gleichen Bedingungen für ihre leibliche, seelische und gesellschaftliche Entwicklung zu schaffen wie den ehelichen Kindern.

Artikel 122.

Die Jugend ist gegen Ausbeutung sowie gegen sittliche, geistige oder körperliche Verwahrlosung zu schützen. Staat und Gemeinde haben die erforderlichen Einrichtungen zu treffen.

Fürsorgemaßregeln im Wege des Zwanges können nur auf Grund des Gesetzes angeordnet werden.

Artikel 142.

Die Kunst, die Wissenschaft und ihre Lehre sind frei. Der Staat gewährt ihnen Schutz und nimmt an ihrer Pflege teil.

Artikel 155.

Die Verteilung und Nutzung des Bodens wird von Staats wegen in einer Weise überwacht, die Mißbrauch verhütet und dem Ziele zustrebt, jedem Deutschen eine gesunde Wohnung und allen deutschen Familien, besonders den kinderreichen, eine ihren Bedürfnissen entsprechende Wohn- und Wirtschaftsheimstätte zu sichern. Kriegsteilnehmer sind bei dem zu schaffenden Heimstättenrecht besonders zu berücksichtigen.

Grundbesitz, dessen Erwerb zur Befriedigung des Wohnungsbedürfnisses, zur Förderung der Siedlung und Urbarmachung oder zur Hebung der Landwirtschaft nötig ist, kann enteignet werden. Die Fideikommisse sind aufzulösen.

Die Bearbeitung und Ausnutzung des Bodens ist eine Pflicht des Grundbesitzers gegenüber der Gemeinschaft. Die Wertsteigerung des Bodens, die ohne eine

Arbeits- oder Kapitalaufwendung auf das Grundstück entsteht, ist für die Gesamtheit nutzbar zu machen.

Alle Bodenschätze und alle wirtschaftlich nutzbaren Naturkräfte stehen unter Aufsicht des Staates. Private Regale sind im Wege der Gesetzgebung auf den Staat zu überführen.

Artikel 161.

Zur Erhaltung der Gesundheit und Arbeitsfähigkeit, zum Schutze der Mutterschaft und zur Vorsorge gegen die wirtschaftlichen Folgen von Alter, Schwäche und Wechselfällen des Lebens schafft das Reich ein umfassendes Versicherungswesen unter maßgebender Mitwirkung der Versicherten.

2. Reichsgesetz für Jugendwohlfahrt.

Vom 9. Juli 1922 (RGBl. I S. 633).

§ 1. Jedes deutsche Kind hat ein Recht auf Erziehung zur leiblichen, seelischen und gesellschaftlichen Tüchtigkeit.

Das Recht und die Pflicht der Eltern zur Erziehung werden durch dieses Gesetz nicht berührt. Gegen den Willen des Erziehungsberechtigten ist ein Eingreifen nur zulässig, wenn ein Gesetz es erlaubt.

Insoweit der Anspruch des Kindes auf Erziehung von der Familie nicht erfüllt wird, tritt, unbeschadet der Mitarbeit freiwilliger Tätigkeit, öffentliche Jugendhilfe ein.

§ 2 ff. usw.

3. Gewerbeordnung für das Deutsche Reich.

Vom 21. Juni 1869 in der Fassung vom 26. Juli 1900 (RGBl. S. 871).

§ 1[1]. Der Betrieb eines Gewerbes ist jedermann gestattet, soweit nicht durch dieses Gesetz Ausnahmen oder Beschränkungen vorgeschrieben oder zugelassen sind.

Wer gegenwärtig zum Betrieb eines Gewerbes berechtigt ist, kann von demselben nicht deshalb ausgeschlossen werden, weil er den Erfordernissen dieses Gesetzes nicht genügt.

[1]) Mit dieser Bestimmung hat Deutschland die Gewerbefreiheit eingeführt.

§ 6. Das gegenwärtige Gesetz findet keine Anwendung auf die Fischerei, die Errichtung und Verlegung von Apotheken, die Erziehung von Kindern gegen Entgelt, das Unterrichtswesen, die advokatorische und Notariats-Praxis, den Gewerbebetrieb der Auswanderungsunternehmer und Auswanderungsagenten, der Versicherungsunternehmer und der Eisenbahnunternehmungen, die Befugnis zum Halten öffentlicher Fähren und die Rechtsverhältnisse der Schiffsmannschaften auf den Seeschiffen. — Auf das Bergwesen, die Ausübung der Heilkunde, den Verkauf von Arzneimitteln, den Betrieb von Lotterielosen und die Viehzucht findet das gegenwärtige Gesetz nur insoweit Anwendung, als dasselbe ausdrückliche Bestimmungen darüber enthält[1]).

Durch Kaiserliche Verordnung wird bestimmt, welche Apothekerwaren dem freien Verkehre zu überlassen sind.

[1]) Die Kurierfreiheit, d. h. also die Ausübung der Heilkunde ohne Befähigungsnachweis, ist damit in Deutschland

eingeführt worden, da eben die Gewerbeordnung keine weiteren, einschränkenden Bestimmungen enthält. Seit dieser Zeit sind von ärztlicher Seite immer Angriffe gemacht worden gegen diese Kurierfreiheit, die ihre erste Bresche erhalten hat in der Aufhebung der Kurierfreiheit in bezug auf die Geschlechtskrankheiten und die Leiden der Geschlechtsorgane, auch der sekundären. (S. Geschlechtskrankheitengesetz, Abschn. II.)

§ 14. Wer den selbständigen Betrieb eines stehenden[1]) Gewerbes anfängt, muß der für den Ort, wo solches geschieht, nach den Landesgesetzen zuständigen Behörde[2]) gleichzeitig Anzeige davon machen. Diese Anzeige liegt auch demjenigen ob, welcher zum Betrieb eines Gewerbes im Umherziehen (Titel III) befugt ist.

Abs. 2 usw.

[1]) Den Begriff des stehenden Gewerbes kann man am besten negativ definieren. Unter ihn fallen alle Gewerbebetriebe, die nicht im Umherziehen ausgeführt werden oder als Marktverkehr aufzufassen sind.

[2]) Im allgemeinen ist dies der Gemeindevorstand. Heilkundige fallen nicht hierunter. Vgl. IV 9.

§ 15. Die Behörde bescheinigt innerhalb dreier Tage den Empfang der Anzeige.

Die Fortsetzung des Betriebs kann polizeilich verhindert werden, wenn ein Gewerbe, zu dessen Beginn eine besondere Genehmigung erforderlich ist, ohne diese Genehmigung begonnen wird.

§ 29. Einer Approbation, welche auf Grund eines Nachweises der Befähigung[1]) erteilt wird, bedürfen Apotheker und diejenigen Personen, welche sich als Ärzte[2]) (Wundärzte, Augenärzte, Geburtshelfer[3]), Zahnärzte und Tierärzte) oder mit gleichbedeutenden Titeln bezeichnen oder seitens des Staates oder einer

Gemeinde als solche anerkannt oder mit amtlichen Funktionen betraut werden sollen. Es darf die Approbation jedoch von der vorherigen akademischen Doktorpromotion nicht abhängig gemacht werden.

Der Bundesrat bezeichnet mit Rücksicht auf das vorhandene Bedürfnis in verschiedenen Teilen des Reichs die Behörden, welche für das ganze Reich gültige Approbationen zu erteilen befugt sind, und erläßt die Vorschriften über den Nachweis der Befähigung. Die Namen der Approbierten werden von der Behörde, welche die Approbation erteilt, in den vom Bundesrate zu bestimmenden amtlichen Blättern veröffentlicht[1]).

Personen, welche eine solche Approbation erlangt haben, sind innerhalb des Reichs in der Wahl des Ortes, wo sie ihr Gewerbe betreiben wollen, vorbehaltlich der Bestimmungen über die Errichtung und Verlegung von Apotheken (§ 6), nicht beschränkt.

Dem Bundesrat bleibt vorbehalten, zu bestimmen, unter welchen Voraussetzungen Personen wegen wissenschaftlich erprobter Leistungen von der vorgeschriebenen Prüfung ausnahmsweise zu entbinden sind.

Personen, welche vor Verkündung dieses Gesetzes in einem Bundesstaate die Berechtigung zum Gewerbetriebe als Ärzte, Wundärzte, Zahnärzte, Geburtshelfer, Apotheker oder Tierärzte bereits erlangt haben, gelten als für das ganze Reich approbiert.

[1]) Die Approbation als Arzt ist abhängig von folgenden Bedingungen:

1. Reifezeugnis eines Gymnasiums, Realgymnasiums oder einer Oberrealschule.
2. Mindestens 5jähriges Studium an einer Universität.

3. Ablegung zweier Prüfungen (Zwischen- und Hauptprüfung).
4. Absolvierung eines Praktikantenjahres.

Die der Zahnärzte ist abhängig von
1. Reifezeugnis wie bei Arzt.
2. Bis zur Vorprüfung 3 Semester Studium an der Universität.
3. Bestehen der Vorprüfung.
4. Weitere Vorbereitung an verschiedenen Instituten.
5. Bestehen der Prüfung nach 7 Semestern Gesamtvorbereitung.

Die Approbation der Apotheker:
1. Primareife einer neunstufigen Lehranstalt.
2. Dreijährige praktische Ausbildung bei einem approbierten Apotheker (bei Abiturienten 2 Jahre).
3. Absolvierung der pharmazeutischen Vorprüfung.
4. Einjähriges praktisches Arbeiten als Gehilfe.
5. Zweijähriges Studium an Universität.
6. Zweijähriges weiteres Praktikum und Zeugnis darüber.

²) Nur wer sich Arzt nennen will, bedarf einer Approbation. Wer auf diese Bezeichnung verzichtet, kann die Krankenbehandlung auf Grund der bestehenden Kurierfreiheit auch ohne Approbation ausüben, selbst wenn er studierter Mediziner ist. Er setzt sich nur dann außerhalb der Standesordnungen der Ärzte.

³) Hebammen gehören nicht hierunter (s. Abschn. IV).

⁴) Diese letztere Bestimmung ist 1924 „bis auf weiteres" außer Kraft gesetzt worden. Verord. v. 10. 4. 24 (RGBl. I S. 405), doch wird jährlich die Zahl der in den Ländern erteilten Approbationen veröffentlicht.

§ 30. Unternehmer von Privat-Kranken-, Privat-Entbindungs- und Privat-Irrenanstalten bedürfen einer Konzession der höheren Verwaltungsbehörde.

Die Konzession ist nur dann zu versagen:

a) wenn Tatsachen vorliegen, welche die Unzuverlässigkeit des Unternehmers in Beziehung auf die Leitung oder Verwaltung der Anstalt dartun,

b) wenn nach den von dem Unternehmer einzureichenden Beschreibungen und Plänen die baulichen und die sonstigen technischen Einrichtungen der Anstalt den gesundheitspolizeilichen Anforderungen nicht entsprechen,

c) wenn die Anstalt nur in einem Teile eines auch von anderen Personen bewohnten Gebäudes untergebracht werden soll und durch ihren Betrieb für die Mitbewohner dieses Gebäudes erhebliche Nachteile oder Gefahren hervorrufen kann.

d) wenn die Anstalt zur Aufnahme von Personen mit ansteckenden Krankheiten oder von Geisteskranken bestimmt ist und durch ihre örtliche Lage für die Besitzer oder Bewohner der benachbarten Grundstücke erhebliche Nachteile oder Gefahren hervorrufen kann.

Vor der Erteilung der Konzession sind über die Fragen zu c und d die Ortspolizei- und die Gemeindebehörden zu hören.

Hebammen bedürfen eines Prüfungszeugnisses der nach den Landesgesetzen zuständigen Behörde.

§ 34. Abs. 1 und 2 usw.

Die Landesgesetze können vorschreiben, daß zum Handel mit Giften und zum Betriebe des Lotsengewerbes besondere Genehmigung erforderlich ist, im gleichen, daß das Gewerbe der Markscheider nur von Personen betrieben werden darf, welche als solche geprüft und konzessioniert sind.

§ 35. Abs. 1—3 usw.

Der Handel mit Drogen und chemischen Präparaten, welche zu Heilzwecken dienen, ist zu untersagen, wenn die Handhabung des Gewerbebetriebes Leben und Gesundheit von Menschen gefährdet. Der Kleinhandel mit Bier kann untersagt werden, wenn der Gewerbetreibende wiederholt wegen Zuwiderhandlungen gegen die Vorschriften des § 33 bestraft ist.

Abs. 5—6 usw.

Personen, welche die in diesem Paragraphen bezeichneten Gewerbe beginnen, haben bei Eröffnung ihres Gewerbebetriebs der zuständigen Behönde hiervon An- Anzeige zu machen.

§ 40. Die in den §§ 29 bis 33a, und im § 34 und § 34a erwähnten Approbationen und Genehmigungen dürfen weder auf Zeit erteilt, noch vorbehaltlich der Bestimmungen in den §§ 33a, 53 und 143 widerrufen werden.

Gegen Versagung der Genehmigung zum Betrieb eines der in den §§ 30, 30a, 32 bis 33a, 34 und 34a sowie gegen Untersagung des Betriebs der in den §§ 33a, 35 und 37 erwähnten Gewerbe ist der Rekurs zulässig. Wegen des Verfahrens und der Behörden gelten die Vorschriften der §§ 20 und 21.

§ 53. Die in dem § 29 bezeichneten Approbationen können von der Verwaltungsbehörde nur dann zurückgenommen werden, wenn die Unrichtigkeit der Nachweise dargetan wird, auf Grund deren solche erteilt worden sind, oder wenn dem Inhaber der Approbation die bürgerlichen Ehrenrechte aberkannt sind, im letzteren Falle jedoch nur für die Dauer des Ehrenverlustes.

Außer aus diesen Gründen können die in den

§§ 30, 30a, 32, 33, 34, 34a und 36 bezeichneten Genehmigungen und Bestallungen in gleicher Weise zurückgenommen werden, wenn aus Handlungen oder Unterlassungen des Inhabers der Mangel derjenigen Eigenschaften, welche bei der Erteilung der Genehmigung oder Bestallung nach der Vorschrift dieses Gesetzes vorausgesetzt werden mußten, klar erhellt. Inwiefern durch die Handlungen oder Unterlassungen eine Strafe verwirkt ist, bleibt der richterlichen Entscheidung vorbehalten.

Abs. 3 usw.

§ 56. Beschränkungen, vermöge deren gewisse Waren von dem Feilhalten im stehenden Gewerbebetriebe ganz oder teilweise ausgeschlossen sind, gelten auch für deren Feilbieten im Umherziehen.

Ausgeschlossen vom Ankauf oder Feilbieten im Umherziehen sind:

1.—8. usw.

9. Gifte und gifthaltige Waren, Arznei- und Geheimmittel sowie Bruchbänder;

10.—12. usw.

Abs. 3 usw..

§ 56a. Ausgeschlossen vom Gewerbebetrieb im Umherziehen[1]) sind ferner:

1. die Ausübung der Heilkunde, insoweit der Ausübende für dieselbe nicht approbiert ist;

2.—4. usw.

[1]) Approbierte Ärzte und Zahnärzte unterliegen also der Beschränkung gesetzlich nicht. Sie bedürfen auch keines Wandergewerbescheines. Die Ausübung im Umherziehen liegt dann vor, wenn jemand außerhalb des Gemeindebezirkes seines Wohnortes oder der durch besondere Anordnung der

höheren Verwaltungsbehörde dem Gemeindebezirk des Wohnorts gleichgestellten nächsten Umgebung desselben ohne Begründung einer gewerblichen Niederlassung und ohne vorgängige Bestellung Heilkunde ausübt.

§ 56b. Der Bundesrat[1]) ist befugt, soweit ein Bedürfnis obwaltet, anzuordnen, daß und inwiefern der Ankauf oder das Feilbieten von einzelnen der im § 56 Abs. 2 ausgeschlossenen Waren im Umherziehen gestattet sein soll. Die gleiche Befugnis steht den Landesregierungen für ihr Gebiet oder Teile desselben hinsichtlich der im § 56 Abs. 2 Ziffer 10 bezeichneten Gegenstände zu.

Aus Gründen der öffentlichen Sicherheit sowie zur Abwehr oder Unterdrückung von Seuchen kann durch Beschluß des Bundesrats[1]) und in dringenden Fällen durch Anordnung des Reichskanzlers nach Einvernehmen mit dem Ausschusse des Bundesrats für Handel und Verkehr für den Umfang des Reichs oder für Teile desselben bestimmt werden, daß und inwiefern außer den in §§ 56 und 56a aufgeführten Gegenständen und Leistungen auch noch andere Gegenstände und Leistungen auf bestimmte Dauer von dem Gewerbebetriebe im Umherziehen ausgeschlossen sein sollen. Die Anordnung ist dem Reichstage sofort, oder, wenn derselbe nicht versammelt ist, bei seinem nächsten Zusammentritte mitzuteilen. Dieselbe ist außer Kraft zu setzen, wenn der Reichstag die Zustimmung nicht erteilt.

Abs. 3 usw.

[1]) Heute das Reichsministerium.

§ 144. Inwiefern, abgesehen von den Vorschriften über die Entziehung des Gewerbebetriebs (§ 143),

Zuwiderhandlungen der Gewerbetreibenden gegen ihre Berufspflichten außer den in diesem Gesetz erwähnten Fällen einer Strafe unterliegen, ist nach den darüber bestehenden Gesetzen zu beurteilen.

Jedoch werden aufgehoben die für Medizinalpersonen bestehenden besonderen Bestimmungen, welche ihnen unter Androhung von Strafen einen Zwang zu ärztlicher Hilfe auferlegen[1]).

[1]) Diese Bestimmung beseitigt die Pflicht des Arztes, jedem an ihn gestellten Ansinnen auf ärztliche Hilfeleistung Folge zu leisten.

§ 147. Mit Geldstrafe bis zu dreihundert Mark und im Unvermögensfalle mit Haft wird bestraft:

1. wer den selbständigen Betrieb eines stehenden Gewerbes, zu dessen Beginn eine besondere polizeiliche Genehmigung (Konzession, Approbation, Bestallung) erforderlich ist, ohne die vorschriftsmäßige Genehmigung unternimmt oder fortsetzt, oder von den in der Genehmigung festgesetzten Bedingungen abweicht;
2. usw.;
3. wer, ohne hierzu approbiert zu sein, sich als Arzt (Wundarzt, Augenarzt, Geburtshelfer, Zahnarzt, Tierarzt) bezeichnet oder sich einen ähnlichen Titel beilegt, durch den der Glauben erweckt wird, der Inhaber desselben sei eine geprüfte Medizinalperson;

4.—5. usw.

Abs. 2—4 usw.

§ 148. Mit Geldstrafe bis zu einhundertfünfzig Mark und im Unvermögensfalle mit Haft bis zu vier Wochen wird bestraft:

1.—7. usw.

7a. wer dem § 56 Abs. 1, Abs. 2 Ziff. 1 bis 5, 7 bis 11, Abs. 3, den §§ 56a oder 56b zuwiderhandelt;

7b.—14. usw.

In allen diesen Fällen bleibt die Strafe ausgeschlossen, wenn die strafbare Handlung zugleich eine Zuwiderhandlung gegen die Steuergesetze enthält.

§ 155. Wo in diesem Gesetz auf die Landesgesetze verwiesen ist, sind unter den letzteren auch die verfassungs- oder gesetzmäßig erlassenen Verordnungen verstanden.

Welche Behörden in jedem Bundesstaat unter der Bezeichnung: höhere Verwaltungsbehörde, untere Verwaltungsbehörde, Gemeindebehörde, Ortsbehörde, Unterbehörde, Polizeibehörde, Ortspolizeibehörde und welche Verbände unter der Bezeichnung weitere Kommunalverbände zu verstehen sind, wird von der Zentralbehörde des Bundesstaats bekanntgemacht.

Für die unter Reichs- und Staatsverwaltung stehenden Betriebe können die den Polizeibehörden, unteren und höheren Verwaltungsbehörden durch § 105b Abs. 2, § 105c Abs. 2, §§ 105e, 105f, 115a, 120d, 134e bis 134g, 138 Abs. 1, §§ 138a, 139, 139b übertragenen Befugnisse und Obliegenheiten auf die der Verwaltung dieser Betriebe vorgesetzten Dienstbehörden übertragen werden.

4. Ziffer 36 des Preußischen Erlasses, betreffend Ausführungsanweisung zur Gewerbeordnung.

Vom 1. Mai 1904

(MinBl. f. Mediz. Angelegenheiten S. 231)[1]).

Auf Grund des Zuständigkeitsgesetzes v. 1. 8. 83 (s. I 7).

Vor der Beschlußfassung über die Anträge auf Erteilung der Konzession zu Privat-Kranken-Entbindungs- und Irrenanstalten (§ 30 Abs.1) ist durch gutachtliche Äußerung des zuständigen Medizinalbeamten festzustellen, ob die von dem Unternehmer eingereichten Beschreibungen, Pläne usw. den nach § 115 JG. erwähnten gesundheitspolizeilichen Anordnungen entsprechen. In der Konzessionsurkunde ist eine Bestimmung aufzunehmen, daß der Betriebsunternehmer verpflichtet ist, die von dem zuständigen Medizinalaufsichtsbehörden über den Betrieb erlassenen Vorschriften zu befolgen.

Wegen Erteilung der Prüfungszeugnisse an Hebammen s. Erlaß betr. Hebammenwesen vom 6. August 1883 (MBl. d. i. V. S. 213) in der Fassung des Erlasses vom 16. Mai 1884 (MBl. d. i. V. S. 124) und vom 24. Februar 1900 (MBl. d. i. V. S. 100).

1) Die entsprechenden Ausführungsbestimmungen der übrigen Länder sind ergangen:

Bayern. Kgl. Verordg. vom 29. März 1892 (GVBl. 1892 S. 61), mehrfach ergänzt.

Freistaat Sachsen. VO. d. M. d. J. vom 28. März 1892 (GVBl. S. 28), mehrfach ergänzt.

Württemberg. Vrf. d. M. d. J. vom 9. November 1883 (RBl. S. 234), mehrfach ergänzt und VollzV. vom 26. März 1892 (neu redigiert vom 9. September 1909 (MfBl. Nr. 19 S. 367).

Baden. VO. d. M. d. J. vom 23. Dezember 1883 (GVBl. S. 357).

Thüringen. Ges. z. Ausf. d. GO. vom 16. Juni 1923 (GS. S. 435).

Hessen. AusfVO. vom 20. März 1912 (RBl. S. 48).

Mecklenburg-Schwerin. VO. vom 25. September 1869 (RBl. S. 339).

Mecklenburg-Strelitz. VO. vom 25. September 1869 (Off. Anz. S. 219).

Oldenburg. AusfVO. vom 14. Januar 1884 (GS. 27 S. 7).

Braunschweig. VO. vom 25. Januar 1898 (GVO. Samml. Nr. 71 S. 545).

Anhalt. VO. vom 18. September 1869 (GS. f. d. H. Anhalt IV 1361).

Waldeck. Anw. vom 30. September 1869 (RBl. S. 151).

Schaumburg-Lippe. Höhere Bek. vom 21. September 1869 (Landesverordnungen 14, 389).

Lippe. AusfVO. vom 21. Februar 1902 (GS. S. 269).

Lübeck. Bek. d. Senats vom 1. August 1914 (Samml. d. Lüb. G. u. V. S. 187).

Bremen. VO. d. Senats vom 25. März 1892 (GBl. 149).

Hamburg. Bek. d. Senats vom 25. März 1892 (GS. S. 84).

5. Bürgerliches Gesetzbuch.

Vom 18. August 1896, in Kraft seit 1. Januar 1900.

§ 823. Wer vorsätzlich oder fahrlässig das Leben, den Körper, die Gesundheit, die Freiheit, das Eigentum oder ein sonstiges Recht eines anderen widerrechtlich verletzt, ist dem anderen zum Ersatze des daraus entstehenden Schadens verpflichtet[1]).

Die gleiche Verpflichtung trifft denjenigen, welcher gegen ein den Schutz eines anderen bezweckendes Gesetz verstößt. Ist nach dem Inhalte des Gesetzes ein Verstoß gegen dieses auch ohne Verschulden möglich, so tritt die Ersatzpflicht nur im Falle des Verschuldens ein.

[1]) Hier handelt es sich nur um die zivilrechtliche Schadensersatzhaftung im Gegensatz zu der Bestrafung auf Grund des Strafgesetzbuchs, s. dieses.

§ 842. Die Verpflichtung zum Schadensersatze wegen einer gegen die Person gerichteten unerlaubten Handlung erstreckt sich auf die Nachteile, welche die Handlung für den Erwerb oder das Fortkommen des Verletzten herbeiführt.

§ 843. Wird infolge einer Verletzung des Körpers oder der Gesundheit die Erwerbsfähigkeit des Verletzten aufgehoben oder gemindert oder tritt eine Vermehrung seiner Bedürfnisse ein, so ist dem Verletzten durch Entrichtung einer Geldrente Schadensersatz zu leisten.

Auf die Rente finden die Vorschriften des § 760 Anwendung. Ob, in welcher Art und für welchen Betrag der Ersatzpflichtige Sicherheit zu leisten hat, bestimmt sich nach den Umständen.

Statt der Rente kann der Verletzte eine Abfindung in Kapital verlangen, wenn ein wichtiger Grund vorliegt.

Der Anspruch wird nicht dadurch ausgeschlossen, daß ein anderer dem Verletzten Unterhalt zu gewähren hat.

§ 844. Im Falle der Tötung hat der Ersatzpflichtige die Kosten der Beerdigung demjenigen zu ersetzen, welchem die Verpflichtung obliegt, diese Kosten zu tragen.

Stand der Getötete zur Zeit der Verletzung zu einem Dritten in einem Verhältnisse, vermöge dessen er diesem gegenüber kraft Gesetzes unterhaltspflichtig war oder unterhaltspflichtig werden konnte, und ist dem Dritten infolge der Tötung das Recht auf den Unterhalt entzogen, so hat der Ersatzpflichtige dem Dritten durch Entrichtung einer Geldrente insoweit Schadensersatz zu leisten, als der Getötete während der mutmaßlichen Dauer seines Lebens zur Gewährung des Unterhalts verpflichtet gewesen sein würde; die Vorschriften des § 843 Abs. 2 bis 4 finden entsprechende Anwendung. Die Ersatzpflicht tritt auch dann ein, wenn der Dritte zur Zeit der Verletzung erzeugt, aber noch nicht geboren war.

§ 845. Im Falle der Tötung, der Verletzung des Körpers oder der Gesundheit, sowie im Falle der Freiheitsentziehung hat der Ersatzpflichtige, wenn der Verletzte kraft Gesetzes einem Dritten zur Leistung von Diensten in dessen Hauswesen oder Gewerbe verpflichtet war, dem Dritten für die entgehenden Dienste durch Entrichtung einer Geldrente Ersatz zu leisten. Die Vorschriften des § 843 Abs. 2 bis 4 finden entsprechende Anwendung.

§ 846. Hat in den Fällen der §§ 844, 845 bei der Entstehung des Schadens, den der Dritte erleidet, ein Verschulden des Verletzten mitgewirkt, so finden auf den Anspruch des Dritten die Vorschriften des § 254 Anwendung.

§ 847. Im Falle der Verletzung des Körpers oder der Gesundheit sowie im Falle der Freiheitsentziehung kann der Verletzte auch wegen des Schadens, der nicht

Vermögensschaden ist, eine billige Entschädigung in Geld verlangen. Der Anspruch ist nicht übertragbar und geht nicht auf die Erben über, es sei denn, daß er durch Vertrag anerkannt oder daß er rechtshängig geworden ist.

Ein gleicher Anspruch steht einer Frauensperson zu, gegen die ein Verbrechen oder Vergehen wider die Sittlichkeit begangen oder die durch Hinterlist, durch Drohung oder unter Mißbrauch eines Abhängigkeitsverhältnisses zur Gestattung der außerehelichen Beiwohnung bestimmt wird.

6. Reichsstrafgesetzbuch.

Vom 31. Mai 1870 in der Fassung vom 26. Februar 1876 (RGBl. S. 39)[1]).

(Auszugsweise.)

Tötung der Leibesfrucht.

§ 218. Eine Frau, die ihre Frucht im Mutterleib oder durch Abtreibung tötet oder die Tötung durch einen anderen zuläßt, wird mit Gefängnis bestraft.

Ebenso wird ein anderer bestraft, der eine Frucht im Mutterleib oder durch Abtreibung tötet.

---

[1]) Dem Reichstag liegt bereits seit längerer Zeit der Entwurf eines neuen Strafgesetzbuches vor, an dessen Durchberatung gearbeitet wird. Das Gesetzbuch, das auch in Österreich eingeführt werden soll, weicht in vielen maßgebenden Punkten von dem heute geltenden Strafgesetzbuch ab. Es sind deshalb hier die entsprechenden Paragraphen, die schon äußerlich in den Zahlen nicht mit den alten übereinstimmen, abgedruckt worden.

Der Versuch ist strafbar.

Wer die im Abs. 2 bezeichnete Tat ohne Einwilligung der Schwangeren oder gewerbsmäßig begeht, wird mit Zuchthaus bestraft. Ebenso wird bestraft, wer einer Schwangeren ein Mittel oder Werkzeug zur Abtreibung der Frucht gewerbsmäßig verschafft. Sind mildernde Umstände vorhanden, so tritt Gefängnisstrafe nicht unter drei Monaten ein.

Der Entwurf bestimmt:

Abtreibung.

§ 253. Eine Frau, die ihre Frucht im Mutterleib oder durch Abtreibung tötet oder die Tötung durch einen anderen zuläßt, wird mit Gefängnis bestraft.

Ebenso wird ein anderer bestraft, der eine Frucht im Mutterleib oder durch Abtreibung tötet. [...]

Der Versuch ist strafbar. In besonders leichten Fällen kann das Gericht, auch wenn die Voraussetzungen des § 26 Abs. 3[1]) nicht vorliegen, von Strafe absehen.

Wer die in Abs. 2 bezeichnete Tat ohne Einwilligung der Schwangeren oder gewerbsmäßig begeht, wird mit Zuchthaus bis zu zehn Jahren bestraft. Ebenso wird bestraft, wer einer Schwangeren ein Mittel oder einen Gegenstand zur Abtreibung der Frucht gewerbsmäßig verschafft.

[1]) Versuch mit untauglichen Mitteln.

Ärztlich gebotene Unterbrechung der Schwangerschaft.

§ 254. Eine Abtreibung im Sinne dieses Gesetzes liegt nicht vor, wenn ein approbierter Arzt eine Schwangerschaft unterbricht, weil es nach den Regeln der ärztlichen Kunst zur Abwendung einer auf andere Weise nicht abwendbaren ernsten Gefahr für das Leben oder die Gesundheit der Mutter erforderlich ist.

Eine Tötung im Sinne dieses Gesetzes liegt nicht vor, wenn ein approbierter Arzt aus dem gleichen Grunde ein in der Geburt begriffenes Kind tötet.

Erbieten zu Abtreibungen.

§ 256. Wer öffentlich seine eigenen oder fremde Dienste zur Vornahme oder Förderung von Abtreibungen anbietet, wird mit Gefängnis bis zu zwei Jahren oder mit Geldstrafe bestraft.

Als neues Delikt hat der Entwurf im § 255 die Ankündigung von Abtreibungsmitteln unter Strafe gestellt.

Ankündigung von Abtreibungsmitteln.

§ 255. Wer ein Mittel, einen Gegenstand oder ein Verfahren zur Unterbrechung der Schwangerschaft öffentlich ankündigt oder anpreist oder ein solches Mittel oder einen solchen Gegenstand an einem allgemein zugänglichen Orte ausstellt, wird mit Gefängnis bis zu zwei Jahren oder mit Geldstrafe bestraft.

Straflos ist die Ankündigung oder Anpreisung eines Mittels, Gegenstandes oder Verfahrens, die zu ärztlich gebotenen Unterbrechungen der Schwangerschaft dienen, an approbierte Ärzte oder an Personen, die mit solchen Mitteln oder Gegenständen erlaubterweise Handel treiben, oder in ärztlichen oder pharmazeutischen Fachzeitschriften.

Der Entwurf bringt in seinem Abschnitt über Unzucht folgende Bestimmung:

Mittel zur Verhütung von Geschlechtskrankheiten.

§ 302. Wer in einer die Sitte oder den Anstand verletzenden Weise ein Mittel, einen Gegenstand oder ein Verfahren, die zur Verhütung von Geschlechtskrankheiten oder zur Verhütung der Empfängnis dienen, öffentlich ankündigt oder anpreist oder ein solches Mittel oder einen solchen

Gegenstand an einem allgemein zugänglichen Orte ausstellt, wird mit Gefängnis bis zu zwei Jahren oder mit Geldstrafe bestraft.

Ebenso ist im Entwurf neu die folgende Bestimmung des § 281 über eigenmächtige Heilbehandlung.

Eigenmächtige Heilbehandlung.

§ 281. Wer jemand gegen dessen Willen zu Heilzwecken behandelt, wird mit Gefängnis bis zu drei Jahren oder mit Geldstrafe bestraft.

Ebenso wird ein approbierter Arzt bestraft, der gegen den Willen einer Schwangeren eine ärztlich gebotene Unterbrechung der Schwangerschaft oder Tötung eines in der Geburt begriffenen Kindes (§ 254) vornimmt. Der Versuch ist strafbar.

Die Vorschriften der Abs. 1, 2 finden keine Anwendung, wenn der Behandelnde oder der Arzt nach den Umständen außerstande war, die Einwilligung des Behandelten oder der Schwangeren rechtzeitig einzuholen, ohne ihr Leben oder ihre Gesundheit ernstlich zu gefährden.

Die Tat wird nur auf Verlangen des Behandelten oder der Schwangeren verfolgt.

In besonders leichten Fällen kann das Gericht von Strafe absehen.

Fahrlässige Tötung und Körperverletzung.

§ 222. Wer durch Fahrlässigkeit den Tod eines Menschen verursacht, wird mit Gefängnis bis zu drei Jahren bestraft.

Wenn der Täter, zu der Aufmerksamkeit, welche er aus den Augen setzte, vermöge seines Amtes, Berufes oder Gewerbes besonders verpflichtet war, so kann die Strafe bis auf fünf Jahre Gefängnis erhöht werden.

§ 223. Wer vorsätzlich einen anderen körperlich mißhandelt oder an der Gesundheit beschädigt, wird wegen Körperverletzung mit Gefängnis bis zu drei Jahren oder mit Geldstrafe bis zu eintausend Mark bestraft[1]).

Ist die Handlung gegen Verwandte aufsteigender Linie begangen, so ist auf Gefängnis nicht unter einem Monat zu erkennen.

[1]) Hierneben läuft die zivilrechtliche Schadensersatzhaftung gemäß §§ 823 ff. d. BGB., s. dieses.

§ 224. Hat die Körperverletzung zur Folge, daß der Verletzte ein wichtiges Glied des Körpers, das Sehvermögen auf einem oder beiden Augen, das Gehör, die Sprache oder die Zeugungsfähigkeit verliert, oder in erheblicher Weise dauernd entstellt wird, oder in Siechtum, Lähmung oder Geisteskrankheit verfällt, so ist auf Zuchthaus bis zu 5 Jahren oder Gefängnis nicht unter einem Jahre zu erkennen.

§ 226. Ist durch die Körperverletzung der Tod des Verletzten verursacht worden, so ist auf Zuchthaus nicht unter drei Jahren oder Gefängnis nicht unter drei Jahren zu erkennen.

§ 228. Sind mildernde Umstände vorhanden, so ist in den Fällen der §§ 223 Abs. 2 und 223a auf Gefängnis bis zu drei Jahren oder Geldstrafe bis zu eintausend Mark, in den Fällen der §§ 224 und 227 Abs. 2 auf Gefängnis nicht unter einem Monat und im Falle des § 226 auf Gefängnis nicht unter drei Monaten zu erkennen.

§ 230. Wer durch Fahrlässigkeit die Körperverletzung eines anderen verursacht, wird mit Geldstrafe bis zu neunhundert Mark oder mit Gefängnis bis zu zwei Jahren bestraft.

War der Täter zu der Aufmerksamkeit, welche er aus den Augen setzte, vermöge seines Amtes, Berufes oder Gewerbes besonders verpflichtet, so kann die Strafe auf drei Jahre Gefängnis erhöht werden.

§ 231. In allen Fällen der Körperverletzung kann auf Verlangen des Verletzten neben der Strafe auf eine an denselben zu erlegende Buße bis zum Betrage von sechstausend Mark erkannt werden.

Eine erkannte Buße schließt die Geltendmachung eines weiteren Entschädigungsanspruches aus.

Für diese Buße haften die zu derselben Verurteilten als Gesamtschuldner.

§ 232. Die Verfolgung leichter vorsätzlicher, sowie aller durch Fahrlässigkeit verursachter Körperverletzungen (§§ 223, 230) tritt nur auf Antrag ein, insofern nicht die Körperverletzung mit Übertretung einer Amts-, Berufs- oder Gewerbspflicht begangen worden ist.

Ist das Vergehen gegen einen Angehörigen verübt, so ist die Zurücknahme des Antrages zulässig.

Die in den §§ 195, 196, 198 enthaltenen Vorschriften finden auch hier Anwendung.

Die entsprechenden Paragraphen des Entwurfs zu dem neuen Strafgesetzbuch lauten folgendermaßen:

Fahrlässige Tötung.

§ 258. Wer fahrlässig den Tod eines anderen verursacht, wird mit Gefängnis bestraft.

Die Einziehung (§ 52) ist zulässig[1]).

[1]) Es handelt sich hier um Einziehung der zur Tat verwendeten Gegenstände.

Körperverletzung.

§ 259. Wer einen anderen am Körper verletzt, körperlich mißhandelt oder an der Gesundheit schädigt, wird mit Gefängnis bis zu drei Jahren oder mit Geldstrafe bestraft.

In besonders leichten Fällen kann das Gericht von Strafe absehen.

Schwere Körperverletzung.

§ 260. Wird der Verletzte an seinem Körper oder seiner Gesundheit schwer geschädigt, wird er insbesondere erheblich verstümmelt, für immer und auffallend entstellt, im Gebrauch seines Körpers, seiner Sinne oder seiner Geisteskräfte für immer oder lange Zeit erheblich beeinträchtigt oder verfällt er in eine schwere oder langdauernde Krankheit, so ist die Strafe Zuchthaus bis zu fünf Jahren.

Stirbt der Verletzte, so ist die Strafe Zuchthaus bis zu zehn Jahren.

Gefährliche Körperverletzung.

§ 261. Wer eine Körperverletzung in einer Weise begeht, die geeignet ist, eine der im § 260 bezeichneten Folgen herbeizuführen, wird mit Gefängnis bestraft.

Der Versuch ist strafbar.

Absichtliche schwere Körperverletzung.

§ 262. Wer durch eine Körperverletzung absichtlich eine der im § 260 Abs. 1 bezeichneten Folgen herbeiführt, wird mit Zuchthaus bis zu zehn Jahren bestraft.

Stirbt der Verletzte, so ist die Strafe Zuchthaus.

Heilbehandlung.

§ 263. Eingriffe und Behandlungen, die der Übung eines gewissenhaften Arztes entsprechen, sind keine Körperverletzungen im Sinne dieses Gesetzes.

Einwilligung des Verletzten.

§ 264. Wer eine Körperverletzung mit Einwilligung des Verletzten vornimmt, wird nur bestraft, wenn die Tat trotzdem gegen die guten Sitten verstößt.

Die in diesem Entwurf neu aufgenommenen §§ 263 und 264 machen einem alten Streit ein Ende, der darum geht, als was der ärztliche Eingriff anzusehen ist. Es wäre unbedingt zu begrüßen, wenn durch Annahme dieser Bestimmungen Klarheit geschaffen würde.

Betrug.

§ 263. Wer in der Absicht, sich oder einem Dritten einen rechtswidrigen Vermögensvorteil zu verschaffen, das Vermögen eines anderen dadurch beschädigt, daß er durch Vorspiegelung falscher oder durch Entstellung oder Unterdrückung wahrer Tatsachen einen Irrtum erregt oder unterhält, wird wegen Betruges mit Gefängnis bestraft, neben welchem auf Geldstrafe bis zu dreitausend Mark, sowie auf Verlust der bürgerlichen Ehrenrechte erkannt werden kann.

Sind mildernde Umstände vorhanden, so kann ausschließlich auf die Geldstrafe erkannt werden.

Der Versuch ist strafbar.

Wer einen Betrug gegen Angehörige, Vormünder oder Erzieher begeht, ist nur auf Antrag zu verfolgen. Die Zurücknahme des Antrages ist zulässig.

Der entsprechende Paragraph des Entwurfs lautet:

Betrug.

§ 343. Wer in der Absicht, sich oder einen anderen unrechtmäßig zu bereichern, jemand durch eine Täuschung über Tatsachen zu einer Handlung, Duldung oder Unterlassung bestimmt, die für das Vermögen des Getäuschten oder eines anderen nachteilig ist, wird mit Gefängnis bestraft.

Der Versuch ist strafbar.

Gewerbsmäßiger Betrug.

§ 344. Wer gewerbsmäßig betrügt, wird mit Zuchthaus bis zu zehn Jahren bestraft.

Gesundheits-Zeugnisse.

§ 277. Wer unter der ihm nicht zustehenden Bezeichnung als Arzt oder als eine andere approbierte Medizinalperson oder unberechtigt unter dem Namen solcher Personen ein Zeugnis über seinen oder eines anderen Gesundheitszustand ausstellt oder ein derartiges echtes Zeugnis verfälscht und davon zur Täuschung von Behörden oder Versicherungsgesellschaften Gebrauch macht, wird mit Gefängnis bis zu einem Jahre bestraft.

§ 278. Ärzte und andere approbierte Medizinalpersonen, welche ein unrichtiges Zeugnis über den Gesundheitszustand eines Menschen zum Gebrauche bei einer Behörde oder Versicherungsgesellschaft wider besseres Wissen ausstellen, werden mit Gefängnis von einem Monat bis zu zwei Jahren bestraft.

Der Entwurf lautet:

Ausstellen unrichtiger ärztlicher Zeugnisse.

§ 218. Approbierte Ärzte und andere staatlich geprüfte Medizinalpersonen, die bei berufsmäßiger Ausübung der Heilkunde, Krankenpflege, Geburtshilfe oder Leichenschau wissentlich ein unrichtiges Zeugnis zum Gebrauch im Rechtsverkehr ausstellen, werden mit Gefängnis bis zu zwei Jahren bestraft.

Wer von einem solchen unrichtigen Zeugnis im Rechtsverkehr zum Beweise der bezeugten Tatsache Gebrauch macht, wird mit Gefängnis bis zu einem Jahre oder mit Geldstrafe bestraft.

Verletzung des Berufsgeheimnisses.

§ 300. Rechtsanwälte, Advokaten, Notare, Verteidiger in Strafsachen, Ärzte, Wundärzte, Hebammen, Apotheker, sowie die Gehilfen dieser Personen werden, wenn sie unbefugt Privatgeheimnisse offenbaren, die ihnen Kraft ihres Amtes, Standes oder Gewerbes anvertraut sind, mit Geldstrafe bis zu eintausendfünfhundert Mark oder mit Gefängnis bis zu drei Monaten bestraft.

Die Verfolgung tritt nur auf Antrag ein.

Der entsprechende Paragraph des Entwurfs besagt:

Verrat von Privatgeheimnissen.

§ 325. Approbierte Ärzte, Apotheker und andere staatlich geprüfte Medizinalpersonen, Rechtsanwälte, Verteidiger in Strafsachen, Personen, denen das mündliche Verhandeln vor Gericht durch eine von der Justizverwaltung getroffene Anordnung gestattet ist, und, soweit sie nicht Amtsträger sind, Notare, die unbefugt ein Privatgeheimnis offenbaren, das ihnen bei Ausübung ihres Berufs anvertraut worden oder zugänglich geworden ist, werden mit Gefängnis bis zu sechs Monaten oder mit Geldstrafe bestraft.

Den in Abs. 1 genannten Personen stehen ihre berufsmäßigen Gehilfen und Personen gleich, die zur Vorbereitung auf den Beruf an der berufsmäßigen Tätigkeit teilnehmen.

Der Täter ist straffrei, wenn er ein solches Geheimnis

zur Wahrnehmung eines berechtigten öffentlichen oder privaten Interesses offenbart, das nicht auf andere Weise gewahrt werden kann, und wenn das gefährdete Interesse überwiegt.

Wer ein Geheimnis der im Abs. 1 erwähnten Art gegen Entgelt oder in der Absicht offenbart, sich oder einem anderen unrechtmäßig einen Vorteil zu verschaffen oder jemand einen Nachteil zuzufügen, wird mit Gefängnis bestraft.

Die Tat wird nur auf Verlangen des Verletzten verfolgt.

Hierzu sei bemerkt, daß im heutigen Strafgesetzbuch Zahnärzte wohl, Tierärzte nicht hierunter fallen, ebenfalls nicht Heilkundige und Rechtskonsulenten. Auch im Entwurf sind Heilkundige und Tierärzte nicht mit einbegriffen, während Rechtskonsulenten neuerdings mit einbegriffen sind.

Verletzung von Absperrungsmaßregeln gegen ansteckende Krankheiten.

§ 327. Wer die Absperrungs- oder Aufsichtsmaßregeln oder Einfuhrverbote, welche von der zuständigen Behörde zur Verhütung des Einführens oder Verbreitens einer ansteckenden Krankheit angeordnet worden sind, wissentlich verletzt, wird mit Gefängnis bis zu zwei Jahren oder mit Geldstrafe bis zu zweitausend Mark bestraft.

Ist infolge dieser Verletzung ein Mensch von der ansteckenden Krankheit ergriffen worden, so tritt Gefängnisstrafe von drei Monaten bis zu drei Jahren ein.

§ 328. Wer die Absperrungs- oder Aufsichtsmaßregeln oder Einfuhrverbote, welche von der zuständigen Behörde zur Verhütung des Einführens oder Verbreitens von Viehseuchen angeordnet worden sind, wissentlich verletzt, wird mit Gefängnis bis zu einem Jahre oder mit Geldstrafe bestraft.

Ist infolge dieser Verletzung Vieh von der Seuche ergriffen worden, so tritt Gefängnisstrafe von einem Monat bis zu zwei Jahren ein.

Der Entwurf bestimmt:

Verletzung von Schutzmaßregeln gegen Seuchen

§ 242. Wer eine Schutzmaßregel verletzt, die durch Gesetz oder durch die zuständige Behörde angeordnet ist, um das Einschleppen oder Verbreiten einer übertragbaren menschlichen Krankheit oder einer Tier- oder Pflanzenseuche zu verhüten, wird mit Gefängnis oder mit Geldstrafe bestraft.

Wer die Tat fahrlässig begeht, wird mit Gefängnis bis zu einem Jahre oder mit Geldstrafe bestraft.

7. Preußisches Gesetz über die Zuständigkeit der Verwaltungs- und Verwaltungsgerichtsbehörden.

Vom 1. August 1883 (GS. S. 237).

Gewerbliche Konzessionen.

§ 114. Über Anträge auf Erteilung der Erlaubnis zum ..... Handel mit Giften (§§ 33, 34 der RGewO.) beschließt der Kreis(Stadt)Ausschuß.

Wird die Erlaubnis versagt, so steht dem Antragsteller innerhalb zwei Wochen der Antrag auf mündliche Verhandlung im Verwaltungsstreitverfahren vor dem Kreis(Stadt)Ausschusse zu.

Abs. 3 usw.

Die Entscheidung des Bezirksausschusses ist endgültig.

In den zu einem Landkreis gehörigen Städten mit mehr als 10 000 Einwohnern tritt an die Stelle des Kreisausschusses der Magistrat (kollegialische Gemeindevorstand).

§ 115. Über die Anträge auf Erteilung:

a) der Konzession zu Privat-Kranken-, Privat-Entbindungs- und Privat-Irrenanstalten (§ 30 Abs. 1 der RGewO.)[1])

b) usw.

beschließt der Bezirksausschuß.

Gegen den die Konzession (Erlaubnis) versagenden Beschluß findet innerhalb zwei Wochen der Antrag auf mündliche Verhandlung im Verwaltungsstreitverfahren statt.

Für die im Verwaltungsstreitverfahren in den Fällen zu a) zu treffenden Entscheidungen sind die von den Medizinalaufsichtsbehörden innerhalb ihrer gesetzlichen Zuständigkeit getroffenen allgemeinen Anordnungen über die gesundheitspolizeilichen Anforderungen, welche an die baulichen und sonstigen technischen Einrichtungen der unter a) bezeichneten Anstalten zu stellen sind, maßgebend.

[1]) Siehe oben I. 4. Ausführungsbest. zur Reichs-Gewerbeordnung.

8. Die Reichs- und Staatsbehörden und ihre Befugnisse.

Reichsbehörden.

Das auf Grund der Reichsverfassung vom 11. August 1919 ins Leben gerufene Reichsministerium des Innern bearbeitet die Gesetzgebung über das Gesundheitswesen, die ja gemäß der Verfassung (Art. 7) dem Reiche zusteht. Ihm stehen zur Beratung in diesen Angelegenheiten zur Seite das Reichsgesundheitsamt und der Reichsgesundheitsrat.

Das Reichsgesundheitsamt wurde im Jahre 1876 als eine dem damaligen Reichsamt des Innern beigegebene Behörde zur Beratung in Angelegenheiten der Gesundheits- und Medizinalpolizei eingerichtet. Es hat seinen Sitz in Berlin und zerfällt in vier Abteilungen: die medizinische, die chemisch-hygienische, die bakteriologische und die Veterinärabteilung. Das Reichsgesundheitsamt ist eine beratende und begutachtende Behörde und hat die Aufgabe, den Reichskanzler bzw. das Reichsministerium des Innern in Ausübung des ihm zustehenden Aufsichtsrechts über die Ausführung der in den Kreis der Medizinal- und Veterinärpolizei fallenden Maßregeln sowie in der Vorbereitung der auf diesem Gebiete in Aussicht zu nehmenden Gesetzgebung zu unterstützen. Zu diesem Zwecke soll es von den in den einzelnen zum Deutschen Reich gehörenden Ländern bestehenden Einrichtungen Kenntnis nehmen, die Wirkungen der im Interesse der öffentlichen Gesundheitspflege ergriffenen Maßnahmen beobachten und in geeigneten Fällen den Staats- und Gemeindebehörden Auskunft erteilen, die Entwicklung der Medizinalgesetzgebung im Auslande verfolgen sowie eine genügende medizinische Statistik für das Deutsche Reich herstellen.

An der Spitze des Gesundheitsamtes steht ein Präsident, an der Spitze jeder Abteilung ein Direktor. Die Mitglieder werden vom Reichsrat ernannt.

Zur Unterstützung des Reichsgesundheitsamtes ist auf

Grund des § 43 des Gesetzes vom 30. Juni 1900[1]) betr. die Bekämpfung gemeingefährlicher Krankheiten (RGBl. S. 306) der Reichsgesundheitsrat ins Leben gerufen worden. Er hat das Reichsgesundheitsamt bei Erfüllung der diesem zugewiesenen Aufgaben zu unterstützen. Ihm steht das Recht zu, den Landesbehörden auf Ansuchen Rat zu erteilen. Er kann sich, um Auskunft zu erhalten, mit den ihm zu diesem Zwecke zu bezeichnenden Landesbehörden unmittelbar in Verbindung setzen sowie Vertreter entsenden, welche unter Mitwirkung der zuständigen Landesbehörden Aufklärungen an Ort und Stelle einziehen. Er ist in neun Ausschüsse eingeteilt, und zwar für: 1. Gesundheitswesen im allgemeinen, insbesondere soweit Wohnung, Heizung, Lüftung, Beleuchtung, Bekleidung, Schule, Bäder, Bestattung, Leichenbeförderung in Betracht kommt. 2. Ernährungswesen einschließlich Fleischbeschau. 3. Wasserversorgung und Beseitigung der Abfallstoffe, Reinhaltung der Gewässer. 4. Gewerbehygiene. 5. Seuchenbekämpfung. 6. Heilwesen im allgemeinen, insbesondere Unterbringung, Behandlung, Beförderung von Kranken, Heilpersonal. 7. Heilmittel, Verkehr mit Giften. 8. Schiffs- und Tropenhygiene. 9. Veterinärwesen einschl. Fleischbeschau.

Vorsitzender des Reichsgesundheitsrats ist der Präsident des Reichsgesundheitsamts. Die Mitglieder sind größtenteils Ärzte, Chemiker, Pharmazeuten, Verwaltungsbeamte, die ihr Amt ehrenamtlich verwalten.

Landesbehörden.

In Preußen wurde durch den Beschluß der Staatsregierung vom 7. November 1919 das Preußische Mini-

---

[1]) s. Abschnitt II.

sterium für Volkswohlfahrt geschaffen. Es ist in drei Abteilungen gegliedert, von denen die I. Abt. sämtliche Medizinalangelegenheiten, also auch unter anderen die Angelegenheiten der Seuchenbekämpfung, Apothekenwesen, Geheimmittel, Impfwesen, Zahntechniker bearbeitet. Abt. II bearbeitet das gesamte Wohnungs- und Siedlungswesen, während der Abt. III die Arbeiten der Angestellten-, Arbeitslosenversicherung, Erwerbslosenfürsorge, Wohlfahrtspflege usw. zufällt.

Als beratende Behörde in allen Fragen des öffentlichen Gesundheitswesens und der sozialhygienischen Fürsorge sowie in den damit zusammenhängenden Angelegenheiten der ärztlichen, zahnärztlichen und pharmazeutischen Wissenschaft steht dem Staatsministerium und insbesondere dem Minister für Volkswohlfahrt der Landesgesundheitsrat zur Seite. Seine Einsetzung erfolgte durch nachstehenden

Staatsministerial-Beschluß über Bildung eines Landesgesundheitsrates für Preußen. Vom 30. April 1921.

(GS. S. 369.)

Es wird ein Landesgesundheitsrat gebildet, der am 1. Juli 1921 seine Tätigkeit beginnt. An diesem Tage werden die Wissenschaftliche Deputation für das Medizinalwesen (Königliche Order vom 16. Dezember 1808), die Technische Kommission für die pharmazeutischen Angelegenheiten (Instruktion vom 27. Oktober 1849) und der Apothekerrat (Allerhöchste Verordnung vom 29. April 1896) aufgehoben, deren Geschäfte vom Landesgesundheitsrate mit erledigt werden. Für den Landesgesundheitsrat gelten folgende Vorschriften:

§ 1. Der Landesgesundheitsrat ist eine Behörde zur Beratung des Staatsministeriums, insbesondere des Ministers für Volkswohlfahrt, in allen Fragen des öffentlichen Gesundheitswesens und der sozialhygienischen Fürsorge sowie in den damit zusammenhängenden Angelegenheiten der ärztlichen, zahnärztlichen und pharmazeutischen Wissenschaft. Er ist zugleich Gutachterausschuß für ärztliche Fragen in Rechtsstreitigkeiten.

Der Landesgesundheitsrat hat im besonderen

a) sich über alle ihm vom Minister für Volkswohlfahrt zur Begutachtung vorgelegten Fragen vom Standpunkte der öffentlichen Gesundheitspflege, der gesundheitlichen Fürsorge und der ärztlichen, zahnärztlichen und pharmazeutischen Wissenschaft aus zu äußern sowie die ihm vom Minister für Volkswohlfahrt auf Ersuchen der Gerichtsbehörden aufgetragenen ärztlichen Gutachten zu erstatten. Die Gutachten auf Ersuchen der Gerichtsbehörden sind nur zu erstatten, wenn bereits ein anderer Gutachter über die zu begutachtende Frage gehört worden ist;

b) aus eignem Antriebe dem Minister Vorschläge zur Abstellung von Mängeln zu machen, die auf den Gebieten der öffentlichen Gesundheitspflege und der Gesundheitsfürsorge bestehen; auch neue Maßnahmen in Anregung zu bringen, die ihm geeignet erscheinen, die Aufgaben der Medizinalabteilung zu fördern.

§ 2. Der Landesgesundheitsrat besteht aus:

a) dem Präsidenten und seinem Stellvertreter;

b) den Mitgliedern.

Der Präsident, sein Stellvertreter und die Mitglieder werden für einen Zeitraum von fünf Jahren vom Staatsministerium ernannt und bei ihrer Einführung durch den Minister für Volkswohlfahrt mittels Handschlags an Eidesstatt auf gewissenhafte Erfüllung ihrer Amtspflichten, insbesondere auf amtliche Verschwiegenheit verpflichtet. Der Präsident, sein Stellvertreter und die Mitglieder, sofern sie sich zur Zeit ihrer Ernennung in einer amtlichen Stellung befanden, scheiden vor Ablauf ihrer Ernennungsperiode aus, sobald sie aufhören in amtlicher Stellung zu sein.

§ 3. Zu den Verhandlungen über einzelne Gegenstände

können außerdem Sachverständige, deren Teilnahme von dem Landesgesundheitsrat, einem Ausschuß oder dem Präsidenten für zweckmäßig gehalten wird, von diesem mit Genehmigung des Ministers für Volkswohlfahrt zugezogen werden.

Die Sachverständigen haben beratende Stimme.

§ 4. Der Landesgesundheitsrat tagt in seiner Gesamtheit oder in Ausschüssen.

Ausschüsse werden gebildet für:

a) das Heilwesen einschließlich der Aus- und Fortbildung der Ärzte, Zahnärzte, Apotheker und der übrigen Medizinalpersonen;
b) das Gesundheitswesen (Nahrungsmittel-, Wohnungshygiene, Wasserversorgung, Beseitigung der Abfallstoffe usw.);
c) die Seuchenbekämpfung;
d) die Arzneiversorgung;
e) die gerichtliche und soziale Medizin sowie die gerichtliche Psychiatrie;
f) die Gesundheitsfürsorge (soziale Hygiene);
g) die Gewerbehygiene und die gesundheitliche Arbeiterfürsorge;
h) die Schulgesundheitspflege;
i) das Bevölkerungswesen und die Rassenhygiene;
k) die Prüfung der Ärzte zur Erlangung der Befähigung für die Anstellung als beamteter Arzt.

Der Minister für Volkswohlfahrt ist befugt, noch andere Ausschüsse nach Bedarf zu bilden und bestimmte Geschäfte besonderen Unterausschüssen zu übertragen.

§ 5. Der Präsident teilt die Mitglieder den Ausschüssen und Unterausschüssen für die Dauer ihrer Ernennungsperiode zu.

Zu den Sitzungen der einzelnen Ausschüsse und Unterausschüsse können Mitglieder anderer Ausschüsse und Unterausschüsse zugezogen werden, auch kann der Präsident die gemeinsame Tagung mehrerer Ausschüsse anordnen.

§ 6. Die Einberufung des Landesgesundheitsrats in seiner Gesamtheit bedarf der Genehmigung des Ministers für Volkswohlfahrt. Dieser kann auch die Einberufung eines Ausschusses oder Unterausschusses anordnen. Im übrigen bestimmt der Präsident, ob eine Angelegenheit einem Ausschuß oder mehreren Ausschüssen zu unterbreiten ist.

§ 7. Der Präsident verteilt den Arbeitsstoff, ernennt die Berichterstatter aus der Zahl der Mitglieder oder Sachverständigen, beraumt die Sitzungen an, erläßt die Einladungen hierzu unter Mitteilung der Tagesordnung sowie nötigenfalls der zur Erläuterung dienenden Vorlagen und leitet die Verhandlungen. Im Falle seiner Behinderung tritt sein Stellvertreter ein. Bei den Sitzungen der Ausschüsse kann sich der Präsident durch ein Ausschußmitglied in der Leitung dauernd vertreten lassen.

§ 8. Die Tagung des Landesgesundheitsrats in seiner Gesamtheit ist öffentlich, sofern nicht aus besonderem Anlasse für die ganze Sitzung oder für Teile derselben die Öffentlichkeit ausgeschlossen wird.

Die Sitzungen der Ausschüsse sind nicht öffentlich.

§ 9. Die Beschlüsse werden durch die Mehrheit der Abstimmenden gefaßt, Stimmengleichheit gilt als Ablehnung.

Abweichende Vota sind auf Antrag in die Niederschrift aufzunehmen, ebenso Anträge, die zwar nicht eine Mehrheit, aber doch mehr als ein Drittel der stimmberechtigten Teilnehmer auf sich vereinigt haben.

§ 10. Über den Gang der Verhandlungen ist eine Niederschrift aufzunehmen. Der Minister für Volkswohlfahrt bestimmt denjenigen Beamten, der die Niederschrift mit Hilfe des erforderlichen Personals aufnimmt, ebenso werden die Bureau- und Schreibarbeiten des Landesgesundheitsrats im Bureau des Ministeriums für Volkswohlfahrt erledigt.

§ 11. Die Mitglieder des Landesgesundheitsrats erhalten Gebühren, Anwesenheitsgeld oder Reisekostenvergütung nach besonderer Anweisung des Ministers für Volkswohlfahrt und des Finanzministers.

§ 12. Im übrigen regelt sich der Geschäftsgang des Landesgesundheitsrats nach einer Geschäftsordnung, die der Minister für Volkswohlfahrt erläßt.

§ 13. Der Minister für Volkswohlfahrt wird mit der Ausführung dieses Beschlusses beauftragt.

Die Geschäftsordnung für den Landesgesundheitsrat ist unter dem 25. September 1921 ergangen (Volkswohlfahrt S. 457).

Das Staatsgebiet Preußen ist in Provinzen, Regierungsbezirke und Kreise eingeteilt. Die hierfür maßgebenden Bestimmungen sind folgende:

Gesetz über die allgemeine Landesverwaltung.

Vom 30. Juli 1883 (GS. S. 195).

Erster Teil.

Grundlagen der Organisation.

§ 1. Die Verwaltungseinteilung des Staatsgebiets in Provinzen, Regierungsbezirke und Kreise bleibt mit der Maßgabe bestehen, daß die Stadt Berlin aus der Provinz Brandenburg ausscheidet und einen Verwaltungsbezirk für sich bildet.

§ 2. In der Provinz Hannover bleiben die Landdrosteibezirke als Regierungsbezirke bestehen.

Die Abänderung der Kreis- und Amtseinteilung der Provinz Hannover erfolgt mittels besonderen Gesetzes.

§ 3. Die Geschäfte der allgemeinen Landesverwaltung werden, soweit sie nicht anderen Behörden überwiesen sind, unter Oberleitung der Minister, in den Provinzen von dem Oberpräsidenten, in den Regierungsbezirken von dem Regierungspräsidenten und den Regierungen, in den Kreisen von den Landräten geführt.

Die Oberpräsidenten, die Regierungspräsidenten und die Landräte handeln innerhalb ihres Geschäftskreises selbständig unter voller persönlicher Verantwortlichkeit, vorbehaltlich der kollegialischen Behandlung der durch die Gesetze bezeichneten Angelegenheiten.

§ 4. Zur Mitwirkung bei den Geschäften der allgemeinen Landesverwaltung nach näherer Vorschrift der Gesetze bestehen für die Provinz am Amtssitze des Oberpräsidenten der Provinzialrat, für den Regierungsbezirk am Amtssitze des Regierungspräsidenten der Bezirksausschuß, für den Kreis am Amtssitze des Landrats der Kreisausschuß.

An die Stelle des Kreisausschusses tritt in den durch die Gesetze vorgesehenen Fällen in den Stadtkreisen, in welchen ein Kreisausschuß nicht besteht, der Stadtausschuß, in den einem Landkreise angehörigen Städten mit mehr als 10 000 Einwohnern der Magistrat (kollegialische Gemeindevorstand).

In den Stadtgemeinden, in welchen der Bürgermeister allein den Gemeindevorstand bildet, treten für die in dem zweiten Absatz bezeichneten Fälle an die Stelle des Magistrats der Bürgermeister und die Beigeordneten als Kollegium[1]).

[1]) Anm.: Rheinland und Teile Westfalens.

§ 5. In den Hohenzollernschen Landen tritt, soweit nicht die Gesetze anderes bestimmen, an die Stelle des Oberpräsidenten und des Provinzialrats der zuständige

Minister, an die Stelle des Kreises der Oberamtsbezirk, an die Stelle des Landrats der Oberamtmann, an die Stelle des Kreisausschusses der Amtsausschuß.

Für Berlin sind besondere Verhältnisse geschaffen in folgenden Paragraphen:

§ 41. Der Oberpräsident der Provinz Brandenburg ist zugleich Oberpräsident von Berlin.

Ingleichen fungieren das Provinzialschulkollegium, das Medizinalkollegium[1]), die Generalkommission und die Direktion der Rentenbank für die Provinz Brandenburg auch für den Stadtkreis Berlin.

[1]) Heißt jetzt gerichtsärztlicher Ausschuß, s. weiter unten.

§ 42. An Stelle des Regierungspräsidenten führt der Oberpräsident die Aufsicht des Staats über die Verwaltung der Gemeindeangelegenheiten der Stadt Berlin. Auf welche Behörden die sonstigen Zuständigkeiten der Regierungsabteilung des Innern zu Potsdam in betreff Berlins übergehen, wird durch Königliche Verordnung bestimmt.

Im übrigen, und soweit nicht sonst die Gesetze anderes bestimmen, tritt für den Stadtkreis Berlin an die Stelle des Regierungspräsidenten der Polizeipräsident von Berlin.

§ 43. An die Stelle des Provinzialrats tritt in den Fällen, in welchen derselbe in erster Instanz beschließt, der Oberpräsident, in den übrigen Fällen der zuständige Minister.

Für den Stadtkreis Berlin besteht ein besonderer Bezirksausschuß.

Unter der Ministerialinstanz steht zunächst der Oberpräsident.

Sein Amt beruht auf dem Publicandum vom 16. Dezember 1808 (Ges.-Samml. 1806—10, S. 527) und der Verordnung vom 30. April 1815 (Ges.-Samml. S. 85). Seine Stellung und sein Wirkungskreis sind geregelt durch die z. T. abgeänderte Instruktion für die Oberpräsidenten vom 31. Dezember 1825 (Ges.-Samml. 1826, S. 1) und § 8 des Landesverwaltungsgesetzes vom 30. Juli 1883 und anderes. Die uns interessierenden Bestimmungen lauten folgendermaßen:

Verordnung wegen verbesserter Einrichtung der Provinzialbehörden.

Vom 30. April 1815 (GS. S. 85).

§ 2. In jeder Provinz wird ein Oberpräsident die Verwaltung derjenigen allgemeinen Landesangelegenheiten führen, welche zweckgemäßer der Ausführung einer Behörde anvertraut werden, deren Wirksamkeit nicht auf einen einzelnen Regierungsbezirk beschränkt ist.

§ 3. Zu diesen Gegenständen gehören:

1—4 usw.

5. Die obere Leitung der Angelegenheiten des Kultus, des öffentlichen Unterrichts und des Medizinalwesens in der Oberpräsidentur. Für diese wichtigen Zweige der inneren Verwaltung finden wir nötig, am Hauptort jeder Oberpräsidentur besondere Behörden zu bilden, in welchen der Oberpräsident den Vorsitz führen soll.

§ 20. Für die Medizinalpolizei besteht im Hauptort jeder Provinz ein Medizinalkollegium[1]) unter Leitung des Oberpräsidenten.

§ 23. Die Beschäftigung des Medizinalrats und sein Verhältnis gegen die Regierung sowie gegen den Medizinalrat der Oberpräsidentur wird die Regierungsinstruktion ergeben.

§ 41. Die Organe der Oberpräsidenten sind:

1. die Regierungen,
2. die Konsistorien,
3. die Medizinalkollegien[1]).

[1]) Heißt jetzt gerichtsärztlicher Ausschuß, s. weiter unten.

Instruktion für die Oberpräsidenten.

Vom 31. Dezember 1825 (GS. 1826 S. 1).

§ 8. In den Provinzialkonsistorien, Schul- und Medizinalkollegien[1]) haben die Oberpräsidenten den Vorsitz und die Leitung der Geschäfte.

[1]) Der Vorsitz in den Medizinalkollegien, die jetzt gerichtsärztliche Ausschüsse heißen, ist fortgefallen.

Gesetz über die allgemeine Landesverwaltung vom 30. Juli 1883.

§ 8. An der Spitze der Verwaltung der Provinz steht der Oberpräsident. Demselben wird ein Oberpräsidialrat und die erforderliche Anzahl von Räten und Hilfsarbeitern beigegeben, welche die Geschäfte nach seinen Anweisungen bearbeiten. Auch ist der Oberpräsident befugt, die Mitglieder der an seinem Amtssitz befindlichen Regierung, sowie die dem Regierungspräsidenten daselbst beigegebenen Beamten (§ 19 Abs. 1) zur Bearbeitung der ihm übertragenen Geschäfte heranzuziehen.

Hierüber hinaus sind ihm noch andere hier interessierende Aufgaben übertragen, so unter anderem hat er die Aufsicht über die in der Regel an seinem Sitz über den Umfang der Provinz gebildeten Ärzte- und Apothekerkammern.

Die nach den oben angeführten Bestimmungen zu bildende Medizinalkollegien waren gebildet nach einer Dienstanweisung vom 23. Oktober 1817 (Ges.-Samml. S. 245[1]). Durch Beschluß des Preuß. Staatsministeriums vom 30. April 1921 (Ges.-Samml. S. 372) sind sie umgebildet worden und heißen heute gerichtsärztliche Ausschüsse. Sie bestehen aus dem Regierungs- und Medizinalrat am Sitze des Oberpräsidenten als Vorsitzenden, einem Gerichtsarzt als ständigem Mitglied und einem dritten Mitgliede, das aus einer Reihe dazu besonders ernannter ärztlicher Sachverständiger der Provinz je nach Lage des Falles zugezogen wird.

Ausführungsbestimmungen sind ergangen unter dem 29. September 1921 (Volkswohlf. S. 462). Abgeändert durch Bekanntm. v. 23. Januar 1925 (Volkswohlfahrt S. 46).

Die nächste Instanz sind die Regierungspräsidenten. Hierfür kommen folgende Bestimmungen in Frage;

Instruktion zur Geschäftsführung der Regierungen.

Vom 23. Oktober 1817 (GS. S. 248).

Abschnitt I.

Von dem Geschäftskreise der Regierungen und ihrer Abteilungen.

Allgemeine Bestimmungen.

§ 1. Der Geschäftskreis der Regierungen erstreckt sich auf alle Gegenstände der inneren Landesverwaltung, welche von den Ministern der auswärtigen Angelegenheiten, des Innern, der geistlichen Angelegenheiten und des öffentlichen Unterrichts, des Krieges, der Finanzen und des Handels abhängen, insoweit diese Gegenstände

a) überhaupt von einer Territorialbehörde verwaltet werden können und

b) für selbige nicht besondere Verwaltungsbehörden angeordnet oder sie anderen Behörden ausdrücklich übertragen sind.

Ressort der ersten Abteilung der Regierung[1]).

§ 2. Von diesen Gegenständen gehören vor die erste Abteilung der Regierung:

1. u. 2. usw.

3. Medizinal- und Gesundheitsangelegenheiten in polizeilicher Rücksicht, z. B. Verkehr mit Medikamenten; Verhütung von Kuren durch unbefugte Personen; Ausrottung von der Gesundheit nachteiligen Vorurteilen und Gewohnheiten; Vorkehrungen gegen ansteckende Krankheiten und Seuchen unter Menschen oder Tieren; Kranken- (und Irren-) Häuser; Rettungsanstalten; Unverfälschtheit und Gesundheit der Lebensmittel usw.;

4.—12. usw.

[1]) s. weiter unten § 18 des Landesverwaltungsgesetzes.

Abschnitt II.

Von den Befugnissen und Obliegenheiten der Regierungen und ihrer Abteilungen in dem ihnen angewiesenen Geschäftskreise.

§ 47. Der Medizinalrat bearbeitet bei den Regierungen alle in die Gesundheits- und Medizinalpolizei einschlagenden Sachen und hat in Beziehung darauf alle Rechte, Pflichten und Verantwortlichkeiten der übrigen Departementsräte. Er muß die wichtigeren Medizinalanstalten von Zeit zu Zeit revidieren, auch das beachten, was aus der Instruktion für die Medizinalkollegien von heute auf ihr Anwendung findet. Er darf zwar medizinische Praxis treiben, aber nur insoweit, daß seine Amtsgeschäfte dabei nicht leiden.

Gesetz über die allgemeine Landesverwaltung vom 30. Juli 1883.

Abschnitt II.

1. Regierungspräsident und Bezirksregierung.

§ 18. Die Regierungsabteilung des Innern wird aufgehoben. Die Geschäfte derselben werden, soweit nicht durch das gegenwärtige Gesetz abweichende Bestimmungen getroffen sind, von dem Regierungspräsidenten mit den der Regierung zustehenden Befugnissen verwaltet.

Als untere Instanz der Staatsverwaltung kommt der Landrat. Für ihn sind folgende Bestimmungen grundlegend:

Verordnung wegen verbesserter Einrichtung der Provinzialbehörde.

§ 34. Jeder Kreis hat einen Landrat.

Gesetz über die allgemeine Landesverwaltung vom 30. Juli 1883.

Abschnitt III. Kreisbehörden.

§ 36. An der Spitze der Verwaltung des Kreises

steht der Landrat. Derselbe führt den Vorsitz im Kreisausschusse.

Im übrigen wird die Zusammensetzung des Kreisausschusses durch die Kreisordnungen geregelt.

§ 37. Der Stadtausschuß besteht aus dem Bürgermeister bzw. dessen gesetzlichen Stellvertreter als Vorsitzenden und vier Mitgliedern, welche vom Magistrate (kollegialischen Gemeindevorstand) aus seiner Mitte für die Dauer ihres Hauptamtes gewählt werden.

Für Fälle der Behinderung sowohl des Bürgermeisters wie seines gesetzlichen Stellvertreters wählt der Stadtausschuß den Vorsitzenden aus seiner Mitte. Derselbe bedarf der Bestätigung des Regierungspräsidenten, in dem Stadtkreise Berlin des Oberpräsidenten der Provinz Brandenburg.

Der Vorsitzende oder ein Mitglied des Stadtausschusses muß zum Richteramt oder zum höheren Verwaltungsdienst befähigt sein.

Kreisarzt.

Für das Gesundheitswesen von besonderer Bedeutung ist der Kreisarzt[1]), welcher in seiner Eigenschaft als staatlicher Gesundheitsbeamter in den Landkreisen dem Landrate und in den Stadtkreisen der Ortspolizeibehörde als technischer Berater zur Seite steht. Zu seinen Aufgaben gehört u. a. auch die Aufsicht über das Apothekenwesen.

Seine Stellung ist geregelt durch das Gesetz über die Dienststellung des Kreisarztes vom 16. September 1899 und die im Anschluß vom Minister der geistlichen usw.

[1]) S. auch Abschnitt IV.

Angelegenheiten erlassene Dienstanweisung für die Kreisärzte, die im Jahre 1909 in neuer Fassung erlassen ist, und deren hier interessierende Bestimmungen weiter unten folgen.

In den übrigen zum Deutschen Reiche gehörigen Ländern ist die Bearbeitung sämtlicher in dieses Gebiet fallender Fragen ähnlich geregelt.

In Bayern bearbeitet das Ministerium des Innern die Gesundheitsfürsorge und das Impfwesen. Ihm steht zur Seite in Angelegenheiten des Medizinalwesens und der Medizinalpolizei ein Obermedizinalausschuß, in Angelegenheiten der gerichtlichen Medizin die Medizinalkomitees, die bei den drei Landesuniversitäten gebildet sind. In den Regierungsbezirken entspricht dem Obermedizinalausschuß der Kreismedizinalausschuß. Bei den untersten Instanzen können Gesundheitskommissionen gebildet werden zur Unterstützung der dort tätigen Bezirksärzte, die den preußischen Kreisärzten entsprechen. Das Ministerium für Unterricht und Kultus bearbeitet die Jugendpflege.

In Sachsen ist durch Verordnung vom 20. Mai 1922 das Landesgesundheitsamt zur Bearbeitung der gesamten Interessen des öffentlichen Gesundheitswesens geschaffen und dem Ministerium des Innern unterstellt, das die oberste Instanz darstellt. Den Kreishauptmannschaften, der Mittelinstanz, ist je ein Oberregierungsmedizinalrat als medizinischer Beirat beigegeben. Gemäß der Zahl der Amtshauptmannschaften und einiger städtischer Bezirke hat man Medizinalpolizeibezirke gebildet, an deren Spitze je ein Bezirksarzt steht.

In Württemberg bearbeitet ebenfalls das Ministerium

des Innern diesen gesamten Fragenkomplex. Zu seiner Beratung ist der Landesgesundheitsrat gebildet. Bemerkenswert ist, daß hierin auch Vertreter der Homöopathie und des Naturheilverfahrens vertreten sein müssen. In jedem Oberamtsbezirk ist ein Oberamtsarzt tätig. Daneben sind als zweite Gerichtsärzte die Oberamtswundärzte angestellt.

In Baden steht dem Ministerium des Innern, als der obersten Behörde, der Landesgesundheitsrat zur Seite. Die unterste Instanz wird durch die Bezirksämter gebildet, denen je ein Bezirksarzt zur Seite steht. Die Bildung von Gesundheitskommissionen ist in größeren Städten vorgesehen.

In Thüringen liegt das gesamte Gebiet in der Hand des Wirtschaftsministeriums.

In Hessen bearbeitet das Ministerium des Innern die gesamte Gesundheitspflege. Ihm steht ein ärztlicher, veterinärärztlicher und pharmazeutischer Zentralausschuß zur Seite. Der Kreisarzt steht an der Spitze des für jeden Kreis gebildeten Kreisgesundheitsamtes. Kreis- und Ortsgesundheitsräte sind in einzelnen großen Städten gebildet.

In Hamburg wird diese ganze Materie von der Gesundheitsbehörde bearbeitet, der ein Gesundheitsamt angegliedert ist.

In Mecklenburg-Schwerin bearbeitet das Ministerium für Unterricht, Kunst- und Medizinalangelegenheiten die Gesundheitspflege, dem das Landesgesundheitsamt untersteht. Den Kreisen ist ein Kreisarzt beigegeben worden.

In Braunschweig liegt die Bearbeitung dieser Fragen in der Hand des Staatsministeriums, Abteilung für Inneres, dem ein Medizinalkollegium beigegeben ist.

In Oldenburg bearbeitet das Ministerium für soziale Fürsorge diesen Fragenkomplex, wo ein Landesarzt tätig ist. Im Landesteil Birkenfeld ist ein Landesarzt, im Landesteil Lübeck ein Physikus bestellt.

In Anhalt regelt das Anhaltische Staatsministerium, dem ein Medizinalkollegium untersteht, diese gesamten Fragen.

In Bremen ist die Medizinalkommission des Senats die leitende Stelle, der die Deputation für das Gesundheitswesen und als technische Behörde der Gesundheitsrat untersteht. In unterer Instanz sind vier Medizinalämter gebildet, an deren Spitze je ein Kreisarzt steht.

In Lippe ist ein Landesamt für Volkswohlfahrt und Volksgesundheit gebildet worden, dem ein Beirat untersteht.

In Lübeck hat sich der Senat diese Materie vorbehalten, unter dem ein Medizinalamt arbeitet. Beratende Behörde ist das Medizinalkollegium.

Mecklenburg-Strelitz hat in der Abteilung für Medizinalangelegenheiten seines Ministeriums die bearbeitende Stelle geschaffen.

In Waldeck bearbeitet der Landesdirektor als oberste Behörde das Gesundheitswesen. Im Landesdirektorium ist als Fachbearbeiter ein Regierungs-Medizinalrat tätig.

In Schaumburg-Lippe bearbeitet die Landesregierung diesen Fragenkomplex.

Abschnitt II.

Gesetze und Erlasse, betr. Bekämpfung von Krankheiten, Seuchen und Epidemien.

Die einzelnen Gesetze und Verordnungen bedürfen wohl kaum einer Erläuterung in diesem enggesteckten Rahmen, und jeder, der damit zu tun hat, findet darin die genauen Bestimmungen. Es sei nur folgendes gesagt: Die in dem Gesetz zur Bekämpfung gemeingefährlicher Krankheiten angeführten Leiden sind selbstverständlich auch übertragbare Krankheiten, denn sonst wären sie ja nicht gemeingefährlich (= allgemeingefährlich). Die Mitwirkung des beamteten Arztes ist hier eingehend geregelt und weitestgehend in Anwendung gebracht. Während das Gesetz zur Bekämpfung gemeingefährlicher Krankheiten ein Reichsgesetz ist, ist das Gesetz zur Bekämpfung übertragbarer Krankheiten ein preußisches Gesetz, zu dessen Erlaß § 48 des ersteren Gesetzes die Ermächtigung gegeben hat. Auch die anderen Länder haben ähnliche Gesetze oder Verordnungen erlassen.

Das Verbot des Magnetisierens, Hypnotisierens usw. erstreckt sich nur auf öffentliche Vorstellungen. Öffentliche Vorstellungen sind solche, zu denen jedermann oder einem nicht individuell begrenzten Personenkreis der Zutritt freisteht. Derartige Vorführungen können daher nur in geschlossenen Gesellschaften geschehen. Es ist dies ein nach außen hin abgeschlossener Personenkreis, deren Angehörige miteinander in einer auf wechselseitigen persönlichen Beziehungen oder auf der Gemeinsamkeit des sachlichen Zweckes beruhenden Verbindung stehen. Die geschlossene Gesellschaft wird nicht deshalb zu einer öffentlichen, daß Gäste zugelassen werden; als solche sind aber nur solche Personen anzusehen, die auf Grund persönlicher oder sachlicher Beziehungen von der Gesellschaft oder deren einzelnen Mitgliedern eingeladen oder eingeführt sind. Eine geschlossene Gesellschaft ist dann nicht mehr gegeben, sobald zu ihr ohne weiteres jede Person, sei es auch gegen Zahlung eines Eintrittsgeldes, zugelassen wird, auch wenn dieses Eintrittsgeld als Bezahlung des Beitrages für eine bestimmte Zeit angesehen wird und der Zahlende dadurch gleich Mitglied werden kann.

Die Bestrebungen zur Aufhebung oder mindestens zur Einschränkung der Kurierfreiheit reichen weit zurück, und es erscheint daher auch angebracht, die Etappen anzugeben, auch selbst wenn sie nicht Gesetz geworden sind, oder überholt sind. Am weitestgehend war hier der Gesetzentwurf gegen die Mißstände im Heilgewerbe von 1910 (II 11). Dann folgte als Ausfluß der Kriegsnachwirkungen der Behandlungszwang von Geschlechtskrankheiten in der Verordnung v. 11. Dezember 1918 (II 12) und am 18. Februar 1927 das Gesetz zur Bekämpfung der Geschlechtskrankheiten. Dieses Gesetz ist am 1. Oktober 1927 in Kraft getreten und vereinigt in sich dreierlei: 1. Die Aufhebung jeglicher Sittenkontrolle, Aufhebung etwaiger Kasernierungen und aller Wohnungsbeschränkungen von Dirnen; 2. Aufhebung der Kurierfreiheit in bezug auf Geschlechtskrankheiten und sämtliche, auch die nicht affektiösen Leiden der Geschlechtsorgane, auch der sekundären, und 3. Behandlungszwang für Geschlechtskrankheiten.

1. Reichsimpfgesetz[1]).

Vom 8. April 1874 (RGBl. 31).

§ 1. Der Impfung mit Schutzpocken[2]) soll unterzogen werden:

1. jedes Kind vor dem Ablaufe des auf sein Geburtsjahr folgenden Kalenderjahres, sofern es nicht nach ärztlichem Zeugnis (§ 10) die natürlichen Blattern überstanden hat;
2. jeder Zögling einer öffentlichen Lehranstalt oder einer Privatschule mit Ausnahme der Sonntags- und Abendschulen innerhalb des Jahres, in welchem der Zögling das zwölfte Lebensjahr zurücklegt, sofern er nicht nach ärztlichem Zeugnis in den letzten fünf Jahren die natürlichen Blattern überstanden hat oder mit Erfolg geimpft worden ist.

[1]) Hierzu Beschlüsse des Bundesrats vom 28. Juni 1899 mit Abänderungen vom 5. Mai 1905, 28. Juni 1911. (Veröffentl. des Kaiserl. Gesundheitsamts. 1899 S. 948; 1905 S. 819; 1911 S. 837). Zu diesen Beschlüssen sind ergangen: preuß. Ausführungsvorschriften durch MinErl. vom 28. Februar 1900; abgeändert vom 28. Oktober 1904, 2. November 1907, 27. Oktober 1908, 1. Juli 1910 und 10. März 1911.

[2]) Seit Bestehen des durch dieses Gesetz eingeführten Impfzwanges wird von den Impfgegnern ein Kampf gegen das Gesetz geführt mit dem Ziele um Aufhebung oder aber zum mindesten der Einführung der Gewissensklausel, wie sie in England besteht, und demzufolge derjenige, der als Elternteil oder Pfleger eines Kindes wegen Impfweigerung nicht strafbar ist, der innerhalb der ersten 4 Monate nach der Geburt vor der zuständigen Behörde die Erklärung abgibt, daß er nach Überzeugung und Gewissen die Befürchtung hege, die Impfung könne der Gesundheit des Kindes nachteilig sein.

§ 2. Ein Impfpflichtiger (§ 1), welcher nach ärztlichem Zeugnis ohne Gefahr für sein Leben oder für seine Gesundheit nicht geimpft werden kann, ist binnen Jahresfrist nach Aufhören des diese Gefahr begründenden Zustandes der Impfung zu unterziehen.

Ob diese Gefahr noch fortbesteht, hat in zweifelhaften Fällen der zuständige Impfarzt (§ 6) endgültig zu entscheiden.

§ 3. Ist eine Impfung nach dem Urteile des Arztes (§ 5) erfolglos geblieben, so muß sie spätestens im nächsten Jahre, und, falls sie auch dann erfolglos bleibt, im dritten Jahre wiederholt werden.

Die zuständige Behörde kann anordnen, daß die letzte Wiederholung der Impfung durch den Impfarzt (§ 6) vorgenommen werde.

§ 4. Ist die Impfung ohne gesetzlichen Grund (§§ 1, 2) unterblieben, so ist sie binnen einer von der zuständigen Behörde zu setzenden Frist nachzuholen.

§ 5. Jeder Impfling muß frühestens am sechsten, spätestens am achten Tage nach der Impfung dem impfenden Arzte vorgestellt werden.

§ 6. In jedem Bundesstaate werden Impfbezirke gebildet, deren jeder einem Impfarzt unterstellt wird.

Der Impfarzt nimmt in der Zeit von Anfang Mai bis Ende September jeden Jahres an den vorher bekanntzumachenden Orten und Tagen für die Bewohner des Impfbezirkes Impfungen unentgeltlich vor. Die Orte für die Vornahme der Impfungen, sowie für die Vorstellung der Impflinge (§ 5) werden so gewählt, daß kein Ort des Bezirks von dem nächstbelegenen Impforte mehr als 5 km entfernt ist.

§ 7. Für jeden Impfbezirk wird vor Beginn der Impfzeit eine Liste der nach § 1 Ziff. 1 der Impfung unterliegenden Kinder von der zuständigen Behörde aufgestellt. Über die auf Grund des § 1 Ziff. 2 zur Impfung gelangenden Kinder haben die Vorsteher der betr. Lehranstalten eine Liste anzufertigen.

Die Impfärzte vermerken in den Listen, ob die Impfung mit oder ohne Erfolg vollzogen oder ob und weshalb sie ganz oder vorläufig unterblieben ist.

Nach dem Schlusse des Kalenderjahres sind die Listen der Behörde einzureichen.

Die Einrichtung der Listen wird durch den Bundesrat festgestellt.

§ 8. Außer den Impfärzten sind ausschließlich Ärzte befugt, Impfungen vorzunehmen.

Sie haben über die ausgeführten Impfungen in der im § 7 vorgeschriebenen Form Listen zu führen und dieselben am Jahresschluß der zuständigen Behörde vorzulegen.

§ 9. Die Landesregierungen haben nach näherer Anordnung des Bundesrats dafür zu sorgen, daß eine angemessene Anzahl von Impfinstituten[1]) zur Beschaffung und Erzeugung von Schutzpockenlymphe eingerichtet werde.

Die Impfinstitute geben die Schutzpockenlymphe an die öffentlichen Impfärzte unentgeltlich ab und haben über Herkunft und Abgabe derselben Listen zu führen.

Die öffentlichen Impfärzte sind verpflichtet, auf Verlangen Schutzpockenlymphe, soweit ihr entbehrlicher Vorrat reicht, an andere Ärzte unentgeltlich abzugeben.

[1]) Es sind z. B. 17 derartige Institute vorhanden.

In Preußen: Königsberg, Berlin, Oppeln, Stettin, Halle, Hannover, Kassel, Köln.

Außerdem: München, Dresden, Karlsruhe, Weimar, Darmstadt, Hamburg, Schwerin, Bernburg, Lübeck.

§ 10. Über jede Impfung wird nach Feststellung ihrer Wirkung (§ 5) von dem Arzte ein Impfschein ausgestellt. In dem Impfschein wird, unter Angabe des Vor- und Zunamens des Impflings, sowie des Jahres und Tages seiner Geburt, bescheinigt, entweder,

daß durch die Impfung der gesetzlichen Pflicht genügt ist, oder

daß die Impfung im nächsten Jahre wiederholt werden muß.

In den ärztlichen Zeugnissen, durch welche die gänzliche oder vorläufige Befreiung von der Impfung (§§ 1, 2) nachgewiesen werden soll, wird, unter der für den Impfschein vorgeschriebenen Bezeichnung der Person, bescheinigt, aus welchem Grunde und auf wie lange die Impfung unterbleiben darf.

§ 11. Der Bundesrat bestimmt das für die vorgedachten Bescheinigungen (§ 10) anzuwendende Formular.

Die erste Ausstellung der Bescheinigungen erfolgt stempel- und gebührenfrei.

§ 12. Eltern, Pflegeeltern und Vormünder sind gehalten, auf amtliches Erfordern mittels der vorgeschriebenen Bescheinigungen (§ 10) den Nachweis zu führen, daß die Impfung ihrer Kinder und Pflegebefohlenen erfolgt oder aus einem gesetzlichen Grunde unterblieben ist.

§ 13. Die Vorsteher derjenigen Schulanstalten, deren Zöglinge dem Impfzwange unterliegen (§ 1 Ziff. 2), haben bei der Aufnahme von Schülern durch Einfordern der vorgeschriebenen Bescheinigungen festzustellen, ob die gesetzliche Impfung erfolgt ist.

Sie haben dafür zu sorgen, daß Zöglinge, welche während des Besuches der Anstalt nach § 1 Ziff. 2 impfpflichtig werden, dieser Verpflichtung genügen.

Ist eine Impfung ohne gesetzlichen Grund unterblieben, so haben sie auf deren Nachholung zu dringen.

Sie sind verpflichtet, vier Wochen vor Schluß des Schuljahres der zuständigen Behörde ein Verzeichnis derjenigen Schüler vorzulegen, für welche der Nachweis der Impfung nicht erbracht ist.

§ 14. Eltern, Pflegeeltern und Vormünder, welche den nach § 12 ihnen obliegenden Nachweis zu führen unterlassen, werden mit einer Geldstrafe bis zu zwanzig Mark bestraft.

Eltern, Pflegeeltern und Vormünder, deren Kinder und Pflegebefohlene ohne gesetzlichen Grund und trotz erfolgter amtlicher Aufforderung der Impfung oder der ihr folgenden Gestellung (§ 5) entzogen geblieben sind, werden mit Geldstrafe bis zu fünfzig Mark oder mit Haft bis zu drei Tagen bestraft.

§ 15. Ärzte und Schulvorsteher, welche den durch § 8 Abs. 2, § 7 und durch § 13 ihnen auferlegten Verpflichtungen nicht nachkommen, werden mit Geldstrafe bis zu hundert Mark bestraft.

§ 16. Wer unbefugterweise (§ 8) Impfungen vornimmt, wird mit Geldstrafe bis zu einhundertfünfzig Mark oder mit Haft bis zu 14 Tagen bestraft.

§ 17. Wer bei der Ausführung einer Impfung fahrlässig handelt, wird mit Geldstrafe bis zu fünfhundert Mark oder mit Gefängnis bis zu drei Monaten bestraft, sofern nicht nach dem Strafgesetzbuch eine härtere Strafe eintritt.

§ 18. Die Vorschriften dieses Gesetzes treten mit dem 1. April 1875 in Kraft.

Die einzelnen Bundesstaaten werden die zur Ausführung erforderlichen Bestimmungen treffen.

Die in den einzelnen Bundesstaaten bestehenden Bestimmungen über Zwangsimpfungen bei dem Ausbruch einer Pockenepidemie werden durch dieses Gesetz nicht berührt[1]).

[1]) Hier kommen in Betracht die Ausführungsbestimmungen zum Gesetz, betr. die Bekämpfung gemeingefährlicher Krankheiten.

Gesetz, betr. die Ausführung des Reichs-Impf-Gesetzes.

Vom 12. April 1875 (GS. 191).

§ 1. Die Kreise, in den Hohenzollernschen Landen die Amtsverbände, haben die Impfbezirke zu bilden, die Impfärzte anzustellen und die Kosten zu tragen, welche durch die Ausführung des Impfgesetzes vom 8. April 1874 entstehen, mit Ausnahme jedoch der Kosten für die Herstellung und Unterhaltung der Impinstitute (§ 9 G. vom 8. April 1874).

§ 2. Zu den von den Kreisen und Amtsverbänden zu tragenden Kosten gehören die Remuneration der Impfärzte, die Kosten der erforderlichen Bureauarbeiten, sowie die Kosten für den Druck der nötigen Listen, Scheine und Zeugnisse.

Dafür fallen den Kreisen und Amtsverbänden aber auch die Gebühren für die in den Impfterminen erteilten Bescheinigungen zu, soweit dieselben nach § 11 des Reichs-Impfgesetzes nicht gebührenfrei sind. Alle Impfscheine sind übrigens stempelfrei.

Außerdem ist von den Gemeinden, in deren Bezirk öffentliche Impftermine (§ 6 des G. vom 8. April 1874) abgehalten werden, hierfür ein geeignetes Lokal bereit zu halten und dem Impfarzt die dabei erforderliche Schreibhilfe zu gewähren.

§ 3. Die vorstehenden Bestimmungen finden auch Anwendung auf die bei dem Ausbruch einer Pockenepidemie angeordneten Zwangsimpfungen (§ 18 Abs. 3 des G. vom 8. April 1874)[1].

[1] Vgl. Anmerkung zu § 18 des Reichs-Impfgesetzes.

§ 4. Die Minister (der Medizinalangelegenheiten und) des Innern sind mit der Ausführung des Gesetzes vom 8. April im Bereiche der Monarchie und mit der Ausführung des gegenwärtigen Gesetzes beauftragt.

2. Runderlasse.

a) Runderlaß des Ministers der Medizinalangelegenheiten betr. Impfschädigungen.

Vom 22. Mai 1895[1][2].

Die Agitation der Impfgegner gegen die Schutzpockenimpfung, welche seit einiger Zeit wieder mit besonderer Lebhaftigkeit betrieben wird, scheint nicht ohne Erfolg

---

[1] Ähnliche Erlasse sind ergangen: Bayern 3. Mai 1895, Sachsen 2. Mai 1895, Baden 14. Mai 1895, Hessen 28. Mai

geblieben zu sein und insbesondere auch in ärztlichen Kreisen neuerdings mehr Unterstützung als früher gefunden zu haben. Hierfür dürften unter anderen Anzeichen die in einzelnen Gebieten besonders häufigen und sich zahlreich mehrenden Impfbefreiungen auf Grund ärztlicher Bescheinigungen sprechen. Das hierdurch bewirkte Anwachsen der Zahl der ungeschützten Personen schafft naturgemäß günstige Verhältnisse für eine Verbreitung der Pocken. Tritt diese Folge ein, so wird das Publikum, dem die besonderen Verhältnisse unbekannt sind, glauben, das Impfgesetz schütze nicht vor dem Auftreten der Pocken. Die impfgegnerische Agitation würde hiermit wiederum gestärkt werden.

Um dieser Gefahr rechtzeitig zu begegnen, sind die folgenden, von dem Direktor des Kaiserlichen Gesundheitsamtes vorgeschlagenen und als zweckentsprechend von uns anerkannten Maßnahmen von den zuständigen Behörden zu beobachten und geeignetenfalls durchzusehen.

1. In denjenigen Impfbezirken, in welchen verhältnismäßig zahlreiche Befreiungen von der Impfung stattfinden, oder die Impfungen der Privatärzte auffallend häufig erfolglos bleiben, sind die Ursachen solcher Unzuträglichkeiten zu ermitteln. In geeigneten Fällen ist gemäß § 2 Abt. 2 des Impfgesetzes durch den Impfarzt festzustellen, ob der Impfpflichtige tatsächlich ohne Gefahr für sein Leben oder seine Gesundheit nicht geimpft werden kann, und je nach dem Ergebnis dieser Feststellung gemäß

1895, Mecklenburg-Schwerin 22. April 1895, Anhalt 17. Mai 1895 usw.

[2]) Der preuß. Wohlfahrtsminister hat mit Erlaß vom 14. Mai 1927 (Volkswohlfahrt S. 612) erneut auf lückenlose Durchführung hingewiesen, da die Entziehungen von der Impfpflicht noch recht hoch seien.

§ 3 Abt. 2 a.a.O. anzuordnen, daß die letzte Wiederholung der Impfung durch den Impfarzt vorgenommen wird[3]).

2. Die Angaben über sogenannte Impfschädigungen, deren Veröffentlichung in der Tagespresse, in Fachzeitschriften, Flugblättern, Petitionen und dgl. zurzeit das beliebteste Agitationsmittel der Impfgegner ist, sind durch die beteiligten Behörden zu untersuchen und der Tatbestand sowie die Ursache der behaupteten Gesundheitsschädigung in jedem einzelnen Falle mit tunlichster Beschleunigung festzustellen. Sofern hiernach sich die verbreitete Nachricht als unrichtig erweist, wird die öffentliche Berichtigung unwahrer und entstellter Angaben herbeizuführen und wenn dies angängig und für das öffentliche Gesundheitsinteresse förderlich erachtet wird, ein strafrechtliches Vorgehen gegen die Verbreiter falscher Nachrichten zu veranlassen sein.

Von dem Ergebnis der Ermittlungen, welche über die von den Impfgegnern behaupteten Impfschädigungen angestellt werden, ist in jedem einzelnen Falle unter Angabe der ergriffenen Maßnahmen uns unverzüglich Bericht zu erstatten.

Mit Rücksicht auf die vielfach noch übliche Unterscheidung eines Impfrotlaufs von dem echten Wundrotlauf, welcher geeignet ist, die Verbreitung unzutreffender Mitteilungen über Impfschädigungen Vorschub zu leisten, sind die Impfärzte anzuweisen, gewöhnliche Hautentzündungen, welche infolge ausnahmsweiser starker Wirkung der Lymphe oder hochgradiger Empfindlichkeit des Impflings um die Impfpusteln aufzutreten pflegen, fernerhin nicht mehr in den Berichten als Rotlauf anzuführen, sondern diese Bezeichnung nur auf Erkrankungen an echter Wundrose (Erysipeles) anzuwenden und diese Fälle einzeln eingehend zu beschreiben.

---

[3]) In Erinnerung gebracht durch Erlaß vom 27. Mai 1910 (MMBl. S. 253).

3. Es kann endlich von Vorteil sein, die praktischen Ärzte auf die Bedeutung der Impfung in geeigneter Weise hinzuweisen, zumal den meisten jüngeren Ärzten die Schrecken der Pockenseuche aus eigner Anschauung nicht bekannt sind und zu diesem Zweck Mitteilungen in den Personen- und Standesvereinen oder entsprechende Veröffentlichungen der Behörden zu veranlassen mit entsprechender Weisung: „Euer Hochwohlgeboren ersuchen wir ergebenst, die nachgeordneten Behörden gefälligst hiernach zu versehen.

b) Runderlaß des Ministers für Volkswohlfahrt.

Vom 8. Januar 1926.

Die von den Impfgegnern verbreitete Nachricht, daß nach einem Beschlusse des Landesgesundheitsrats Zwangsimpfungen und insbesondere auch Vorführungen zu solchen in Zukunft unterbleiben sollten, trifft nicht zu. Es wurde jedoch der einstimmigen Meinung darüber Ausdruck gegeben, daß auf die Eltern der Impflinge nach Möglichkeit dahin einzuwirken ist, daß sie ihre Kinder freiwillig impfen lassen und auf diese Weise Impfmaßnahmen vermeiden.

Sind diese nicht zu umgehen, so sollten sie unter Ausschluß unnützer Härten zielsicher durchgeführt werden.

c) Runderlaß vom 9. April 1926, betr. Durchführung der Pockenimpfungen.

(Volkswohlfahrt 1926, S. 408.)

Mit Bezug auf den Runderlaß v. 22. April 1919[1]) betr. die Durchführung der Pockenimpfung.

Der vorbezeichnete Erlaß besagt in Auslegung des § 3 d. RImpfG., daß eine erfolglose Impfung spätestens im nächsten Jahre zu wiederholen sei, was nicht ausschließe, daß die Impfung sogleich bei der Feststellung des Miß-

---

[1]) Der Kürze halber hier nicht abgedruckt.

erfolges der ersten Impfung wiederholt werde. Bei drohender Pockengefahr solle dies aber die Regel sein.

Dieser Erlaß ist insofern mißverstanden worden, als eine Polizeiverwaltung angenommen hat, unter Berufung auf ihn polizeiliche Zwangsmaßnahmen durchführen zu können.

Dies ist nicht angängig. Zur Vermeidung von Mißverständnissen weise ich darauf hin, daß eine zwangsweise Impfung vor Ablauf des nächsten Kalenderjahres nicht erfolgen kann.

Ich ersuche die Polizeiverwaltungen und Impfärzte gefl. anzuweisen, daß sie hiernach verfahren.

3. Reichsgesetz, betreffend die Bekämpfung gemeingefährlicher Krankheiten[1]).

Vom 30. Juni 1900 (RGBl. S. 306).

Anzeigepflicht.

§ 1. Jede Erkrankung und jeder Todesfall an Aussatz (Lepra), Cholera (asiatischer), Fleckfieber (Flecktyphus), Gelbfieber, Pest (orientalischer Beulenpest), Pocken (Blattern) sowie jeder Fall, welcher Verdacht einer dieser Krankheiten erweckt, ist der für den Aufent-

[1]) Dieses Gesetz bezieht sich nur auf die sog. gemeingefährlichen Krankheiten. Die Regelung der Meldepflicht usw. der übrigen übertragbaren Krankheiten ist der Landesgesetzgebung vorbehalten. Die Grenze zwischen den in diesem Gesetz behandelten und den übrigen Krankheiten ist eigentlich eine willkürliche, da die anderen Krankheiten durch die Möglichkeit ihres epidemischen Auftretens auch gemeingefährlich werden können.

haltsort des Erkrankten oder den Sterbeort zuständigen Polizeibehörde unverzüglich[1]) anzuzeigen.

Wechselt der Erkrankte den Aufenthaltsort, so ist dies unverzüglich bei der Polizeibehörde des bisherigen und des neuen Aufenthaltsortes zur Anzeige zu bringen.

[1]) Ohne schuldhaftes Zögern. Gemäß § 45 Ziff. 1 innerhalb von 24 Stunden.

§ 2. Zur Anzeige sind verpflichtet:

1. der zugezogene Arzt,
2. der Haushaltungsvorstand,
3. jede sonst mit der Behandlung oder Pflege des Erkrankten beschäftigte Person,
4. derjenige, in dessen Wohnung oder Behausung[1]) der Erkrankungs- oder Todesfall sich ereignet hat,
5. der Leichenschauer.

Die Verpflichtung der unter Nr. 2 bis 5 genannten Personen tritt nur dann ein, wenn ein früher genannter Verpflichteter nicht vorhanden ist.

[1]) Behausung ist ein weiter umfassender Begriff, also auch z. B. Wohnung und Arbeitsstätte (Vf. v. 17. Februar 1908. MedMinBl. S. 113).

§ 3. Für Krankheits- und Todesfälle, welche sich in öffentlichen Kranken-, Entbindungs-, Pflege-, Gefangenen- und ähnlichen Anstalten ereignen, ist der Vorsteher der Anstalt oder die von der zuständigen Stelle damit beauftragte Person ausschließlich zur Erstattung der Anzeige verpflichtet.

Auf Schiffen oder Flößen gilt als der zur Erstattung der Anzeige verpflichtete Haushaltungsvorstand der

Schiffer oder Floßführer oder deren Stellvertreter. Der Bundesrat ist ermächtigt, Bestimmungen darüber zu erlassen, an wen bei Krankheits- und Todesfällen, welche auf Schiffen oder Flößen vorkommen, die Anzeige zu erstatten ist[1]).

[1]) Siehe Ausführungsbestimmungen hierzu.

§ 4. Die Anzeige kann mündlich oder schriftlich erstattet werden. Die Polizeibehörden haben auf Verlangen Meldekarten für schriftliche Anzeigen unentgeltlich zu verabfolgen.

§ 5. Landesrechtliche Bestimmungen, welche eine weitergehende Anzeigepflicht begründen, werden durch dieses Gesetz nicht berührt.

Durch Beschluß des Bundesrats können die Vorschriften über die Anzeigepflicht (§§ 1 bis 4) auf andere als die im § 1 Abs. 1 genannten übertragbaren Krankheiten ausgedehnt werden.

Ermittlung der Krankheit.

§ 6. Die Polizeibehörde muß, sobald sie von dem Ausbruch oder dem Verdachte des Auftretens einer der im § 1 Abs. 1 genannten Krankheiten (gemeingefährliche Krankheiten) Kenntnis erhält, den zuständigen beamteten Arzt benachrichtigen[1]). Dieser hat alsdann unverzüglich an Ort und Stelle Ermittlungen über die Art, den Stand und die Ursache der Krankheit vorzunehmen und der Polizeibehörde eine Erklärung darüber abzugeben, ob der Ausbruch der Krankheit festgestellt oder der Verdacht des Ausbruchs begründet ist. In Notfällen kann der beamtete Arzt die Ermittlung auch vornehmen, ohne daß ihm eine Nachricht der Polizeibehörde zugegangen ist.

In Ortschaften mit mehr als 10 000 Einwohnern ist nach den Bestimmungen des Abs. 1 auch dann zu verfahren, wenn Erkrankungs- oder Todesfälle in einem räumlich abgegrenzten Teile der Ortschaft, welcher von der Krankheit bis dahin verschont geblieben war, vorkommen.

Die höhere Verwaltungsbehörde kann Ermittlungen über jeden einzelnen Krankheits- oder Todesfall anordnen. Solange eine solche Anordnung nicht getroffen ist, sind nach der ersten Feststellung der Krankheit von dem beamteten Arzte Ermittlungen nur im Einverständnisse mit der unteren Verwaltungsbehörde und nur insoweit vorzunehmen, als dies erforderlich ist, um die Ausbreitung der Krankheit örtlich und zeitlich zu verfolgen[2]).

[1]) Diese Benachrichtigung muß natürlich sofort erfolgen.

[2]) Die hier so streng durchgeführte Abgrenzung der Befugnisse des beamteten Arztes ist eigentlich unnötig. Er wird pflichtgemäß von selbst und soweit Feststellungen machen, als sie ihm zur Einschränkung und Beseitigung der Seuchengefahr erforderlich erscheint.

§ 7. Dem beamteten Arzte ist, soweit er es zur Feststellung der Krankheit für erforderlich und ohne Schädigung des Kranken für zulässig hält, der Zutritt zu dem Kranken oder zur Leiche und die Vornahme der zu den Ermittlungen über die Krankheit erforderlichen Untersuchungen zu gestatten. Auch kann bei Cholera-, Gelbfieber- und Pestverdacht eine Öffnung der Leiche polizeilich angeordnet werden, insoweit der beamtete Arzt dies zur Feststellung der Krankheit für erforderlich hält.

Der behandelnde Arzt ist berechtigt, den Untersuchungen, insbesondere auch der Leichenöffnung beizuwohnen.

Die in §§ 2 und 3 aufgeführten Personen sind verpflichtet, über alle für die Entstehung und den Verlauf der Krankheit wichtigen Umstände dem beamteten Arzte und der zuständigen Behörde auf Befragen Auskunft zu erteilen.

§ 8. Ist nach dem Gutachten des beamteten Arztes der Ausbruch der Krankheit festgestellt oder der Verdacht des Ausbruchs begründet, so hat die Polizeibehörde unverzüglich die erforderlichen Schutzmaßregeln zu treffen.

§ 9. Bei Gefahr im Verzuge kann der beamtete Arzt schon vor dem Einschreiten der Polizeibehörde die zur Verhütung der Verbreitung der Krankheit zunächst erforderlichen Maßregeln anordnen. Der Vorsteher der Ortschaft hat den von dem beamteten Arzte getroffenen Anordnungen Folge zu leisten. Von den Anordnungen hat der beamtete Arzt der Polizeibehörde sofort schriftliche Mitteilung zu machen; sie bleiben solange in Kraft, bis von der zuständigen Behörde anderweite Verfügung getroffen wird.

§ 10. Für Ortschaften und Bezirke, welche von einer gemeingefährlichen Krankheit befallen oder bedroht sind, kann durch die zuständige Behörde angeordnet werden, daß jede Leiche vor der Bestattung einer amtlichen Besichtigung (Leichenschau) zu unterwerfen ist.

Schutzmaßregeln.

§ 11. Zur Verhütung der Verbreitung der gemeingefährlichen Krankheiten können für die Dauer der Krankheitsgefahr Absperrungs- und Aufsichtsmaßregeln nach Maßgabe der §§ 12 bis 21 polizeilich angeordnet werden.

Die Anfechtung der Anordnungen hat keine aufschiebende Wirkung.

§ 12. Kranke und krankheits- oder ansteckungsverdächtige Personen[1]) können einer Beobachtung unterworfen werden. Eine Beschränkung in der Wahl des Aufenthalts oder der Arbeitsstätte ist zu diesem Zwecke nur bei Personen zulässig, welche obdachlos oder ohne festen Wohnsitz sind oder berufs- oder gewohnheitsmäßig umherziehen.

[1]) Krankheitsverdächtig sind solche Personen, die unter Erscheinungen erkrankt sind, die den Ausbruch einer derartigen Krankheit befürchten lassen, ansteckungsverdächtig diejenigen, bei denen derartige Erscheinungen zwar nicht vorliegen, jedoch die Besorgnis gerechtfertigt erscheint, daß sie Krankheitsstoff aufgenommen haben.

§ 13. Die höhere Verwaltungsbehörde kann für den Umfang ihres Bezirkes oder für Teile desselben anordnen, daß zureisende Personen, sofern sie sich innerhalb einer zu bestimmenden Frist vor ihrer Ankunft in Ortschaften oder Bezirken aufgehalten haben, in welchen eine gemeingefährliche Krankheit ausgebrochen ist, nach ihrer Ankunft der Ortspolizeibehörde zu melden sind.

§ 14. Für Kranke und krankheits- oder ansteckungsverdächtige Personen kann eine Absonderung angeordnet werden.

Die Absonderung kranker Personen hat derart zu erfolgen, daß der Kranke mit anderen als den zu seiner Pflege bestimmten Personen, dem Arzte oder dem Seelsorger nicht in Berührung kommt und eine Verbreitung der Krankheit tunlichst ausgeschlossen ist. Angehörigen und Urkundspersonen ist, insoweit es zur Erledigung wichtiger und dringender Angelegenheiten geboten ist, der Zutritt zu dem Kranken unter Beobachtung der erforderlichen Maßregeln gegen eine Weiterverbreitung der Krankheit gestattet. Werden auf Erfordern der Polizeibehörde in der Behausung des Kranken die nach dem Gutachten des beamteten Arztes zum Zwecke der Absonderung notwendigen Einrichtungen nicht getroffen, so kann, falls es der beamtete Arzt es für unerläßlich und der behandelnde Arzt es ohne Schädigung des Kranken für zulässig erklärt, die Überführung des Kranken in ein geeignetes Krankenhaus oder in einen anderen geeigneten Unterkunftsraum angeordnet werden.

Auf die Absonderung krankheits- oder ansteckungsverdächtiger Personen finden die Bestimmungen des Abs. 2 sinngemäße Anwendung. Jedoch dürfen krankheits- oder ansteckungsverdächtige Personen nicht in demselben Raume mit kranken Personen untergebracht werden. Ansteckungsverdächtige Personen dürfen in demselben Raume mit krankheitsverdächtigen Personen nur untergebracht werden, soweit der beamtete Arzt es für zulässig hält.

Wohnungen oder Häuser, in welchen erkrankte Personen sich befinden, können kenntlich gemacht werden.

Für das berufsmäßige Pflegepersonal können Verkehrsbeschränkungen angeordnet werden.

§ 15. Die Landesbehörden sind befugt, für Ortschaften und Bezirke, welche von einer gemeingefährlichen Krankheit befallen oder bedroht sind,

1. hinsichtlich der gewerbsmäßigen Herstellung, Behandlung und Aufbewahrung sowie hinsichtlich des Vertriebs von Gegenständen, welche geeignet sind, die Krankheit zu verbreiten, eine gesundheitspolizeiliche Überwachung und die zur Verhütung der Verbreitung der Krankheit erforderlichen Maßregeln anzuordnen; die Ausfuhr von Gegenständen der bezeichneten Art darf aber nur für Ortschaften verboten werden, in denen Cholera, Fleckfieber, Pest oder Pocken ausgebrochen sind,
2. Gegenstände der in Nr. 1 bezeichneten Art vom Gewerbebetrieb im Umherziehen auszuschließen,
3. die Abhaltung von Märkten, Messen und anderen Veranstaltungen, welche eine Ansammlung größerer Menschenmengen mit sich bringen, zu verbieten oder zu beschränken,
4. die in der Schiffahrt, der Flößerei oder sonstigen Transportbetrieben beschäftigten Personen einer gesundheitspolizeilichen Überwachung zu unterwerfen und kranke, krankheits- oder ansteckungsverdächtige Personen sowie Gegenstände, von denen anzunehmen ist, daß sie mit dem Krankheitsstoffe behaftet sind, von der Beförderung auszuschließen,
5. den Schiffahrts- und Flößereiverkehr auf bestimmte Tageszeiten zu beschränken.

§ 16. Jugendliche Personen aus Behausungen, in denen Erkrankungen vorgekommen sind, können zeitweilig vom Schul- und Unterrichtsbesuche ferngehalten werden. Hinsichtlich der sonstigen für die Schulen anzuordnenden Schutzmaßregeln bewendet es bei den landesrechtlichen Bestimmungen.

§ 17. In Ortschaften, welche von Cholera, Fleckfieber, Pest oder Pocken befallen oder bedroht sind, sowie in deren Umgegend kann die Benutzung von Brunnen, Teichen, Seen, Wasserläufen, Wasserleitungen sowie der dem öffentlichen Gebrauche dienenden Bade-, Schwimm-, Wasch- und Bedürfnisanstalten verboten oder beschränkt werden.

§ 18. Die gänzliche oder teilweise Räumung von Wohnungen und Gebäuden, in denen Erkrankungen vorgekommen sind, kann, insoweit der beamtete Arzt es zur wirksamen Bekämpfung der Krankheit für unerläßlich erklärt, angeordnet werden. Den betroffenen Bewohnern ist anderweit geeignete Unterkunft unentgeltlich zu bieten.

§ 19. Für Gegenstände und Räume, von denen anzunehmen ist, daß sie mit dem Krankheitsstoffe behaftet sind, kann eine Desinfektion angeordnet werden.

Für Reisegepäck und Handelswaren ist bei Aussatz, Cholera und Gelbfieber die Anordnung der Desinfektion nur dann zulässig, wenn die Annahme, daß die Gegenstände mit dem Krankheitsstoffe behaftet sind, durch besondere Umstände begründet ist.

Ist die Desinfektion nicht ausführbar oder im Verhältnis zum Werte der Gegenstände zu kostspielig, so kann die Vernichtung angeordnet werden.

§ 20. Zum Schutze gegen Pest können Maßregeln zur Vertilgung und Fernhaltung von Ratten[1]), Mäusen und anderem Ungeziefer angeordnet werden.

[1]) Die Bekämpfung der Rattenplage erfolgt in den Großstädten jetzt meist auf Grund von Polizeiverordnungen.

§ 21. Für die Aufbewahrung, Einsargung, Beförderung und Bestattung der Leichen von Personen, welche an einer gemeingefährlichen Krankheit gestorben sind, können besondere Vorsichtsmaßregeln angeordnet werden.

§ 22. Die Bestimmungen über die Ausführung der in den §§ 12 bis 21 vorgesehenen Schutzmaßregeln, insbesondere der Desinfektion, werden vom Bundesrat erlassen.

§ 23. Die zuständige Landesbehörde kann die Gemeinden oder die weiteren Kommunalverbände dazu anhalten, diejenigen Einrichtungen, welche zur Bekämpfung der gemeingefährlichen Krankheiten notwendig sind, zu treffen. Wegen Aufbringung der erforderlichen Kosten findet die Bestimmung des § 37 Abs. 2 Anwendung.

§ 24. Zur Verhütung der Einschleppung der gemeingefährlichen Krankheiten aus dem Auslande kann der Einlaß der Seeschiffe von der Erfüllung gesundheitspolizeilicher Vorschriften abhängig gemacht sowie

1. der Einlaß anderer dem Personen- oder Frachtverkehre dienenden Fahrzeuge,
2. die Ein- und Durchfuhr von Waren und Gebrauchsgegenständen,
3. der Eintritt und die Beförderung von Personen, welche aus dem von der Krankheit befallenen Lande kommen,

verboten oder beschränkt werden.

Der Bundesrat ist ermächtigt, Vorschriften über die

hiernach zu treffenden Maßregeln zu beschließen. Soweit sich diese Vorschriften auf die gesundheitspolizeiliche Überwachung der Seeschiffe beziehen, können sie auf den Schiffsverkehr zwischen deutschen Häfen erstreckt werden.

§ 25. Wenn eine gemeingefährliche Krankheit im Ausland oder im Küstengebiet des Reiches ausgebrochen ist, so bestimmt der Reichskanzler oder für das Gebiet des zunächst bedrohten Bundesstaates im Einvernehmen mit dem Reichskanzler die Landesregierung, wann und in welchem Umfange die gemäß § 24 Abs. 2 erlassenen Vorschriften in Vollzug zu setzen sind.

§ 26. Der Bundesrat ist ermächtigt, Vorschriften über die Ausstellung von Gesundheitspässen für die aus deutschen Häfen ausgehenden Seeschiffe zu beschließen.

§ 27. Der Bundesrat ist ermächtigt, über die bei der Ausführung wissenschaftlicher Arbeiten mit Krankheitserregern zu beobachtenden Vorsichtsmaßregeln sowie über den Verkehr mit Krankheitserregern und deren Aufbewahrung Vorschriften zu erlassen.

Entschädigungen.

§ 28. Personen, welche der Invalidenversicherung unterliegen, haben für die Zeit, während der sie auf Grund des § 12 in der Wahl des Aufenthaltes oder der Arbeitsstätte beschränkt oder auf Grund des § 14 abgesondert sind, Anspruch auf eine Entschädigung wegen des ihnen dadurch entgangenen Arbeitsverdienstes, bei deren Berechnung als Tagesarbeitsverdienst der dreihundertste Teil des für die Invalidenversicherung maßgebenden Jahresarbeitsverdienstes zugrunde zu legen ist.

Dieser Anspruch fällt weg, insoweit auf Grund einer auf gesetzlicher Verpflichtung beruhenden Versicherung wegen einer mit Erwerbsunfähigkeit verbundenen Krankheit Unterstützung gewährt wird oder wenn eine Verpflegung auf öffentliche Kosten stattfindet.

§ 29. Für Gegenstände, welche infolge einer nach Maßgabe dieses Gesetzes polizeilich angeordneten und überwachten Desinfektion derart beschädigt worden sind, daß sie zu ihrem bestimmungsmäßigen Gebrauche nicht weiter verwendet werden können, oder welche auf polizeiliche Anordnung vernichtet worden sind, ist, vorbehaltlich der in §§ 32 und 33 angegebenen Ausnahmen, auf Antrag Entschädigung zu gewähren.

§ 30. Als Entschädigung soll der gemeine Wert des Gegenstandes gewährt werden ohne Rücksicht auf die Minderung des Wertes, welche sich aus der Annahme ergibt, daß der Gegenstand mit Krankheitsstoff behaftet sei. Wird der Gegenstand nur beschädigt oder teilweise vernichtet, so ist der verbleibende Wert auf die Entschädigung anzurechnen.

§ 31. Die Entschädigung wird, sofern ein anderer Berechtigter nicht bekannt ist, demjenigen gezahlt, in dessen Gewahrsam sich der beschädigte oder vernichtete Gegenstand zur Zeit der Desinfektion befand. Mit dieser Zahlung erlischt jede Entschädigungsverpflichtung aus § 29.

§ 32. Eine Entschädigung auf Grund dieses Gesetzes wird nicht gewährt

1. für Gegenstände, welche im Eigentume des Reichs, eines Bundesstaates oder einer kommunalen Körperschaft sich befinden;

2. für Gegenstände, welche entgegen einem auf Grund des § 15 Nr. 1 oder des § 24 erlassenen Verbot aus- oder eingeführt worden sind.

§ 33. Der Anspruch auf Entschädigung fällt weg,

1. wenn derjenige, welchem die Entschädigung zustehen würde, die beschädigten oder vernichteten Gegenstände oder einzelne derselben an sich gebracht hat, obwohl er wußte oder den Umständen nach annehmen mußte, daß dieselben bereits mit dem Krankheitsstoffe behaftet oder auf polizeiliche Anordnung zu desinfizieren waren;
2. wenn derjenige, welchem die Entschädigung zustehen würde oder in dessen Gewahrsam die beschädigten oder vernichteten Gegenstände sich befanden, zu der Desinfektion durch eine Zuwiderhandlung gegen dieses Gesetz oder eine auf Grund desselben getroffene Anordnung Veranlassung gegeben hat.

§ 34. Die Kosten der Entschädigungen sind aus öffentlichen Mitteln zu bestreiten. Im übrigen bleibt der landesrechtlichen Regelung vorbehalten, Bestimmungen darüber zu treffen,

1. von wem die Entschädigung zu gewähren und wie dieselbe aufzubringen ist;
2. binnen welcher Frist der Entschädigungsanspruch geltend zu machen ist;
3. wie die Entschädigung zu ermitteln und festzustellen ist.

Allgemeine Vorschriften.

§ 35. Die dem allgemeinen Gebrauche dienenden Einrichtungen für Versorgung mit Trink- oder Wirtschaftswasser und für Fortschaffung der Abfallstoffe sind fortlaufend durch staatliche Beamte zu überwachen.

Die Gemeinden sind verpflichtet, für die Beseitigung der vorgefundenen gesundheitsgefährlichen Mißstände Sorge zu tragen. Sie können nach Maßgabe ihrer Leistungsfähigkeit zur Herstellung von Einrichtungen der im Abs. 1 bezeichneten Art, sofern dieselben zum Schutze gegen übertragbare Krankheiten erforderlich sind, jederzeit angehalten werden.

Das Verfahren, in welchem über die hiernach gegen die Gemeinden zulässigen Anordnungen zu entscheiden ist, richtet sich nach Landesrecht.

§ 36. Beamtete Ärzte im Sinne dieses Gesetzes sind Ärzte, welche vom Staate angestellt sind oder deren Anstellung mit Zustimmung des Staates erfolgt ist.

An Stelle der beamteten Ärzte können im Falle ihrer Behinderung oder aus sonstigen dringenden Gründen andere Ärzte zugezogen werden. Innerhalb des von ihnen übernommenen Auftrags gelten die letzteren als beamtete Ärzte und sind befugt und verpflichtet, diejenigen Amtsverrichtungen wahrzunehmen, welche in diesem Gesetz oder in den hierzu ergangenen Ausführungsbestimmungen den beamteten Ärzten übertragen sind.

§ 37. Die Anordnung und Leitung der Abwehr- und Unterdrückungsmaßregeln liegt den Landesregierungen und deren Organen ob.

Die Zuständigkeit der Behörden und die Aufbringung der entstehenden Kosten regelt sich nach Landesrecht.

Die Kosten der auf Grund des § 6 angestellten behördlichen Ermittlungen, der Beobachtung in den Fällen des § 12, ferner auf Antrag die Kosten der auf Grund des § 19 polizeilich angeordneten und überwachten Desinfektion und der auf Grund des § 21 angeordneten besonderen Vorsichtsmaßregeln für die Aufbewahrung, Einsargung, Beförderung und Bestattung der Leichen sind aus öffentlichen Mitteln zu bestreiten.

Die Landesregierungen bestimmen, welche Körperschaften unter der Bezeichnung Gemeinde, weiterer Kommunalverband und kommunale Körperschaft zu verstehen sind.

§ 38. Die Behörden der Bundesstaaten sind verpflichtet, sich bei der Bekämpfung übertragbarer Krankheiten gegenseitig zu unterstützen.

§ 39. Die Ausführung der nach Maßgabe dieses Gesetzes zu ergreifenden Schutzmaßregeln liegt, insoweit davon

1. dem aktiven Heere oder der aktiven Marine angehörende Militärpersonen;
2. Personen, welche in militärischen Dienstgebäuden oder auf den zur Kaiserlichen Marine gehörigen oder von ihr gemieteten Schiffen und Fahrzeugen untergebracht sind;
3. marschierende oder auf dem Transporte befindliche Militärpersonen und Truppenteile des Heeres und der Marine sowie die Ausrüstungs- und Gebrauchsgegenstände derselben;
4. ausschließlich von der Militär- oder Marineverwaltung benutzte Grundstücke und Einrichtungen

betroffen werden, den Militär- und Marinebehörden ob.

Auf Truppenübungen finden die nach diesem Gesetze zulässigen Verkehrsbeschränkungen keine Anwendung.

Der Bundesrat hat darüber Bestimmung zu treffen, inwieweit von dem Auftreten des Verdachts und von dem Ausbruch einer übertragbaren Krankheit sowie von dem Verlauf und dem Erlöschen der Krankheit sich die Militär- und Polizeibehörden gegenseitig in Kenntnis zu setzen haben[1]).

[1]) Dies ist erfolgt durch Bekanntmachung vom 28. Februar 1911 (RGBl. S. 63).

§ 40. Für den Eisenbahn-, Post- und Telegraphenverkehr sowie für Schiffahrtsbetriebe, welche im Anschluß an den Eisenbahnverkehr geführt werden und der staatlichen Eisenbahnaufsichtsbehörde unterstellt sind, liegt die Ausführung der nach Maßgabe dieses Gesetzes zu ergreifenden Schutzmaßregeln ausschließlich den zuständigen Reichs- und Landesbehörden ob.

Inwieweit die auf Grund dieses Gesetzes polizeilich angeordneten Verkehrsbeschränkungen und Desinfektionsmaßnahmen

1. auf Personen, welche während der Beförderung als krank, krankheits- oder ansteckungsverdächtig befunden werden,
2. auf die im Dienste befindlichen oder aus dienstlicher Veranlassung vorübergehend außerhalb ihres Wohnsitzes sich aufhaltenden Beamten und Arbeiter der Eisenbahn-, Post- und Telegraphenverwaltungen sowie der genannten Schiffahrtsbetriebe

Anwendung finden, bestimmt der Bundesrat. (Vgl. Vermerk zu § 22.)

§ 41. Dem Reichskanzler liegt ob, die Ausführung dieses Gesetzes und der auf Grund desselben erlassenen Anordnungen zu überwachen.

Wenn zur Bekämpfung der gemeingefährlichen Krankheiten Maßregeln erforderlich sind, von welchen die Gebiete mehrerer Bundesstaaten betroffen werden, so hat der Reichskanzler oder ein von ihm bestellter Kommissar für Herstellung und Erhaltung der Einheit in den Anordnungen der Landesbehörden zu sorgen und zu diesem Behufe das Erforderliche zu bestimmen, in dringenden Fällen auch die Landesbehörden unmittelbar mit Anweisungen zu versehen.

§ 42. Ist in einer Ortschaft der Ausbruch einer gemeingefährlichen Krankheit festgestellt, so ist das Kaiserliche Gesundheitsamt hiervon sofort auf kürzestem Wege zu benachrichtigen. Der Bundesrat ist ermächtigt zu bestimmen, inwieweit im späteren Verlaufe dem Kaiserlichen Gesundheitsamte Mitteilungen über Erkrankungs- und Todesfälle zu machen sind. (Vgl. Vermerk zu § 22.)

§ 43. In Verbindung mit dem Kaiserlichen Gesundheitsamte wird ein Reichs-Gesundheitsrat gebildet. Die Geschäftsordnung wird vom Reichskanzler mit Zustimmung des Bundesrats festgestellt. Die Mitglieder werden vom Bundesrate gewählt.

Der Reichs-Gesundheitsrat hat das Gesundheitsamt bei der Erfüllung der diesem Amte zugewiesenen Aufgaben zu unterstützen. Er ist befugt, den Landesbehörden auf Ansuchen Rat zu erteilen. Er kann sich, um Auskunft zu erhalten, mit dem ihm zu diesem Zwecke zu bezeichnenden Landesbehörden unmittelbar in Verbindung setzen sowie Vertreter absenden, welche unter Mitwirkung der zuständigen Landesbehörden Aufklärungen an Ort und Stelle einziehen.

Strafvorschriften.

§ 44. Mit Gefängnis bis zu drei Jahren wird bestraft:

1. wer wissentlich bewegliche Gegenstände, für welche eine Desinfektion polizeilich angeordnet war, vor Ausführung der angeordneten Desinfektion in Gebrauch nimmt, an Andere überläßt oder sonst in Verkehr bringt;
2. wer wissentlich Kleidungsstücke, Leibwäsche, Bettzeug oder sonstige bewegliche Gegenstände, welche von Personen, die an einer gemeingefährlichen Krankheit litten, während der Erkrankung gebraucht oder bei deren Behandlung oder Pflege benutzt worden sind, in Gebrauch nimmt, an andere überläßt oder sonst in Verkehr bringt, bevor sie auf Grund des § 22 vom Bundesrate beschlossenen Bestimmungen entsprechend desinfiziert worden sind;
3. wer wissentlich Fahrzeuge oder sonstige Gerätschaften, welche zur Beförderung von Kranken oder Verstorbenen der in Nr. 2 bezeichneten Art gedient haben, vor Ausführung der polizeilich angeordneten Desinfektion benutzt oder anderen zur Benutzung überläßt.

Sind mildernde Umstände vorhanden, so kann auf Geldstrafe bis zu eintausendfünfhundert Mark erkannt werden.

§ 45. Mit Geldstrafe von zehn bis zu einhundertfünfzig Mark oder mit Haft nicht unter einer Woche wird bestraft:

1. wer die ihm nach den §§ 2, 3 oder nach den auf Grund des § 5 vom Bundesrat beschlossenen Vorschriften obliegende Anzeige unterläßt oder länger als 24 Stunden, nachdem er von der anzuzeigenden Tatsache Kenntnis erhalten hat, verzögert. Die Strafverfolgung tritt nicht ein, wenn die Anzeige, obwohl nicht von dem zunächst Verpflichteten, doch rechtzeitig gemacht worden ist;
2. wer im Falle des § 7 dem beamteten Arzte den Zutritt zu dem Kranken oder zur Leiche oder die Vornahme der erforderlichen Untersuchungen verweigert;
3. wer den Bestimmungen im § 7 Abs. 3 zuwider über die daselbst bezeichneten Umstände dem beamteten Arzte oder der zuständigen Behörde die Auskunft verweigert oder wissentlich unrichtige Angaben macht;
4. wer den auf Grund des § 13 erlassenen Anordnungen zuwiderhandelt.

§ 46. Mit Geldstrafe bis zu einhundertfünfzig Mark oder mit Haft wird, sofern nicht nach den bestehenden gesetzlichen Bestimmungen eine höhere Strafe verwirkt ist, bestraft:

1. wer den im Falle des § 9 von dem beamteten Arzte oder dem Vorsteher der Ortschaft getroffenen vorläufigen Anordnungen oder den auf Grund des § 10 von der zuständigen Behörde erlassenen Anordnungen zuwiderhandelt;

2. wer den auf Grund des § 12, des § 14 Abs. 5, der §§ 15, 17, 19 bis 22 getroffenen polizeilichen Anordnungen zuwiderhandelt;
3. wer den auf Grund der §§ 24, 26, 27 erlassenen Vorschriften zuwiderhandelt.

Schlußbestimmungen.

§ 47. Die vom Bundesrate zur Ausführung dieses Gesetzes erlassenen allgemeinen Bestimmungen sind dem Reichstage zur Kenntnis mitzuteilen.

§ 48. Landesrechtliche Vorschriften über die Bekämpfung anderer als der im § 1 Abs. 1 genannten übertragbaren Krankheiten werden durch dieses Gesetz nicht berührt[1]).

[1]) Die Folge dieser Bestimmung sind die unter Ziffer 6 folgende dieses Abschnittes abgedruckten Gesetze.

§ 49. Dieses Gesetz tritt mit dem Tage der Verkündung in Kraft.

4. Ausführungsbestimmungen zu dem Reichsgesetz, betreffend die Bekämpfung gemeingefährlicher Krankheiten.

Vom 21. Februar 1904, abgeändert durch Bekanntmachung vom 10. Juli 1913, 12. Januar 1916 und 24. Februar 1920[1]).

I. Bekämpfung der Cholera.

1. Zu §§ 12, 13. Diejenigen Personen, welche mit einer an der Cholera erkrankten oder verstorbenen Person, mit

[1]) Aus- und Durchführungsbestimmungen zu diesem Reichsgesetz sind von den meisten deutschen Ländern erlassen worden.

Wäsche, Kleidungsstücken oder Ausleerungen Cholerakranker in Berührung gekommen sind, sowie die Haus- und Arbeitsgenossen Cholerakranker (ansteckungsverdächtige Personen) sind einer Beobachtung zu unterstellen, soweit nicht schärfere Maßregeln nach Nr. 2 zu ergreifen sind oder vom beamteten Arzte aus besonderen Gründen für erforderlich erklärt werden. Die Beobachtung soll nicht länger als 5 Tage, gerechnet vom Tage der letzten Ansteckungsgelegenheit, dauern. Sie ist in schonender Form und so vorzunehmen, daß Belästigungen tunlichst vermieden werden. Sie wird, abgesehen von den etwa erforderlichen bakteriologischen Untersuchungen der Ausleerungen, in der Regel darauf beschränkt werden können, daß durch einen Arzt oder durch eine sonst geeignete Person täglich Erkundigungen über den Gesundheitszustand der betreffenden Personen eingezogen werden. Findet zugleich eine bakteriologische Untersuchung statt, so ist, falls bei zwei solchen durch einen Tag getrennten Untersuchungen keine Choleraerreger gefunden worden sind, der Ansteckungsverdacht als beseitigt anzusehen.

2. Zu §§ 14, 18. An der Cholera erkrankte oder krankheitsverdächtige Personen sind ohne Verzug unter Beobachtung der Bestimmungen im § 14 Abs. 2 und 3 des Gesetzes abzusondern. Als krankheitsverdächtig sind, solange nicht durch den negativen Ausfall der bakteriologischen Untersuchungen an drei durch je eine eintägige Zwischenzeit getrennten Tagen der Choleraverdacht beseitigt ist, solche Personen zu betrachten, welche unter Erscheinungen erkrankt sind, die den Ausbruch der Cholera befürchten lassen.

Anscheinend gesunde Personen, in deren Ausleerungen

Sie sind veröffentlicht in den Veröffentlichungen des Reichsgesundheitsamts, Berlin, Verlag von Julius Springer, Berlin. Seit 1926 heißt das Blatt Reichsgesundheitsblatt und erscheint im Verlage von R. v. Deckers Verlag, Berlin.

bei der bakteriologischen Untersuchung Choleraerreger gefunden wurden, sind wie Kranke zu behandeln.

Ansteckungsverdächtige Personen sind gleichfalls unter Beobachtung der Bestimmungen im § 14 Abs. 2 und 3 des Gesetzes abzusondern, wenn sie mit einem Cholerakranken in Wohnungsgemeinschaft leben. Jedoch kann die Absonderung unterbleiben, sofern der beamtete Arzt die Beobachtung (Nr. 1) für ausreichend erachtet.

Die Absonderung ansteckungsverdächtiger Personen darf die Dauer von fünf Tagen, gerechnet vom Tage der letzten Ansteckungsgelegenheit, nicht übersteigen.

Insoweit der beamtete Arzt es zur wirksamen Bekämpfung der Krankheit für unerläßlich erklärt, kann angeordnet werden, daß die Gesunden aus der Wohnung entfernt und die Kranken, anstatt daß sie zur Absonderung in ein Krankenhaus oder in einen sonst geeigneten Unterkunftsraum verbracht werden, in der Wohnung belassen werden. Unter der gleichen Voraussetzung kann ausnahmsweise sogar die Räumung des ganzen Hauses angeordnet werden, wenn in ihm außergewöhnlich ungünstige, der Krankheitsverbreitung förderliche Zustände (Überfüllung, Unreinlichkeit und dergleichen) herrschen. Den betreffenden Bewohnern ist anderweit geeignete Unterkunft unentgeltlich zu bieten.

Zur Fortschaffung von Kranken und Krankheitsverdächtigen sollen dem öffentlichen Verkehre dienende Beförderungsmittel (Droschken, Straßenbahnwagen und dergleichen) in der Regel nicht benutzt werden (vergleiche Nr. 6).

Wohnungen oder Häuser, in denen an der Cholera erkrankte Personen sich befinden, sind kenntlich zu machen.

Denjenigen Personen, welche der Pflege und Wartung von Cholerakranken sich widmen, ist aufzugeben, den Verkehr mit anderen Personen solange als erforderlich tunlichst zu vermeiden. Sie haben die von dem beamteten Arzte für nötig befundenen Maßnahmen gegen eine Weiterverbreitung der Krankheit zu beobachten.

Als geeignet zur Absonderung sind nur solche Krankenhäuser oder Unterkunftsräume anzusehen, in welchen die Absonderung des Kranken derart erfolgen kann, daß er mit anderen als den zu seiner Pflege bestimmten Personen, dem Arzte oder dem Seelsorger nicht in Berührung kommt und eine Weiterverbreitung der Krankheit tunlichst ausgeschlossen ist.

3. Zu § 15. Die zuständigen Behörden haben besonders zu erwägen, inwieweit Veranstaltungen, welche eine Ansammlung größerer Menschenmengen mit sich bringen (Messen, Märkte usw.), in oder bei solchen Ortschaften, in welchen die Cholera ausgebrochen ist, zu untersagen sind.

In einem Hause, in welchem ein Cholerakranker sich befindet, können gewerbliche Betriebe, durch welche eine Verbreitung des Ansteckungsstoffes zu befürchten ist, insbesondere Betriebe zur Herstellung und zum Vertriebe von Nahrungs- und Genußmitteln, Beschränkungen unterworfen oder geschlossen werden, insoweit nach dem Gutachten des beamteten Arztes die Fortsetzung des Betriebs als gefährlich zu betrachten ist.

Die Polizeibehörden der von der Cholera ergriffenen Ortschaften haben dafür zu sorgen, daß Gegenstände, von denen nach dem Gutachten des beamteten Arztes anzunehmen ist, daß sie mit dem Ansteckungsstoffe der Cholera behaftet sind, vor wirksamer Desinfektion nicht in den Verkehr gelangen.

Insbesondere ist für Ortschaften oder Bezirke, in denen die Cholera gehäuft auftritt, die Ausfuhr von Milch, von gebrauchter Leibwäsche, alten und getragenen Kleidungsstücken, gebrauchtem Bettzeug, Hadern und Lumpen zu verbieten. Ausgenommen sind zusammengepreßte Lumpen, welche in verschnürten Ballen im Großhandel versendet werden; ferner neue Abfälle, welche unmittelbar aus Spinnereien, Webereien, Konfektions- und Bleichanstalten kommen, Kunstwolle, neue Papierschnitzel, unverdächtiges Reisegepäck und Umzugsgut.

Bei gehäuftem Auftreten der Cholera ist in den von der Krankheit befallenen Ortschaften oder Bezirken das gewerbsmäßige Einsammeln von alten Kleidungsstücken, alter Leib- und Bettwäsche, Hadern und Lumpen im Umherziehen zu verbieten.

Einfuhrverbote gegen inländische, von der Cholera befallene Ortschaften oder Bezirke sind nicht zulässig. Das Verbot der Einfuhr bestimmter Waren und anderer Gegenstände aus dem Auslande richtet sich ausschließlich nach den gemäß § 25 des Gesetzes in Vollzug gesetzten Bestimmungen.

Für gebrauchtes Bettzeug, Leibwäsche und getragene Kleidungsstücke, welche aus einer von der Cholera betroffenen Ortschaft stammen und noch nicht wirksam desinfiziert worden sind, kann eine Desinfektion angeordnet werden. Im übrigen ist eine Desinfektion von Gegenständen des Güter- und Reiseverkehrs einschließlich der von Reisenden getragenen Wäsche- und Kleidungsstücke nur dann geboten und zulässig, wenn die Gegenstände nach dem Gutachten des beamteten Arztes als mit dem Ansteckungsstoffe der Cholera behaftet anzusehen sind.

Weitergehende Beschränkungen des Gepäck- und Güterverkehrs sowie des Verkehrs mit Post- (Brief- und Paket-) Sendungen sind nicht zulässig.

In den von der Cholera befallenen oder bedrohten Bezirken können die in der Schiffahrt oder der Flößerei beschäftigten Personen einer gesundheitspolizeilichen Überwachung unterworfen werden. Die Überwachung ist nach den in der Anlage 1 enthaltenen Grundsätzen einzurichten.

4. Zu § 16. Jugendliche Personen aus Behausungen, in welchen ein Cholerafall vorgekommen ist, müssen, soweit und solange nach dem Gutachten des beamteten Arztes eine Weiterverbreitung der Krankheit aus diesen Behau-

fungen zu befürchten ist, vom Schulbesuche ferngehalten werden.

Das gleiche gilt hinsichtlich des Besuchs jedes anderen Unterrichts, an welchem mehrere Personen teilnehmen.

5. Zu § 17. In Ortschaften, welche von der Cholera befallen oder bedroht sind sowie in deren Umgegend kann die Benutzung von Brunnen, Teichen, Seen, Wasserläufen, Wasserleitungen sowie der dem öffentlichen Gebrauche dienenden Bade-, Schwimm-, Wasch- und Bedürfnisanstalten verboten oder beschränkt werden. Jedoch sind diese Anordnungen nur im Einvernehmen mit dem beamteten Arzte zu treffen.

6. Zu § 19. In einem Hause, in welchem ein Cholerafall vorgekommen ist, sind die erforderlichen Maßnahmen zur Desinfektion der Abgänge des Kranken (Stuhlentleerungen, Erbrochenes, Harn) sowie der mit dem Kranken oder Gestorbenen in Berührung gekommenen Gegenstände zu treffen. Ganz besondere Aufmerksamkeit ist der Desinfektion infizierter Räume, ferner der Kleidungsstücke, der Betten und der Leibwäsche des Kranken oder Gestorbenen sowie der bei der Wartung und Pflege des Kranken benutzten Kleidungsstücke, des Badewassers und der Badewanne zuzuwenden. Auch ist Vorsorge zu treffen, daß Fahrzeuge und andere Beförderungsmittel, welche zur Fortschaffung von kranken oder krankheitsverdächtigen Personen gedient haben, alsbald und vor anderweitiger Benutzung desinfiziert werden.

Besteht der Verdacht, daß in der Umgebung des Hauses offene Dungstätten, Stallungen, Höfe oder Gartenland mit menschlichen Ausleerungen verunreinigt sind, so müssen die in Betracht kommenden Bodenoberflächen, Schmutzwasseransammlungen, Rinnsteine und dergleichen desinfiziert werden.

Wohnungen, welche wegen Choleraausbruchs geräumt

worden sind, dürfen erst nach einer wirksamen Desinfektion zur Wiederbenutzung freigegeben werden.

Die Desinfektionen sind nach Maßgabe der aus der Anlage 2 ersichtlichen Anweisung zu bewirken.

7. Zu § 21. Die Leichen der an der Cholera Gestorbenen sind ohne vorheriges Waschen und Umkleiden sofort in Tücher einzuhüllen, welche mit einer desinfizierenden Flüssigkeit getränkt sind. Sie sind alsdann in dichte Särge zu legen, welche am Boden mit einer reichlichen Schicht Sägemehl, Torfmull oder anderen aufsaugenden Stoffen bedeckt sind. Der Sarg ist alsbald zu schließen.

Soll mit Rücksicht auf religiöse Vorschriften das Waschen der Leiche ausnahmsweise stattfinden, so darf es nur unter den vom beamteten Arzte angeordneten Vorsichtsmaßregeln und nur mit desinfizierenden Flüssigkeiten ausgeführt werden.

Ist ein Leichenhaus vorhanden, so ist die eingesargte Leiche sobald als möglich dahin überzuführen. In Ortschaften, in welchen ein Leichenhaus nicht besteht, ist dafür Sorge zu tragen, daß die eingesargte Leiche tunlichst in einem besonderen, abschließbaren Raume bis zur Beerdigung aufbewahrt wird.

Die Ausstellung der Leiche im Sterbehaus oder im offenen Sarge ist zu untersagen, das Leichengefolge möglichst zu beschränken und dessen Eintritt in das Sterbehaus zu verbieten.

Die Beförderung der Leichen von Personen, welche an der Cholera gestorben sind, nach einem anderen als dem ordnungsmäßigen Beerdigungsort ist zu untersagen.

Die Bestattung der Choleraleichen ist tunlichst zu beschleunigen. Personen, die bei der Einsargung beschäftigt gewesen sind, ist die Einhaltung der von dem beamteten Arzte gegen eine Weiterverbreitung der Krankheit für erforderlich erachteten Maßregeln zur Pflicht zu machen.

8. Zu § 22. Die Aufhebung der zur Abwehr der Choleragefahr getroffenen Anordnungen darf nur nach Anhörung des beamteten Arztes erfolgen.

9. Zu § 24. Bei einem gefahrdrohenden Ausbruche der Cholera im Ausland ist der Übertritt von Durchwanderern aus solchen ausländischen Gebieten, in denen die Cholera herrscht, nur an bestimmten Grenzorten zu gestatten, wo eine ärztliche Besichtigung sowie die Zurückhaltung und Absonderung der an der Cholera Erkrankten und der Krankheitsverdächtigen stattzufinden hat.

Die Massenbeförderung von Durchwanderern mit der Eisenbahn hat in Sonderzügen oder in besonderen Wagen, und zwar nur in Abteilen ohne Polsterung, zu geschehen. Die benutzten Wagen sind nach jedesmaligem Gebrauche zu desinfizieren. Müssen die Durchwanderer während der Reise durch das Reichsgebiet behufs Übernachtung den Zug verlassen, so darf dies nur auf Eisenbahnstationen geschehen, bei denen sich Auswandererhäuser befinden.

Es ist dafür Sorge zu tragen, daß solche Durchwanderer mit dem Publikum so wenig wie möglich in Berührung kommen und in den Hafenorten tunlichst in Auswandererhäusern untergebracht werden.

Auf fremdländische Arbeiter, welche aus ausländischen von der Cholera betroffenen Gebieten zum Erwerb ihres Unterhalts einwandern, sowie auf ihre Angehörigen finden die Bestimmungen unter Nr. 1 letzter Absatz Anwendung.

10. Zu § 27. Für das Arbeiten und den Verkehr mit Choleraerregern gelten die auf Grund des § 27 des Gesetzes in Vollzug gesetzten Vorschriften.

11. Zu § 40. Cholerakranke dürfen in der Regel nicht mittels der Eisenbahn befördert werden. Ausnahmen sind nur nach dem Gutachten des für die Abgangsstation zuständigen beamteten Arztes zulässig. In solchen Ausnahmefällen ist der Kranke in einem besonderen Wagen, der alsbald nach der Benutzung zu desinfizieren ist, zu

befördern. Das bei ihm beschäftigt gewesene Personal ist anzuhalten, vor ausgeführter Desinfektion (Anlage 2) den Verkehr mit anderen Personen nach Möglichkeit zu vermeiden.

Ergibt sich bei einem Reisenden während der Eisenbahnfahrt Choleraverdacht, so ist er, falls nicht die Verkehrsordnung seinen Ausschluß von der Fahrt vorschreibt, an der Weiterfahrt nicht zu verhindern; jedoch ist, sobald dies ohne Unterbrechung der Reise möglich ist, die Feststellung der Krankheit durch einen Arzt herbeizuführen. Der Abteil, in welchem der Kranke untergebracht war, und die damit in Zusammenhang stehenden Abteile sind zu räumen. Der Wagen ist, falls der Choleraverdacht sich bestätigt, sobald wie möglich außer Betrieb zu setzen und zu desinfizieren.

Im einzelnen gelten beim Auftreten der Cholera der in der Anlage 3 enthaltenen Bestimmungen.

12. Zu § 42. Von jedem ersten, nach den Ermittlungen des beamteten Arztes vorliegenden Falle von Cholera oder Choleraverdacht in einer Ortschaft ist sofort dem Kaiserlichen Gesundheitsamt auf kürzestem Wege Nachricht zu geben.

Weiterhin sind von den durch die Landesregierungen zu bestimmenden Behörden an das Kaiserliche Gesundheitsamt mitzuteilen:

a) täglich Übersichten über die weiteren Erkrankungs- und Todesfälle unter Benennung der Ortschaften und Bezirke,
b) wöchentlich eine Nachweisung über die in der vergangenen Woche bis Sonnabend einschließlich in den einzelnen Ortschqften gemeldeten Erkrankungs- und Todesfälle nach Maßgabe des als Anlage 4 beigefügten Formulars.

Die täglichen Übersichten sind auf kürzestem Wege zu übermitteln. Die Wochennachweisungen sind so zeitig abzusenden, daß sie bis Montag mittag im Gesundheitsamt eingehen.

Anlage 1.

Grundsätze für die gesundheitliche Überwachung des Binnenschiffahrts- und Flößereiverkehrs.

1. Zur Verhütung der Choleraverbreitung durch den Binnenschiffahrts- oder Flößereiverkehr werden (falls nicht für einzelne Stromstrecken Einschränkungen sich empfehlen) alle stromauf- oder stromabwärts fahrenden oder auf dem Strome liegenden Fahrzeuge (Schiffe jeder Art und Größe sowie Flöße) womöglich täglich nach Maßgabe der nachstehenden Vorschriften ärztlich untersucht. Die ärztliche Untersuchung erfolgt in Überwachungsbezirken entweder auf dem Strome während der Fahrt oder an bestimmten Überwachungsstellen. Um dem Überwachungsdienst innerhalb eines in Betracht kommenden Stromgebiets die erforderliche Einheitlichkeit zu sichern, ist es zweckmäßig, die Leitung des gesamten Dienstes einem hierfür besonders zu ernennenden Kommissar zu übertragen.

Inwieweit Dienstfahrzeuge der Überwachung unterliegen sollen, richtet sich nach den besonderen Vereinbarungen zwischen dem Kommissar und den beteiligten Verwaltungen.

2. Es empfiehlt sich, jedem Überwachungsbezirke mindestens zwei Ärzte zuzuteilen. Dem einen Arzte wird die Leitung des gesamten Überwachungsdienstes innerhalb des Bezirkes, einem anderen die Stellvertretung des Leiters, im Falle derselbe amtlich in Anspruch genommen oder sonst behindert ist, übertragen.

Dem leitenden Arzte wird seitens der zuständigen Verwaltungsbehörde das nötige Personal an Polizeibeamten, Bootsleuten, Krankenwärtern und Mannschaften zur Fortschaffung von Kranken und Verstorbenen und zur Durchführung der Desinfektion überwiesen, soweit es nicht für zweckmäßig erachtet wird, die Annahme desselben den leitenden Ärzten selbst zu übertragen.

Innerhalb eines Bezirkes können nach Bedarf Nebenüberwachungsstellen eingerichtet werden, welche in der Regel nur mit einem Arzte zu besetzen sind.

3. Für den Dienst auf dem Strome wird für jeden Überwachungsbezirk mindestens ein Dampfer bereitgestellt.

Die Dampfer sind mit den nötigen Arznei- und Desinfektionsmitteln, einer Krankentrage und mit einem so ausreichenden Vorrat an einwandfreiem Trinkwasser dauernd ausgerüstet zu halten, daß von letzterem erforderlichenfalls ein Teil an die vorüberkommenden Fahrzeuge abgegeben werden kann.

Neben den Dampfern sind für jeden Überwachungsbezirk die nötigen Boote zur Verfügung zu stellen.

Sämtliche Dienstfahrzeuge der Überwachungsbezirke führen eine weiße Flagge.

Es empfiehlt sich, die etwaigen Telephonanlagen der Strombau- oder anderer Verwaltungen für den Überwachungsdienst zur Verfügung zu stellen.

4. Jede Überwachungsstelle ist durch eine weithin sichtbare Tafel mit der Aufschrift „Überwachungsstelle — Halt!“ und durch eine große weiße Flagge kenntlich zu machen.

In jedem Überwachungsbezirk, und zwar in möglichster Nähe der Überwachungsstellen sind, falls nicht bereits vorhanden, Einrichtungen zu treffen, welche gesondert

a) die Unterbringung und Behandlung von Kranken,

b) die Unterbringung und Beobachtung von Verdächtigen

ermöglichen.

Auch sind die erforderlichen Desinfektionsmittel in genügender Menge zu beschaffen und bereitzuhalten.

An den Überwachungsstellen und anderen geeigneten Orten der Überwachungsbezirke, insbesondere den regelmäßigen Anlegestellen, ist dafür Sorge zu tragen, daß die Fahrzeuge einwandfreies Trinkwasser einnehmen können. Die Stellen, an denen das Wasser zu entnehmen ist, sind durch Tafeln oder dergleichen kenntlich zu machen, auf denen in weithin lesbarer Schrift der Vermerk „Wasser für Schiffer" anzubringen sein wird. Die mit dem Untersuchungsdienste betrauten Beamten haben darauf zu achten, daß jedes Fahrzeug brauchbares Trinkwasser an Bord hat. Bei jeder Schiffsuntersuchung ist die Bemannung eindringlich vor der Gefahr des Trinkens und sonstiger Benutzung von Fluß- und Kanalwasser zu warnen. Auch ist dahin zu wirken, daß jeder Schiffsführer sich im Besitze der Druckschrift: „Wie schützt sich der Schiffer vor der Cholera? Zusammengestellt im Kaiserlichen Gesundheitsamte", befindet[1]).

Es ist Vorsorge zu treffen, daß im Bedarfsfalle die Benutzung von Begräbnisplätzen für Beerdigung von Choleraleichen nicht auf Schwierigkeiten stößt.

Die Vorstände der Überwachungsbezirke haben bei jeder Gelegenheit darauf zu achten und dahin zu wirken, daß nichts, was zur Verbreitung der Cholera geeignet ist, insbesondere nicht Stuhlentleerungen undesinfiziert in das Wasser gelangen. Es ist darauf hinzuwirken, daß besondere Gefäße zur Aufnahme von Stuhlentleerungen auf jedem Fahrzeuge vorhanden sind.

5. Die in dem Stromgebiete verkehrenden Fahrzeuge sind, unbeschadet der für die regelmäßig verkehrenden Personendampfer etwa anzuordnenden Ausnahmen, zu verpflichten, an jeder Überwachungsstelle ohne Aufforderung anzuhalten und das Untersuchungspersonal an Bord zu nehmen.

Dieselbe Verpflichtung ist den auf dem Strome befindlichen Fahrzeugen für den Fall aufzuerlegen, daß sie von dem durch die weiße Flagge kenntlichen Untersuchungsfahrzeuge durch einen Befehl (Anrufen, Dampfpfeife, Glockenzeichen oder Heben und Senken der Flagge) dazu aufgefordert werden.

---

[1]) Weiter unten abgedruckt.

Jedes auf dem Strome verkehrende Fahrzeug hat eine gelbe und eine schwarze Flagge bei sich zu führen. Die gelbe Flagge ist bei dem Vorhandensein einer unter den Erscheinungen der Cholera erkrankten Person, die schwarze Flagge bei dem Vorhandensein einer Leiche aufzuziehen. Fahrzeuge, auf denen sich eine solche Person oder eine Leiche befindet, haben bei Annäherung eines Untersuchungsfahrzeugs ohne Aufforderung zu halten.

In welchem Umfange der Schiffahrtsverkehr während der Nachtstunden zu beschränken ist, wird mit Rücksicht auf die dabei in Betracht kommenden Umstände (örtliche Verhältnisse, Jahreszeit) festzusetzen sein.

6. Die in Nr. 1 vorgesehene Untersuchung ist so zu handhaben, daß den Fahrzeugen ein möglichst geringer Aufenthalt bereitet und der Verkehr so wenig als möglich gehemmt wird. Sie wird folgendermaßen ausgeführt:

Der Arzt begibt sich, nötigenfalls in Begleitung eines Polizeibeamten, auf das Fahrzeug und unterzieht alle auf diesem befindlichen Personen einer Untersuchung auf Choleraerkrankung, der begleitende Polizeibeamte durchsucht das Fahrzeug nach etwa versteckten Personen. Werden Personen, welche unter den Erscheinungen der Cholera erkrankt sind, vorgefunden, so sind sie sofort vom Fahrzeuge zu entfernen, ebenso grundsätzlich die übrigen Insassen. Diese sind in den in Nr. 4 bezeichneten Räumen unterzubringen. Sofern zur Absonderung der anscheinend Gesunden ausreichende Unterkunftsräume nicht vorhanden sind, können solche Personen vorläufig auf dem Fahrzeuge belassen werden.

Die Beobachtung der anscheinend Gesunden hat fünf Tage zu dauern. Ereignete sich die Erkrankung auf einem dem regelmäßigen Personenverkehr dienenden Dampfer, so werden nach Lage des Falles weniger störende Anordnungen zu treffen sein.

Zur Fortschaffung von Kranken sind die Untersuchungsfahrzeuge tunlichst nicht zu benutzen. In der Regel wird dazu der Handkahn des untersuchten Fahrzeugs verwendet werden können. Derselbe ist vor der Zurückgabe zu desinfizieren.

Von den Ausleerungen der Kranken ist sofort eine Probe an die dazu bestimmte Untersuchungsstelle abzusenden. Zur Versendung geeignete Gefäße und Verpackungsmaterial sind vorrätig zu halten.

Die Kleidungs- und Wäschestücke der Kranken sind sofort zu desinfizieren. Das Bettstroh ist zu verbrennen. Die Wohn- und Schlafräume, die Küche, der Abort bzw. das zu Stuhlentleerungen bestimmte Gefäß sowie das Kiel- (Bilge-) Wasser des Fahrzeugs, auf welchem ein Kranker vorgefunden wurde, sind zu desinfizieren; außerdem sind alle Räume des Fahrzeugs auf etwa vorhandene Ausleerungen zu durchsuchen.

Für die Bewachung des geräumten Fahrzeugs ist Sorge zu tragen.

Die erforderlichen Desinfektionen sind nach Maßgabe der Desinfektionsanweisung bei Cholera auszuführen.

7. Die vorgeschriebenen Desinfektionsmaßregeln sind unter der persönlichen Verantwortung des leitenden Arztes auszuführen, und zwar, bis völlig sichere Hilfskräfte herangebildet sind, unter der persönlichen Aufsicht eines Arztes.

8. Diejenigen Fahrzeuge, auf denen Choleraleichen oder verdächtig Erkrankte vorgefunden wurden, sind nach erfolgter Desinfektion fünf Tage lang zu beobachten.

Eine Beobachtung von gleicher Dauer kann über solche Fahrzeuge verhängt werden, deren Führer oder Mannschaften ihre Person oder ihre Fahrzeuge der Untersuchung zu entziehen suchen, den Untersuchungsbeamten Widerstand leisten oder sonst die Annahme begründet erscheinen lassen, daß eine Verheimlichung von cholerakranken oder choleraverdächtigen Personen oder verseuchten Gegenständen und eine Vereitelung der zur Verhütung der Choleraeinschleppung oder Verbreitung vorgeschriebenen Maßregeln beabsichtigt wird.

9. Werden auf dem untersuchten Fahrzeuge Kranke nicht gefunden, so wird dem Fahrzeuge nach Erfüllung der Vorschriften unter Nr. 10 die Weiterfahrt gestattet. Es sind jedoch regelmäßig die auf ihm etwa vorhandenen Aborte beziehungsweise die zu Stuhlentleerungen bestimmten Gefäße und, sofern der leitende Arzt es für notwendig hält, auch das Kiel- (Bilge-) Wasser zu desinfizieren.

Bei den regelmäßig verkehrenden Personendampfern kann eine Desinfektion des Kiel- (Bilge-) Wassers bei Gelegenheit der täglichen Untersuchungen unterbleiben, wenn seine Desinfektion in angemessenen Zwischenräumen anderweitig sichergestellt ist.

10. Jedem Führer eines Schiffes oder Floßes ist über die stattgehabte Untersuchung und den Umfang der etwa vorgenommenen Desinfektion eine Bescheinigung nach dem beigegebenen Formular auszustellen, in welcher die auf dem Schiffe vorgefundenen Personen unter gesonderter Angabe der Familienangehörigen des Führers, der Mannschaften und der sonst an Bord befindlichen Personen, wenigstens der Zahl nach, aufgeführt sind. Bei der Untersuchung ist noch besonders darauf zu achten, daß die Zahl der auf dem Schiffe oder Floße anwesenden Personen genau übereinstimmt mit der auf dem letzten Untersuchungsschein angegebenen Zahl der Insassen. Werden weniger Personen auf dem Fahrzeuge vorgefunden, als zuletzt angegeben, so sind unverzüglich sorgfältige Ermittlungen über den Verbleib der fehlenden anzustellen und erforderlichenfalls dieserhalb den zuständigen Polizeibehörden Mitteilungen behufs weiterer Veranlassung zu machen. Dieser Personennachweis ist jedoch für die dem regelmäßigen Personenverkehre dienenden Dampfer nicht erforderlich.

Für einzelne Stromstrecken kann es sich empfehlen, auf den Namen lautende Bescheinigungen für jede auf einem Floße befindliche Person auszustellen, auf welchen die Ergebnisse der stattgehabten Untersuchungen vermerkt werden.

Über die Zahl und Art der untersuchten Fahrzeuge, ausgeführten Desinfektionen und angeordneten Beobachtungen sowie über die Zahl der untersuchten an Cholera oder choleraverdächtigen Erscheinungen erkrankten und der Beobachtung überwiesenen Personen sind genaue Nachweisungen zu führen.

11. Die leitenden Ärzte haben über alle Fälle von Cholera und choleraähnlichen Erkrankungen sowie über alle Todesfälle tunlichst genaue Aufklärung, namentlich bezüglich der Entstehung und einer etwa bereits erfolgten Krankheitsverschleppung, zu suchen sowie Beobachtungsstoff zur wissenschaftlichen Bearbeitung zu sammeln. Regelmäßige bakteriologische Untersuchungen des Flußwassers sind, soweit ausführbar, zu veranlassen.

Wahrnehmungen von gesundheitspolizeilicher Wichtigkeit, namentlich verdächtige Erkrankungen unter den Bewohnern des Ufergebiets, sind von dem leitenden Arzte unverzüglich und auf kürzestem Wege dem Kommissar oder, wo ein solcher nicht ernannt ist, der zuständigen Polizeibehörde zu melden; ferner ist von dem Arzte über jeden Erkrankungs- und Todesfall, bei welchem Cholera festgestellt ist oder Choleraverdacht vorliegt, telegraphische oder schriftliche Anzeige an den Kommissar, die höhere Verwaltungsbehörde des Bezirkes sowie an den zuständigen beamteten Arzt zu erstatten.

Dem Kaiserlichen Gesundheitsamte sind über die gelegentlich der Schiffahrtsüberwachung vorgefundenen Cholerafälle regelmäßig Mitteilungen auf tunlichst kürzestem Wege zu machen; ebenso ist dieser

Formular. (Vorderseite.)

Bescheinigung
über

ärztliche Untersuchung und Desinfektion des ....
von .... nach ....
geführt durch .... mit (Zahl) .... Personen an Bord.

Der Untersuchung				Der Desinfektion			Des untersuchenden Arztes Namensunterschrift
Ort	Tag	Stunde	Befund	Tag	Stunde	Umfang	

(Rückseite.)

Verzeichnis der an Bord des vorseitig genannten Fahrzeugs befindl. Personen.

	Anzahl
I. Familienangehörige des Führers	....
II. Mannschaften	....
III. Sonst an Bord befindliche Personen	....

Bemerkungen.

Behörde der aufgesammelte wissenschaftliche Beobachtungsstoff zugängig zu machen.

Die leitenden Ärzte haben täglich nach Schluß des Dienstes eine Anzeige über den Umfang und das Ergebnis der im Laufe des Tages bewirkten Untersuchungen an den Kommissar zu erstatten. Zu diesem Zwecke empfiehlt es sich, den leitenden Ärzten der Überwachungsbezirke beziehungsweise Überwachungsstellen Postkarten mit Vordruck zu liefern. Diese Karten sind noch am Tage der Ausfertigung zur Post zu befördern.

12. Die zur wirksamen Durchführung der vorstehenden Maßregeln erforderlichen Polizeiverordnungen und sonstigen Verfügungen sind seitens der Landesbehörden zu erlassen. Bei letzteren hat der Kommissar die nötigen Anträge unmittelbar zu stellen.

Zu Anlage 1, Ziffer 4.

Wie schützt sich der Schiffer vor der Cholera?

Schiffer sind mit ihren Familien der Cholera besonders ausgesetzt.

Durch die Beachtung nachstehender Regeln kannst du dich in wirksamer Weise vor der Cholera schützen.

1. Das Choleragift findet sich häufig im Wasser, mit welchem dein Beruf, zum Beispiel beim Staken, Rudern, Einholen der Taue und Ketten dich vielfach in Berührung bringt. Auch wenn dies Wasser ganz klar ist und gut schmeckt, kann das Choleragift darin enthalten sein.

2. Trinke daher niemals Wasser aus Kanälen, Flüssen und Seen; benutze es aber auch nicht zum Waschen der Hände und des Gesichts, zum Spülen des Eßgeschirrs und der Trinkgefäße noch zum Aufwischen des Wohnraums. Hüte dich, Gegenstände, die mit solchem Wasser in Berüh-

rung waren, oder die du mit nassen Händen angefaßt hast (Zigarren, Pfeifen zum Beispiel), zum Munde zu führen.

3. Nimm zum Trinken, Waschen und Spülen nur unverdächtiges Wasser aus guten Brunnen und Wasserleitungen. Bei den Schleusen und Überwachungsstellen sind die Entnahmestellen zu erfragen oder schon kenntlich gemacht.

4. Halte an Bord gutes Wasser in einem zugedeckten Gefäße von ausreichender Größe (Tonne, Eimer).

5. Bist du aus Mangel an unverdächtigem Wasser genötigt, aus dem Fahrwasser zu schöpfen, so benutze dies Wasser nur, nachdem es mehrere Minuten lang gekocht ist.

6. Vor dem Essen reinige stets die Hände gründlich mit Wasser und Seife. Noch besser ist die Desinfektion mit verdünntem Kresolwasser, durch welches sich zum Beispiel auch Ärzte und Krankenpfleger schützen.

7. Verunreinige das Fahrwasser nicht durch Ausleerungen und halte auch deine Angehörigen davon ab. Benutze zur Verrichtung der Notdurft besondere Gefäße, in welche zuvor Kalkmilch, die an den Überwachungsstellen ausgeteilt wird, geschüttet worden ist.

8. Vermeide jedes Übermaß im Genusse von Speisen und Getränken, entnimm die Lebensmittel nur aus zuverlässig reinlichen Verkaufsstellen und schütze dich durch zweckmäßige Kleidung vor Erkältungen. Halte deine Kammern peinlich sauber; genieße alle Nahrung (besonders Milch) womöglich nur in gekochtem Zustande. Vermeide den Verkehr mit choleraverdächtigen Personen und gehe nicht in unreinliche Wirtschaften.

9. Bei Erkrankungen, insbesondere an Durchfall, Leibschmerz und Erbrechen, wende dich sofort an den nächsten Arzt. Ausleerungen so Erkrankter dürfen unter keinen Umständen in das Wasser gelangen.

Anlage 2.

Desinfektionsanweisung bei Cholera.

I. Desinfektionsmittel.

a) Kresol, Karbolsäure.

1. Verdünntes Kresolwasser. Zur Herstellung wird 1 Gewichtsteil Kresolseifenlösung (Liquor Cresoli saponatus des Arzneibuchs für das Deutsche Reich, vierte Ausgabe) mit 19 Gewichtsteilen Wasser gemischt. 100 Teile enthalten annähernd 2,5 Teile rohes Kresol. Das Kresolwasser (Aqua cresolica des Arzneibuchs für das Deutsche Reich) enthält in 100 Teilen 5 Teile rohes Kresol, ist also vor dem Gebrauche mit gleichen Teilen Wasser zu verdünnen.

2. Karbolsäurelösung. 1 Gewichtsteil verflüssigte Karbolsäure (Acidum carbolicum liquefactum) wird mit 30 Gewichtsteilen Wasser gemischt.

b) Chlorkalk.

Der Chlorkalk hat nur dann eine ausreichende desinfizierende Wirkung, wenn er frisch bereitet und in wohlverschlossenen Gefäßen aufbewahrt ist; er muß stark nach Chlor riechen. Er wird in Mischung von 1 : 50 Gewichtsteilen Wasser verwendet.

c) Kalk, und zwar:

1. Kalkmilch. Zur Herstellung wird 1 l zerkleinerter, reiner, gebrannter Kalk, sogenannter Fettkalk, mit 4 l Wasser gemischt, und zwar in folgender Weise:

Es wird von dem Wasser etwa $^3/_4$ l in das zum Mischen bestimmte Gefäß gegossen und dann der Kalk hineingelegt. Nachdem der Kalk das Wasser aufgesogen hat und dabei zu Pulver zerfallen ist, wird er mit dem übrigen Wasser zu Kalkmilch verrührt.

2. Kalkbrühe, welche durch Verdünnung von 1 Teil Kalkmilch mit 9 Teilen Wasser frisch bereitet wird.

d) Kaliseife.

3 Gewichtsteile Kaliseife (sog. Schmierseife oder grüne Seife oder schwarze Seife) werden in 100 Gewichtsteilen siedend heißem Wasser gelöst (zum Beispiel $^1/_2$ kg Seife in 17 l Wasser).

Diese Lösung ist heiß zu verwenden.

e) Formaldehyd.

Der Formaldehyd ist ein stark riechendes, auf die Schleimhäute der Luftwege, der Nase, der Augen reizend wirkendes Gas, das aus einer im Handel vorkommenden, etwa 35prozentigen wässerigen Lösung des Formaldehyds (Formaldehydum solutum des Arzneibuchs) durch Kochen oder Zerstäubung mit Wasserdampf oder Erhitzen sich entwickeln läßt. Die Formaldehydlösung ist bis zur Benutzung gut verschlossen und vor Licht geschützt aufzubewahren.

Der Formaldehyd in Gasform ist für die Desinfektion geschlossener oder allseitig gut abschließbarer Räume verwendbar und eignet sich zur Vernichtung von Krankheitskeimen, die an freiliegenden Flächen oberflächlich oder doch nur in geringer Tiefe haften. Zum Zustandekommen der desinfizierenden Wirkung sind erforderlich:

vorgängiger, allseitig dichter Abschluß des zu desinfizierenden Raumes durch Verklebung, Verkittung aller Undichtigkeiten der Fenster und Türen, der Ventilationsöffnungen und dergleichen;

Entwicklung von Formaldehyd in einem Mengenverhältnisse von wenigstens 5 g auf je 1 cbm Luftraum;

gleichzeitige Entwicklung von Wasserdampf bis zu einer vollständigen Sättigung der Luft des zu desinfizierenden Raumes (auf 100 cbm Raum sind 3 l Wasser zu verdampfen);

wenigstens 7 Stunden andauerndes ununterbrochenes Verschlossenbleiben des mit Formaldehyd und Wasserdampf erfüllten Raumes; diese Zeit kann bei Entwicklung doppelt großer Mengen von Formaldehyd auf die Hälfte abgekürzt werden.

Formaldehyd kann in Verbindung mit Wasserdampf von außen her durch Schlüssellöcher, durch kleine in die Tür gebohrte Öffnungen und dergleichen in den zu desinfizierenden Raum geleitet werden. Werden Türen und Fenster geschlossen vorgefunden und sind keine anderen Öffnungen (zum Beispiel für Ventilation, offene Ofentüren) vorhanden, so empfiehlt es sich, die Desinfektion mittels Formaldehyds auszuführen, ohne vorher das Zimmer zu betreten, beziehungsweise ohne die vorherigen Abdichtungen vorzunehmen; für diesen Fall ist die Entwicklung wenigstens viermal größerer Mengen Formaldehyds, als sie für die Desinfektion nach geschehener Abdichtung angegeben sind, erforderlich.

Die Desinfektion mittels Formaldehyds darf nur nach bewährten Methoden ausgeübt und nur geübten Desinfektoren anvertraut werden, die für jeden einzelnen Fall mit genauer Anweisung zu versehen sind. Nach Beendigung der Desinfektion empfiehlt es sich, zur Beseitigung des den Räumen noch anhaftenden Formaldehydgeruchs Ammoniakgas einzuleiten.

f) Dampfapparate.

Als geeignet können nur solche Apparate und Einrichtungen angesehen werden, welche von Sachverständigen geprüft sind.

Auch Notbehelfseinrichtungen können unter Umständen ausreichen.

Die Prüfung derartiger Apparate und Einrichtungen hat sich zu erstrecken namentlich auf die Anordnung der Dampfzuleitung und -ableitung, auf die Handhabungsweise und die für eine gründliche Desinfektion erforderliche Dauer der Dampfeinwirkung.

Die Bedienung der Apparate usw. ist, wenn irgend angängig wohlunterrichteten Desinfektoren zu übertragen.

g) Siedehitze.

Auskochen in Wasser, Salzwasser oder Lauge wirkt desinfizierend. Die Flüssigkeit muß die Gegenstände vollständig bedecken und mindestens 10 Minuten lang im Sieden gehalten werden.

Unter den angeführten Desinfektionsmitteln ist die Auswahl nach Lage der Umstände zu treffen. Es ist zulässig, daß seitens der beamteten Ärzte unter Umständen auch andere in bezug auf ihre desinfizierende Wirksamkeit erprobte Mittel angewendet werden; die Mischungs- beziehungsweise Lösungsverhältnisse sowie die Verwendungsweise solcher Mittel sind so zu wählen, daß der Erfolg der Desinfektion nicht nachsteht einer mit den unter a bis g bezeichneten Mitteln ausgeführten Desinfektion.

II. Anwendung der Desinfektionsmittel im einzelnen[1]).

1. Die Ausscheidungen der Kranken (Stuhlgang, Urin und Erbrochenes) sind mit dem unter Ia beschriebenen verdünnten Kresolwasser oder mit Chlorkalk (Ib) oder mit Kalkmilch (Ic) oder durch Siedehitze (Ig) zu desinfizieren. Die Desinfektionsflüssigkeit ist in mindestens gleicher Menge den Ausscheidungen zuzusetzen und mit ihnen gründlich zu verrühren.

Die Gemische sollen mindestens zwei Stunden stehen bleiben und dürfen erst dann beseitigt werden. Von

[1]) Worauf sich die Desinfektion bei Cholera zu erstrecken hat, ist in Nr. 3 Abs. 3 u. 7, Nr. 6, Nr. 7 Abs. 1 u. 2, Nr. 9 Abs. 2, Nr. 11 der Ausführungsbestimmungen bezeichnet.

Chlorkalk sind mindestens zwei gehäufte Eßlöffel voll in Pulverform auf $^1/_2$ l der Abgänge zuzusetzen und gut damit zu mischen. Die so behandelten Abgänge können bereits nach 20 Minuten beseitigt werden.

Zur Reinigung der Kranken benutzte Tücher und dergleichen sind unmittelbar nach dem Gebrauch in verdünntes Kresolwasser (Ia) zu legen, so daß sie von der Flüssigkeit vollständig bedeckt sind. Nach Ablauf von zwei Stunden können sie ausgewaschen werden.

Schmutzwässer sind mit Chlorkalk oder Kalkmilch zu desinfizieren, und zwar ist vom Chlorkalke so viel zuzusetzen, bis die Flüssigkeit stark nach Chlor riecht, von Kalkmilch so viel, daß das Gemisch rotes Lackmuspapier stark und dauernd blau färbt. In allen Fällen darf die Flüssigkeit erst nach zwei Stunden abgegossen werden. Badewässer sind wie Schmutzwässer zu behandeln.

Abtritte sind in der Weise zu desinfizieren, daß die Sitze gründlich mit verdünntem Kresolwasser oder Kalkmilch abgewaschen werden und in die Sitzöffnungen reichlich Kalkmilch eingegossen wird. Der Inhalt der Abtrittgruben ist reichlich mit Kalkmilch zu übergießen und, solange die Epidemie dauert, tunlichst nicht auszuleeren. Der Inhalt von Tonnen, Kübeln und dergleichen, welche zum Auffangen des Kotes in den Abtritten dienen, ist unter Umrühren mit ungefähr gleichen Teilen Kalkmilch zu versetzen und erst zu entfernen, nachdem er mindestens 24 Stunden mit dem Desinfektionsmittel in Berührung gewesen war; die Tonnen und dergleichen sind nach dem Entleeren reichlich mit Kalkmilch außen und innen zu bestreichen.

2. Hände und sonstige Körperteile müssen jedesmal, wenn sie mit infizierten Dingen (Ausscheidungen der Kranken, beschmutzter Wäsche usw.) in Berührung gekommen sind, durch gründliches Waschen mit verdünntem Kresolwasser oder Karbolsäurelösung (Ia) desinfiziert werden.

3. Bett- und Leibwäsche sowie waschbare Kleidungs-

stücke und dergleichen sind entweder auszukochen (I g) oder in ein Gefäß mit verdünntem Kresolwasser oder Karbolsäurelösung (I a) zu stecken. Die Flüssigkeit muß in den Gefäßen die eingetauchten Gegenstände vollständig bedecken. In dem Kresolwasser oder der Karbolsäurelösung bleiben die Gegenstände wenigstens zwei Stunden. Dann werden sie mit Wasser gespült und weiter gereinigt. Das dabei ablaufende Wasser kann als unverdächtig behandelt werden.

4. Kleidungsstücke, die nicht gewaschen werden können, Matratzen, Teppiche und alles, was sich zur Dampfdesinfektion eignet, sind in Dampfapparaten zu desinfizieren (I f).

5. Alle diese zu desinfizierenden Gegenstände sind beim Zusammenpacken und bevor sie nach den Desinfektionsanstalten oder -apparaten geschafft werden, in Tücher, welche mit Karbolsäurelösung (I a) angefeuchtet sind, einzuschlagen und, wenn möglich, in gut schließenden Gefäßen zu verwahren.

Wer solche Wäsche usw. vor der Desinfektion angefaßt hat, muß seine Hände in der unter Ziffer 2 angegebenen Weise desinfizieren.

6. Zur Desinfektion infizierter oder der Infektion verdächtiger Räume, namentlich solcher, in denen Kranke sich aufgehalten haben, sind zunächst die Lagerstellen, Gerätschaften und dergleichen, ferner die Wände und der Fußboden, unter Umständen auch die Decke mittels Lappen, die mit verdünntem Kresolwasser oder Karbolsäurelösung (I a) getränkt sind, gründlich abzuwaschen; besonders ist darauf zu achten, daß diese Lösungen auch in alle Spalten, Risse und Fugen eindringen.

Die Lagerstellen von Kranken oder von Verstorbenen und die in der Umgebung auf wenigstens 2 Meter Entfernung befindlichen Gerätschaften, Wand- und Fußbodenflächen sind bei dieser Desinfektion besonders zu berücksichtigen.

Alsdann sind die Räumlichkeiten und Gerätschaften mit einer reichlichen Menge Wasser oder Kaliseifenlösung (Id) zu spülen. Nach ausgeführter Desinfektion ist gründlich zu lüften.

7. Die Anwendung des Formaldehyds empfiehlt sich besonders zur sogenannten Oberflächendesinfektion (vgl. Ie Abs. 3).

Nach voraufgegangener Desinfektion mittels Formaldehyds können nur die Wände, die Zimmerdecke, die freien glatten Flächen der Gerätschaften als desinfiziert gelten. Alles übrige, namentlich alle diejenigen Teile, welche Risse und Fugen aufweisen, sind gemäß den vorstehend gegebenen Vorschriften zu desinfizieren.

8. Gegenstände aus Leder, Holz- und Metallteile von Möbeln sowie ähnliche Gegenstände werden sorgfältig und wiederholt mit Lappen abgerieben, die mit verdünntem Kresolwasser oder Karbolsäurelösung (Ia) befeuchtet sind. Die gebrauchten Lappen sind zu verbrennen.

Pelzwerk wird auf der Haarseite bis auf die Haarwurzel mit verdünntem Kresolwasser oder Karbolsäurelösung (Ia) durchweicht. Nach zwölfstündiger Einwirkung der Desinfektionsflüssigkeit darf es ausgewaschen und weiter gereinigt werden.

Plüsch- und ähnliche Möbelbezüge werden nach Ziffer 3 und 4 desinfiziert oder mit verdünntem Kresolwasser oder Karbolsäurelösung (Ia) durchfeuchtet, feucht gebürstet und mehrere Tage hintereinander gelüftet und dem Sonnenlicht ausgesetzt.

Von Kranken benutzte Eß- und Trinkgeschirre oder Geräte sind entweder auszukochen (Ig) oder mit heißer Kaliseifenlösung (Id) eine halbe Stunde lang stehen zu lassen und dann gründlich zu spülen. Waschbecken, Spucknäpfe, Nachttöpfe und dergleichen werden nach Desinfektion des Inhalts (Ziffer 1) gründlich mit verdünntem Kresolwasser ausgescheuert.

9. Gegenstände von geringem Werte (Inhalt von Strohsäcken, gebrauchte Lappen und dergleichen) sind zu verbrennen.

10. Durch Ausscheidungen von Kranken beschmutzte Erde, Pflaster sowie Rinnsteine, offene Dungstätten, Stallungen werden durch Übergießen mit verdünntem Kresolwasser (I a) oder Kalkmilch (I c 1) desinfiziert.

11. Soll sich die Desinfektion auch auf Personen erstrecken, so ist dafür Sorge zu tragen, daß sie ihren ganzen Körper mit Seife abwaschen und ein vollständiges Bad nehmen. Ihre Kleider und Effekten sind nach Ziffer 3 und 4 zu behandeln, das Badewasser nach Ziffer 1.

12. Die Leichen der Gestorbenen sind in Tücher zu hüllen, welche mit einer der unter I a aufgeführten desinfizierenden Flüssigkeit getränkt sind, und alsdann in dichte Särge zu legen, welche am Boden mit einer reichlichen Schicht Sägemehl, Torfmull oder anderen aufsaugenden Stoffen bedeckt sind.

13. Die Desinfektion des Kiel- (Bilge-) Raums der im Fluß- und Binnenschiffahrtsverkehre benutzten Fahrzeuge, die Desinfektion des Ballastwassers und des etwa infizierten Trinkwassers ist nach den Vorschriften über die gesundheitspolizeiliche Kontrolle der einen deutschen Hafen anlaufenden Seeschiffe zu bewirken.

14. Abweichungen von den Vorschriften unter Ziffer 1 bis 13 sind zulässig, soweit nach dem Gutachten des beamteten Arztes die Wirkung der Desinfektion gesichert ist.

Anlage 3.

Grundsätze für Maßnahmen im Eisenbahnverkehre beim Auftreten der Cholera.

1. Beim Auftreten der Cholera findet eine allgemeine und regelmäßige Untersuchung der Reisenden nicht statt; es werden jedoch dem Eisenbahnpersonale bekannt gegeben:

a) die Stationen, auf welchen Ärzte sofort erreichbar und zur Verfügung sind;
b) die Stationen, bei welchen geeignete Krankenhäuser zur Unterbringung von Cholerakranken bereitstehen (Krankenübergabestationen).

Die Bezeichnung dieser Stationen erfolgt durch die Landes-Zentralbehörde unter Berücksichtigung der Verbreitung der Seuche und der Verkehrsverhältnisse.

Ein Verzeichnis der unter a und b bezeichneten Stationen ist, nach der geographischen Reihenfolge der Stationen geordnet, jedem Führer eines Zuges, welcher zur Personenbeförderung dient, zu übergeben.

2. Auf den zu 1a und b bezeichneten Stationen sowie, falls eine ärztliche Überwachung der Reisenden an der Grenze angeordnet ist, auf den Zollrevisionsstationen sind zur Vornahme der Untersuchung Erkrankter die erforderlichen Räume, welche tunlichst mit einem besonderen Aborte verbunden oder mit einem abgesonderten Nachtstuhle versehen sein müssen, von der Eisenbahnverwaltung, soweit sie ihr zur Verfügung stehen, herzugeben.

3. Die Schaffner haben dem Zugführer von jeder während der Fahrt vorkommenden auffälligen Erkrankung sofort Meldung zu machen.

Der Schaffner hat sich des Erkrankten nach Kräften anzunehmen; er hat alsdann jedoch jede Berührung mit anderen Personen nach Möglichkeit zu vermeiden.

Der Erkrankte ist, falls nicht die Verkehrsordnung seinen Ausschluß von der Fahrt vorschreibt, an der Weiterfahrt nicht zu verhindern; jedoch ist, sobald dies ohne Unterbrechung der Reise möglich ist, die Feststellung der Krankheit durch einen Arzt (1a) herbeizuführen.

Verlangt der Erkrankte, der nächsten im Verzeichnis aufgeführten Übergabestation übergeben zu werden oder macht sein Zustand eine Weiterbeförderung untunlich, so hat der Zugführer, falls der Zug vor der Ankunft auf der Übergabestation noch eine Zwischenstation berührt, sofort beim Eintreffen dem diensthabenden Stationsbeamten Anzeige zu machen; dieser hat alsdann der Krankenübergabestation ungesäumt telegraphisch Meldung zu erstatten, damit möglichst die unmittelbare Abnahme des Erkrankten aus dem Zuge selbst durch die Krankenhausverwaltung, die Polizei- oder die Gesundheitsbehörde veranlaßt werden kann.

Will der Erkrankte den Zug auf einer Station vor der nächsten Übergabestation verlassen, so ist er hieran nicht zu hindern. Der Zugführer hat aber dem diensthabenden Beamten der Station, auf welcher der Erkrankte den Zug verläßt, Meldung zu machen, damit der Beamte, falls der Erkrankte nicht bis zum Eintreffen ärztlicher Hilfe auf dem Bahnhofe, wo er möglichst abzusondern sein würde, bleiben will, seinen Namen, Wohnort und sein Absteigequartier feststellen und unverzüglich der nächsten Polizeibehörde unter Angabe der näheren Umstände mitteilen kann.

4. Erkrankt ein Reisender unterwegs in auffälliger Weise, so sind alsbald sämtliche Mitreisenden, ausgenommen solche Personen, welche zu seiner Unterstützung bei ihm bleiben, aus dem Wagenabteil, in welchem der Erkrankte sich befindet und, wenn mehrere Wagenabteile einen gemeinschaftlichen Abort haben, aus diesen sämtlichen Abteilen zu entfernen und in einem anderen Abteil, und zwar abgesondert von den übrigen Reisenden, unterzubringen. Bei der Ankunft auf der Krankenübergabestation sind diejenigen Personen, welche sich mit dem Kranken in demselben Wagenabteile befunden haben, sofort dem etwa anwesenden Arzte zu bezeichnen, damit dieser denselben die nötigen Weisungen erteilen kann.

Im übrigen muß das Eisenbahnpersonal beim Vorkommen verdächtiger Erkrankungen mit der größten Vorsicht und Ruhe vorgehen, damit alles vermieden wird, was zu unnötigen Besorgnissen unter den Reisenden oder sonst beim Publikum Anlaß geben könnte.

5. Der Wagen, in welchem ein Cholerakranker sich befunden hat, ist sofort außer Dienst zu stellen und der nächsten geeigneten Station zur Desinfektion zu übergeben. Die näheren Vorschriften über diese Desinfektion sowie über die sonstige Behandlung der Eisenbahn-Personen- und Schlafwagen bei Choleragefahr enthält die beigefügte Anweisung A.

6. Die Zugbeamten haben, wenn sie mit Ausleerungen Erkrankter in Berührung gekommen sind, sich sorgfältig zu reinigen und etwa beschmutzte Kleidungsstücke desinfizieren zu lassen; die in gleiche Lage gekommenen Reisenden sind auf die Notwendigkeit derselben Maßnahmen aufmerksam zu machen.

Alle Personen, welche mit Cholerakranken in Berührung kommen, müssen bis nach stattgehabter gründlicher Reinigung ihrer Hände unbedingt vermeiden, die letzteren mit ihrem Gesicht in Berührung zu bringen, da durch Zuführung des Krankheitsstoffs durch den Mund in den Körper eine Ansteckung erfolgen kann. Es ist deshalb auch streng zu vermeiden, bei oder nach dem Umgange mit Kranken vor erfolgter sorgfältiger Reinigung der Hände zu rauchen oder Speisen und Getränke zu sich zu nehmen.

7. Eine besondere Sorgfalt ist der Erhaltung peinlicher Sauberkeit in allen Bedürfnisanstalten auf den Stationen zuzuwenden; die Sitzbretter der Aborte sind durch Abwaschen mit einer heißen Lösung von Kaliseife mindestens einmal täglich zu reinigen. Eine Desinfektion der Aborte, welche alsdann mit Kalkmilch und unter wiederholtem Übergießen der Fußböden mit Kalkmilch, soweit sie diese Behandlung vertragen, zu bewirken ist, erfolgt lediglich auf den Stationen der Orte, an welchen die Cholera ausgebrochen ist, und auf solchen Stationen, wo dies ausdrücklich angeordnet werden sollte. Die zur Beseitigung üblen

Geruchs für die warme Jahreszeit allgemein getroffenen Bestimmungen werden jedoch hierdurch nicht berührt.

8. Der Boden zwischen den Gleisen ist, sofern er auf den Stationen infolge Benutzung der in den Zügen befindlichen Bedürfnisanstalten verunreinigt ist, durch wiederholtes Übergießen mit Kalkmilch gehörig zu desinfizieren.

9. Eine Beschränkung des Eisenbahn-Gepäck- und Güterverkehrs findet, abgesehen von den bezüglich einzelner Gegenstände ergehenden Ausfuhr- und Einfuhrverboten, nicht statt.

10. Eine Desinfektion von Reisegepäck und Gütern findet nur in folgenden Fällen statt:

a) Auf den zu 2 bezeichneten Zollrevisionsstationen erfolgt auf ärztliche Anordnung zwangsweise die Desinfektion von gebrauchter Leibwäsche, getragenen Kleidungsstücken, gebrauchtem Bettzeug und sonstigen Gegenständen, welche zum Gepäck eines Reisenden gehören oder als Umzugsgut anzusehen sind und aus einem choleraverseuchten Bezirke stammen, sofern sie nach ärztlichem Ermessen als mit dem Ansteckungsstoffe der Cholera behaftet anzusehen sind.

b) Im übrigen erfolgt eine Desinfektion von Expreß-, Eil- und Frachtgütern — auch auf den Zollrevisionsstationen — nur bei solchen Gegenständen, welche nach Ansicht der Ortsgesundheitsbehörde als mit dem Ansteckungsstoffe der Cholera behaftet anzusehen sind.

Briefe und Korrespondenzen, Drucksachen, Bücher, Zeitungen, Geschäftspapiere usw. unterliegen keiner Desinfektion.

Die Einrichtung und Ausführung der Desinfektion wird von den Gesundheitsbehörden veranlaßt, welchen von dem Eisenbahnpersonale tunlichst Hilfe zu leisten ist.

11. Sämtliche Beamte der Eisenbahnverwaltung haben den Anforderungen der Polizeibehörden und der beauf-

sichtigenden Arzte, soweit es in ihren Kräften steht und nach den dienstlichen Verhältnissen ausführbar ist, unbedingte Folge zu leisten und auch ohne besondere Aufforderung denselben alle erforderlichen Mitteilungen zu machen. Von allen Dienstanweisungen und Maßnahmen gegen die Choleragefahr und von allen getroffenen Anordnungen und Einrichtungen ist stets sofort den dabei in Frage kommenden Gesundheitsbehörden Mitteilung zu machen.

12. Ein Auszug dieser Anweisung, welcher die Verhaltungsmaßregeln für das Eisenbahnpersonal bei choleraverdächtigen Erkrankungen auf der Eisenbahnfahrt enthält, ist beigefügt. Von diesen Verhaltungsmaßregeln ist jedem Fahrbeamten eines jeden zur Personenbeförderung dienenden Zuges ein Abdruck zuzustellen.

13. Von jedem durch den Arzt als Cholera erkannten Erkrankungsfall ist seitens des betreffenden Stationsvorstehers sofort der vorgesetzten Betriebsbehörde und der Ortspolizeibehörde schriftliche Anzeige zu erstatten, welche, soweit sie zu erlangen sind, folgende Angaben enthalten soll:

a) Ort und Tag der Erkrankung;
b) Name, Geschlecht, Alter, Stand oder Gewerbe des Erkrankten;
c) woher der Kranke zugereist ist;
d) wo der Kranke untergebracht ist.

A. Anweisung über die Behandlung der Eisenbahn-Personen- und Schlafwagen beim Auftreten der Cholera.

1. Während eines Choleraausbruchs im Inland oder in einem benachbarten Gebiet ist für besonders sorgfältige Reinigung und Lüftung der dem Personenverkehre dienenden Wagen Sorge zu tragen; es gilt dies namentlich in bezug auf Wagen der 3. und 4. Klasse, welche zur Massenbeförderung von Personen aus einer von der Cholera ergriffenen Gegend gedient haben.

Die in den Zügen befindlichen Bedürfnisanstalten sind regelmäßig zu desinfizieren und zu dem Zwecke die Trichter und Abfallrohre nach Reinigung mit Kalkmilch zu bestreichen, die Sitzbretter mit Kaliseifenlösung zu reinigen (vgl. Ziffer 2).

2. Ein Personenwagen, in welchem ein Cholerakranker sich befunden hat, ist sofort außer Dienst zu stellen und der nächsten mit den nötigen Einrichtungen versehenen Station zur Desinfektion zu überweisen, welche in nachstehend angegebener Weise zu bewirken ist.

Etwaige grobe Verunreinigungen im Innern des Wagens sind durch sorgfältiges und wiederholtes Abreiben mit Lappen, welche mit Karbolsäurelösung befeuchtet sind, zu beseitigen. Alsdann sind die Läufer, Matten, Teppiche, Vorhänge und beweglichen Polster abzunehmen, in Tücher, welche mit Karbolsäurelösung stark angefeuchtet sind, einzuschlagen und der Dampfdesinfektion zu unterwerfen. Ein vorheriges Ausklopfen dieser Gegenstände ist zu vermeiden. Gegenstände aus Leder, welche eine Dampfdesinfektion nicht vertragen, sind mit Karbolsäurelösung gründlich abzureiben. Demnächst ist der Wagen durchweg einer sorgfältigen Reinigung zu unterwerfen, wobei seine abwaschbaren Teile mit Karbolsäurelösung zu behandeln sind, und sodann in einem warmen, luftigen und trockenen Raume mindestens drei Tage lang aufzustellen.

Die bei der Reinigung verwendeten Lappen sind zu verbrennen.

Zur Herstellung der Karbolsäurelösung wird 1 Gewichtsteil verflüssigte Karbolsäure (Acidum carbolicum liquefactum des Arzneibuches für das Deutsche Reich) mit 30 Gewichtsteilen Wasser gemischt.

Zur Herstellung von Kalkmilch wird 1 Raumteil frisch gebrannter Kalk (Ätzkalk, Calcaria usta), mit 4 Raumteilen Wasser gemischt, und zwar in folgender Weise: Der Kalk wird in ein geeignetes Gefäß gelegt und zunächst mit

$^{3}/_{4}$ Raumteilen Wasser durch Besprengen unter stetem Umrühren gelöscht. Nachdem der Kalk zu Pulver zerfallen ist, wird er mit dem übrigen Wasser zu Kalkmilch verrührt.

Zur Herstellung von Kaliseifenlösung werden 3 Gewichtsteile Seife (sogenannte Schmierseife oder grüne Seife oder schwarze Seife) in 100 Gewichtsteilen siedend heißem Wasser gelöst (zum Beispiel $^{1}/_{2}$ kg Seife in 17 l Wasser).

Diese Lösung ist heiß zu verwenden.

3. Ist ein Schlafwagen von einem Cholerakranken benutzt worden, so muß die während der Fahrt gebrauchte Wäsche desinfiziert werden. Zu diesem Zwecke ist sie in Tücher, welche mit Karbolsäurelösung stark befeuchtet sind, einzuschlagen und alsdann so in ein Gefäß mit Karbolsäurelösung zu legen, daß sie von der Flüssigkeit vollständig bedeckt wird; frühestens nach zwei Stunden ist dann die Wäsche mit Wasser zu spülen und zu reinigen. Zur Wäsche sind zu rechnen: die Laken, die Bezüge der Bettkissen und der Decken sowie die Handtücher. Die Desinfektion des Wagens selbst hat in der unter Ziffer 2 vorgeschriebenen Weise zu erfolgen; dabei sind jedoch auch die von dem Kranken benutzten Bettkissen, Decken und beweglichen Matratzen in der dort angegebenen Weise einzuschlagen und alsdann der Dampfdesinfektion zu unterwerfen. Statt der Desinfektion mit Karbolsäurelösung kann die Wäsche auch der Dampfdesinfektion unterworfen werden.

Für den Fall, daß es sich als notwendig erweisen sollte, einen Schlafwagenlauf gänzlich einzustellen, bleibt Bestimmung vorbehalten.

4. Die vorstehenden Bestimmungen finden sinngemäße Anwendung bei Erkrankungen von Zug- und Postbeamten in den von ihnen benutzten Gepäck- und Postwagen.

5. Die mit der Desinfektion beauftragten Arbeiter haben jedesmal, wenn sie mit infizierten Dingen in Berührung gekommen sind, die Hände durch sorgfältiges Waschen

mit Karbolsäurlösung zu desinfizieren und sich sonst gründlich zu reinigen. Es empfiehlt sich, daß die Desinfektoren waschbare Oberkleider tragen; diese sind in derselben Weise wie die Wäsche aus den Schlafwagen zu desinfizieren.

B. Verhaltungsmaßregeln für das Eisenbahnpersonal bei choleraverdächtigen Erkrankungen auf der Eisenbahnfahrt.

1. Von jeder auffälligen Erkrankung, welche während der Eisenbahnfahrt vorkommt, hat der Schaffner dem Zugführer sofort Meldung zu machen.

2. Der Schaffner hat sich des Erkrankten nach Kräften anzunehmen; er hat alsdann jedoch jede Berührung mit anderen Personen nach Möglichkeit zu vermeiden.

3. Der Erkrankte ist, falls nicht die Verkehrsordnung seinen Ausschluß von der Fahrt vorschreibt, an der Weiterfahrt nicht zu verhindern; jedoch ist, sobald dies ohne Unterbrechung der Reise möglich ist, die Feststellung der Krankheit durch einen Arzt herbeizuführen.

Verlangt der Kranke der nächsten im Verzeichnis aufgeführten Übergabestation übergeben zu werden oder macht sein Zustand eine Weiterbeförderung untunlich, so hat der Zugführer, falls der Zug vor der Ankunft auf der Übergabestation noch eine Zwischenstation berührt, sofort beim Eintreffen dem diensthabenden Stationsbeamten Anzeige zu machen; dieser hat alsdann der Krankenübergabestation ungesäumt telegraphisch Meldung zu erstatten, damit möglichst die unmittelbare Abnahme des Erkrankten aus dem Zuge selbst durch die Krankenhausverwaltung, die Polizei- oder die Gesundheitsbehörde veranlaßt werden kann.

Will der Erkrankte den Zug auf einer Station vor der nächsten Übergabestation verlassen, so ist er hieran nicht zu hindern, der Zugführer hat aber dem diensthabenden Beamten der Station, auf welcher der Erkrankte den

Anlage 4.

Wöchentlich dem Kaiserlichen Gesundheitsamt einzusenden.

Nachweisung

über die in der Zeit vom .... bis .... 19...... vorgekommenen Cholerafälle.

Choleraverdächtige Fälle sind nicht aufzunehmen.

Name der Ortschaft (mit Angabe des Verwaltungsbezirkes)	Einwohnerzahl (letzte Volkszählung)	Neu erkrankt sind	Davon innerhalb der letzten 5 Tage vor der Erkrankung oder bereits krank von auswärts zugereist	Gestorben sind	Bemerkungen (insbesondere Tag des Ausbruchs im Berichtsort; Angabe des Ortes, woher die in Spalte 4 aufgeführten Personen zureisten usw.)
1.	2.	3.	4.	5.	6.

Zug verläßt, Meldung zu machen, damit der Beamte, falls der Erkrankte nicht bis zum Eintreffen ärztlicher Hilfe auf dem Bahnhofe, wo er möglichst abzusondern sein würde, bleiben will, seinen Namen, Wohnort und sein Absteigequartier feststellen und unverzüglich der nächsten Polizeibehörde unter Angabe der näheren Umstände mitteilen kann.

4. Sämtliche Mitreisenden, ausgenommen solche Personen, welche zur Unterstützung bei dem Erkrankten bleiben, sind aus dem Wagenabteil, in welchem der Erkrankte sich befindet, und, wenn mehrere Wagenabteile einen gemeinschaftlichen Abort haben, aus diesen sämtlichen Abteilen zu entfernen und in einem anderen Abteil, und zwar abgesondert von den übrigen Reisenden, unterzubringen.

5. Die Zugbeamten haben, wenn sie mit einem Erkrankten in Berührung gekommen sind, sich sorgfältig zu reinigen und etwa beschmutzte Kleidungsstücke desinfizieren zu lassen; die in gleiche Lage gekommenen Reisenden sind auf die Notwendigkeit derselben Maßnahmen aufmerksam zu machen.

II. Bekämpfung der Pocken.

Als das wirksamste Mittel zur Bekämpfung der Pocken ist die Schutzpockenimpfung anzusehen, deren Durchführung durch das Impfgesetz vom 8. April 1874 (Reichs-Gesetzbl. S. 31) und die hierzu ergangenen Vollzugsvorschriften geregelt ist. Wo auf Grund landesrechtlicher Bestimmungen Zwangsimpfungen beim Ausbruch einer Pockenepidemie zulässig sind (vgl. § 18 Abs. 3 des Impfgesetzes vom 8. April 1874 — Reichs-Gesetzbl. S. 31 —), ist darauf hinzuwirken, daß gegebenenfalls alle der Ansteckung ausgesetzten Personen, sofern sie nicht die Pocken überstanden haben oder durch Impfung hinreichend geschützt sind, sich impfen lassen. Wo Zwangsimpfungen nicht zulässig sind, ist in geeigneter Weise auf die Durchführung der Schutzpockenimpfung hinzuwirken. Dies gilt besonders für die Bewohner und Besucher eines Hauses, in welchem die Pocken aufgetreten sind, wie für das Pflegepersonal, die Ärzte, die Studierenden der Medizin, welche klinische Vorlesungen besuchen, ferner für die bei der Einsargung von Pockenleichen beschäftigten Personen, für Desinfektoren sowie für Arbeiter in gewerblichen Anlagen, welche den Ausgangspunkt von Pockenerkrankungen gebildet haben.

Außerdem wird folgendes bestimmt:

1. Zu §§ 12, 13. Diejenigen Personen, welche mit einer an den Pocken erkrankten oder verstorbenen Person unmittelbar oder, wie zum Beispiel Arbeitsgenossen, unter Umständen auch Boten, Briefträger und dergleichen, nur mittelbar in Berührung gekommen sind, ferner die Bewohner eines Hauses, in welchem ein Pockenfall festgestellt ist, sowie Arbeiter, welche mit Sachen, die möglicherweise den Krankheitsstoff an sich tragen (Hadern, Haare, Bettfedern und dergleichen), umgegangen sind (ansteckungsverdächtige Personen), sind einer Beobachtung zu unterstellen, soweit nicht schärfere Maßregeln nach Nr. 2 zu ergreifen sind oder vom beamteten Arzte aus besonderen Gründen für erforderlich erklärt werden. Die Beobachtung soll nicht länger als vierzehn Tage, gerechnet vom Tage der letzten Ansteckungsgelegenheit, dauern. Sie ist in schonender Form und so vorzunehmen, daß Belästigungen tunlichst vermieden werden. Sie wird in der Regel darauf beschränkt werden können, daß durch einen Arzt oder durch eine sonst geeignete Person zeitweise Erkundigungen über den Gesundheitszustand der betreffenden Personen eingezogen werden. Erklärt der beamtete Arzt es für erforderlich, daß die der Beobachtung unterstellten Personen Wirtshäusern,* Spielplätzen, öffentlichen Versammlungsorten und gemeinschaftlichen Arbeitsstätten

fern bleiben, oder sonst sich Verkehrsbeschränkungen unterwerfen, und sind diese Personen hierzu nicht bereit, so ist je nach Lage des Falles deren Absonderung gemäß Nr. 2 anzuordnen.

Die höhere Verwaltungsbehörde kann für den Umfang ihres Bezirkes oder für Teile desselben anordnen, daß zureisende fremde oder ortsansässige Personen, welche sich innerhalb der letzten vierzehn Tage vor ihrer Ankunft in einem von den Pocken betroffenen Bezirk oder Orte aufgehalten haben, nach ihrer Ankunft der Ortspolizeibehörde binnen einer zu bestimmenden möglichst kurzen Frist schriftlich oder mündlich zu melden sind. Derartige Personen können als ansteckungsverdächtig angesehen und der Beobachtung unterworfen werden.

Eine verschärfte Art der Beobachtung, verbunden mit Beschränkungen in der Wahl des Aufenthalts oder der Arbeitsstätte (zum Beispiel Anweisung eines bestimmten Aufenthalts, Verpflichtung zum zeitweisen persönlichen Erscheinen vor der Gesundheitsbehörde, Untersagung des Verkehrs an bestimmten Orten) ist solchen Personen gegenüber zulässig, welche obdachlos oder ohne festen Wohnsitz sind oder berufs- oder gewohnheitsmäßig umherziehen, zum Beispiel fremdländische Auswanderer und Arbeiter, fremdländische Drahtbinder, Zigeuner, Landstreicher, Hausierer.

2. Zu § 14. An den Pocken erkrankte oder krankheitsverdächtige Personen sind ohne Verzug unter Beobachtung der Bestimmungen im § 14 Abs. 2 und 3 des Gesetzes abzusondern. Als krankheitsverdächtig sind solche Personen zu betrachten, welche unter Erscheinungen erkrankt sind, die den Ausbruch der Pocken befürchten lassen.

Ansteckungsverdächtige Personen (Nr. 1) sind abzusondern,

a) wenn anzunehmen ist, daß sie weder mit Erfolg geimpft sind, noch die Pocken überstanden haben;

b) wenn sie mit einem Pockenkranken in Wohnungsgemeinschaft leben oder sonst mit einem solchen Kranken oder mit einer Pockenleiche in unmittelbare Berührung gekommen sind. In diesem Falle kann jedoch die Absonderung unterbleiben, sofern der beamtete Arzt die Beobachtung (Nr. 1) für ausreichend erachtet.

Die Absonderung ansteckungsverdächtiger Personen darf die Dauer von vierzehn Tagen, gerechnet vom Tage der letzten Ansteckungsgelegenheit, nicht übersteigen und ist in dem Falle unter a aufzuheben, sobald der Nachweis der erfolgten Impfung erbracht wird.

Zur Fortschaffung von Kranken und Krankheitsverdächtigen sollen dem öffentlichen Verkehre dienende Beförderungsmittel (Droschken, Straßenbahnwagen und dergleichen) in der Regel nicht benutzt werden (vgl. Nr. 5).

Wohnungen oder Häuser, in denen an den Pocken erkrankte Personen sich befinden, sind kenntlich zu machen.

Denjenigen Personen, welche der Pflege und Wartung von Pockenkranken sich widmen, ist aufzugeben, den Verkehr mit anderen Personen solange als erforderlich tunlichst zu vermeiden; auch haben sie die von dem beamteten Arzte für nötig befundenen Maßnahmen gegen eine Weiterverbreitung der Krankheit zu beobachten.

Die Behörden haben in geeigneter Weise dahin zu wirken, daß zur Pflege und Behandlung von Pockenkranken nur Personen zugelassen werden, die die Pocken überstanden haben oder durch Impfung hinreichend geschützt sind oder sich sofort der Impfung oder Wiederimpfung unterwerfen.

Als geeignet zur Absonderung sind nur solche Krankenhäuser oder Unterkunftsräume anzusehen, in welchen die Absonderung des Kranken derart erfolgen kann, daß er mit anderen, als den zu seiner Pflege bestimmten Personen, dem Arzte oder dem Seelsorger nicht in Berührung kommt und eine Weiterverbreitung der Krankheit tunlichst ausgeschlossen ist.

3. Zu § 15. Die zuständigen Behörden haben besonders zu erwägen, inwieweit Veranstaltungen, welche eine Ansammlung größerer Menschenmengen mit sich bringen (Messen, Märkte usw.), in oder bei solchen Ortschaften, in welchen die Pocken ausgebrochen sind, zu untersagen sind.

In einem Hause, in welchem ein Pockenkranker sich befindet, können gewerbliche Betriebe, durch welche eine Verbreitung des Ansteckungsstoffes zu befürchten ist, insbesondere Verkaufsstellen von Nahrungs- und Genußmitteln, Beschränkungen unterworfen oder geschlossen werden, insoweit nach dem Gutachten des beamteten Arztes die Fortsetzung des Betriebs als gefährlich zu betrachten ist.

Die Polizeibehörden der von den Pocken ergriffenen Ortschaften haben dafür zu sorgen, daß Gegenstände, von denen nach dem Gutachten des beamteten Arztes anzunehmen ist, daß sie mit dem Ansteckungsstoffe der Pocken behaftet sind, vor wirksamer Desinfektion nicht in den Verkehr gelangen.

Insbesondere ist für Ortschaften oder Bezirke, in denen die Pocken gehäuft auftreten, die Ausfuhr von gebrauchter Leibwäsche, alten und getragenen Kleidungsstücken, gebrauchtem Bettzeug einschließlich Bettfedern, gebrauchten Roßhaaren, Hadern und Lumpen aller Art und alten Papierabfällen zu verbieten. Unter Umständen kann das Verbot auch auf andere Gegenstände, insoweit dies nach dem Gutachten des bekannten Arztes erforderlich ist, ausgedehnt werden. Reisegepäck und Umzugsgut sind von dem Verbot auszunehmen.

Bei gehäuftem Auftreten der Pocken ist in den von der Krankheit befallenen Ortschaften oder Bezirken das gewerbsmäßige Einsammeln von Lumpen im Umherziehen zu verbieten.

Einfuhrverbote gegen inländische, von den Pocken

befallene Ortschaften sind nicht zulässig. Das Verbot der Einfuhr bestimmter Waren und anderer Gegenstände aus dem Auslande richtet sich ausschließlich nach den Vorschriften, welche gegebenenfalls gemäß § 25 des Gesetzes in Vollzug gesetzt werden.

Für gebrauchtes Bettzeug, Leibwäsche und getragene Kleidungsstücke, welche aus einer von den Pocken betroffenen Ortschaft stammen und noch nicht wirksam desinfiziert worden sind, kann eine Desinfektion angeordnet werden. Im übrigen ist eine Desinfektion von Gegenständen des Güter- und Reiseverkehrs einschließlich der von Reisenden getragenen Wäsche- und Kleidungsstücke nur dann geboten und zulässig, wenn die Gegenstände nach dem Gutachten des beamteten Arztes als mit dem Ansteckungsstoffe der Pocken behaftet anzusehen sind.

Weitergehende Beschränkungen des Gepäck- und Güterverkehrs sowie des Verkehrs mit Post- (Brief- und Paket-) Sendungen sind nicht zulässig.

4. Zu § 16. Jugendliche Personen aus einer Behausung, in welcher ein Pockenfall vorgekommen ist, müssen, soweit und solange nach dem Gutachten des beamteten Arztes eine Weiterverbreitung der Krankheit aus dieser Behausung zu befürchten ist, vom Schulbesuche ferngehalten werden.

Das gleiche gilt hinsichtlich des Besuches jedes anderen Unterrichts, an welchem mehrere Personen teilnehmen.

5. Zu § 19. In einem Hause, in welchem ein Pockenfall vorgekommen ist, sind die erforderlichen Maßnahmen zur Desinfektion der Ausscheidungen des Kranken sowie der mit dem Kranken oder Gestorbenen in Berührung gekommenen Gegenstände zu treffen. Ganz besondere Aufmerksamkeit ist der Desinfektion infizierter Räume, ferner der Kleidungsstücke, der Betten und der Leibwäsche des Kranken oder Gestorbenen, der Hautabgänge und Verbandstoffe des Kranken sowie der bei der Wartung und Pflege des Kranken benutzten Kleidungsstücke zuzuwenden.

Auch ist Vorsorge zu treffen, daß Fahrzeuge und andere Beförderungsmittel, welche zur Fortschaffung von kranken oder krankheitsverdächtigen Personen gedient haben, alsbald und vor anderweitiger Benutzung desinfiziert werden.

Die Desinfektionen sind nach Maßgabe der aus der Anlage 1 ersichtlichen Anweisung zu bewirken.

6. Zu § 21. Die Leichen der an den Pocken Gestorbenen sind ohne vorheriges Waschen und Umkleiden sofort in Tücher einzuhüllen, welche mit einer desinfizierenden Flüssigkeit getränkt sind. Sie sind alsdann in dichte Särge zu legen, welche am Boden mit einer reichlichen Schicht Sägemehl, Torfmull oder anderen aufsaugenden Stoffen bedeckt sind. Der Sarg ist alsbald zu schließen.

Soll mit Rücksicht auf religiöse Vorschriften das Waschen der Leiche ausnahmsweise stattfinden, so darf es nur unter den vom beamteten Arzte angeordneten Vorsichtsmaßregeln und nur mit desinfizierenden Flüssigkeiten ausgeführt werden.

Ist ein Leichenhaus vorhanden, so ist die eingesargte Leiche sobald als möglich dahin überzuführen. In Ortschaften, in welchen ein Leichenhaus nicht besteht, ist dafür Sorge zu tragen, daß die eingesargte Leiche tunlichst in einem besonderen, abschließbaren Raume bis zur Beerdigung aufbewahrt wird.

Die Ausstellung der Leiche im Sterbehaus oder im offenen Sarge ist zu untersagen, das Leichengefolge möglichst zu beschränken und dessen Eintritt in das Sterbehaus zu verbieten.

Die Beförderung der Leichen von Personen, welche an den Pocken gestorben sind, nach einem anderen als dem ordnungsmäßigen Beerdigungsort ist zu untersagen.

Die Bestattung der Pockenleichen ist tunlichst zu beschleunigen. Die zur Ausschmückung des Sarges verwendeten Gegenstände sind mit in das Grab zu bringen, bei Feuerbestattung mit zu verbrennen. Es ist Vorsorge zu treffen, daß Personen, die bei der Einsargung beschäftigt gewesen sind, nicht mit der Ansage des Leichenbegängnisses betraut werden, und daß sie den Verkehr mit anderen Personen meiden, solange der beamtete Arzt dies für erforderlich hält. Auch ist ihnen die Einhaltung der sonstigen von dem beamteten Arzte gegen eine Weiterverbreitung der Krankheit für erforderlich erachteten Maßregeln zur Pflicht zu machen.

7. Zu § 22. Die Aufhebung der zur Abwehr der Pockengefahr getroffenen Anordnungen darf nur nach Anhörung des beamteten Arztes erfolgen; insbesondere ist sie von der vorgängigen Desinfektion des Genesenen abhängig zu machen, insoweit es sich um Maßregeln handelt, die sich auf den Kranken und dessen unmittelbare Umgebung bezogen haben.

8. Zu § 24. Bei einem gefahrdrohenden Ausbruche der Pocken im Auslande ist der Übertritt von Durchwanderern aus solchen ausländischen Gebieten, in denen die Pocken herrschen, nur an bestimmten Grenzorten zu gestatten, wo eine ärztliche Besichtigung sowie die Zurückhaltung und Absonderung der an den Pocken Erkrankten und der Krankheitsverdächtigen stattzufinden hat.

Die Massenbeförderung von Durchwanderern mit der Eisenbahn hat in Sonderzügen oder in besonderen Wagen, und zwar nur in Abteilen ohne Polsterung zu geschehen. Die benutzten Wagen sind nach jedesmaligem Gebrauche zu desinfizieren. Müssen die Durchwanderer während der Reise durch das Reichsgebiet behufs Übernachtung den Zug verlassen, so darf dies nur auf Eisenbahnstationen geschehen, bei denen sich Auswandererhäuser befinden.

Es ist dafür Sorge zu tragen, daß solche Durchwanderer mit dem Publikum so wenig wie möglich in Berührung kommen und in den Hafenorten tunlichst in Auswandererhäusern untergebracht werden.

Fremdländischen Arbeitern, welche aus ausländischen von den Pocken befallenen Gebieten zum Erwerb ihres Unterhalts einwandern, sowie ihren Angehörigen ist der Übertritt über die Grenze nur unter der Bedingung zu gestatten, daß sie sich beim Eintritt oder an ihrem ersten Dienstort innerhalb drei Tagen der Schutzimpfung unterwerfen, sofern sie nicht glaubhaft nachweisen, daß sie die Pocken überstanden haben oder durch Impfung hinreichend geschützt sind.

9. Zu § 40. Pockenkranke dürfen in der Regel nicht mittels der Eisenbahn befördert werden. Ausnahmen sind nur nach dem Gutachten des für die Abgangsstation zuständigen beamteten Arztes zulässig. In solchen Ausnahmefällen ist der Kranke in einem besonderen Wagen, der alsbald nach der Benutzung zu desinfizieren ist, zu befördern. Das bei ihm beschäftigt gewesene Personal ist anzuhalten, vor ausgeführter Desinfektion (Anlage 1) den Verkehr mit anderen Personen nach Möglichkeit zu vermeiden.

Ergibt sich bei einem Reisenden während der Eisenbahnfahrt Pockenverdacht, so ist er, falls nicht die Verkehrsordnung seinen Ausschluß von der Fahrt vorschreibt, an der Weiterfahrt nicht zu verhindern; jedoch ist, sobald dies ohne Unterbrechung der Reise möglich ist, die Feststellung der Krankheit durch einen Arzt herbeizuführen. Der Abteil, in welchem der Kranke untergebracht war, und die damit in Zusammenhang stehenden Abteile sind zu räumen. Der Wagen ist, falls der Pockenverdacht sich bestätigt, sobald wie möglich außer Betrieb zu setzen und zu desinfizieren.

Im einzelnen gelten beim Auftreten der Pocken die in der Anlage 2 enthaltenen Bestimmungen.

10. Zu § 42. Ist in einer Ortschaft der Ausbruch der

Pocken festgestellt, so ist das Kaiserliche Gesundheitsamt hiervon sofort auf dem kürzesten Wege zu benachrichtigen. Neben dieser Benachrichtigung von dem Ausbruche der Pocken ist von den durch die Landesregierungen zu bestimmenden Behörden an das Kaiserliche Gesundheitsamt wöchentlich eine Nachweisung über die in der vergangenen Woche bis Sonnabend einschließlich in den einzelnen Ortschaften gemeldeten Erkrankungs- und Todesfälle nach Maßgabe der Anlage 3 in geschlossenem Umschlage mitzuteilen. Die Wochennachweisungen sind so zeitig abzusenden, daß sie bis Montag Mittag im Gesundheitsamt eingehen.

Außerdem ist innerhalb acht Tagen nach der Genesung oder dem Ableben eines Pockenkranken eine Zählkarte nach dem anliegenden Muster (Anlage 4) von dem durch die Landesregierung zu bestimmenden Medizinalbeamten auszufüllen. Die Zählkarten sind nach Bestimmung der Landesregierung entweder durch Vermittelung der zuständigen Landesbehörde oder unmittelbar an das Kaiserliche Gesundheitsamt einzusenden. Falls die Karten zunächst an die Landesbehörde eingereicht werden, ist dafür Sorge zu tragen, daß sie spätestens bis zum 1. Februar des nächstfolgenden Jahres an das Kaiserliche Gesundheitsamt gelangen. Diese Bestimmungen treten am 1. Januar 1905 in Kraft.

Anlage 1.

Desinfektionsanweisung bei Pocken.

I. Desinfektionsmittel.

a) Kresol, Karbolsäure.

1. Verdünntes Kresolwasser. Zur Herstellung wird 1 Gewichtsteil Kresolseifenlösung (Liquor Cresoli saponatus des Arzneibuchs für das Deutsche Reich, vierte Ausgabe) mit 19 Gewichtsteilen Wasser gemischt. 100 Teile enthalten annähernd 2,5 Teile rohes Kresol. Das Kresolwasser (Aqua cresolica des Arzneibuchs für das Deutsche Reich)

enthält in 100 Teilen 5 Teile rohes Kresol, ist also vor dem Gebrauche mit gleichen Teilen Wasser zu verdünnen.

2. Karbolsäurelösung. 1 Gewichtsteil verflüssigte Karbolsäure (Acidum carbolicum liquefactum) wird mit 30 Gewichtsteilen Wasser gemischt.

b) Chlorkalk.

Der Chlorkalk hat nur dann eine ausreichende desinfizierende Wirkung, wenn er frisch bereitet und in wohlverschlossenen Gefäßen aufbewahrt ist; er muß stark nach Chlor riechen. Er wird in Mischung von 1 : 50 Gewichtsteilen Wasser verwendet.

c) Kalk, und zwar:

1. Kalkmilch. Zur Herstellung wird 1 Liter zerkleinerter reiner gebrannter Kalk, sogenannter Fettkalk, mit 4 Liter Wasser gemischt, und zwar in folgender Weise:

Es wird von dem Wasser etwa $^3/_4$ Liter in das zum Mischen bestimmte Gefäß gegossen und dann der Kalk hineingelegt. Nachdem der Kalk das Wasser aufgesogen hat und dabei zu Pulver zerfallen ist, wird er mit dem übrigen Wasser zu Kalkmilch verrührt.

2. Kalkbrühe, welche durch Verdünnung von 1 Teile Kalkmilch mit 9 Teilen Wasser frisch bereitet wird.

d) Kaliseife.

3 Gewichtsteile Kaliseife (sogenannte Schmierseife oder grüne Seife oder schwarze Seife) werden in 100 Gewichtsteilen siedend heißem Wasser gelöst (zum Beispiel $^1/_2$ Kilogramm Seife in 17 Liter Wasser).

Diese Lösung ist heiß zu verwenden.

e) Formaldehyd.

Der Formaldehyd ist ein stark riechendes, auf die Schleimhäute der Luftwege, der Nase, der Augen reizend wirkendes Gas, das aus einer im Handel vorkommenden, etwa 35prozentigen wässerigen Lösung des Formaldehyds (Formaldehydum solutum des Arzneibuchs) durch Kochen oder Zerstäubung mit Wasserdampf oder Erhitzen sich entwickeln läßt. Die Formaldehydlösung ist bis zur Benutzung gut verschlossen und vor Licht geschützt aufzubewahren.

Der Formaldehyd in Gasform ist für die Desinfektion geschlossener oder allseitig gut abschließbarer Räume verwendbar und eigent sich zur Vernichtung von Krankheitskeimen, die an freiliegenden Flächen oberflächlich oder doch nur in geringer Tiefe haften. Zum Zustandekommen der desinfizierenden Wirkung sind erforderlich:

vorgängiger allseitig dichter Abschluß des zu desinfizierenden Raumes durch Verklebung, Verkittung aller Undichtigkeiten der Fenster und Türen, der Ventilationsöffnungen und dergleichen;

Entwickelung von Formaldehyd in einem Mengenverhältnisse von wenigstens 5 Gramm auf je 1 Kubikmeter Luftraum;

gleichzeitige Entwickelung von Wasserdampf bis zu einer vollständigen Sättigung der Luft des zu desinfizierenden Raumes (auf 100 Kubikmeter Raum sind 3 Liter Wasser zu verdampfen);

wenigstens 7 Stunden andauerndes ununterbrochenes Verschlossenbleiben des mit Formaldehyd und Wasserdampf erfüllten Raumes; diese Zeit kann bei Entwickelung doppelt großer Mengen von Formaldehyd auf die Hälfte abgekürzt werden.

Formaldehyd kann in Verbindung mit Wasserdampf von außen her durch Schlüssellöcher, durch kleine in die Tür gebohrte Öffnungen und dergleichen in den zu desinfizierenden Raum geleitet werden. Werden Türen und Fenster geschlossen vorgefunden und sind keine anderen Öffnungen (zum Beispiel für Ventilation, offene Ofentüren) vorhanden, so empfiehlt es sich, die Desinfektion mittels Formaldehyds auszuführen, ohne vorher

10*

das Zimmer zu betreten, beziehungsweise ohne die vorherigen Abdichtungen vorzunehmen; für diesen Fall ist die Entwickelung wenigstens viermal größerer Mengen Formaldehyds, als sie für die Desinfektion nach geschehener Abdichtung angegeben sind, erforderlich.

Die Desinfektion mittels Formaldehyds darf nur nach bewährten Methoden ausgeübt und nur geübten Desinfektoren anvertraut werden, die für jeden einzelnen Fall mit genauer Anweisung zu versehen sind. Nach Beendigung der Desinfektion empfiehlt es sich, zur Beseitigung des den Räumen noch anhaftenden Formaldehydgeruchs Ammoniakgas einzuleiten.

f) Dampfapparate.

Als geeignet können nur solche Apparate und Einrichtungen angesehen werden, welche von Sachverständigen geprüft sind.

Auch Notbehelfseinrichtungen können unter Umständen ausreichen.

Die Prüfung derartiger Apparate und Einrichtungen hat sich zu erstrecken namentlich auf die Anordnung der Dampfzuleitung und -ableitung, auf die Handhabungsweise und die für eine gründliche Desinfektion erforderliche Dauer der Dampfeinwirkung.

Die Bedienung der Apparate usw. ist, wenn irgend angängig, wohlunterrichteten Desinfektoren zu übertragen.

g) Siedehitze.

Auskochen in Wasser, Salzwasser oder Lauge wirkt desinfizierend. Die Flüssigkeit muß die Gegenstände vollständig bedecken und mindestens 10 Minuten lang im Sieden gehalten werden.

Unter den angeführten Desinfektionsmitteln ist die Auswahl nach Lage der Umstände zu treffen. Es ist zulässig, daß seitens der beamteten Ärzte unter Umständen auch andere in bezug auf ihre desinfizierende Wirksamkeit erprobte Mittel angewendet werden; die Mischungs- beziehungsweise Lösungsverhältnisse sowie die Verwendungsweise solcher Mittel sind so zu wählen, daß der Erfolg der Desinfektion nicht nachsteht einer mit den unter a bis g bezeichneten Mitteln ausgeführten Desinfektion.

II. Anwendung der Desinfektionsmittel im einzelnen[1])

1. Besonders gefährlich sind die Hautabgänge der Kranken. Der aus den Pockenpusteln stammende Eiter enthält, auch wenn er eingetrocknet ist und zerstäubt, den Ansteckungsstoff in wirksamer Form. Deshalb muß die Desinfektion nicht nur nach Ablauf der Krankheit, sondern schon während des Bestehens der Krankheit gehandhabt werden. Die Hautabgänge (Schorfe usw.) sind sorgfältig zusammenzusuchen und zu desinfizieren oder zu verbrennen.

Der Fußboden des Krankenzimmers ist täglich mit desinfizierenden Flüssigkeiten aufzuwaschen, Kehricht ist zu desinfizieren oder zu verbrennen.

Alle Ausscheidungen der Kranken (Wund- und Geschwürausscheidungen, Auswurf und Nasenschleim, etwaige bei Sterbenden aus Mund und Nase hervorgequollene schaumige Flüssigkeit, Blut und Urin, Erbrochenes und Stuhlgang) sind mit dem unter Ia beschriebenen verdünnten Kresolwasser oder durch Siedehitze (Ig) zu desinfizieren. Es empfiehlt sich, solche Ausscheidungen unmittelbar in Gefäßen aufzufangen, welche die Desinfektionsflüssigkeit in mindestens gleicher Menge enthalten, und sie hiermit gründlich zu verrühren. Verbandgegenstände und Läppchen, welche zweckmäßig an Stelle von Taschen-

[1]) Worauf sich die Desinfektion bei Pocken zu erstrecken hat, ist in Nr. 3 Abs. 3 und 6, Nr. 5, Nr. 6 Abs. 1 und 2, Nr. 7, Nr. 8 Abs. 2 und Nr. 9 der Ausführungsbestimmungen bezeichnet.

tüchern zur Reinigung von Mund und Nase der Kranken verwendet werden, sind, wenn das Verbrennen derselben (vgl. Ziffer 9) nicht angängig ist, unmittelbar nach dem Gebrauch ebenfalls in solche mit verdünntem Kresolwasser (Ia) beschickte Gefäße zu legen, so daß sie von der Flüssigkeit vollständig bedeckt sind.

Die Gemische sollen mindestens zwei Stunden stehen bleiben und dürfen erst dann beseitigt werden.

Schmutzwässer sind mit Chlorkalk oder Kalkmilch zu desinfizieren, und zwar ist vom Chlorkalke so viel zuzusetzen, bis die Flüssigkeit stark nach Chlor riecht, von Kalkmilch so viel, daß das Gemisch rotes Lackmuspapier stark und dauernd blau färbt. In allen Fällen darf die Flüssigkeit erst nach zwei Stunden abgegossen werden. Badewässer sind wie Schmutzwässer zu behandeln.

2. Hände und sonstige Körperteile müssen jedesmal, wenn sie mit infizierten Dingen (Ausscheidungen der Kranken, beschmutzter Wäsche usw.) in Berührung gekommen sind, durch gründliches Waschen mit verdünntem Kresolwasser oder Karbolsäurelösung (Ia) desinfiziert werden.

3. Bett- und Leibwäsche sowie waschbare Kleidungsstücke und dergleichen sind entweder auszukochen (Ig) oder in ein Gefäß mit verdünntem Kresolwasser oder Karbolsäurelösung (Ia) zu stecken. Die Flüssigkeit muß in den Gefäßen die eingetauchten Gegenstände vollständig bedecken. In dem Kresolwasser oder der Karbolsäurelösung bleiben die Gegenstände wenigstens zwei Stunden. Dann werden sie mit Wasser gespült und weiter gereinigt. Das dabei ablaufende Wasser kann als unverdächtig behandelt werden.

4. Kleidungsstücke, die nicht gewaschen werden können, Matratzen, Teppiche und alles, was sich zur Dampfdesinfektion eignet, sind in Dampfapparaten zu desinfizieren (If).

5. Alle diese zu desinfizierenden Gegenstände sind beim Zusammenpacken und bevor sie nach den Desinfektions-

anstalten oder -apparaten geschafft werden, in Tücher, welche mit Karbolsäurelösung (Ia) angefeuchtet sind, einzuschlagen und, wenn möglich, in gut schließenden Gefäßen zu verwahren.

Wer solche Wäsche usw. vor der Desinfektion angefaßt hat, muß seine Hände in der unter Ziffer 2 angegebenen Weise desinfizieren.

6. Zur Desinfektion infizierter oder der Infektion verdächtiger Räume, namentlich solcher, in denen Kranke sich aufgehalten haben, sind zunächst die Lagerstellen, Gerätschaften und dergleichen, ferner die Wände und der Fußboden, unter Umständen auch die Decke mittels Lappen, die mit verdünntem Kresolwasser oder Karbolsäurelösung (Ia) getränkt sind, gründlich abzuwaschen; besonders ist darauf zu achten, daß diese Lösungen auch in alle Spalten, Risse und Fugen eindringen.

Die Lagerstellen von Kranken oder von Verstorbenen und die in der Umgebung auf wenigstens 2 Meter Entfernung befindlichen Gerätschaften, Wand- und Fußbodenflächen sind bei dieser Desinfektion besonders zu berücksichtigen.

Alsdann sind die Räumlichkeiten und Gerätschaften mit einer reichlichen Menge Wasser oder Kaliseifenlösung (Id) zu spülen. Nach ausgeführter Desinfektion ist gründlich zu lüften.

7. Die Anwendung des Formaldehyds empfiehlt sich besonders zur sogenannten Oberflächendesinfektion. Außerdem gewährt sie den Desinfektoren einen gewissen Schutz vor einer Infektion bei den nach Ziffer 6 auszuführenden mechanischen Desinfektionsarbeiten; sie ist möglichst vor dem Beginne sonstiger Desinfektion in der Weise auszuführen, daß die zu desinfizierenden Räumlichkeiten erst nach der beendeten Formaldehyddesinfektion betreten zu werden brauchen (vgl. Ie Abs. 3).

Nach voraufgegangener Desinfektion mittels Formaldehyds können nur die Wände, die Zimmerdecke, die freien glatten Flächen der Gerätschaften als desinfiziert gelten. Alles übrige, namentlich alle diejenigen Teile, welche Risse und Fugen aufweisen, sind gemäß den vorstehend gegebenen Vorschriften zu desinfizieren.

Ist der Desinfektor durch Impfung hinreichend geschützt, so bedarf es der Voreinleitung der Formaldehydgase in das Zimmer nicht.

8. Gegenstände aus Leder, Holz- und Metallteile von Möbeln sowie ähnliche Gegenstände werden sorgfältig und wiederholt mit Lappen abgerieben, die mit verdünntem Kresolwasser oder Karbolsäurelösung (Ia) befeuchtet sind. Die gebrauchten Lappen sind zu verbrennen.

Pelzwerk wird auf der Haarseite bis auf die Haarwurzel mit verdünntem Kresolwasser oder Karbolsäurelösung (Ia) durchweicht. Nach zwölfstündiger Einwirkung der Desinfektionsflüssigkeit darf es ausgewaschen und weiter gereinigt werden.

Plüsch- und ähnliche Möbelbezüge werden nach Ziffer 3 und 4 desinfiziert oder mit verdünntem Kresolwasser oder Karbolsäurelösung (Ia) durchfeuchtet, feucht gebürstet und mehrere Tage hintereinander gelüftet und dem Sonnenlicht ausgesetzt.

Von Kranken benutzte Eß- und Trinkgeschirre oder Geräte sind entweder auszukochen (Ig) oder mit heißer Kaliseifenlösung (Id) $^1/_2$ Stunde lang stehen zu lassen und dann gründlich zu spülen. Waschbecken, Spucknäpfe, Nachttöpfe und dergleichen werden nach Desinfektion des Inhalts (Ziffer 1) gründlich mit verdünntem Kresolwasser ausgescheuert.

9. Gegenstände von geringem Werte (Inhalt von Strohsäcken, gebrauchte Lappen und dergleichen) sind zu verbrennen.

10. Soll sich die Desinfektion auch auf Personen erstrecken, so ist dafür Sorge zu tragen, daß sie ihren ganzen Körper mit Seife abwaschen und ein vollständiges Bad nehmen. Ihre Kleider und Effekten sind nach Ziffer 3 und 4 zu behandeln, das Badewasser nach Ziffer 1.

11. Die Leichen der Gestorbenen sind in Tücher zu hüllen, welche mit einer der unter Ia aufgeführten desinfizierenden Flüssigkeit getränkt sind, und alsdann in dichte Särge zu legen, welche am Boden mit einer reichlichen Schicht Sägemehl, Torfmull oder anderen aufsaugenden Stoffen bedeckt sind.

12. Abweichungen von den Vorschriften unter Ziffer 1 bis 11 sind zulässig, soweit nach dem Gutachten des beamteten Arztes die Wirkung der Desinfektion gesichert ist.

Anlage 2.

Grundsätze für Maßnahmen im Eisenbahnverkehre beim Auftreten der Pocken.

1. Beim Auftreten der Pocken findet eine allgemeine und regelmäßige Untersuchung der Reisenden nicht statt; es werden jedoch dem Eisenbahnpersonale bekannt gegeben:

a) die Stationen, auf welchen Ärzte sofort erreichbar und zur Verfügung sind,

b) die Stationen, bei welchen geeignete Krankenhäuser zur Unterbringung von Pockenkranken bereitstehen (Krankenübergabestationen).

Die Bezeichnung dieser Stationen erfolgt durch die Landeszentralbehörde unter Berücksichtigung der Verbreitung der Seuche und der Verkehrsverhältnisse.

Ein Verzeichnis der unter a und b bezeichneten Stationen ist, nach der geographischen Reihenfolge der Stationen geordnet, jedem Führer eines Zuges, welcher zur Personenbeförderung dient, zu übergeben.

2. Auf den zu 1a und b bezeichneten Stationen sowie, falls eine ärztliche Überwachung von Reisenden an der Grenze angeordnet ist, auf den Zollrevisionsstationen sind zur Vornahme der Untersuchung Erkrankter die erforderlichen, entsprechend auszustattenden Räume von der Eisenbahnverwaltung, soweit sie ihr zur Verfügung stehen, herzugeben.

3. Die Schaffner haben dem Zugführer von jeder während der Fahrt vorkommenden auffälligen Erkrankung sofort Meldung zu machen.

Der Schaffner hat sich des Erkrankten nach Kräften anzunehmen; er hat alsdann jedoch jede Berührung mit anderen Personen nach Möglichkeit zu vermeiden.

Der Erkrankte ist, falls nicht die Verkehrsordnung seinen Ausschluß von der Fahrt vorschreibt, an der Weiterfahrt nicht zu verhindern: jedoch ist, sobald dies ohne Unterbrechung der Reise möglich ist, die Feststellung der Krankheit durch einen Arzt (1a) herbeizuführen.

Verlangt der Erkrankte, der nächsten im Verzeichnis aufgeführten Übergabestation übergeben zu werden, oder macht sein Zustand eine Weiterbeförderung untunlich, so hat der Zugführer, falls der Zug vor der Ankunft auf der Übergabestation noch eine Zwischenstation berührt, sofort beim Eintreffen dem diensthabenden Stationsbeamten Anzeige zu machen; dieser hat alsdann der Krankenübergabestation ungesäumt telegraphisch Meldung zu erstatten, damit möglichst die unmittelbare Abnahme des Erkrankten aus dem Zuge selbst durch die Krankenhausverwaltung, die Polizei- oder die Gesundheitsbehörde veranlaßt werden kann.

Will der Erkrankte den Zug auf einer Station vor der nächsten Übergabestation verlassen, so ist er hieran nicht zu hindern. Der Zugführer hat aber dem diensthabenden Beamten der Station, auf welcher der Erkrankte den Zug verläßt, Meldung zu machen, damit der Beamte, falls der

Erkrankte nicht bis zum Eintreffen ärztlicher Hilfe auf dem Bahnhofe, wo er möglichst abzusondern sein würde, bleiben will, seinen Namen, Wohnort und sein Absteigequartier feststellen und unverzüglich der nächsten Polizeibehörde unter Angabe der näheren Umstände mitteilen kann.

4. Erkrankt ein Reisender unterwegs in auffälliger Weise, so sind alsbald sämtliche Mitreisenden, ausgenommen solche Personen, welche zu seiner Unterstützung bei ihm bleiben, aus dem Wagenabteil, in welchem der Erkrankte sich befindet, zu entfernen und in einem anderen Abteil, abgesondert von den übrigen Reisenden, unterzubringen. Bei der Ankunft auf der Krankenübergabestation sind diejenigen Personen, welche sich mit dem Kranken in demselben Wagenabteile befunden haben, sofort dem etwa anwesenden Arzte zu bezeichnen, damit dieser denselben die nötigen Weisungen erteilen kann.

Im übrigen muß das Eisenbahnpersonal beim Vorkommen verdächtiger Erkrankungen mit der größten Vorsicht und Ruhe vorgehen, damit alles vermieden wird, was zu unnötigen Besorgnissen unter den Reisenden oder sonst beim Publikum Anlaß geben könnte.

5. Der Wagen, in welchem ein Pockenkranker sich befunden hat, ist sofort außer Dienst zu stellen und der nächsten geeigneten Station zur Desinfektion zu übergeben. Die näheren Vorschriften über diese Desinfektion sowie über die sonstige Behandlung der Eisenbahn-Personen- und Schlafwagen bei Pockengefahr enthält die beigefügte Anweisung A.

6. Eine Beschränkung des Eisenbahn-Gepäck- und Güterverkehrs findet, abgesehen von den bezüglich einzelner Gegenstände ergehenden Ausfuhr- und Einfuhrverboten, nicht statt.

7. Eine Desinfektion von Reisegepäck und Gütern findet nur in folgenden Fällen statt:

a) Auf den zu 2 bezeichneten Zollrevisionsstationen erfolgt auf ärztliche Anordnung zwangsweise die Desinfektion von gebrauchtem Bettzeuge, gebrauchter Leibwäsche, getragenen Kleidungsstücken und sonstigen Gegenständen, welche zum Gepäck eines Reisenden gehören oder als Umzugsgut anzusehen sind und aus einem pockenverseuchten Orte stammen, sofern sie nach ärztlichem Ermessen als mit dem Ansteckungsstoffe der Pocken behaftet zu erachten sind.

b) Im übrigen erfolgt eine Desinfektion von Expreß-, Eil- und Frachtgütern — auch auf den Zollrevisionsstationen — nur bei solchen Gegenständen, welche nach Ansicht der Ortsgesundheitsbehörde als mit dem Ansteckungsstoffe der Pocken behaftet zu erachten sind. Briefe und Korrespondenzen, Drucksachen, Bücher, Zeitungen, Geschäftspapiere usw. unterliegen keiner Desinfektion.

Die Einrichtung und Ausführung der Desinfektion wird von den Gesundheitsbehörden veranlaßt, welchen von dem Eisenbahnpersonale tunlichst Hilfe zu leisten ist.

8. Sämtliche Beamte der Eisenbahnverwaltung haben den Anforderungen der Polizeibehörden und der beaufsichtigenden Ärzte, soweit es in ihren Kräften steht und nach den dienstlichen Verhältnissen ausführbar ist, unbedingte Folge zu leisten und auch ohne besondere Aufforderung denselben alle erforderlichen Mitteilungen zu machen. Von allen Dienstanweisungen und Maßnahmen gegen die Pockengefahr und von allen getroffenen Anordnungen und Einrichtungen ist stets sofort den dabei in Frage kommenden Gesundheitsbehörden Mitteilung zu machen.

9. Ein Auszug dieser Anweisung, welcher die Verhaltungsmaßregeln für das Eisenbahnpersonal bei pockenverdächtigen Erkrankungen auf der Eisenbahnfahrt enthält, ist beigefügt. Von diesen Verhaltungsmaßregeln ist jedem Fahrbeamten eines jeden zur Personenbeförderung dienenden Zuges ein Abdruck zuzustellen.

10. Von jedem durch den Arzt als Pocken erkannten Erkrankungsfall ist seitens des betreffenden Stationsvorstehers sofort der vorgesetzten Betriebsbehörde und der Ortspolizeibehörde schriftliche Anzeige zu erstatten, welche, soweit sie zu erlangen sind, folgende Angaben enthalten soll:

a) Ort und Tag der Erkrankung;
b) Name, Geschlecht, Alter, Stand oder Gewerbe des Erkrankten;
c) woher der Erkrankte zugereist ist;
d) wo der Kranke untergebracht ist.

A. Anweisung über die Behandlung der Eisenbahn-Personen- und Schlafwagen bei Pockengefahr.

1. Während eines Pockenausbruchs im Inland oder in einem benachbarten Gebiet ist für besonders sorgfältige Reinigung und Lüftung der dem Personenverkehre dienenden Wagen Sorge zu tragen; es gilt dies namentlich in bezug auf Wagen der 3. und 4. Klasse, welche zur Massenbeförderung von Personen aus einer von den Pocken ergriffenen Gegend gedient haben.

2. Ein Personenwagen, in welchem ein Pockenkranker sich befunden hat, ist sofort außer Dienst zu stellen und der nächsten mit den nötigen Einrichtungen versehenen Station zur Desinfektion zu überweisen, welche in nachstehend angegebener Weise zu bewirken ist.

Etwaige grobe Verunreinigungen im Innern des Wagens sind durch sorgfältiges und wiederholtes Abreiben mit Lappen, welche mit Karbolsäurelösung befeuchtet sind, zu beseitigen. Alsdann sind die Läufer, Matten, Teppiche, Vorhänge und beweglichen Polster abzunehmen, in Tücher, welche mit Karbolsäurelösung stark angefeuchtet sind, einzuschlagen und der Dampfdesinfektion zu unterwerfen. Ein vorheriges Ausklopfen dieser Gegenstände ist zu vermeiden. Gegenstände aus Leder, welche eine Dampfdesinfektion nicht vertragen, sind mit Karbolsäurelösung gründlich abzureiben. Demnächst ist der Wagen durchweg einer sorgfältigen Reinigung zu unterwerfen, wobei seine abwaschbaren Teile mit Karbolsäurelösung zu behandeln sind, und sodann in einem warmen, luftigen und trockenen Raume mindestens drei Tage lang aufzustellen.

Die bei der Reinigung verwendeten Lappen sind zu verbrennen.

Zur Herstellung der Karbolsäurelösung wird 1 Gewichtsteil verflüssigte Karbolsäure (Acidum carbolicum liquefactum des Arzneibuchs für das Deutsche Reich) mit 30 Gewichtsteilen Wasser gemischt.

3. Ist ein Schlafwagen von einem Pockenkranken benutzt worden, so muß die während der Fahrt gebrauchte Wäsche desinfiziert werden. Zu diesem Zwecke ist sie in Tücher, welche mit Karbolsäurelösung stark befeuchtet sind, einzuschlagen und alsdann so in ein Gefäß mit Karbolsäurelösung zu legen, daß sie von der Flüssigkeit vollständig bedeckt wird; frühestens nach zwei Stunden ist dann die Wäsche mit Wasser zu spülen und zu reinigen. Zur Wäsche sind zu rechnen: die Laken, die Bezüge der Bettkissen und der Decken sowie die Handtücher. Die Desinfektion des Wagens selbst hat in der unter Ziffer 2 vorgeschriebenen Weise zu erfolgen; dabei sind jedoch auch die von dem Kranken benutzten Bettkissen, Decken und beweglichen Matratzen in der dort angegebenen Weise einzuschlagen und alsdann der Dampfdesinfektion zu unterwerfen. Statt der Desinfektion mit Karbolsäurelösung kann die Wäsche auch der Dampfdesinfektion unterworfen werden.

Für den Fall, daß es sich als notwendig erweisen sollte, einen Schlafwagenlauf gänzlich einzustellen, bleibt Bestimmung vorbehalten.

4. Die vorstehenden Bestimmungen finden sinngemäße Anwendung bei Erkrankungen von Zug- und Postbeamten in den von ihnen benutzten Gepäck- und Postwagen.

5. Zur Reinigung und Desinfektion dürfen nur solche Personen verwendet werden, welche die Pocken überstanden haben oder durch Impfung hinreichend geschützt sind oder sich sofort der Impfung oder Wiederimpfung unterwerfen. Diese Personen haben jedesmal, wenn sie mit infizierten Dingen in Berührung gekommen sind, die Hände durch sorgfältiges Waschen mit Karbolsäurelösung zu desinfizieren und sich sonst gründlich zu reinigen. Es empfiehlt sich, daß die Desinfektoren waschbare Oberkleider tragen; diese sind in derselben Weise wie die Wäsche aus den Schlafwagen zu desinfizieren.

B. Verhaltungsmaßregeln für das Eisenbahnpersonal bei pockenverdächtigen Erkrankungen auf der Eisenbahnfahrt.

1. Von jeder auffälligen Erkrankung, welche während der Eisenbahnfahrt vorkommt, hat der Schaffner dem Zugführer sofort Meldung zu machen.

2. Der Schaffner hat sich des Erkrankten nach Kräften anzunehmen; er hat alsdann jedoch jede Berührung mit anderen Personen nach Möglichkeit zu vermeiden.

3. Der Erkrankte ist, falls nicht die Verkehrsordnung seinen Ausschluß von der Fahrt vorschreibt, an der Weiterfahrt nicht zu verhindern; jedoch ist, sobald dies ohne Unterbrechung der Reise möglich ist, die Feststellung der Krankheit durch einen Arzt herbeizuführen.

Verlangt der Erkrankte der nächsten im Verzeichnis aufgeführten Übergabestation übergeben zu werden, oder macht sein Zustand eine Weiterbeförderung untunlich, so hat der Zugführer, falls der Zug vor der Ankunft auf der Übergabestation noch eine Zwischenstation berührt, sofort beim Eintreffen dem diensthabenden Stationsbeamten Anzeige zu machen; dieser hat alsdann der Krankenübergabestation ungesäumt telegraphisch Meldung zu erstatten, damit möglichst die unmittelbare Abnahme des Erkrankten aus dem Zuge selbst durch die Krankenhausverwaltung, die Polizei- oder die Gesundheitsbehörde veranlaßt werden kann.

Will der Erkrankte den Zug auf einer Station vor der nächsten Übergabestation verlassen, so ist er hieran nicht zu hindern, der Zugführer hat aber dem diensthabenden Beamten der Station, auf welcher der Erkrankte den Zug verläßt, Meldung zu machen, damit der Beamte, falls der Erkrankte nicht bis zum Eintreffen ärztlicher Hilfe auf dem Bahnhofe, wo er möglichst abzusondern sein würde, bleiben will, seinen Namen, Wohnort und sein Absteigequartier feststellen und unverzüglich der nächsten Polizeibehörde unter Angabe der näheren Umstände mitteilen kann.

4. Sämtliche Mitreisenden, ausgenommen solche Personen, welche zur Unterstützung bei dem Erkrankten bleiben, sind aus dem Wagenabteil, in welchem der Erkrankte sich befindet, zu entfernen und in einem anderen Abteil, abgesondert von den übrigen Reisenden, unterzubringen.

5. Die Zugbeamten haben, wenn sie mit einem Erkrankten in Berührung gekommen sind, sich sorgfältig zu reinigen. Das gleiche ist Reisenden in derselben Lage zu empfehlen.

Anlage 3.

Wöchentlich dem Kaiserlichen Gesundheitsamt einzusenden.

Nachweisung

über die in der Zeit vom .... bis .... 19........ vorgekommenen Pockenfälle.

Pockenverdächtige Fälle sind nicht aufzunehmen.

Name der Ortschaft (mit Angabe des Verwaltungsbezirkes)	Einwohnerzahl (letzte Volkszählung)	Neu erkrankt sind	Davon innerhalb der letzten 14 Tage vor d. Erkrankung oder bereits krank von auswärts zugereist	Gestorben sind	Bemerkungen (insbesondere Tag des Ausbruchs im Berichtsort; Angabe des Ortes, woher die in Spalte 4 aufgeführten Personen zugereist sind; Bezeichnung des Impfzustandes der Neuerkrankten und der Gestorbenen — einmal geimpft, wiedergeimpft vor ...... Jahren, mit Erfolg, ohne Erfolg usw.)
1.	2.	3.	4.	5.	6.

Anlage 4.

Zählkarte für Erkrankungen und Todesfälle an Pocken.

Gemeinde: ....

Verwaltungsbezirk: ....

Staat: ....

Wohnung des Erkrankten oder Gestorbenen (Straße und Nr.):

....

---

1. **Vor- und Familienname des Erkrankten (Gestorbenen):**

   ....

2. **Geschlecht:** männlich? .... weiblich? ....

3. **Alter:** geb. den .... 1.......... (wenn der Tag der Geburt nicht bekannt, wie alt? ....)

4. **Geburtsort:** .... Verwaltungsbezirk (Kreis): ....

   für außerhalb des Staates Geborene: Geburtsland:

   ....

5. **Genaue Bezeichnung des Hauptberufs:** ....

   Stellung im Hauptberufe (zum Beispiel selbständig, Geselle usw.) ....

   Ort der Beschäftigung: ....

6. **Für Zugereiste ist anzugeben:** wann zugereist? ....

   woher? ....

7. **Datum der Erkrankung?** ....

   Datum der angefangenen ärztlichen Behandlung:

   ....

   Datum der etwaigen Aufnahme in ein Krankenhaus:

   ....

8. **Impfverhältnis:** Mit Erfolg geimpft? ....

   wann? ....

   a) Sind deutliche Impfnarben vorhanden? ....

      wie viele? ....

b) Sind undeutliche Impfnarben vorhanden? ....
wie viele? ....
Ohne Erfolg geimpft? ....
durch welche Ermittelung festgestellt? ....
....
Wiedergeimpft? ....
in welchem Lebensalter zum letzten Male? ....
Mit Erfolg? .... Ohne Erfolg? ....
Durch welche Ermittelung festgestellt? ....
....
Ist der Erkrankte (Gestorbene) Soldat gewesen?
....
wann? ....
Ist er bereits pockenkrank gewesen? ....
wann? ....
Sind deutliche Pockennarben vorhanden? ....
wo? ....

9. **Verlauf und Dauer der Krankheit:**
Diagnose: diskrete? .... konfluierende? ....
hämorrhagische? .... Pocken schwer? ....
leicht? ....
Wie lange hat die Krankheit gedauert? ....
Sind Nachkrankheiten beobachtet? ....
welche? ....
Gestorben: wann? .... wo? (in der Wohnung, im Krankenhause? usw.) ....

10. **Ist Ansteckung nachgewiesen?** .... **Wie erfolgte dieselbe?**
....
....
....

Wohnort: .... Datum: den ....

Unterschrift: ....
(des beamteten Arztes.)

Instruktion zur Ausfüllung der vorstehenden Karte.

Die Beantwortung der Fragen geschieht durch Worte beziehungsweise Zahlen **auf den vorgeschriebenen Linien.**

Zur Überschrift, die Wohnung betreffend: Für etwaige weitergehende medizinalpolizeiliche Erhebungen in größeren Orten empfiehlt es sich, die Wohnung im Hause genau zu bezeichnen. V. = Vorderhaus, H. = Hinterhaus, St. = Stockwerk, K. = Keller.

Zu Frage 5 Abs. 1: Für **nicht erwerbsfähige** beziehungsweise nicht selbständige Personen (Ehefrauen ohne eigenen Beruf, Kinder usw.) ist der Beruf des Haushaltungsvorstandes anzugeben.

Zu Frage 5 Abs. 3: Die Eintragung über den **Ort der Beschäftigung** soll ersichtlich machen, **ob der Erkrankte regelmäßig außer dem Hause,** etwa in einer **Fabrik,** Werkstatt und dergleichen **(welcher Art** — zum Beispiel Papierfabrik — und **wo gelegen?)** beschäftigt war, oder ob er eine **Schule** besuchte und **welche?**

Zu Frage 7 Abs. 1: Für die Feststellung des Datums der Erkrankung ist der im Beginn auftretende Schüttelfrost maßgebend. Fehlte derselbe, so ist ersichtlich zu machen, nach welchem Symptome der Beginn der Erkrankung datiert wurde.

Zu Frage 8: Über das Impfverhältnis werden die Angaben, wenn die Ärzte sie durch eigene Untersuchung gewinnen, besonders wertvoll sein. Führt die Untersuchung zu keinem Ergebnisse, dann ist anzugeben, ob die Antworten auf Angaben des Erkrankten oder der Angehörigen beruhen, oder durch Einsicht in amtliche Bescheinigungen (Impfschein, Revaccinationsschein, Impflisten) gewonnen sind.

III. **Bekämpfung des Fleckfiebers (Flecktyphus).**

1. Zu §§ 12, 13 des Gesetzes. Diejenigen Personen, welche mit einer an Fleckfieber erkrankten oder verstorbenen, zuvor noch nicht wirksam entlausten Person unmittelbar in Berührung gekommen sind, sind einer Beobachtung zu unterwerfen, soweit nicht schärfere Maßregeln nach Nr. 2 zu ergreifen sind oder vom beamteten Arzte aus besonderen Gründen für erforderlich erklärt werden; sie müssen mindestens zweimal in einem Zwischenraume von wenigstens fünf Tagen entlaust werden; erforderlichenfalls ist auch ihre Wohnung zu entlausen. Diese Bestimmungen finden nach dem Ermessen des beamteten Arztes auch Anwendung auf Personen, die nur mittelbar mit einer an Fleckfieber erkrankten oder verstorbenen, zuvor noch nicht wirksam entlausten Person in Berührung gekommen sind, insbesondere auch auf die nicht in Wohnungsgemeinschaft mit dem Kranken lebenden Bewohner des Hauses, ferner auf Arbeitsgenossen und dergleichen. Die Beobachtung soll nicht länger als drei Wochen, gerechnet vom Tage der letzten Ansteckungsgelegenheit, dauern. Sie ist in schonender Form und so vorzunehmen, daß Belästigungen tunlichst vermieden werden. Sie wird in der Regel darauf beschränkt werden können, daß durch einen Arzt oder durch eine sonst geeignete Person täglich Erkundigungen über den Gesundheitszustand der betreffenden Person eingezogen werden.

Die höhere Verwaltungsbehörde kann für den Umfang ihres Bezirkes oder für dessen Teile anordnen, daß zureisende Personen, die sich innerhalb der letzten drei Wochen vor ihrer Ankunft in einem vom Fleckfieber betroffenen Bezirk oder Orte aufgehalten haben, nach ihrer Ankunft der Ortspolizeibehörde binnen einer zu bestimmenden, möglichst kurzen Frist schriftlich oder mündlich zu melden sind. Derartige Personen können als ansteckungsverdächtig angesehen und der Beobachtung unterworfen werden.

Eine verschärfte Art der Beobachtung, verbunden mit mehrmals wiederholter Entlausung sowie mit Beschränkungen in der Wahl des Aufenthalts oder der Arbeitsstätte (z. B. Anweisung eines bestimmten Aufenthalts, Verpflichtung zum zeitweisen persönlichen Erscheinen vor der Gesundheitsbehörde) ist bei gehäuftem Auftreten von Fleckfieber solchen ansteckungsverdächtigen Personen gegenüber zulässig, welche obdachlos oder ohne festen Wohnsitz sind oder berufs- oder gewohnheitsmäßig umherziehen, z. B. fremdländische Auswanderer und Arbeiter, Zigeuner, Landstreicher, Hausierer.

2. Zu §§ 14, 18. An Fleckfieber erkrankte oder krankheitsverdächtige Personen sind ohne Verzug nach Maßgabe der Anlage 1 von Läusen und deren Eiern gründlich zu befreien, mit reiner Leib- und Bettwäsche, erforderlichenfalls auch mit solchen Kleidungsstücken zu versehen und in einem von Läusen freien Raume abzusondern. Als krankheitsverdächtig sind solche Personen zu betrachten, welche unter Erscheinungen erkrankt sind, die den Ausbruch des Fleckfiebers befürchten lassen.

Ansteckungsverdächtige Personen sind in gleicher Weise nach erfolgter Entlausung in einem von Läusen freien Raume abzusondern, wenn sie mit einem Fleckfieberkranken in Wohnungsgemeinschaft gelebt haben oder sonst mit einem solchen oder mit einer Fleckfieberleiche in unmittelbare Berührung gekommen sind. Jedoch kann die Absonderung unterbleiben, sofern der beamtete Arzt die Beobachtung (Nr. 1) für ausreichend erachtet. In diesem Falle ist alsdann mindestens für eine tägliche Messung der abendlichen Körperwärme des Beobachteten Sorge zu tragen.

Die Absonderung ansteckungsverdächtiger Personen darf die Dauer von drei Wochen, gerechnet vom Tage der letzten Ansteckungsgelegenheit, nicht übersteigen.

Insoweit der beamtete Arzt es zur wirksamen Bekämpfung der Krankheit für unerläßlich erklärt, kann angeordnet werden, daß die Gesunden aus der Wohnung entfernt und die Kranken, anstatt daß sie zur Absonderung in ein Krankenhaus oder in einen sonst geeigneten Unterkunftsraum verbracht werden, in der Wohnung belassen werden. Unter der gleichen Voraussetzung kann ausnahmsweise sogar die Räumung des ganzen Hauses angeordnet werden, wenn in ihm außergewöhnlich ungünstige, der Krankheitsverbreitung förderliche Zustände (Verlausung, Überfüllung, Unreinlichkeit in Herbergen, Gastwirtschaften, Massenunterkunftsräumen und dergleichen) herrschen. Den betroffenen Bewohnern ist, nachdem sie von Läusen befreit sind, anderweit geeignete Unterkunft unentgeltlich zu bieten.

Zur Fortschaffung von Kranken und Krankheitsverdächtigen sollen dem öffentlichen Verkehre dienende Beförderungsmittel (Droschken, Straßenbahnwagen und dergleichen) in der Regel nicht benutzt werden (vergleiche Nr. 5).

Wohnungen oder Häuser, in denen Fleckfieberkranke sich befinden, können kenntlich gemacht werden.

Personen, die der Pflege und Wartung von Fleckfieberkranken und der Öffnung von Fleckfieberleichen sich widmen, ist aufzugeben, den Verkehr mit anderen Personen so lange als der beamtete Arzt es für erforderlich hält, tunlichst zu vermeiden; im übrigen sind sie als ansteckungsverdächtig zu behandeln. Auch ist ihnen die Anwendung der von dem beamteten Arzte außerdem angeordneten Vorsichtsmaßregeln und die Einhaltung der sonst gegen die Weiterverbreitung der Krankheit von dem beamteten Arzte für nötig befundenen Maßnahmen zur Pflicht zu machen.

Personen, die der Entlausung von Fleckfieberkranken sich berufsmäßig widmen, z. B. den Desinfektoren, ist die Anwendung der von dem beamteten Arzte angeordneten Vorsichtsmaßregeln und die Einhaltung der sonst gegen die Weiterverbreitung der Krankheit für nötig befundenen Maßnahmen zur Pflicht zu machen, jedoch sind verkehrsbeschränkende Anordnungen nach Möglichkeit zu vermeiden.

Als geeignet zur Absonderung sind nur solche Krankenhäuser oder Unterkunftsräume anzusehen, in welchen die Absonderung des Kranken derart erfolgen kann, daß er mit anderen als den zu seiner Pflege bestimmten Personen, dem Arzte oder dem Seelsorger nicht in Berührung kommt und eine Verbreitung der Krankheit durch Übertragung von Läusen tunlichst ausgeschlossen ist.

3. Zu § 15. Die zuständigen Behörden haben besonders zu erwägen, inwieweit Veranstaltungen, die eine Ansammlung größerer Menschenmengen mit sich bringen (Messen, Märkte usw.), in oder bei solchen Ortschaften, in welchen das Fleckfieber ausgebrochen ist, zu untersagen sind.

In einem Hause, in dem sich ein Fleckfieberkranker befindet, können Handels- oder gewerbliche Betriebe Beschränkungen unterworfen oder geschlossen werden, insoweit nach dem Gutachten des beamteten Arztes von der Fortsetzung des Betriebs eine Verbreitung des Ansteckungsstoffs zu befürchten ist.

Die Polizeibehörden der vom Fleckfieber ergriffenen Ortschaften haben dafür zu sorgen, daß Gegenstände, von denen nach dem Gutachten des beamteten Arztes anzunehmen ist, daß sie das Fleckfieber durch Läuse zu übertragen geeignet sind, vor wirksamer Entlausung nicht in den Verkehr gelangen.

Insbesondere ist für Ortschaften oder Bezirke, in denen Fleckfiebererkrankungen gehäuft auftreten, die Ausfuhr von gebrauchter Leibwäsche, getragenen Kleidungsstücken, getragenem Pelzwerk und Schuhzeug, gebrauchtem Bettzeug einschließlich Bettfedern, gebrauchten Roßhaaren sowie von Habern und Lumpen aller Art zu verbieten. Reisegepäck und Umzugsgut sind von dem Verbot auszunehmen.

Bei gehäuftem Auftreten des Fleckfiebers ist in den von der Krankheit befallenen Ortschaften oder Bezirken das gewerbsmäßige Einsammeln von Lumpen im Umherziehen zu verbieten.

Einfuhrverbote gegen inländische, vom Fleckfieber befallene Ortschaften sind nicht zulässig. Das Verbot der Einfuhr bestimmter Waren und anderer Gegenstände aus dem Ausland richtet sich ausschließlich nach den Vorschriften, welche gegebenenfalls gemäß § 25 des Gesetzes in Vollzug gesetzt werden.

Für gebrauchtes Bettzeug, gebrauchte Leibwäsche, getragene Kleidungsstücke einschließlich Pelzwerk und Schuhzeug, welche aus einer vom Fleckfieber betroffenen Ortschaft stammen und noch nicht wirksam entlaust worden sind, kann eine Entlausung angeordnet werden. Im übrigen ist eine Entlausung von Gegenständen des Güter- und Reiseverkehrs einschließlich der von Reisenden getragenen Wäsche- und Kleidungsstücke nur dann geboten und zulässig, wenn die Gegenstände nach dem Gutachten des beamteten Arztes das Fleckfieber durch Läuse zu übertragen geeignet sind.

Weitergehende Beschränkungen des Gepäck- und Güterverkehrs sowie des Verkehrs mit Post- (Brief- und Paket-) Sendungen sind nicht zulässig.

4. Zu § 16. Jugendliche Personen aus einem Haushalt, in dem ein Fleckfieberfall vorgekommen ist, müssen, soweit und solange nach dem Gutachten des beamteten Arztes eine Weiterverbreitung der Krankheit aus diesem Haushalt zu befürchten ist, vom Schulbesuche ferngehalten werden. Personen, welche der Ansteckung durch das Fleckfieber ausgesetzt gewesen sind, müssen solange vom Schulbetrieb ausgeschlossen werden, bis sie wirksam entlaust sind.

Das gleiche gilt hinsichtlich des Besuchs jedes anderen Unterrichts, an dem mehrere Personen teilnehmen.

5. Zu § 19. Die Polizeibehörde hat dem Haushaltungsvorstand und dem Pflegepersonal aufzuerlegen, daß die Bett- und Leibwäsche, die Kleidungsstücke sowie andere Gegenstände, auf die Läuse von dem Kranken übergegangen sein können, namentlich solche, welche bei der Reinigung und Pflege des Kranken benutzt worden sind, wie Waschbecken, Badewannen, Kämme, ferner Bettvorlagen, der Fußboden des Krankenzimmers während des Bestehens der Krankheit fortlaufend, nach Maßgabe der Anlage 1, entlaust und läusefrei gehalten werden. Auch ist Vorsorge zu treffen, daß Fahrzeuge und andere Beförderungsmittel, die zur Fortschaffung von kranken oder krankheitsverdächtigen Personen gedient haben, alsbald und vor anderweitiger Benutzung entlaust werden.

Hat eine fortlaufende Entlausung nicht stattgefunden, so ist nach der Verbringung des Kranken in ein Krankenhaus, nach seiner Genesung oder seinem Ableben eine nachträgliche Entlausung vorzunehmen, die sich auf die im Abs. 1 bezeichneten Gegenstände erstrecken muß.

6. Zu § 21. Die Leichen der an Fleckfieber Gestorbenen sind, sofern der Verstorbene nicht wirksam entlaust war, ohne vorheriges Waschen und Umkleiden sofort in Tücher einzuhüllen, die mit einer läusevertilgenden Flüssigkeit getränkt sind. Sie sind alsdann in dichte Särge zu legen, die am Boden mit einer reichlichen Schicht Sägemehl, Torfmull oder anderen aufsaugenden Stoffen bedeckt sind. Der Sarg ist alsbald zu schließen.

Soll mit Rücksicht auf religiöse Vorschriften das Waschen der Leiche ausnahmsweise stattfinden, so darf es nur unter den vom beamteten Arzte angeordneten Vorsichtsmaßregeln und nur mit läusevertilgenden Flüssigkeiten ausgeführt werden.

Ist ein Leichenhaus vorhanden, so ist die eingesargte Leiche sobald als möglich dahin zu überführen. In Ortschaften, wo ein Leichenhaus nicht besteht, ist dafür Sorge zu tragen, daß die eingesargte Leiche tunlichst in einem besonderen abschließbaren Raume bis zur Beerdigung aufbewahrt wird.

Die Ausstellung der Leiche im Sterbehaus oder im offenen Sarge ist zu untersagen, das Leichengefolge möglichst zu beschränken und dessen Eintritt in das Sterbehaus zu verbieten.

Personen, die bei der Einsargung beschäftigt gewesen sind, ist die Einhaltung der von dem beamteten Arzte gegen eine Weiterverbreitung der Krankheit für erforderlich erachteten Maßregeln zur Pflicht zu machen.

7. Zu § 22. Die Aufhebung der getroffenen Anordnungen darf nur nach Anhörung des beamteten Arztes erfolgen; insbesondere ist sie von der vorschriftsmäßigen Entlausung abhängig zu machen, insoweit es sich um Maßregeln handelt, die sich auf den Kranken oder dessen unmittelbare Umgebung bezogen haben.

8. Zu § 24. Bei einem gefahrdrohenden Ausbruch des Fleckfiebers im Ausland ist der Übertritt von Durchwanderern aus solchen ausländischen Gebieten, in denen Fleckfieber herrscht, nur an bestimmten Grenzorten zu gestatten. Hier hat eine Entlausung und eine ärztliche Besichtigung sowie die Zurückhaltung und Absonderung der an Fleckfieber Erkrankten und der Krankheitsverdächtigen stattzufinden.

Die Massenbeförderung von Durchwanderern mit der Eisenbahn hat in Sonderzügen oder in besonderen Wagen, und zwar nur in Abteilen ohne Polsterung, zu geschehen. Die benutzten Wagen sind nach jedesmaligem Gebrauche zu entlausen. Müssen die Durchwanderer während der Reise durch das Reichsgebiet behufs Übernachtung den Zug verlassen, so darf dies nur auf Eisenbahnstationen geschehen, bei denen sich Auswandererhäuser befinden.

Es ist dafür Sorge zu tragen, daß solche Durchwanderer mit dem Publikum sowenig wie möglich in Berührung kommen und in den Hafenorten tunlichst in Auswandererhäusern untergebracht werden.

Fremdländischen Arbeitern, die aus ausländischen von dem Fleckfieber betroffenen Gebieten vorübergehend einwandern sowie ihren Angehörigen ist der Übertritt über die Grenze nur dann zu gestatten, wenn die Gewähr dafür gegeben ist, daß sie erforderlichenfalls einer Entlausung unterzogen werden.

Unter Umständen kann fremdländischen Personen aus ausländischen Gebieten, in denen Fleckfieber herrscht, der Übertritt über die Grenze verboten werden.

9. Zu § 40. Fleckfieberkranke dürfen in der Regel nicht mittels der Eisenbahn befördert werden. Ausnahmen sind nur bei zuverlässig entlausten Kranken und nur nach dem Gutachten des für die Abgangstation zuständigen beamteten Arztes zulässig. In solchen Ausnahmefällen ist der Kranke in einem besonderen, nicht gepolsterten Abteil zu befördern. Vorsichtshalber ist dieses Abteil alsbald nach der Benutzung zu entlausen.

10. Zu § 42. Ist in einer Ortschaft der Ausbruch des Fleckfiebers festgestellt, so ist das Reichsgesundheitsamt hiervon sofort auf dem kürzesten Wege zu benachrichtigen. Weiterhin ist von den durch die Landesregierungen zu bestimmenden Behörden an das Reichsgesundheitsamt wöchentlich eine Nachweisung über die in der vergangenen Woche bis Sonnabend einschließlich in den einzelnen Ortschaften gemeldeten Erkrankungs- und Todesfälle nach Maßgabe der Anlage 2 in geschlossenem Umschlag mitzuteilen.

Falls von einzelnen Landesregierungen andere Vordrucke eingeführt sind, aus denen jedoch die in Anlage 2 geforderten Angaben gleichfalls entnommen werden können, dürfen auch diese verwendet werden. Die Wochennachweisungen sind so zeitig abzusenden, daß sie bis Montagmittag im Reichsgesundheitsamt eingehen.

Anlage 1.

Anweisung zur Entlausung bei Fleckfieber.

I. Vorbemerkungen.

Das Fleckfieber wird ausschließlich durch Läuse (Kleiderläuse) übertragen. Eine Übertragung der Krankheit auf anderem Wege als durch die Läuse, etwa durch die Ausscheidungen des Kranken oder durch ausgehustete Tröpfchen, findet nach den bisherigen Erfahrungen nicht statt. Fleckfieberkranke, die ganz frei von Läusen und deren Eiern (auch Nisse oder Nissen genannt) sind, bilden daher für ihre Umgebung keine Gefahr. Demgemäß kommen zur Bekämpfung des Fleckfiebers im Gegensatze zu anderen übertragbaren Krankheiten eigentlich nur Maßnahmen zur Entlausung, dagegen nicht auch Maßnahmen zur Desinfektion im engeren Sinne in Betracht. Es ist aber häufig, besonders im Beginn eines auf Fleckfieber verdächtigen Krankheitsfalls, eine anderweitige Infektion, vor allem eine solche mit Unterleibstyphus, nicht auszuschließen. Auch kommen gelegentlich Doppelinfektionen von Fleckfieber mit einer anderen Krankheit vor. In solchen Fällen sind neben der Entlausung diejenigen Desinfektionsmaßnahmen anzuwenden, welche für die betreffende Krankheit vorgeschrieben sind.

Die Kleiderlaus lebt hauptsächlich in den Kleidungsstücken und in der Leibwäsche; häufig findet sie sich auch in den Betten, insbesondere in der Bettwäsche vor. Sie legt ihre Eier namentlich in den Nähten und Falten der Wäsche und Kleider ab, ferner unter Knöpfen, am Rande von Knopflöchern, häufig auch an hervorstehenden Gespinstfasern oder an Wollhaaren der Kleider. Bei stark verlausten Personen findet man die Eier nicht selten auch an den Körperhaaren, hauptsächlich in der Achsel-, Scham- oder Aftergegend, ebenso an den Haaren des Bartes oder der Augenbrauen. Die Kleiderlaus nährt sich vom Blute des Menschen, den sie befallen hat. Ihr Stich verursacht meist einen mehr oder weniger heftigen Juckreiz, der zum Kratzen Anlaß gibt; es entstehen dadurch striemenförmige Kratzwunden, deren Vorhandensein schon den Verdacht auf die Anwesenheit von Kleiderläusen erwecken muß. Als echte Schmarotzer verlassen die Kleiderläuse nur selten ihren Wirt, weil sie ohne Blutnahrung nicht länger als 5 bis 10 Tage bestehen können; dagegen können die Eier, besonders bei niedriger Temperatur, mehrere Wochen entwicklungsfähig bleiben.

Der Fleckfieberkranke oder der Erkrankung an Fleckfieber Verdächtige ist zu entlausen. Auch nach der Entlausung ist er täglich auf das Vorhandensein von Läusen oder deren Eiern zu untersuchen; werden solche gefunden, so ist die Entlausung zu wiederholen.

Da bei verlausten Kranken die zahlreichsten Läuse und Nisse sich in der Wäsche und an den Kleidern befinden, so müssen vor allem diese alsbald entlaust werden. Außerdem ist der Kranke von den an seinem Körper haftenden Läusen und deren Eiern zu befreien, auch sind seine Betten, seine Lagerstatt und deren nächste Umgebung, insbesondere die Bettvorlagen, ferner die von dem Kranken gebrauchten Haar- und Kleiderbürsten, Kämme und andere Gegenstände, die von dem Kranken oder zu seiner Reinigung benutzt worden sind, zu entlausen. Auf dem Fußboden, an den Wänden und Möbeln finden sich Läuse oder Nisse nur ausnahmsweise und nur bei besonders starker Verlausung.

Liegt erhebliche Verlausung vor, so reicht erfahrungsgemäß eine einmalige Entlausung nicht aus; die Entlausung ist in solchen Fällen nach Anordnung des beamteten Arztes nach etwa 8 Tagen, erforderlichenfalls mehrmals zu wiederholen.

II. Mittel und Verfahren zur Entlausung.

Zur Vernichtung der Läuse dienen:

1. Verdünntes Kresolwasser (2,5 vom Hundert Kresolgehalt). Zur Herstellung werden entweder 50 Kubikzentimeter Kresolseifenlösung (Liquor Cresoli saponatus des Arzneibuchs für das Deutsche Reich) oder 1/2 Liter Kresolwasser (Aqua cresolica des Arzneibuchs für das Deutsche Reich) mit Wasser zu 1 Liter Flüssigkeit aufgefüllt und gut durchgemischt.

Vor seiner Anwendung empfiehlt es sich, das verdünnte Kresolwasser mit der gleichen Menge Wasser abermals zu verdünnen, da für eine Abtötung der Läuse schon eine einprozentige Lösung genügt.

2. Karbolsäurelösung. 1 Gewichtsteil verflüssigte Karbolsäure (Acidum carbolicum liquefactum) wird mit 20 Gewichtsteilen Wasser gemischt.

3. Wasserdampf. Der Wasserdampf muß mindestens die Temperatur des siedenden Wassers haben. Zur Entlausung mit Wasserdampf sind nur solche Apparate zu verwenden, welche sowohl bei der Aufstellung als auch später in regelmäßigen Zwischenräumen von Sachverständigen geprüft und geeignet befunden worden sind.

Neben Apparaten, welche mit strömendem Wasserdampfe von Atmosphärendruck arbeiten, sind auch solche, die mäßig gespannten Druck verwerten, verwendbar. Überhitzung des Dampfes ist zu vermeiden.

Die Prüfung der Apparate hat sich namentlich auf die Art der Dampfentwicklung, die Anordnung der Dampfzu- und -ableitung, den Schutz der zu entlausenden Gegenstände gegen Tropfwasser und gegen Rostflecke, die Handhabungsweise und die für eine ausreichende Entlausung erforderliche Dauer der Dampfeinwirkung zu erstrecken.

Auf Grund dieser Prüfung ist für jeden Apparat eine genaue Anweisung für seine Handhabung aufzustellen und neben dem Apparat an offensichtlicher Stelle zu befestigen.

Die Bedienung der Apparate ist, wenn irgend angängig, nur geprüften Desinfektoren zu übertragen. Es empfiehlt sich, tunlichst bei jeder Entlausung durch einen geeigneten Kontrollapparat festzustellen, ob die vorschriftsmäßige Durchhitzung erfolgt ist.

Wo Dampfdesinfektionsapparate nicht zur Verfügung stehen, lassen sich unter Verwendung von Dampfkesseln (z. B. Lokomobilen) und durch Anschließung hinreichend geräumiger Behältnisse (Tonnen, festgefügter Kisten usw.) Notbehelfseinrichtungen schaffen.

4. Auskochen in Wasser, dem Soda zugesetzt werden kann. Die Flüssigkeit muß kalt aufgesetzt werden, die Gegenstände vollständig bedecken und vom Augenblicke des Kochens ab mindestens eine Viertelstunde lang im Sieden gehalten werden. Die Kochgefäße müssen bedeckt sein.

5. Trockene Hitze. Die Läuse gehen bei einer Temperatur von 45° Celsius schon in 1 Stunde, von 55° in $^3/_4$ Stunden, von 60° in 15 bis 20 Minuten zugrunde. Ihre Eier werden bei einer Temperatur von 54° Celsius in $1^1/_4$ Stunden, von 60° in 1 Stunde, von 80° in 15 Minuten so geschädigt, daß junge Tiere nicht mehr auskriechen. Die Behandlung mit trockener Hitze hat gegenüber anderen Verfahren den Vorteil, daß die damit behandelten Gegenstände (Kleider, Wäsche usw.) trocken bleiben, keine Gerüche aufnehmen und daher sofort nach der Behandlung wieder getragen werden können. Zur Erzeugung solcher trockenen Hitze dienen in Anstalten, in denen Entlausungen häufig vorzunehmen sind, besondere Heißluftkammern. Auch sind Preßluftapparate im Gebrauch, in denen die an einem Dampfheizkörper oder an einem elektrischen Ofen auf 80° erwärmte Luft mittels eines Gebläses in Umlauf gesetzt und 2 Stunden lang über die zu entlausenden Sachen geleitet wird.

Im Notfall ist auch eine geheizter Backofen oder eine geeignete Dörranlage verwendbar, falls in dem Innern eine Temperatur zwischen 70 und 85° erreicht werden kann. Zuvor ist jedoch festzustellen, daß darin nicht höhere, die zu entlausenden Gegenstände schädigende Hitzegrade herrschen. Zu diesem Zwecke lege man vor dem Einbringen der Gegenstände ein Stück weißes Papier in den Ofen; es wird, wenn eine schädigende Hitze besteht, gelb werden. Die Hitze soll 2 Stunden lang einwirken.

In geeigneten Fällen genügt schon das Bügeln mit einem heißen Eisen. Werden dabei insbesondere bei Kleidungs- und Wäschestücken auch die Nähte und Falten, in denen die Eier vorzugsweise sitzen, trocken oder feucht wiederholt geplättet, so werden selbst die Eier abgetötet.

6. Verbrennen, anwendbar bei leicht brennbaren Gegenständen von geringem Werte.

7. Schweflige Säure. Sie ist unter gewöhnlichen Temperatur- und Druckverhältnissen ein farbloses Gas von dem bekannten, erstickend wirkenden Geruche des brennenden Schwefels. Eingeatmet bewirkt es sehr heftigen Husten. Es bleicht gewisse Farben und macht blanke Metallflächen trübe. Vom Wasser wird es in großen Mengen aufgesogen. Für die Verwendung zur Entlausung entwickelt man die schweflige Säure:

a) durch Verbrennen von Schwefel in Stücken. Dabei ist jedoch darauf zu achten, daß die ganze Menge des verwendeten Schwefels auch wirklich in Flammen aufgeht. Zweckmäßig bedient man sich dabei besonders dafür eingerichteter Apparate, die durch den Handel gebrauchsfertig zu beziehen sind, oder einer etwa 150 Zentimeter langen, an beiden Enden durch angeschweißte Verschlußstücke abgeschlossenen rinnenförmigen Wanne aus Eisenblech, die mit Schamotteerde oder einer ähnlichen unverbrennbaren Masse ausgekleidet und auf Spreizfüßen befestigt ist. Die

Höhe der Füße soll derart sein, daß die Rinne etwa 50 Zentimeter über dem Boden steht. Die anzuwendenden Schwefelstücke sind in der Rinne gleichmäßig zu verteilen. Auf je 1 Kilogramm Schwefel gieße man 40 Kubikzentimeter Brennspiritus gleichmäßig über das ganze Schwefellager, zünde ihn mit einem Streichholz an, verlasse sofort den Raum und verschließe die Tür;

b) durch Verbrennen von Schwefelkohlenstoff. Da diese Flüssigkeit indes äußerst feuergefährlich ist und beim Anzünden explosionsartig aufbrennt, muß sie zuvor mit Wasser und Brennspiritus in der Menge von je 5 Volumprozent versetzt werden. Die Verbrennung wird in eisernen Schüsseln oder Pfannen vorgenommen, deren Umgebung gegen das Überspringen des Feuers zu sichern ist. In diese Gefäße gieße man die Flüssigkeit, nachdem sie vorher tüchtig umgeschüttelt worden ist, dann zünde man sie vorsichtig an, wobei man sich von der aufschlagenden Flamme hinreichend weit entfernt zu halten hat, verlasse sofort den Raum und schließe die Tür ab. In wenigen Minuten erfüllt die sich entwickelnde schweflige Säure den ganzen Raum;

c) durch Verwendung im Handel erhältlicher flüssiger schwefliger Säure in Stahlflaschen. Dieses Verfahren hat den Vorteil, daß eine Feuersgefahr ausgeschlossen ist und besondere Vorbereitungen nicht erforderlich sind. Auf die Flasche mit flüssiger schwefliger Säure setze man einen Gummischlauch; dieser wird durch eine Öffnung in der Wand oder der Tür (Schlüsselloch) in den Raum geleitet, in dem die Entlausung vorgenommen werden soll. Der Raum muß, wenn nötig, vorher geheizt werden, so daß in ihm eine Temperatur von wenigstens 10° herrscht. Damit die Säure aus der Flasche gleichmäßig entweicht, ist diese bei kalter Außentemperatur in ein Gefäß mit warmem

Wasser (40 bis 50°) zu stellen, dessen Temperatur durch wiederholtes Nachgießen von heißem Wasser auf der richtigen Höhe gehalten werden muß. Um von der Säure nicht größere Mengen, als nötig ist, ausströmen zu lassen, verfahre man folgendermaßen: man stelle die Flasche auf eine Waage (Dezimalwaage), lege auf die andere Waagschale so viel Gewichte, bis das Gleichgewicht hergestellt ist, und nehme sodann an Gewichtsstücken so viel fort, als das Gewicht des zum Ausströmen bestimmten Gases beträgt. Nunmehr öffne man den Hahn und lasse das Gas so lange ausströmen, bis das Gleichgewicht wieder erreicht ist. Alsdann wird der Hahn geschlossen.

Die zur Entlausung nötigen Mengen von schwefliger Säure sind je nach den Umständen verschieden. Als Regel gilt, daß bei gut abdichtbaren Räumen schweflige Säure in einer Menge von 2 Volumprozent 6 Stunden lang auf den verlausten Raum und die zu entlausenden Sachen einwirken soll. Kleider, Wäschestücke, Decken und dergleichen sind dazu einzeln auszubreiten oder auf Leinen und Gestellen aufzuhängen. Dabei ist darauf zu achten, daß die Taschen der Kleidungsstücke entleert und umgedreht werden. Bei der Entlausung der Wohnung eines Fleckfieberkranken, in der das Ausbreiten oder Aufhängen der verlausten Sachen wegen der für den Desinfektor damit verbundenen Gefahr zu unterbleiben hat, ist die Menge der zu verwendenden schwefligen Säure auf 3 Volumprozent zu erhöhen, damit auch die nicht ausgebreiteten Kleider und Wäschestücke von dem Gase ausreichend durchdrungen werden. Bei dieser Menge genügt eine Einwirkungsdauer von 4 Stunden. Auch in schlecht abdichtbaren Räumen ist eine Menge von 3 Volumprozent erforderlich.

Auf je 10 Kubikmeter Luftraum sind erforderlich zur Erzeugung von schwefliger Säure in einer Menge von

	2 Volumprozent	3 Volumprozent
a) Schwefel in Stücken	300 g	450 g
b) Schwefelkohlenstoffgemisch . . .	400 g	600 g
c) flüssige schweflige Säure in Stahlflaschen	600 g	900 g

Da bei der Anwendung der schwefligen Säure zur wirksamen Durchführung der Entlausung und zur Vorbeugung einer Feuersgefahr mancherlei zu beachten ist, sollten damit nur hinreichend ausgebildete und erfahrene Personen (Desinfektoren) betraut werden.

Wo Entlausungen in größerem Umfang und regelmäßig mittels schwefliger Säure vorgenommen werden, empfiehlt es sich, dazu eigens eingerichtete und hinlänglich geräumige Kammern zu unterhalten. Im Notfall lassen sie sich auch durch Behelfe, z. B. durch Benutzung eines Möbelwagens oder dergleichen, ersetzen.

8. Blausäure. Die Dämpfe der Blausäure, eines äußerst starken Giftes von bittermandelartigem Geruche, sind ein außerordentlich wirksames Mittel, um Läuse und deren Eier zu töten. Die damit behandelten Gegenstände werden durch die Dämpfe in keiner Weise geschädigt. Da sie aber auf Menschen stark giftig wirken, ist größte Vorsicht beim Gebrauche geboten. Das Verfahren darf nur von Personen angewendet werden, die dazu auf Grund besonderer behördlicher Erlaubnis befugt, dazu besonders vorgebildet und mit besonderer Ausrüstung (Sauerstoffschutzgerät) versehen sind.

Anmerkung. Unter den angeführten Entlausungsmitteln ist die Auswahl nach Lage des Falles zu treffen. Auch dürfen unter Umständen andere, in bezug auf ihre Wirksamkeit und praktische Brauchbarkeit erprobte Mittel angewendet werden, jedoch müssen ihre Mischungs- und Lösungsverhältnisse sowie ihre Verwendungsweise so gewählt werden, daß nach dem Gutachten des beamteten Arztes der Erfolg ihrer Anwendung einer Entlausung mit den unter 1 bis 8 bezeichneten Mitteln nicht nachsteht.

III. Ausführung der Entlausung im einzelnen.

Wer zu Zeiten der Fleckfiebergefahr Entlausungen vorzunehmen hat, ist, falls er nicht schon einmal fleckfieberkrank gewesen ist, der Möglichkeit ausgesetzt, daß durch Läuse, die von Kranken auf ihn gelangen, die Krankheit auf ihn übertragen wird. Er hat sich daher möglichst vor der Aufnahme von Läusen zu schützen.

Chemische Mittel, wie Streupulver und stark riechende Flüssigkeiten, wie sie vielfach hierfür empfohlen werden, haben keine ausreichende Wirkung. Hingegen gewährt das Tragen von geeigneten Schutzanzügen einen besseren Schutz.

Für die Ausführung der Entlausung gelten folgende Grundsätze:

1. Personen, welche Läuse haben, sind in einem geeigneten Raume zunächst einer gründlichen körperlichen Reinigung — weibliche Personen durch weibliche Hilfskräfte — zu unterziehen. Zu diesem Zwecke werden sie ganz entkleidet; Brustbeutel, Bruchbänder, Verbände und dergleichen werden ihnen abgenommen, weil auch an diesen Gegenständen Läuse haften und später von neuem eine Verbreitung des Ungeziefers verursachen können. Die Abnahme von Verbänden hat durch einen Arzt oder nach seinen Anordnungen zu geschehen. Während des Entkleidens stehen die zu reinigenden Personen zweckmäßig auf einem mit verdünntem Kresolwasser, fünfprozentiger Karbolsäurelösung oder Petroleum getränkten Laken, damit das Verstreuen der Läuse verhütet wird. Alsdann erfolgt unter Verwendung von warmem Wasser und Schmierseife eine gründliche Waschung (in einem Wannen- oder Brausebade). Es empfiehlt sich, die von den Kleiderläusen vorwiegend aufgesuchten Körperstellen (Nacken, die Gegenden

zwischen den Schulterblättern und über dem Kreuzbein, ferner die Schamgegend bis in die Gesäßspalte sowie die Achselhöhlen) danach noch mit grauer Salbe oder weißer Präzipitatsalbe einzureiben und dies nach acht Tagen zu wiederholen. Bei starker Verlausung sind zweckmäßig die Haare an diesen Körperstellen zuvor abzuschneiden. Eine vollständige Entfernung der Haare durch Rasieren oder die Anwendung von Enthaarungsmitteln (Strontiumsulfid usw.) wird nur in Ausnahmefällen erforderlich sein. Personen, die außer Kleiderläusen auch Kopf- oder Filzläuse an sich haben, reinigt man zugleich von diesem Ungeziefer. Zu diesem Zwecke entfernt man am besten die Kopfhaare mit einer Haarschneidemaschine und reinigt alsdann die geschorenen Stellen kräftig mit warmem Seifenwasser. Wenn das Abschneiden der Haare auf nicht überwindbaren Widerspruch stößt, wie dies namentlich bei weiblichen Personen öfter der Fall ist, tränkt man die Haare reichlich mit einem läusetötenden Mittel (Sabadillessig, Petroleum, Perubalsam), wobei aber von der Flüssigkeit nichts in die Augen gelangen darf, und umhüllt den Kopf 12 bis 24 Stunden lang mit einer Badehaube, einer wollenen Haube oder einem festsitzenden Tuche. Zur Vertilgung der Filzläuse sind die von ihnen befallenen Stellen mit grauer Salbe oder mit weißer Präzipitatsalbe gründlich einzureiben, damit die Salbe in die Haut eindringt, da sonst nicht alle Läuse abgetötet werden. Dies ist nach acht Tagen zu wiederholen.

Die so gereinigten Personen werden nach dem Bade in einem anderen Raume von Kopf bis Fuß mit frischer Wäsche und reinen Kleidern versehen oder in ein reines Bett gebracht. Die von ihnen benutzten Handtücher und Laken sind in verdünntes Kresolwasser oder fünfprozentige Karbolsäurelösung zu legen. Der Fußboden, auf dem die mit Läusen behafteten Personen vor der Reinigung gestanden oder auf dem ihre Sachen gelegen haben, ist sorgfältig und gründlich mit verdünntem Kresolwasser oder fünfprozentiger Karbolsäurelösung abzuwaschen; auch die Badewanne ist nach dem Ablassen des Wassers in gleicher Weise zu reinigen. Soweit die zu Entlausenden dazu imstande sind, sollen sie die körperliche Reinigung selbst an sich ausführen und ihre Wäsche und Kleider selbst in die zur Entlausung bestimmten Behälter legen.

Massenentlausungen. Sollen innerhalb kurzer Zeit große Menschenmengen von Kleiderläusen befreit werden, wie dies in Asylen und Quarantäneanstalten notwendig werden kann, so sind hierfür zweckmäßig besondere Räume in hinreichender Zahl, womöglich in eigens dazu vorgesehenen Baulichkeiten (Baracken) bereitzustellen. Dabei ist es erforderlich, mehrere Räume in geeigneter Aufeinanderfolge zum Ablegen der Kleider, zum Baden der Leute, zur Abtötung des Ungeziefers in den Bekleidungs- und Wäschestücken, zum Anlegen der reinen Sachen zur Verfügung zu haben. Damit die soeben gereinigten Personen nicht gleich wieder Ungeziefer von den noch nicht gereinigten aufnehmen, muß bei der Anlage jeder, auch der kleinsten Einrichtung solcher Art von vornherein auf die schärfste Trennung der reinen (läusefreien) von der unreinen (verlausten) Seite Bedacht genommen werden. Aus demselben Grunde müssen die verwendeten Desinfektions- und Entlausungsapparate eine besondere unreine (Belade-) Seite und eine besondere reine (Entlade-) Seite haben.

2. Leib- und Bettwäsche sowie waschbare Kleidungsstücke sind entweder zwei Stunden in verdünntes Kresolwasser oder fünfprozentige Karbolsäurelösung zu legen oder in Wasser, dem zweckmäßig Soda zugesetzt wird, auszukochen oder mittels Wasserdampfs, trockener Hitze, schwefliger Säure (oder mit Blausäuredämpfen unter den behördlich angeordneten Vorsichtsmaßnahmen) zu behandeln. Wäsche mit Blut-, Kot- oder Eiterflecken ist hingegen nicht mit Wasserdampf zu behandeln. Sollen Wäschestücke

und dergleichen aus dem Entkleidungsraume zur Entlausung nach einem anderen Raume gebracht werden, so sind sie in Beutel, welche mit verdünntem Kresolwasser oder fünfprozentiger Karbolsäurelösung gründlich durchnäßt sind, so zu stecken, daß das Ungeziefer unterwegs nicht verstreut wird.

Sollen Kleider der trockenen Hitze ausgesetzt werden, so werden sie zweckmäßig gewendet, so daß das Futter nach außen kommt, auch werden die Taschen umgedreht. Etwa in den Kleidern befindliche feuergefährliche oder explosible Gegenstände (Zündhölzer u. a.) sind zuvor herauszunehmen.

Nasse Kleider und Wäsche sind, falls sie mittels schwefliger Säure oder Blausäuredämpfe entlaust werden sollen, vorher zu trocknen.

Sind die Gegenstände mit Blausäuredämpfen behandelt worden, so sind sie, bevor sie wieder in Gebrauch genommen werden, zunächst mindestens eine Stunde lang im Freien zu lüften, sodann zu klopfen oder kräftig zu schütteln, damit die in den Poren des Gewebes befindlichen Dämpfe möglichst entweichen; hierauf sind die Gegenstände in einem warmen Raume einem starken Luftzug einige Zeit lang auszusetzen und schließlich nochmals zu klopfen oder auszuschütteln.

3. Kleidungsstücke, die nicht waschbar sind, Federbetten, wollene Decken, Matratzen ohne Holzrahmen, Teppiche, Bettvorlagen dürfen nicht ausgekocht, auch nicht in verdünntes Kresolwasser oder fünfprozentige Karbolsäurelösung gelegt werden. Sie können in einem Dampfapparat, in dem sie nicht zu dicht nebeneinander aufgehängt oder gelagert werden sollen, entlaust werden, jedoch ist auch bei ihnen darauf Bedacht zu nehmen, daß mit Blut, Eiter oder Kot befleckte Stücke nicht in den Apparat gelangen, weil sonst unter der Dampfeinwirkung braune Flecke entstehen, die sich nicht mehr entfernen lassen. Auch können

bei ihnen trockene Hitze oder schweflige Säure (auch Blausäuredämpfe unter den behördlich angeordneten Vorsichtsmaßnahmen) zur Anwendung kommen.

4. Pelzwerk und Ledersachen (Schuhwerk) dürfen nicht mit Dampf behandelt werden. Die Entlausung wird am sichersten mittels schwefliger Säure oder Blausäuredämpfe vorgenommen, bei Lederzeug auch in der Weise, daß es zwei Stunden lang in verdünntes Kresolwasser oder fünfprozentige Karbolsäurelösung gelegt und alsdann zum Trocknen aufgehängt wird.

5. Kämme, Bürsten sind zwei Stunden in verdünntes Kresolwasser oder fünfprozentige Karbolsäurelösung zu legen.

6. Gegenstände aus Gummi (Gummimäntel, Gummischuhe) werden zweckmäßig mit einem Lappen abgerieben, der mit verdünntem Kresolwasser oder fünfprozentiger Karbolsäurelösung getränkt ist.

7. Waschbecken und Badewannen sind nach ihrer Entleerung gründlich mit verdünntem Kresolwasser oder fünfprozentiger Karbolsäurelösung auszuscheuern und dann mit Wasser auszuspülen.

8. Die Bettstelle und der Nachttisch des Kranken, ferner die Wand und der Fußboden in der Nähe des Bettes sind, falls die Annahme begründet ist, daß sich Läuse an ihnen vorfinden, mit Lappen abzureiben, die mit verdünntem Kresolwasser oder fünfprozentiger Karbolsäurelösung befeuchtet sind. Erfahrungsgemäß finden sich indes am Fußboden und an den Wänden Läuse nur bei ganz starker Verlausung vor, und ihre Eier kommen hier nur ausnahmsweise zur Entwicklung.

9. Sammet-, Plüsch- und andere Möbelbezüge werden mit verdünntem Kresolwasser oder fünfprozentiger Karbolsäurelösung durchfeuchtet, feucht gebürstet und mehrere Tage hintereinander gelüftet. Haben sich Gegenstände dieser Art in einem Raume befunden, während dieser

mit schwefliger Säure oder mit Blausäuredämpfen behandelt worden ist, so erübrigt sich die vorstehend angegebene besondere Entlausung.

10. Gegenstände von geringem Werte (Inhalt von Strohsäcken, Lumpen und dergleichen) sind am zweckmäßigsten zu verbrennen.

11. Zur Entlausung geschlossener oder allseitig gut abschließbarer Räume empfiehlt sich die Ausgasung mit schwefliger Säure oder Blausäuredämpfen. Vor Beginn des Verfahrens sind alle Undichtigkeiten der Fenster, Türen, etwaige Ventilationsöffnungen und dergleichen genau zu verkleben oder sonst abzudichten. Es ist die größte Sorgfalt auf eine solche Abdichtung des Raumes zu verwenden, weil hiervon der Erfolg der Entlausung wesentlich abhängt. Auch ist durch eine geeignete Aufstellung, Ausbreitung oder sonstige Anordnung der in dem Raume befindlichen Gegenstände dafür zu sorgen, daß das Gas oder die Dämpfe auf sie hinreichend einwirken können. Gefüllte Waschschüsseln und Eimer sind vorher auszugießen und nasse Fußböden trocken zu reiben. Nasse Kleider sind vor der Anwendung schwefliger Säure oder von Blausäuredämpfen zu trocknen (siehe Nr. 2).

12. Bei Krankenwagen, Krankentragen, Räderfahrbahren und dergleichen sind die Holzteile, mit denen der Kranke in Berührung gekommen sein kann, ferner die Lederüberzüge der Sitze oder Bänke sorgfältig und wiederholt mit Lappen abzureiben, die mit verdünntem Kresolwasser oder mit fünfprozentiger Karbolsäurelösung befeuchtet sind. Kissen und Polster, soweit sie nicht mit Leder überzogen sind und nicht in gleicher Weise behandelt werden, Teppiche, Decken usw., können auch mit Wasserdampf entlaust werden. Der Wagenboden wird mit Lappen und Schrubber, welche reichlich mit verdünntem Kresolwasser oder fünfprozentiger Karbolsäurelösung getränkt sind, aufgescheuert.

Anlage 2

Wöchentlich dem Reichsgesundheitsamt einzusenden

Nachweisung

über die in der Zeit vom .... bis .... 19...... vorgekommenen Fleckfieberfälle

Fleckfieberverdächtige Fälle sind nicht aufzunehmen

Name der Ortschaft (mit Angabe des Verwaltungsbezirkes)	Einwohnerzahl (letzte Volkszählung)	Neu erkrankt sind	Davon innerhalb der letzten 3 bis 4 Wochen vor der Erkrankung oder bereits krank von auswärts zugereist	Gestorben sind	Bemerkungen (insbesondere Tag des Ausbruchs im Berichtsort; Angabe des Ortes, woher die in Spalte 4 aufgeführten Personen zugereist sind; Bemerkungen über getroffene Maßnahmen: Entlausung, Schließung oder Räumung von Herbergen, überfüllten Wohnungen usw.)
1	2	3	4	5	6

Andere Personenfahrzeuge (Droschken, Straßenbahnwagen, Boote usw.) sind in gleicher Weise zu entlausen.

13. Die Entlausung von Eisenbahn-Personen- und -Güterwagen erfolgt nach den Grundsätzen in Ziffer 8, 9, 11 und 12, soweit hierüber nicht besondere Vorschriften ergehen.

II.

Die Vorschriften über die gesundheitliche Behandlung der Seeschiffe in den deutschen Häfen nebst Desinfektionsanweisung vom 29. August 1907 (Reichs-Gesetzbl. S. 563) werden wie folgt geändert:

I. Vorschriften über die gesundheitliche Behandlung der Seeschiffe in den deutschen Häfen.

§ 2 Abs. 1 Nr. 1 erhält folgende Fassung:

1. wenn das Schiff im Abfahrtshafen oder während der Reise Fleckfieber an Bord gehabt hat, oder wenn das Schiff im Abfahrtshafen oder während der Reise, jedoch längstens in den letzten sechs Wochen, Cholera (asiatische), Gelbfieber, Pest (orientalische Beulenpest), Pocken (Blattern) an Bord gehabt hat,

§ 18 erhält folgende Fassung:

Fleckfieber.

Wenn das Schiff einen oder mehrere Fleckfieberkranke an Bord hat oder wenn auf ihm im Abfahrtshafen oder während der Reise ein oder mehrere Fleckfieberfälle vorgekommen sind, so sind nach erfolgter Untersuchung die noch an Bord befindlichen Fleckfieberkranken und krankheitsverdächtigen Personen auszuschiffen und in einem geeigneten Krankenhaus oder in einem anderen geeigneten Unterkunftsraum abzusondern. Hier sind sie von Läusen und deren Eiern gründlich zu befreien. Dasselbe hat mit

Personen zu geschehen, welche die Krankheit während der Reise überstanden haben, sofern und solange sie nach dem Ermessen des beamteten Arztes Träger des Ansteckungsstoffs und insbesondere noch mit Läusen behaftet sind.

Die übrigen Schiffsinsassen können nach dem Ermessen des beamteten Arztes einer Entlausung und einer Beobachtung bis zur Dauer von drei Wochen, von der letzten Ansteckungsgelegenheit an gerechnet, unterworfen werden; eine wiederholte Entlausung sowie eine Absonderung kann bei ansteckungsverdächtigen Personen stattfinden, die mit einer an Fleckfieber erkrankten oder verstorbenen, zuvor noch nicht wirksam entlausten Person in Berührung gekommen sind.

Während der Beobachtungszeit kann das Anlandgehen der Schiffsbesatzung verhindert werden, soweit es nicht zum Zwecke der Abmusterung geschieht oder aus Gründen des Schiffsdienstes notwendig ist.

Den Reisenden ist, soweit sie nicht nach Abs. 1 oder 2 abgesondert werden, die Fortsetzung ihrer Reise zu gestatten, jedoch hat, soweit der beamtete Arzt ihre fernere Beobachtung für notwendig erachtet, die Hafenbehörde der obersten Landesmedizinalbehörde und der Polizeibehörde, welche für das nächste Reiseziel zuständig sind, die bevorstehende Ankunft jeder der Beobachtung unterliegenden Person unverzüglich mitzuteilen.

Bei abgemusterten Personen der Schiffsbesatzung und sonstigen Schiffsinsassen ist wie bei Reisenden zu verfahren.

Die Schiffsräumlichkeiten, in denen die Kranken und die sonst als Träger des Ansteckungsstoffs erachteten Personen sich befunden haben, sowie ihre Bett- und Leibwäsche, die Kleidungsstücke sowie andere Gegenstände, auf die Läuse von dem Kranken übergegangen sein können, sind zu entlausen. Dasselbe hat mit den übrigen Schriffsräumlichkeiten und Gegenständen zu geschehen, die verlaust sind.

An Bord befindliche Leichen von Fleckfieberkranken sind unter den erforderlichen Vorsichtsmaßregeln alsbald zu bestatten.

II. Desinfektionsanweisung für Seeschiffe in den deutschen Häfen.

Im § 1 Abs. 2 wird im letzten Satze das Wort „Fleckfieber" gestrichen.

Der § 35 lautet:

§ 35. Fleckfieber (Flecktyphus).

Bei Fleckfieber tritt an Stelle der Desinfektion die Entlausung. Diese ist nach Maßgabe der vom Reichsrat unter dem 5. Februar 1920 beschlossenen „Anweisung zur Entlausung bei Fleckfieber" vorzunehmen. Ihr Wortlaut ist in der Anlage wiedergegeben.

Anlage.

Der Wortlaut der Anlage entspricht dem der vorstehend (S. 173) als Anlage 1 abgedruckten gleichen Anweisung.

Bestimmungen über die wechselseitige Benachrichtigung der Militär- und Polizeibehörden über das Auftreten übertragbarer Krankheiten.

III.

Die Bestimmungen über die wechselseitige Benachrichtigung der Militär- und Polizeibehörden über das Auftreten übertragbarer Krankheiten vom 28. Februar 1911 (Reichs-Gesetzbl. S. 63) erhalten folgenden Wortlaut:

A. Mitteilungen der Polizeibehörden an die Militärbehörden.

1. Zur Mitteilung der in ihrem Verwaltungsbezirke vorkommenden Erkrankungen an die Militärbehörden sind verpflichtet:

die von den Landesregierungen zu bezeichnenden Behörden oder Beamten der Garnisonorte und derjenigen Orte, welche im Umkreis von 20 Kilometern von Garnisonorten oder im Gelände für militärische Übungen gelegen sind.

2. Die Mitteilungen haben alsbald nach erlangter Kenntnis zu erfolgen und sich zu erstecken auf

a) jede Erkrankung an Aussatz, Cholera, Fleckfieber Gelbfieber, Pest, Pocken und Unterleibstyphus sowie jeden Fall, welcher den Verdacht einer dieser Krankheiten erweckt, ferner jede Erkrankung an übertragbarar Genickstarre (Meningitis cerebrospinalis) oder an Rückfallfieber,

b) jedes gehäufte (epidimische) Auftreten der übertragbaren Ruhr (Dysenterie), der Diphtherie, des Scharlachs sowie jedes neue Vorkommen von Massenerkrankungen an der Körnerkrankheit (Trachom).

Über den weiteren Verlauf der übertragbaren Ruhr (Dysenterie) sind wöchentliche Zahlenübersichten der neu festgestellten Erkrankungs- und Todesfälle einzusenden. Ferner ist eine Mitteilung zu machen, sobald Diphtherie, Scharlach sowie Körnerkrankheit (Trachom) erloschen sind oder nur vereinzelt auftreten.

Jeder Mitteilung über die unter a bezeichneten Krankheiten sind Angaben über die Gebäude und die Wohnungen, in welchen die Erkrankungen oder der Verdacht aufgetreten sind, beizufügen.

3. Die Mitteilungen sind zu richten

für Garnisonorte und für die in ihrem Umkreis von 20 Kilometern gelegenen Orte an den Kommandanten oder, wo ein solcher nicht vorhanden ist, an den Garnisonältesten,

für Orte im militärischen Übungsgelände an das Wehrkreiskommando.

B. Mitteilungen der Militärbehörden an die Polizeibehörden.

1. Zur Mitteilung der in ihrem Dienstbereiche vorkommenden Erkrankungen an die Polizeibehörden sind verpflichtet die Kommandanten oder, wo solche nicht vorhanden sind, die Garnisonältesten der Garnisonorte, ferner die Kommandobehörden der im Übungsgelände sich befindenden Truppenteile.

2. Die Mitteilungen haben alsbald nach erlangter Kenntnis zu erfolgen und sich zu erstrecken auf

a) jede Erkrankung an Aussatz, Cholera, Fleckfieber, Gelbfieber, Pest, Pocken und Unterleibstyphus sowie jeden Fall, welcher den Verdacht einer dieser Krankheiten erweckt, ferner jede Erkrankung an übertragbarer Genickstarre (Meningitis cerebrospinalis) oder an Rückfallfieber,

b) jedes gehäufte (epidemische) Auftreten der übertragbaren Ruhr (Dysenterie), der Diphtherie, des Scharlachs und der Körnerkrankheit (Trachom).

Über den weiteren Verlauf der übertragbaren Ruhr (Dysenterie) sind wöchentlich Zahlenübersichten der neu festgestellten Erkrankungs- und Todesfälle einzusenden. Auch ist eine Mitteilung zu machen, sobald Diphtherie, Scharlach sowie Körnerkrankheit (Trachom) erloschen sind oder nur noch vereinzelt auftreten.

Jeder Mitteilung über die unter a bezeichneten Krankheiten sind Angaben über das Militärgebäude oder die Wohnungen, in welchen die Erkrankungen oder der Verdacht aufgetreten sind, beizufügen.

3. Die Mitteilungen sind an die für den Aufenthaltsort des Erkrankten zuständige, von den Landesregierungen zu bezeichnende Behörde zu richten.

4. Von dem Ausbruch und dem späteren Verlaufe der unter 2a bezeichneten gemeingefährlichen Krankheiten

(Aussatz, Cholera, Fleckfieber, Gelbfieber, Pest, Pocken) ist das Reichsgesundheitsamt sofort auf kürzestem Wege zu benachrichtigen.

C. Maßnahmen in besonderen Fällen.

Den Landeszentralbehörden oder den von diesen bestimmten Behörden bleibt vorbehalten,

a) allgemein oder für einzelne Orte weitergehende Vorschriften zu erlassen,
b) bei starker Häufung der unter A 2a und B 2a bezeichneten Erkrankungen für die davon betroffenen Orte die Form des Nachrichtenaustausches zu vereinfachen, besonders an Stelle schriftlicher Mitteilung des einzelnen Falles das Auflegen von Listen zur Einsichtnahme oder mündlichen Austausch der Nachrichten zur bestimmten Stunde an vereinbartem Orte zu gestatten.

IV. Bekämpfung des Aussatzes (Lepra).

1. Zu § 12. Als ansteckungsverdächtig sind solche Personen zu betrachten, bei welchen Krankheitserscheinungen zwar nicht vorliegen, jedoch die Besorgnis gerechtfertigt ist, daß sie den Ansteckungsstoff des Aussatzes aufgenommen haben, weil sie mit Aussätzigen in Wohnungsgemeinschaft leben oder gelebt haben.

Ansteckungsverdächtige Personen sind einer Beobachtung zu unterwerfen, welche nicht länger als fünf Jahre, gerechnet vom Tage der letzten Ansteckungsgelegenheit, dauern soll. Die Beobachtung hat darin zu bestehen, daß der beamtete Arzt von Zeit zu Zeit (in der Regel alle sechs Monate) in schonender Form, nötigenfalls durch Untersuchung den Gesundheitszustand der betreffenden Personen feststellt.

2. Zu § 14. Am Aussatz erkrankte Personen sind ohne Verzug nach Maßgabe der folgenden Vorschriften abzusondern.

Die Absonderung hat derart zu erfolgen, daß der am Aussatz Erkrankte ein besonderes Schlafzimmer und ein besonderes Bett zur Verfügung hat, auch in Räumen wohnt, die nicht von anderen als den zum Umgang mit ihm zugelassenen Personen (Angehörigen, Pflegern) benutzt werden. Die Unterbringung mehrerer Aussätziger in einem Raume ist zulässig. Die dem Kranken zur Verfügung stehenden Gebrauchsgegenstände (Wäsche, Kleider, Schuhzeug, Wasch-, Rasier-, Eß- und Trinkgeschirr, Bücher, Musikalien usw.) dürfen nur von diesem allein benutzt werden und müssen als für den ausschließlichen Gebrauch des Kranken bestimmt kenntlich gemacht sein.

Aussätzigen ist der Besuch von öffentlichen Badeanstalten, Barbier- und Frisiergeschäften, Schulen, Wirtschaften, Theatern und dergleichen sowie die Benutzung der dem öffentlichen Verkehre dienenden Beförderungsmittel (Droschken, Straßenbahnwagen und dergleichen) zu verbieten.

Aussätzigen, welche nach der Art ihrer Krankheitserscheinungen als eine besondere Gefahr für die Weiterverbreitung des Aussatzes nach dem Gutachten des beamteten Arztes anzusehen sind, ist jeder Verkehr an öffentlichen Orten (Straßen usw.) zu untersagen.

Es ist Vorsorge zu treffen, daß Aussätzige keine Beschäftigung ausüben, bei welcher sie mit anderen, nicht aussätzigen Personen in unmittelbare Berührung kommen, zum Beispiel Wartung von Kindern, Bedienung anderer Personen.

Weitere, über die Bestimmungen der Abs. 2 bis 5 hinausgehende Beschränkungen können Aussätzigen nur auferlegt werden, sofern der beamtete Arzt dies für zulässig erachtet.

Aussätzigen, bei denen in zuverlässiger Weise nachgewiesen ist, daß ihre Ausscheidungen Lepraerreger nicht enthalten, können nach dem Gutachten des beamteten Arztes Erleichterungen für den Aufenthalt außerhalb ihrer Wohnungen gewährt werden. Der Besuch von Wirtschaften, Theatern und dergleichen sowie die Benutzung der dem öffentlichen Verkehre dienenden Beförderungsmittel (Droschken, Straßenbahnwagen und dergleichen) soll ihnen nur dann verboten werden, wenn besondere Gründe dies erforderlich erscheinen lassen. Solche Kranke sind aber monatlich mindestens einmal durch den beamteten Arzt auf ihren Krankheitszustand zu untersuchen; dabei ist besonders festzustellen, ob ihr Nasen- und Rachenschleim noch frei von Lepraerregern ist.

Krankheitsverdächtige, d. h. solche Personen, welche unter Erscheinungen erkrankt sind, die den Ausbruch des Aussatzes befürchten lassen, sind so lange wie Kranke zu behandeln, bis nachgewiesen ist, daß Aussatz nicht vorliegt.

Falls der beamtete Arzt es für erforderlich erklärt, ist darauf hinzuwirken, daß Kinder aussätziger Eltern aus der Wohnung der letzteren entfernt und in einer anderen Behausung untergebracht werden.

Diejenigen Personen, welche der Pflege und Wartung von Aussätzigen sich widmen oder sonst bei ihnen Dienste verrichten, sind zur Befolgung der Desinfektionsanweisung anzuhalten; auch ist ihnen die Einhaltung der sonstigen gegen eine Weiterverbreitung der Krankheit von dem beamteten Arzte für erforderlich erachteten Maßregeln zur Pflicht zu machen.

3. Zu § 16. Jugendliche Personen aus einem Haushalt, in dem ein Aussätziger sich befindet, müssen, soweit und solange nach dem Gutachten des beamteten Arztes eine Weiterverbreitung der Krankheit zu befürchten ist, vom Schulbesuche ferngehalten werden.

4. Zu § 19. In einem Hause, in welchem ein Aussätziger sich befindet oder befunden hat, sind die erforderlichen Maßnahmen zur Desinfektion der Ausscheidungen der Kranken sowie der mit dem Kranken oder Gestorbenen in Berührung gekommenen Gegenstände zu treffen. Ganz

besondere Aufmerksamkeit ist der Desinfektion infizierter Räume sowie der Betten, der Leibwäsche und der Kleidungsstücke des Kranken oder Gestorbenen zuzuwenden. Fahrzeuge und andere Beförderungsmittel, welche ausnahmsweise zur Fortschaffung von solchen kranken oder krankheitsverdächtigen Personen gedient haben, denen gemäß Nr. 2 Abs. 3 dieser Bestimmungen die Benutzung der dem öffentlichen Verkehre dienenden Beförderungsmittel verboten ist, sind alsbald und vor anderweitiger Benutzung zu desinfizieren.

Die Desinfektionen sind nach Maßgabe der aus der Anlage ersichtlichen Anweisung zu bewirken.[1])

5. Zu § 21. Die Leichen der an Aussatz Gestorbenen sind ohne vorheriges Waschen und Umkleiden in Tücher einzuhüllen, welche mit einer desinfizierenden Flüssigkeit getränkt sind. Sie sind alsdann in dichte Särge zu legen, welche am Boden mit einer reichlichen Schicht Sägemehl, Torfmull oder anderen aufsaugenden Stoffen bedeckt sind. Der Sarg ist alsbald zu schließen.

Soll mit Rücksicht auf religiöse Vorschriften das Waschen der Leiche ausnahmsweise stattfinden, so darf es nur unter den vom beamteten Arzte angeordneten Vorsichtsmaßregeln und nur mit desinfizierenden Flüssigkeiten ausgeführt werden.

Ist ein Leichenhaus vorhanden, so ist die eingesargte Leiche alsbald dahin überzuführen. Die Ausstellung der Leiche im Sterbehaus oder im offenen Sarge ist zu untersagen.

Die Bestattung der Aussatzleichen ist tunlichst zu beschleunigen. Den bei der Einsargung beschäftigt gewesenen Personen ist die Einhaltung der von dem beamteten Arzte gegen eine Weiterverbreitung der Krankheit für erforderlich erachteten Maßregeln zur Pflicht zu machen.

---

[1]) Der Kürze halber hier nicht abgedruckt.

6. Zu § 22. Die Aufhebung der zur Abwehr des Aussatzes getroffenen Anordnungen darf nur nach Anhörung des beamteten Arztes erfolgen.

7. Zu § 24. Fremdländischen Aussätzigen kann der Übertritt über die Grenze verboten werden.

8. Zu § 40. Aussätzige, deren Absonderungen Lepraerreger enthalten, dürfen in der Regel nicht mittels der Eisenbahn befördert werden. Ausnahmen sind nur nach dem Gutachten des für die Abgangsstation zuständigen beamteten Arztes zulässig. In solchen Ausnahmefällen ist der Kranke in einem besonderen Wagenabteil mit getrenntem Abort zu befördern. Aussätzige, die obdachlos oder ohne festen Wohnsitz sind oder berufs- oder gewohnheitsmäßig umherziehen, sind, gleichviel ob ihre Absonderungen Lepraerreger enthalten oder nicht, in einem besonderen Wagenabteil mit getrenntem Abort zu befördern, auch ist ihnen ein zuverlässiger Begleiter beizugeben.

Wagenabteil und Abort, die von einem Aussatzkranken benutzt worden sind, dessen Absonderungen Lepraerreger enthalten, müssen alsbald und vor anderweitiger Benutzung desinfiziert werden. Handelt es sich um andere Aussatzkranke, so ist eine Desinfektion vorzunehmen, sofern und soweit es der beamtete Arzt für erforderlich erachtet.

9. Zu § 42. Ist in einer Ortschaft der Ausbruch des Aussatzes festgestellt, so ist das Kaiserliche Gesundheitsamt[1]) hiervon sofort zu benachrichtigen. Ebenso ist jeder weitere Fall dem Kaiserlichen Gesundheitsamte mitzuteilen.

Die Landesregierungen haben alljährlich bis spätestens den 1. Februar dem Kaiserlichen Gesundheitsamt über die in dem verflossenen Kalenderjahr in dem betreffenden Staatsgebiet eingetretene Zu- und Abnahme der Krankheitsfälle Mitteilung zu machen.

---

[1]) Heißt jetzt Reichsgesundheitsamt.

5. Internationale Vereinbarungen[1]).

a) Internationale Übereinkunft betr. Maßregeln gegen Pest, Cholera und Gelbfieber.

Ratifiziert von Deutschland am 24. Oktober 1921 (RGBl. 1922 II S. 5).

(Auszugsweise.)

Titel I.

Allgemeine Bestimmungen.

Kapitel I.

Vorschriften, welche von den Vertragsländern nach dem Auftreten von Pest, von Cholera oder von Gelbfieber in ihrem Gebiete zu beobachten sind.

Abschnitt I. Benachrichtigung und weitere Mitteilungen an die anderen Länder.

Artikel 1. Jede Regierung muß von dem ersten in ihrem Gebiete festgestellten Pest-, Cholera- oder Gelbfieberfall den übrigen Regierungen sofort Nachricht geben.

Ebenso muß der erste außerhalb der schon betroffenen Bezirke festgestellte Cholera-, Pest- oder Gelbfieberfall den Gegenstand einer sofortigen Benachrichtigung der übrigen Regierungen bilden.

Artikel 2. Jeder in Artikel 1 vorgesehenen Benachrichtigung soll beiliegen oder sehr bald nachfolgen nähere Auskunft über:

1. den Ort, wo die Krankheit aufgetreten ist;
2. den Tag ihres Auftretens, ihren Ursprung und ihre Art;
3. die Zahl der festgestellten Krankheits- und Todesfälle;

[1]) Seit 1920 ist auch in der internationalen Seuchenbekämpfung der Völkerbund durch seine Hygieneorganisation tätig.

4. die Ausdehnung des oder der betroffenen Bezirke;
5. bei Pest: das Vorhandensein der Rattenpest oder einer ungewöhnlichen Rattensterblichkeit;
6. bei Gelbfieber: das Vorkommen der stegomya calopus;
7. die sofort ergriffenen Maßnahmen.

Artikel 3. Die Benachrichtigung und die Auskünfte, die in Artikel 1 und 2 vorgesehen sind, erfolgen an die diplomatischen oder konsularischen Vertretungen in der Hauptstadt des verseuchten Landes.

Für Länder, welche dort nicht vertreten sind, werden sie unmittelbar auf telegraphischem Wege an die Regierungen dieser Länder übermittelt.

Artikel 4. Der Benachrichtigung und den Auskünften, die in Artikel 1 und 2 vorgesehen sind, müssen weitere regelmäßige Mitteilungen folgen, welche geeignet sind, die Regierungen über den Verlauf der Seuche auf dem laufenden zu erhalten.

Diese Mitteilungen, welche mindestens einmal in der Woche erfolgen und so vollständig wie möglich sein müssen, haben die zur Verhütung der Ausbreitung der Krankheit ergriffenen Maßnahmen näher anzugeben.

Sie müssen genau angeben: 1. die vorbeugenden Maßregeln, welche hinsichtlich der gesundheitspolizeilichen Besichtigung oder der ärztlichen Untersuchung, der Absonderung und der Desinfektion getroffen sind; 2. die bei der Abfahrt der Schiffe zur Verhinderung der Verschleppung der Seuche angewandten Maßregeln und besonders, in den unter 5 und 6 des vorstehenden Artikels 2 vorgesehenen Fällen, die gegen die Ratten oder gegen die Stechmücken ergriffenen Maßnahmen.

Artikel 5. Die schnelle und zuverlässige Erfüllung der vorstehenden Vorschriften ist von allergrößter Wichtigkeit.

Die Benachrichtigungen sind von wirklichem Werte nur dann, wenn jede Regierung selbst von dem Auftreten von

Pest-, Cholera-, Gelbfieber- und verdächtigen Fällen in ihrem Gebiete beizeiten Kenntnis erhält. Es kann deshalb den einzelnen Regierungen nicht genug empfohlen werden, die Anzeigepflicht für Pest-, Cholera- und Gelbfieberfälle einzuführen[1]) und sich über jede ungewöhnliche Sterblichkeit der Ratten, namentlich in den Häfen, unterrichtet zu halten.

[1]) In Deutschland geschehen durch das Reichsgesetz vom 30. Juni 1900 (s. oben II 3).

Artikel 6. Es ist wünschenswert, daß die benachbarten Länder Sonderabkommen treffen, um einen unmittelbaren Nachrichtenaustausch zwischen den Leitern der zuständigen Behörden einzurichten, soweit Grenzbezirke oder Bezirke mit engen Handelsbeziehungen in Betracht kommen.

Abschnitt II. Bedingungen, unter denen ein örtlicher Bezirk als verseucht oder wieder rein anzusehen ist.

Artikel 7. Die Benachrichtigung von einem ersten Pest-, Cholera- oder Gelbfieberfalle zieht gegen den örtlichen Bezirk, in dem er sich ereignet hat, noch nicht die Anwendung der in dem nachfolgenden Kapitel II vorgesehenen Maßnahmen nach sich.

Falls aber mehrere nicht eingeschleppte Pest- oder Gelbfieberfälle vorgekommen sind oder falls Cholerafälle einen Herd[1]) bilden, kann der Bezirk als verseucht betrachtet werden.

[1]) Ein Herd besteht, wenn das Auftreten von Cholerafällen außerhalb der Umgebung des ersten oder der ersten Fälle beweist, daß es nicht gelungen ist, die Ausbreitung der Krankheit auf die Stelle ihres ersten Auftretens zu beschränken.

Artikel 8. Um die Maßregeln ausschließlich auf die betroffenen Gegenden zu beschränken, sollen die Regierungen sie nur für Herkünfte aus den verseuchten Bezirken in Anwendung bringen.

Unter „Bezirk" wird ein Gebietsteil verstanden, welcher in den die Benachrichtigung begleitenden oder ihr nachfolgenden Auskünften genau zu bezeichnen ist, wie zum Beispiel eine Provinz, ein Gouvernement, ein Distrikt, ein Departement, ein Kanton, eine Insel, eine Gemeinde, eine Stadt, ein Stadtteil, ein Dorf, ein Hafen, ein Polder, eine Gruppe von Wohnstätten usw., welches auch immer die Ausdehnung und Bevölkerung dieser Gebietsteile sein mag.

Indessen braucht diese Beschränkung auf den verseuchten Bezirk nur unter der ausdrücklichen Voraussetzung anerkannt zu werden, daß die Regierung des verseuchten Landes die erforderlichen Maßregeln trifft: 1. um die Ausbreitung der Seuche zu bekämpfen und 2., wenn es sich um Pest oder Cholera handelt, um die Ausfuhr der unter Nummer 1 und 2 des Artikels 13 bezeichneten Gegenstände ohne vorherige Desinfektion aus dem verseuchten Bezirke zu verhüten.

Ist ein Bezirk verseucht, so unterliegen Herkünfte aus diesem Bezirke keiner Einfuhrbeschränkung, wenn sie von dort mindestens fünf Tage vor dem Ausbruch der Seuche ausgeführt worden sind.

Artikel 9. Damit ein Bezirk nicht mehr als verseucht angesehen wird, bedarf es der amtlichen Feststellung:

1. daß innerhalb einer auf die Absonderung, den Tod oder die Heilung des letzten Kranken folgenden Frist bei Cholera und Pest von fünf Tagen, bei Gelbfieber von achtzehn Tagen weder ein Todesfall noch ein neuer Krankheitsfall vorgekommen ist;
2. daß alle Desinfektionsmaßregeln angewandt worden sind, außerdem, falls es sich um Pest handelt, daß die Maßregeln gegen die Ratten und, falls es sich um Gelbfieber handelt, daß die Vorsichtsmaßnahmen gegen die Stechmücken ergriffen worden sind.

Abschnitt III. Maßnahmen in den verseuchten Häfen bei der Abfahrt der Schiffe.

Artikel 10. Die zuständige Behörde ist gehalten, wirksame Maßnahmen zu treffen:

1. um die Einschiffung von Personen zu verhindern, die Erscheinungen von Pest, Cholera oder Gelbfieber zeigen;
2. im Falle von Pest oder Cholera, um die Ausfuhr aller Waren oder Gegenstände zu verhindern, die sie als verseucht erachtet und die nicht vorher am Lande unter Aufsicht eines von der öffentlichen Behörde dazu bestimmten Arztes desinfiziert worden sind;
3. im Falle von Pest, um das Anbordkommen von Ratten zu verhindern;
4. im Falle von Cholera, um darüber zu wachen, daß das an Bord genommene Trinkwasser einwandfrei ist;
5. im Falle von Gelbfieber, um das Anbordkommen von Stechmücken zu verhindern.

Kapitel II.

Abwehrmaßnahmen gegen die verseuchten Gebiete.

Abschnitt I. Veröffentlichung der getroffenen Maßregeln.

Artikel 11. Die Regierung jedes Landes hat diejenigen Maßregeln sofort zu veröffentlichen, deren Anordnung sie bezüglich der Herkünfte aus einem verseuchten Lande oder örtlichen Bezirke für erforderlich hält.

Sie teilt diese Veröffentlichung sogleich dem diplomatischen oder konsularischen Vertreter des verseuchten Landes in ihrer Hauptstadt sowie den internationalen Gesundheitsräten mit.

Sie hat die Aufhebung oder etwaige Abänderungen dieser Maßregeln auf demselben Wege bekanntzugeben.

In Ermangelung einer diplomatischen oder konsularischen Vertretung in der Hauptstadt erfolgen die Mitteilungen unmittelbar an die Regierung des beteiligten Landes.

Abschnitt II. Waren. Desinfektion. Einfuhr und Durchfuhr. Reisegepäck.

Artikel 12. Es gibt keine Waren, welche an und für sich fähig sind, die Pest, die Cholera oder das Gelbfieber zu übertragen. Sie werden nur dann gefährlich, wenn sie mit dem Ansteckungsstoffe der Pest oder der Cholera verunreinigt sind.

Artikel 13. Die Desinfektion ist nur im Falle von Pest oder Cholera und nur bei solchen Waren und Gegenständen zulässig, welche die örtliche Gesundheitsbehörde als verseucht erachtet.

Die nachverzeichneten Waren und Gegenstände können jedoch, im Falle von Pest oder Cholera, unabhängig von jeder Feststellung, ob sie verseucht oder nicht verseucht sind, der Desinfektion unterworfen oder sogar von der Einfuhr ausgeschlossen werden:

1. Getragene Leibwäsche, alte und getragene Kleider (Bekleidungsgegenstände des täglichen Gebrauchs), gebrauchtes Bettzeug.

   Werden diese Gegenstände als Reisegepäck oder infolge eines Wohnungswechsels (als Umzugsgut) befördert, so können sie nicht zurückgewiesen werden und unterliegen den Bestimmungen des Artikels 20.

   Die von Soldaten und Matrosen hinterlassenen Pakete, welche nach deren Tod in ihre Heimat zurückgesandt werden, werden den unter 1 im ersten Absatz aufgeführten Gegenständen gleichgestellt.

2. Hadern und Lumpen; ausgenommen sind jedoch, wenn es sich um Cholera handelt, zusammengepreßte Lumpen, welche in umschnürten Ballen im Großhandel versendet werden.

Es dürfen nicht verboten werden neue Abfälle, welche unmittelbar aus Spinnereien, Webereien, Konfektions- und Bleichanstalten kommen, Kunstwolle (Shoddy) und neue Papierschnitzel.

Artikel 14. Die Durchfuhr der unter Nummer 1 und 2 des vorhergehenden Artikels aufgeführten Waren und Gegenstände darf nicht untersagt werden, wenn sie so verpackt sind, daß sie unterwegs nicht berührt werden können.

Ebenso soll die Durchfuhr der Waren und Gegenstände durch einen verseuchten örtlichen Bezirk kein Hindernis für ihre Einfuhr in das Bestimmungsland bilden, sofern die Beförderung so erfolgt ist, daß unterwegs eine Berührung mit den verunreinigten Gegenständen nicht hat stattfinden können.

Artikel 15. Auf die unter Nummer 1 und 2 des Artikels 13 aufgeführten Waren und Gegenstände finden die Einfuhrverbote dann keine Anwendung, wenn der Behörde des Bestimmungslandes nachgewiesen wird, daß sie mindestens fünf Tage vor dem Ausbruch der Seuche zur Absendung gelangt sind.

Artikel 16. Die Entscheidung darüber, in welcher Weise und wo die Desinfektion stattzufinden hat, sowie darüber, welches Verfahren zur sicheren Vernichtung der Ratten, der Stechmücken und anderer Insekten anzuwenden ist, steht der Behörde des Bestimmungslandes zu. Dabei muß derart verfahren werden, daß die Gegenstände so wenig als möglich beschädigt werden. Alte Kleidungsstücke, alte Lumpen, verseuchte Verbände, Papier und andere Gegenstände von geringem Werte können durch Feuer vernichtet werden.

Die Regelung der Frage des etwaigen Ersatzes des bei der Desinfektion sowie bei der Vernichtung der vorerwähnten Gegenstände oder bei der Vertilgung der Ratten, der Stechmücken und anderer Insekten entstehenden Schadens wird jedem Staate überlassen.

Wenn aus Anlaß der Durchführung von Maßregeln zur Vernichtung der Ratten, der Stechmücken und anderer Insekten an Bord der Schiffe von der Gesundheitsbehörde, sei es unmittelbar, sei es durch Vermittelung einer Gesellschaft oder einer Privatperson, Gebühren erhoben werden, so soll die Höhe dieser Gebühren durch einen vorher zu veröffentlichenden Tarif festgesetzt und derart berechnet werden, daß aus seiner Anwendung ein Gewinn für den Staat oder die Gesundheitsverwaltung nicht entsteht.

Artikel 17. Briefe und Korrespondenzen, Drucksachen, Bücher, Zeitungen, Geschäftspapiere usw. (ausschließlich der Postpakete) unterliegen weder einer Einfuhrbeschränkung noch einer Desinfektion.

Im Falle von Gelbfieber unterliegen auch die Postpakete weder einer Einfuhrbeschränkung noch einer Desinfektion.

Artikel 18. Zu Lande oder zu Wasser ankommende Waren dürfen an den Grenzen oder in den Häfen nicht zurückgehalten werden.

Die einzigen Maßnahmen, welche diesen gegenüber vorgeschrieben werden dürfen, sind oben in Artikel 13 und 16 aufgeführt.

Wenn jedoch zur See eintreffende lose oder in schadhaften Hüllen verladene Waren während der Reise durch als pestkrank erkannte Ratten verseucht worden sind und ihre Desinfektion nicht möglich ist, so kann die Vernichtung der Keime durch eine Lagerung der Waren bis zur Dauer von höchstens zwei Wochen sichergestellt werden.

Die Anwendung der vorbezeichneten Maßregel darf jedoch für das Schiff weder eine Verzögerung noch außergewöhnliche Kosten mit sich bringen, die infolge des Mangels an Lagerhäusern in den betreffenden Häfen entstehen könnten.

Artikel 19. Wenn Waren entsprechend den Vorschriften im Artikel 13 desinfiziert oder in Gemäßheit des dritten Absatzes des Artikels 18 zeitweise gelagert worden sind, hat der Besitzer oder sein Vertreter das Recht, von der Gesundheitsbehörde, welche die Desinfektion oder die Lagerung angeordnet hat, eine Bescheinigung über die durchgeführten Maßnahmen zu verlangen.

Artikel 20. Schmutzige Wäsche, alte und getragene Kleider und sonstige Gegenstände, welche zum Reisegepäck oder Hausrat (Umzugsgut) gehören und aus einem für verseucht erklärten Bezirke stammen, werden nur im Falle von Pest oder Cholera und nur dann desinfiziert, wenn die örtliche Gesundheitsbehörde sie als verseucht erachtet.

Abschnitt III. Maßnahmen in den Häfen und an den Meeresgrenzen.

A. Einteilung der Schiffe.

Artikel 21. Als verseucht gilt das Schiff, welches Pest, Cholera oder Gelbfieber an Bord hat, oder auf welchem ein oder mehrere Fälle von Pest, Cholera oder Gelbfieber während der letzten sieben Tage vorgekommen sind.

Als verdächtig gilt das Schiff, auf welchem zur Zeit der Abfahrt oder während der Reise Pest-, Cholera- oder Gelbfieberfälle vorgekommen sind, aber kein neuer Fall während der letzten sieben Tage.

Als rein gilt das Schiff, welches, wenn auch aus einem verseuchten Hafen kommend, weder vor der Abfahrt noch während der Reise, noch zur Zeit der Ankunft einen Todes- oder Krankheitsfall an Pest, Cholera oder Gelbfieber an Bord gehabt hat.

B. Maßnahmen, betreffend die Pest.

Artikel 22. Pestverseuchte Schiffe unterliegen folgender Behandlung:

1. ärztliche Untersuchung;
2. die Kranken werden sofort ausgeschifft und abgesondert;
3. diejenigen Personen, welche mit den Kranken in Berührung gekommen sind und diejenigen, welche die Hafengesundheitsbehörde Grund hat als verdächtig

anzusehen, müssen, wenn möglich, ausgeschifft werden. Sie können der Beobachtung[1]) oder der Überwachung[2]) oder einer Beobachtung mit nachfolgender Überwachung unterworfen werden, ohne daß die Gesamtdauer dieser Maßnahmen, von der Ankunft an gerechnet, fünf Tage überschreiten darf.

Es bleibt der Hafengesundheitsbehörde überlassen, diejenige dieser Maßnahmen zur Anwendung zu bringen, welche ihr nach dem Zeitpunkt des letzten Falles, dem Zustand des Schiffes und den örtlichen Verhältnissen und Umständen am zweckmäßigsten erscheint;

4. die schmutzige Wäsche, die Bekleidungsgegenstände des täglichen Gebrauchs und die sonstigen Sachen der Schiffsbesatzung[3]) und Reisenden, welche nach Ansicht der Gesundheitsbehörde als verseucht zu erachten sind, werden desinfiziert;

5. die Teile des Schiffes, welche von Pestkranken bewohnt gewesen sind, oder welche nach Ansicht der Gesundheitsbehörde als verseucht zu erachten sind, müssen desinfiziert werden;

6. die Vernichtung der Ratten des Schiffes muß vor oder nach Löschung der Ladung erfolgen, unter möglichster Vermeidung von Beschädigungen der Waren, Metallteile und Maschinen. Das Verfahren muß so früh und so schnell als möglich durchgeführt werden, und darf keinenfalls länger als achtundvierzig Stunden dauern.

Auf Schiffen in Ballast ist dieses Verfahren sobald als möglich vor der Beladung durchzuführen.

[1]) Das Wort „Beobachtung" bedeutet: Absonderung der Reisenden, sei es an Bord eines Schiffes, sei es in einer Gesundheitsstation, bevor sie zum freien Verkehre zugelassen werden.

[2]) Das Wort „Überwachung" bedeutet: die Reisenden werden nicht abgesondert; sie werden sofort zum freien Verkehre zugelassen, werden aber den Behörden der verschiedenen

Orte, wohin sie sich begeben, namhaft gemacht und einer ärztlichen Kontrolle zur Feststellung ihres Gesundheitszustandes unterworfen.

[3]) Das Wort „Schiffsbesatzung" bezieht sich auf Personen, die zur Schiffsbesatzung oder zum Dienstpersonal an Bord gehören oder gehört haben, einschließlich der Oberkellner, Kellner, Kaffeekocher (cafedji) usw. In diesem Sinne ist das Wort stets zu verstehen, wenn es in dieser Übereinkunft angewendet ist.

Artikel 23. Pestverdächtige Schiffe unterliegen den unter Nummer 1, 4, 5 und 6 des Artikels 22 aufgeführten Maßregeln.

Außerdem können die Schiffsbesatzung und die Reisenden auf ihren Gesundheitszustand hin einer höchstens fünftägigen Überwachung vom Tage der Ankunft des Schiffes an, unterworfen werden. Während der gleichen Zeit kann das Anlandgehen der Schiffsbesatzung verhindert werden, es sei denn, daß dienstliche Gründe es notwendig machen.

Artikel 24. Pestreine Schiffe werden sofort zum freien Verkehre zugelassen, wie auch immer ihr Gesundheitspaß lauten mag.

Die einzigen Bestimmungen, welche die Behörde des Ankunftshafens ihnen gegenüber treffen kann, sind folgende:

1. ärztliche Untersuchung;
2. Desinfektion der schmutzigen Wäsche, der Bekleidungsgegenstände des täglichen Gebrauchs und der sonstigen Sachen der Schiffsbesatzung und der Reisenden, jedoch nur in Ausnahmefällen, wenn die Gesundheitsbehörde besondere Gründe zu der Annahme hat, daß diese Gegenstände verseucht sind;
3. ohne daß diese Bestimmung als allgemeine Regel aufgestellt werden soll, kann die Gesundheitsbehörde die aus einem verseuchten Hafen kommenden Schiffe einem Verfahren zur Vernichtung der Ratten vor oder nach Löschung der Ladung unterwerfen. Dieses

Verfahren muß so früh und so schnell als möglich erfolgen und darf keinenfalls länger als vierundzwanzig Stunden dauern, wobei Beschränkungen des Verkehrs der Reisenden und der Schiffsbesatzung zwischen dem Schiffe und dem Lande und möglichst Beschädigungen der Waren, Metallteile und Maschinen zu vermeiden sind. Auf Schiffen in Ballast ist dieses Verfahren, falls es erforderlich ist, so früh und so schnell als möglich, jedenfalls vor der Beladung, zur Anwendung zu bringen.

Die Schiffsbesatzung und die Reisenden können eine Überwachung unterworfen werden, welche fünf Tage nicht überschreiten soll und von dem Tage an gerechnet wird, an dem das Schiff den verseuchten Hafen verlassen hat. Ebenso kann während derselben Zeit das Anlandgehen der Schiffsbesatzung verhindert werden, es sei denn, daß dienstliche Gründe das Anlandgehen notwendig machen.

Die zuständige Behörde des Ankunftshafens kann stets von dem Schiffsarzt oder, falls ein solcher nicht vorhanden ist, von dem Kapitän eine Bescheinigung unter Eid darüber verlangen, daß auf dem Schiffe seit der Abfahrt ein Pestfall nicht vorgekommen und daß eine ungewöhnliche Sterblichkeit der Ratten nicht beobachtet worden ist.

Artikel 25. Wenn auf einem reinen Schiffe Ratten auf Grund bakteriologischer Untersuchung als Pestratten erkannt worden sind, oder wenn man unter diesen Nagern eine ungewöhnliche Sterblichkeit feststellt, so sind die folgenden Maßregeln zur Anwendung zu bringen:

I. Schiffe mit Pestratten:

a) ärztliche Untersuchung;

b) die Vernichtung der Ratten muß vor oder nach Löschung der Ladung erfolgen unter möglichster Vermeidung von Beschädigungen der Waren, Metallteile und Maschinen. Das Verfahren muß so früh und so schnell als möglich durchgeführt werden und darf keinenfalls länger als achtundvierzig Stunden dauern. Schiffe in Ballast sind diesem Verfahren ebenfalls so früh und so schnell als möglich zu unterwerfen, jedenfalls vor der Beladung;

c) die Teile des Schiffes und die Gegenstände, welche die örtliche Gesundheitsbehörde für verseucht erachtet, werden desinfiziert;

d) die Reisenden und die Schiffsbesatzung können einer Überwachung unterworfen werden, deren Dauer fünf Tage, von dem Tage der Ankunft an gerechnet, nicht übersteigen soll.

II. Schiffe, auf denen eine ungewöhnliche Sterblichkeit der Ratten beobachtet worden ist:

a) ärztliche Untersuchung;

b) die Untersuchung der Ratten auf Pest ist so umfassend und so schnell als möglich vorzunehmen;

c) falls die Vernichtung der Ratten für notwendig erachtet wird, soll sie unter den vorstehend für Schiffe mit Pestratten angegebenen Bedingungen erfolgen;

d) bis jeder Verdacht beseitigt ist, können die Reisenden und die Schiffsbesatzung einer Überwachung unterworfen werden, deren Dauer fünf Tage, von dem Tage der Ankunft an gerechnet, nicht überschreiten soll.

Artikel 26. Es wird empfohlen, die Entrattung der Schiffe regelmäßig, und zwar mindestens alle sechs Monate, vorzunehmen. Die Gesundheitsbehörde des Hafens, wo die Entrattung ausgeführt worden ist, erteilt dem Kapitän, dem Schiffseigner oder seinem Agenten auf Verlangen eine Bescheinigung über den Tag der Vornahme der Entrattung, den Hafen, wo sie erfolgt ist, und die Art des Verfahrens.

Es wird empfohlen, daß die Gesundheitsbehörden der Häfen, die von Schiffen angelaufen werden, welche sich regelmäßig entratten lassen, die vorerwähnten Bescheinigungen bei der Bestimmung der zu ergreifenden Maßnahmen gebührend berücksichtigen, insbesondere hinsichtlich der Vorschriften der Nummer 3 des zweiten Absatzes des Artikels 24.

C. Maßnahmen, betreffend die Cholera.

Artikel 27. Choleraverseuchte Schiffe unterliegen folgenden Bestimmungen:

1. ärztliche Untersuchung;
2. die Kranken werden sofort ausgeschifft und abgesondert;
3. die übrigen Personen können gleichfalls ausgeschifft und vom Tage der Ankunft des Schiffes an einer Beobachtung oder Überwachung unterworfen werden, deren Dauer sich nach dem Gesundheitszustande des Schiffes und nach dem Tage des letzten Krankheitsfalls richtet, indessen fünf Tage nicht überschreiten soll; unter der Bedingung, daß dieser Zeitraum nicht überschritten wird, kann die Gesundheitsbehörde in dem nötigen Umfang eine bakteriologische Untersuchung vornehmen;
4. die schmutzige Wäsche, die Bekleidungsgegenstände des täglichen Gebrauchs und die sonstigen Sachen der Schiffsbesatzung und der Reisenden, welche nach Ansicht der Hafengesundheitsbehörde als verseucht zu erachten sind, werden desinfiziert;
5. die Teile des Schiffes, welche von Cholerakranken bewohnt gewesen sind oder welche von der Gesundheitsbehörde als verseucht erachtet werden, werden desinfiziert;
6. wenn das an Bord vorrätige Trinkwasser als verdächtig erachtet wird, wird es desinfiziert, ausgegossen und, falls angängig, durch Wasser von guter Beschaffenheit ersetzt.

Die Gesundheitsbehörde kann verbieten, daß Ballastwasser (water-ballast), welches in einem verseuchten Hafen eingenommen worden ist, ohne vorherige Desinfektion in die Häfen ausgegossen wird.

Es kann untersagt werden, menschliche Entleerungen, ebenso wie Abwässer des Schiffes ohne vorherige Desinfektion in das Hafenwasser gelangen zu lassen oder auszuschütten.

Artikel 28. Choleraverdächtige Schiffe unterliegen den unter Nummer 1, 4, 5 und 6 des Artikels 27 vorgeschriebenen Maßregeln.

Die Schiffsbesatzung und die Reisenden können einer höchstens fünftägigen Überwachung, vom Tage der Ankunft des Schiffes an, unterworfen werden. Es empfiehlt sich, während der gleichen Zeit das Anlandgehen der Schiffsbesatzung zu verhindern, es sei denn, daß dienstliche Gründe es notwendig machen.

Die Gesundheitsbehörde kann unter der Bedingung, daß dadurch die im vorhergehenden Absatz vorgesehenen Maßnahmen nicht verschärft werden, in dem nötigen Umfang eine bakteriologische Untersuchung vornehmen.

Die Gesundheitsbehörde kann verbieten, daß Ballastwasser (water-ballast), welches in einem verseuchten Hafen eingenommen worden ist, ohne vorherige Desinfektion in die Häfen ausgegossen wird.

Artikel 29. Cholerareine Schiffe werden sofort zum freien Verkehre zugelassen, wie auch immer ihr Gesundheitspaß lauten mag.

Die einzigen Bestimmungen, welche die Behörde des Ankunftshafens ihnen gegenüber treffen kann, bestehen in den unter Nummer 1, 4 und 6 des Artikels 27 vorgeschriebenen Maßnahmen.

Die Gesundheitsbehörde kann verbieten, daß Ballastwasser (water-ballast), welches in einem verseuchten Hafen eingenommen worden ist, ohne vorherige Desinfektion in die Häfen ausgegossen wird.

Die Schiffsbesatzung und die Reisenden können hinsichtlich ihres Gesundheitszustandes einer höchstens fünftägigen Überwachung unterworfen werden, die von dem Tage an zu berechnen ist, an dem das Schiff den verseuchten Hafen verlassen hat.

Es empfiehlt sich, während der gleichen Zeit das Anlandgehen der Schiffsbesatzung zu verhindern, es sei denn, daß dienstliche Gründe es notwendig machen.

Die zuständige Behörde des Ankunftshafens kann stets von dem Schiffsarzt oder, falls ein solcher nicht vorhanden ist, von dem Kapitän eine Bescheinigung unter Eid darüber verlangen, daß auf dem Schiffe seit der Abfahrt ein Cholerafall nicht vorgekommen ist.

D. Maßnahmen, betreffend das Gelbfieber.

Artikel 30. Gelbfieberverseuchte Schiffe unterliegen folgenden Bestimmungen:

1. ärztliche Untersuchung;
2. die Kranken werden ausgeschifft, und zwar so, daß sie vor den Stichen der Stechmücken geschützt sind, und werden vorschriftsmäßig abgesondert;
3. die übrigen Personen können gleichfalls ausgeschifft und einer höchstens sechstägigen Beobachtung oder Überwachung, gerechnet vom Tage der Ankunft an, unterworfen werden;
4. die Schiffe müssen, wenn irgendmöglich, 200 Meter von der Küste vor Anker gehen;
5. wenn möglich, wird vor Ausladung der Waren an Bord eine Vertilgung der Stechmücken vorgenommen. Ist dies nicht möglich, so sollen alle notwendigen Maßnahmen getroffen werden, um eine Ansteckung des zum Ausladen verwendeten Personals zu verhüten. Dieses Personal unterliegt einer höchstens sechstägigen Überwachung, gerechnet von dem Zeitpunkt an, seitdem es aufgehört hat, an Bord zu arbeiten.

Artikel 31. Gelbfieberverdächtige Schiffe unterliegen den unter Nummer 1, 4 und 5 des vorhergehenden Artikels angegebenen Maßnahmen.

Außerdem können die Besatzung und die Reisenden einer höchstens sechstägigen Überwachung, gerechnet vom Tage der Ankunft des Schiffes an, unterworfen werden.

Artikel 32. Gelbfieberreine Schiffe werden nach erfolgter ärztlicher Untersuchung sofort zum freien Verkehre zugelassen, wie auch immer ihr Gesundheitspaß lauten mag.

Artikel 33. Die im Artikel 30 und 31 vorgesehenen Maßnahmen kommen nur für die Länder in Betracht, in denen die stegomya vorkommt. In den übrigen Ländern werden sie in dem Umfang angewendet, den die Gesundheitsbehörde für notwendig erachtet.

E. Bestimmungen, die für die drei Krankheiten gemeinsam sind.

Artikel 34. Wenn sich an Bord der vorher bezeichneten drei Gruppen von Schiffen ein Arzt und Desinfektionsapparate (Dampfkasten) befinden, wird die zuständige Behörde diesen Umstand bei Anwendung der im Artikel 22 bis 33 angeführten Maßregeln in Rechnung ziehen.

Ebenso wird sie hinsichtlich der Pest die Aufstellung von Apparaten an Bord zur Vernichtung der Ratten berücksichtigen.

Die Gesundheitsbehörden der Staaten, welche sich hierüber etwa verständigen werden, können die ärztliche Untersuchung und andere Maßnahmen denjenigen reinen Schiffen erlassen, welche einen von ihrem Lande besonders anerkannten Arzt an Bord haben.

Artikel 35. Besondere Maßregeln, namentlich, soweit Cholera in Betracht kommt, bakteriologische Untersuchungen, können für jedes Schiff, das schlechte Gesundheitsbedingungen aufweist, oder für stark besetzte Schiffe vorgeschrieben werden.

Artikel 36. Jedem Schiffe, welches sich den ihm von der Hafenbehörde auf Grund der Bestimmungen der gegenwärtigen Übereinkunft auferlegten Verpflichtungen nicht unterziehen will, steht es frei, wieder in See zu gehen.

Es kann die Erlaubnis erhalten, seine Waren zu löschen, nachdem die erforderlichen Vorsichtsmaßregeln getroffen worden sind, nämlich:

1. Absonderung des Schiffes, der Schiffsbesatzung und der Reisenden;
2. wenn es sich um Pest handelt, die Einforderung von Auskunft über ungewöhnliches Rattensterben;
3. wenn es sich um Cholera handelt, Ersatz des an Bord vorrätigen Trinkwassers, sofern dieses für verdächtig erachtet wird, durch Wasser von guter Beschaffenheit

Ebenso kann dem Schiffe gestattet werden, Reisende, welche es wünschen, an Land zu setzen, unter der Bedingung, daß sie sich den von der Ortsbehörde vorgeschriebenen Maßnahmen unterziehen.

Artikel 37. Schiffe verseuchter Herkunft, welche in ausreichender Weise in einem Hafen eines der vertragschließenden Länder den gesundheitspolizeilichen Maßnahmen unterworfen worden sind, unterliegen bei ihrer Ankunft in einem neuen Hafen, gleichviel ob dieser demselben Lande angehört oder nicht, diesen Maßnahmen nicht wieder, vorausgesetzt, daß seitdem kein Umstand eingetreten ist, der die Anwendung der vorerwähnten Sanitätsmaßnahmen nach sich zieht, und kein verseuchter Hafen angelaufen worden ist.

Falls ein Schiff, ohne mit dem festen Lande in Verbindung gewesen zu sein, lediglich Reisende und ihr Gepäck oder die Post ausschifft, oder nur die Post oder solche Reisende mit oder ohne Gepäck einschifft, die weder mit diesem Hafen noch mit einem verseuchten Bezirk in Verbindung gestanden haben, wird es so angesehen, als ob es den Hafen nicht angelaufen hätte. Hierbei muß, wenn es sich um Gelbfieber handelt, das Schiff sich außerdem, um das Eindringen der

Stechmücken zu verhüten, soweit als möglich, mindestens jedoch 200 Meter von der Küste entfernt gehalten haben.

Artikel 38. Die Hafenbehörde, welche die Gesundheitsmaßnahmen auszuführen hat, erteilt dem Kapitän, dem Schiffseigner oder seinem Agenten auf Verlangen eine Bescheinigung über die Art der Maßnahmen und über die Gründe, aus denen sie angewendet worden sind.

Artikel 39. Die auf einem verseuchten Schiffe angekommenen Reisenden können von der Hafengesundheitsbehörde eine Bescheinigung über den Tag ihrer Ankunft und die Maßnahmen verlangen, denen sie und ihr Gepäck unterworfen worden sind.

Artikel 40. Küstenfahrzeuge unterliegen besonderen, zwischen den beteiligten Ländern zu vereinbarenden Bestimmungen.

Artikel 41. Die Regierungen solcher Staaten, die an demselben Meere gelegen sind, können unter Berücksichtigung ihrer besonderen Lage und um die Anwendung der in der Übereinkunft vorgesehenen Gesundheitsmaßnahmen wirksamer und weniger störend zu gestalten, unter sich Sonderabkommen treffen.

Artikel 42. Es ist wünschenswert, daß die Zahl derjenigen Häfen, welche mit ausreichender Einrichtung und Ausrüstung versehen sind, um Schiffe, ohne Rücksicht auf ihren Gesundheitszustand, aufnehmen zu können, in jedem Staate im richtigen Verhältnis zu der Bedeutung von Handel und Schiffahrt steht. Jedenfalls soll, unbeschadet des Rechtes der Regierungen, sich wegen Schaffung gemeinsamer Sanitätsstationen ins Einvernehmen zu setzen, jedes Land wenigstens einen Hafen an der Küste jedes seiner Meere mit einer solchen Einrichtung und Ausrüstung versehen.

Außerdem empfiehlt es sich, daß alle großen Häfen mit überseeischem Verkehre so ausgerüstet sind, daß wenigstens die reinen Schiffe gleich bei ihrer Ankunft den vorgeschriebenen gesundheitspolizeilichen Maßnahmen unterzogen werden können und zu diesem Zwecke nicht an einen anderen Hafen verwiesen zu werden brauchen.

Die Regierungen werden die Häfen bekanntgeben, die bei ihnen für Herkünfte aus pest-, cholera- oder gelbfieberverseuchten Häfen offen sind und insbesondere diejenigen, welche für verseuchte und verdächtige Schiffe offen sind.

Artikel 43. Es empfiehlt sich, in den großen Häfen mit überseeischem Verkehr einzurichten:

a) einen regelmäßigen Hafengesundheitsdienst und eine ständige ärztliche Überwachung des Gesundheitszustandes der Schiffsbesatzungen und der Hafenbevölkerung;
b) Geräte für die Beförderung der Kranken und geeignete Räume zu ihrer Absonderung sowie zur Beobachtung der verdächtigen Personen;
c) die notwendigen Vorrichtungen zur wirksamen Desinfektion und bakteriologische Laboratorien;
d) die Versorgung des Hafens mit unverdächtigem Trinkwasser und die Anwendung eines möglichste Sicherheit gewährenden Systems zur Fortschaffung der Abgänge und des Unrats.

Artikel 44. Den vertragschließenden Staaten wird ferner empfohlen, bei der Behandlung der Herkünfte eines Landes den Maßnahmen Rechnung zu tragen, welche dieses zur Bekämpfung der ansteckenden Krankheiten und zur Verhinderung ihrer Verschleppung ergriffen hat.

Abschnitt IV. Maßnahmen an den Landgrenzen. Reisende. Eisenbahnen. Grenzbezirke. Wasserwege.

Artikel 45. Landquarantänen dürfen nicht verhängt werden.

Nur solche Personen, die Merkmale von Pest, Cholera

oder Gelbfieber aufweisen, können an den Grenzen zurückgehalten werden.

Dieser Grundsatz schließt nicht das Recht des Staates aus, nötigenfalls einen Teil seiner Grenzen zu sperren.

Artikel 46. Es ist von Wichtigkeit, daß die Reisenden auf ihren Gesundheitszustand hin einer Überwachung durch das Eisenbahnpersonal unterzogen werden.

Artikel 47. Das ärztliche Eingreifen beschränkt sich auf eine Untersuchung der Reisenden und die Fürsorge für die Kranken. Findet diese Untersuchung statt, so wird sie tunlichst mit der Zollrevision verbunden, damit die Reisenden so wenig wie möglich aufgehalten werden. Nur die Personen, welche sich sichtlich unwohl fühlen, werden einer eingehenden ärztlichen Untersuchung unterzogen.

Artikel 48. Es wird von größtem Nutzen sein, die aus einem verseuchten Orte kommenden Reisenden alsbald nach ihrer Ankunft am Bestimmungsort einer Überwachung zu unterwerfen, welche, von dem Tage der Abreise an gerechnet, wenn es sich um Pest oder Cholera handelt, fünf Tage, und, wenn es sich um Gelbfieber handelt, sechs Tage nicht übersteigen soll.

Artikel 49. Die Regierungen behalten sich das Recht vor, besondere Maßregeln für gewisse Arten von Personen zu treffen, namentlich für Zigeuner und Vagabunden, sowie für Auswanderer und solche Personen, welche truppweise reisen oder die Grenze überschreiten.

Artikel 50. Die zur Beförderung der Reisenden, der Post und des Reisegepäcks dienenden Wagen können an der Grenze nicht zurückgehalten werden.

Wenn ein solcher Wagen verseucht oder von einem Pest- oder Cholerakranken benutzt worden ist, wird er zur möglichst schleunigen Desinfektion vom Zuge abgehängt.

Ebenso ist mit den Güterwagen zu verfahren.

Artikel 51. Die bezüglich des Grenzüberganges für das Eisenbahn- und Postpersonal zu treffenden Maßregeln sind Sache der beteiligten Verwaltungen. Sie werden so gefaßt, daß sie den regelmäßigen Dienst nicht stören.

Artikel 52. Die Regelung des Grenzverkehrs und der damit zusammenhängenden Fragen sowie die Anordnung außerordentlicher Überwachungsmaßnahmen bleiben besonderen Vereinbarungen zwischen den aneinander grenzenden Staaten überlassen.

Artikel 53. Der Erlaß gesundheitspolizeilicher Bestimmungen für die Flußläufe bleibt besonderen Vereinbarungen zwischen den Regierungen der Uferstaaten überlassen.

Titel II.

Sonderbestimmungen für die Länder des Orients und des äußersten Ostens.

Abschnitt I. Maßnahmen in den verseuchten Häfen bei Abfahrt der Schiffe.

Artikel 54. Jede auf einem Schiffe Überfahrt nehmende Person, mit Einschluß der Schiffsbesatzung, muß bei Tage und am Lande unmittelbar vor der Einschiffung während der dazu nötigen Zeit durch einen von der öffentlichen Behörde bestellten Arzt einzeln untersucht werden. Die für das Schiff zuständige Konsularbehörde kann dieser Untersuchung beiwohnen.

Abweichend von dieser Vorschrift kann in Alexandrien und in Port Said die ärztliche Untersuchung, falls die örtliche Gesundheitsbehörde dies für nützlich erachtet, unter der Bedingung an Bord vorgenommen werden, daß den Reisenden dritter Klasse nicht erlaubt wird, nachher das Schiff zu verlassen. Diese ärztliche Untersuchung kann bei Reisenden erster und zweiter Klasse, jedoch nicht bei denen dritter Klasse, bei Nacht vorgenommen werden.

Abschnitt II usw.

b) Deutsch-Belgisches Abkommen, betr. den Austausch von Nachrichten über das Auftreten ansteckender Krankheiten in den Grenzgebieten.

Vom 23. Juli und 17. August 1925.

Artikel 1. Die Deutsche Regierung und die Belgische Regierung sind übereingekommen, das im Jahre 1907 abgeschlossene und im Jahre 1910 vervollständigte Abkommen über die Mitteilung der Fälle ansteckender Krankheiten unter den Menschen im deutsch-belgischen Grenzgebiete durch ein neues Abkommen zu ersetzen[1]).

Folgende Bestimmungen sollen für den Austausch von Nachrichten über solche Fälle zwischen den Behörden beider Länder gelten:

1. Der Nachrichtenaustausch erstreckt sich

a) auf alle Fälle von

Cholera (asiatischer),
Pocken,
Pest,
Fleckfieber (Typhus exanthématique),
Unterleibstyphus (fièvre typhoide),
Scharlach,
Diphterie,
Ruhr (Dysenterie),
Genickstarre (méningite cérébro-spinale),
Tollwut des Menschen,
Rückfallfieber (fièvre récurrente);

b) auf gehäuftes Vorkommen von Kindbettfieber, soweit diese Krankheiten in den Kreisen Aachen-Stadt, Aachen-Land, Montjoie, Schleiden und Prüm einerseits und in den Provinzen Limburg, Lüttich und Luxemburg einschließlich des Gebiets von Eupen und Malmedy anderseits festgestellt worden sind.

2. Die Erkrankungsziffern werden wöchentlich von dem Preußischen Regierungspräsidenten in Aachen einerseits und von 10 zu 10 Tagen, und zwar vom 1. bis 10., vom 11. bis 20. sowie vom 21. bis zum letzten Tage jedes Monats von dem belgischen Minister des Innern andererseits zusammengestellt.

Die Provinz (oder der Kreis) und der Ort, wo die Krankheitsfälle festgestellt wurden, sind anzugeben.

3. Die nach Ziffer 2 zusammengestellten Nachrichten werden mit Beschleunigung mittels frankierter Postsendungen ausgetauscht.

4. Empfänger der stets unmittelbar zuzustellenden Nachrichten sind:

a) in Deutschland:
1. der Regierungspräsident in Aachen,
2. der Regierungspräsident in Trier,
3. der Polizeipräsident in Aachen,
4. der Stadtkreisarzt in Aachen,
5. der Landrat in Aachen,
6. der Kreisarzt des Landkreises Aachen,
7. der Landrat in Montjoie,
8. der Kreisarzt in Montjoie,
9. der Landrat in Schleiden,
10. der Kreisarzt in Schleiden,
11. der Landrat in Prüm,
12. der Kreisarzt in Prüm;

b) in Belgien:
1. der Minister des Innern,
2. der Regierungssanitätsinspektor (inspecteur d'hygiène du gouvernement) für die Provinz Lüttich in Lüttich,
3. der Regierungssanitätsinspektor für die Provinz Limburg in Hasselt,
4. der Regierungssanitätsinspektor für die Provinz Luxemburg in Bovigny,

5. der Regierungssanitätsinspektor in Lüttich und in Bovigny für die Gebiete von Eupen und Malmedy.

[1]) Hier hat das Reich eine internationale Vereinbarung getroffen, die über die Bestimmungen des Reichsgesetzes betr. die Bekämpfung gemeingefährlicher Krankheiten hinausgeht, indem diese Vereinbarung nicht nur die gemeingefährlichen, sondern die gefährlichsten ansteckenden Krankheiten umfaßt.

Artikel 2. Für den Fall, daß eine der beteiligten Regierungen dieses Abkommen zu kündigen beabsichtigt, wird dieser Wunsch auf schriftlichem Wege der andern Regierung bekanntgegeben werden müssen.

Artikel 3. Durch die vorliegenden Bestimmungen bleiben die einschlägigen Vorschriften der jeweils bestehenden internationalen Sanitätsübereinkünfte unberührt.

Artikel 4. Diese Vereinbarung tritt am 1. September 1925 in Kraft. Mit demselben Tage tritt das durch den Notenwechsel vom 7. und 13. August 1907 geschlossene Abkommen bzw. die durch den Notenwechsel vom 26. und 29. Mai 1910 getroffene Vereinbarung über den gleichen Gegenstand außer Kraft.

c) Abkommen zwischen dem Deutschen Reiche und der Polnischen Republik vom 18. Dezember 1922, betr. den gegenseitigen Nachrichtenaustausch über das Auftreten übertragbarer Krankheiten in den beiderseitigen Grenzkreisen[1]).

Artikel 1. Zum Zwecke der rechtzeitigen Einleitung geeigneter Schutzmaßnahmen gegen die Einschleppung übertragbarer Krankheiten werden sich die vertragschließenden

[1]) Die Tabelle über die Grenzbezirke ist hier der Kürze halber fortgelassen worden.

Staaten die in den beiderseitigen Grenzkreisen auftretenden Fälle solcher Krankheiten gegenseitig regelmäßig mitteilen[1]).

[1]) Hier gilt auch das als Anmerkung zu Artikel 1 des deutsch-belgischen Abkommens Gesagte.

Artikel 2. Die Mitteilungen sind zwischen den Verwaltungsbehörden der beiderseitigen Grenzkreise zu erstatten und haben sich auf die nachbezeichneten übertragbaren Krankheiten zu erstrecken:

Asiatische Cholera (cholera asiatica), Pest (pestis), Pocken (variola), Fleckfieber (typhus exanthematicus), Aussatz (lepra), Unterleibstyphus einschließlich Paratyphus (typhus abdominalis, paratyphus), Ruhr (dysenteria), Diphtherie (diphtheria), Scharlach (scarlatina), übertragbare Genickstarre (meningitis cerebrospinales epidemica), spinale Kinderlähmung (poliomyelitis epidemica), Schlafsuchtkrankheit (encephalitis lethargica), Rückfallfieber (febris recurrens, typhus recurrens), Körnerkrankheit (trachoma), Wutkrankheit (lyssa, rabies) sowie Bißverletzungen durch wutkranke und wutverdächtige Tiere bei Menschen, Wechselfieber (malaria).

Die Mitteilungen haben auch dann zu erfolgen, wenn in einem Grenzkreise eines der vertragschließenden Staaten eine andere übertragbare Krankheit auftritt, die in diesem Kreise gewöhnlich nicht vorkommt.

Artikel 3. Die Benachrichtigung hat portofrei nach dem in der Anlage beigefügten Muster[1]), und zwar wöchentlich beschleunigt zu erfolgen. Die aufgetretenen Krankheitsfälle sind unter Angabe der befallenen Orte und, soweit ermittelt, der Herkunft anzugeben; hierbei sind Abwehr- und Bekämpfungsmaßnahmen in dem befallenen Bezirk kurz mitzuteilen.

Werden in dem von der Krankheit lediglich bedrohten Grenzkreise gegen den von ihr befallenen Grenzkreis des

Nachbarlandes Vorsichtsmaßregeln ergriffen, so sind auch diese mitzuteilen.

Als Berichtswoche ist stets eine ganze Woche von Sonntag bis Sonnabend zu wählen.

Die Angaben sind in der Sprache der absendenden Behörde zu machen; die Krankheiten sind mit ihrer lateinischen Bezeichnung anzugeben.

Fehlmeldungen können unterbleiben.

[1]) Der Kürze halber hier nicht abgedruckt.

Artikel 4. Hinsichtlich Pocken, asiatischer Cholera, Pest, Fleckfieber und Scharlach findet die Verständigung — unbeschadet der weiteren wöchentlichen Berichterstattung — sogleich beim Auftreten des ersten Falles auf schnellstem Wege, möglichst telegraphisch, statt. Der ersten Mitteilung sind genaue Angaben über den Ort und den Tag des ersten Auftretens der Krankheit sowie über ihre Herkunft beizufügen oder sehr bald nachzusenden.

Bei Erkrankungen an asiatischer Cholera ist auch die Zahl der Bazillenträger, und zwar getrennt von der Zahl der Kranken, anzugeben.

Erkrankungen an Malaria, spinaler Kinderlähmung und Schlafsuchtkrankheit sind auch dort, wo eine Anzeigepflicht nicht besteht, in dem Umfange mitzuteilen, in dem sie zur Kenntnis der Verwaltungsbehörden der Grenzkreise gelangen.

Beim Auftreten von Pest, Pocken, Cholera, Fleckfieber oder Rückfallfieber sowie bei epidemischer Ausbreitung einer anderen der in Artikel 2 genannten Krankheiten wird die Verwaltungsbehörde des verseuchten Grenzkreises der Verwaltungsbehörde des Grenzkreises des anderen Staates gestatten, nach vorherigem Einvernehmen beider Behörden einen sachverständigen Beauftragten unverzüglich an Ort und Stelle zu entsenden.

Dem Beauftragten ist nach Möglichkeit Unterstützung zu gewähren und Auskunft zu erteilen.

Beide Regierungen werden sich in kürzester Zeit ins Einvernehmen setzen, um für diese Fälle die Erteilung von Ausweisen für den Grenzübertritt zu erleichtern.

Artikel 5. Als Grenzkreise gelten diejenigen Kreise (powiaty), deren Gebiet an die Landesgrenze stößt oder sich ihr auf eine Entfernung von 5 Kilometer nähert.

Die Mitteilungen sind von jedem Grenzkreise allen unmittelbar angrenzenden sowie den weniger als 5 Kilometer von der Grenze entfernten benachbarten Grenzkreisen des anderen Staates zu erstatten.

Artikel 6. Die vertragschließenden Staaten werden sich gegenseitig innerhalb eines Monats nach Inkrafttreten dieses Abkommens Verzeichnisse der für den Nachrichtenaustausch in Betracht kommenden Kreise mitteilen.

Artikel 7. Durch die Bestimmungen dieses Abkommens werden die Vorschriften der für beide Teile geltenden internationalen Sanitätsübereinkünfte nicht berührt.

Artikel 8. Dieses Abkommen tritt am 15. Februar 1923 in Kraft. Es gilt für die Dauer von zwei Jahren.

Die Geltungsdauer verlängert sich ohne weiteres um je zwei Jahre, sofern nicht sechs Monate vor ihrem Ablauf einer der vertragschließenden Teile das Abkommen kündigt.

6. Preußisches Gesetz, betreffend die Bekämpfung übertragbarer Krankheiten.

Vom 28. August 1905 (GS. 373) in der Fassung vom 25. Mai 1926 (GS. 1927 S. 41)[1]).

Erster Abschnitt.

Anzeigepflicht.

§ 1. Außer den in dem § 1 des Reichsgesetzes, betreffend die Bekämpfung gemeingefährlicher Krankheiten, vom 30. Juni 1900 (Reichsgesetzbl. S. 306) aufgeführten Fällen der Anzeigepflicht — bei Aussatz (Lepra), Cholera (asiatischer), Fleckfieber (Flecktyphus), Gelbfieber, Pest (orientalischer Beulenpest), Pocken (Blattern) — ist jede Erkrankung und jeder Todesfall an Diphtherie (Rachenbräune), Gehirnentzündung, epidemischer (Encephalitis lethargica sive epidemica, hyperkinetica, akinetica, chronica) Genickstarre, übertragbarer, Kindbettfieber (Wochenbett-, Puerperalfieber), Kinderlähmung, epidemischer, Körnerkrankheit (Granulose, Trachom), Rückfallfieber (Febris recurrens), Ruhr, übertragbarer (Dysenterie), Scharlach (Scharlachfieber), Typhus (Unterleibstyphus), Milzbrand, Rotz, Tollwut (Lyssa) sowie Bißverletzungen durch tolle oder der Tollwut verdächtige Tiere, Fleisch-, Fisch- und Wurstvergiftung, Trichinose

---

[1]) Hierzu ergänzend Erlaß des Ministers der geistlichen, Unterrichts- und Medizinalangelegenheiten vom 9. Juli 1907 betr. die Anweisung zur Verhütung der Verbreitung übertragbarer Krankheiten durch die Schulen (MMBl. 283). Neugefaßt durch Erlaß des Ministers für Volkswohlfahrt vom 22. September 1927 (Volkswohlfahrt Sp. 959).

sowie auch jeder Verdachtsfall an Typhus (Unterleibstyphus) der für den Aufenthaltsort des Erkrankten oder den Sterbeort zuständigen Polizeibehörde innerhalb vierundzwanzig Stunden nach erlangter Kenntnis anzuzeigen[1]).

Als typhusverdächtig gelten auch solche anscheinend gesunde Personen, deren Ausscheidungen die Erreger des Typhus enthalten (Bazillenträger, Typhusdauerausscheider).

Wechselt der Erkrankte beziehungsweise bei Typhus auch der Typhusverdächtige die Wohnung oder den Aufenthaltsort, so ist dies innerhalb vierundzwanzig Stunden nach erlangter Kenntnis bei der Polizeibehörde, bei einem Wechsel des Aufenthaltsorts auch bei derjenigen des neuen Aufenthaltsorts, zur Anzeige zu bringen.

§ 2. Zur Anzeige sind verpflichtet:

1. der zugezogene Arzt;
2. der Haushaltungsvorstand;
3. jede sonst mit der Behandlung oder Pflege des Erkrankten beschäftigte Person;
4. derjenige, in dessen Wohnung oder Behausung der Erkrankungs- oder Todesfall sich ereignet hat;
5. der Leichenschauer.

Die Verpflichtung der unter Nr. 2 bis 5 genannten Personen tritt nur dann ein, wenn ein früher genannter Verpflichteter nicht vorhanden ist.

---

[1]) Die Anzeige ist gemäß der Erlasse vom 14. August 1909 und 22. August 1925 beim Auftreten größerer Epidemien an den Minister für Volkswohlfahrt weiterzuleiten.

Bei Typhusdauerausscheidern sind nur die unter 1 und 2 genannten Personen zur Anzeige verpflichtet.

§ 3. Für Krankheits- und Todesfälle, welche sich in öffentlichen Kranken-, Entbindungs-, Pflege-, Gefangenen- und ähnlichen Anstalten ereignen, ist der Vorsteher der Anstalt oder die von der zuständigen Stelle damit beauftragte Person ausschließlich zur Erstattung der Anzeige verpflichtet.

Auf Schiffen oder Flößen gilt als der zur Erstattung der Anzeige verpflichtete Haushaltungsvorstand der Schiffer oder Floßführer oder deren Stellvertreter.

Dieselben Personen haben auch die für Typhusdauerausscheider vorgeschriebene Anzeige zu erstatten.

Der Minister der Medizinalangelegenheiten ist ermächtigt, im Einvernehmen mit dem Minister für Handel und Gewerbe Bestimmungen darüber zu erlassen, an wen bei Krankheits- und Todesfällen, welche auf Schiffen oder Flößen vorkommen, die Anzeige zu erstatten ist.

§ 4. Die Anzeige kann mündlich oder schriftlich erstattet werden. Mit Aufgabe zur Post gilt die schriftliche Anzeige als erstattet. Die Polizeibehörden haben auf Verlangen Meldekarten für schriftliche Anzeigen unentgeltlich zu verabfolgen.

§ 5. Das Staatsministerium ist ermächtigt, die in den §§ 1 bis 4 des gegenwärtigen Gesetzes enthaltenen Bestimmungen über die Anzeigepflicht für einzelne Teile oder den ganzen Umfang der Monarchie auch auf andere übertragbare Krankheiten vorübergehend auszudehnen, wenn und solange dieselben in epidemischer Verbreitung auftreten.

Zweiter Abschnitt.

Ermittlung der Krankheit.

§ 6. Auf Erkrankungen, Verdacht der Erkrankungen und Todesfälle an Gehirnentzündung, epidemischer, Genickstarre, übertragbarer, Kindbettfieber, Kinderlähmung, epidemischer, Typhus (Unterleibstyphus) sowie auf Erkrankungen und Todesfälle an Rückfallfieber, Ruhr, übertragbarer, Milzbrand, Rotz, Tollwut, Bißverletzungen durch tolle oder der Tollwut verdächtige Tiere, Fleisch-, Fisch- und Wurstvergiftung, Trichinose finden die in den §§ 6 bis 10 des Reichsgesetzes, betreffend die Bekämpfung gemeingefährlicher Krankheiten, enthaltenen Bestimmungen über die Ermittelung der Krankheit entsprechende Anwendung. Befindet sich jedoch der Kranke in ärztlicher Behandlung, so ist dem beamteten Arzte der Zutritt untersagt, wenn der behandelnde Arzt erklärt, daß von dem Zutritte des beamteten Arztes eine Gefährdung der Gesundheit oder des Lebens des Kranken zu befürchten ist. Vor dem Zutritte des beamteten Arztes ist dem behandelnden Arzte Gelegenheit zu dieser Erklärung zu geben.

Außerdem ist bei Kindbettfieber oder Verdacht desselben dem beamteten Arzte der Zutritt nur mit Zustimmung des Haushaltungsvorstandes gestattet.

Auch kann bei Typhus- oder Rotzverdacht eine Öffnung der Leiche polizeilich angeordnet werden, insoweit der beamtete Arzt dies zur Feststellung der Krankheit für erforderlich hält.

Bei Diphtherie, Körnerkrankheit und Scharlach hat die Ortspolizeibehörde nur die ersten Fälle ärztlich feststellen zu lassen, und dies auch nur dann, wenn sie nicht von einem Arzte angezeigt sind.

Personen, gegen die begründeter Verdacht besteht, daß in ihren Ausscheidungen Typhuserreger enthalten sind, haben auf Erfordern des beamteten Arztes oder der Polizeibehörde ihre Ausscheidungen zur bakteriologischen Untersuchung zur Verfügung zu stellen.

§ 7. Das Staatsministerium ist ermächtigt, die in dem § 6 Abs. 1 des gegenwärtigen Gesetzes bezeichneten Bestimmungen ganz oder teilweise für einzelne Teile oder den ganzen Umfang der Monarchie auch auf andere als die daselbst aufgeführten übertragbaren Krankheiten vorübergehend auszudehnen, wenn und so lange dieselben in epidemischer Verbreitung auftreten.

§ 8. Zur Verhütung der Verbreitung der nachstehend genannten Krankheiten können für die Dauer der Krankheitsgefahr die Absperrungs- und Aufsichtsmaßregeln der §§ 12 bis 19 und 21 des Reichsgesetzes, betreffend die Bekämpfung gemeingefährlicher Krankheiten, nach Maßgabe der nachstehenden Bestimmungen polizeilich angeordnet werden, und zwar bei:

1. Diphtherie (Rachenbräune): Absonderung kranker Personen (§ 14 Abs. 2), jedoch mit der Maßgabe, daß die Überführung von Kindern in ein Krankenhaus oder in einen andern geeigneten Unterkunftsraum gegen den Widerspruch der Eltern nicht angeordnet werden darf, wenn nach der Ansicht des beamteten Arztes oder des behandelnden Arztes eine ausreichende Absonderung in der Wohnung sichergestellt ist, Verkehrsbeschränkungen für das berufsmäßige Pflegepersonal (§ 14 Abs. 5), Überwachung der gewerbsmäßigen Herstellung, Be-

handlung und Aufbewahrung sowie des Vertriebes von Gegenständen, welche geeignet sind, die Krankheit zu verbreiten, nebst den zur Verhütung der Verbreitung der Krankheit erforderlichen Maßregeln (§ 15 Nr. 1 und 2) mit der Maßgabe, daß diese Anordnungen nur für Ortschaften zulässig sind, welche von der Krankheit befallen sind, Fernhaltung von dem Schul- und Unterrichtsbesuche (§ 16), Desinfektion (§ 19 Abs. 1 und 3), Vorsichtsmaßregeln bezüglich der Leichen (§ 21);

1a. Gehirnentzündung, epidemischer: Beobachtung akut kranker, krankheitsverdächtiger und ansteckungsverdächtiger Personen (§ 12), Absonderung akut kranker und krankheitsverdächtiger Personen (§ 14 Abs. 2 und 3), jedoch mit der Maßgabe, daß die Überführung von Kindern in ein Krankenhaus oder in einen andern geeigneten Unterkunftsraum gegen den Widerspruch der Eltern nicht angeordnet werden darf, wenn nach der Ansicht des beamteten Arztes oder des behandelnden Arztes eine ausreichende Absonderung in der Wohnung sichergestellt ist, Verkehrsbeschränkungen für das berufsmäßige Pflegepersonal (§ 14 Abs. 5), Fernhaltung von dem Schul- und Unterrichtsbesuche (§ 16), Desinfektion bei akut kranken und krankheitsverdächtigen Personen (§ 19 Abs. 1 und 3), Vorsichtsmaßnahmen bezüglich der Leichen (§ 21);

2. Genickstarre, übertragbarer: Beobachtung kranker, krankheitsverdächtiger und ansteckungsverdächtiger Personen (§ 12), Absonderung kranker Personen (§ 14 Abs. 2), Verkehrsbeschränkungen für das berufsmäßige Pflegepersonal (§ 14 Abs. 5), Fern-

haltung von dem Schul- und Unterrichtsbesuche (§ 16), Desinfektion (§ 19 Abs. 1 und 3);

3. Kindbettfieber (Wochenbett-, Puerperalfieber): Verkehrsbeschränkungen für Hebammen und Wochenbettpflegerinnen (§ 14 Abs. 5), Desinfektion (§ 19 Abs. 1 und 3).

Ärzte sowie andere die Heilkunde gewerbsmäßig betreibende Personen haben in jedem Falle, in welchem sie zur Behandlung einer an Kindbettfieber Erkrankten zugezogen werden, unverzüglich die bei derselben tätige oder tätig gewesene Hebamme zu benachrichtigen.

Hebammen oder Wochenbettpflegerinnen, welche bei einer an Kindbettfieber Erkrankten während der Entbindung oder im Wochenbette tätig sind, ist während der Dauer der Beschäftigung bei der Erkrankten und innerhalb einer Frist von acht Tagen nach Beendigung derselben jede anderweite Tätigkeit als Hebamme oder Wochenbettpflegerin untersagt. Auch nach Ablauf der achttägigen Frist ist eine Wiederaufnahme der Tätigkeit nur nach gründlicher Reinigung und Desinfektion ihres Körpers, ihrer Wäsche, Kleidung und Instrumente nach Anweisung des beamteten Arztes gestattet. Die Wiederaufnahme der Berufstätigkeit vor Ablauf der achttägigen Frist ist jedoch zulässig, wenn der beamtete Arzt dies für unbedenklich erklärt;

3a. Kinderlähmung, epidemischer: Beobachtung kranker, krankheitsverdächtiger und ansteckungsverdächtiger Personen (§ 12), Absonderung kranker und krankheitsverdächtiger Personen (§ 14 Abs. 2 und 3), jedoch mit der Maßgabe, daß die Überführung von

Kindern in ein Krankenhaus oder in einen anderen geeigneten Unterkunftsraum gegen den Widerspruch der Eltern nicht angeordnet werden darf, wenn nach der Ansicht des beamteten Arztes oder des behandelnden Arztes eine ausreichende Absonderung in der Wohnung sichergestellt ist, Verkehrsbeschränkungen für das berufsmäßige Pflegepersonal (§ 14 Abs. 5), Fernhaltung von dem Schul- und Unterrichtsbesuche (§ 16), Desinfektion bei kranken und krankheitsverdächtigen Personen (§ 19 Abs. 1 und 3), Vorsichtsmaßregeln bezüglich der Leichen (§ 21);

4. Körnerkrankheit (Granulose, Trachom): Beobachtung kranker und krankheitsverdächtiger Personen (§ 12), Meldepflicht (§ 13), Desinfektion (§ 19 Abs. 1 und 3);
5. Lungen- und Kehlkopftuberkulose: Desinfektion (§ 19 Abs. 1 und 3);
6. Rückfallfieber (Febris recurrens): Beobachtung kranker Personen (§ 12), Meldepflicht (§ 13), Absonderung kranker Personen (§ 14 Abs. 2 und 3), Kennzeichnung der Wohnungen und Häuser (§ 14 Abs. 4), Verkehrsbeschränkungen für das berufsmäßige Pflegepersonal (§ 14 Abs. 5), Verbot oder Beschränkung der Ansammlung größerer Menschenmengen (§ 15 Nr. 3), sobald die Krankheit einen epidemischen Charakter angenommen hat, Überwachung der Schiffahrt (§ 15 Nr. 4 und 5), Fernhaltung von dem Schul- und Unterrichtsbesuche (§ 16), Räumung von Wohnungen und Gebäuden (§ 18), Desinfektion (§ 19 Abs. 1 und 3);
7. Ruhr, übertragbarer (Dysenterie): Absonderung

kranker Personen (§ 14 Abs. 2), Verbot oder Beschränkung der Ansammlung größerer Menschenmengen (§ 15 Nr. 3), sobald die Krankheit einen epidemischen Charakter angenommen hat, Fernhaltung von dem Schul- und Unterrichtsbesuche (§ 16), Verbot oder Beschränkung der Benutzung von Wasserversorgungsanlagen usw. (§ 17), Räumung von Wohnungen und Gebäuden (§ 18), Desinfektion (§ 19 Abs. 1 und 3), Vorsichtsmaßregeln bezüglich der Leichen (§ 21);

8. Scharlach: wie zu Nr. 1;

9[1]). Syphilis, Tripper und Schanker bei Personen, welche gewerbsmäßig Unzucht treiben: Beobachtung kranker, krankheits- oder ansteckungsverdächtiger Personen (§ 12), Absonderung kranker Personen (§ 14 Abs. 2);

10. Typhus (Unterleibstyphus): Beobachtung kranker Personen (§ 12), Meldepflicht (§ 13), Absonderung kranker Personen (§ 14 Abs. 2 und 3 Satz 1), Kennzeichnung der Wohnungen und Häuser (§ 14 Abs. 4), Verkehrsbeschränkungen für das berufsmäßige Pflegepersonal (§ 14 Abs. 5), Überwachung der gewerbsmäßigen Herstellung, Behandlung und Aufbewahrung sowie des Vertriebs von Gegenständen, welche geeignet sind, die Krankheit zu verbreiten, nebst den zur Verhütung der Verbreitung der Krankheit erforderlichen Maßregeln (§ 15 Nr. 1 und 2) mit der in Nr. 1 bezeichneten Maßgabe, Verbot und Beschränkung der Ansammlung größerer Menschenmengen (§ 15 Nr. 3), sobald die Krankheit einen epidemischen Charakter angenommen hat, Fernhaltung von dem Schul- und Unterrichtsbesuche (§ 16),

Verbot oder Beschränkung der Benutzung von Wasserversorgungsanlagen usw. (§ 17), Räumung von Wohnungen und Gebäuden (§ 18), Desinfektion (§ 19 Abs. 1 und 3), Vorsichtsmaßregeln bezüglich der Leichen (§ 21);

11. Milzbrand: Überwachung der gewerbsmäßigen Herstellung, Behandlung und Aufbewahrung sowie des Vertriebs von Gegenständen, welche geeignet sind, die Krankheit zu verbreiten, nebst den zur Verhütung der Verbreitung der Krankheit erforderlichen Maßregeln (§ 15 Nr. 1 und 2) mit der in Nr. 1 bezeichneten Maßgabe, Desinfektion (§ 19 Abs. 1 und 3), Vorsichtsmaßregeln bezüglich der Leichen (§ 21);

12. Rotz: Beobachtung kranker Personen (§ 12), Absonderung kranker Personen (§ 14 Abs. 2 und 3 Satz 1), Desinfektion (§ 19 Abs. 1 und 3), Vorsichtsmaßregeln bezüglich der Leichen (§ 21);

13. Tollwut: Beobachtung gebissener Personen (§ 12), Absonderung kranker Personen (§ 14 Abs. 2).

Erkrankungsfälle, in welchen Verdacht von Kindbettfieber (Nr. 3), Rückfallfieber (Nr. 6), Typhus (Nr. 10) und Rotz (Nr. 12) vorliegt, sind bis zur Beseitigung dieses Verdachts wie die Krankheit selbst zu behandeln.

[1]) Ziffer 9 ist aufgehoben durch die Ausführungsverordnung zum Reichsgesetz zur Bekämpfung der Geschlechtskrankheiten vom 24. August 1927 (s. II 15).

§ 9[1]). Personen, welche an Körnerkrankheit leiden, können, wenn sie nicht glaubhaft nachweisen, daß sie sich in ärztlicher Behandlung befinden, zu einer solchen zwangsweise angehalten werden.

Bei Syphilis, Tripper und Schanker kann eine zwangsweise Behandlung der erkrankten Personen, sofern sie gewerbsmäßig Unzucht treiben, angeordnet werden, wenn dies zur wirksamen Verhütung und Ausbreitung der Krankheit erforderlich erscheint.

[1]) Hier ist erstmalig ein Behandlungszwang eingeführt worden, der sich allerdings nicht auf Operationen bezieht. Der Behandlungszwang bei den Geschlechtskrankheiten ist durch das Gesetz zur Bekämpfung der Geschlechtskrankheiten vom 18. Februar 1927 (s. II 13) reichsrechtlich geregelt worden. Damit mußte Abs. 2 des § 9 aufgehoben werden, was durch § 12 der Preuß. Ausführungsverordnung zum Geschlechtskrankheitengesetz vom 24. August 1927 geschehen ist (s. II 15).

§ 10. Die Verkehrsbeschränkungen aus den §§ 24 und 25 des ReichsG., betr. die Bekämpfung gemeingefährlicher Krankheiten, finden auf Körnerkrankheit, Rückfallfieber und Typhus mit der Maßgabe entsprechende Anwendung, daß das Staatsministerium ermächtigt ist, Vorschriften über die zu treffenden Maßnahmen zu beschließen und zu bestimmen, wann und in welchem Umfang dieselben in Vollzug zu setzen sind.

§ 11. Das Staatsministerium ist ermächtigt, die in dem § 8 des gegenwärtigen Gesetzes bezeichneten Absperrungs- und Aufsichtsmaßregeln für einzelne Teile oder den ganzen Umfang der Monarchie auch auf andere in dem § 8 des gegenwärtigen Gesetzes nicht genannte übertragbare Krankheiten in besonderen Ausnahmefällen vorübergehend auszudehnen, wenn und so lange dieselben in epidemischer Verbreitung auftreten.

Die auf Grund der vorstehenden Bestimmung und auf Grund der §§ 5 und 7 ergangenen Verordnungen, sind dem Landtage, wenn er versammelt ist, sofort, anderenfalls bei seinem nächsten Zusammentreten vorzulegen. Sie sind außer Kraft zu setzen, soweit der Landtag seine Zustimmung versagt.

Vierter Abschnitt.

Verfahren und Behörden.

§ 12. Die in dem ReichsG., betr. die Bekämpfung gemeingefährlicher Krankheiten, und in dem gegenwärtigen Gesetz den Polizeibehörden überwiesenen Obliegenheiten werden, soweit das gegenwärtige Gesetz nicht ein anderes bestimmt, von den Ortspolizeibehörden wahrgenommen. Der Landrat ist befugt, die Amtsverrichtungen der Ortspolizeibehörden für den einzelnen Fall einer übertragbaren Krankheit zu übernehmen.

Die Zuständigkeit der Landespolizeibehörden auf dem Gebiete der Seuchenbekämpfung wird durch die Bestimmung des Abs. 1 nicht berührt.

Gegen die Anordnungen der Polizeibehörde finden die durch das Gesetz über die allgemeine Landesverwaltung gegebenen Rechtsmittel statt.

Die Anfechtung der Anordnungen hat keine aufschiebende Wirkung.

§ 13. Beamtete Ärzte im Sinne des ReichsG., betr. die Bekämpfung gemeingefährlicher Krankheiten, und des gegenwärtigen Gesetzes sind die Kreisärzte, die Kreisassistenzärzte, soweit sie mit der Stellvertretung von Kreisärzten beauftragt sind, sowie die mit der Wahrnehmung der kreisärztlichen Obliegenheiten beauftragten Stadtärzte in Stadtkreisen, die Hafen- und Quarantäneärzte in Hafenorten, außerdem die als Kommissare der Regierungspräsidenten, der Oberpräsidenten oder des Ministers des Innern[1]) an Ort und Stelle entsandten Medizinalbeamten.

Die Vorschrift des § 36 Abs. 2 des vorbezeichneten ReichsG. findet auf die in dem § 1 des gegenwärtigen Gesetzes bezeichneten Krankheiten entsprechende Anwendung.

[1]) Jetzt: Minister für Volkswohlfahrt.

Fünfter Abschnitt.

Entschädigungen.

§ 14. Die Bestimmungen der §§ 29 bis 34 Satz 1 des ReichsG., betr. die Bekämpfung gemeingefährlicher Krankheiten, finden auf diejenigen Fälle entsprechende Anwendung, in welchen auf Grund der §§ 8 und 11 des gegenwärtigen Gesetzes die Desinfektion oder Vernichtung von Gegenständen polizeilich angeordnet worden ist. Der Anspruch auf Entschädigung fällt jedoch weg, wenn der Antragsteller den Verlust ohne Beeinträchtigung des für ihn und seine Familie notwendigen Unterhalts zu tragen vermag.

§ 15. Die Festsetzung der Entschädigungen in den Fällen der §§ 28 bis 33 des ReichsG., betr. die Bekämpfung gemeingefährlicher Krankheiten, und des § 14 des gegenwärtigen Gesetzes erfolgt durch die Ortspolizeibehörde.

Gegen die Entscheidung findet unter Ausschluß des Rechtswegs innerhalb einer Frist von einem Monat nur die Beschwerde an die Aufsichtsbehörde, in Berlin an den Oberpräsidenten statt. Die Entscheidung dieser Beschwerdeinstanz ist endgültig.

§ 16. Die Ermittelung und Festsetzung der Entschädigungen aus § 28 des ReichsG., betr. die Bekämpfung gemeingefährlicher Krankheiten, geschieht von Amts wegen.

Die Entschädigungen sind nach Ablauf jeder Woche zu zahlen.

§ 17. Bei Gegenständen, welche auf polizeiliche Anordnung vernichtet werden sollen, ist vor der Vernichtung der gemeine Wert durch Sachverständige abzuschätzen.

§ 18. Sind bei einer polizeilich angeordneten und überwachten Desinfektion Gegenstände derart beschädigt worden, daß dieselben zu ihrem bestimmungsmäßigen Gebrauch nicht weiter verwendet werden können, so ist sowohl der Grad dieser Beschädigung wie der gemeine Wert der Gegenstände vor ihrer Rückgabe an den Empfangsberechtigten durch Sachverständige abzuschätzen.

§ 19. Bei den Abschätzungen gemäß den §§ 17 und 18 des gegenwärtigen Gesetzes sollen die Berechtigten tunlichst gehört werden.

§ 20. In den Fällen der §§ 17 und 18 des gegenwärtigen Gesetzes bedarf es der Abschätzung nicht, wenn feststeht, daß ein Entschädigungsanspruch gesetzlich ausgeschlossen ist, oder wenn der Berechtigte auf eine Entschädigung verzichtet hat.

§ 21. Für jeden Kreis sollen von dem Kreisausschusse, in Stadtkreisen von der Gemeindevertretung, aus den sachverständigen Eingesessenen des Bezirks auf die Dauer von drei Jahren diejenigen Personen in der erforderlichen Zahl bezeichnet werden, welche zu dem Amte eines Sachverständigen zugezogen werden können. Als Sachverständige können auch Frauen bezeichnet werden.

Aus der Zahl dieser Personen hat die Ortspolizeibehörde die Sachverständigen für den einzelnen Schätzungsfall zu ernennen. In besonderen Fällen ist die Polizeibehörde ermächtigt, andere Sachverständige zuzuziehen.

Die Sachverständigen sind von der Polizeibehörde durch Handschlag zu verpflichten. Sie verwalten ihr Amt als Ehrenamt und haben nur Anspruch auf Ersatz der baren Auslagen.

Auf das Amt der Sachverständigen finden die Vorschriften über die Übernahme unbesoldeter Ämter in der Verwaltung der Gemeinden und Kommunalverbände entsprechende Anwendung.

§ 22. Personen, bei welchen für den einzelnen Fall eine Befangenheit zu besorgen ist, sollen zu Sachverständigen nicht ernannt werden.

Ausgeschlossen von der Teilnahme an der Schätzung ist jeder:

1. in eigner Sache;
2. in Sachen seines Ehegatten, auch wenn die Ehe nicht mehr besteht;
3. in Sachen einer Person, mit welcher er in gerader Linie oder im zweiten Grade der Seitenlinie verwandt oder verschwägert ist, auch wenn die Ehe, durch welche die Schwägerschaft begründet ist, nicht mehr besteht.

Personen, welche sich nicht im Besitze der bürgerlichen Ehrenrechte befinden, sind unfähig, an einer Schätzung teilzunehmen.

§ 23. Die Sachverständigen haben über die Schätzung eine von ihnen zu unterzeichnende Urkunde aufzunehmen und der Ortspolizeibehörde zur Festsetzung der Entschädigung zu übersenden.

Hat eine ausgeschlossene oder unfähige Person (§ 22 Abs. 2 und 3) an der Schätzung teilgenommen, so ist die Schätzung nichtig und zu wiederholen. Ist die Wiederholung unausführbar, so erfolgt die Festsetzung nach freier Würdigung des Schadens.

§ 24. Die Entschädigung für vernichtete oder infolge der Desinfektion beschädigte Gegenstände wird nur auf Antrag gewährt.

Der Antrag ist bei Vermeidung des Verlustes des Anspruchs binnen einer Frist von einem Monat bei der Ortspolizeibehörde, welche die Vernichtung oder Desinfektion angeordnet hat, zu stellen.

Die Frist beginnt bei vernichteten Gegenständen mit dem Zeitpunkt, in welchem der Entschädigungsberechtigte von der Vernichtung Kenntnis erhalten hat, bei Gegenständen, welche der Desinfektion unterworfen sind, mit der Wiederaushändigung.

Bei unverschuldeter Versäumnis der Antragsfrist kann die Ortspolizeibehörde Wiedereinsetzung in den vorigen Stand gewähren.

Sechster Abschnitt.

Kosten.

§ 25. Die Kosten, welche durch die amtliche Beteiligung des beamteten Arztes bei der Ausführung des ReichsG., betr. die Bekämpfung gemeingefährlicher Krankheiten, sowie bei der Ausführung des gegenwärtigen Gesetzes entstehen, fallen der Staatskasse zur Last. Das gleiche ist der Fall, wenn es sich um die ärztliche Feststellung von Scharlach, Körnerkrankheit und Diphterie handelt (§ 6 Abs. 4).

§ 26. Im übrigen findet die Vorschrift des § 37 Abs. 3 des ReichsG., betr. die Bekämpfung gemeingefährlicher Krankheiten, auf diejenigen Fälle, in welchen die daselbst bezeichneten Schutzmaßregeln auf Grund der Bestimmungen des gegenwärtigen Gesetzes angeordnet werden, mit der Maßgabe entsprechende Anwendung, daß die Kosten der Desinfektion und der besonderen Vorsichtsmaßregeln für die Aufbewahrung, Einsargung, Beförderung und Bestattung der Leichen nur dann aus öffentlichen Mitteln zu bestreiten sind, wenn nach Feststellung der Polizeibehörde der Zahlungspflichtige ohne Beeinträchtigung des für ihn und seine Familie notwendigen Unterhalts diese Kosten nicht zu tragen vermag. Unter den gleichen Voraussetzungen sind die Kosten, welche durch die nach § 8 des gegenwärtigen Gesetzes oder nach § 14 des vorbezeichneten ReichsG. vorgesehene Absonderung in Krankenhäusern oder in anderen geeigneten Unterkunftsräumen entstehen, aus öffentlichen Mitteln zu bestreiten, wenn die abgesonderten Personen während der Dauer der Absonderung nicht in einer ihre Arbeitsfähigkeit beeinträchtigten Weise erkranken. Wegen der Anfechtung der hierüber ergangenen Entscheidung findet die Vorschrift des § 15 Abs. 2 Anwendung.

Wem die nach dem vorbezeichneten ReichsG. und nach dem gegenwärtigen Gesetz aus öffentlichen Mitteln zu bestreitenden Kosten und Entschädigungen einschließlich der den Sachverständigen nach § 21 des gegenwärtigen Gesetzes zu erstattenden baren Auslagen und die sonstigen Kosten der Ausführung der Schutzmaßregeln zur Last fallen, bestimmt sich, soweit das gegenwärtige Gesetz nicht ein anderes vorschreibt, nach den Vorschriften des bestehenden Rechtes.

§ 27. Übersteigen die nach diesen Vorschriften einer Gemeinde mit weniger als 5000 Einwohnern zur Last fallenden Kosten in einem Etatsjahre 5% des nach den Vorschriften des KommAbgG. der Gemeindebesteuerung zugrunde zu legenden Veranlagungssolls an Staatseinkommensteuer einschließlich der fingierten Normalsteuersätze (§ 38 KommAbgG., § 74 EinkStG.), so ist der Mehrbetrag der Gemeinde auf ihren Antrag zu zwei Dritteilen vom Kreise zu erstatten.

Die Erstattung findet jedoch nur dann statt, wenn entweder der Bedarf an direkten Gemeindesteuern einschließlich der in Geld zu veranschlagenden Naturaldienste mehr als das Einundeinhalbfache des seiner Verteilung zugrunde zu legenden Veranlagungssolls an Einkommensteuer (einschließlich der fingierten Normalsteuersätze) und Realsteuern betrug, oder wenn diese Belastungsgrenze durch die geforderte Leistung überschritten wird. Liegt die Unterhaltung der öffentlichen Volksschulen besonderen Schulsozietäten ob, so sind die von den Angehörigen der Gemeinde an diese Sozietäten entrichteten baren Abgaben dem Gemeindesteuerbedarfe hinzuzurechnen.

Den Kreisen ist die Hälfte der in Gemäßheit der vorstehenden Vorschrift geleisteten Ausgaben vom Staate zu erstatten.

Streitigkeiten zwischen den Gemeinden und den Kreisen über die zu erstattenden Beträge unterliegen der Entscheidung im VerwStreitVerf. Zuständig in erster Instanz ist der Bezirksausschuß, in zweiter das Oberverwaltungsgericht.

Den Gutsbezirken kann im Falle ihrer Leistungsunfähigkeit ein entsprechender Teil der aufgewendeten Kosten vom Kreise erstattet werden. Dem Kreise ist die Hälfte der demgemäß geleisteten Ausgaben vom Staate zu erstatten.

§ 28. Steht ein Gutsbezirk nicht ausschließlich im Eigentume des Gutsbesitzers, so ist auf dessen Antrag ein Statut zu erlassen, welches die Aufbringung der durch das ReichsG., betr. die Bekämpfung gemeingefährlicher Krankheiten, und das gegenwärtige Gesetz entstehenden Kosten anderweit regelt und den mitheranzuziehenden Grundbesitzern oder Einwohnern eine entsprechende Beteiligung bei der Beschlußfassung über die Ausführung der erforderlichen Leistungen einräumt.

Das Statut wird nach Anhörung der Beteiligten durch den Kreisausschuß festgestellt und muß hinsichtlich der Beitragspflicht den gesetzlichen Bestimmungen über die Verteilung der Kommunallasten in den ländlichen Gemeinden folgen. Dasselbe unterliegt der Bestätigung des Bezirksausschusses.

§ 29. Die Gemeinden sind verpflichtet, diejenigen Einrichtungen, welche zur Bekämpfung der übertragbaren (§ 1 Abs. 1) Krankheiten notwendig sind, zu treffen und für deren ordnungsmäßige Unterhaltung zu sorgen.

Die Kreise sind befugt, diese Einrichtungen an Stelle der Gemeinden zu treffen und zu unterhalten.

§ 30. Die Anordnung zur Beschaffung der in § 29 bezeichneten Einrichtungen erläßt die Kommunalaufsichtsbehörde.

Gegen die Anordnung findet innerhalb zwei Wochen die Beschwerde, und zwar bei den Landgemeinden an den Kreisausschuß, in den Hohenzollernschen Landen an den Amtsausschuß, bei den Stadtgemeinden an den Bezirksausschuß, und mit Ausnahme der Hohenzollernschen Lande in weiterer Instanz an den Provinzialrat statt. Wird die Beschwerde auf die Behauptung mangelnder Leistungsfähigkeit zur Ausführung der Anordnung gestützt, so ist auch über die Höhe der von der Gemeinde zu gewährenden Leistung zu beschließen. Gegen die Entscheidung des Provinzialrats, in den Hohenzollernschen Landen gegen die Entscheidung des Bezirksausschusses, steht den Parteien die Klage im VerwStreitVerf. innerhalb derselben Frist beim OVG. zu. Auf diese Klage findet die Vorschrift des § 127 Abs. 3 des Gesetzes über die allgemeine Landesverwaltung vom 30. Juli 1883 entsprechende Anwendung. Sofern die Provinz an den Kosten teilzunehmen hat, steht die Beschwerde bzw. Klage auch der Provinzialverwaltung zu.

§ 31. Reicht die im BeschlVerf. festgesetzte Leistung der Gemeinde nicht zur Ausführung der angeordneten Einrichtung aus, so trägt, sofern die Kommunalaufsichtsbehörde ihre Anordnung aufrecht hält, die Provinz die Mehrkosten. Die Hälfte derselben ist vom Staate zu erstatten.

§ 32. Bei dringender Gefahr im Verzuge kann die Kommunalaufsichtsbehörde nach Anhörung der Kommunalbehörde die Anordnung zur Durchführung bringen, bevor das Verfahren nach § 30 eingeleitet oder zum Abschlusse gebracht ist.

Die Kosten der Einrichtung trägt in diesem Falle der Staat, sofern die Anordnung der Kommunalaufsichtsbehörde aufgehoben wird.

Reicht die im BeschlVerf. festgesetzte Leistung zur Deckung der Kosten nicht aus, so greift die Bestimmung des § 31 Platz.

§ 33. Unberührt bleibt die Verpflichtung des Staates, diejenigen Kosten zu tragen, welche durch landespolizeiliche Maßnahmen zur Bekämpfung übertragbarer Krankheiten entstehen.

Siebenter Abschnitt.

Strafvorschriften.

§ 34. Mit Gefängnis bis zu sechs Monaten oder mit Geldstrafe bis zu 600 RM. wird bestraft:

1. wer wissentlich bewegliche Gegenstände, für welche auf Grund der §§ 8 und 11 des gegenwärtigen Gesetzes eine Desinfektion polizeilich angeordnet war, vor Ausführung der angeordneten Desinfektion in Gebrauch nimmt, an andere überläßt oder sonst in Verkehr bringt;
2. wer wissentlich Kleidungsstücke, Leibwäsche, Bettzeug oder sonstige bewegliche Gegenstände, welche von Personen, die an Diphtherie, Genickstarre, Kindbettfieber, Lungen- und Kehlkopftuberkulose, Rückfallfieber, Ruhr, Scharlach, Typhus, Milz-

brand und Rotz litten, während der Erkrankung gebraucht oder bei deren Behandlung und Pflege benutzt worden sind, in Gebrauch nimmt, an andere überläßt oder sonst in Verkehr bringt, bevor sie den von dem Minister des Innern[1]) erlassenen Bestimmungen entsprechend desinfiziert worden sind;

3. wer wissentlich Fahrzeuge oder sonstige Gerätschaften, welche zur Beförderung von Kranken oder Verstorbenen der in Nr. 2 bezeichneten Art gedient haben, vor Ausführung der polizeilich angeordneten Desinfektion benutzt oder anderen zur Benutzung überläßt.

[1]) Jetzt: Minister für Volkswohlfahrt.

§ 35. Mit Geldstrafe bis zu einhundertfünfzig Reichsmark oder mit Haft wird bestraft:

1. wer die ihm nach den §§ 1 bis 3 oder nach den auf Grund des § 5 des gegenwärtigen Gesetzes von dem Staatsministerium erlassenen Vorschriften obliegende Anzeige schuldhaft unterläßt. Die Strafverfolgung tritt nicht ein, wenn die Anzeige, obwohl nicht von dem zunächst Verpflichteten, doch rechtzeitig gemacht worden ist;
2. wer bei den in dem § 6 Abs. 1 des gegenwärtigen Gesetzes aufgeführten Krankheiten oder in den Fällen des § 6 Abs. 5 sowie in den Fällen des § 7 dem beamteten Arzte den Zutritt zu dem Kranken oder zur Leiche oder die Vornahme der erforderlichen Untersuchungen verweigert;
3. wer bei den übertragbaren Krankheiten, auf welche die Bestimmungen des § 7 Abs. 3 des Reichs-

gesetzes, betreffend die Bekämpfung gemeingefährlicher Krankheiten, für anwendbar erklärt worden sind (§§ 6 Abs. 1, 7 des gegenwärtigen Gesetzes), diesen Bestimmungen zuwider über die daselbst bezeichneten Umstände dem beamteten Arzte oder der zuständigen Behörde die Auskunft verweigert oder wissentlich unrichtige Angaben macht;

4. wer den auf Grund der §§ 8 und 11 des gegenwärtigen Gesetzes in Verbindung mit § 13 des vorbezeichneten Reichsgesetzes über die Meldepflicht erlassenen Anordnungen zuwiderhandelt.

§ 36. Mit Geldstrafe bis zu 150 RM. oder mit Haft wird, sofern nicht nach den bestehenden gesetzlichen Bestimmungen eine höhere Strafe verwirkt ist, bestraft:

1. wer bei den in dem § 6 Abs. 1 des gegenwärtigen Gesetzes bezeichneten Krankheiten sowie in den Fällen des § 7 den nach § 9 des ReichsG., betr. die Bekämpfung gemeingefährlicher Krankheiten, von dem beamteten Arzte oder dem Vorsteher der Ortschaft getroffenen vorläufigen Anordnungen oder den nach § 10 des vorbezeichneten ReichsG. von der zuständigen Behörde erlassenen Anordnungen zuwiderhandelt;

2. wer bei den in dem § 8 des gegenwärtigen Gesetzes aufgeführten Krankheiten, sowie in den Fällen des § 11 den nach §§ 12, 14 Abs. 5, §§ 15, 17, 19 und 21 des vorbezeichneten ReichsG. getroffenen polizeilichen Anordnungen zuwiderhandelt;

3. wer bei den in dem § 10 des gegenwärtigen Gesetzes aufgeführten Krankheiten den nach § 24 des

vorbezeichneten ReichsG. erlassenen Vorschriften zuwiderhandelt;

4. Ärzte, sowie andere die Heilkunde gewerbsmäßig betreibende Personen, Hebammen oder Wochenbettpflegerinnen, welche den Vorschriften in dem § 8 Nr. 3 Abs. 2 und 3 des gegenwärtigen Gesetzes zuwiderhandeln.

Achter Abschnitt.

Schlußbestimmungen.

§ 37. Mit dem Zeitpunkte des Inkrafttretens des gegenwärtigen Gesetzes werden die zurzeit bestehenden gesetzlichen Bestimmungen über die Bekämpfung ansteckender Krankheiten aufgehoben.

Insbesondere treten die Vorschriften des Regulativs vom 8. August 1835 (GS. 240), jedoch unbeschadet der Bestimmung des § 10 Abs. 3 des Gesetzes, betreffend die Dienststellung des Kreisarztes und die Bildung von Gesundheitskommissionen, vom 16. September 1899 (GS. 172), über die Belassung der Sanitätskommissionen in größeren Städten, außer Kraft.

Unberührt bleiben auch die Vorschriften des § 55 des Regulativs sowie die sonst bestehenden gesetzlichen Vorschriften über Zwangsimpfungen bei dem Ausbruch einer Pockenepidemie.

§ 38. Diejenigen Vorschriften des gegenwärtigen Gesetzes, welche sich auf Genickstarre beziehen, treten mit dem Tage der Verkündigung dieses Gesetzes in Kraft.

Im übrigen wird der Zeitpunkt des Inkrafttretens des gegenwärtigen Gesetzes durch Königliche Verordnung bestimmt.

Der Minister des Innern[1]) erläßt, und zwar, soweit der Geschäftsbereich anderer Minister beteiligt ist, im Einvernehmen mit diesen, die zur Ausführung des Gesetzes erforderlichen Bestimmungen[2]).

[1]) Jetzt: Minister für Volkswohlfahrt.

[2]) Diese sind in neuer Form ergangen am 25. Februar 1927 (Volkswohlf. 1927, Sp. 193).

7. Die gesetzliche Regelung in bezug auf die Bekämpfung übertragbarer Krankheiten in den außerpreußischen Ländern.

Bayern: Bek. über die Bekämpfung übertragbarer Krankheiten vom 9. 5. 1911 (GuVOBl. 426); Sachsen: VO. des Min. d. Inn. vom 29. 4. 1905 (GuVOBl. 149), vom 29. 9. 1900, vom 3. 7. 1909, vom 23. 2. 1916, vom 7. 6. 1918, vom 15. 12. 1922, vom 2. 4. 1924 (seit 1923 besondere Desinfektionsvorschriften für Tuberkulose, Diphtherie, Scharlach, Genickstarre, Typhus, Ruhr und die Körnerkrankheit); Württemberg: Verfg. vom 9. 2. 1910 (RegBl. 84) und Erl. vom 27. 2. 1910 (AmtsBl. 65); Baden: VO. vom 9. 5. 1911 (GuVOBl. 275); Hessen: KreisPolVOen vom 1. 12. 1881 (AmtsBl. Nr. 98) und vom 7. 4. 1897; Mecklenburg-Schwerin: VO. vom 9. 10. 1917; Mecklenburg-Strelitz: VO. vom 27. 4. 1905 (OffizAnz. 111); Sachsen-Weimar: G. vom 19. 4. 1911 (RegBl. 373) und AusfVO. vom 20. 12. 1911 (RegBl. 385 und 398); Oldenburg: Bek. des Staatsministeriums vom 6. 5. 1921 (Veröff. RGA. 394); Landesteil Lübeck vom 15. 6. 1921, Landesteil Birkenfeld vom 6. 4. 1922; Braunschweig: G. vom 26. 6. 1904 (GuVOBl. 201) und Bek. vom 23. 5. 1906 (GuVOBl. 275) und vom 9. 1. 1926, Sachsen-Meiningen: G. vom 21. 1. 1912 (VO-

Samml. 335); Sachsen-Altenburg: G. vom 20. 9. 1912 (GS. 13 S. 1) und VO. vom 31. 12. 1912 (GS. 13 S. 19); Sachsen-Koburg-Gotha: G. vom 19. 4. 1911 (GS. 119); Anhalt: LandesPolVO. vom 12. 7. 1906 (GS. Nr. 1244); Schwarzburg-Rudolstadt: G. vom 21. 2. 1913 (GS. 66); Schwarzburg-Sondershausen: G. vom 18. 3. 1912 (GS. 109); Waldeck: LandesPolVO. vom 20. 12. 1909 (RegBl. 107); Reuß ä. L.: G. vom 24. 12. 1911 (GS. 144); Reuß j. L.: G. vom 6. 6. 1911 (GS. 381); Schaumburg-Lippe: PolVO. vom 10. 12. 1907 (LandesVOen 153); Lippe: G. vom 12. 4. 1920 (GS. 85); Lübeck: VO. vom 24. 10. 1891 (Samml. d. VOen Nr. 32); Bremen: VO. vom 27. 11. 1902 (GesBl. 211); Hamburg: VO. des MedKoll. vom 17. 3. 1910.

8. Preußisches Gesetz zur Bekämpfung der Tuberkulose.

Vom 4. August 1923 (GS. S. 374)[1].

§ 1. Jede ansteckende Erkrankung und jeder Todesfall an Lungen- und Kehlkopftuberkulose ist dem für den Wohnort oder den Sterbeort zuständigen beamteten Arzt innerhalb 8 Tagen, bei Todesfällen innerhalb 24 Stunden, schriftlich oder mündlich mitzuteilen.

Der Minister für Volkswohlfahrt kann zulassen, daß die Meldung an Fürsorgestellen, Gesundheits- oder

---

[1]) Ergänzend hierzu der Erlaß d. Ministers der geistlichen, Unterrichts- und Medizinalangelegenheiten betr. Ermittlung und Feststellung von Typhuserkrankungen bei Schulkindern vom 26. August 1903 (MMBl. S. 333) und Richtlinien für die Tuberkulosefürsorge im Bereiche der deutschen Reichsbahn vom 31. März 1928 (s. Volkswohlf. 1928, Sp. 693).

Wohlfahrtsämter, die den nötigen Vorbedingungen entsprechen, statt an den beamteten Arzt gerichtet wird. Diese zugelassenen Meldestellen haben die ihnen zugehenden Mitteilungen an den beamteten Arzt weiterzugeben.

An eine Fürsorgestelle, die als Meldestelle nicht zugelassen ist, hat der beamtete Arzt einlaufende Mitteilungen weiterzugeben.

Zur Mitteilung verpflichtet ist der zugezogene Arzt.

§ 2. Wechselt ein solcher Kranker die Wohnung, so ist dieser Wechsel unverzüglich nach erlangter Kenntnis des beabsichtigten Wohnungswechsels unter Angabe der alten und der neuen Wohnung der für die alte Wohnung zuständigen Meldestelle mündlich oder schriftlich durch den Haushaltungsvorstand mitzuteilen.

Wechselt mit der Änderung der Wohnung zugleich der Haushaltungsvorstand, so liegt die Anzeigepflicht dem bisherigen Haushaltungsvorstande ob.

§ 3. Für Erkrankungen und Todesfälle, welche sich in Kranken-, Entbindungs-, Pflege-, Gefangenen- und ähnlichen Anstalten ereignen, ist der Vorsteher der Anstalt oder die von der zuständigen Stelle damit beauftragte Person innerhalb 24 Stunden zur Mitteilung verpflichtet.

§ 4. Die Kreise haben auf Verlangen Meldekarten für schriftliche Mitteilung unentgeltlich zu verabfolgen.

§ 5. Die Fürsorgestellen für Lungenkranke haben die für notwendig erachteten Fürsorgemaßnahmen möglichst im Benehmen mit dem behandelnden Arzte zu treffen. Soweit die Gemeinden oder andere Stellen in Anspruch zu nehmen sind, haben die Fürsorgestellen entsprechende Anträge an diese zu stellen.

Ist keine Fürsorgestelle vorhanden, so hat der beamtete Arzt mit dem behandelnden Arzte die zur Verhütung der Weiterverbreitung der Krankheit und zur Fürsorge für den Kranken und seine Familie dienlichen Maßnahmen zu besprechen.

§ 6. Die Mitteilung vom Wohnungswechsel eines Kranken haben der beamtete Arzt und die bisher zuständige Fürsorgestelle auszutauschen und gegebenenfalls an die für die neue Wohnung des Kranken zuständige Meldestelle weiterzugeben. Diese hat das nach § 5 Erforderliche zu veranlassen.

§ 7. Die zuständige bakteriologische Untersuchungsstelle hat über jede Untersuchung des Auswurfs auf Tuberkelbazillen dem einsendenden Arzt und über jeden positiven Befund der zuständigen Meldestelle Mitteilung zu machen.

§ 8. Auf Antrag des beamteten oder behandelnden Arztes oder einer seitens des Ministers für Volkswohlfahrt zugelassenen Meldestelle (§ 1) kann die Ortspolizeibehörde eine Desinfektion nach den Vorschriften der Desinfektionsordnung ausführen lassen.

Ist die Desinfektion im Verhältnis zum Werte der Gegenstände zu kostspielig, so kann von der Ortspolizeibehörde die Vernichtung angeordnet werden.

Gegen die Anordnungen der Ortspolizeibehörde finden die gegen polizeiliche Verfügungen gegebenen Rechtsmittel Anwendung.

Die Anfechtung der Anordnungen hat keine aufschiebende Wirkung.

§ 9. Für eine Desinfektion oder eine Vernichtung von Gegenständen, welche auf Grund des § 8 dieses Gesetzes polizeilich angeordnet wird, gelten die §§ 14, 15 und 17 bis 24 des Gesetzes, betreffend die Bekämpfung übertragbarer Krankheiten, vom 28. August 1905, jedoch mit Ausnahme des dort angezogenen § 28, § 32 Ziffer 2 und § 33 Ziffer 2 des Reichsgesetzes, betreffend die Bekämpfung gemeingefährlicher Krankheiten, vom 30. Juni 1900.

§ 10. Die amtliche Beteiligung des beamteten Arztes bei der Ausführung des gegenwärtigen Gesetzes erfolgt gebührenfrei.

Die Kosten der Desinfektion sind auf Antrag aus öffentlichen Mitteln zu bestreiten.

§ 11. Mit Geldstrafe bis zu 1 500 Mark wird bestraft:

1. wer die ihm nach den §§ 1 bis 3 dieses Gesetzes obliegenden Mitteilungen böswillig unterläßt. Die Strafverfolgung tritt nicht ein, wenn die Mitteilung von einem anderen dazu Verpflichteten oder einem Dritten rechtzeitig gemacht worden ist;
2. wer Räume oder bewegliche Gegenstände, für welche auf Grund des § 8 dieses Gesetzes eine Desinfektion polizeilich angeordnet war, vor Ausführung der angeordneten Desinfektion in Gebrauch nimmt oder einem anderen überläßt.

§ 12. Die zur Bekämpfung der Lungen- und Kehlkopftuberkulose erlassenen Bestimmungen des Gesetzes, betreffend die Bekämpfung übertragbarer Krankheiten, vom 28. August 1905 (Gesetzsamml. S. 373) werden aufgehoben.

§ 13. **Der Zeitpunkt des Inkrafttretens dieses Gesetzes wird durch den Minister für Volkswohlfahrt bestimmt.** Es tritt spätestens am 1. Juli 1923 in Kraft.

Der Minister für Volkswohlfahrt erläßt die zur Ausführung des Gesetzes erforderlichen Bestimmungen.

Ausführungsbestimmungen zu dem Gesetz zur Bekämpfung der Tuberkulose

vom 4. August 1923 (Gesetzsamml. S. 374) und zu dem zu seiner Abänderung ergangenen Gesetze vom 4. August 1923 (Gesetzsamml. S. 376) — I M III 1842/23 —.

Auf Grund des § 13 des Gesetzes zur Bekämpfung der Tuberkulose vom 4. August 1923 (Gesetzsamml. S. 374) und des zu seiner Abänderung ergangenen Gesetzes vom 4. August 1923 (Gesetzsamml. S. 376) erlasse ich folgende Ausführungsbestimmungen:

Zu § 1.

Es sind sowohl Fälle von Lungentuberkulose wie von Kehlkopftuberkulose, als auch solche von Lungen- und Kehlkopftuberkulose meldepflichtig.

Als ansteckend im Sinne dieses Gesetzes sind anzusehen:

a) jeder Fall klinisch nachgewiesener Kehlkopftuberkulose, auch ohne Bazillennachweis im Auswurf,

b) jeder Fall von Lungentuberkulose, bei dem entweder im Auswurf Tuberkelbazillen nachgewiesen wurden, oder bei dem der bisherige Verlauf und klinische Befund damit rechnen lassen, daß bazillenhaltiger Auswurf entleert wird. Hierbei kommen allgemein solche Fälle in Betracht, bei denen ein ungünstiger Allgemeinzustand durch sinkendes Körpergewicht, Auftreten fieberhafter oder leicht erhöhter (subfebriler) Körperwärme nachweisbar ist, oder in denen dauernder Husten bei klinisch sicher nachgewiesenen Verdichtungsherden des Lungengewebes (Dämpfung, kleinblasige Rasselgeräusche) besteht, oder endlich bei denen der Röntgennachweis tuberkulöser Herde im Gebiete der Lunge und der zugehörigen Bronchialdrüsen bei gleichzeitiger positiver Tuberkulinprobe erbracht ist.

Beamtete Ärzte im Sinne dieses Gesetzes sind die Kreisärzte oder ihre staatlich bestellten Stellvertreter.

Die im Absatz 2 anstatt der Kreisärzte zugelassenen Stellen zur Entgegennahme von Meldungen der Tuberkuloseerkrankungen werden besonders bekanntgegeben werden.

Bei Krankheits- und Todesfällen auf Schiffen und Flößen ist die Anzeige an die für die nächstgelegene preußische Anlegestelle zuständige Meldestelle zu richten, die ihrerseits die Meldung an die für die Heimat des Erkrankten zuständige Meldestelle weiterzugeben hat.

Die Mitteilungen der nach § 1 Absatz 2 zugelassenen Meldestellen an den beamteten Arzt haben so rechtzeitig zu erfolgen, daß die Meldungen bei dem allwöchentlich vom Kreisarzt an den Regierungspräsidenten nach den Ausführungsbestimmungen zu § 6 des Gesetzes, betreffend die Bekämpfung übertragbarer Krankheiten, vom 28. August 1905 zu erstattenden Berichte verwertet werden können.

Der beamtete Arzt gibt die ihm zugehenden Meldungen an die zuständige Fürsorgestelle umgehend, am besten urschriftlich, weiter.

Die Meldestellen haben namentliche Verzeichnisse der Erkrankten und Verstorbenen nach anliegendem Muster zu führen. Der zuständige Kreisarzt ist berechtigt, die Verzeichnisse zu seiner Unterrichtung jederzeit einzusehen.

Die beamteten Ärzte und die Fürsorgestellen eines Kreises haben nicht nur auf planvolles Zusammenwirken und gegenseitige zweckmäßige Unterstützung Bedacht zu nehmen, sondern auch dahin zu wirken, daß in der Tuberkulosefürsorge eine Zusammenarbeit stattfindet mit den Vertretern der staatlichen, kommunalen und städtischen Behörden, der Krankenkassen, der Landesversicherungsanstalten und der charitativen Organisationen, um eine planmäßige und einheitliche Bekämpfung der Tuberkulose in die Wege zu leiten[1]).

[1]) Auf diese Zusammenarbeit ist durch Rund-Erlaß des Ministers für Volkswohlfahrt vom 19. Januar 1926 (Volkswohlf. Sp. 151) nochmals besonders hingewiesen worden.

Zu § 2.

Die Meldung eines Wohnungswechsels hat unverzüglich nach erlangter Kenntnis vom beabsichtigten Wohnungswechsel stattzufinden, damit die Fürsorge für den Kranken weitergeführt, die Wohnung gereinigt und die erforderlichen Maßnahmen fortgesetzt werden können.

Auch der Wohnungswechsel eines nach § 1 noch nicht gemeldeten Kranken ist meldepflichtig.

Auf Schiffen oder Flößen gilt als der zur Erstattung der Anzeige verpflichtete Haushaltungsvorstand der Schiffer oder Floßführer oder deren Stellvertreter.

Unter Wohnungswechsel ist für Schiffe und Flöße das dauernde Übersiedeln eines Kranken auf das Land oder auf ein anderes Schiff oder Floß zu verstehen.

Der Wohnungswechsel ist auf den in den Ausführungsbestimmungen zu § 4 bezeichneten Meldekarten unter „Bemerkungen" zu melden.

Zu § 4.

Zur Meldung der Tuberkuloseerkrankungen sind die für die Meldung gemeingefährlicher und übertragbarer Krankheiten vorgeschriebenen Meldekarten zu benutzen; nur ist die Klammer hinter „Lungen- und Kehlkopftuberkulose" zu streichen und die Anschrift entsprechend zu ändern.

Die Kosten für die Herstellung der Meldekarten haben die Kreise zu tragen.

Die Portokosten fallen einstweilen der Staatskasse zur Last.

Zu § 5.

Als Fürsorgemaßnahmen kommen insbesondere in Betracht:

1. Belehrung des Kranken und seiner Umgebung,
2. Schutz der Familienangehörigen und der sonstigen Umgebung vor Ansteckung und vorbeugende Behandlung der Bedrohten,
3. Verhütung der Weiterverbreitung der Krankheit in der beruflichen Tätigkeit des Erkrankten,
4. etwa notwendige Behandlung des Erkrankten und erforderlichenfalls dessen Unterbringung in einem Krankenhause oder in einer Lungenheilstätte.

Die Fürsorgemaßnahmen sind möglichst, d. h. wenn es die Verhältnisse irgend zulassen, im Benehmen mit dem behandelnden Arzt zu treffen. Wenn für ihre Durchführung die Mitwirkung der Gemeinde, eines Armenverbandes, einer Krankenkasse, der Landesversicherungsanstalt oder einer anderen Stelle notwendig ist, so hat die Fürsorgestelle für Lungenkranke bei ihnen entsprechende Anträge zu stellen. Ist eine solche Fürsorgestelle nicht vorhanden, so liegt dem beamteten Arzt die Pflicht zur Antragstellung ob.

Wenn das Gesetz im Absatz 2 den Ausdruck „besprechen" gebraucht, so will es damit zu erkennen geben, daß da, wo es die Verhältnisse gestatten, eine mündliche Aussprache zwischen dem behandelnden und beamteten Arzt stattzufinden hat. Im übrigen will aber der Ausdruck nur eine eingehende Erörterung, die gegebenenfalls auch auf schriftlichem Wege erfolgen kann, zur Pflicht machen.

Zu § 7.

Die Meldestellen haben die positiven bakteriologischen Untersuchungsbefunde allmonatlich den Fürsorgestellen und dem zuständigen Kreisarzt bekanntzugeben, wenn dieser nicht selbst Meldestelle ist.

Zu § 8.

Für die Entscheidung der Polizeibehörde, ob eine Desinfektion veranstaltet werden soll, ist die vom Minister für Volkswohlfahrt erlassene Desinfektionsordnung maßgebend.

Zu § 9.

Die Ausführungsbestimmungen vom 15. September 1906 zu den §§ 14 bis 20 des Gesetzes, betreffend die Bekämpfung der übertragbaren Krankheiten, vom 28. August 1905 finden, soweit dort unter Ziffer 2 enthalten, entsprechende Anwendung.

Zu § 10.

Die Tätigkeit, die der beamtete Arzt auf Grund dieses Gesetzes in amtlicher Eigenschaft verrichtet, gehört zu seinen hauptamtlichen Dienstgeschäften. Etwaige Reisekosten fallen daher der Staatskasse zur Last. Die Erhebung von Gebühren ist nach Absatz 1 ausgeschlossen.

Wem die nach diesem Gesetz aus öffentlichen Mitteln zu bestreitenden Kosten einschließlich der nach § 9 zu gewährenden Entschädigungen und der den Sachverständigen zu erstattenden baren Auslagen zur Last fallen, bestimmt sich mangels ausdrücklicher Regelung durch dieses Gesetz nach den Vorschriften des bestehenden Rechts.

9. Die Tuberkulosebekämpfung in den außerpreußischen Ländern.

Während in Mecklenburg und Schwarzburg-Sondershausen keine gesetzlichen Bestimmungen über Tuberkulosebekämpfung bestehen, haben Hessen und Schaumburg-Lippe nur die Todesfälle an Lungen- und Kehlkopftuberkulose unter Anzeigepflicht gestellt. Bayern, Sachsen-Weimar, Oldenburg, Braunschweig, Sachsen-Koburg-Gotha,

Anhalt, Reuß und Bremen haben noch die Anzeigepflicht für vorgeschrittene Tuberkuloseerkrankungen im Falle des Wohnungswechsels eingeführt. Sachsen, Baden, Württemberg, Sachsen-Meiningen, Sachsen-Altenburg, Lübeck und Hamburg haben Anzeigepflicht für Todesfälle an Lungen- und Kehlkopftuberkulose sowie für vorgeschrittene Erkrankungen im Falle des Wohnungswechsels und bei hochgradiger Gefährdung der Umgebung vorgeschrieben. Schwarzburg-Rudolstadt, Waldeck und Lippe-Detmold haben Anzeigepflicht bei allen Erkrankungen an ansteckender Tuberkulose eingeführt.

10. Erlasse, betr. Verbot des Magnetisierens usw.

A) Preußen.

a) Erlaß des Ministers der geistlichen, Unterrichts- und Medizinalangelegenheiten.

Vom 12. Mai 1881 (Preuß. Min.-Bl. S. 170).

Der an den damaligen Herrn Minister des Innern erstattete Bericht der Königlichen Regierung vom 29. November vorigen Jahres hat Veranlassung gegeben, über die Frage, ob dem sogenannten Magnetiseur H. aus K. vom diesseitigen Staate die Veranstaltung öffentlicher Vorstellungen zu gestatten sei, die gutachtliche Äußerung der Königlich Wissenschaftlichen Deputation für das Medizinalwesen einzuholen.

Das infolgedessen abgegebene Gutachten gelangt zu dem Resultat, daß es sich bei den gedachten Vorstellungen um physiologische Experimente handelt, welche die Möglichkeit einer Schädigung der Gesundheit der dabei als sogenannte Medien benutzten Personen mindestens sehr nahe legen.

Wir beauftragen unter diesen Umständen die Königlichen Regierungen, die Polizeibehörden ihres Bezirks dahin anzuweisen, daß dem H. oder anderen sogenannten Magnetiseuren die Veranstaltung öffentlicher Vorstellungen nicht mehr gestattet werde.

b) Erlaß des Ministers der geistlichen, Unterrichts- und Medizinalangelegenheiten betreffend Untersagung öffentlicher Vorstellungen von Magnetiseuren, Suggestoren usw.

Vom 2. Juli 1903 (Med.-Bl. 1903 S. 290).

In unserem Erlaß vom 12. Mai 1881 (M.d.g.A.M. 2871, M.d.J. II. 4428) ist darauf hingewiesen worden, daß öffentliche Vorstellungen von sogenannten Magnetiseuren die Möglichkeit einer Schädigung der dabei als Medien benutzten Personen sehr nahe legen und deshalb angeordnet worden, daß die Veranstaltung derartiger öffentlicher Vorstellungen nicht zu gestatten sei.

Aus Anlaß eines Falles von schwerer Gesundheitsschädigung, welche neuerdings durch die Einwirkung eines Suggestors in einer öffentlichen Vorstellung herbeigeführt worden ist, bringen wir obigen Runderlaß unter Hinweis darauf ergebenst in Erinnerung, daß den Magnetiseuren die Suggestoren und Hypnotiseure gleich zu achten sind. Wir ersuchen daher erneut, die Polizeibehörden anzuweisen, die Veranstaltung öffentlicher Vorstellungen von Einwirkungen auf den Menschen mittels Suggestion, Hypnose, Magnetismus und ähnlichen Methoden nicht zu gestatten.

c) Erlaß des Ministers des Innern.

Vom 22. Oktober 1920 (Volkwohlfahrt 1924 S. 136).

Durch den Erlaß vom 6. 10. 1919 ist das frühere allgemeine Verbot der Veranstaltung öffentlicher Vorstellungen von Einwirkungen auf den Menschen mittels Hypnose, Suggestion, Magnetismus und ähnlichen Mitteln in Erinnerung gebracht. Eine Einschränkung des Verbots der genannten Experimentalvorträge auf Personen aus dem Publikum ist nicht erfolgt. Es findet also auch dann Anwendung, wenn Personen aus der Familie, der Truppe usw. des Schaustellers vorgeführt werden sollen.

Unter Suggestion ist auch die Autosuggestion und die Wachsuggestion zu verstehen.

Dagen hat das sogenannte „Muskellesen", d. h. die Veranschaulichung der physiologischen Erscheinung, daß bei scharfem Denken an einen Gegenstand Muskelinnervationen auftreten, die auf die Richtung des angestellten Gegenstandes hinweisen, mit Willensbeeinflussung und Willensausschaltung nichts zu tun und gehört deshalb nicht zu den für die öffentliche Vorführung in Preußen verbotenen Darbietungen suggestiver und hypnotischer Beeinflussung an Menschen.

d) Ministerialerlaß v. 10. 3. 1924, betr. Hypnose, Suggestion usw. (Volkswohlfahrt S. 136).

Erfahrungen der letzten Zeit lassen eine stärkere Mitwirkung der Medizinalbeamten bei der Durchführung des durch die Erlasse vom 2. 7. 1903, 6. 10. 1919[1]) und 22. 10. 1920 ausgesprochenen Verbots der Veranstaltung öffentlicher Vorstellungen durch Einwirkung auf die Menschen mittels Hypnose, Suggestion, Magnetismus und ähnlichen Methoden angezeigt erscheinen. Ich ersuche ergebenst die Kreismedizinalräte anzuweisen, auf die Ankündigung solcher Veranstaltungen zu achten und die Polizeibehörden gegebenenfalls rechtzeitig darauf aufmerksam zu machen. Weiter wird es Aufgabe der Medizinalbeamten sein, die Polizeibehörden auf Erfordern oder ohne solches darüber zu beraten, in wieweit im Einzelfalle die beabsichtigten Darbietungen unter das Verbot fallen. Hierbei muß die immer wieder gemachte Erfah-

[1]) Der Kürze halber hier nicht abgedruckt.

rung berücksichtigt werden, daß ein großer Teil der berufsmäßigen Vorführungen auf dem fraglichen Gebiet Veranstaltenden dazu geeignet ist, die Ankündigung möglichst harmlos abzufassen und dann — oft sogar trotz der bestimmten Versicherung, daß es sich nur um theoretische Aufführungen handelt — verbotene Vorführungen zu zeigen. Weiter ist zu beachten, daß die — nicht unter das Verbot fallenden — nur theoretischen Vorträge auf dem Gebiete der Hypnose, der Suggestion, des Magnetismus, Okkultismus, Somnambulismus, Spiritismus usw., wie sie dauernd in großem Umfange angekündigt werden, fast durchweg jeden wissenschaftlichen Wertes entbehren und lediglich als gewerbliche Veranstaltungen aufzufassen sind.

B) Die übrigen deutschen Länder.

Bayern verbietet das Hypnotisieren in öffentlichen Vorführungen durch Erlasse des Staatsministeriums vom 15. 11. 93 und 10. 11. 19.

Sachsen hat durch die Erlasse des Ministeriums des Innern vom 6. 10. 88, 21. 12. 03, 17. 6. 19, 10. 11. 19 und 16. 11. 20 nicht nur die öffentliche Ausführung derartiger Experimente, sondern auch die Ankündigung und Vermittlung solcher Schaustellungen verboten. Hier ist auch die öffentliche Ankündigung des Unterrichts in Hypnose, in denen die Anstellung von Versuchen an Menschen angezeigt wird, verboten. Wachsuggestion ist ebenfalls verboten.

Württemberg. (Erlasse des Ministeriums des Innern vom 9. 3. 98, 23. 5. 07 und 2. 12. 19) hat ebenfalls nicht nur die öffentliche Ausführung derartiger Experimente, sondern auch die Ankündigung und Vermittlung solcher Schaustellungen verboten. Hier ist auch die Wachsuggestion einbegriffen. Das Verbot erstreckt sich auch auf Vorführungen mit Personen, die von auswärts mitgebracht bzw. bezahlt werden (Mitglieder der Familie, der Truppe usw.).

Baden (Erlasse des Ministeriums des Innern vom 29. 12. 86, 5. 3. 03, 2. 2. 20) hat dieselben Bestimmungen wie Württemberg. Hier fallen aber auch noch solche Vorstellungen und Versuche, die in jedermann zugänglichen bzw. in regelmäßig zwar geschlossenen, aber für den Einzelfall dem Publikum im allgemeinen oder größeren Kreisen desselben zugänglich gemachten Lokalitäten stattfinden, unter das Verbot, sowie auch diejenigen, die angeschlossenen Vereinen, Gesellschaften usw. ohne daß hierbei ein wissenschaftliches Interesse vorliegt, veranstaltet werden.

Thüringen hat die Polizeiverordnung des Wirtschaftsministeriums vom 15. 5. 22 erlassen.

Hessen Erlaß des Ministeriums des Innern v. 6. 11. 19.

Hamburg (Bekanntmachung der Polizeibehörde vom 4. 5. 20) hat auch schon die Ankündigung und Vermittlung derartiger Vorführungen verboten.

Mecklenburg-Schwerin. Bekanntmachung des Ministeriums für Medizinalangelegenheiten vom 23. 2. 20.

Braunschweig. Erlaß des Staatsministeriums, Abt. für Inneres, vom 22. 3. 20.

Oldenburg. Erlaß des Ministeriums des Innern vom November 1919.

Anhalt. Bekanntmachung der Regierung, Abteilung des Innern von 6. 1. 20.

Bremen. Bekanntmachung der Medizinalkommission des Senats vom 18. 5. 21. Auch hier ist schon die Ankündigung und Vermittlung solcher Schaustellungen verboten.

Lippe. Verordnung der Regierung vom 16. 11. 23.

Lübeck. Verordnung des Polizeiamts vom 29. 9. 20.

Mecklenburg-Strelitz. Bekanntmachung des Ministeriums, Abt. für Medizinalangelegenheiten vom 22. 6. 94 und 15. 1. 23.

Waldeck. Verordnung des Landesdirektors vom Februar 1920.

Schaumburg-Lippe. Erlaß des Ministeriums vom 8. 1. 1918.

11. Entwurf eines Gesetzes gegen Mißstände im Heilgewerbe.

Reichstag, 12. Legislaturperiode, II. Session, 1909/10, Nr. 535.

§ 1. Wer sich gewerbsmäßig mit der Behandlung von Krankheiten, Leiden oder Körperschäden an Menschen oder Tieren befaßt, ohne die entsprechende staatliche Anerkennung (Prüfungszeugnis, Approbation) zu besitzen, hat den Gewerbebetrieb spätestens mit Beginn der zuständigen Behörde seines Wohnorts schriftlich anzuzeigen. In der Anzeige hat er seine Wohnung und seine Geschäftsräume zu bezeichnen.

Verändert der Gewerbetreibende den Wohnort, die Wohnung oder die Geschäftsräume, oder stellt er den Betrieb dauernd oder vorübergehend ein, so hat er dies binnen drei Tagen in gleicher Weise anzuzeigen.

Bei Ankündigung oder Bezeichnung des Gewerbebetriebes darf auf die Anzeige nicht hingewiesen werden.

§ 2. Die im § 1 Abs. 1 bezeichneten Gewerbetreibenden haben der zuständigen Behörde ihres Wohnorts über ihre persönlichen Verhältnisse, soweit sie mit dem Gewerbebetrieb im Zusammenhange stehen, insbesondere über ihre Vorbildung und ihre seitherige Tätigkeit, ferner über ihre Behandlungsart auf Erfordern Auskunft zu erteilen.

Sie haben Geschäftsbücher zu führen und der zuständigen Behörde auf Verlangen vorzulegen oder einzureichen.

In welcher Weise die Geschäftsbücher zu führen und wie lange sie aufzubewahren sind, bestimmt der Bundesrat.

Bei Ankündigung oder Bezeichnung des Gewerbebetriebes darf auf die Erfüllung der im Abs. 1, 2 auferlegten Pflichten oder die dabei ausgeübte Tätigkeit der Behörden nicht hingewiesen werden.

§ 3. Den im § 1 Abs. 1 bezeichneten Gewerbetreibenden sind verboten an Menschen oder Tieren

1. eine Behandlung, die nicht auf Grund eigener Wahrnehmungen an dem zu Behandelnden erfolgt (Fernbehandlung),
2. die Behandlung mittels mystischer Verfahren an Menschen,
3. die Behandlung von gemeingefährlichen Krankheiten (Reichsgesetz, betreffend die Bekämpfung gemeingefährlicher Krankheiten vom 30. Juni 1900 — Reichsgesetzblatt S. 306 —),
4. die Behandlung aller Krankheiten oder Leiden der Geschlechtsorgane, von Syphilis, Schanker und Tripper, auch wenn sie an anderen Körperstellen auftreten,
5. die Behandlung von Krebskrankheiten,
6. die Behandlung mittels Hypnose,
7. die Behandlung unter Anwendung von Betäubungsmitteln, mit Ausnahme solcher, die nicht über den Ort der Anwendung hinauswirken,
8. die Behandlung unter Anwendung von Einspritzungen unter die Haut oder in die Blutbahn, soweit es sich nicht um eine nach Nr. 7 gestattete Anwendung von Betäubungsmitteln handelt.

Der Bundesrat kann ihnen die Anwendung der unter Nr. 6, 7 und 8 genannten Verfahren auch bei Tieren sowie die Anwendung anderer als der unter Nr. 2, 6, 7 und 8 genannten Verfahren bei Menschen oder Tieren untersagen.

Der Bundesrat kann ihnen ferner die Behandlung von anderen als den unter Nr. 3 genannten übertragbaren Krankheiten und von übertragbaren Tierseuchen untersagen.

§ 4. Die im § 1 Abs. 1 bezeichneten Gewerbetreibenden dürfen weder Arzneien für die von ihnen behandelten Menschen oder Tiere abgeben, noch ihre Kunden für deren Bezug an einzelne besondere Bezugsstellen verweisen.

§ 5. Den im § 1 Abs. 1 bezeichneten Gewerbetreibenden ist der Gewerbebetrieb von der zuständigen Behörde zu untersagen, wenn Tatsachen vorliegen, welche die Annahme begründen, daß durch die Ausübung des Gewerbes das Leben der behandelten Menschen oder Tiere gefährdet oder deren Gesundheit geschädigt wird oder Kunden schwindelhaft ausgebeutet werden.

Der Betrieb kann untersagt werden, wenn der Gewerbetreibende wegen einer strafbaren Handlung, die mit der Ausübung des Gewerbes in Verbindung steht, rechtskräftig verurteilt ist, bei Übertretungen jedoch nur im Falle wiederholter Verurteilung.

Der Betrieb kann auch dann untersagt werden, wenn dem Gewerbetreibenden wegen eines nicht unter Abs. 2 fallenden Verbrechens oder Vergehens die bürgerlichen Ehrenrechte aberkannt sind, jedoch nicht über die Dauer des Ehrverlustes hinaus.

Der Bescheid gilt für das Gebiet des Reichs; er kann im Verwaltungsstreitverfahren und, wo ein solches nicht besteht, im Wege des Rekurses gemäß §§ 20, 21 der Gewerbeordnung angefochten werden. Die Einlegung von Rechtsmitteln hat keine aufschiebende Wirkung.

§ 6. Der Bundesrat kann den Verkehr mit Gegenständen, die bei Menschen die Empfängnis verhüten oder die Schwangerschaft beseitigen sollen, beschränken oder untersagen. Dasselbe gilt von

1. Arzneien, Apparaten und anderen Gegenständen, die zur Verhütung, Linderung oder Heilung von Krank-

heiten, Leiden oder Körperschäden bei Menschen oder Tieren dienen sollen,

2. Kräftigungsmitteln für Menschen oder Tiere,
3. Säuglingsnährmitteln,

sofern von deren Anwendung eine Schädigung der Gesundheit zu befürchten ist, oder wenn sie in einer auf Täuschung oder Ausbeutung der Abnehmer abzielenden Weise angepriesen oder vertrieben werden.

Die Anwendung der vom Bundesrat erlassenen Beschränkungen oder Verbote wird dadurch nicht ausgeschlossen, daß die Bezeichnung des Gegenstandes bei im wesentlichen gleicher Zusammensetzung geändert wird.

Soweit der Bundesrat den Verkehr mit einzelnen Gegenständen untersagt hat (Abs. 1), ist deren Einfuhr verboten.

Zur Mitwirkung bei Ausübung der dem Bundesrate nach Abs. 1 zustehenden Befugnis wird bei dem Kaiserlichen Gesundheitsamt eine Kommission gebildet. Sie besteht aus Beamten, welche die Befähigung zum Richteramte oder zum höheren Verwaltungsdienste besitzen, und aus Sachverständigen aus dem Gebiete der Medizin, der Tierheilkunde und der Pharmazie. Die Mitglieder werden vom Reichskanzler ernannt. Dieser ernennt auch den Vorsitzenden und dessen Stellvertreter aus der Zahl der Mitglieder. Die Ernennung der Sachverständigen erfolgt auf die Dauer von fünf Jahren.

Vor der Beschlußfassung des Bundesrats hat die Kommission sich gutachtlich darüber zu äußern, ob eine Beschränkung oder Untersagung des Verkehrs geboten sei. Die Kommission beschließt in der Zusammensetzung von fünf Mitgliedern, unter denen mindestens drei Sachverständige sein müssen.

Die Kommission hat dem Verfertiger oder anderen Beteiligten, soweit dies ausführbar ist, zur Wahrung ihrer Interessen Gelegenheit zu geben. Im übrigen wird die

Einrichtung der Kommission und das Verfahren vor ihr durch den Bundesrat geregelt.

§ 7. Mit Gefängnis bis zu einem Jahre und mit Geldstrafe bis zu fünftausend Mark oder mit einer dieser Strafen wird bestraft, wer in öffentlichen Ankündigungen oder Anpreisungen, welche die Verhütung, Linderung oder Heilung von Krankheiten, Leiden oder Körperschäden bei Menschen oder Tieren oder Kräftigungsmittel für Menschen oder Tiere oder Säuglingsnährmittel betreffen, wissentlich unwahre Angaben macht, die geeignet sind, Täuschungen über den Wert oder die Wirksamkeit der Gegenstände oder Verfahren hervorzurufen. Dasselbe gilt, wenn wissentlich unwahre Angaben gemacht werden in bezug auf den Ursprung oder die Herkunft der Gegenstände oder Verfahren, in bezug auf die Person des Verfertigers oder Urhebers oder über die die Veröffentlichung veranlassende Person oder über die Erfolge einer dieser Personen.

Ist die Handlung aus Fahrlässigkeit begangen, so tritt Gefängnisstrafe bis zu drei Monaten und Geldstrafe bis zu sechshundert Mark oder eine dieser Strafen ein.

In dem Urteil kann angeordnet werden, daß die Verurteilung auf Kosten des Schuldigen öffentlich bekanntzumachen ist. In der Anordnung ist die Art der Bekanntmachung zu bestimmen.

§ 8. Mit Gefängnis bis zu sechs Monaten und mit Geldstrafe bis zu eintausendfünfhundert Mark oder mit einer dieser Strafen wird bestraft, wer sich in öffentlichen Ankündigungen oder Anpreisungen zur Fernbehandlung (§ 3 Abs. 1 Nr. 1) erbietet.

Mit der gleichen Strafe wird, wenn nicht nach anderen gesetzlichen Bestimmungen eine schwerere Strafe verwirkt ist, bestraft, wer öffentlich ankündigt oder anpreist Gegenstände oder Verfahren, die

1. bei Menschen zur Verhütung, Linderung oder Heilung von Krankheiten oder Leiden der Geschlechtsorgane,

von Syphilis, Schanker oder Tripper, auch wenn sie an anderen Körperteilen auftreten, zur Behebung geschlechtlicher Schwäche oder zur Hervorrufung geschlechtlicher Erregung oder zur Verhütung der Empfängnis oder zur Beseitigung der Schwangerschaft dienen sollen,

2. bei Menschen oder Tieren zur Verhütung, Linderung oder Heilung von Krankheiten, Leiden oder Körperschäden dienen sollen, wenn die Bestandteile oder die Gewichtsmengen der Gegenstände oder die wesentliche Art des Verfahrens bei der Ankündigung oder Anpreisung geheimgehalten oder verschleiert werden.

Die Vorschriften des Abs. 2 finden keine Anwendung, soweit die Ankündigung oder Anpreisung in wissenschaftlichen Fachkreisen auf dem Gebiete der Medizin, der Tierheilkunde oder der Pharmazie erfolgt.

§ 9. Mit der gleichen Strafe (§ 8) werden bestraft die im § 1 Abs. 1 bezeichneten Gewerbetreibenden, die vorsätzlich

1. einem der Verbote des § 3 Abs. 1 oder einer gemäß § 3 Abs. 2, 3 oder § 5 ergangenen Untersagung zuwiderhandeln,
2. sich zu einer nach § 3 Abs. 1 unter Nr. 2 bis 8 verbotenen oder nach § 3 Abs. 2, 3 untersagten Behandlung in öffentlichen Ankündigungen oder Anpreisungen erbieten,
3. den Verboten des § 1 Abs. 3 oder des § 2 Abs. 4 oder des § 4 zuwiderhandeln.

Ist eine der im Abs. 1 Nr. 1 bezeichneten Handlungen aus Fahrlässigkeit begangen, so tritt Gefängnisstrafe bis zu drei Monaten und Geldstrafe bis zu sechshundert Mark oder eine dieser Strafen ein.

§ 10. Mit Geldstrafe bis zu einhundertfünfzig Mark oder mit Haft werden bestraft die im § 1 Abs. 1 bezeichneten Gewerbetreibenden, welche

1. die in den §§ 1, 19 vorgeschriebene Anzeige nicht rechtzeitig erstatten oder die gemäß § 2 Abs. 1 von ihnen geforderte Auskunft verweigern oder unrichtig erteilen,
2. die Geschäftsbücher, deren Führung oder Aufbewahrung ihnen obliegt, nicht oder nicht in der vom Bundesrate vorgeschriebenen Weise oder unrichtig führen oder verheimlichen oder vernichten oder der zuständigen Behörde auf deren Verlangen nicht vorlegen oder einreichen.

§ 11. Mit Geldstrafe bis zu einhundertfünfzig Mark oder mit Haft wird bestraft, wer gegen Entgelt oder sonst zur Erreichung eines Vermögensvorteils einen Menschen oder ein Tier wegen einer Krankheit, eines Leidens oder eines Körperschadens behandelt, ohne dazu staatlich anerkannt zu sein und ohne eine entsprechende Anzeige nach § 1 erstattet zu haben. Mit der gleichen Strafe wird bestraft, wer gegen Entgelt bei einem Menschen Geburtshilfe leistet, ohne dazu staatlich anerkannt zu sein.

Die Vorschrift des Absatz 1 findet keine Anwendung, wenn die Behandlung wegen Gefahr in Verzug übernommen und nur solange fortgeführt worden ist, bis Hilfe von einer staatlich anerkannten Person geleistet werden konnte.

Ist die Behandlung eine solche, die den im § 1 Abs. 1 bezeichneten Gewerbetreibenden nach § 3 verboten ist, so kann neben der Strafe auf Einziehung der zur Behandlung gebrauchten oder dazu bestimmten Gegenstände erkannt werden, sofern sie dem Täter oder einem Teilnehmer gehören.

§ 12. Inhaber einer ausländischen staatlichen Anerkennung, die im Ausland wohnen, unterliegen der Strafbestimmung des § 11 nicht, wenn sie auf Aufforderung die Behandlung einzelner Fälle im Inland übernehmen; jedoch kann der Reichskanzler mit Zustimmung des Bundesrats anordnen, daß gegen Angehörige eines ausländischen Staates ein Vergeltungsrecht angewendet wird.

§ 13. Mit Geldstrafe bis zu einhundertfünfzig Mark oder mit Haft wird bestraft, wer,

1. einer Verkehrsbeschränkung oder einem Verkehrsverbote (§ 6 Abs. 1, 2) oder dem Einfuhrverbote (§ 6 Abs. 3) zuwiderhandelt,
2. Gegenstände, die von solchen Verkehrsbeschränkungen oder Verboten betroffen sind, öffentlich ankündigt oder anpreist.

Ist der Verkehr oder die Einfuhr verboten, so kann im Falle der Nr. 1 neben der Strafe auf Einziehung der Gegenstände erkannt werden, sofern sie dem Täter oder einem Teilnehmer gehören.

§ 14. Ist in den Fällen der §§ 11, 13 die Verfolgung oder die Verurteilung einer bestimmten Person nicht ausführbar, so kann auf die Einziehung selbständig erkannt werden.

§ 15. Der öffentlichen Ankündigung oder Anpreisung im Sinne dieses Gesetzes ist es gleich zu achten, wenn gegenüber einem größeren Kreise von Personen Empfehlungen, Anerkennungen, Gutachten, Danksagungen oder ähnliche Äußerungen verbreitet werden oder auf solche Äußerungen verwiesen wird. Dasselbe gilt von Mitteilungen an einzelne Personen, wenn der Mitteilende sich zuvor öffentlich zur Auskunft erboten hat.

Diese Vorschriften gelten nicht für Berichte über die Verhandlungen wissenschaftlicher Fachkreise auf dem Gebiete der Medizin, der Tierheilkunde oder der Pharmazie.

§ 16. Welche Behörde in jedem Bundesstaat unter der Bezeichnung zuständige Behörde zu verstehen ist, wird von der Zentralbehörde des Bundesstaats bekanntgemacht.

§ 17. Inhaber einer staatlichen Anerkennung als Arzt, Zahnarzt oder Tierarzt kann unter den vom Bundesrate bestimmten Voraussetzungen der Reichskanzler im Einvernehmen mit der Landeszentralbehörde von den Vorschriften des § 2 und des § 3 Abs. 1 Nr. 3 bis 8 befreien.

§ 18. Die landesrechtlichen Vorschriften über die Ausübung des Heilgewerbes ohne staatliche Anerkennung sowie über die Ankündigung oder Anpreisung von Gegenständen der im § 6 bezeichneten Art oder von Verfahren, die zur Verhütung, Linderung oder Heilung von Krankheiten, Leiden oder Körperschäden dem Menschen oder Tiere dienen sollen, werden aufgehoben.

Unberührt bleiben die landesrechtlichen Vorschriften, welche staatlich anerkannten Hilfspersonen des Gesundheitswesens eine die Anerkennung überschreitende Tätigkeit auf dem Gebiete des Heilgewerbes verbieten.

§ 19. Die von dem Deutschen Reiche mit ausländischen Staaten abgeschlossenen Verträge über die gegenseitige Zulassung der im Grenzgebiete wohnhaften Medizinalpersonen zur Ausübung der Berufstätigkeit werden durch die Vorschriften dieses Gesetzes nicht berührt.

§ 20. Dieses Gesetz tritt am .... in Kraft.

Die im § 1 Abs. 1 bezeichneten Gewerbetreibenden, die das Gewerbe beim Inkrafttreten dieses Gesetzes bereits betreiben, sind verpflichtet, die im § 1 vorgesehene Anzeige spätestens binnen vierzehn Tagen nach dem Inkrafttreten des Gesetzes zu erstatten.

12. Verordnung zur Bekämpfung der Geschlechtskrankheiten.

Vom 11. Dezember 1918 (RGBl. S. 1431)[1].

Zur Bekämpfung der Geschlechtskrankheiten wird verordnet was folgt:

---

[1]) Aufgehoben durch das nachstehende Gesetz.

§ 1. Geschlechtskrankheiten im Sinne dieser Verordnung sind Syphilis, Tripper und Schanker, ohne Rücksicht darauf, an welchen Körperteilen die Krankheitserscheinungen auftreten.

§ 2. Personen, die geschlechtskrank sind und bei denen die Gefahr besteht, daß sie ihre Krankheit weiterverbreiten, können zwangsweise einem Heilverfahren unterworfen, insbesondere in ein Krankenhaus überführt werden, wenn dies zur wirksamen Verhütung der Ausbreitung der Krankheit erforderlich erscheint. Ärztliche Eingriffe, die mit einer ernsteren Gefahr für Leben oder Gesundheit verbunden sind, dürfen nur mit Einwilligung des Kranken vorgenommen werden.

Die Aufbringung der entstehenden Kosten ergibt sich nach Landesrecht.

§ 3. Wer den Beischlaf ausübt, obwohl er weiß, oder den Umständen nach annehmen muß, daß er an einer mit Ansteckungsgefahr verbundenen Geschlechtskrankheit leidet, wird mit Gefängnis bis zu drei Jahren bestraft, sofern nicht nach dem allgemeinen Strafgesetz eine härtere Strafe eintritt.

Die Verfolgung tritt, soweit es sich um Ehegatten und Verlobte handelt nur auf Antrag ein.

Die Strafverfolgung verjährt in sechs Monaten.

§ 4. Wer eine Person, die an einer mit Ansteckungsgefahr verbundenen Geschlechtskrankheit leidet, ärztlich untersucht oder behandelt, soll sie über Art und Ansteckungsfähigkeit der Krankheit sowie über die Strafbarkeit der im § 3 bezeichneten Handlung belehren.

13. Gesetz zur Bekämpfung der Geschlechtskrankheiten.

Vom 18. Februar 1927 (RGBl. I S. 61)[1]).

§ 1. Geschlechtskrankheiten im Sinne dieses Gesetzes sind Syphilis, Tripper und Schanker ohne Rücksicht darauf, an welchen Körperteilen die Krankheitserscheinungen auftreten.

§ 2. Wer an einer mit Ansteckungsgefahr verbundenen Geschlechtskrankheit leidet und dies weiß oder den Umständen nach annehmen muß, hat die Pflicht, sich von einem für das Deutsche Reich approbierten Arzte behandeln zu lassen. Eltern, Vormünder und sonstige Erziehungsberechtigte sind verpflichtet, für die ärztliche Behandlung ihrer geschlechtskranken Pflegebefohlenen zu sorgen.

Durch Ausführungsbestimmungen ist dafür Sorge zu tragen, daß die Behandlung der Minderbemittelten, die keinen Anspruch auf anderweitige ärztliche Behandlung haben oder denen die Behandlung auf Grund einer

---

[1]) Durch dieses Gesetz ist in die durch die Gewerbeordnung gegebene Kurierfreiheit eine Bresche gelegt worden insofern als die Geschlechtskrankheiten und sämtliche Leiden der Geschlechtsorgane, also auch solche, die an und für sich nichts mit Geschlechtskrankheiten zu tun haben, der Behandlung durch die freie Heilkunde entzogen sind.

Der bereits durch das preußische Gesetz, betr. die Bekämpfung übertragbarer Krankheiten, vom 28. August 1905 (S. II 6) eingeführte Behandlungszwang, der einen Eingriff in die persönliche Freiheit des Menschen, über dessen Berechtigung die Meinungen noch auseinandergehen, darstellt, ist hier reichsgesetzlich verankert worden.

Versicherung wirtschaftliche Nachteile bringen könnte, aus öffentlichen Mitteln sichergestellt wird.

§ 3. Die Durchführung der aus diesem Gesetz erwachsenden gesundheitlichen Aufgaben ist Gesundheitsbehörden zu übertragen, die sich mit den Beratungsstellen für Geschlechtskranke, den Pflegeämtern und den sonstigen Einrichtungen der sozialen Fürsorge möglichst im Einvernehmen zu halten haben. Die Beamten der Ordnungs- und Wohlfahrtspolizei haben die Durchführung der gesundheitlichen und sozialfürsorgerischen Aufgaben, insbesondere das Eingreifen der Fürsorgestellen Minderjährigen gegenüber, in jeder Weise zu unterstützen.

§ 4. Die zuständige Gesundheitsbehörde kann Personen, die dringend verdächtig sind, geschlechtskrank zu sein und die Geschlechtskrankheit weiterzuverbreiten, anhalten, ein ärztliches Zeugnis, nur in begründeten Ausnahmefällen ein von einem durch die zuständige Gesundheitsbehörde benannten Arzte ausgestelltes Zeugnis über ihren Gesundheitszustand vorzulegen oder sich der Untersuchung durch einen solchen Arzt zu unterziehen. Auf Antrag des untersuchenden Arztes können solche Personen angehalten werden, wiederholt derartige Gesundheitszeugnisse beizubringen.

Personen, die geschlechtskrank und verdächtig sind, die Geschlechtskrankheit weiterzuverbreiten, können einem Heilverfahren unterworfen, auch in ein Krankenhaus verbracht werden, wenn dies zur Verhütung der Ausbreitung der Krankheit erforderlich erscheint.

Anzeigen, deren Urheber nicht erkennbar sind, dürfen nicht beachtet werden. Personen, die mit Namensnennung andere einer Geschlechtskrankheit bezichtigen, sind zunächst mündlich zu vernehmen und die Anzeigen erst dann weiter zu verfolgen, wenn die Vernehmung ergeben hat, daß ein ausreichender Anhalt für die Richtigkeit der behaupteten Tatsachen vorhanden ist.

Soweit andere Mittel zur Durchführung der in Abs. 1, 2 vorgesehenen Maßnahmen nicht ausreichen, ist die Anwendung unmittelbaren Zwanges zulässig. Ärztliche Eingriffe, die mit einer ernsten Gefahr für Leben oder Gesundheit verbunden sind, dürfen nur mit Einwilligung des Kranken vorgenommen werden. Die Reichsregierung bestimmt, welche ärztlichen Eingriffe insbesondere hierunter fallen[1]).

[1]) Dies ist geschehen durch Verordnung vom 11. September 1927 (S. II 14).

§ 5. Wer den Beischlaf ausübt, obwohl er an einer mit Ansteckungsgefahr verbundenen Geschlechtskrankheit leidet und dies weiß oder den Umständen nach annehmen muß, wird mit Gefängnis bis zu drei Jahren bestraft, sofern nicht nach den Vorschriften des Strafgesetzbuchs eine härtere Strafe verwirkt ist.

Die Verfolgung tritt nur auf Antrag ein. Ist der Täter ein Angehöriger des Antragstellers, so ist die Zurücknahme des Antrags zulässig.

Die Strafverfolgung verjährt in sechs Monaten.

§ 6. Wer weiß oder den Umständen nach annehmen muß, daß er an einer mit Ansteckungsgefahr verbundenen Geschlechtskrankheit leidet und trotzdem eine Ehe eingeht, ohne dem anderen Teile vor Eingehung der Ehe über seine Krankheit Mitteilung gemacht zu haben, wird mit Gefängnis bis zu drei Jahren bestraft.

Die Verfolgung tritt nur auf Antrag ein. Die Zurücknahme des Antrags ist zulässig.

Die Strafverfolgung verjährt in sechs Monaten.

§ 7. Die Behandlung von Geschlechtskrankheiten und Krankheiten oder Leiden der Geschlechtsorgane ist nur den für das Deutsche Reich approbierten Ärzten gestattet[1]). Verboten ist, solche Krankheiten anders als auf Grund eigener Wahrnehmung zu behandeln (Fernbehandlung) oder in Vorträgen, Schriften, Abbildungen oder Darstellungen Ratschläge für die Selbstbehandlung zu erteilen.

Wer einen anderen einem der im Abs. 1 enthaltenen Verbote zuwider behandelt oder sich zu einer solchen Behandlung öffentlich oder durch Verbreitung von Schriften, Abbildungen oder Darstellungen, wenn auch in verschleiernder Weise, erbietet, wird mit Gefängnis bis zu einem Jahre und mit Geldstrafe oder mit einer dieser Strafen bestraft.

Gleiche Strafe trifft den Arzt, der sich zur Behandlung der im Abs. 1 bezeichneten Krankheiten in unlauterer Weise erbietet.

[1]) Durch Erlaß des Ministers für Volkswohlfahrt vom 23. August 1928 haben die gemäß § 9 der Verordnung über die Besatzung deutscher Kauffahrteischiffe mit Kapitänen und Schiffsoffizieren vom 25. Juli 1925 (RGBl. II S. 709) zur Krankenbehandlung verpflichteten Personen auch das Recht zur Behandlung von Geschlechtskrankheiten.

§ 8. Wer eine geschlechtskranke Person ärztlich untersucht oder behandelt, soll sie über die Art der Krankheit und über die Ansteckungsgefahr sowie über die Strafbarkeit der in §§ 5, 6 bezeichneten Handlungen belehren und ihr hierbei ein amtlich genehmigtes Merkblatt aushändigen.

Fehlt dem Kranken die zur Erkenntnis der Ansteckungsgefahr erforderliche Einsicht, so soll die Belehrung und die Aushändigung des Merkblatts an denjenigen erfolgen, der für das persönliche Wohl des Kranken zu sorgen hat.

§ 9. Wer eine Person, die an einer mit Ansteckungsgefahr verbundenen Geschlechtskrankheit leidet, ärztlich behandelt, hat der im § 4 bezeichneten Gesundheitsbehörde Anzeige zu erstatten, wenn der Kranke sich der ärztlichen Behandlung oder Beobachtung entzieht oder wenn er andere infolge seines Berufs oder seiner persönlichen Verhältnisse besonders gefährdet.

Die oberste Landesbehörde kann bestimmen, daß die Anzeige anstatt der Gesundheitsbehörde einer Beratungsstelle für Geschlechtskranke zu erstatten ist. Kommt der Kranke den Anweisungen der Beratungsstelle nicht nach, so hat diese der Gesundheitsbehörde Kenntnis zu geben.

§ 10. Wer als Beamter oder Angestellter einer Gesundheitsbehörde oder einer Beratungsstelle unbefugt offenbart, was ihm über Geschlechtskrankheiten eines andern oder ihre Ursache oder über die sonstigen persönlichen Verhältnisse der Beteiligten dienstlich bekannt geworden ist, wird mit Geldstrafe oder mit Gefängnis bis zu einem Jahre bestraft.

Die Verfolgung tritt nur auf Antrag ein. Den Antrag kann auch die Gesundheitsbehörde stellen.

Die Offenbarung ist nicht unbefugt, wenn sie von einem in der Gesundheitsbehörde oder in einer Beratungsstelle tätigen Arzte oder mit Zustimmung eines solchen Arztes an eine Behörde oder an eine Person gemacht wird, die ein berechtigtes gesundheitliches Interesse daran hat, über die Geschlechtskrankheit des andern unterrichtet zu werden.

§ 11. Wer zum Zwecke der Heilung oder Linderung von Geschlechtskrankheiten Mittel, Gegenstände oder Verfahren öffentlich oder durch Verbreitung von Schriften, Abbildungen oder Darstellungen, wenn auch in verschleiernder Weise, ankündigt oder anpreist oder solche Mittel oder Gegenstände an einem allgemein zugänglichen Orte ausstellt, wird mit Gefängnis bis zu sechs Monaten und mit Geldstrafe oder mit einer dieser Strafen bestraft.

Straflos ist, soweit nicht anderweitige reichs- oder landesrechtliche Vorschriften entgegenstehen, die Ankündigung oder Anpreisung dieser Mittel oder Gegenstände an Ärzte oder Apotheker oder an Personen, die mit solchen Mitteln oder Gegenständen erlaubterweise Handel treiben, oder in wissenschaftlichen ärztlichen oder pharmazeutischen Fachzeitschriften.

§ 12. Vorträge, Schriften, Abbildungen und Darstellungen, die nur der Aufklärung über die Geschlechtskrankheiten, insbesondere über ihre Erscheinungsformen, dienen, sind straflos, soweit sie nicht unter die Strafbestimmungen des § 7 fallen.

§ 13. Die Reichsregierung kann das Inverkehrbringen von Mitteln oder Gegenständen, die zur Verhütung von Geschlechtskrankheiten dienen sollen, von dem Ergebnis einer amtlichen Prüfung abhängig machen und das Inverkehrbringen hierfür nicht geeigneter Gegenstände verbieten. Sie kann auch Vorschriften über das Ausstellen, Ankündigen oder Anpreisen der hiernach zugelassenen Mittel oder Gegenstände treffen.

Wer Mittel oder Gegenstände, die auf Grund des Abs. 1 Satz 1 vom Verkehr ausgeschlossen sind, in Verkehr bringt, wird mit Gefängnis bis zu sechs Monaten und mit Geldstrafe oder mit einer dieser Strafen bestraft. Ebenso wird bestraft, wer einer nach Abs. 1 Satz 2 getroffenen Vorschrift zuwiderhandelt.

§ 14. Mit Gefängnis bis zu einem Jahr und mit Geldstrafe oder mit einer dieser Strafen wird bestraft, sofern nicht nach den Vorschriften des Strafgesetzbuchs eine härtere Strafe verwirkt ist,

1. eine weibliche Person, die ein fremdes Kind stillt, obwohl sie an einer Geschlechtskrankheit leidet und dies weiß oder den Umständen nach annehmen muß;
2. wer ein syphilitisches Kind, für dessen Pflege er zu sorgen hat, von einer anderen Person als der Mutter stillen läßt, obwohl er die Krankheit des Kindes kennt oder den Umständen nach kennen muß;
3. wer ein sonst geschlechtskrankes Kind, für dessen Pflege er zu sorgen hat, von einer anderen Person als der Mutter, ohne sie vorher über die Krankheit und die gebotenen Vorsichtsmaßnahmen durch einen Arzt mündlich unterweisen zu lassen, stillen läßt, obwohl er die Krankheit des Kindes kennt oder den Umständen nach kennen muß;
4. wer ein geschlechtskrankes Kind, obwohl er die

Krankheit kennt oder den Umständen nach kennen muß, in Pflege gibt, ohne den Pflegeeltern von der Krankheit des Kindes Mitteilung zu machen.

Straflos ist das Stillen oder Stillenlassen eines syphilitischen Kindes durch eine weibliche Person, die selbst an Syphilis leidet.

§ 15. Mit Geldstrafe bis zu einhundertfünfzig Reichsmark oder mit Haft wird bestraft:

1. eine Amme, die ein fremdes Kind stillt, ohne im Besitz eines unmittelbar vor Antritt der Stellung ausgestellten ärztlichen Zeugnisses darüber zu sein, daß an ihr keine Geschlechtskrankheit nachweisbar ist;
2. wer zum Stillen eines Kindes eine Amme in Dienst nimmt, ohne sich davon überzeugt zu haben, daß sie im Besitze des in Nr. 1 bezeichneten Zeugnisses ist;
3. wer, abgesehen von Notfällen, ein Kind, für dessen Pflege er zu sorgen hat, von einer anderen Person als der Mutter stillen läßt, ohne vorher im Besitz eines ärztlichen Zeugnisses darüber zu sein, daß eine gesundheitliche Gefahr für die Stillende nicht besteht.

Die Vorschriften des Abs. 1 finden im Falle des § 14 Abs. 2 keine Anwendung.

§ 16. Das Strafgesetzbuch wird abgeändert wie folgt:

I. § 180 erhält folgenden zweiten und dritten Absatz:

Als Kuppelei gilt insbesondere die Unterhaltung eines Bordells oder eines bordellartigen Betriebs.

Wer einer Person, die das achtzehnte Lebensjahr vollendet hat, Wohnung gewährt, wird auf Grund des Abs. 1 nur dann bestraft, wenn damit ein Ausbeuten der Person, der die Wohnung gewährt ist, oder ein Anwerben oder ein Anhalten dieser Person zur Unzucht verbunden ist.

II. Im § 184 wird hinter Nr. 3 folgende Vorschrift eingefügt:

3a) wer in einer Sitte oder Anstand verletzenden Weise Mittel, Gegenstände oder Verfahren, die zur Verhütung von Geschlechtskrankheiten dienen, öffentlich ankündigt, anpreist oder solche Mittel oder Gegenstände an einem dem Publikum zugänglichen Orte ausstellt.

III. § 361 Nr. 6 erhält folgende Fassung:

wer öffentlich in einer Sitte oder Anstand verletzenden oder andere belästigenden Weise zur Unzucht auffordert oder sich dazu anbietet[1]);

IV. Im § 361 wird hinter Nr. 6 eingefügt:

6a) wer gewohnheitsmäßig zum Zwecke des Erwerbes in der Nähe von Kirchen oder in der Nähe von Schulen oder anderen zum Besuche durch Kinder oder Jugendliche bestimmten Örtlichkeiten oder in einer Wohnung, in der Kinder oder jugendliche Personen zwischen drei und achtzehn Jahren wohnen, oder in einer Gemeinde mit weniger als fünfzehntausend Einwohnern, für welche die oberste Landesbehörde zum Schutze der Jugend oder des öffentlichen Anstandes eine entsprechende Anordnung getroffen hat, der Unzucht nachgeht.

V. Im § 362 Abs. 3 Satz 2 werden die Worte „Im Falle des § 361 Nr. 6" durch die Worte „In den Fällen des § 361 Nr. 6, 6a" ersetzt.

[1]) Die bisherige Nr. 6 des § 361 bedrohte mit Haft eine Weibsperson, welche wegen gewerbsmäßiger Unzucht einer polizeilichen Aufsicht unterstellt ist, wenn sie den in dieser Hinsicht zur Sicherung der Gesundheit, der öffentlichen Ordnung und des öffentlichen Anstandes erlassenen polizeilichen Vorschriften zuwiderhandelt, oder welche, ohne einer solchen Aufsicht unterstellt zu sein, gewerbsmäßig Unzucht treibt.

Durch Ersatz dieser Bestimmung durch die neue Fassung ist jegliche Sittenkontrolle und damit auch die regelmäßige ärztliche Untersuchung der bisher unter Kontrolle gestandenen Dirnen aufgehoben worden. Ob durch den Fortfall dieser Einrichtungen die von dem Gesetz zur Bekämpfung der Geschlechtskrankheiten erstrebte Einschränkung dieser Krankheiten erreicht wird, muß erst die Zukunft lehren. Wieweit die Ansicht über die Unzulässigkeit jeglicher weiterer Kontrollmaßnahmen geht, ergibt sich aus einer Entscheidung des sächsischen Oberverwaltungsgerichts vom 6. Februar 1928 (239 II/27), derzufolge sogar Strichverbote gegen Homosexuelle mit Inkrafttreten des Gesetzes zur Bekämpfung der Geschlechtskrankheiten für unzulässig erachtet werden. Diese Entscheidung geht entschieden zu weit.

§ 17. Wohnungsbeschränkungen auf bestimmte Straßen oder Häuserblocks zum Zwecke der Ausübung der gewerbsmäßigen Unzucht (Kasernierungen) sind verboten.

§ 18. Die zur Durchführung dieses Gesetzes, insbesondere für das Zusammenwirken der Behörden mit den Einrichtungen der sozialen Fürsorge notwendigen Vorschriften werden von der obersten Landesbehörde erlassen. Die Aufbringung der entstehenden Kosten regelt sich nach Landesrecht.

§ 19. Dieses Gesetz tritt am 1. Oktober 1927 in Kraft.

Mit dem gleichen Tage treten die Verordnung zur Bekämpfung der Geschlechtskrankheiten vom 11. Dezember 1918 und die Verordnung über Fürsorge für geschlechtskranke Heeresangehörige vom 17. Dezember 1918 (Reichsgesetzbl. S. 1431, 1433) außer Kraft.

14. Reichsverordnung zur Bekämpfung der Geschlechtskrankheiten.

Vom 11. September 1927 (RGBl. I S. 298).

Auf Grund des § 4 Abs. 4 Satz 2, 3 des Gesetzes zur Bekämpfung der Geschlechtskrankheiten vom 18. Februar 1927 (Reichsgesetzbl. I S. 61) wird hiermit verordnet:

§ 1. Zu den ärztlichen Eingriffen, die nur mit Einwilligung des Kranken vorgenommen werden dürfen, gehören insbesondere

die Behandlung mit Salvarsan-, Quecksilber- und Wismutpräparaten, die Entnahme der Rückenmarksflüssigkeit, die Cystoskopie, der Ureteren-Katheterismus und die Dehnung der Harnröhre.

§ 2. Diese Verordnung tritt am 1. Oktober 1927 in Kraft.

15. Preußische Ausführungsverordnung zum Gesetz zur Bekämpfung der Geschlechtskrankheiten vom 18. Februar 1927.

Vom 24. August 1927 (GS. S. 171).

§ 1. Die durch das Reichsgesetz zur Bekämpfung der Geschlechtskrankheiten vom 18. Februar 1927 (Reichsgesetzblatt I S. 61) den Gesundheitsbehörden erwachsenden Aufgaben werden den Stadt- und Landkreisen als Selbstverwaltungsangelegenheiten übertragen.

Die Stadt- und Landkreise haben zur Durchführung der den Gesundheitsbehörden erwachsenden Aufgaben fachlich vorgebildete Ärzte heranzuziehen.

Soweit Beratungsstellen bestehen, die den von den Behörden zu stellenden Voraussetzungen genügen, und die Errichtung neuer Stellen dadurch vermieden werden kann, sind diese Stellen heranzuziehen und anteilsmäßig mit Mitteln auszustatten.

§ 2. Für die Durchführung der im § 4 des Reichsgesetzes zur Bekämpfung der Geschlechtskrankheiten angegebenen Maßnahmen ist die Gesundheitsbehörde zuständig, in deren Bezirk der Verdacht der Weiterverbreitung der Geschlechtskrankheit bei einem Krankheitsverdächtigen oder Kranken hervortritt.

Diese Gesundheitsbehörde kann einer anderen Gesundheitsbehörde, in deren Bezirk der Verdächtige den gewöhnlichen Aufenthalt hat, die Durchführung durch eine schriftliche Mitteilung überlassen, wenn der Verdächtige den Ort des gewöhnlichen Aufenthalts regelmäßig, mindestens aber einmal wöchentlich, aufsucht. Die Überlassung wirkt nur für die Zeit, innerhalb deren sie zulässig ist.

Bestreitet die andere Gesundheitsbehörde die Zulässigkeit der Überlassung, so hat sie dies der im Abs. 1 bezeichneten Gesundheitsbehörde unverzüglich mitzuteilen. Letztere kann die Entscheidung des Bezirksausschusses anrufen, der für die andere Gesundheitsbehörde örtlich zuständig ist. Der Bezirksausschuß beschließt endgültig.

Mit der Überlassung geht die Zuständigkeit für die im Abs. 2 Satz 2 bezeichnete Zeit auf die andere Gesundheitsbehörde über. Im Falle des Abs. 3 bleibt jedoch die bisherige Zuständigkeit bis zur Entscheidung des Bezirksausschusses bestehen.

Entsteht später zwischen den beiden Gesundheitsbehörden darüber Streit, ob die Voraussetzungen der Überlassung noch vorliegen, so kann die Gesundheitsbehörde, der die Durchführung überlassen worden war, die Entscheidung des für sie örtlich zuständigen Bezirksausschusses anrufen. Dieser beschließt endgültig. Bis zu seiner Entscheidung bleibt die bisherige Zuständigkeit bestehen.

§ 3. Die Gesundheitsbehörden können zur Durchführung ihrer Anordnungen außer unmittelbarem Zwange (§ 4 Abs. 4 des Reichsgesetzes zur Bekämpfung der Geschlechtskrankheiten) auch das Zwangsmittel des § 132 Nr. 2 des Gesetzes über die allgemeine Landesverwaltung mit der Maßgabe anwenden, daß Haftstrafen nicht festgesetzt werden dürfen und daß sich die Höhe der Geldstrafen nach den für die Ortspolizeibehörden geltenden Vorschriften bestimmt.

Zur Vollstreckung ihrer Anordnungen können die Gesundheitsbehörden die Polizeibehörden in Anspruch nehmen.

§ 4. Die Verwaltungsbehörden des Staates und der Gemeinden haben sich für die Erfüllung der aus dem Reichsgesetze zur Bekämpfung der Geschlechtskrankheiten und aus dieser Verordnung erwachsenden Aufgaben Beistand zu leisten.

§ 5. Die Gesundheitsbehörde und die Träger der zur Bekämpfung der Geschlechtskrankheiten dienenden öffenlichen Einrichtungen sind verpflichtet, dem Kreisarzt über den Stand der Geschlechtskrankheiten Auskunft zu geben. Der Kreisarzt kann sich von der Ausgestaltung und dem Betriebe der vorbezeichneten öffentlichen Einrichtungen jederzeit durch Einnahme von Augenschein Kenntnis verschaffen.

§ 6. Die Stadt- und Landkreise haben die durch die Einrichtung und Tätigkeit der Gesundsheitsbehörden entstehenden Kosten zu tragen, soweit sich nicht aus den §§ 7 bis 9 etwas anderes ergibt.

§ 7. Die Kosten eines ärztlichen Zeugnisses fallen ebenso wie die einer ärztlichen Untersuchung demjenigen Stadt- oder Landkreise zur Last, dessen Gesundheitsbehörde die Beibringung des Zeugnisses oder die Untersuchung angeordnet hat; jedoch können ihnen gegenüber Gebühren für die ärztliche Tätigkeit nur im Rahmen der amtlichen Gebührenordnung in Ansatz gebracht werden.

Steht jedoch zur unentgeltlichen Untersuchung und Ausstellung des Zeugnisses eine öffentliche Einrichtung zur Verfügung und macht der Verdächtige von ihr keinen Gebrauch, obgleich er auf ihr Vorhandensein hingewiesen war, so hat der Stadt- oder Landkreis die Kosten nur zu tragen, wenn sich der Krankheitsverdacht nicht bestätigt.

§ 8. Der Stadt- oder Landkreis, dessen Gesundheitsbehörde angeordnet hat, daß ein Heilverfahren in einem von ihr bestimmten Krankenhause durchgeführt wird, haftet dem Unternehmer des Krankenhauses neben dem Kranken oder einem Drittverpflichteten für die Bezahlung der Krankenhauskosten. Er hat wegen dieser Kosten einen Ersatzanspruch gegenüber dem Stadt- oder Landkreis, in dem der Kranke bei der Aufnahme in das Krankenhaus den gewöhnlichen Aufenthalt hatte. Ist der Kranke hilfsbedürftig, so besteht der Ersatzanspruch gegenüber der Gemeinde oder dem Gemeindeverband, die bei entsprechender Anwendung der Verordnung über die Fürsorgepflicht vom 13. Februar 1924 (Reichsgesetzbl. I S. 100) als Fürsorgeverband endgültig zum Kostenersatze verpflichtet wären; das gleiche gilt, wenn der Stadt- oder Landkreis sonst Kosten des von seiner Gesundheitsbehörde angeordneten Heilverfahrens deswegen getragen hat, weil der Kranke hilfsbedürftig war.

Gemeinden oder Gemeindeverbände, die danach die Kosten eines von der Gesundheitsbehörde angeordneten Heilverfahrens getragen haben, können deren Ersatz von dem Kranken oder demjenigen verlangen, der dem Kranken gegenüber zur Tragung der Kosten verpflichtet ist. Der Ersatzanspruch darf nach Maß und Voraussetzung nicht weiter geltend gemacht werden, als ihn ein Fürsorgeverband gegenüber dem Unterstützten oder dem diesem verpflichteten Dritten hat.

Über Streitigkeiten, die zwischen Gemeinden und Gemeindeverbänden wegen Ersatzansprüchen entstehen, wird im Verwaltungsstreitverfahren endgültig von demjenigen Bezirksausschuß entschieden, der für die in Anspruch genommene Gemeinde oder den in Anspruch genommenen Gemeindeverband örtlich zuständig ist.

§ 9. Die Durchführung der den Landkreisen nach § 1 erwachsenden Aufgaben kann durch Beschluß des Kreisausschusses kreisangehörigen Gemeinden und engeren Gemeindeverbänden (rheinischen Bürgermeistereien und westfälischen Ämtern) von mehr als 10000 Einwohnern und in der Provinz Hannover den selbständigen Städten (§ 27 Abs. 1 der Kreisordnung für die Provinz Hannover) übertragen werden, wenn die ordnungsmäßige Bekämpfung der Geschlechtskrankheiten dadurch nicht gefährdet wird. Unter derselben Voraussetzung ist dem Antrage solcher Gemeinden oder Gemeindeverbände zu entsprechen, durch den die Übertragung nachgesucht wird.

Die Übertragung bedarf der Genehmigung des Regierungspräsidenten, der sie nur mit Zustimmung des Bezirksausschusses versagen kann. Ist die Übertragung ohne Antrag ausgesprochen oder entgegen einem Antrag abgelehnt worden, so kann die Gemeinde oder der engere Gemeindeverband den Beschluß des Kreisausschusses mit der Beschwerde anfechten. Die Beschwerde ist binnen zwei Wochen nach der Zustellung des Beschlusses bei dem Kreisausschuß anzubringen. Der Bezirksausschuß beschließt über sie endgültig; in diesem Falle bedarf die Übertragung keiner Genehmigung durch den Regierungspräsidenten.

Um die einheitliche Bekämpfung der Geschlechtskrankheiten innerhalb seines Bezirks zu sichern, kann der Landkreis im Rahmen der allgemeinen, zum Reichsgesetze zur Bekämpfung der Geschlechtskrankheiten erlassenen Ausführungsvorschriften Richtlinien aufstellen. Kreisangehörige Gemeinden und engere Gemeindeverbände führen innerhalb dieser Richtlinien die ihnen übertragenen Aufgaben selbständig unter eigener Verantwortung durch.

Kreisangehörige Gemeinden und engere Gemeindeverbände, denen die Durchführung übertragen ist, haben von dem sachlichen Aufwande, der ihnen im Einzelfall aus angeordneten ärztlichen Untersuchungen, Vorlagen von ärztlichen Zeugnissen und Heilverfahren entsteht, drei Zehntel zu tragen, während sieben Zehntel dem Landkreise zur Last fallen. Ersatzansprüche aus § 8 Abs. 1 Satz 2 können sie weder gegeneinander noch gegen den Landkreis geltend machen. Soweit sie sonst nach § 8 Abs. 1 und 2 wegen der Kosten eines Heilverfahrens, das ihre Gesundheitsbehörden angeordnet haben, Ersatz fordern könnten, steht der Anspruch dem Landkreise zu. Er kann sie zur Geltendmachung solcher Ansprüche allgemein ermächtigen. Soweit nichts anderes vereinbart ist, gebühren Beträge, die zur Abgeltung derartiger Ansprüche bezahlt werden, in Höhe von sieben Zehntel dem Landkreis und in Höhe von drei Zehnteln derjenigen kreisangehörigen Gemeinde oder demjenigen engeren Gemeindeverbande, deren Gesundheitsbehörde das Heilverfahren im Einzelfall angeordnet hat.

Im übrigen gelten die für Stadt- und Landkreise gegebenen Vorschriften für Gemeinden und engere Gemeindeverbände, denen die Durchführung der Aufgaben übertragen ist, entsprechend.

§ 10. Ein polizeilich angeordnetes Heilverfahren, dem ein Geschlechtskranker beim Inkrafttreten der Verordnung unterworfen ist, gilt von jenem Zeitpunkt ab als durch die zuständige Gesundheitsbehörde angeordnet.

§ 11. Die Landgemeinde Helgoland gilt als Landkreis im Sinne dieser Vorschriften.

§ 12. Diese Verordnung tritt am 1. Oktober 1927 in Kraft. Gleichzeitig treten der § 8 Nr. 9 und der § 9 Abs. 2 des Gesetzes, betreffend die Bekämpfung übertragbarer Krankheiten vom 28. August 1905 (Gesetzsamml. S. 373) in der Fassung der Bekanntmachung vom 25. Februar 1927 (Gesetzsamml. S. 41) außer Kraft[1]).

Der Minister für Volkswohlfahrt erläßt im Einvernehmen mit dem Minister des Innern die zur Ausführung dieser Verordnung erforderlichen Bestimmungen[2]). Diese Bestimmungen sind dem Landtage vorzulegen und auf sein Verlangen abzuändern.

[1]) S. oben II. 6.

[2]) Diese sind ergangen unter dem 31. August 1927 als vorläufige Anweisungen (Volkswohlfahrt 27. Sonderdruck 17), sind aber nach Anhörung des Staatsrats durch Erlaß vom 28. Januar 1928 für endgültig erklärt worden (Volkswohlfahrt Sp. 187). S. auch Runderlaß vom 2. März 1928 (Volkswohlfahrt Sp. 294.)

Abschnitt III.

Gesetze und Verordnungen über das Apotheken- und Drogenwesen.

In diesem Abschnitte handelt es sich in der Hauptsache um den Verkehr mit all den Mitteln, mit denen die Menschheit gegen die Krankheiten vorgeht. Fortgelassen sind die in dem Band 64 der gleichen Sammlung (Handel mit Drogen und Giften) gebrachten Bestimmungen. Wir müssen hier zunächst einmal einige Definitionen festlegen.

Arzneimittel sind alle in der Medizin innerlich und äußerlich zur Anwendung kommenden Stoffe des Tier-, Pflanzen- oder Mineralreichs und ihre Zubereitungen.

Arzneimittel, starkwirkende, sind diejenigen Arzneimittel, die nur auf schriftliche, mit Datum und Unterschrift versehene Anweisung (Rezept) eines Arztes, Zahnarztes oder Tierarztes — im letzteren Falle jedoch nur zum Gebrauch in der Tierheilkunde — als Heilmittel an das Publikum abgegeben werden. Diese starkwirkenden Arzneimittel sind aufgezählt in dem Verzeichnis zur Bekanntmachung des Ministers der geistlichen usw. Angelegenheiten v. 22. 6. 96.

Desinfektionsmittel sind Mittel zur Zerstörung von Ansteckungsstoffen. Als solche dürfen im freien Verkehr feilgehalten und verkauft werden die im Verzeichnis A der Kaiserl. Verordnung v. 22. 10. 01 aufgeführten Zubereitungen, soweit sie nicht Stoffe enthalten, welche in den Apotheken nicht ohne Anweisung eines Arztes, Zahnarztes oder Tierarztes abgegeben werden dürfen, soweit sie also keine starkwirkenden Arzneimittel enthalten.

Drogen heißen alle rohen oder halb zubereiteten Produkte der drei Naturreiche, die hauptsächlich in der Medizin verwendet werden.

Genußmittel sind Natur- oder chemische Produkte, die der Mensch in erster Linie des Wohlgeschmacks wegen zu sich nimmt und die fast ausnahmslos eine nervenerregende Wirkung herbeiführen. Sie dürfen im allgemeinen alle ohne jede Beschränkung feilgehalten und verkauft werden. Im Verzeichnis A der Kaiserl. Verordnung v. 22. 10. 01 sind einige Zubereitungen derartiger Mittel aufgeführt.

Geheimmittel sind solche Heilmittel, deren Bestandteile und Gewichtsmengen nicht sofort bei der Ankündigung in gemeinverständlicher Form für jedermann in erkennbarer Weise vollständig und sachentsprechend zur Kenntnis gebracht werden. Um Weiterungen aus dem Wege zu gehen, hat das Reich eine Musterverordnung aufgestellt, die alle Geheimmittel enthält und die in Preußen veröffentlicht ist als Ministerialerlaß v. 19. 12. 24.

Gifte sind Stoffe, die bei Aufnahme meist schon geringer Mengen in dem Körper lebender Wesen durch ihre chemische Beschaffenheit die Gesundheit in erheblichem Maße stören. Im Sinne der gesetzlichen Bestimmungen sind Gifte die in der Anl. I der Polizeiverordnung v. 22. 2. 06 über den Handel mit Giften aufgeführten Drogen, chemischen Präparate und Zubereitungen.

Heilmittel sind Mittel zur Beseitigung oder Linderung von Krankheiten bei Menschen und Tieren.

Hühneraugenmittel sind Mittel zur Beseitigung der Hühneraugen. Als solche dürfen im freien Verkehr feilgehalten und verkauft werden die im Verzeichnis A der Kaiserl. Verordnung v. 22. 10. 01 aufgeführten Zubereitungen, soweit sie nicht Stoffe enthalten, welche in den Apotheken nicht ohne Anweisung eines Arztes, Zahnarztes oder Tierarztes abgegeben werden dürfen, soweit sie also keine starkwirkenden Arzneimittel enthalten.

Kosmetische Mittel sind Mittel zur Reinigung, Pflege oder Färbung der Haut, des Haares oder der Mundhöhle. Als solche dürfen feilgehalten und verkauft werden die im Verzeichnis A der Kaiserl. Verordnung v. 22. 10. 01 aufgeführten Zubereitungen, soweit sie nicht Stoffe enthalten, welche ohne Anweisung eines Arztes, Zahnarztes oder Tierarztes nicht abgegeben werden dürfen, soweit sie also nicht starkwirkende Arzneimittel enthalten, oder sofern sie nicht Kreosot, Phenylsalizylat oder Resorzin enthalten.

Vorbeugungsmittel, Stärkungs- und Kräftigungsmittel gehören nicht zu den Arzneimitteln der Verordnung v. 22. 10. 01. Ihr Name enthält die Definition in sich.

Zubereitungen sind die aus einem oder mehreren Arznei- oder Heilmitteln hergestellten Dosierungen oder Mischungen meist unter Zusatz von Binde- oder Lösungsmitteln.

Feilhalten ist das Bereitstellen zum Verkauf an einer dem Publikum zugänglichen Stelle. Ein Feilhalten als Heilmittel, im Sinne der Verordnung v. 22. 10. 01 liegt nur vor, wenn in einer den Kauflustigen erkennbaren Weise die Absicht ausgedrückt wird, einen Gegenstand als Mittel gegen Krankheit in den Handel zu bringen. Hierbei ist der Wille des Verkäufers maßgebend.

Handverkauf nennt man die entgeltliche Abgabe der Arznei- oder Heilmittel durch den Apotheker, die er ohne ärztliches Rezept abgeben darf.

Überlassen ist jedes Inverkehrbringen, ob entgeltlich oder unentgeltlich ist gleich. Es muß aber stets die Verfügungsgewalt einem anderen eingeräumt werden. Ein Überlassen ist es daher nicht, wenn die Medizin bei der Behandlung selbst einem Kranken z. B. eingegeben, oder eine Salbe eingerieben wird.

Das Reich hat von seinem ihm, wie wir oben gesehen haben, laut Art. 7 der Reichsverfassung zustehenden Recht zur Gesetzgebung (konkurrierendes Gesetzgebungsrecht) in bezug auf den Verkehr mit Arzneimitteln lebhaft Gebrauch gemacht, und zwar hat es auf die Regelung der Frage, welche Arzneien nur auf schriftliche Anweisung des Arztes usw. abgegeben werden dürfen, also der stark wirkenden Arzneimittel, insofern eine Einwirkung ausgeübt, als der Reichsrat eine Musterordnung aufgestellt hat, um eine einheitliche Regelung in den einzelnen Ländern zu erreichen. Diese Grundsätze enthalten auch Vorschriften über die Beschaffenheit und Bezeichnung der Arzneigläser und Standgefäße in den Apotheken. Preußen hat diese Musterordnung unter dem 22. 6. 96 erlassen und Ergänzungsbestimmungen dazu herausgegeben (s. Band 64, Sommerfeld, Handel mit Drogen und Giften). Eine klare Übersicht über Dosierung derartiger Arzneien bietet die vom Deutschen Apotheker-Verein herausgegebene Scribasche Tabelle.

Auch in bezug auf den Verkehr mit Arzneimitteln hat das Reich selbst Bestimmungen getroffen durch die Verordnung, betr. den Verkehr mit Arzneimitteln, v. 22. 10. 01 (s. Band 64, Sommerfeld, Handel mit Drogen und Giften), wozu ihm § 6 Abs. 2 der Reichsgewerbeordnung das Recht gab (s. oben I 3). Diese Verordnung, die durch den Minister der geistlichen usw. Angelegenheiten für Preußen bekanntgemacht worden ist, geht aber selbst etwas daran vorbei und bestimmt, welche Zubereitungen, Drogen und chemischen Präparate dem ausschließlichen Verkauf in Apotheken vorbehalten sind. Der Großhandel wird ganz allgemein von all den Bestimmungen ausgenommen. Für den Verkauf an öffentliche Anstalten zu Untersuchungs- und Lehrzwecken sind besondere Bestimmungen (§ 3) ergangen.

Die Verordnung hat drei Verzeichnisse A, B und C, und letzteres wieder Abteilung A—C. Die im Verzeichnis A aufgeführten Zubereitungen sind nur sofern den Apotheken vorbehalten, als sie als Heilmittel feilgeboten oder verkauft werden. Indessen sind sie frei verkäuflich, wenn sie als Genußmittel, zu wissenschaftlichen, künstlerischen oder technischen Zwecken angeboten werden. Desinfektionsmittel und Hühneraugenmittel unterliegen dem Apothekenzwange nur, wenn sie stark wirkende Arzneimittel, kosmetische Mittel, wenn sie stark wirkende Arzneimittel oder Kreosot, Phenylsalizylat oder Resorzin enthalten.

Die im Verzeichnis B aufgeführten Stoffe dürfen außerhalb der Apotheken nicht feilgehalten oder verkauft werden (§ 2).

Die im Verzeichnis C aufgeführten Stoffe und Zubereitungen dürfen außerhalb der Apotheken nicht feilgehalten oder verkauft werden (§ 2a).

Während nun von einigen Seiten behauptet wird, daß auch den Stoffen des Verzeichnisses B deren Zubereitungen gleichzustellen sind, da sonst der ganze Zweck dieser Bestimmungen verfehlt sein würde, was einer gewissen Berechtigung nicht entbehrt, so muß doch anderseits auch ein Unterschied zwischen § 2 und § 2a gemacht werden. Schon gesetzestechnisch kann man sich nicht denken, daß man den § 2a eingefügt hätte, wenn man dasselbe hätte erreichen können durch Hinzufügen der Worte „und C" im § 2. Der Gesetzgeber hat also bewußt den § 2a neu geschaffen. Zu dem gleichen Resultat, die Zubereitungen aus dem Verzeichnis B herauszulassen, kommen auch mehrere höchstgerichtliche Entscheidungen.

Eine vor allem die biochemischen Vereine treffende Bestimmung ist durch den § 2b am 27. 3. 25 hinzugefügt worden. Er verbietet die Verabfolgung aller Zubereitungen und Stoffe, soweit sie durch Bestimmungen dem Verkehr außerhalb der Apotheken entzogen sind, durch Krankenkassen, Genossenschaften, Vereine und ähnliche Personengesamtheiten an deren Mitglieder.

Man kann nicht gerade sagen, daß diese ganzen Bestimmungen an zu großer Klarheit leiden, und es ist eigentlich bedauerlich und läßt auf einen Mangel an Gesetzgebungs- und Verordnungsroutine schließen, wenn zu derartigen verhältnismäßig einfachen Bestimmungen erst Interpretationen und höchstgerichtliche Entscheidungen notwendig sind, und man könnte dem Verfasser dieser Bestimmungen wohl mit Recht zurufen: sage klar und kurz was du willst, damit dich auch jeder sofort versteht und damit deine Verordnungen nicht wie „Geheimmittel" sind.

Der Verkehr mit diesen Geheimmitteln hat auch eine Regelung durch das Reich insofern gefunden, als der Bundesrat bestimmte Grundsätze und Richtlinien und eine Musterordnung aufgestellt hat. Der preußische Minister hat nun nicht, wie oben im Falle der Verordnung, betr. die Abgabe stark wirkender Arzneien, die Musterordnung selbst als Polizeiverordnung veröffentlicht, sondern hat die Oberpräsidenten beauftragt, die von ihm nach den Richtlinien und der Musterordnung aufgestellte Polizeiverordnung zu erlassen, was auch in sämtlichen preußischen Provinzen geschehen ist.

Der Handel mit Giften ist für Preußen durch die Polizeiverordnung v. 22. 2. 06 geregelt worden, die auf den vom Bundesrat aufgestellten Grundsätzen und einer daraufhin ergangenen Musterordnung beruht.

Gift darf im Kleinhandel entweder nur an bekannt zuverlässige Personen oder aber nur gegen Vorzeigung des Erlaubnisscheines abgegeben werden, den die Polizeibehörde ausstellt. Mit einem Giftschein quittiert der Empfänger den Erhalt des Giftes. Der Begriff Zuverlässigkeit ist in einem Ministerialerlaß v. 3. 4. 13 (III 3) noch näher definiert. Im übrigen regelt dieser Erlaß die Abgabe von Giften an Dentisten und kommt zu dem Schluß, daß für stark wirkende Heilmittel den Dentisten die Erlaubnisscheine im allgemeinen zu versagen sein werden.

Der Verkehr der nicht den Apotheken vorbehaltenen Arzneien, Zubereitungen, Drogen und chemischen Präparaten ist freigegeben. Eine Regelung ist durch den oben (I 3) zitierten § 35 Abs. 4 der Reichs-Gewerbeordnung und durch den Ministerialerlaß v. 22. 12. 02 mit Nachträgen, auf Grund dessen die Regierungspräsidenten Polizeiverordnungen erlassen haben, erfolgt.

Grundsätzlich sei hier erwähnt, daß derjenige, der mit derartigen Gegenständen Handel treiben will, auf Grund des § 35 Abs. 7 der Reichs-Gewerbeordnung bei der Ortspolizeibehörde eine Anzeige machen muß und dieser auf Grund der obenerwähnten Regierungs-Polizeiverordnungen einen Lageplan usw. beifügen muß. Auch untersteht er dann den Besichtigungen und Revisionen.

Die weiteren Ziffern enthalten einige wichtige Bekanntmachungen und Erlasse, die erneut den Handel im Umherziehen mit Arzneimitteln verbieten, die Presse unterstützen wollen durch Mitteilung aller Verordnungen betr. die Kurpfuscherei und die Versendung von Arzneimitteln, Urinproben und feuergefährlichen Gegenständen.

Zu dem oben angegebenen Begriff Geheimmittel kommt noch eine Definition, die zu dem im § 15 des Umsatzsteuergesetzes v. 24. 12. 19 enthaltenen Begriff „Geheimmittel" gegeben ist.

1. Revidierte Apothekerordnung.

Vom 11. Oktober 1801.

(Rabe, Samml. Preuß. Ges. und Verord.-Blätter 6, S. 664.)

§ 14. Die Ausübung der Apotherkunst erstreckt sich aber weder auf ärztliche noch chirurgische Verrichtungen. Sollte jedoch an einem Ort oder dessen Nähe bis auf zwei Meilen sich kein Arzt etabliert haben, so soll der Apotheker insofern nicht etwa der dortige Chirurgus auf innere Kuren bereits examiniert ist und vor unserem Ober-Collegis Medico et Sanitatis approbiert worden, befugt sein, auf seine Prüfung zur Verrichtung gewöhnlicher leichter innerer Kuren bei dem Collegis Medico der Provinz anzutragen, welches alsdann darüber an unser Ober-Collegium-Medicum et Sanitatis zur Approbation berichten muß. Dagegen erfordert aber auch das allgemeine Beste, daß Ärzte und zur innerlichen Praxis autorisierte Wundärzte an solchen Orten, wo keine öffentliche Apotheke vorhanden oder in der Nähe[1]) befindlich ist, eine mit den notwendigsten Arzneimitteln versehene kleine Hausapotheke sich halten können, jedoch lediglich nur zum Gebrauch in ihrer Praxis, nicht aber zum Wiederverkauf an andere Personen. Auch müssen diese Mittel, besonders die Präparate und Composita, von einem approbierten Apotheker im Lande, welcher für deren Güte verantwortlich sein kann, nicht aber von auswärtigen Laboranten und Krämern entnommen werden. Zugleich müssen dieselben davon keinen übermäßigen Vorteil verlangen, und in den Preisen dafür die Patienten nicht überteuern, sondern ihre Arzneirechnungen ganz nach der bestehenden Taxe einrichten, indem sie für die Mühe des einzelnen Dispensierens hinlänglich durch den Rabatt entschädigt werden, welchen Apotheker, von welchen sie sich die Arzneimittel undispensiert liefern lassen, zu geben pflegen.

[1]) S. Abschn. V, Nr. 7.

2. Apotheken-Betriebsordnung.

Abgeändert durch verschiedene Erlasse.

(Min.-Bl. für Medizinalangelegenheiten 1902 S. 63).

A. Einrichtung.

§ 1. Eine Apotheke soll aus folgenden Räumen bestehen:

1. der in der Regel im Erdgeschoß befindlichen Offizin,
2. dem Vorratsraume für die trocken aufzubewahrenden Mittel, — Material- und Kräuterkammer nebst Giftkammer oder Giftverschlag[1]) —,
3. dem Vorratsraume zur Aufbewahrung der kühl zu haltenden Mittel — Arzneikeller (Gewölbe, Wandschrank usw.) —,
4. dem Laboratorium,
5. der Stoßkammer.

Sämtliche Räumlichkeiten sollen verschließbar sein und nach Größe und Einrichtung dem Geschäftsumfang entsprechen. Ihre Zweckbestimmung muß von dem zuständigen Regierungspräsidenten genehmigt sein. Sie dürfen ohne dessen Genehmigung weder zu anderen Zwecken benutzt, noch baulich wesentlich verändert werden und sind stets in gutem baulichen Zustande, sauber und ordentlich zu erhalten.

1) Vgl. § 9 der Polizeiverordnung über den Handel mit Giften vom 24. August 1895.

§ 2. Der Apotheken-Vorstand (Besitzer, Verwalter) muß in demselben Hause wohnen, in welchem die Apotheke sich befindet.

Ausnahmen sind mit Genehmigung des Regierungspräsidenten zulässig.

Das Haus, in welchem eine Apotheke sich befindet, muß außen mit der Bezeichnung „Apotheke" und neben dem Eingang mit einer für die Apotheke bestimmten Nachtglocke versehen sein.

1. Die Offizin.

§ 3. Die Offizin soll trocken, leicht lüftbar, hell und heizbar, mit Rezeptier- und Handverkaufstisch, sowie mit den erforderlichen Warengestellen ausgestattet sein, deren oberer Teil offene Reihen für die Standgefäße bietet, während der untere Schränke oder Schiebekästen aus geruchlosem Holze enthält, welche letzteren in vollen Füllungen laufen oder Staubdeckel haben müssen.

Die Warengestelle in den zu ebener Erde belegenen Räumen soll so eingerichtet sein, daß zwischen der letzten Kastenreihe und dem Fußboden sich eine Luftschicht befindet.

Die Offizin ist abends durch künstliche Beleuchtung von oben, insbesondere am Rezeptiertische, gut zu erhellen.

§ 4. Der Rezeptiertisch soll geräumig, mit einer leicht zu reinigenden Platte versehen, auch bei Tage gut beleuchtet, mindestens mit einer feinen Tarierwaage bis zu 1000 g Tragkraft, vier Handwaagen, deren kleinste 5 g Tragfähigkeit hat, sowie den zugehörigen Gewichten von 200 g abwärts und den erforderlichen Arbeitsgeräten ausgestattet, vom Handverkaufstische räumlich oder in sonst geeigneter Weise getrennt und gegen das Publikum abgesperrt sein.

§ 5 Der Handverkaufstisch, welcher eine Verlängerung des Rezeptiertisches sein kann, ist mit eigenen Waagen und Gewichten, sowie mit besonderen Geräten auszustatten; derselbe soll ebenfalls eine leicht zu reinigende Platte haben.

§ 6. Für die Rezeptur sind mindestens folgende Geräte erforderlich:

ein Emulsionsmörser von Porzellan oder Marmor mit hölzernem Pistill,

vier Porzellanmörser außer den bezeichneten (Messingmörser sind daneben zulässig),

zwei eiserne Pillenmörser,

zwei Porzellan-Salbenmörser,

je ein bezeichneter Porzellanmörser für Gifte, Morphinum, Jodoformium,

eine eiserne und eine aus Holz, Hartgummi oder Horn hergestellte Pillenmaschine, letztere, für die Mittel der Tab. B des Arzneibuches bestimmt, mit „Gift" bezeichnet,

eine Vorrichtung zur Herstellung von zusammengepreßten Arzneizubereitungen (Tabletten),

ein Handdampfkocher mit je einer Infundierbüchse von Zinn und Porzellan und den erforderlichen Koliervorrichtungen,

außerdem Pulverschiffchen von Horn oder Hartgummi, Spatel, Löffel von Horn, Holz, Hartgummi oder edlem Metall, darunter bezeichnete Löffel, je einer für Gifte, Morphinum und Jodoformium,

endlich die erforderlichen Gefäße, Kästchen usw. zur Aufnahme der zubereiteten Arzneien in ausreichender Zahl.

Die Ausstattung mit Geräten, sowie mit Waagen und Gewichten (§ 4) richtet sich nach dem Umfange des Geschäftsbetriebes.

§ 7. In der Offizin oder in einem an dieselbe anstoßenden Nebenraum ist eine Reinigungs- (Spül-) Vorrichtung, wenn möglich mit fließendem Wasser, anzubringen.

§ 8. Die Arzneimittel sind in Behältnissen von Glas, Porzellan, Steingut, verzinntem Blech, geruchlosem Holz oder sonst geeignetem Material aufzubewahren.

Die Arzneibehältnisse sind in den durch den Min.-Erl. vom 22. Juni 1896 (Min.-Bl. f. d. innere Verw. S. 123) bestimmten Farben nach der Nomenklatur des Arzneibuches inhaltsgemäß in dauerhafter Schrift deutlich zu bezeichnen; lackierte Papierschilder mit Druck- oder deutlicher Schrift sind zulässig.

Für die Standgefäße der Säuren und Laugen, sowie des Bromum und Jodum ist radierte Schrift statthaft.

Sämtliche Behältnisse und Bezeichnungen sind in gutem Zustande zu erhalten.

§ 9. Jedes Arzneibehältnis darf nur das der äußeren Bezeichnung entsprechende Arzneimittel enthalten; in geteilten Kästen oder in Kästen mit einzeln bezeichneten Einsatzgefäßen von geeignetem Material kann derselbe Stoff in verschiedener Form (ganz und zerkleinert) aufbewahrt werden.

Papierbeutel als Einlagen in Kästen sind unstatthaft. Auf Arzneimittel, welche zur schnellen Abgabe verpackt in ordnungsmäßigen Behältnissen aufbewahrt werden, findet diese Vorschrift keine Anwendung.

Arzneispezialitäten dürfen nur dann gemeinsam in Schränken oder Schiebekästen aufbewahrt werden, wenn sie in abgeschlossenen Packungen sich befinden, einzeln bezeichnet, sowie ordnungsmäßig und übersichtlich aufgestellt sind. Eine äußere Bezeichnung der Schränke oder Schiebekästen ist in diesem Falle nicht erforderlich.

§ 10 Die sehr vorsichtig aufzubewahrenden Mittel (Tab. B des Arzneibuches), sowie alle dort nicht verzeichneten Mittel von gleicher Wirkung, mit Ausnahme des Phosphors, welcher in den Arzneikeller gehört, dürfen in der Offizin oder in einem geeigneten Nebenraum in kleinen Mengen in einem besonderen, äußerlich mit „Gift" oder „Tab. B" oder „Venena" bezeichneten Behältnis vorrätig gehalten werden. Hinter der äußeren Tür desselben, welche außer der Zeit der Benutzung stets verschlossen zu halten ist, müssen drei oder vier ebenfalls verschließbare Abteilungen (Schränkchen oder zum Verschließen eingerichtete Schubfächer), je eine zur Aufnahme der Alcaloida, bei welchen auch die Cyanverbindungen aufbewahrt werden können, Arsenicalia und Mercurialia sich befinden. Die Türen dieser Abteilungen sind mit entsprechender dauerhafter Bezeichnung zu versehen.

In diesem Giftbehältnis oder in einem besonderen Kästchen müssen sich die mit „Gift" oder „Tab. B" oder „Venena" bezeichneten Geräte, mindestens: 1 Waage, 1 Löffel, 1 Mörser ebenfalls befinden; dieselben sind stets für die Verabfolgung und Verarbeitung jener Stoffe zu benutzen und nach dem Gebrauch sorgfältigst zu reinigen.

Der Schlüssel zum Giftbehältnis ist zuverlässig aufzubewahren.

§ 11. Die vorsichtig aufzubewahrenden Mittel (Tab. C des Arzneibuches), sowie alle dort nicht verzeichneten Mittel von gleicher Wirkung sind in besonderen, nur für diese Mittel bestimmten Abteilungen der Warengestelle unterzubringen.

§ 12. Morphinum und dessen Salze, sowie für die Rezeptur vorrätige Zubereitungen derselben (Verreibungen, Lösungen) sind in der Offizin in einem besonderen, lediglich für diesen Zweck bestimmten, verschließbaren mit „Tab. C" bezeichneten Schränkchen, welches aber von dem sonstigen Aufstellungsplatz der Mittel der „Tab. C" entfernt angebracht sein muß, aufzubewahren.

Als Zubereitungen des Morphinum und seiner Salze für die Rezeptur sind allein zulässig:

1. eine Verreibung von 1 Teil des Morphinum hydrochloricum oder eines anderen Morphinum-Salzes mit 9 Teilen Zucker,
2. Lösungen von 1 Teil dieser Salze in 49 Teilen:
   a) Aqua destillata,
   b) Aqua amygdalarum amararum.

Als Standgefäße für Morphinum, dessen Salze und die vorbezeichneten Zubereitungen sind dreieckige Gläser zu verwenden, welche an einer Seite die vorschriftsmäßige Bezeichnung des Inhalts in eingebrannter roter Schrift auf weißem Schilde tragen.

Der Innenraum des Schränkchens muß aus zwei Abteilungen bestehen, deren eine, mit verschließbarer Tür versehen, für die unvermischten Morphinum-Präparate bestimmt ist, während in der anderen offenen die Lösungen und Mischungen aufzubewahren sind.

Es ist verboten, abgeteilte Pulver von Morphinum oder dessen Salzen, sowie von Hydrargyrum chloratum oder — abgesehen von Abs. 2 Nr. 1 dieses Paragraphen — Verreibungen dieser Mittel mit andern Stoffen vorrätig zu halten.

§ 13. Lösungen von Extrakten mit Ausnahme der narkotischen, abgeteilte Pulver für die Rezeptur, zusammengepreßte Arzneizubereitungen, welche Arzneistoffe der

Tabellen B oder C des Arzneibuchs enthalten mit Ausnahme der Santoninum bis 0,05 g oder Coffeinum bis 0,1 g enthaltenden, fertige Abkochungen, Aufgüsse, mit Ausnahme der in das Arzneibuch aufgenommenen, dürfen nicht vorrätig gehalten werden.

Gegen das Vorrätighalten zusammengepreßter Arzneizubereitungen, welche Arzneistoffe der Tabellen B oder C des Arzneibuches enthalten, sind Einwendungen dann nicht zu erheben, wenn diese Zubereitungen in abgabefertiger Packung aus dem Handel bezogen und in derselben Packung abgegeben werden.

Salzlösungen vorrätig zu halten, ist gestattet, wenn die gelöste Substanz nicht zersetzbar und die Lösung haltbar ist; das Lösungsverhältnis ist auf der Signatur des Standgefäßes in gleicher Weise wie die Bezeichnung des Inhalts zu vermerken. Die Lösungen sind ordnungsmäßig aufzubewahren.

§ 14. Diejenigen Mittel, welche durch Lichteinfluß leiden, sind in schwarzen oder gelben Gläsern oder sonst nach Vorschrift des Arzneibuches, alle übrigen Mittel so aufzubewahren, daß sie in tadellosem Zustande bleiben; narkotische und aromatische Pflanzenteile sollen in gut schließenden Behältnissen, Jodoformium mit den bezeichneten Dispensiergeräten in einem besonderen Schrank oder Kasten untergebracht werden. Eine bezeichnete Waage für Jodoformium ist außerhalb dieses Behältnisses gesondert aufzubewahren.

§ 15. Die Standgefäße und Schiebekästen sind in Gruppen alphabetisch übersichtlich zu ordnen.

2. Die Material- und Kräuterkammer.

Vorratsraum für die trocken aufzubewahrenden Mittel, mit der Giftkammer oder dem Giftverschlag.

§ 16. Dieser Vorratsraum, welcher zur Aufnahme aller trocken aufzubewahrenden Mittel dient, soll hell, trocken, leicht lüftbar und mit einfachen, dauerhaft gestrichenen Warengestellen, sowie den erforderlichen Waagen und Gewichten ausgestattet sein. Schiebekästen müssen aus geruchlosem Holz gefertigt sein, in vollen Füllungen laufen oder Staubdeckel haben.

Ist für größere Vorräte ein besonderer Raum, z. B. eine besondere Kräuterkammer vorhanden, so ist derselbe entsprechend auszustatten.

§ 17. Die Giftkammer soll sich in dem Vorratsraume (§ 16) befinden und eine durchbrochene oder feste Umwehrung haben, welche außer der Zeit der Benutzung stets verschlossen zu halten ist. Sie muß durch Tageslicht gut erhellt und so geräumig sein, daß ein erwachsener Mensch sich zum Abwägen der Gifte frei darin bewegen kann. Die Eingangstür ist an der Außenfläche auf schwarzem Grunde in weißer Schrift mit der Bezeichnung „Gift" oder „Tab. B" oder „Venena" zu versehen.

In der Giftkammer ist der mit dem erforderlichen Arbeitstische (Dispensierplatte) versehene Giftschrank aufzustellen, dessen Tür in gleicher Weise, wie die Eingangstür zur Giftkammer, zu bezeichnen und außer der Zeit der Benutzung stets verschlossen zu halten ist. In dem Giftschranke müssen sich die im § 10 erwähnten drei oder vier verschlossenen und an den Türen entsprechend bezeichneten Abteilungen für die Vorräte der sehr vorsichtig aufzubewahrenden Mittel befinden. Die im § 10 bezeichneten Geräte müssen auch hier vorhanden sein.

Wo die Verhältnisse die Anlage der Giftkammer in dem Vorratsraume nicht gestatten, darf ein anderer, sicher und wenn möglich neben dem Vorratsraume belegener, von den Wohnräumen und Wirtschaftsgelassen völlig getrennter Raum dazu benutzt werden.

Sollten vorübergehend größere Mengen zubereiteter Gifte gebraucht werden, so können dieselben in dichten und fest verschlossenen Behältnissen auch außerhalb des Schrankes in der Giftkammer mit den zur Herstellung solcher Giftmischungen dienenden Gefäßen usw. aufgestellt werden.

Der Schlüssel zum Giftschrank ist zuverlässig aufzubewahren.

Ist der Bedarf an Gift so gering, daß der gesamte Vorrat in dem Giftbehältnis der Offizin aufbewahrt werden kann, so ist eine besondere Giftkammer nicht erforderlich.

Der Handel mit Giften ist durch die Polizeiverordnungen vom 24. August 1895 und 16. Oktober 1901 geregelt.

§ 18. Ein etwa vorhandener Trockenboden soll fugendicht und sauber gehalten sein.

3. Der Arzneikeller.

Vorratsraum für die kühl aufzubewahrenden Mittel.

§ 19. Die kühl zu bewahrenden Arzneimittelvorräte gehören in den Arzneikeller, welcher gepflastert oder zementiert oder asphaltiert oder gedielt, möglichst hell, luftig und trocken sein soll.

An gleicher Stelle ist auch, vor Licht geschützt, der tierische Impfstoff aufzubewahren. Der Verkehr mit Impfstoff unterliegt den Vorschriften des Erlasses vom 28. Februar 1900.

Auch die Salversanpräparate können hier in einem Kistchen aus Holz oder Blech, das die vorschriftsmäßige Bezeichnung „Salversanpräparate" in weißer Schrift auf schwarzem Grunde trägt, aufbewahrt werden[1]).

Der Arzneikeller ist in ähnlicher Weise, wie die Materialkammer, einzurichten, jedoch ist eine Waage nicht erforderlich.

Falls ein Keller wegen Grundwassers oder aus sonstigen triftigen Gründen nicht brauchbar ist, so kann an seiner Stelle ein Gewölbe oder ein großer Wandschrank im Erdgeschoß benutzt werden. Dieser Raum darf so wenig wie der Arzneikeller mit Wirtschaftsräumen oder dem Laboratorium in unmittelbarer Verbindung stehen.

Der Phosphor muß im Arzneikeller und zwar unter Wasser, in einer mit Glasstöpsel verschlossenen, bezeichneten Flasche, welche in Sand oder Asbest in einer außen lackierten, bezeichneten Eisenblechkapsel steht, aufbewahrt und nebst allen Phosphorzubereitungen in einer Mauernische, welche mittels einer eisernen oder mit Eisenblech beschlagenen, bezeichneten Tür verschlossen ist, oder in einem eisernen Schranke oder in einer anderen, gleich feuersicheren Weise unter Verschluß aufgestellt werden.

[1]) Der Erlaß vom 4. August 1927 (Volkswohlfahrt S. 842), der diesen Abs. 3 eingefügt hat, bemerkt, daß Salvarsanpräparate zu den in der Tabelle B des Deutschen Arzneibuches, 6. Aufl. 1926, aufgeführten sehr vorsichtig aufzubewahrenden Mitteln gehören; weiter sind im Artikel „Salvarsanpräparate" des Deutschen Arzneibuches angeordnet: „Salvarsanpräparate sind kühl, aber frostfrei und vor Licht geschützt aufzubewahren". Diese Bestimmung bezweckt nur, daß Salvarsanpräparate vor einer die normale Zimmertemperatur übersteigenden Wärme (infolge der Einwirkung der Sonne oder infolge der Nähe von Ofen, Heizkörpern oder dgl.) geschützt werden. Nötigenfalls hat jedoch in den Apotheken die Aufbewahrung in geeigneter Weise im Arzneikeller (vgl. § 19 d. Apothekenbetriebsordnung) zu erfolgen, wobei aber darauf zu achten ist, daß eine Beschädigung der Salvarsanpackungen durch Feuchtigkeit des Kellers verhindert wird.

§ 20. Wenn besondere Räume zur Aufnahme überschießender Vorräte, welche in den vorhandenen Standgefäßen nicht untergebracht werden können, eingerichtet sind, so müssen dieselben unter Berücksichtigung der Vorschriften über die Absonderung der vorsichtig aufzubewahrenden Mittel bei deutlicher Bezeichnung der Behältnisse ordentlich gehalten werden.

Mittel der Tab. B des Arzneibuches dürfen hier niemals Platz finden.

4. Das Laboratorium.

§ 21. Das Laboratorium soll nach Größe und Ausstattung dem Geschäftsbetriebe entsprechen, hell und leicht lüftbar, feuersicher, am Fußboden wasserdicht und mit feuerfester Decke versehen sein.

Dasselbe soll mindestens mit einer kleinen Dampfkoch- und Dampfdestillations-Vorrichtung nebst erforderlichen Ausrüstungsgegenständen, einer Einrichtung für freie Feuerung, und einem Trockenschrank, sowie mit den erforderlichen Waagen und Gewichten ausgestattet sein.

Mit Genehmigung des Regierungspräsidenten kann der Trockenschrank auch an einem anderen Orte aufgestellt werden, muß dann aber verschließbar sein und den sonstigen Vorschriften entsprechen.

Eine Presse mit Zinn- oder verzinnten Einsätzen (Platten) sowie ein mit Luftlöchern versehenes Schränkchen zur Aufbewahrung der Kolier- und Preßtücher ist hier oder an einem benachbarten anderen Orte sachgemäß aufzustellen. Die Kolier- und Preßtücher (Beutel) sind, soweit erforderlich, zu bezeichnen.

Die in dem Arzneibuche vorgeschriebenen Reagentien und maßanalytischen Lösungen nebst den dazu gehörigen Geräten, nämlich mindestens:

ein Kolben zu 1 l,
ein Kolben zu 500 g,
ein Kolben zu 100 g Inhalt mit engem Hals und einer Marke,
vier Vollpipetten von 5, 10, 20, 25 ccm,
zwei Meßpipetten zu 5 und 10 ccm Inhalt, in $^1/_{10}$ ccm abgeteilt,
zwei Büretten zu 25 bis 50 ccm Inhalt, in $^1/_{10}$ ccm abgeteilt, mit Glasverschluß versehen, nebst Stativ,

ferner:

ein Scheidetrichter,

ein Glaszylinder zu 100 ccm Inhalt mit Glasstöpsel, ohne Tülle, in 1 ccm abgeteilt,
zwei Uhrgläser mit Klemme,
eine Waage zur Bestimmung des spezifischen Gewichtes und für feinere Wägungen (z. B. eine Mohrsche oder Westphalsche Waage),
ein Exsikkator,
ein Luftbad,
ein Siedethermometer,
mehrere Capillarröhrchen,
mehrere Siedekölbchen, Bechergläser und Reagierzylinder,
ein Mikroskop,
ein Perkolator

sind vorrätig zu halten und sachgemäß in den Geschäftsräumen aufzubewahren.

Für diejenigen Reagentien, welche in einem anderen Raum der Apotheke in gebrauchsfähigem Zustande vorrätig gehalten oder welche bei Bedarf hergestellt werden, sind besondere Gefäße nicht erforderlich.

5. Die Stoßkammer.

§ 22. Zum Zerkleinern der Arzneimittel dient ein besonderer, heller Raum, in welchem außer einem Arbeitstische die erforderlichen Werkzeuge (Metallmörser, Wiege-, Schneide- oder Stampfmesser mit Brett oder Kasten und dergl.) ihren Platz finden.

Die im Arzneibuche geforderten Siebe sind, mit den vorgeschriebenen Nummern versehen, an geeignetem Platze, gegen Verunreinigung geschützt, aufzubewahren.

Siebe für stark wirkende und stark riechende Mittel sind entsprechend zu bezeichnen.

§ 23. Alle Nebenräume, mit Ausnahme der in den §§ 18 und 20 erwähnten, sind mit einem Arbeitstisch auszustatten; sie sind außer der Zeit der Benutzung tunlichst verschlossen zu halten.

§ 24. Sämtliche Waagen in der Offizin, wie in den Nebenräumen, von 1 kg Tragfähigkeit abwärts müssen ebenso wie sämtliche Gewichte von 500 g abwärts präzisiert sein und den Bestimmungen der Eichordnung für das Deutsche Reich vom 27. Dezember 1884, der Bekanntmachung vom 27. Juli 1885 (RGBl. 1885 S. 14 und 263) und der Bekanntmachung über die Prüfung der Waagen und Gewichte in den Apotheken vom 10. Juli 1895 entsprechen.

Alle zwei Jahre sind sämtliche in der Offizin und den Nebenräumen in Gebrauch befindlichen Waagen und Gewichte dem nächstliegenden Königlichen Eichungsamt zur Prüfung vorzulegen. Handelswaagen und Handelsgewichte dürfen auch dem nächstliegenden Gemeinde-Eichungsamt zur Nacheichung vorgelegt werden.[1])

Damit die Frist von zwei Jahren möglichst innegehalten wird, soll die Vorlegung alle zwei Jahre in demselben Halbjahre stattfinden, in welchem die erste Vorlegung stattgefunden hat.

Der Nachweis der erfolgten Vorlegung wird durch die darüber von dem Eichungsamte auszustellende Bescheinigung geführt.

[1]) Gemäß Bekanntmachung, betr. Änderung der Eichordnung, vom 6. März 1913 darf bei Gewichten von 10 mg abwärts von der Anbringung des Jahreszeichens abgesehen werden.

§ 25. Die Vorschriften der §§ 8, 9, 11, 13, 14 und 15 gelten auch für die Vorratsräume. Ausgenommen sind die im § 14 für Jodoformium getroffenen Bestimmungen.

§ 26. In jeder Apotheke müssen vorhanden sein:

das Arzneibuch für das Deutsche Reich,

die Arznei-Taxe,

die reichs- und landesgesetzlichen, sowie die reglementarischen Bestimmungen über das Apothekenwesen,
die in einem Aktenheft vereinigten auf die Apotheke bezüglichen behördlichen Verfügungen in Druckexemplaren oder Originalen nach dem Datum geordnet und der Bescheid über die letzte amtliche Besichtigung,
ein Giftverkaufsbuch nebst Belägen (Giftscheinen),
wissenschaftliche Bücher für die Fortbildung der Gehilfen und zur Ausbildung von Lehrlingen,
eine Pflanzensammlung oder ein Werk mit guten Abbildungen von Pflanzen und Pflanzenteilen.

Vorstehend bezeichnete Bücher usw. und die Urkunden über die Befähigung, Betriebs- und Besitzberechtigung, sowie das Arbeits-Tagebuch (Elaborationsbuch), das Buch mit den Eintragungen über den Empfang und die Abgabe von tierischem Impfstoff und die vorhandenen Rezepte sind bei Besichtigungen auf Erfordern vorzulegen.

B. Betrieb.

§ 27. In jeder Apotheke müssen die im Arzneiverzeichnis (Series Medicaminum) mit einem (*) bezeichneten Mittel stets vorrätig und alle vorhandenen Mittel von vorschriftsmäßiger Beschaffenheit sein.

Dieselben Waren in verschiedener Güte zu führen, ist dem Apotheker nicht gestattet.

Ausgenommen hiervon sind die lediglich zu technischen Zwecken dienenden, als solche unzweideutig bezeichneten Waren.

§ 28. Der Apotheken-Vorstand ist für die Güte aller Mittel verantwortlich, gleichviel, ob er dieselben bezogen oder selbst hergestellt hat; die Herstellung darf nur nach Vorschrift des Arzneibuchs stattfinden.

Die selbstbereiteten Mittel sind in ein Arbeits-Tagebuch einzutragen, die gekauften Mittel dagegen nach den Bestimmungen des Arzneibuchs vor Ingebrauchnahme auf Echtheit und Reinheit sorgfältig zu prüfen.

§ 29. Der Apotheken-Vorstand hat fortlaufend die Arzneistoffe, insbesondere die dem Verderben oder der Zersetzung unterliegenden, sorgfältig zu prüfen, und erforderlichenfalls durch einwandfreie Waren zu ersetzen.

§ 30[1]). Ärztliche Verordnungen (Rezepte) sind unter Beobachtung größter Sauberkeit und Sorgfalt ohne Verzug auszuführen; vom Arzte als „eilig" bezeichnete gehen anderen Verordnungen vor. Die einzelnen Bestandteile dürfen nicht abgemessen, sondern müssen abgewogen werden.

Die zur Verarbeitung von Giften und von stark riechenden Mitteln bestimmten Geräte dürfen anderweitig nicht benutzt werden.

Ärztliche Verordnungen dürfen von Lehrlingen nur unter Aufsicht des Vorstandes oder eines Gehilfen, unter deren Verantwortlichkeit, angefertigt werden.

Für die Farbe der Signaturen und die Wiederholung stark wirkender Arzneimittel sind die Bestimmungen des Ministerial-Erlasses vom 22. Juni 1896 maßgebend.

[1]) Erlaß vom 26. April 1920 (Volkswohlfahrt 1920, S. 62).

Wie mir mitgeteilt worden ist, haben Apotheker unter Berufung auf den § 30 der Apothekenbetriebsordnung vom 18. Februar 1902*) es mehrfach abgelehnt, ärztliche Arzneiverordnungen dann auszuführen, wenn darin die einzelnen Bestandteile nicht nach Gewichtsmengen, sondern nach Raummengen angegeben waren. Zur Vermeidung von Weiterungen bestimme ich, daß die Vorschrift im § 30 der Betriebsordnung über das Abwägen der einzelnen Arzneibestandteile in allen Fällen zu befolgen ist, in denen von dem Arzt nicht ein anderes Verfahren der Abmessung ausdrücklich vorgeschrieben ist.

*) MinBl. f. MedAng. 1902 S. 63.

§ 31. Die Signatur muß in deutscher Sprache deutlich und leserlich enthalten:

a) die Bezeichnung der verabfolgenden Apotheke,
b) den Tag der Herstellung der Arznei,
c) die Gebrauchsanweisung.

Gebrauchsanweisungen in fremder Sprache sind daneben zulässig. Außerdem müssen die verordneten Bestandteile der Arznei und, wenn aus der Verordnung ersichtlich, auch der Name des Kranken auf der Signatur vermerkt sein.

§ 32. Auf der ärztlichen Verordnung ist sogleich nach der Anfertigung der ausgeschriebene Name des Anfertigers und baldigst die Taxe leserlich zu vermerken.

Auf ärztlichen Verordnungen, welche aus öffentlichen oder Krankenkassen (Krankenversicherungsgesetz in der Fassung vom 10. April 1892, RGBl. S. 379) bezahlt werden, ist die Taxe für die Mittel, Arbeiten, Gefäße usw. nach den Einzelpreisen auszuwerfen.

§ 33. Wenn der Apotheker in einer ärztlichen Verordnung einen Verstoß gegen die bestehenden Vorschriften oder einen Irrtum zu finden glaubt, so muß er darüber den verordnenden Arzt mündlich oder in einem verschlossenen Briefe verständigen. Besteht der Arzt auf Anfertigung seiner Verordnung, so kann der Apotheker dieselbe zwar auf dessen Verantwortung anfertigen, ist aber verpflichtet, dem Kreisarzt sogleich Anzeige zu machen, oder wenn dieser die Arznei verordnet haben sollte, die Verordnung dem Regierungspräsidenten zur Prüfung durch den Regierungs- und Medizinalrat einzusenden.

Ist der verordnende Arzt nicht zu erreichen, so ist bei Überschreitung der Maximaldosen die vorgeschriebene Grenze herzustellen und dem Arzte tunlichst bald Kenntnis davon zu geben.

Unleserlich geschriebene Verordnungen dürfen ohne Aufklärung durch den Arzt nicht angefertigt werden.

Es ist nicht gestattet, für ein verschriebenes Arzneimittel ein anderes zu verwenden.

§ 34. Arzneien, welche nicht von approbierten Ärzten verschrieben sind, dürfen nur dann angefertigt werden, wenn dieselben lediglich aus solchen Mitteln bestehen, welche auch im Handverkauf abgegeben werden dürfen (Ministerial-Erlaß vom 22. Juni 1896).

§ 35. Die in den Apotheken befindlichen ärztlichen Verordnungen dürfen anderen Personen, als dem verordnenden Arzte, dem Kranken und dessen Beauftragten oder Vertreter weder gezeigt, noch in Ur- oder Abschrift verabfolgt werden.

§ 36. Der Verkehr mit Geheimmitteln regelt sich nach den hierüber bestehenden Bestimmungen.

§ 37. Die Ausübung der Heilkunst ist den Apothekern untersagt. Bei lebensgefährlichen Verletzungen, Vergiftungen oder besonders eiligen Notfällen ist es dem Apotheker ausnahmsweise gestattet, mangels rechtzeitiger ärztlicher Hilfe, die von ihm für zutreffend erachteten Mittel abzugeben. Er hat aber dafür zu sorgen, daß beim Eintreffen eines Arztes diesem sofort genaue Mitteilung davon gemacht werde.

Einfache, die Anwendung eines Mittels erläuternde, kurze Anweisung zu geben, ist gestattet.

§ 38. Es ist den Apothekern untersagt, mit Ärzten oder anderen Personen, welche sich mit der Behandlung von Krankheiten befassen, über die Zuwendung von Arzneiverordnungen Verträge zu schließen oder denselben dafür Vorteile zu gewähren, oder Arzneien anzufertigen, deren Bestandteile durch erdichtete, unverständliche Ausdrücke bezeichnet sind.

§ 39. Nebengeschäfte dürfen Apotheker nur mit Genehmigung des Regierungspräsidenten, und zwar in besonderen, von den Apothekenräumen getrennten und mit eigenem Eingang versehenen Gelassen treiben.

§ 40. Apothekern, die ihre Apotheke ohne Gehilfen betreiben, kann auf ihren Antrag durch den Regierungspräsidenten widerruflich gestattet werden, während bestimmter Stunden sich aus der Apotheke zu entfernen, wenn Vorsorge getroffen ist, daß im Bedarfsfalle der Apotheker innerhalb einer Stunde zurückgerufen werden kann.

An Orten mit nur einer Apotheke kann Apothekern, die ihre Apotheke ohne Gehilfen betreiben, durch den Regierungspräsidenten widerruflich gestattet werden, die Apotheke an Sonn- und Feiertagen von 1 Uhr nachmittags an für den übrigen Teil des Tages zu schließen. Die Genehmigung ist davon abhängig zu machen, daß für Notfälle gewisse, nach Art und Menge näher zu bezeichnende Heilmittel jederzeit durch Vermittlung einer zuverlässigen Person erreichbar bleiben.

An Orten mit zwei und mehr Apotheken und in Bezirken, in denen Apotheken verschiedener Orte nicht zu weit voneinander entfernt liegen, ist ein Teil dieser Apotheken sowohl an Sonn- und Feiertagen als auch während der Nachtstunden abwechselnd zu schließen. Über die Reihenfolge der Schließung entscheidet nach Anhörung der beteiligten Apotheker der Regierungspräsident[1]).

Der Regierungspräsident ist auch befugt, darüber Anordnungen zu treffen, während welcher Abend- und Nachtstunden alle Apotheken für den offenen Verkehr zu sperren, also nur für dringende Fälle zur Abgabe von Heilmitteln auf Anruf dienstbereit zu halten sind.

Der Regierungspräsident kann genehmigen, daß an Orten mit zwei oder mehr Apotheken und in Bezirken, in denen Apotheken verschiedener Orte nicht zu weit voneinander entfernt liegen, ein Teil dieser Apotheken während der Mittagszeit bis zu zwei Stunden geschlossen wird.

Durch öffentliche Bekanntmachung am Ort und durch Aushang an der Apotheke ist die Genehmigung oder Anordnung des Regierungspräsidenten zur allgemeinen Kenntnis zu bringen.

[1]) Es ist aber dem Regierungspräsidenten überlassen zu bestimmen, in welcher Weise die Heilmittel, die für die Zeit der völligen Schließung einer alleinigen Apotheke am Ort bereit zu halten sind, den etwaigen Arzneibedürftigen zugänglich sein sollen. Bei der Genehmigung zur Schließung einer oder der anderen Apotheke über die Mittagszeit ist eingehend die Bedürfnisfrage zu prüfen, vor allem aber auch zu berücksichtigen, ob nicht Schädigungen Schwerkranker durch die dadurch verursachten weiteren Wege eintreten können, ob die Schließung der Geschäfte in der Mittagsstunde ortsüblich ist, und ob die Genehmigung nicht lediglich zum Zwecke einer sachlich nicht schlechthin begründeten Entlassung von Angestellten angestrebt wird.

§ 41. Der Apotheken-Vorstand ist verpflichtet, jede Behinderung in der Leitung der Apotheke, wenn sie die Dauer von 3 Tagen übersteigt, unter Benennung des Vertreters dem Kreisarzt rechtzeitig anzumelden.

Bei Abwesenheit oder Behinderung des Vorstandes bis zu 14 Tagen kann die Vertretung durch einen Gehilfen, bei längerer Dauer muß sie durch einen approbierten Apotheker ausgeübt werden.

Kein Apotheken-Vorstand darf ohne Genehmigung des Regierungspräsidenten länger als 3 Monate im Zusammenhang und während eines Jahres nicht mehr als 4 Monate in der Leitung der Apotheke vertreten werden.

C. Personal.

§ 42. Jeder Apotheken-Vorstand kann soviel Lehrlinge, als er Gehilfen hält, zur Ausbildung annehmen.

Wer keinen Gehilfen hält, kann einen Lehrling ausbilden, bedarf aber hierzu der Erlaubnis des Regierungspräsidenten, welche widerruflich ist.

In Zweigapotheken dürfen Lehrlinge nicht ausgebildet oder beschäftigt werden.

§ 43. Wer als Lehrling in eine Apotheke eintreten will, hat vorher ein von dem zuständigen Kreisarzt auf Grund

1. des Zeugnisses über die in Gemäßheit der Bekanntmachung des Reichskanzlers vom 5. März 1875 § 4 Nr. 1 erforderliche wissenschaftliche Vorbildung,
2. des Revaccinationsscheines,
3. des selbstgeschriebenen Lebenslaufes

ausgestelltes Zulassungszeugnis dem Apotheken-Vorstand vorzulegen. Aus dem Zeugnis muß auch der Tag des Eintritts in die Apotheke ersichtlich sein.

Ohne dieses Zeugnis darf kein Apotheken-Vorstand einen Lehrling annehmen.

Ein Lehrling, welcher während der Lehrzeit die Lehrstelle wechselt, hat von dem für die neue Lehrstelle zuständigen Kreisarzt das Zulassungszeugnis genehmigen zu lassen. In dem Abgangszeugnis aus der früheren Stelle ist der Grund des Abganges von dem Lehrherrn anzugeben. Ohne ein so ergänztes Zulassungszeugnis darf kein Lehrling von einem anderen Lehrherrn angenommen werden.

§ 44. Der Apotheken-Vorstand ist für die sachgemäße Ausbildung des Lehrlings verantwortlich. Er hat für die erforderlichen Lehrmittel zu sorgen, dem Lehrling hinreichend geschäftsfreie Zeit zum Studium, im Sommer zum Sammeln von Pflanzen, zu gewähren, die Anlegung und Ordnung der Pflanzensammlung zu überwachen, sowie selbst oder durch einen Gehilfen den Lehrling in den praktischen Arbeiten zu unterweisen und für die Eintragung des Verlaufes dieser Arbeiten in das Arbeitsbuch Sorge zu tragen.

§ 45. Einem Apotheken-Vorstand, welcher seine Pflichten als Lehrherr nicht erfüllt oder sich anderweitig in sachlicher oder sittlicher Beziehung unzuverlässig erweist, kann die Befugnis, Lehrlinge auszubilden, durch den Regierungspräsidenten auf Zeit oder dauernd entzogen werden.

§ 46. Die Ausbildung des Lehrlings untersteht der Aufsicht des zuständigen Kreisarztes, welcher alljährlich gelegentlich der vorgeschriebenen Apothekenmusterung sich von den Kenntnissen und Fortschritten der Lehrlinge zu überzeugen hat. Zu dem Zwecke hat er auch die Pflanzensammlung, sowie das Arbeitsbuch derselben zu besichtigen und die Handschriften auf ihre Deutlichkeit zu prüfen.

Die über den gesamten Vorgang aufzunehmende Verhandlung wird von dem Kreisarzt und dem Lehrherrn unterschrieben, bei günstigem Ergebnis der kreisärztlichen Registratur einverleibt, im entgegengesetzten Falle aber dem Regierungspräsidenten eingereicht.

§ 47. Über die Prüfung als Gehilfe und die weitere Ausbildung zum Apotheker enthalten die Bekanntmachungen des Reichskanzlers vom 5. März und 13. November 1875 (Zentralblatt für das Deutsche Reich 1875 S. 167 und 761) die näheren Bestimmungen.

Apothekergehilfen, welche diesen Bestimmungen nicht genügt haben, dürfen in Apotheken nicht tätig sein. Ausnahmen sind in Gemäßheit der Bekanntmachung des Reichskanzlers vom 12. Februar 1902 (Zentralblatt für das Deutsche Reich 1902 S. 23) zulässig.

§ 48. Der Apotheken-Vorstand ist verpflichtet, jeden Eintritt und Austritt eines Lehrlings sowie den Eintritt und den Abgang jedes Gehilfen unter Beifügung des Gehilfenzeugnisses oder der Approbation, und bei der Entlassung des Entlassungszeugnisses behufs amtlicher Beglaubigung desselben, dem Kreisarzt binnen 8 Tagen nach dem Eintritt oder beim Abgang anzuzeigen. Das Entlassungszeugnis muß eine entsprechende Erklärung enthalten, wenn die Beschäftigung des Gehilfen in der Apotheke nur eine aushilfsweise, auf Tage oder Stunden beschränkte, war.

Anderes, als das bei dem Kreisarzt angemeldete Personal darf in den Apotheken nicht beschäftigt werden.

D. Zweig-, Krankenhaus- und ärztliche Haus-Apotheken.

§ 49. Für eine Zweig-, wie für eine Krankenhaus-Apotheke genügt eine vorschriftsmäßig, entsprechend den örtlichen Verhältnissen eingerichtete Offizin mit einem Vorratsraum, in welchem auch kleinere Arbeiten vorgenommen werden können.

§ 50. Sämtliche Arzneimittel einer Zweigapotheke müssen aus der Stammapotheke bezogen werden, deren Vorstand für die Beschaffenheit und Güte der Arzneimittel der Zweigapotheke verantwortlich bleibt.

Für Krankenhausapotheken, in denen kein approbierter Apotheker tätig ist, sowie für ärztliche Hausapotheken müssen sämtliche Arzneien, soweit sie nicht selbst zubereitet werden, und sämtliche Arzneimittel aus einer am Orte befindlichen Apotheke oder jedenfalls aus einer der nächstbelegenen zehn Apotheken entnommen werden[1]).

[1]) Beim Erlaß der Apothekenbetriebsordnung ist seinerzeit davon ausgegangen worden, daß die Arzneimittel und Arzneien für die nicht von einem Apotheker geleiteten Krankenhausapotheken und für die ärztlichen Hausapotheken aus einer in der Nähe befindlichen Apotheke bezogen werden. Daraus, daß dies jetzt vielfach nicht mehr geschieht, haben sich Mißstände ergeben. Unter anderen sind die sich häufig in einer Notlage befindlichen Land- und Kleinstadtapotheken benachteiligt worden, die auf einen bestimmten beschränkten Wirkungskreis angewiesen sind. Weiter erscheint es notwendig, daß die Personen, die in einer nicht von einem Apotheker geleiteten Krankenhausapotheke tätig sind, und die Ärzte, die Hausapotheken halten, stets die Möglichkeit haben, mit dem Apotheker, der die Arzneien oder Arzneimittel geliefert hat, im Bedarfsfalle unmittelbar Fühlung zu nehmen und bei der Zubereitung von Arzneien seinen Rat einzuholen. (Erlaß v. 13. März 1925. Volkswohlfahrt S. 198.)

§ 51. Für ärztliche Hausapotheken ist in einem besonderen tageshellen, nur für diesen Zweck zu verwendenden Raume ein verschließbarer Schrank mit Fächern und Schiebekästen aufzustellen, welche die vorschriftsmäßige Absonderung der sehr vorsichtig aufzubewahrenden Mittel ermöglichen; außerdem müssen sich hier befinden: das erforderliche Arbeitsgerät an präzisierten Waagen und Gewichten, Mörsern usw., ein Arbeitstisch mit Schiebekästen, sowie ein Handdampfkocher mit Zinn- und Porzellan-Infundierbüchse.

Ebenso müssen das Arzneibuch, die Arznei-Taxe, die Bestimmungen über Hausapotheken, das Belagbuch über den Einkauf der Arzneimittel und ein Tagebuch zum Eintragen der Verordnungen nebst deren Taxpreisen, sowie die Genehmigung zum Halten einer Hausapotheke und die Apotheken-Betriebsordnung vorhanden sein.

Die Genehmigung zur Einrichtung einer Krankenhaus-Apotheke, sowie zum Halten einer ärztlichen Hausapotheke wird von dem Regierungspräsidenten auf Antrag nach Prüfung der Verhältnisse widerruflich erteilt; derselbe stellt nach Anhörung des Regierungs- und Medizinalrats das Verzeichnis der für eine ärztliche Hausapotheke zulässigen Arzneimittel fest. Die Entscheidung über die in einer Krankenhaus-Apotheke vorrätig zu haltenden Arzneimittel ist dem Vorstande des Krankenhauses überlassen.

E. Homöopathische Apotheken und ärztliche homöopathische Hausapotheken.

§ 52. Wenn in Verbindung mit einer Apotheke homöopathische Mittel in einem Schrank vorrätig gehalten werden, so ist derselbe in einem besonderen, gut belichteten Raume aufzustellen[1]).

Handelt es sich nach dem Ermessen des Regierungspräsidenten um eine vollständige homöopathische Apotheke, so muß dieselbe in einem nur für diesen Zweck zu verwendenden hellen Raume ordnungsmäßig eingerichtet sein.

Die Urstoffe und Urtinkturen, sowie Verreibungen und Verdünnungen bis einschließlich der dritten Dezimal-Potenz müssen nach Maßgabe der Bestimmungen des Arzneibuchs über milde und vorsichtig aufzubewahrende Mittel (Tab. C) voneinander getrennt aufgestellt, die Gifte (Tab. B) mit Giftwaage und Löffel in einem verschlossen zu haltenden, als solches bezeichneten Giftbehältnis verwahrt werden; auch muß ein mit der Aufschrift „Gift" oder „Tab. B" oder „Venena" bezeichneter Mörser vorhanden sein. Die Bezeichnung der Standgefäße unterliegt den Bestimmungen des Ministerialerlasses vom 22. Juni 1896.

Ein Arbeitstisch, Dispensiergeräte und ein homöopathisches Arzneibuch müssen vorhanden sein.

Die ärztlichen homöopathischen Hausapotheken müssen ebenfalls in einem lediglich diesem Zwecke dienenden, gut belichteten Raume aufgestellt sein. Ein homöopathisches Arzneibuch, die Arznei-Taxe und die gesetzlichen Bestimmungen über homöopathische Hausapotheken, sowie die ärztliche Approbation und die Genehmigung zum Halten einer homöopathischen Hausapotheke müssen vorhanden sein. Der Arzt hat in seinem Kranken-Tagebuch entsprechende Vermerke über Menge, Inhalt und Taxpreise der abgegebenen Mittel zu machen.

[1]) S. hierzu den Erlaß vom 18. Juli 1906 weiter unten Ziffer 8.

Schlußbestimmungen.

§ 53. Die Befugnisse, welche in diesen Vorschriften dem Regierungspräsidenten zugewiesen sind, werden innerhalb des der Zuständigkeit des Polizeipräsidenten zu Berlin unterstellten Bezirks von dem letzteren ausgeübt.

§ 54. Die vorstehende Betriebsordnung tritt mit dem 1. März 1902 in Kraft. Mit demselben Tage treten die Vorschriften über Einrichtung und Betrieb der Apotheken, Zweig- (Filial-) Apotheken, Krankenhaus-Apotheken (Dispensieranstalten) und ärztlichen Hausapotheken, sowie die Anweisung zur amtlichen Besichtigung der Apotheken vom 16. Dezember 1893 außer Kraft.

3. Ministerialerlaß, betr. Abgabe von Giften[1]) an Dentisten[2]).

(Ministerialerlaß vom 3. April 1913, Min.-Bl. f. Med.-Ang. S. 129.)

Mit Rücksicht auf die Entscheidung des Oberverwaltungsgerichts vom 11. 4. 10 (Bd. 57 S. 341) sind mehrfach Zweifel über die Anwendung des Ministerialerlasses vom 27. 10. 1906 — M. 7014 — betreffend die Abgabe von Giften an Dentisten (Min.-Bl. f. Med.-Ang. S. 463)[3]) hervorgetreten.

Nach eingehender Prüfung erscheint der in diesem Erlasse aufgestellte Satz, „daß eine Lieferung von Giften aus den Gifthandlungen an die Zahntechniker nicht zulässig ist", aus den in jener Entscheidung angeführten Gründen in dieser Allgemeinheit nicht haltbar. Es ist vielmehr anzuerkennen, daß nach § 12 der Polizeiverordnung vom 22. 2. 1906 über den Handel mit Giften (Min.-Bl. f. Med.-Ang. S. 115) auch Dentisten zum Bezuge berechtigt sind, soweit sie als zuverlässig bekannt sind, und das Gift zu einem erlaubten gewerblichen Zweck verwenden wollen.

Zum Begriff der Zuverlässigkeit gehört indes nicht nur, wie das Oberverwaltungsgericht in seiner Entscheidung annimmt, die mit diesem Worte bezeichnete Charaktereigenschaft, sondern auch das Vorhandensein derjenigen Kennt-

---

[1]) Definition „Gift" s. Einleitung zu Abschn. III.

[2]) Dentisten = Zahntechniker, s. Abschn. VI.

[3]) Der Kürze halber hier nicht abgedruckt.

nisse, die eine ordnungsmäßige Verwendung des Giftes gewährleisten. Ob diese letztere Voraussetzung bei einem Dentisten vorliegt, wird der Gifthändler in den meisten Fällen nicht beurteilen können; daraus folgt für ihn die Verpflichtung, Gifte an Dentisten in der Regel nur gegen polizeilichen Erlaubnisschein abzugeben. Die Polizeibehörde wird die Frage, ob der Dentist zuverlässig ist, nach Lage des einzelnen Falles zu prüfen haben. Dentisten, die eine ihrem Berufe entsprechende ordnungsmäßige Ausbildung genossen und sich in der praktischen Tätigkeit bewährt haben, werden in der Regel als zuverlässig anzusehen sein; im Zweifelsfalle ist ein Gutachten des Kreisarztes darüber herbeizuführen.

Als erlaubte gewerbliche Tätigkeit im Sinne des § 12 a. a. O. kann indes die Ausübung der Zahnheilkunde durch Dentisten nur insoweit gelten, als sie nicht im Widerspruch mit anderen Normen des öffentlichen Rechts steht. Nach dieser Richtung kommen insbesondere die Vorschriften vom 22. 7. 96, betreffend die Abgabe stark wirkender Arzneimittel (Min.-Bl. d. i. Verw. S. 123), die das Oberverwaltungsgericht in jener Entscheidung, wie die Gründe zeigen, bewußt aus seiner Erörterung ausgeschieden hat, in Betracht. Denn diese Vorschriften haben, indem sie die Abgabe gewisser Zubereitungen als Heilmittel ohne Rezept eines Arztes verbieten, offensichtlich den Zweck, zu verhindern, daß diese Zubereitungen ohne Rezept als Heilmittel verwandt werden. Eine Heiltätigkeit, die ohne ärztliches Rezept diese Zubereitungen als Heilmittel verwendet, kann daher nicht als erlaubt im Sinne des § 12 der Giftpolizeiverordnung angesehen werden. Die Polizeibehörde kann mithin auch nicht entsprechend dem vorgeschriebenen Wortlaut des Erlaubnisscheins die Bescheinigung ausstellen, daß gegen das Vorhaben eines Dentisten, diese Zubereitungen als Heilmittel zu verwenden, „nach stattgefundener Prüfung nichts zu erinnern sei“ (vgl. § 16 der

Gift-Polizeiverordnung). Demnach werden Erlaubnisscheine für solche in jenen Vorschriften aufgeführte Gifte, die für die unmittelbare Verwendung als Heilmittel an einzelnen Patienten bestimmt sind, den Dentisten zu versagen sein. Zu diesen Giften gehören in erster Linie Kokain und Arsen nebst ihren Zubereitungen. Dagegen, daß den Dentisten der Bezug dieser Gifte auf diese Weise unmöglich gemacht wird, bestehen sachliche Bedenken um so weniger, als ihnen nach sachverständigem Gutachten geeignete Ersatzpräparate zur Verfügung stehen.

Ich ersuche, die Polizeibehörden anzuweisen, hiernach in Zukunft zu verfahren und die Apotheker und Drogisten ihres Bezirks in geeigneter Weise darauf hinzuweisen. Verwaltungsgerichtliche Entscheidungen, die der vorstehenden Auffassung widersprechen, sind mit den zulässigen Rechtsmitteln anzugreifen. Falls eine Entscheidung des Oberverwaltungsgerichts herbeigeführt wird, ist mir dies rechtzeitig anzuzeigen.

4. Regelung des Verkehrs mit Arzneimitteln[1]) außerhalb der Apotheken und Beaufsichtigung derselben.

Ministerialerlaß vom 22. Dezember 1902 (Min.-Bl. f. Med.-Ang. S. 4) in der Fassung des Nachtragserlasses vom 13. Januar 1910 (ebenda S. 65) und vom 17. Oktober 1912 (ebenda S. 344).

Um die in den einzelnen Landesteilen bestehenden Bestimmungen über Einrichtung und Betrieb der Drogen-, Material-, Farben- und ähnlichen Handlungen einheitlich zu gestalten, habe ich den Erlaß über die Besichtigung solcher Handlungen vom 1. 2. 94 nach Anhörung von Vertretern

---

[1]) Definition „Arzneimittel" s. Einleitung zu Abschn. III.

des Apotheker- und Drogistenstandes einer Umarbeitung unterworfen. Dabei sind die auf den gemeinschaftlichen Erlaß vom 10. 2. 1900 erstatteten Berichte in der Weise verwertet worden, daß die von der Mehrzahl der Berichterstatter befürworteten Vorschläge tunlichste Berücksichtigung gefunden haben.

Im Einverständnis mit den Herren Ministern des Innern und für Handel und Gewerbe lasse ich Euer Hochwohlgeboren die beifolgenden Grundzüge über die Regelung des Verkehrs mit Arzneimitteln außerhalb der Apotheken mit dem ergebensten Ersuchen zugehen, auf Grund derselben in dem dortseitigen Bezirk, soweit es noch nicht geschehen sein sollte, eine entsprechende Polizeiverordnung zu erlassen bzw. bestehende Verordnungen entsprechend abzuändern.[2]) (Vgl. § 367 Nr. 5 des Reichsstrafgesetzbuches)[3]).

---

[2]) Diese Pol.-Verordnungen sind ergangen: Reg.-Bez. Aachen 9. Juli 1903 (ABl. 210), Arnsberg 2. April 1903 (ABl. S. 321), Aurich 2. August 1904 (ABl. 245), Breslau 5. März 1903 (ABl. 86), Cassel 18. Juni 1903 (ABl. S. 190), Coblenz 19. Mai 1903 (ABl. 126), Danzig 15. Mai 1903 (ABl. 254), Düsseldorf 7. März 1903 (ABl. 95), Erfurt 2. März 1903 (ABl. 71), Frankfurt a. O. 2. März 1903 (ABl. 63), Gumbinnen 5. Mai 1903 (ABl. 167), Hannover 9. Mai 1903 (ABl. 121), Hildesheim 16. März 1903 (ABl. S. 67), Köln 20. März 1903 (ABl. 124), Königsberg 5. Februar 1903 (ABl. 59), Köslin 9. Juni 1903 (ABl. 147), Liegnitz 14. April 1903 (ABl. 108), 21. Juli 1903, 4. August 1903, Lüneburg 31. März 1903 (ABl. 118), Magdeburg 19. Mai 1903 (ABl. 271), Marienwerder 7. März 1903 (ABl. 81), Merseburg 16. August 1905 (ABl. 335), Minden 17. April 1903 (ABl. 130), Münster 31. Juli 1906 (ABl. 248), Oppeln 17. Februar 1903 (ABl. 94), Osnabrück 28. März 1903 (ABl. 117), Posen 10. November 1903 (ABl. 659), Potsdam 13. Februar 1903 (ABl. 177), Schleswig 9. März 1903 (ABl. 95),

Für die Ausführung der Aufsicht über die genannten Verkaufsstellen füge ich folgende Anweisung hinzu:

1. Verkaufsstellen, in denen Arzneimittel, Drogen, Gifte oder giftige Farben feilgehalten werden, sind nebst den zugehörigen Vorrats- und Arbeitsräumen, sowie dem Geschäftszimmer des Inhabers der Handlung unvermuteten Besichtigungen zu unterziehen.

Wenigstens einmal jährlich, nach Bedarf aber auch häufiger sind zu besichtigen alle Handlungen, in denen die genannten Waren allein oder vorzugsweise feilgehalten werden, ferner solche Verkaufsstellen, deren letzte Besichtigungen gröbere Mängel ergeben haben, oder deren Geschäftsbetrieb das Vorhandensein von Vorschriftswidrigkeiten vermuten läßt, und endlich die Drogenschränke. Bei kleineren Handlungen, namentlich bei solchen, in denen die genannten Waren nur vereinzelt neben anderen feilgehalten werden, keine Drogenschränke vorhanden sind, und der Verdacht von Ordnungswidrigkeiten nicht vorliegt, darf ein Zeitraum von zwei, ausnahmsweise auch von drei Jahren zwischen zwei Besichtigungen liegen.

Sigmaringen fehlt eine derartige Pol.-Verordnung, Stade 21. Juli 1903 (ABl. 253), Stettin 4. Mai 1903 (ABl. 132), Stralsund 23. Juli 1903 (Amtsbl. Extraausg. zu Stück 29), Trier 11. Februar 1903 (ABl. 38), Wiesbaden 2. Mai 1903 (ABl. 259), Berlin 30. April 1904 (Amtbl. Berlin-Potsdam 192).

[3]) Hierdurch wird bedroht mit Geldstrafe bis zu einhundertfünfzig Mark oder mit Haft, wer bei der Aufbewahrung oder bei der Beförderung von Giftwaren oder bei Ausübung der Befugnis zur Zubereitung oder Feilhalten von Giften sowie der Arzneien die deshalb ergangenen Verordnungen nicht befolgt.

2. Zu Beginn jeden Jahres haben die Ortspolizeibehörden sich mit dem zuständigen Kreisarzt darüber ins Einvernehmen zu setzen, welche Verkaufsstellen im Laufe des Jahres besichtigt werden sollen. Der streng vertraulich zu behandelnde Besichtigungsplan darf bestimmte Termine, an denen die Besichtigungen im Laufe des Jahres stattfinden sollen, nicht festsetzen.
3. Die Besichtigungen erfolgen durch die Ortspolizeibehörde unter Mitwirkung des Kreisarztes, der die Besichtigung leitet. Auf dessen Erfordern ist zu der Besichtigung größerer Handlungen von der Ortspolizeibehörde ein approbierter, nicht im Drogenhandel tätiger oder tätig gewesener Apotheker zuzuziehen. In geeigneten Fällen kann seitens der Ortspolizeibehörde von der Beteiligung des Kreisarztes an der Besichtigung mit dessen Einverständnis abgesehen und statt seiner ein approbierter, nicht im Drogenhandel tätiger oder tätig gewesener Apotheker als Sachverständiger beteiligt werden.[1])

Besichtigungen an Orten außerhalb seines Wohnsitzes hat der Kreisarzt tunlichst gelegentlich der Anwesenheit aus anderweiter Veranlassung vorzunehmen.

Ein Apotheker darf an dem Orte, in dem er eine Apotheke besitzt oder in einer solchen tätig ist, an der Besichtigung nur teilnehmen, wenn der Ort über 20000 Seelen zählt; auch in solchen Orten ist von der Mitwirkung eines dort geschäftlich angesessenen oder in einer Apotheke tätigen Apothekers in den Fällen abzusehen, in denen die zu besichtigende Handlung als Konkurrenzgeschäft für dessen Apotheke zu betrachten ist.

---

[1]) Gemäß Verfügung v. 17. 10. 12 (MedMBl. S. 344) sind außer dem Kreisarzt auch approbierte Apotheker zuzuziehen. Auch Besitzer oder frühere Besitzer von Drogenhandlungen können hierbei zugezogen werden wenn ihre Geschäftsführung zu keinerlei Tadel Anlaß gegeben hat.

4. Über die Besichtigung ist unter Zuziehung des Geschäftsinhabers oder seines Beauftragten an Ort und Stelle eine Niederschrift aufzunehmen, von welcher dem Geschäftsinhaber auf Antrag eine Abschrift kostenpflichtig zu erteilen ist.
5. Die Entscheidung darüber, ob den zur Tragung einer Uniform verpflichteten Polizeibeamten für die Mitwirkung bei der Besichtigung die Anlegung von Zivilkleidern aufzuerlegen oder zu gestatten ist, wird Ew. Hochwohlgeboren Ermessen überlassen[2]). Die Polizeibehörde wird zweckmäßig durch Hilfsbeamte der Staatsanwaltschaft vertreten werden, um erforderlichenfalls sofort Beschlagnahmen ausführen zu können.
6. Bei der Besichtigung ist festzustellen:
   a) ob der Betrieb nur in den der Polizeibehörde angezeigten Räumen stattfindet. Die Durchsuchung anderer Räume darf nur unter Beobachtung der Vorschriften der §§ 102 ff. Strafprozeßordnung erfolgen;
   b) ob die Bestimmungen der Kaiserl. Verordnung, betr. den Verkehr mit Arzneimitteln vom 22. 10. 01 (RGBl. S. 380) innegehalten sind, insbesondere, ob etwa in den Nebenräumen, namentlich der Drogenhandlungen, Arzneien auf ärztliche Verordnungen angefertigt werden;
   c) ob die Aufbewahrung der Gifte und der Verkehr mit denselben den Vorschriften der Polizeiverordnung über den Handel mit Giften vom 22. 2. 06 (Med.M.Bl. S. 115) entsprechen.

   Auch die Konzession zum Gifthandel ist einzusehen und das Giftbuch nebst Giftscheinen auf ordnungsmäßige Führung zu prüfen[1]).

---

[1]) Laut dem in Anm. 2 angeführten Erlaß sollen die Polizeibeamten möglichst Zivilkleidung tragen.

[2]) Eine Verfügung v. 3. 10. 07 (MedMBl. S. 376) lenkt

d) Die Besichtigung hat sich ferner auf die Aufstellung und Aufbewahrung sämtlicher Arzneimittel, der indirekten Gifte und der giftigen Farben und Trennung der arzneilichen Stoffe von den Nahrungs- und Genußmitteln zu erstrecken.

e) Auch ist festzustellen, ob die vorgeschriebenen Sondergeräte für die Gifte und differenten Mittel (Waagen, Löffel, Mörser) vorrätig, gehörig bezeichnet und sauber gehalten sind.

Präzisierte Waagen und Gewichte sowie besondere Waagen für unschädliche Arzneimittel sind nicht erforderlich (Vf. v. 12. 1. 72 M.-Bl. S. 7).

Die Vorschriften der Polizeiverordnung über den Handel mit Giften vom 22. 2. 06 (Med.M.Bl. S. 115) bleiben für die Bezeichnung der Gefäße sowie auch im übrigen unberührt.

7. Bei der Beurteilung der Güte der Waren in denjenigen Handlungen, in welchen Arzneistoffe feilgehalten werden, sind nicht so strenge Anforderungen zu stellen wie an die Beschaffenheit der Arzneistoffe in Apotheken.

8. Vorschriftswidrige Waren sind mit zu Protokoll gegebener Zustimmung des Geschäftsinhabers oder seines Vertreters zu vernichten; falls die Zustimmung versagt wird, sind sie in geeigneter Weise, z. B. durch amtliche Versiegelung, bis zur richterlichen Entscheidung aus dem Verkehr zu ziehen.

In dem Strafverfahren ist für den Fall der Verurteilung die Einziehung der vorschriftswidrigen Ware nach Maßgabe der gesetzlichen Bestimmungen zu beantragen.

Für die Beseitigung kleiner, offenbar aus Unwissenheit oder Irrtum beruhenden Mängel, geringer Un-

---

das Augenmerk besonders auf Handlungen mit photographischen Artikeln, die Gift ohne Giftkonzession abgeben, hin.

ordnung und Unsauberkeit in den Verkauf- und Nebenräumen hat die Polizeibehörde unter Hinweis auf den Befund der Besichtigung Sorge zu tragen. Gröbere Verstöße, erhebliche Unordnung und Unsauberkeit sind ernstlich zu rügen und im Wiederholungsfalle zur Bestrafung zu bringen.

Wegen der Übertretung der Vorschriften der Kaiserl. Verordnung vom 22. 10. 01 und der Polizeiverordnung, betr. den Verkehr mit Giften vom 22. 2. 06 (Med.M.Bl. 115) hat die Polizeiverwaltung auf Grund des Gesetzes vom 23. 4. 83 (GS. S. 65) in Verbindung mit der Ausführungsanweisung vom 8. 6. 83 die Strafe festzusetzen, wenn nicht nach Beschaffenheit der Umstände eine die Zuständigkeit der Ortspolizei überschreitende Strafe angemessen erscheint, in welchem Falle die gerichtliche Verfolgung durch den Amtsanwalt zu veranlassen ist.

Mit besonderer Strenge sind Fälle der Anfertigung von Arzneien zu verfolgen; auch ist gegebenenfalls auf Grund des § 35 Abs. 4 der Gewerbeordnung[1]) zu verfahren.

9. Der Kreisarzt hat eine Zusammenstellung der unter seiner Leitung stattgehabten Besichtigungen in Gemäßheit der Vorschrift des § 55 der Dienstanweisung für die Kreisärzte vom 1. 9. 09[2]) Euer Hochwohlgeboren mit dem Jahresberichte einzureichen.

Gelegentlich der Apothekenbesichtigungen haben die Bevollmächtigten auch die hier gedachten Verkaufsstellen einer Besichtigung nach vorstehenden Grundsätzen zu unterwerfen und die darüber aufgenommenen Verhandlungen einzureichen.

10. Die durch die Besichtigung der Verkaufsstellen usw.

---

[1]) S. oben I 3.

[2]) S. weiter unten, Abschnitt IV 1.

entstehenden Ausgaben sind als Kosten der örtlichen Polizeiverwaltung zu betrachten und fallen denjenigen zur Last, welche diese Kosten nach dem bestehenden Recht zu tragen haben.

11. Auf Geschäfte, welche ausschließlich Großhandel betreiben, finden die vorstehenden Vorschriften keine Anwendung.

Hinsichtlich der Beaufsichtigung der Drogenschränke bringe ich die Verfügung vom 5. 7. 98[1]) noch besonders in Erinnerung.

Grundsätze über die Regelung des Verkehrs mit Arzneimitteln außerhalb der Apotheken.

1. Wer den Verkauf von Arzneimitteln außerhalb der Apotheken betreiben will, hat in Zukunft zugleich mit der durch § 35 Abs. 6 der Reichsgewerbeordnung vorgeschriebenen Anzeige einen Lageplan und eine genaue Angabe der Betriebsräume einschließlich des Geschäftszimmers zu den Akten der Ortspolizeibehörde einzureichen.

   Auch die Aufstellung von sogenannten Drogenschränken ist genau anzugeben.

   Andere als die bezeichneten Räume dürfen weder als Betriebs- noch als Arbeitsräume benutzt werden. In den Räumen dürfen abgesehen von Warenproben nur Waren vorhanden sein, die feilgehalten werden.

2. Sämtliche Betriebsräume müssen geräumig, während der Benutzung genügend erhellt sein und ebenso wie die Behälter für Arzneimittel stets ordentlich und sauber gehalten werden.

3. Die Vorräte von Arzneimitteln müssen sich in dichten, festen Behältern befinden, die mit festen, gut schließenden Deckeln oder Stöpseln versehen sind, oder, soweit

[1]) S. Ziffer 5 dieses Abschnitts.

sie Schiebladen darstellen, von festen Füllungen umgeben sind oder dicht schließende Deckel besitzen.

Die Behälter sind mit fest an ihnen haftenden lateinischen und deutschen Bezeichnungen, in gleicher Schriftgröße, die dem Inhalt entsprechen, in haltbarer schwarzer Schrift auf weißem Grunde zu versehen. Als festhaftende Bezeichnungen genügen für Ballons und ähnliche Gefäße auch sicher mit dem Aufnahmebehältnis verbundene Anhängeschilder. Bezeichnungen in anderen Sprachen sind unzulässig. Zur Herstellung der Bezeichnungen kann, sofern es die bisher bestehenden Polizeiverordnungen schon gestatteten, bereits vorhandenen Handlungen eine Übergangszeit bis zum 31. 12. 12 gewährt werden; neue Einrichtungen sind dagegen den Bezeichnungsvorschriften sofort unterworfen.

Arzneimittel, die lediglich für den Gebrauch in der Tierbehandlung als Heilmittel dem freien Verkehr überlassen sind, müssen auf den Vorratsbehältern und Abgabegefäßen oder Umhüllungen über oder unter der sonstigen Aufschrift mit dem deutlich lesbaren Vermerk „Tierheilmittel" versehen sein.

4. Die Behälter sind im Verkaufsraume wie in den Vorratsräumen nach dem lateinischen Alphabet in Gruppen, die der Art der Behälter entsprechen, übersichtlich einreihig und von anderen Waren getrennt zu ordnen.
5. Arzneimittel, die gleichzeitig als Nahrungs- oder Genußmittel dienen oder technische Verwendung finden, brauchen, wenn dieser Verwendungszweck überwiegt, nicht wie Arzneimittel bezeichnet und diesen nicht eingereiht werden.
6. Verschiedene Arzneimittel in einem Behälter aufzubewahren, ist verboten. Dagegen darf dasselbe Arzneimittel in ganzer, verkleinerter oder gepulverter Ware in gesonderten Fächern desselben Behälters aufbewahrt

werden, und zwar auch in abgeteilten Mengen, falls die Ware in besondere Umhüllungen oder in bezeichnete Papierbeutel eingeschlossen ist.

7. Auf den Umhüllungen oder Gefäßen, in denen die Abgabe von Arzneimitteln erfolgt, ist spätestens bei der Abgabe der deutsche Name des darin abgegebenen Arzneimittels deutlich zu verzeichnen. Werden Arzneimittel in abgefaßter Form vorrätig gehalten, so müssen sie übersichtlich geordnet, ohne daß jedoch einreihige Aufstellung erforderlich ist, und vor Staub geschützt aufbewahrt werden und auf jedem einzelnen Gefäß oder jeder sonstigen Packung die deutliche deutsche Aufschrift des Inhalts tragen.
8. Die vorhandenen Arzneimittel müssen echt, zum bestimmungsgemäßen Gebrauch geeignet, nicht verdorben und nicht verunreinigt sein.
9. Den Besichtigungsbevollmächtigten steht das Recht der Probeentnahme von Waren zu.
10. Auf Geschäfte, die ausschließlich Großhandel treiben, finden die vorstehenden Bestimmungen keine Anwendung.
11. Unberührt bleiben die Vorschriften der Landespolizeiverordnung vom 22. 2. 06, betreffend den Handel mit Giften (Min.-Bl. f. Med.-Ang. S. 115).

5. Besichtigung von Schrankdrogerien.

Ministerialerlaß vom 5. Juli 1898 (Min.-Bl. f. d. i. Verw. S. 142).

Um den wirtschaftlichen und gesundheitlichen Gefahren, welche durch die neuerdings immer mehr aufkommenden sogenannten Schrankdrogisten herbeigeführt werden, wirksam zu begegnen, ersuchen wir ergebenst, die nachgeordneten

Behörden, insbesondere auch die Medizinalbeamten zur strengsten Handhabung der folgenden Maßnahmen zu veranlassen.

Den Vorschriften über Besichtigung der Drogen- und ähnlicher Handlungen vom 1. 2. 94 (jetzt gilt der Erlaß vom 22. 12. 02 mit Nachträgen bis zum 17. 10. 12) unterliegen auch die Schrankdrogisten; dieselben sind nach § 35 Abs. 4 und 6 der Reichsgewerbeordnung verpflichtet, den Handel mit Drogen und chemischen Präparaten, welche zu Heilzwecken dienen, der zuständigen Behörde anzumelden, widrigenfalls gemäß § 148 Ziff. 4 der Reichsgewerbeordnung auf Geldstrafe bis zu 150 M. und im Unvermögensfalle auf Haft bis zu 4 Wochen erkannt werden kann. Ergibt die Besichtigung, daß die Handhabung des Gewerbebetriebes Leben und Gesundheit von Menschen gefährdet, so ist der Handel laut § 35 der Gewerbeordnung zu untersagen. In dieser Beziehung kommt namentlich die mittelbare Gefährdung in Frage, insofern die rechtzeitige Anrufung des Arztes verzögert oder verhindert wird. Jene Gefährdung wird nicht nur durch Schrankrevisionen, sondern auch durch die anderweitig bekannte Art und Weise des Arzneiverkaufs festzustellen sein. Die Polizeibehörde wird die Beantragung der Untersagung des Handels schon dann in Erwägung zu ziehen haben, wenn nach ihren Ermittlungen der Schrankdrogist auch bei schweren, einen Arzt unbedingt erfordernden Krankheiten Arzneien verkauft.

Durch eine scharfe Kontrolle der Erfüllung der Anzeigepflicht, durch häufige unerwartete und eingehende Besichtigungen seitens der berufenen sachverständigen Personen, sowie durch Untersagung des Gewerbebetriebes in jedem Falle, in dem Leben oder Gesundheit von Menschen durch die Art der Ausübung des Betriebes gefährdet werden, wird es voraussichtlich gelingen, die Ausschreitungen der Schrankdrogisten und ihrer Lieferanten zu verhüten.

6. Bekanntmachung des Präsidenten des Reichsgesundheitsamts vom 28. Juli 1896, betreffend die Begriffe „einfache Lösungen und Verreibungen".

Die in § 4 der Bundesratsvorschriften, betr. die Abgabe stark wirkender Arzneimittel usw., vorgesehene Erleichterung hinsichtlich der Abgabe von Morphin und dessen Salzen zum inneren Gebrauch beruht auf der Erwägung, das Morphin und Salze desselben nicht selten (z. B. bei Bronchialkatarrh) anderen Arzneimitteln lediglich in der Absicht zugesetzt werden, um neben der sonstigen Wirkung der Arznei auch noch die beruhigende und schmerzlindernde Wirkung des Morphin dem Patienten zu verschaffen. Es handelt sich dabei stets nur um geringfügige Mengen, welche in dieser Zusammensetzung die Gefahr des Morphinmißbrauchs durch zu häufige Wiederholung der Arznei ohne Vorwissen des Arztes nicht bieten. Anders steht es mit den einfachen Lösungen und den einfachen Verreibungen des Morphins. Hier sind die hinzugesetzten Stoffe die Träger des Morphins bzw. seiner Salze und sollen namentlich die zuverlässige Dosierung des bereits in wenigen Zentigrammen stark wirkenden Medikamentes erleichtern. Eine wesentliche arzneiliche Wirkung kommt dem Zusatz im Verhältnis zu dem Morphin nicht zu. Meist werden Stoffe, wie Wasser, Weingeist, Zucker, Milchzucker, Gummiarabikum, Stärkemehl verwendet. Es kommt aber auch vor, daß der Zusatz an sich bereits aus verschiedenen Stoffen zusammengesetzt ist, z. B. Brausepulver, ohne daß dadurch die ausschlaggebende Bedeutung des Morphins als wesentlicher Bestandteil der Arznei vermindert wird.

Hieraus ergibt sich, daß im Sinne des § 4 a. a O. als einfache Lösungen oder Verreibungen nicht ausschließlich derartige Zubereitungen aufzufassen sind, bei denen die Zusätze im wesentlichen nur die Lösungs- und Verreibungsmittel für das Morphin bilden. In zweifelhaften Fällen wird dem Apotheker zu empfehlen sein, eine erneute ärztliche Anordnung zu verlangen.

7. Ministerialerlaß, betreffend Aufbewahrung von Gläsern mit homöopathischen Heilmitteln.

Vom 30. Juni 1900.

Die Aufbewahrung der Gläser in Kästen darf nur in Kästen mit abgeteilten Fächern stattfinden, und zwar jedes Fach nur ein Fläschchen aufnehmen. Die Fläschchen müssen gleichmäßig nach Inhalt und Verdünnung oder Verreibung in Worten und Zahl bezeichnet sein. In gleicher Weise sind Urtinkturen und Urstoffe aufzubewahren. Wenn die Korke außerdem entsprechende Bezeichnung haben, so ist dagegen nichts einzuwenden.

8. Ministerialerlaß, betreffend homöopathische Schrankdrogerien.

Vom 18. Juli 1906 (Min.-Bl. f. Med.-Ang. S. 348).

Unter einem besonderen Raume, wie ihn § 52 der Apothekenbetriebsordnung vom 18. 2. 02 für die Aufstellung eines Schrankes mit homöopathischen Mitteln erfordert, ist ein solcher Raum zu verstehen, der in der Betriebsordnung als Bestandteil der Apotheke nicht aufgeführt ist, z. B. die sog. Geschäftszimmer. Es ist auch nicht zu beanstanden, wenn in diesem Raume gleichzeitig andere als homöopathische Arzneimittel, diätetische Präparate, Weine usw. in vollständig verschlossenen festen Gefäßen und in geschlossenen Schränken aufbewahrt werden. Selbst gegen die Aufstellung von Reagentien im gleichen Raume sind Einwendungen nicht zu erheben.

9. Runderlaß des Ministers für Landwirtschaft, Domänen und Forsten, für Handel und Gewerbe und für Volkswohlfahrt vom 7. Dezember 1925, betreffend Maßnahmen gegen den unerlaubten Hausierhandel mit Arznei- und Geheimmitteln.

Durch § 56 Abs. 2 Nr. 9 der Gewerbeordnung[1]) sind vom Ankauf oder Feilbieten im Umherziehen u. a. Arznei- und Geheimmittel ausgeschlossen. Weiter bestimmt Abs. 1 a. a. O. daß Beschränkungen, vermöge deren gewisse Waren von dem Feilhalten im stehenden Gewerbebetriebe ganz oder teilweise ausgeschlossen sind, auch für deren Feilbieten im Umherziehen gelten (vgl. die Verordnung, betr. den Verkehr mit Arzneimitteln, vom 22. 10. 01/9. 12. 24). Dennoch werden in der Händlerfachpresse Kräutertees gegen die verschiedensten Krankheiten, weiter Eukalyptusöl, Hienfongessenz, Karmelitergeist, Wachholderextrakt usw. als lohnende Hausierartikel empfohlen. Im Laufe der letzten Jahre werden in ländlichen Gegenden sogenannte Stallapotheken (Kästchen mit Tierarzneimitteln) im Umherziehen angeboten und verkauft. Infolgedessen wird von den Kreisen des stehenden Arzneimittelgewerbes darüber geklagt, daß der Hausierhandel mit Arznei- und Geheimmitteln durchweg überhandnehme. Wir ersuchen ergebenst, die für die Überwachung des Hausierhandels in Betracht kommenden Beamten anweisen zu lassen, sorgfältig darauf zu achten, daß die oben angegebenen gesetzlichen Bestimmungen befolgt werden, sowie bei Zuwiderhandlungen dahin zu wirken, daß die vorgefundenen Waren an dazu berechtigte Wiederverkäufer abgegeben werden, damit tunlichst ein weiteres Feilhalten der Waren im Hausierhandel trotz der erfolgten Bestrafung vermieden wird. In

[1]) S. oben Abschnitt I 3 Seite 30.

Zweifelsfällen haben sich die Beamten mit den zuständigen Kreisärzten oder Veterinärräten ins Benehmen zu setzen.

Weiter sind die Polizeibehörden anzuweisen, bei der Beantragung von Wandergewerbescheinen die darum Nachsuchenden dann, wenn sie solche Waren, die als Arznei- und Geheimmittel Verwendung finden, ankaufen oder feilbieten wollen, ausdrücklich auf die Unzulässigkeit des Ankaufs und Feilbietens von Arznei- und Geheimmitteln im Umherziehen aufmerksam zu machen. In Zweifelsfällen haben sich die zuständigen Polizeibehörden vor Weitergabe des Antrages die Packungen der Waren vorlegen zu lassen und die Aufschriften der Packungen sowie den Inhalt der diesen beigefügten Drucksachen — gegebenenfalls unter Anhörung des zuständigen Kreisarztes oder Veterinärrats — zu prüfen.

10. Erlaß des Ministers für Volkswohlfahrt vom 13. Februar 1926.

(Volkswohlfahrt S. 227).

Wie der Verein deutscher Zeitungsverleger (Herausgeber der deutschen Tageszeitungen) E. V. in Berlin W 10 mitteilt, sind zahlreiche seiner Mitglieder infolge des Nichtkennens der geltenden Polizeiverordnungen und der dazu ergangenen Entscheidungen des Kammergerichts häufig im Zweifel darüber, ob sie sich durch die Aufnahme von Anzeigen über Arznei- und Geheimmittel strafbar machen. Um seine Mitglieder auf Anfragen bescheiden zu können, hat der Verein gebeten, ihm den Wortlaut der zurzeit geltenden und etwaiger neuer Verordnungen über Arznei- und Geheimmittel ebenso mitzuteilen, wie dies für sämtliche auf diesem Gebiet fortan ergehenden Entscheidungen des Kammergerichts von dessen Präsidenten bereits angeordnet worden ist.

Im Hinblick darauf, daß durch derartige Maßnahmen eine im Interesse der Volkswohlfahrt liegende Verminderung der unzulässigen Anzeigen zu erwarten sein dürfte, ersuche ich ergebenst, dem genannten Verein eine Abschrift aller Verordnungen, die auf Grund des Erlasses des Herrn Ministers der geistlichen, Unterrichts- und Medizinalangelegenheiten betreffend die Kurpfuscherei vom 28. Juni 1902 ergangen sind, oder künftig ergehen werden, zukommen zu lassen.

11. Postalische Bestimmungen.

Versendung von Arzneimitteln als Warenproben.

In offenen Umschlägen, Kästchen, Säckchen usw. verpackte Arznei- und Heilmittel dürfen, auch wenn sie mit einer durch Siegelmarke oder sonst verschlossenen Hülse versehen sind, seitens vertrauenswürdiger Firmen als Warenproben versandt werden. Bedingung ist, daß der Absender bereit ist, die infolge einer Prüfung, ob die Sendung den Vorschriften entspricht und insbesondere keine verbotenen schriftlichen Mitteilungen enthält, etwa unbrauchbar gewordene Gegenstände auf seine Kosten durch neue zu ersetzen. Die Zulassung erfolgt auf Widerruf. (Apoth.-Ztg. 1914, Nr. 48, S. 537).

Versendung von Urinproben.

Proben von Urin und ähnlichen Ausscheidungsstoffen sind zur Versendung in Paketen zugelassen, wenn die Stoffe in dickwandigen Glasgefäßen mit festschließendem Stöpsel, der mit feuchter Tierblase oder Kautschukstoff überzogen ist, enthalten sind; die Gefäße müssen in festen, undurchlässigen, mit Watte, Stroh, Werg und dgl. ausgefüllten Behältern verpackt sein.

Die Versendung von Urinproben und ähnlichen Stoffen ist ausnahmsweise auch in Briefen und Päckchen, nicht aber in Warenproben gestattet, wenn die nachstehenden Bedingungen erfüllt sind:

1. Die Verpackung muß so eingerichtet sein, daß der Behälter durchaus gegen Bruch und Auslaufen geschützt ist und selbst bei einem Bruch des Behälters die austretende Flüssigkeit durch Watte oder dgl. vollständig aufgesogen wird.

2. Der Inhalt ist in der Aufschrift durch Druck oder Schrift ersichtlich zu machen, z. B. „Urinprobe“.

3. Der Absender hat sich in der Aufschrift namhaft zu machen.

4. Die Sendungen sind nicht durch die Briefkästen, sondern am Schalter oder beim Landbesteller einzuliefern. Briefsendungen und Päckchen mit Proben mit Urin, die diesen Bedingungen nicht entsprechen, sind von der Beförderung auszuschließen. (Ausführungsbestimmungen zu § 5 der Postordnung vom 22. Dezember 1921.)

Postversand feuergefährlicher Gegenstände.

Die Postordnung vom 22. Dezember 1921 (RGBl. S. 1609) bestimmt in

§ 4. Von der Beförderung ausgeschlossen sind:

2. Gegenstände, deren Beförderung eine Gefahr für die Postbeamten oder Postsendungen bildet, namentlich alle durch Reibung, Luftzudrang, Druck oder sonst leicht entzündlichen Sachen sowie ätzende Flüssigkeiten.

Nach den von der Reichspostverwaltung zu vorstehender Vorschrift erlassenen Ausführungsbestimmungen gehören zu den danach auszuschließenden Sendungen u. a.: Mineralsäuren; Essigessenz (Essigsäure zu 80 v. H.); Flüssigkeiten, die leichter entzündlich sind als Petroleum vom Entflammungspunkt 21°, z. B. Chloräthyl, Schwefeläther, Hoffmannstropfen.

Die Annahmebeamten haben darauf zu achten, daß keine Sendungen mit verbotenem Inhalt angenommen werden.

Ergibt es sich nachträglich, daß eine Sendung verbotene Gegenstände enthält, so ist sie anzuhalten und mit gehöriger Umsicht zu verwahren; der Oberpostdirektion ist dies, bei Paketen unter Beifügung der Paketkarte, anzuzeigen. Bei Paketen wird in diesem Falle die Gebühr nur nach der wirklichen Beförderungsstrecke berechnet. Die darüber hinaus erhobene Freigebühr wird erstattet. Die etwaige Beförderung der Paketkarte bis zum Bestimmungsort bleibt außer Betracht.

12. Zum Begriff „Geheimmittel“.

(Volkswohlfahrt 1921, S. 53).

Zu dem im § 15 des Umsatzsteuergesetzes vom 24. Dezember 1919 enthaltenen Begriff „Geheimmittel“ ist im § 62 der Ausführungsbestimmungen vom 12. Juni 1920 folgende Legaldefinition gegeben worden:

I. Unter den im § 15 II., Nr. 16 des Gesetzes angeführten Geheimmitteln sind solche zur Erkennung, Verhütung, Heilung oder Linderung von Krankheiten, Leiden oder Körperschäden aller Art oder zur Vermehrung oder Verminderung körperlicher Leistungen bei Menschen oder Tieren bestimmten Stoffe oder Zubereitungen zu verstehen, hinsichtlich deren die Annahme begründet erscheint, daß sie entweder gesundheitsschädlich wirken (insbesondere auch dadurch, daß sie von dem Gebrauche geeigneter Heilmittel oder ärztlicher Hilfe abhalten) oder doch nicht gesundheitsfördernd wirken, oder daß sie zur Ausbeutung oder Irreführung durch die Art ihrer Ankündigung oder Anpreisung dienen können.

II. Umstände, nach denen die eine oder andere Annahme (I) begründet erscheint, sind insbesondere dann zu erblicken, daß

1. die Stoffe oder die Bestandteile der Zubereitungen und deren Mengenverhältnisse für jedermann geheimgehalten werden oder
2. die Bestandteile der Zubereitungen nach Art und Menge nicht bekannt sind oder
3. die Verbraucher über wesentliche Eigenschaften des Mittels im Dunkeln gehalten werden oder
4. die Verbraucher durch Angaben über Herkunft, Ursprung oder Herstellungsweisen des Mittels in den irrtümlichen Glauben an eine im besonderen Maße wirksame geheimnisvolle Heilkraft versetzt werden, ohne daß beim Vertrieb des Mittels täuschende oder übertriebene Angaben über die Heilkraft gemacht werden, oder
5. erfahrungsgemäß die Zusammensetzung der Zubereitungen willkürlich gewechselt wird, oder
6. von einer Heilwirkung bei den Stoffen oder Zubereitungen überhaupt nicht oder doch nicht gegenüber den in den Ankündigungen oder Anpreisungen angegebenen Krankheiten die Rede sein kann, oder
7. der Preis der Mittel im Verhältnis zu den Herstellungskosten außergewöhnlich hoch ist.

Der Umstand, daß Zubereitungen stark wirkende Stoffe in nicht unbedeutender Menge enthalten, begründet für sich allein noch nicht die Behandlung als Geheimmittel.

III. Dagegen sind nicht als Geheimmittel anzusehen solche Zubereitungen, die in das Arzneibuch für das Deutsche Reich aufgenommen sind und unter der dort angewandten Bezeichnung angeboten werden, und ferner diejenigen, die in der medizinischen Wissenschaft und Praxis als Heilmittel allgemeine Anerkennung gefunden haben.

IV. Das Verzeichnis der hiernach unter die Geheimmittel fallenden Stoffe und Zubereitungen (§ 16 S. 1 d. Ges.) wird nach Anhörung des Reichsgesundheitsamtes und je eines Vertreters des Deutschen Ärztevereins-Bundes, des Reichsverbandes deutscher Tierärzte, des Deutschen Apothekervereins, des Deutschen Drogistenverbandes von 1873 E. V., des Zentralverbandes der chemisch-technischen Industrie E. V., des Verbandes pharmazeutischer Fabriken E. V. und des Verbandes der Fabrikanten von Markenartikeln E. V. vom Reichsminister der Finanzen endgültig aufgestellt und im Reichssteuerblatt veröffentlicht.

Abschnitt IV.

Kreisarzt, Hebammen, Krankenpflegepersonal und Kurpfuschereibekämpfung.

Die Tätigkeit und Amtsbefugnisse der Kreisärzte sind vielseitig und groß. Aus den angeführten Bestimmungen IV 1 und 2 ist alles Nähere zu ersehen.

Eine eigentümliche Regelung hat die Geburtshilfe erfahren, indem das Hebammengesetz nur Frauen betrifft und den Frauen, die nicht eine ärztliche Approbation oder ein Prüfungszeugnis gemäß § 30 Abs. 3 der Reichs-Gewerbeordnung besitzen, die Ausübung der Geburtshilfe auch dann untersagt, wenn sie nicht gewohnheitsmäßig betrieben wird. Nur im Notfalle darf die Frau, die nicht im Besitze eines der beiden Papiere ist, ihrer Geschlechtsgenossin in ihrer schwersten Stunde beistehen. Bei den Männern ist es etwas anderes. Jeder Mann darf ohne weiteres die Geburtshilfe auch gewerbsmäßig ausüben und braucht dazu keine Approbation oder Zeugnis. Er fällt dann unter dieselben Bestimmungen wie jeder Heilkundige. Nur Geburtshelfer darf er sich nicht nennen, oder einen ähnlichen, womöglich arztähnlichen Titel beilegen.

Es handelt sich hier um ein preußisches Gesetz, das auf Grund einer reichsrechtlichen Ermächtigung ergangen ist.

Diese einseitige Regelung hat wohl seinen Grund darin, daß man mit Recht die gewerbsmäßige Ausübung der

Geburtshilfe durch Männer, die nicht Ärzte sind, als eine überaus große Ausnahme und Seltenheit ansieht.

Die in den Ziffern IV 8—13 abgedruckten Bestimmungen enthalten näheres über die Kurpfuschereibekämpfung.

Die Meldepflicht der Kurpfuscher beim Kreisarzt beruht auf den auf Grund ministerieller Anweisung v. 28. 6. 02 in den einzelnen Regierungsbezirken erlassenen Polizeiverordnungen. Die Meldung braucht nicht persönlich zu erfolgen. Eine Meldepflicht auf Grund des § 14 der Reichs-Gewerbeordnung besteht nicht. (S. oben I. 3.)

1. Preußische Dienstanweisung für die Kreisärzte[1]).

Vom 1. September 1909[2]) (Min.-Bl. f. d. Med.Ang. S. 381).

Abteilung I.

Amtliche Stellung und Personalangelegenheiten der Kreisärzte.

Abschnitt I.—IX. usw.

---

[1]) Kreisärzte oder ähnliche Beamte haben wir in Bayern als Bezirksärzte bei den Bezirksämtern, den Stadtmagistraten in Städten, die der Kreisregierung unmittelbar unterstellt sind, und der Polizeidirektion in München. In Sachsen steht an der Spitze jedes der Medizinalpolizeibezirke ein Bezirksarzt. Württemberg hat für jeden Oberamtsbezirk einen Oberamtsarzt bestellt. In Baden ist bei jedem Bezirksamt ein Bezirksarzt tätig. In Hessen heißt der jedem Kreis beigegebene ärztliche Berater Kreisarzt. Mecklenburg-Schwerin und Mecklenburg-Strelitz haben ebenfalls Kreisärzte angestellt. Bremen hat an die Spitze jedes seiner vier Medizinalämter einen Kreisarzt gestellt.

[2]) In bezug auf das Hebammenwesen abgeändert durch Anl. G der Ausführungsbestimmungen zum Gesetz über das Hebammenwesen vom 23. März 23 (Volkswohlfahrt S. 200).

Abteilung II.

Art und Umfang der Obliegenheiten des Kreisarztes[1]).

A. Im allgemeinen.

Abschnitt X.

Allgemeine Dienstobliegenheiten.

§ 34. Als der staatliche Gesundheitsbeamte des Kreises hat der Kreisarzt insbesondere die Aufgabe (vgl. § 6 d. G.):

1. auf Erfordern der zuständigen Behörden, insbesondere des Regierungspräsidenten, des Landrats, in Stadtkreisen der Ortspolizeibehörde, in Angelegenheiten des Gesundheitswesens sich gutachtlich zu äußern;
2. die gesundheitlichen Verhältnisse des Kreises zu beobachten und auf die Bevölkerung aufklärend und belehrend einzuwirken;
3. die Durchführung der Gesundheitsgesetzgebung und der hierauf bezüglichen Anordnungen zu überwachen und nach Maßgabe der bestehenden Vorschriften die Heilanstalten und anderweitige Einrichtungen im Interesse des Gesundheitswesens zu beaufsichtigen; auch hat er über das Apotheken- und Hebammenwesen, über die Heilgehilfen, die Desinfektoren und anderes Hilfspersonal des Gesundheitswesens die Aufsicht zu führen;
4. Vorschläge zur Abstellung von Mängeln den für ihre Beseitigung zuständigen Behörden zu machen und für die Förderung der öffentlichen Gesundheit geeignete Maßnahmen in Anregung zu bringen;
5. die Ausstellung amtlicher Zeugnisse in solchen Fällen, für welche der Minister der Medizinalangelegenheiten die Beibringung eines Zeugnisses des beamteten Arztes vorgeschrieben hat.

---

[1]) S. auch I 8 (S. 50).

Dem Minister der Medizinalangelegenheiten[1]) bleibt die Erweiterung dieses Kreises der Aufgaben vorbehalten.

Der Kreisarzt ist ferner verpflichtet, auf allgemeine Anordnung des Ministers der Medizinalangelegenheiten oder auf Erfordern des Regierungspräsidenten auch vertrauensärztliche Tätigkeit (§ 115 d. Anw.) zu übernehmen.

[1]) Jetzt der Minister für Volkswohlfahrt.

Polizeiliche Anordnungen des Kreisarztes bei Gefahr im Verzuge.

§ 35. Das Recht, gesundheitliche Maßnahmen im Wege obrigkeitlichen Zwanges anzuordnen, steht dem Kreisarzt im allgemeinen nicht zu. Vielmehr hat er sich mit seinen Ersuchen und Anträgen an die zuständigen Behörden zu wenden.

Bei Gefahr im Verzuge kann er jedoch schon vor dem Einschreiten der Polizeibehörde die zur Verhütung der Verbreitung einer übertragbaren Krankheit zunächst erforderlichen Maßnahmen, soweit sie nach den bestehenden Vorschriften zulässig sind, anordnen. Die Anordnungen sind den Betroffenen schriftlich zu geben.

Der Gemeindevorsteher hat, falls er nicht selbst die Polizeiverwaltung führt, diesen Anordnungen Folge zu leisten. Von denselben hat der Kreisarzt der Ortspolizeibehörde sofort schriftliche Mitteilung zu machen. Sie bleiben so lange in Kraft, bis von der Polizeibehörde anderweite Verfügung getroffen wird. (Vgl. § 9 des Reichsgesetzes, betreffend die Bekämpfung gemeingefährlicher Krankheiten, vom 30. Juni 1900 und § 6 des preußischen Gesetzes, betreffend die Bekämpfung übertragbarer Krankheiten, vom 28. August 1905.)

Beobachtung der gesundheitlichen Verhältnisse des Bezirks.

§ 36. Der Kreisarzt soll sich mit dem öffentlichen Gesundheitszustande seines Bezirks und mit den klimatischen, Boden-, Trinkwasser-, Wohnungs-, Erwerbs- und sonstigen Lebensverhältnissen der Bevölkerung bekanntmachen und dauernd vertraut erhalten.

Zu diesem Behufe wird der Kreisarzt aus dem Verkehr mit den Ärzten des Bezirks (vgl. § 23 d. Anw.) sich in geeigneter Weise zu unterrichten, auch bei Gelegenheit sonstiger Anwesenheit an einem Orte durch Besichtigungen und Erkundigungen an zuständiger Stelle die einschlägigen Verhältnisse kennenzulernen suchen. Er wird es sich hierbei zur Aufgabe machen, im Verkehr mit den Beteiligten durch Belehrung Vorurteile zu beseitigen und das Interesse für die Anforderungen der Gesundheitspflege zu wecken und zu heben.

Wegen der Vornahme regelmäßiger Besichtigungen der Ortschaften des Bezirks vgl. § 69 d. Anw.

Vornahme von Untersuchungen.

§ 37. Einfache physikalische, chemische und mikroskopische Untersuchungen, welche nicht ein Laboratorium voraussetzen, hat der Kreisarzt selbst auszuführen. Schwierige Untersuchungen dieser Art, sowie bakteriologische Untersuchungen von Stuhl-, Harn-, Blut-, Wasser- usw. Proben zwecks Feststellung und Beobachtung übertragbarer Krankheiten, hat der Kreisarzt bei derjenigen Untersuchungsanstalt zu beantragen, welche für seinen Bezirk hierzu ein- für alle mal bezeichnet ist.

Bei Entnahme und Versendung von Untersuchungsmaterial hat der Kreisarzt die hierfür erlassenen besonderen Bestimmungen sorgfältig zu beachten (vgl. insbesondere für Pest: Anl. 1 d. Anw. vom 3. Juli 1902, Min.-Bl. f. Med.

Ang. 1903, S. 24, 33; für Cholera und Rotz: § 7 der Bek. vom 4. Mai 1904, Min.-Bl. f. Med. Ang., S. 222; für alle anderen übertragbaren Krankheiten: § 8 ebenda; ferner für Diphtherie, Genickstarre, Ruhr, Scharlach, Typhus, Milzbrand und Rotz: Anlage 3 zu den Sonderanweisungen für die Bekämpfung dieser Krankheiten vom 10. August 1906, Min.-Bl. f. Med.-Ang., S. 362). Er hat tunlichst darauf hinzuwirken, daß diese Bestimmungen auch den Ärzten und, soweit erforderlich, auch den Apothekern bekannt und von ihnen beachtet werden.

Der Kreisarzt hat darüber zu wachen, daß zur Aufnahme von Untersuchungsobjekten geeignete Gefäße in entsprechender Anzahl an Stellen, welche den Ärzten bekanntzugeben sind (z. B. Apotheken), bereitgehalten und unentgeltlich abgegeben werden.

Anregung zur Beseitigung von Mißständen.

§ 38. Die Vorschläge zur Abstellung von Mißständen (vgl. § 34 Nr. 4) sind in überzeugender Weise zu begründen. Sie müssen den gegebenen Verhältnissen, insbesondere den zu Gebote stehenden finanziellen Mitteln der Gemeinde oder des sonstigen zahlungspflichtigen Verbandes Rechnung tragen und sollen, unter Berücksichtigung der praktischen Erfahrungen, nicht über das Maß des tatsächlichen Bedürfnisses hinausgehen.

Finden die Vorschläge nicht die erforderliche Beachtung, so ist die Angelegenheit der Aufsichtsbehörde zur Entscheidung zu unterbreiten.

Besichtigung von Anstalten, Anlagen und Örtlichkeiten des Bezirks.

§ 39. Der Kreisarzt hat zum Zwecke der Besichtigung Zutritt zu allen seiner Aufsicht unterstellten Anstalten, Anlagen, Räumen und Örtlichkeiten.

Er führt den Nachweis seiner amtlichen Eigenschaft durch eine ihm vom Regierungspräsidenten auszustellende Ausweiskarte.

Von den Besichtigungen ist, soweit nicht für einzelne Fälle eine Sonderregelung erfolgt ist (z. B. für die Besichtigung von Apotheken, von Privatkranken-, Privatentbindungs- und Privatirrenanstalten, gewerblichen Anlagen), die Ortspolizeibehörde rechtzeitig zu benachrichtigen, sofern ihre Mitwirkung im Interesse der Sache angezeigt erscheint.

Durchführung der Gesundheitsgesetzgebung.

§ 40. Gesetzwidrigkeiten und Verstöße gegen die sanitäts- und medizinal-polizeilichen Vorschriften hat der Kreisarzt zur Kenntnis der zuständigen Behörden zu bringen. Bei Unregelmäßigkeiten von geringerer Bedeutung wird er durch geeignete Vorstellungen und Ratschläge Abhilfe zu bewirken suchen.

Amtliche Zeugnisse.

§ 41. Bei der Ausstellung amtlicher Zeugnisse (Gutachten, Befundattest, Befundschein) hat sich der Kreisarzt streng an die durch die Ministerialerlasse vom 20. Januar 1853 (Anhang S. 155) und vom 11. Februar 1856 (Anhang S. 157) vorgeschriebene Form und innerhalb der daselbst festgesetzten Grenzen zu halten.

Die Zeugnisse müssen unter tunlichster Vermeidung von Fremdwörtern in leserlicher Schrift abgefaßt und mit deutlicher Namensunterschrift versehen sein.

Beachtung der Stempelgesetzgebung.

§ 42. Soweit die amtsärztlichen Zeugnisse, Ausfertigungen, Beglaubigungen stempelpflichtig sind, hat der Kreisarzt vor deren Aushändigung, spätestens aber binnen zwei Wochen nach dem Tage der Ausstellung, den vorgeschriebenen Stempel zu verwenden und hierbei die einschlägigen gesetzlichen Bestimmungen zu beachten (vgl. §§ 15, 16 des Stempelsteuergesetzes in der Fassung der Bekanntmachung vom 30. Juni 1909 und Nr. 10, 77 des Stempeltarifes — Anhang S. 157, 159).

Gerichtsarzt.

§ 43. Der Kreisarzt ist als öffentlich bestellter gerichtsärztlicher Sachverständiger verpflichtet, die ihm von den gerichtlichen Behörden aufgetragenen Gutachten in gerichtsärztlichen Angelegenheiten unter Beachtung der bestehenden Vorschriften (vgl. § 41 der Anw.) zu erstatten.

Die Öffnung menschlicher Leichen wird im Beisein des Richters von zwei Ärzten, unter welchen sich ein Gerichtsarzt befinden muß, vorgenommen (vgl. § 87 StPO.). Das hierbei zu beobachtende Verfahren regelt sich nach den bestehenden Vorschriften (vgl. Vorschriften für das Verfahren der Gerichtsärzte bei den gerichtlichen Untersuchungen menschlicher Leichen vom 4. Januar 1905, Min.-Bl. f. Med. Ang., S. 68).

Bei mündlichen Vernehmungen vor Gericht und anderen Behörden hat der Kreisarzt seine Auseinandersetzungen so einzurichten, daß sie nicht nur wissenschaftlich und logisch richtig, sondern zugleich möglichst bestimmt, verständlich und auch den Laien zu überzeugen geeignet sind.

Fortbildung, Teilnahme an Fortbildungskursen, an Konferenzen der Kreisärzte.

§ 44. Der Kreisarzt muß sich durch fortgesetztes Studium sowohl mit den Fortschritten der Wissenschaft und den praktischen Errungenschaften der Medizin, insbesondere auf dem Gebiete der öffentlichen Gesundheitspflege und gerichtlichen Medizin, als auch mit den Bestimmungen der Gesundheitsgesetzgebung und -verwaltung vertraut halten.

Er hat an den für Medizinalbeamte nach Bedarf eingerichteten Fortbildungskursen auf Erfordern teilzunehmen.

Inwieweit sich die Kreisärzte und Kreisassistenzärzte eines Regierungsbezirkes unter dem Vorsitze des Regierungspräsidenten oder des Regierungs- und Medizinalrates behufs gemeinschaftlicher Beratung über gesundheitlich wichtige Fragen zu versammeln haben, bleibt besonderer Bestimmung vorbehalten.

B. Im besonderen.

Abschnitt XI.

Meldepflicht der Medizinalpersonen.

§ 45. Der Kreisarzt hat die An- und Abmeldungen der in seinem Bezirke sich niederlassenden, um- oder abziehenden Ärzte, Zahnärzte, Apothekenvorstände, sowie der Gehilfen und Lehrlinge in den Apotheken, der Hebammen und sonstigen geprüften Heilpersonen in Gemäßheit der darüber bestehenden Bestimmungen (vgl. auch Erlaß vom 11. Dezember 1875, Anhang S. 161) entgegenzunehmen und die Approbationen, Prüfungszeugnisse, sowie bei der Führung des Doktor- oder eines anderen Titels die Berechtigungsausweise hierfür sich vorlegen zu lassen. Säumige sind zu erinnern und bei erfolgloser Erinnerung der Polizeibehörde anzuzeigen.

Der Kreisarzt hat über das gesamte Medizinalpersonal in seinem Bezirke, für jede Berufsart getrennt, fortlaufende Verzeichnisse nach Formular I zu führen, aus welchen jederzeit der augenblickliche Personalbestand ersichtlich ist. In das Verzeichnis sind nur diejenigen Ärzte, Zahnärzte und Apothekenvorstände aufzunehmen, welche innerhalb des Amtsbezirkes ihren Wohnsitz haben.

Eine Nachweisung über Ab- und Zugang der Ärzte, Zahnärzte und Apotheker nach Formular II ist zum 1. August jedes Jahres dem Regierungspräsidenten einzureichen.

Der Kreisarzt hat ferner die An- und Abmeldungen der Schiffsärzte (§ 14 der Bekanntmachung des Reichskanzlers vom 3. Juli 1905, Min.-Bl. f. Med.-Ang. 1906, S. 16) entgegenzunehmen. Hält der Kreisarzt einen sich meldenden Arzt für ungeeignet zum Schiffsarzt, so hat er sofort die Entscheidung des Regierungspräsidenten zu beantragen und bis zu dieser Entscheidung die Verwendung des Arztes zu untersagen. (Vgl. Ziffer 1 des Min.-Erl. vom 11. Juni 1906, Min.-Bl. f. Med.-Ang. S. 291.)

Abschnitt XII.

Ausübung des Heilgewerbes durch Personen ohne staatliche Anerkennung.

§ 46. Der Kreisarzt muß es sich angelegen sein lassen, im Vereine mit den Ärzten des Bezirkes die Bevölkerung in geeigneter Weise über das gemeinschädliche Treiben der Kurpfuscher aufzuklären.

Er hat sein besonderes Augenmerk auf diejenigen Personen zu richten, welche ohne entsprechende staatliche Anerkennung das Heilgewerbe ausüben und über sie unter Beihilfe der Ortspolizeibehörden und der Ärzte des Bezirkes ein Verzeichnis nach Formular III zu führen, welches Mitteilungen über Vorleben, Beruf, Heilmethoden und etwaige Bestrafungen enthält. Wo im Polizeiverordnungswege Meldepflicht dieser Personen eingeführt ist (vgl. Min.-Erl. vom 28. Juni 1901, Min.-Bl. f. Med.-Ang., S. 241), ist die Vollständigkeit der Meldungen zu kontrollieren. Er hat weiter darauf zu achten,

daß nichtapprobierte Personen sich nicht als Arzt (Wundarzt, Augenarzt, Geburtshelfer, Zahnarzt) bezeichnen oder sich einen ähnlichen Titel beilegen, durch den der Glaube erweckt wird, der Inhaber sei eine geprüfte Medizinalperson (vgl. Reichsgewerbe-Ordnung § 147 Nr. 3), daß sie nicht mit amtlichen ärztlichen Funktionen betraut werden (vgl. das. § 29),

daß sie nicht im Umherziehen die Heilkunde ausüben (vgl. das. § 56a Nr. 1; § 148 Nr. 7a) oder Arznei- und Geheimmittel feilbieten oder an andere käuflich überlassen (vgl. das. § 56 Nr. 9; § 148 Nr. 7a),

daß sie keine verbotenen öffentlichen Anzeigen oder Ankündigungen (vgl. Nr. 2 und 3 des Min.-Erl. vom 28. Juni 1902) ergehen lassen.

Zuwiderhandlungen sowie Gesundheitsbeschädigungen durch Kurpfuscher bei Ausübung des Heilgewerbes (vgl. §§ 222, 230, 232, 367 Nr. 3 des StGB.) sind sofort der zuständigen Behörde mitzuteilen.

Abschnitt XIII.

Apothekenwesen.

Überwachung und Musterung des Geschäftsbetriebes.

§ 47. Der Geschäftsbetrieb in den selbständigen Apotheken, Zweigapotheken, Krankenhausapotheken (Dispensieranstalten) und ärztlichen Hausapotheken untersteht der Aufsicht des Kreisarztes.

Der Kreisarzt hat alle Apotheken seines Amtsbezirkes einmal jährlich außerordentlich und unangemeldet zu besuchen und im allgemeinen, namentlich hinsichtlich der Ordnung und Sauberkeit in den Räumen, an und in den Arzneibehältnissen sowie hinsichtlich der Beachtung der gesetzlichen Vorschriften über den Betrieb zu mustern.

Ungünstige Befunde und sonst zu seiner Kenntnis gelangende Unregelmäßigkeiten im Geschäftsbetriebe, wie unbefugte Ausübung der Heilkunde, gesetzwidrige Abgabe von Geheimmitteln oder stark wirkenden Arzneimitteln, Überschreitungen der Taxe, Betrieb von Nebengeschäften ohne Genehmigung, unbefugtes Halten von Lehrlingen sind dem Regierungspräsidenten anzuzeigen.

Bei der Musterung der Apotheken sind die vorhandenen Lehrlinge nach Vorschrift zu prüfen.

(Vgl. §§ 469, 470 II. 8 A.L.R., Revid. Apothekenordnung vom 11. Oktober 1801 § 367 Nr. 5 Str.G.B., § 28 der Anweisung vom 18. Februar 1902, siehe S. 313.

Teilnahme an den Apothekenbesichtigungen.

§ 48. Zu den Apothekenbesichtigungen, welche im Auftrage des Regierungspräsidenten durch den Regierungs- und Medizinalrat und einen pharmazeutischen Bevollmächtigten vorgenommen werden, ist der Kreisarzt rechtzeitig und vertraulich einzuladen. Er hat, falls nicht triftige Gründe ihn hindern, jedenfalls zu erscheinen, wenn eine Apotheke an seinem Wohnorte besichtigt wird.

Der Kreisarzt kann ausnahmsweise von dem Regierungspräsidenten mit der Vertretung des Regierungs- und Medizinalrats bei den Besichtigungen beauftragt werden.

Die Erledigung der Bescheide, welche auf Grund der Besichtigung vom Regierungspräsidenten erlassen werden, ist vom Kreisarzte für die Apotheken seines Wohnortes mit Ablauf der gesetzlichen Frist, an auswärtigen Orten gelegentlich anderweiter Anwesenheit oder bei der Jahresmusterung zu überwachen.

Die von den Apothekenvorständen einzureichenden Berichte über die Erledigung der Besichtigungsbescheide hat der Kreisarzt unter Beifügung etwaiger Bemerkungen dem Regierungspräsidenten einzureichen.

(Vgl. die §§ 20, 21 der Anweisung vom 18. Februar 1902).

Apothekenvorstände.

§ 49. Der Kreisarzt hat die ihm einzureichenden Eingaben der Apothekenvorstände an den Regierungspräsidenten unter Beifügung etwaiger Bemerkungen ohne Verzug weiterzureichen.

Er hat darüber zu wachen, daß bei Abwesenheit oder Behinderung des Apothekenvorstandes die Verwaltung der Apotheke durch einen Gehilfen, und wenn die Abwesenheit oder Behinderung länger als 14 Tage dauert, durch einen approbierten Apotheker besorgt wird. Der Apothekenvorstand ist verpflichtet, jede Behinderung, sofern sie die Dauer von drei Tagen übersteigt, unter Benennung des Vertreters dem Kreisarzte rechtzeitig anzuzeigen.

Wird der ordnungsmäßige Betrieb einer Apotheke durch Erkrankung, Tod usw. des Apothekenvorstandes unterbrochen, so hat der Kreisarzt bei dem Mangel eines geeigneten Vertreters bis zum Eintritte eines solchen die Schließung der Apotheke beim Regierungspräsidenten unverzüglich zu beantragen.

Apothekergehilfen.

§ 50. Der Kreisarzt hat darüber zu wachen, daß in den Apotheken nur solche Apothekergehilfen beschäftigt werden, welche die durch §§ 3—15 der Bekanntmachung des Reichskanzlers vom 18. Mai 1904 (Min.-Bl. f. Med.-Ang. S. 207) vorgeschriebene Prüfung bestanden haben oder auf Grund einer im Auslande abgelegten gleichartigen Prüfung vom Reichskanzler in Übereinstimmung mit dem Minister der Medizinalangelegenheiten besonders zugelassen sind (vgl. Bekanntmachung des Reichskanzlers vom 12. Februar 1902, Min.-Bl. f. Med.-Ang. S. 62).

Der Kreisarzt hat weiter darauf zu achten, daß der Apothekenvorstand seiner Verpflichtung entsprechend ihm den Eintritt und den Abgang jedes Gehilfen unter Vorlegung des Gehilfenzeugnisses oder der Approbation, und bei der Entlassung des Entlassungszeugnisses binnen acht Tagen nach dem Eintritte oder bei dem Abgange anzeigt. Das Entlassungszeugnis hat der Kreisarzt hinsichtlich der Beschäftigungszeit zu beglaubigen. (§§ 47,

48 der Apothekenbetriebsordnung vom 18. Februar 1902.) Handelt es sich um einen Kandidaten der Pharmazie, so ist hierbei darauf zu achten, daß das Zeugnis dem durch § 35 der Bekanntmachung des Reichskanzlers vom 18. Mai 1904 vorgeschriebenen Muster (Min.-Bl. f. Med.-Ang. S. 217) entspricht.

Apothekerlehrlinge.

§ 51. Der Kreisarzt hat demjenigen, welcher als Lehrling in eine Apotheke eintreten will, auf Grund der ihm vorzulegenden Papiere (Zeugnis über die wissenschaftliche Vorbildung — vgl. § 6 Nr. 1 der Bekanntmachung des Reichskanzlers vom 18. Mai 1904, Min.-Bl. f. Med.-Ang. S. 207 —, Zeugnis über die Wiederimpfung, selbstgeschriebenen Lebenslauf) ein Zulassungszeugnis auszustellen, aus dem auch der Tag des Eintritts in die Apotheke ersichtlich sein muß. Ohne dieses Zeugnis darf kein Apothekenvorstand einen Lehrling annehmen. Wechselt ein Lehrling während der Lehrzeit die Lehrstelle, so bedarf das Zulassungszeugnis der Genehmigung des für die neue Lehrstelle zuständigen Kreisarztes. Vor der Genehmigung hat sich der Kreisarzt das mit Angabe des Grundes des Abganges versehene Abgangszeugnis aus der früheren Stelle vorlegen zu lassen (vgl. Min.-Erl. vom 27. August 1903, Min.-Bl. f. Med.-Ang. S. 322).

Die Ausbildung der Lehrlinge untersteht der Aufsicht des Kreisarztes, welcher alljährlich gelegentlich der vorgeschriebenen Apothekenmusterung sich von ihren Kenntnissen und Fortschritten gemäß § 40 der Apothenbetriebsordnung vom 18. Februar 1902 zu überzeugen hat. Über diesen Vorgang ist ein Vermerk im Tagebuch des Lehrlings zu machen.

Das vom Apothenvorstand bei Beendigung der Ausbildungszeit auszustellende Zeugnis, welches außer einem Urteil über Leistungen und Führung des Lehrlings auch eine Angabe über etwaige Unterbrechungen der Lehrzeit (vgl. § 6 Nr. 2 der Bekanntmachung des Reichskanzlers vom 18. Mai 1904, Min.-Bl. f. Med.-Ang. S. 207) enthalten muß, ist vom Kreisarzt hinsichtlich der Dauer der Ausbildungszeit zu prüfen und amtlich zu bestätigen. Dasselbe gilt von dem bei Stellenwechsel auszustellenden Abgangszeugnis.

(Vgl. die §§ 42—46 der Apothekenbetriebsordnung vom 18. Februar 1902.)

Prüfung des Personals für Krankenhausapotheken.

§ 52. Im Auftrage des Regierungspräsidenten hat der Kreisarzt in Gemeinschaft mit einem als zweites Mitglied der Prüfungskommission zuzuziehenden Apotheker Diakonissen und Mitglieder staatlich anerkannter geistlicher Genossenschaften für Krankenpflege (barmherzige Schwestern, barmherzige Brüder usw.), welche die Verwaltung der Dispensieranstalt eines Krankenhauses übernehmen wollen, zu prüfen. Die Verhandlungen sind dem Regierungspräsidenten einzureichen, welcher bei günstigem Prüfungsergebnis das Befähigungszeugnis zur Verwaltung einer Dispensieranstalt eines Krankenhauses ausstellt (vgl. Min.-Erl. vom 6. April 1905, Min.-Bl. f. Med.-Ang., S. 195).

Anlegung neuer Apotheken.

§ 53. Dem Kreisarzt liegt es ob, darauf zu achten, daß die im Interesse einer geregelten Arzneiverordnung liegende Vermehrung der Apotheken mit der Zunahme der Bevölkerung tunlichst gleichen Schritt hält.

Er hat daher rechtzeitig nach Maßgabe der darüber bestehenden näheren Vorschriften die Errichtung neuer

Apotheken beim Regierungspräsidenten anzuregen (vgl. auch Verordnung wegen Anlegung neuer Apotheken vom 24. Oktober 1815, Anhang S. 170, Min.-Erl. vom 13. Juli 1840 und vom 25. September 1866, Anhang S. 171, 173).

Abschnitt XIV.

Überwachung des Arzneimittelverkehrs sowie des Handels mit Giften außerhalb der Apotheken.

Besichtigung der Drogen- und ähnlichen Handlungen.

§ 54. Der Kreisarzt hat darüber zu wachen, daß die Bestimmungen über den Verkehr mit Arzneimitteln und über den Handel mit Giften außerhalb der Apotheken beobachtet werden. Zuwiderhandlungen hat er zur Kenntnis der zuständigen Behörden zu bringen (vgl. § 367 Nr. 3, 5 Str.G.B., § 6 Abs. 2, 56 d. Reichs-Gew.-Ordn., Kaiserl. Verord., betreffend den Verkehr mit Arzneimitteln vom 22. Oktober 1901, Min.-Bl. f. Med.-Ang., S. 278; Pol.-Verordn. über den Handel mit Giften vom 22. Februar 1906 — Min.-Bl. f. Med.-Ang., S. 115 —).

Wegen der Beteiligung des Kreisarztes an den Revisionen derjenigen Verkaufsstellen, in denen Arzneimittel, Gifte oder giftige Farben feilgehalten werden — Drogen-, Material-, Farben- und ähnlichen Handlungen —, bewendet es bei den bestehenden Vorschriften (vgl. Min.-Erl. vom 22. Dezember 1902 — Min.-Bl. f. Med.-Ang. 1903, S. 4).

Berichterstattung.

§ 55. Eine Zusammenstellung der besichtigten Drogen- usw. Handlungen, der festgestellten Übertretungen und der erfolgten Bestrafungen nach Formular IV ist dem Regierungspräsidenten mit dem Jahresbericht einzureichen.

Mitwirkung bei Erteilung der Genehmigung zum Handel mit Giften.

§ 56. Der Kreisarzt prüft, sei es auf Ersuchen der Konzessionsbehörde oder auf direkte Meldung, diejenigen Personen, welche die Genehmigung zum Handel mit Giften nachsuchen.

Die Prüfung erstreckt sich bei Bewerbern um eine uneingeschränkte Genehmigung zum Gifthandel auf die allgemeine Kenntnis der Vorschriften des Strafgesetzbuches und der Gewerbeordnung über den Handel mit Giften, auf die eingehende Kenntnis der Polizeiverordnung über den Handel mit Giften vom 22. Februar 1906 (Min.-Bl. f. Med.-Ang., S. 114), auf die Kenntnis der Zusammensetzung der hauptsächlich gehandelten Gifte und giftigen Farben, der landesüblichen Bezeichnung der Gifte und der Gefahren, die beim Umgang mit Giften und giftigen Farben drohen — (Feuergefährlichkeit, Ätzwirkung, Schädlichkeit der Verstäubung und dgl.). Die Bestimmung einiger Proben von besonders charakteristischen Giften und giftigen Farben ist zu verlangen. — Bei Bewerbern um eine beschränkte Genehmigung zum Gifthandel (Handel mit Giften der Abteilung 3, mit giftigen Farben, mit photographischen Bedarfsgegenständen und dgl.) genügt außer der Kenntnis der erwähnten Rechtsvorschriften die Kenntnis der Zusammensetzung derjenigen Stoffe, für welche die Genehmigung beantragt wird, und der beim Umgang mit ihnen drohenden Gefahren. Die Bestimmung einiger Proben von diesen Stoffen ist zu verlangen.

Bei günstigem Ausfall der Prüfung wird ein Zeugnis erteilt, in welchem, falls es sich um eine beschränkte Genehmigung handelt, diejenigen Stoffe genau einzutragen sind, für welche die Genehmigung nachgesucht wird. Eine zweite Ausfertigung des Zeugnisses ist in der Registratur aufzubewahren.

Bei ungünstigem Ausfall ist ein entsprechender Vermerk zur Registratur zu nehmen.

Auf Ersuchen des Kreis-(Stadt-)Ausschusses hat der Kreisarzt sich auch darüber zu äußern, ob eine Beschränkung der Genehmigung auf bestimmte, genau zu bezeichnende Stoffe geboten ist.

Abschnitt XV.

Hebammenwesen.

Ausführung des Hebammengesetzes[1]).

§ 57. Der Kreisarzt hat in Gemeinschaft mit der Kreisverwaltung an der Durchführung des Gesetzes über das Hebammenwesen vom 20. Juli 1922 (Gesetzsamml. S. 179) und der zu seiner Abänderung ergangenen Gesetze vom 31. Dezember 1922 (Gesetzsamml. 1923 S. 2) und vom 15. März 1923 (Gesetzsamml. S. 63) sowie der zu diesen Gesetzen erlassenen Ausführungsbestimmungen ständig mitzuwirken und insbesondere gemäß § 14 des Gesetzes die gesamte Berufstätigkeit der Hebammen zu beaufsichtigen.

In allen das Hebammenwesen betreffenden Angelegenheiten ist der Kreisarzt von der Kreisverwaltung (Ortspolizeibehörde) vor der Entscheidung zu hören. Ergangene Entscheidungen auf dem Gebiete des Hebammenwesens sind ihm rechtzeitig mitzuteilen. Weiterhin haben die Kreisverwaltung sowie die Ortspolizeibehörden die auf dem Gebiete des Hebammenwesens hervortretenden Mißstände dem Kreisarzt zur Kenntnis zu bringen. Der Kreisarzt, der die gleiche Pflicht gegenüber den genannten Behörden hat, soll geeignete Vorschläge zur Abstellung solcher Mißstände machen und gegebenenfalls dem Regierungspräsidenten (im Ortspolizeibezirk Berlin dem Polizeipräsidenten) hierüber Bericht erstatten.

---

[1]) Siehe weiter unter IV 4.

Versorgung des Kreises mit Hebammen.

§ 57a. Der Kreisarzt hat dauernd seine Aufmerksamkeit darauf zu richten, daß eine ausreichende Zahl von Hebammen in seinem Kreise vorhanden ist und daß Niederlassungsgenehmigungen oder die Annahme von Bezirkshebammen nach Maßgabe des Bedürfnisses der Bestimmungen des Hebammengesetzes und der hierzu erlassenen Ausführungsbestimmungen erfolgen.

Vor der Entscheidung über die Abgrenzung von Niederlassungsgebieten sowie vor der Erteilung oder Zurücknahme von Niederlassungsgenehmigungen und Anstellung von Bezirkshebammen ist der Kreisarzt unbeschadet seiner Zugehörigkeit zur Kreishebammenstelle besonders zu hören.

Widerrechtliche Ausübung der Geburtshilfe.

§ 58. Gelangen Fälle unzulässiger Ausübung der Geburtshilfe durch nichtgeprüfte Frauen (§ 3 des Hebammengesetzes) oder durch Hebammen, die zur Ausübung der Geburtshilfe nicht berechtigt sind (§ 4 und § 40 vorletzter Absatz des Hebammengesetzes), zur Kenntnis des Kreisarztes, so hat er sofort die Strafverfolgung dieser Personen gemäß § 41 des Hebammengesetzes zu veranlassen.

Prüfung der zum Hebammenberuf sich meldenden Personen.

§ 59. Der Kreisarzt hat die Aufgabe, diejenigen weiblichen Personen, die sich zur Teilnahme an einem Hebammenlehrgang melden wollen oder von dem Kreise gemäß § 21 Absatz 3 des Hebammengesetzes zur Ausbildung vorgeschlagen werden, daraufhin zu prüfen, ob sie die erforderliche geistige und körperliche Tauglichkeit für den Beruf einer Hebamme besitzen.

Vor dieser Prüfung sind dem Kreisarzt zur Einsicht vorzulegen:

a) die gemäß § 2 Ziffer 1 bis 3 und § 3 Absatz 1 der Vorschriften über die Ausbildung, staatliche Prüfung und Fortbildung der Hebammen erforderlichen Nachweise darüber, daß die Anwärterin einen sittlich einwandfreien Ruf genießt, die für den Hebammenberuf erforderliche Zuverlässigkeit besitzt, bei Beginn der Ausbildung mindestens 20 Jahre alt, jedoch nicht älter als 30 Jahre sein wird und über eine abgeschlossene und gute Volksschulbildung verfügt.

Sofern die Bewerberin ein geringeres oder höheres Alter wie vorgeschrieben besitzt, hat sie eine Bescheinigung über die vom Oberpräsidenten gemäß § 2 Schlußsatz der Vorschriften über Ausbildung, Prüfung und Fortbildung der Hebammen zugelassene Ausnahme vorzulegen;

b) ein Zeugnis über die erfolgte Wiederimpfung. Dieser Nachweis kann auch durch die Untersuchung des Kreisarztes auf vorhandene Impfnarben oder durch die Wiederimpfung ersetzt werden.

Der Kreisarzt hat die Prüfung der Anwärterin auf ihre körperliche und geistige Befähigung zur Ausübung des Hebammenberufs, auch im Hinblick auf den § 4 Absatz 2 der Vorschriften über Ausbildung, staatliche Prüfung und Fortbildung der Hebammen (Entlassung ungeeigneter Schülerinnen durch den Direktor der Hebammenlehranstalt), mit besonderer Sorgfalt vorzunehmen. Hierbei soll er sein Augenmerk namentlich auf die Feststellung der erforderlichen Schul- und einer gewissen Allgemeinbildung, eines ausreichenden Maßes gesunden Menschenverstandes und guten Auffassungsvermögens richten. In dieser Hinsicht gilt als Mindestmaß, daß die Anwärterin einen Abschnitt eines ihr bisher unbekannten Buches fließend und mit gutem Verständnis lesen und inhaltlich im wesentlichen richtig wiederholen, daß sie ferner ein Diktat ohne grobe Verstöße gegen die Rechtschreibung und mit gut leserlicher Handschrift anfertigen kann, die vier Rechenarten, auch mit Brüchen und mehrstelligen Zahlen, beherrscht, mit den gesetzlichen Maßen und Gewichten vertraut und insbesondere über das Prozentverhältnis ausreichend unterrichtet ist.

Bewerberinnen, die diesen Anforderungen nicht genügen, sind als ungeeignet für den Hebammenberuf abzuweisen. Bei günstigem Ausfall der Prüfung ist der Anwärterin ein Fähigkeitszeugnis nach Formular 6 auszustellen.

Beaufsichtigung der Hebammen.

§ 60. Sämtliche Hebammen des Kreises unterstehen der Beaufsichtigung durch den Kreisarzt gemäß § 14 des Hebammengesetzes, den hierzu erlassenen Ausführungsbestimmungen, der für die Hebammen erlassenen Dienstanweisung sowie den §§ 27 bis 33, 35 und 36 der Vorschriften über die Ausbildung, staatliche Prüfung und Fortbildung der Hebammen.

Vor Beginn ihrer Berufstätigkeit oder vor deren Wiederaufnahme nach mehr als zweijähriger Unterbrechung hat sich jede Hebamme unter Vorlegung des Prüfungszeugnisses, ihrer Niederlassungsgenehmigung oder des zwischen ihr und dem Kreise geschlossenen Anstellungsvertrages als Bezirkshebamme, ferner der erforderlichen Instrumente, Geräte und ihres Tagebuchs beim Kreisarzt persönlich zu melden. Auch hat sie jeden Wohnungswechsel dem Kreisarzt sofort anzuzeigen.

Über die Personalien der sämtlichen Hebammen hat der Kreisarzt die gemäß § 45 Absatz 2 dieser Dienstanweisung und Nr. 4 des Formulars 1 erforderlichen Verzeichnisse zu führen und fortlaufend zu ergänzen.

Die Beaufsichtigung des Kreisarztes soll sich auf die gesamte Berufstätigkeit der Hebamme erstrecken. Unter anderem soll er die ordnungsmäßige Instandhaltung der Instrumente und Geräte der Hebamme, die Führung des Tagebuches und der sonst vorgeschriebenen Nachweise und

Listen ständig überwachen. Mindestens einmal während eines Zeitraumes von zwei Jahren soll der Kreisarzt jede Hebamme an ihrem Wohnort bzw. in ihrer Wohnung besuchen und hierbei ihre Hebammentasche, ihre Gerätschaften, das Tagebuch usw. auf ihre ordnungsmäßige Beschaffenheit prüfen. Doch hat sich der Kreisarzt bei diesem Besuch auf die Feststellung lediglich solcher Tatsachen, die sich auf die eigentliche Berufstätigkeit der Hebamme beziehen, zu beschränken und sich jeglicher Einwirkung auf die Privatverhältnisse der Hebamme zu enthalten. Im übrigen soll der Kreisarzt auch bei anderen Gelegenheiten (etwa bei sonstigen Dienstreisen) die Hebamme in der Ausübung ihres Berufs beobachten, sie z. B. zu einer Besprechung oder Belehrung über bestimmte Vorfälle in ihrem Beruf besuchen und sich auch durch gelegentliche Besprechungen mit den zuständigen Behörden und den praktischen Ärzten fortlaufend über das Verhalten der Hebammen unterrichten.

Im besonderen soll der Kreisarzt darüber wachen, daß die Hebammen die ihnen durch die Vorschriften des Hebammenlehrbuchs gezogenen Grenzen ihrer Tätigkeit nicht überschreiten, daß sie sich auf die im § 11 a bis d des Hebammengesetzes erwähnten Berufsaufgaben beschränken und eine sonstige Erwerbstätigkeit nur dann ausüben, wenn sie hierfür die gemäß § 13 des Hebammengesetzes erforderliche Genehmigung erhalten haben. Ergeben sich nachträglich Bedenken gegen diese Nebentätigkeit mit Bezug auf den Hauptberuf der Hebamme, so muß der Kreisarzt die Zurücknahme der Genehmigung zum Betriebe jener Nebentätigkeit beantragen.

Hat eine Hebamme eine Genehmigung zum Betriebe einer anderen Erwerbstätigkeit nachgesucht, so soll der Kreisarzt in seinem hierzu abzugebenden Gutachten die zu § 13 des Hebammengesetzes erlassenen Ausführungsbestimmungen genau beachten und sich für die Genehmigung nur dann aussprechen, wenn er bei gewissenhafter Prüfung aller Einzelumstände des Falles jedes Bedenken gegen eine solche Nebentätigkeit der betreffenden Hebamme ausschließen kann.

Maßnahmen zur Verhütung des Kindbettfiebers. Meldungen über bestimmte Vorkommnisse an den Kreisarzt. Jährlicher Abschluß der Tagebücher der Hebammen. Einschreiten gegen ein Übermaß von Hebammentätigkeit.

§ 60 a. Der Kreisarzt soll namentlich darauf achten, daß die Hebammen in Erfüllung der ihnen auferlegten Verpflichtung jeden Fall von Fieber im Wochenbett bei mehr als 38° sowie jeden Todesfall einer Gebärenden oder Wöchnerin in ihrer Praxis ihm anmelden und bei Fieberfällen ihre Berufstätigkeit keinesfalls früher oder unter anderen Bedingungen wieder aufnehmen, als ihnen dies ausdrücklich vom Kreisarzt vorgeschrieben oder gestattet ist.

Der Kreisarzt hat darüber zu wachen, daß die Hebamme vor Wiederaufnahme des Berufs in jedem Falle ihre Wäsche, Kleidung und Instrumente gründlich reinigt und desinfiziert und hierbei die ihr vom Kreisarzt gegebenen Anweisungen genau beachtet (vgl. §§ 455, 481 des Hebammenlehrbuchs; § 8 S. 3 des Gesetzes, betreffend die Bekämpfung übertragbarer Krankheiten, vom 28. August 1905 — Min.-Bl. f. Med.-Ang. S. 405 —; § 13 der Anweisung zur Bekämpfung des Kindbettfiebers vom 10. August 1906 — Min.-Bl. f. Med.-Ang. Beilage zu Nr. 16 S. 20 —; vgl. auch Ministerialerlaß vom 17. August 1908 — Min.-Bl. f. Med.-Ang. S. 308 —).

Weiterhin soll der Kreisarzt seine Aufmerksamkeit darauf richten, daß die Hebammen alle sonstigen, gemäß den §§ 14, 16, 18 und 39 der Dienstanweisung für die Hebammen an ihn zu richtenden Anzeigen rechtzeitig unter genauer Angabe der einzelnen Umstände des Falles erstatten.

Die zu Beginn jedes Jahres von den Hebammen vorzulegenden Tagebücher und die Verzeichnisse der von ihnen in den Bezirken geleiteten Entbindungen hat der Kreisarzt zu prüfen. An der Hand dieser Verzeichnisse hat der Kreisarzt dann eine gesamte Übersicht nach Formular V in den Jahresbericht aufzunehmen. Ergibt sich bei Durchsicht des Tagebuchs einer Hebamme oder auf Grund einer an ihn gelangten Anzeige, daß eine Hebamme durch ein Übermaß von Hebammentätigkeit gegen den § 13 Absatz 4 ihrer Dienstanweisung gehandelt hat, so hat der Kreisarzt ihr die hiernach erforderlichen Anweisungen zu erteilen und deren Durchführung zu überwachen.

Verwarnungen, Bestrafungen.

§ 61. Der Kreisarzt soll die Hebammen bei geringen Verstößen durch Hinweis auf die bestehenden Vorschriften — insbesondere des Hebammenlehrbuchs und der Hebammendienstanweisung — entsprechend belehren und gegebenenfalls eindringlich verwarnen oder den Fall der Kreishebammenstelle behufs Verwarnung der Hebamme mitteilen.

Beim Vorliegen ernster Pflichtwidrigkeiten einer Hebamme und grober Verletzung ihrer Dienstpflichten soll der Kreisarzt bei der für die Niederlassungsgenehmigung zuständigen Behörde (§ 10 des Hebammengesetzes) gemäß § 9 des Gesetzes und der hierzu erlassenen Ausführungsbestimmungen einen Antrag auf Zurücknahme der Niederlassungsgenehmigung (Kündigung des Dienstvertrages einer Bezirkshebamme) stellen oder bei der Ortspolizeibehörde die Einleitung eines Verfahrens auf Entziehung des Prüfungszeugnisses beantragen.

Handelt es sich um die Hebammen eines Nachbarkreises, so ist sofort der zuständige Kreisarzt zu benachrichtigen.

Nachprüfung und Fortbildung der Hebammen.

§ 62. Der Kreisarzt hat die Hebammen seines Kreises alle zwei Jahre unter Beachtung der §§ 27 bis 33 der Vorschriften über die Ausbildung, staatliche Prüfung und Fortbildung der Hebammen einer Nachprüfung zu unterziehen. Die in Frage kommenden Hebammen sind mindestens drei Wochen vor dem Nachprüfungstermin vorzuladen. Die Termine für die Nachprüfung sind dem Regierungspräsidenten (Polizeipräsidenten in Berlin) rechtzeitig anzuzeigen. Zugleich ist der Direktor der zuständigen Hebammenlehranstalt zu dem Nachprüfungstermin einzuladen.

Die Nachprüfung findet in der Regel am Amtssitz des Kreisarztes statt.

Über den Ausfall der Nachprüfung ist die gemäß § 31 der Vorschriften über die Ausbildung, staatliche Prüfung und Fortbildung der Hebammen anzufertigende Niederschrift aufzunehmen und ein entsprechender Vermerk in das Tagebuch der Hebamme einzutragen.

Sofern eine Hebamme gemäß § 32 der Vorschriften über Ausbildung, staatliche Prüfung und Fortbildung der Hebammen die zu wiederholende Nachprüfung vor einem anderen Kreisarzt ablegen will und soll, hat dieser Kreisarzt die Nachprüfung behufs Vermeidung unnötiger Kosten für Reisen usw. tunlichst an einem Tage vorzunehmen, an dem noch andere Nachprüfungen von Hebammen seines Kreises stattfinden.

Der ständigen Fortbildung der Hebammen durch Teilnahme an den regelmäßigen Fortbildungslehrgängen soll der Kreisarzt seine besondere Aufmerksamkeit widmen. Zu diesem Zwecke hat er gemäß den §§ 34 bis 37 und 41 der Vorschriften über die Ausbildung, staatliche Prüfung und Fortbildung der Hebammen eine laufende Liste darüber zu führen, ob und wann etwa jede Hebamme zu einem Fortbildungslehrgang einzuberufen ist, und wegen der rechtzeitigen Anmeldung der Hebammen für einen solchen Fortbildungslehrgang das Erforderliche zu veranlassen. Sofern gemäß § 35 der genannten Vorschriften eine Hebamme wegen besonderer Tüchtigkeit oder wegen vorgeschrittenen Alters oder aus anderen Gründen erst zu einem späteren Termin oder überhaupt nicht mehr für eine Anmeldung zu einem Fortbildungslehrgang in Frage kommt, hat der Kreisarzt einen entsprechenden Vermerk hierüber zu den Akten zu nehmen.

Über die gemäß § 41 der geltenden Vorschriften dem Kreisarzt von dem Direktor der Hebammenlehranstalt zugehenden Mitteilungen über die Erfolge der Fortbildungslehrgänge ist in die Tagebücher der betreffenden Hebammen und in die Akten des Kreisarztes gleichfalls ein kurzer Vermerk einzutragen.

Einer an ihn ergehenden Aufforderung, an der staatlichen Prüfung von Hebammenschülerinnen an einer Hebammenlehranstalt gemäß den §§ 11 und 16 (vorletzter Absatz) der Vorschriften über Ausbildung, Prüfung und Fortbildung der Hebammen teilzunehmen, hat der Kreisarzt zu entsprechen, sofern er nicht durch dringende dienstliche oder sonstige Geschäfte hieran verhindert ist. In diesem Falle hat er dem Regierungspräsidenten die Tatsache seiner Behinderung umgehend mitzuteilen.

Schutz der einzelnen Hebamme und Förderung der Interessen des Hebammenstandes.

§ 62a. Der Kreisarzt soll es als eine besondere Pflicht betrachten, die Interessen der Hebammen seines Kreises, namentlich der tüchtigen und pflichteifrigen Hebammen, nach Möglichkeit zu fördern und ihnen bei jeder sich bietenden Gelegenheit mit seinem sachverständigen Rat zur Seite stehen. Insbesondere soll er alle Hebammen bei unverschuldeten Unglücksfällen in ihrer Praxis und bei ähnlichen Angelegenheiten gegen unberechtigte Vorwürfe und Beschwerden nachdrücklich in Schutz nehmen.

Auch soll der Kreisarzt an den Sitzungen des Hebammenvereins — sofern er hierzu eingeladen ist, seine Dienstgeschäfte es ihm gestatten und besondere Bedenken gegen eine Teilnahme an solchen Sitzungen nicht vorliegen —

teilnehmen. Ferner empfiehlt es sich, in den Vereinen wissenschaftliche oder sonstige belehrende Vorträge über die Berufstätigkeit der Hebammen und die neuesten Fortschritte auf dem Gebiete der Geburtshilfe zu halten oder auf andere Ärzte im Sinne der Übernahme solcher Vorträge einzuwirken.

Hebammenpfuscherei.

§ 63. Besondere Aufmerksamkeit hat der Kreisarzt auf die gewerbsmäßige Vornahme geburtshilflicher Handlungen durch nicht geprüfte Personen zu richten, und gegebenenfalls deren Bestrafung aus §§ 30, 147 Nr. 1 der Reichsgewerbe-Ordnung zu veranlassen.

Abschnitt XVI.

Heilgehilfen, Masseure, Krankenwärter und sonstiges niederes Heilpersonal.

Prüfung.

§ 64. Heilgehilfen, Masseure usw., welche sich als „staatlich geprüft" bezeichnen wollen, hat der Kreisarzt nach den darüber gegebenen Vorschriften einer Prüfung zu unterziehen. (Vgl. Min.-Erl. vom 18. Februar 1903, Min.-Bl. f. Med.-Ang., S. 96.) Die Prüfung der Krankenpflegepersonen regelt sich nach dem Min.-Erl. vom 10. Mai 1907, Min.-Bl. f. Med.-Ang., S. 185[1]).

[1]) Weitere Bestimmungen sind ergangen unter dem 19. Juli 21, 21. Juni 23, 10. Juli 23, 16. August 23, 15. November 23, 25. Februar 24.

Beaufsichtigung.

§ 65. Die geprüften Krankenpflegepersonen, Heilgehilfen, Masseure und sonstige geprüfte niedere Heilpersonen unterstehen in bezug auf ihre Berufstätigkeit der Aufsicht des Kreisarztes. Dieser hat insbesondere darauf zu achten, daß sie die in dem Befähigungszeugnisse ihrer Tätigkeit gesteckten Grenzen nicht überschreiten.

Entziehung des Ausweises für staatlich anerkannte Krankenpflegepersonen.

§ 66. Wenn hinsichtlich einer staatlich anerkannten Krankenpflegeperson Tatsachen bekannt werden, welche den Mangel derjenigen Eigenschaften dartun, die zur Ausübung des Krankenpflegeberufes erforderlich sind, oder wenn eine solche Person den in Ausübung der staatlichen Aufsicht erlassenen Vorschriften beharrlich zuwiderhandelt, so hat der Kreisarzt die Zurücknahme der Anerkennung beim Regierungspräsidenten zu beantragen (vgl. Anl. 1 § 23 des Min.-Erl. vom 10. Mai 1907, Min.-Bl. f. Med.-Ang., S. 185).

Abschnitt XVII.

Desinfektoren und Leichenbeschauer.

Desinfektoren.

§ 67. Der Kreisarzt hat sich die Beschaffung geeigneten Desinfektionspersonals angelegen sein zu lassen. In erster Linie ist dahin zu wirken, daß staatlich geprüfte und im Besitz des Prüfungszeugnisses befindliche Desinfektoren (vgl. Min.-Erl. vom 21. Juni 1907, Min.-Bl. f. Med.-Ang., S. 258) in hinreichender Anzahl seitens der Kreise oder Gemeinden mit festem Gehalt oder unter Gewährleistung einer bestimmten Mindesteinnahme an Gebühren angestellt werden. Wo sich die genannten Verbände hierzu nicht bereitfinden lassen, hat der Kreisarzt geeignete Personen dazu zu veranlassen, sich der staatlichen Ausbildung und Prüfung zu unterziehen, um alsdann das Desinfektorengewerbe frei zu betreiben. Wegen des Desinfektorengewerbes vgl. § 45 Abs. 2 d. Antw. und Nr. 5 des Formulars I (Anhang S. 76, 77).

Der Kreisarzt beruft die Desinfektoren von drei zu drei Jahren zur Nachprüfung ein, und zwar die von einem Kommunalverbande angestellten durch Vermittlung der Kommunalbehörde. Die Prüfung hat sich auf die Grundzüge der Bakterienkunde, die Entstehung und Verbreitung der übertragbaren Krankheiten, die Desinfektionsmittel und Desinfektionsapparate und deren Anwendung gemäß der Desinfektionsanweisung, sowie auf die in dem betreffenden Kreise erlassene Desinfektionsordnung zu erstrecken.

Im Falle des Bestehens der Nachprüfung hat der Kreisarzt dem Desinfektor einen Ausweis zu erteilen. Im Falle des Nichtbestehens ist der Ortspolizeibehörde oder demjenigen Verbande, der den Desinfektor angestellt hat, Mitteilung zu machen.

Alljährlich zum 1. April hat der Kreisarzt dem Regierungspräsidenten diejenigen Desinfektoren namhaft zu machen, deren Einberufung zu einem Wiederholungslehrgang er beantragt. Hierbei sind zunächst diejenigen zu berücksichtigen, welche eine Nachprüfung nicht bestanden haben, sodann diejenigen, welche seit sechs Jahren oder darüber an keinem Lehrgange teilgenommen haben.

Leichenbeschauer.

§ 68. Wo ein Bedürfnis dazu vorhanden und die ärztliche Leichenschau noch nicht eingeführt ist, hat der Kreisarzt sich der Ausbildung, Prüfung und Kontrolle von Leichenbeschauern zu unterziehen. Die nähere Regelung des Leichenbeschauwesens ist erforderlichenfalls bei den Orts- oder Kreisbehörden anzuregen.

Abschnitt XVIII.

Ortsbesichtigungen.

§ 69. Der Kreisarzt hat die einzelnen Ortschaften seines Bezirkes in angemessenen Zwischenräumen auf ihre gesundheitlichen Verhältnisse zu besichtigen. In der Regel wird es genügen, wenn die Besichtigung alle fünf Jahre erfolgt. Ortschaften, in denen besondere sanitäre Übelstände zutage getreten sind, müssen vor anderen und in kürzeren Zeiträumen, sowie zu denjenigen Jahreszeiten besichtigt werden, wo die Mißstände am leichtesten und häufigsten auftreten. Andererseits kann für Ortschaften, in welchen die Verhältnisse es zulässig erscheinen lassen, die Besichtigungsfrist über den Zeitraum von fünf Jahren hinaus verlängert werden.

Über die Reihenfolge und die Zeiträume, in denen die Ortschaften der Besichtigung zu unterziehen sind, hat der Kreisarzt im Einvernehmen mit dem Landrate einen Plan aufzustellen und auf dem Laufenden zu erhalten. Dieser Besichtigungsplan unterliegt der Genehmigung des Regierungspräsidenten. In den Plan ist nach jeder einzelnen Besichtigung der Tag derselben einzutragen.

Zu den Besichtigungen sind die Ortspolizeibehörde, der Gemeindevorsteher, sowie in den Orten, in welchen Gesundheitskommissionen bestehen, auch diese nach Möglichkeit zuzuziehen (vgl. § 12 der Gesch.-Anweis. f. d. Gesundheitskommissionen vom 13. März 1901, Min.-Bl. f. Med.-Ang. S. 67). Sofern es sich nicht um gelegentliche Besichtigungen kleiner Ortschaften handelt, sind der Landrat sowie der Gemeindevorsteher wenigstens acht Tage vorher zu benachrichtigen. Die Besichtigung von Domänen ist wenigstens 14 Tage vorher bei der Regierung, Domänenabteilung, anzumelden.

Die Besichtigung hat sich auf alle für das öffentliche Gesundheitswesen wichtigen Verhältnisse und Einrichtungen zu erstrecken.

Die Maßnahmen zur Beseitigung sanitärer Mißstände sind im unmittelbaren Anschlusse an die Besichtigung zu erörtern und tunlichst mit den Beteiligten festzustellen.

Über das Ergebnis der Besichtigung ist eine Verhandlung nach Formular VII[1]) in zwei Stücken aufzunehmen und von den Beteiligten zu vollziehen. Das eine Stück ist dem Gemeindevorsteher — bei Domänenbesichtigungen der Regierung, Domänenabteilung — auszuhändigen, das zweite hat der Kreisarzt mit seinen Vorschlägen dem Landrate zu übersenden, welcher demnächst den Kreisarzt unter Rückgabe der Verhandlung benachrichtigt, welche Maßregeln zur Abstellung der etwa festgestellten Mißstände getroffen worden sind. Hält der Kreisarzt noch weitere Maßregeln für erforderlich, so hat er die Angelegenheit der Entscheidung des Regierungspräsidenten zu unterbreiten.

Über die einzelnen Ortschaften oder Ortspolizeibezirke sind besondere Akten anzulegen, in welche die Besichtigungsverhandlungen und sonstige die Ortschaft betreffende Vorgänge allgemeiner Natur einzuheften sind.

[1]) Der Kürze halber nicht abgedruckt.

Abschnitt XIX.

Wohnungshygiene.

Reinhaltung der Ortschaften und Wohnungen.

§ 70. Der Kreisarzt muß allen Verhältnissen, welche für die Reinhaltung des Bodens und der Luft in Betracht kommen, seine Aufmerksamkeit zuwenden.

Er hat darauf zu achten, daß in den Ortschaften und deren Umgebung, innerhalb und außerhalb der Wohnungen oder sonstiger zum dauernden Aufenthalt von Menschen bestimmter Räume gesundheitswidrige Zustände sich nicht entwickeln, und sofern solche vorhanden sind, für ihre Beseitigung nach Maßgabe der bestehenden Vorschriften Sorge zu tragen.

In betreff der Wohnungen und der zum dauernden Aufenthalt von Menschen bestimmten Räume wird er nach

Möglichkeit zu prüfen haben, ob sie den gesundheitlichen Anforderungen an Licht und Luft genügen und den in dieser Hinsicht bestehenden baupolizeilichen Vorschriften entsprechen.

In erhöhtem Maße hat er seine Fürsorge nach dieser Richtung hin zu betätigen, falls das Eindringen einer gemeingefährlichen Krankheit droht oder infolge von Überschwemmungen Gefahren für die öffentliche Gesundheit vorliegen (vgl. Min.-Erl. vom 29. Juli 1903 und seine Anlage, Min.-Bl. f. Med.-Ang. S. 312).

Wegen der Wasserversorgung und der Beseitigung der Abfallstoffe vgl. §§ 74 und 75 d. Anw.

Begutachtung von Baupolizeiverordnungen und Ortsbebauungsplänen, Mitwirkung bei der Handhabung der Baupolizei.

§ 71. Der Kreisarzt hat die Baupolizeiverordnungen, deren Geltungsbereich nicht über seinen Amtsbezirk hinausgeht, vor ihrem Erlaß und die Ortsbebauungspläne vor ihrer endgültigen Festsetzung vom Standpunkt der öffentlichen Gesundheitspflege zu begutachten und etwaige Ausstellungen zur Sprache zu bringen. Er hat dabei insbesondere auf die Höhe der Häuser im Verhältnis zur Straßenbreite, die Zahl und Höhe der Stockwerke, die Größe und Gestalt der Höfe, die Zahl, Größe und Lage der Fenster, die Wasserversorgung und Entwässerung der Grundstücke zu achten und bei den Bebauungsplänen auf die Durchführung unterschiedlicher Vorschriften für verschiedene Zonen, die Anlage möglichst vieler Wohnungsstraßen und eine möglichste Verhütung zu großer Wohnungsdichtigkeit hinzuwirken.

Auch hat er seinen Einfluß dahin geltend zu machen, daß bei der Handhabung der baupolizeilichen Vorschriften die Interessen der Gesundheitspflege Berücksichtigung finden.

Beaufsichtigung von Schlafstellen, Herbergen, Massenquartieren und Arbeiterwohnungen.

§ 72. Der Kreisarzt hat seine Aufmerksamkeit auf die gesundheitsgemäße Beschaffenheit von Herbergen, Schlafstellen, Massenquartieren und Arbeiterwohnungen hinzulenken und bei ihrer Beaufsichtigung den Ortspolizeibehörden seinen sachverständigen Rat zu erteilen (vgl. Nr. 3 des Min.-Erl. vom 19. März 1901, Min.-Bl. f. Med. Ang. S. 112). Dies gilt namentlich bei dem Auftreten übertragbarer Krankheiten, insbesondere von Cholera, Fleckfieber, Körnerkrankheit (Verbreitung durch Sachsengänger), Pest, Rückfallfieber, Ruhr und Typhus. Mangel an Luft und Licht, zu dichte Belegung, mangelhafte Versorgung mit Trinkwasser und unzweckmäßige Beseitigung der Abfallstoffe sind an zuständiger Stelle mit Nachdruck zur Sprache zu bringen. (Vgl. auch die Erl. des Min. des Innern vom 26. August 1886 und vom 1. März 1890, Anhang S. 174.)

Gemeinnützige Bestrebungen auf dem Gebiete der Wohnungshygiene.

§ 73. Gemeinnützige Bestrebungen auf dem Gebiete der Wohnungshygiene — Bildung von Spar- und Bauvereinen, Gewährung von Darlehen zum Bau billiger und gesunder Wohnungen seitens öffentlicher Anstalten, Errichtung von Arbeiterwohnungen in Fabrikgegenden usw. — hat der Kreisarzt anzuregen und tunlichst zu unterstützen.

Abschnitt XX.

Wasserversorgung, Beseitigung der Abfallstoffe, öffentliche Wasserläufe.

Wasserversorgung.

§ 74. Die Beschaffung ausreichenden und hygienisch einwandfreien Trink- und Gebrauchswassers ist für den öffentlichen Gesundheitszustand von großer Bedeutung und wird der besonderen Fürsorge des Kreisarztes empfohlen.

Durch fortgesetzte Belehrung und Anregung muß er darauf hinwirken, daß mangelhafte und nicht genügend gegen Verunreinigung geschützte Trinkwasseranlagen beseitigt und an ihrer Stelle zweckmäßige Einzel- oder Zentralanlagen errichtet werden.

Die bestehenden Trinkwasserversorgungsanlagen hat der Kreisarzt durch regelmäßig wiederkehrende, bei besonderen Vorkommnissen auch durch außerordentliche Prüfungen zu überwachen. Die regelmäßigen Prüfungen finden bei größeren Anlagen je nach Lage der Verhältnisse und dem letztmalig erhobenen Befunde innerhalb eines ein- bis zweijährigen Zwischenraumes, bei anderen Anlagen mindestens alle drei Jahre statt. Sie sind tunlichst in die Zeiten zu verlegen, welche sich erfahrungsgemäß als gefährlich erwiesen haben, z. B. Wasserknappheit, Wasserfülle. Aber auch sonst soll der Kreisarzt geeignete Gelegenheiten wahrnehmen, um sich über die Beschaffenheit der Trinkwasserversorgungsanlagen zu unterrichten. Dabei wird er den Schwerpunkt weniger auf chemische und bakteriologische Untersuchung von Wasserproben, als auf die örtliche Besichtigung zu legen und dahin zu streben haben, fortlaufend ein Bild von den Trinkwasserverhältnissen in den einzelnen Ortschaften seines Bezirks zu erhalten, um gegebenenfalls die zur Beseitigung von gesundheitswidrigen Verhältnissen geeigneten Maßnahmen vorschlagen zu können.

Über alle Projekte zu zentralen Wasserleitungen hat sich der Kreisarzt gutachtlich zu äußern und hierbei die Beschaffenheit und Menge des Wassers, die Entnahmestellen insbesondere im Hinblick auf die Möglichkeit einer Verseuchung oder unzureichenden Zuführung, die Einrichtung der Wasserbehälter usw. zu berücksichtigen. Für die Prüfung der Projekte und die Überwachung der Anlagen dient die „Anleitung für die Einrichtung, den Betrieb und die Überwachung öffentlicher Wasserversorgungsanlagen, welche nicht ausschließlich technischen Zwecken dienen", vom 16. Juni 1906 nebst Anweisung vom 23. April 1907 (Min.-Bl. f. Med.-Ang. 1907, S. 160 und 182) als Grundlage. Außerdem empfiehlt es sich, in allen schwierigen Fragen, die sich hierbei ergeben, die Mitwirkung Der Kgl. Versuchs- und Prüfungsanstalt für Wasserversorgung und Abwässerbeseitigung in Berlin nachzusuchen.

Gegenüber Anträgen von Gemeinden oder Wasserwerksverwaltungen auf Übernahme der Tätigkeit als hygienischer Beirat im Sinne der Nr. 22 der oben erwähnten „Anleitung usw." vom 16. Juni 1906 hat der Kreisarzt tunlichst sich entgegenkommend zu verhalten.

Beseitigung der Abfallstoffe.

§ 75. Der Kreisarzt hat auf den Verbleib der festen und flüssigen Abgänge in den Ortschaften, auf die Beschaffenheit der Abzugskanäle, Aborte, Düngerstätten zu achten und, sofern in dieser Beziehung Mißstände bestehen, auf die Einführung planmäßiger Beseitigung der Schmutzstoffe aller Art im Wege einer geregelten Abfuhr oder Kanalisation hinzuwirken (vgl. auch § 84a).

Über jedes Kanalisationsprojekt aus dem Bezirk hat er sich vor dessen Weitergabe an die höhere Instanz nach Maßgabe der in dem Min.-Erl. vom 30. März 1896 (Anhang S. 176) gegebenen Gesichtspunkte gutachtlich zu äußern.

Reinhaltung der Wasserläufe.

§ 76. Die Reinhaltung der öffentlichen Wasserläufe ist in gesundheitlicher Hinsicht von der gleichen Wichtigkeit, wie die des Untergrundes. Die Verunreinigung der Wasserläufe durch Zuführung schmutziger oder giftiger Abwässer aus gewerblichen Anlagen, aus Kanalisationseinrichtungen usw. muß durch aufmerksame Überwachung verhütet werden, eine Aufgabe, an deren Lösung der Kreisarzt nach Kräften mitzuwirken hat, und zwar nicht nur infolge einer amtlichen Beteiligung, sondern auch aus eigenem Antriebe, sobald Mißstände zu seiner Kenntnis gelangen. Insbesondere hat der Kreisarzt den Betrieb der öffentlichen Kläranlagen zu überwachen und ihre Wirkung fortgesetzt zu beobachten.

Auch auf diesem Gebiet empfiehlt es sich, bei schwierigen Fragen die Mitwirkung der Kgl. Versuchs- und Prüfungsanstalt für Wasserversorgung und Abwässerbeseitigung nachzusuchen.

Abschnitt XXI.

Verkehr mit Nahrungsmitteln, Genußmitteln und Gebrauchsgegenständen.

Überwachung im allgemeinen.

§ 77. Der Kreisarzt hat die für die Überwachung des Verkehrs mit Nahrungsmitteln, Genußmitteln und Gebrauchsgegenständen zuständigen Behörden zu unterstützen. Vornehmlich hat er seine Aufmerksamkeit auf Mißbräuche, durch die der Nahrungswert der Waren beeinträchtigt wird, sowie auf die etwaige Gesundheitsschädlichkeit einzelner Nahrungs- und Genußmittel und Gebrauchsgegenstände zu richten, zu seiner Kenntnis gelangenden Gesundheitsschädigungen nachzuforschen und sie zur Anzeige zu bringen.

Vgl. Reichsgesetze vom 14. Mai 1879 (RGBl. S. 145), vom 29. Juni 1887 (RGBl. S. 276), vom 25. Juni 1887 (blei- und zinkhaltige Gegenstände, RGBl. S. 273), vom 5. Juli 1887 (Verwendung gesundheitsschädlicher Farben, RGBl. S. 277), vom 15. Juni 1897 (Verkehr mit Butter usw., RGBl. S. 475), vom 7. Juli 1902 (Süßstoffgesetz, Min.-Bl. f. Med.-Ang. S. 258), vom 3. Juni 1900 (Schlachtvieh- und Fleischbeschau, RGBl. S. 547), vom 7. April 1909 (Weingesetz, Min.-Bl. f. Med.-Ang. S. 184), sowie das preußische Ausführungsgesetz zum Schlachtvieh-

und Fleischbeschaugesetz vom 28. Juni 1902 (Min.-Bl. f. Med.-Ang. S. 242)[1]).

[1]) Neues Gesetz über den Verkehr mit Lebensmitteln und Bedarfsgegenständen vom 5. Juli 27 (RGBl. I S. 134).

Untersuchungen.

§ 78. Der Kreisarzt soll sich darüber vergewissern, ob die vorgeschriebenen regelmäßigen Untersuchungen von Nahrungsmitteln, Genußmitteln und Gebrauchsgegenständen seines Bezirks ausgeführt werden und insbesondere ob die Probeentnahme zweckmäßig erfolgt.

Befindet sich in dem Bezirk eine öffentliche Untersuchungsanstalt für Nahrungs- und Genußmittel, so hat er sich bei ihrer Beaufsichtigung nach Anweisung des Regierungspräsidenten zu beteiligen.

Verkehr mit Milch.

§ 79. Der Verkehr mit Milch verlangt namentlich mit Rücksicht auf seine Bedeutung für die Ernährung der Kinder eine scharfe sanitätspolizeiliche Beaufsichtigung, die sich nicht nur auf den Milchverkauf, sondern auch auf die Milchgewinnung zu erstrecken und an der sich der Kreisarzt in Gemeinschaft mit dem beamteten Tierarzt zu beteiligen hat. Bei dieser Kontrolle ist auch stets die Möglichkeit der Verschleppung ansteckender Krankheiten durch den Verkehr mit Milch, insbesondere durch die Sammelmolkereien, ins Auge zu fassen. (Vgl. Min.-Erl. vom 27. Mai 1899 und vom 29. Mai 1900.)

Verkehr mit Fleisch, Schlachthäuser.

§ 80. Die Überwachung des Verkehrs mit Fleisch, die Einrichtung und der Betrieb der Schlachthäuser ist, soweit die technische Seite in Betracht kommt, in erster Linie Sache der beamteten Tierärzte; der Kreisarzt hat jedoch hier ebenfalls die gesundheitspolizeilichen Interessen wahrzunehmen, soweit dies erforderlich erscheint.

Wegen der Vergiftung durch Fleisch, Fisch oder Wurst vgl. § 82 Abs. 4 und 5 zu b der Anw.

Beaufsichtigung der Mineralwasserfabrikation.

§ 81. Auch bei der Beaufsichtigung der Mineralwasserfabrikation ist eine Beteiligung des Kreisarztes geboten. Er hat auf Ersuchen der Ortspolizeibehörde an den von dieser vorzunehmenden Revisionen teilzunehmen und hierbei nicht nur auf die Beschaffenheit der Fabrikräume, sondern auch darauf zu achten, daß die Beschaffenheit und Entnahmestelle des zur Herstellung des Mineralwassers benutzten Wassers den hygienischen Anforderungen entsprechen, daß die bei der Fabrikation zur Verwendung gelangenden Salze, chemischen Präparate usw. die durch das deutsche Arzneibuch vorgeschriebene Reinheit besitzen, und daß die Bezeichnung, unter der die Fabrikate in den Verkehr gebracht werden, ihrem Wesen entspricht.

Bekämpfung des Alkoholismus.

§ 81a. Der Kreisarzt hat sein Augenmerk auf Erscheinungen des Alkoholmißbrauchs in seinem Bezirk zu richten und Bestrebungen zu dessen Eindämmung anzuregen und zu unterstützen. Er hat zu prüfen, ob nach Maßgabe der örtlichen Verhältnisse Einschränkungen in der Erteilung von Schankkonzessionen, polizeiliche Anordnungen über Öffnungs- und Schließungsstunden der Schankstätten oder über Ort und Zeit der Lohnzahlungen an die Arbeiter wünschenswert erscheinen, und ob die Einrichtung von Beratungsstellen und Heilstätten für Alkoholkranke angebracht ist.

Den Ausschank alkoholfreier Getränke in den Gastwirtschaften, an öffentlichen Orten und an die Arbeiter gewerblicher Unternehmungen hat der Kreisarzt zu fördern und der dem öffentlichen Wohl dienenden Wirksamkeit von Vereinen zur Bekämpfung des Alkoholmißbrauchs seine Unterstützung zu leihen.

Der Kreisarzt hat sich ferner die Belehrung der Bevölkerung über die gesundheitlichen und sozialen Schäden des Alkoholmißbrauchs angelegen sein zu lassen. Als zweckmäßige Maßregeln werden hierzu insbesondere öffentliche Vorträge, Verteilung von Merkblättern und Besprechungen mit den Volksschullehrern auf den amtlichen Konferenzen (vgl. § 94 Abs. 5 Satz 2 d. Anw.) behufs erziehlicher Einwirkung auf die Schuljugend in Betracht kommen.

Abschnitt XXII.

Verhütung und Bekämpfung übertragbarer Krankheiten[1]).

Verhalten im allgemeinen.

§ 82. Der Kreisarzt hat sich mit den Fortschritten in der Verhütung und Bekämpfung der übertragbaren Krankheiten und mit den einschlägigen gesetzlichen und Verwaltungsvorschriften dauernd vertraut zu erhalten.

Das Auftreten und den Verlauf der übertragbaren Krankheiten[2]) hat er zu verfolgen und schon bei drohender Annäherung die gegen ihr Eindringen geeigneten Maßnahmen in Anregung zu bringen.

Auf die Beobachtung der Anzeigepflicht seitens der gesetzlich Verpflichteten hat er in geeigneter Weise hinzuwirken.

Der Kreisarzt hat, sobald er durch die Ortspolizeibehörde von dem Ausbruch einer übertragbaren Krankheit Mitteilung erhält (vgl. § 14 Abs. 5 der Anw.), in Notfällen auch ohne daß ihm eine Nachricht der Polizeibehörde zugegangen ist, unverzüglich an Ort und Stelle die erforderlichen Ermittlungen vorzunehmen.

Diese Vorschrift findet Anwendung:

a) beim Ausbruch oder Verdacht des Ausbruches von Aussatz (Lepra), Cholera (asiatischer), Fleckfieber (Flecktyphus), Gelbfieber, Kindbettfieber (Wochenbett-, Puerperalfieber), Pest, Pocken und Typhus (Unterleibstyphus) in einer Ortschaft;

b) beim Ausbruch von übertragbarer Genickstarre, Rückfallfieber (febris recurrens), übertragbarer Ruhr (Dysenterie), Milzbrand, Rotz, Tollwut (Lyssa), Fleisch-, Fisch- und Wurstvergiftung, Trichinose, sowie in jedem Falle einer Bißverletzung durch ein tolles oder der Tollwut verdächtiges Tier in einer Ortschaft.

Dem Ausbruch der Krankheit in einer Ortschaft im Sinne der Vorschriften unter a und b steht der Ausbruch in einem gemäß § 6 Abs. 2 des Reichsgesetzes, betreffend die Bekämpfung gemeingefährlicher Krankheiten, vom 30. Juni 1900 in Verbindung mit § 6 Abs. 1 des Landesgesetzes, betreffend die Bekämpfung übertragbarer Krankheiten, vom 28. August 1905 räumlich abgegrenzten Teile einer Ortschaft mit mehr als 10000 Einwohnern gleich.

c) bei weiteren Erkrankungs-, Todes- oder Verdachtsfällen der zu a und bei allen weiteren Erkrankungs- oder Todesfällen der zu b genannten Krankheiten;

  α) soweit der Regierungspräsident dies angeordnet hat;

  β) soweit es der Kreisarzt im Einverständnis mit dem Landrat — in Stadtkreisen der Ortspolizeibehörde — in besonderen Ausnahmefällen nach pflichtmäßigem Ermessen für erforderlich hält, um die Ausbreitung der Krankheit örtlich und zeitlich zu verfolgen;

d) bei jedem ersten Erkrankungs- oder Todesfall von Diphtherie (Rachenbräune) und Scharlach (Scharlachfieber) sowie in jedem ersten Erkrankungsfall von Körnerkrankheit (Granulose, Trachom) in einer Ortschaft, sofern die Ortspolizeibehörde den Kreisarzt mit der Ermittlung und Feststellung beauftragt.

Erlangt der Kreisarzt davon Kenntnis, daß in einer Ortschaft eine der unter a bis d nicht genannten übertragbaren Krankheiten, z. B. Influenza, Keuchhusten, Malaria, Masern oder Röteln, in außergewöhnlichem Umfange, in besonders bösartiger Form oder sonst in einer für das öffentliche Wohl bedenklichen Weise auftritt, so hat er, soweit der Landrat — in Stadtkreisen die Ortspolizeibehörde — damit einverstanden ist, unverzüglich Ermittlungen an Ort und Stelle vorzunehmen und vom Ergebnis der Ortspolizeibehörde Mitteilung zu machen. Dasselbe gilt, wenn der Kreisarzt vom gehäuften oder gruppenweisen Auftreten einer nicht aufgeklärten Krankheit Kenntnis erhält, welches den Verdacht des Ausbruches einer übertragbaren Krankheit begründet.

Im übrigen hat der Kreisarzt Ermittlungen hinsichtlich übertragbarer Krankheiten an Ort und Stelle nur zufolge Auftrages des Landrates, in Stadtkreisen der Ortspolizeibehörde, oder des Regierungspräsidenten vorzunehmen.

1) Vgl. das Reichsgesetz, betr. die Bekämpfung gemeingefährlicher Krankheiten vom 30. Juni 1900, und das Landesgesetz betr. die Bekämpfung übertragbarer Krankheiten vom 28. August 1905 sowie die allgemeinen Ausführungsbestimmungen zu diesem vom 15. September 1906 (S. oben II 3, 4 und 6).

2) Regelmäßige Mitteilungen hierüber erfolgen im Ministerialblatt für Medizinalangelegenheiten, jetzt „Volkswohlfahrt" genannt.

Ermittlungen an Ort und Stelle.

§ 83. Bei den Ermittlungen an Ort und Stelle hat der Kreisarzt die Art, den Stand und die Ursache der Krankheit festzustellen (Art und Wege der Einschleppung und Verbreitung, Übertragung durch die Schulen, durch die Arbeitsstätte, durch Gewerbebetriebe, durch das Trinkwasser oder andere Nahrungsmittel, z. B. Milch usw.) und bei Aussatz, Cholera, Pest, Rückfallfieber, Typhus, Milzbrand und Rotz in jedem Falle, bei den übrigen Krankheiten, falls nach Lage des Falles erforderlich, eine bakteriologische Untersuchung zu veranlassen. Wegen Zuziehung des behandelnden Arztes vgl. § 23 Abs. 3 und 4 der Anw. In Fällen von Milzbrand und Rotz hat der Kreisarzt die Ermittlungen im Benehmen mit dem beamteten Tierarzt vorzunehmen.

Hält der Kreisarzt bei Cholera-, Gelbfieber-, Pest-, Rotz- oder Typhusverdacht zur Feststellung der Krankheit die Öffnung der Leiche für erforderlich, so ist, wenn die Angehörigen die Erlaubnis zur Leichenöffnung verweigern, und die bakteriologische Untersuchung zur Feststellung der Krankheit nicht ausreichend oder nach Lage des Falles nicht ausführbar ist, die polizeiliche Anordnung der Leichenöffnung zu beantragen.

Auf Grund seiner Ermittlungen hat der Kreisarzt der Ortspolizeibehörde eine Erklärung darüber abzugeben, ob der Ausbruch der Krankheit festgestellt oder der Verdacht des Ausbruches begründet ist, und ihr die sonst erforderlichen Mitteilungen zu machen.

Auf die Mitwirkung der Gesundheitskommissionen ist bei der Verhütung und Bekämpfung der übertragbaren Krankheiten in geeigneter Weise Bedacht zu nehmen (vgl. § 11 Nr. 1 des Kreisarztgesetzes und Geschäftsanweisung f. d. Gesundheitskommissionen vom 13. März 1901, Min.-Bl. f. Med.-Ang. S. 66).

Schutzmaßregeln.

§ 84. Die Bekämpfung der übertragbaren Krankheiten erfolgt mittels nachstehender Schutzmaßregeln:

I. Einer Beobachtung können unterworfen werden:

1. kranke und krankheitsverdächtige Personen bei Körnerkrankheit, Rotz, Rückfallfieber und Typhus;
2. kranke, krankheitsverdächtige und ansteckungsverdächtige Personen bei Aussatz, Cholera, Fleckfieber, Gelbfieber, Pest und Pocken; ferner sofern sie gewerbsmäßig Unzucht treiben, bei Syphilis, Tripper und Schanker;
3. ansteckungsverdächtige Personen bei Tollwut, d. h. solche Personen, welche von einem tollen oder tollwutverdächtigen Tiere gebissen worden sind.

Krank im Sinne dieser Vorschrift sind solche Personen, bei welchen eine der in dem § 82 der Anw. aufgeführten Krankheiten festgestellt ist;

krankheitsverdächtig sind solche Personen, welche unter Erscheinungen erkrankt sind, die den Ausbruch einer solchen Krankheit befürchten lassen;

ansteckungsverdächtig sind solche Personen, bei welchen zwar Krankheitserscheinungen noch nicht vorliegen, bei denen aber infolge ihrer nahen Berührung mit Kranken die Besorgnis gerechtfertigt ist, daß sie den Ansteckungsstoff in sich aufgenommen haben.

II. Die Regierungspräsidenten können in Fällen dringender Gefahr für den Umfang ihres Bezirks oder für Teile desselben im Polizeiverordnungswege vorschreiben, daß zureisende Personen, sofern sie sich innerhalb einer der Inkubationszeit entsprechend zu bestimmenden Frist vor ihrer Ankunft in Ortschaften oder Bezirken aufgehalten haben, in welchen Aussatz, Cholera, Fleckfieber, Gelbfieber, Körnerkrankheit, Pest, Pocken, Rückfallfieber oder Typhus ausgebrochen ist, nach ihrer Ankunft der Ortspolizeibehörde schriftlich oder mündlich zu melden sind (Meldepflicht).

III. Einer Absonderung können unterworfen werden:

1. kranke Personen und zwar:
   a) ohne Einschränkung bei übertragbarer Genickstarre, Ruhr und Tollwut; Erwachsene auch bei Diphtherie und Scharlach;

b) bei Diphtherie und Scharlach unterliegen Kinder der Absonderung nur mit der Maßgabe, daß ihre Überführung in ein Krankenhaus oder in einen anderen geeigneten Unterkunftsraum gegen den Widerspruch der Eltern nicht angeordnet werden darf, wenn nach der Ansicht des beamteten Arztes oder des behandelnden Arztes eine ausreichende Absonderung in der Wohnung sichergestellt ist;

c) kranke Personen, welche gewerbsmäßig Unzucht treiben, bei Syphilis, Tripper und Schanker;

2. kranke und krankheitsverdächtige Personen bei Rotz, Rückfallfieber und Typhus;

3. kranke, krankheits- und ansteckungsverdächtige Personen bei Aussatz, Cholera, Gelbfieber, Fleckfieber, Pest und Pocken.

IV. Wohnungen oder Häuser, in welchen sich an Cholera, Fleckfieber, Gelbfieber, Pest, Pocken, Rückfallfieber oder Typhus erkrankte Personen befinden, können kenntlich gemacht werden.

V. Für das berufsmäßige Pflegepersonal können Verkehrsbeschränkungen angeordnet werden bei Aussatz, Cholera, Diphtherie, Fleckfieber, Gelbfieber, Kindbettfieber, Pest, Pocken, Rückfallfieber, Scharlach und Typhus.

VI. Für Ortschaften und Bezirke, welche von Cholera, Fleckfieber, Gelbfieber, Pest oder Pocken befallen oder bedroht sind, sowie für solche, die von Diphtherie, Milzbrand, Scharlach oder Typhus befallen sind, können hinsichtlich der gewerbsmäßigen Herstellung, Behandlung und Aufbewahrung, sowie hinsichtlich des Vertriebes von Gegenständen, welche geeignet sind, die Krankheit zu verbreiten, eine gesundheitspolizeiliche Überwachung und die zur Verhütung der Verbreitung der Krankheit erforderlichen Maßregeln angeordnet, auch können Gegenstände der bezeichneten Art vorübergehend vom Gewerbebetriebe im Umherziehen ausgeschlossen werden.

VII. Für Ortschaften und Bezirke, welche von Cholera Fleckfieber, Gelbfieber, Pest oder Pocken befallen oder bedroht sind, sowie für solche, welche von Rückfallfieber, Ruhr oder Typhus befallen sind, kann die Abhaltung von Märkten, Messen und anderen Veranstaltungen, welche eine Ansammlung größerer Menschenmengen mit sich bringen, verboten oder beschränkt werden, bei Rückfallfieber, Ruhr oder Typhus jedoch nur, sobald die Krankheit einen epidemischen Charakter angenommen hat.

VIII. Jugendliche Personen aus Behausungen, in welchen eine Erkrankung an Aussatz, Cholera, Diphtherie, Fleckfieber, Gelbfieber, Pest, Pocken, Rückfallfieber, Ruhr, Scharlach oder Typhus vorgekommen ist, müssen, soweit und solange eine Weiterverbreitung der Krankheit aus diesen Behausungen durch sie zu befürchten ist, vom Schul- und Unterrichtsbesuche ferngehalten werden. Dies hat tunlichst auch bei Erkrankungen an übertragbarer Genickstarre zu geschehen.

IX. In Ortschaften, welche von Cholera, Fleckfieber, Gelbfieber, Pest, Pocken, Ruhr oder Typhus befallen oder bedroht sind, sowie in deren Umgegend, kann die Benutzung von Brunnen, Teichen, Seen, Wasserläufen, Wasserleitungen sowie der dem öffentlichen Gebrauche dienenden Bade-, Schwimm-, Wasch- und Bedürfnisanstalten verboten oder beschränkt werden.

X. Die gänzliche oder teilweise Räumung von Wohnungen und Gebäuden, in denen Erkrankungen an Cholera, Fleckfieber, Gelbfieber, Pest, Pocken, Rückfallfieber, Ruhr oder Typhus vorgekommen sind, kann, insoweit der beamtete Arzt diese einschneidende Maßregel zur wirksamen Bekämpfung der Krankheit ausnahmsweise in Fällen dringender Not für unerläßlich erklärt, angeordnet werden.

XI. Für Gegenstände und Räume, von denen anzunehmen ist, daß sie mit dem Krankheitsstoffe behaftet sind, kann eine Desinfektion angeordnet werden. Ist die Desinfektion nicht ausführbar oder im Verhältnis zum Werte der Gegenstände zu kostspielig, so kann die Vernichtung angeordnet werden.

XII. Für die Aufbewahrung, Einsargung, Beförderung und Bestattung der Leichen von Personen, welche an Aussatz, Cholera, Diphtherie, Fleckfieber, Gelbfieber, Pest, Pocken, Ruhr, Scharlach, Typhus, Milzbrand oder Rotz gestorben sind, können besondere Vorsichtsmaßregeln angeordnet werden.

XIII. Personen, welche an Körnerkrankheit leiden, können in solchen Orten und Bezirken, in welchen eine planmäßige Bekämpfung der Krankheit stattfindet, zu einer ärztlichen Behandlung zwangsweise angehalten werden.

Vorbereitung der Seuchenbekämpfung.

§ 84a. Der Kreisarzt hat die dem allgemeinen Gebrauch dienenden Einrichtungen für Versorgung mit Trink- oder Wirtschaftswasser und für Fortschaffung der Abfallstoffe dauernd zu überwachen (vgl. §§ 74 bis 76 d. Anw.) und die Beseitigung vorgefundener gesundheitsgefährlicher Mißstände sowie die Herstellung von Einrichtungen der genannten Art, sofern dieselben zum Schutz gegen übertragbare Krankheiten erforderlich sind, bei der Gemeindebehörde anzuregen. Ebenso hat der Kreisarzt seine Aufmerksamkeit darauf zu richten, daß der beim epidemischen Auftreten übertragbarer Krankheiten zu erwartende Bedarf an Beobachtungs- und Absonderungsräumen, Unterkunftsstätten für Kranke, Ärzte, Pflegepersonal, Arznei, Desinfektions- und Beförderungsmitteln für Kranke und Verstorbene, Leichenhallen und Beerdigungsplätzen seitens der Gemeinde oder Kreise beizeiten sichergestellt wird. In größeren Orten ist nach Möglichkeit die Errichtung öffentlicher Desinfektionsanstalten, in welchen die Anwendung von Wasserdampf als Desinfektionsmittel erfolgen kann, anzuregen.

Unterläßt es eine Gemeinde trotz vorhandener Leistungsfähigkeit, unbedingt notwendige Vorbereitungsmaßregeln im Sinne des vorstehenden Absatzes zu treffen, so hat der Kreisarzt den Sachverhalt der Kommunalaufsichtsbehörde (bei Landgemeinden und Gutsbezirken dem Landrat, bei Stadtgemeinden dem Regierungspräsidenten) vorzutragen.

Berichterstattung.

§ 85. Der Kreisarzt hat dem Regierungspräsidenten an jedem Dienstag eine Nachweisung über die in der vorhergehenden Woche amtlich gemeldeten Erkrankungen und Todesfälle an übertragbaren Krankheiten nach Formular VIII[1]) durch die Hand des Landrates, in Stadtkreisen der Ortspolizeibehörde, einzureichen.

Außerdem ist bei dem Auftreten einer gemeingefährlichen Krankheit sowie im Falle epidemischer Ausbreitung einer anderen übertragbaren Krankheit oder beim gehäuften oder gruppenweisen Auftreten einer nicht aufgeklärten Krankheit (§ 82 vorletzter Absatz) unverzüglich über das Ergebnis der Ermittlungen sowie über die getroffenen Maßnahmen an den Regierungspräsidenten ausführlich zu berichten.

[1]) Der Kürze halber nicht abgedruckt.

Abschnitt XXIII.

Schutzpockenimpfung[1]).

Anstellung der Impfärzte, Abgrenzung der Impfbezirke.

§ 86. Der Kreisarzt hat sich auf Erfordern über die Befähigung der anzustellenden Impfärzte sowie über die Abgrenzung der Impfbezirke gutachtlich zu äußern.

[1]) Vgl. das Reichsimpfgesetz vom 8. April 1874 (S. oben II. 1).

Beaufsichtigung des Impfgeschäfts.

§ 87. Das Impfgeschäft unterliegt der technischen Beaufsichtigung durch den Kreisarzt und nur in denjenigen Bezirken, in welchen er selbst Impfarzt ist, derjenigen des Regierungs- und Medizinalrats.

Der Landrat hat die Impfpläne sowie eine etwaige Abänderung und Unterbrechung des Impfgeschäfts dem Kreisarzt rechtzeitig mitzuteilen.

Der Kreisarzt ist insbesondere gehalten, öffentlichen sowie auch nach Bedürfnis öffentlich ausgeschriebenen privatärztlichen Impf- und Nachschauterminen beizuwohnen und hierbei auf die Impftechnik, den Impferfolg, die Listenführung, die Beschaffenheit der benutzten Räumlichkeiten, die Zahl der Impflinge, die Reinheit und Wirksamkeit der Lymphe und die hierüber von dem Impfarzt gemachten Aufzeichnungen zu achten. Es ist darauf zu halten, daß die Impfärzte zur Erleichterung der Revision zu den Impfterminen das von ihnen über den Bezug der Lymphe zu führende Buch mitbringen.

Auch hat der Kreisarzt auf den Handel mit Lymphe sein Augenmerk zu richten und die Befolgung der hierüber erlassenen Vorschriften zu überwachen. (Vgl. Anhang S. S. 200, 201.)

Impfschädigungen.

§ 88. Gelangen Mitteilungen über Impfschädigungen zur Kenntnis des Kreisarztes, so hat er alsbald alle zur Aufklärung des Sachverhalts gebotenen oder zweckdienlich erscheinenden Maßnahmen in die Wege zu leiten (vgl. Erlaß vom 22. Mai 1895, Anhang S. 202) und geeignetenfalls durch persönliche Ermittlungen möglichst zu unterstützen. Die Ortspolizeibehörden sind verpflichtet, die ihnen zugehenden Nachrichten über Impfschädigungen unverzüglich den Kreisarzt mitzuteilen. Ergibt sich die Unrichtigkeit verbreiteter Nachrichten über Impfschädigungen, so hat der Kreisarzt es als seine Pflicht anzusehen, erforderlichenfalls eine öffentliche Richtigstellung zu veranlassen und irrtümliche Auffassungen in der Bevölkerung zu beseitigen.

Impfbericht.

§ 89. Aus den Berichten der Impfärzte und den Impflisten hat der Kreisarzt einen Hauptimpfbericht nach Vorschrift des Min.-Erl. vom 26. Juli 1883 (Anhang S. 203) zusammenzustellen und dem Regierungspräsidenten bis zum 1. März des folgenden Jahres einzureichen.

Abschnitt XXIV.

Überwachung der Prostitution[1]).

§ 90. Zur Verhütung der Verbreitung übertragbarer Geschlechtskrankheiten bilden regelmäßige Untersuchung der gewerbsmäßig Unzucht betreibenden Weibspersonen und ärztliche Behandlung der Erkrankten die wirksamste Maßregel. Entzieht sich eine geschlechtskranke Dirne dieser Behandlung oder besteht begründeter Verdacht, daß sie den Betrieb der gewerbsmäßigen Unzucht fortsetzt, so ist ihre unverzügliche Überführung in ein geeignetes Krankenhaus durch die Ortspolizeibehörde zu veranlassen.

Bei der Einrichtung öffentlicher ärztlicher Sprechstunden zur Untersuchung und Behandlung der Dirnen sowie bei der Durchführung sittenpolizeilicher Überwachung von Dirnen hat der Kreisarzt die Polizeibehörden nach Kräften zu unterstützen. Der Untersuchung durch den Sittenarzt hat er auf Erfordern und unaufgefordert wenigstens einmal im Jahre beizuwohnen; er hat sich bei dieser Gelegenheit von der vorschriftsmäßigen Ausführung der ärztlichen Untersuchung, der ordnungsmäßigen Beschaffenheit der Instrumente usw. zu überzeugen (vgl. Min.-Erl. vom 11. Dezember 1907, Min.-Bl. f. Med.-Ang. S. 56).

[1]) Diese Bestimmungen haben ihre bisherige Bedeutung

verloren durch die Aufhebung der Sittenkontrolle durch das Gesetz zur Bekämpfung der Geschlechtskrankheiten (S. oben II 13).

Abschnitt XXV.

Gewerbehygiene[1]).

Mitwirkung bei der Konzessionierung gewerblicher Anlagen.

§ 91. Der Kreisarzt hat die ihm seitens der zuständigen Behörden mitzuteilenden Vorlagen über die Genehmigung zur Errichtung, Verlegung oder Veränderung von gewerblichen, nach den §§ 16, 25 der Reichsgewerbeordnung konzessionspflichtigen Anlagen einer sorgfältigen Prüfung und Begutachtung zu unterziehen[2]). Aufgabe dieser Prüfung ist es, rechtzeitig diejenigen Mängel und Fehler in gesundheitlicher Hinsicht festzustellen, die in der Folge zu sanitären Belästigungen, Mißständen und Schädigungen für die Arbeiter, Anwohner und die Bevölkerung überhaupt führen können und deren spätere Beseitigung meistens mit Schwierigkeiten und kostspieligen Aufwendungen verknüpft ist.

Die Prüfung hat unter Beachtung der hierüber erlassenen Vorschriften zu erfolgen und ist nach Möglichkeit zu beschleunigen. Eine Ortsbesichtigung hat hierbei der Kreisarzt nur dann vorzunehmen, wenn er von der Behörde, die ihm die Vorlagen zur Prüfung übersandt hat, darum ersucht wird. Die erfolgte Prüfung ist auf den Vorlagen zu bescheinigen.

Wird bei der Veränderung bestehender Anlagen der Antrag gestellt, von der öffentlichen Bekanntmachung Abstand zu nehmen, so hat sich der Kreisarzt über die Zulässigkeit zu äußern. Er wird in der Regel den Antrag befürworten, wenn es sich um eine unzweifelhafte Verbesserung handelt oder die Unschädlichkeit der beabsichtigten Veränderung klar zutage liegt. Eine Befürwortung ist auch dann zulässig, wenn neue oder größere Nachteile, Gefahren oder Belästigungen, als mit der vorhandenen Anlage verbunden sind, durch die beabsichtigte Veränderung nicht herbeigeführt werden können.

[1]) Vgl. den Min.-Erl. vom 1. Mai 1904, betr. Ausführungsanweisung zur Gewerbeordnung, Min.Bl. f. Med.Ang. S. 231 mit den Abänderungen des Min.-Erl. vom 20. Mai 1909, Min.Bl. f. Med.Ang. S. 361.

[2]) Es handelt sich hierbei um Anlagen, die die Nachbarschaft belästigen oder gefährden und um die Anlage von Dampfkesseln.

Mitwirkung bei der Gewerbeaufsicht.

§ 92. Der Kreisarzt muß auch den bestehenden Gewerbebetrieben seines Bezirkes, welche die öffentliche Gesundheit oder die der beschäftigten Arbeiter zu schädigen geeignet sind, oder welche durch ihre festen und flüssigen Abgänge eine Verunreinigung der öffentlichen Wasserläufe und des Untergrundes befürchten lassen, seine Aufmerksamkeit zuwenden und auf die Beseitigung von gesundheitlichen Schädlichkeiten und Belästigungen hinwirken.

Er hat sich mit den zuständigen Behörden und Beamten, namentlich den Gewerbeinspektoren, in Verbindung zu setzen (vgl. § 18 d. Anw.), mit diesen gemeinschaftlich nach Bedürfnis die Anlagen, insbesondere solche, deren Betrieb vorzugsweise Gesundheitsschädigungen im Gefolge hat (z. B. Spiegel-, Akkumulatoren-, Glühlampen-, Bleifarben- und andere chemische Fabriken, oder Anlagen mit starker Staubentwicklung), zu besichtigen und darauf zu achten, daß den hygienischen Anforderungen überall gebührende Rechnung getragen wird.

Auch die mit einzelnen Zweigen der Hausindustrie verbundenen gesundheitlichen Schädlichkeiten soll der Kreisarzt beachten und entsprechende Abhilfemaßnahmen anregen.

Gesundheitliche Beobachtung staatlicher Betriebe.

§ 93. Der Kreisarzt hat die in seinem Bezirke gelegenen, unter die Vorschriften der Reichsgewerbeordnung oder des allgemeinen Berggesetzes fallenden Staatsbetriebe in gleicher Weise wie die privaten Betriebe gesundheitlich zu beobachten (vgl. § 21 d. Anw.).

Auf die hierbei etwa vorgefundenen Mängel hat er den Leiter des Betriebes aufmerksam zu machen und mit ihm die zu deren Abstellung geeigneten Maßnahmen zu besprechen.

Wird auf diesem Wege eine Abstellung der vorgefundenen Mängel nicht erzielt, so hat der Kreisarzt eine Anzeige über die Sachlage an die dem Betriebe vorgesetzte Dienstbehörde zu erstatten und Abschrift davon dem Regierungspräsidenten oder, sofern es sich um Betriebe handelt, welche der Aufsicht der Oberbergämter unterstellt sind, dem zuständigen Oberbergamte einzureichen.

Abschnitt XXVI.

Schulhygiene.

Gesundheitliche Beaufsichtigung der Schulen.

§ 94. Die der Aufsicht der Regierung oder des Regierungspräsidenten unterstehenden öffentlichen und privaten Schulen (Volks-, Mittel-, Rektorats-, gehobene Mädchen- und dergleichen Schulen, Fortbildungs- und Fachschulen usw.) unterliegen in gesundheitlicher Beziehung der Überwachung durch den Kreisarzt.

Er hat innerhalb eines in der Regel fünfjährigen Zeitraumes jede Schule seines Bezirks abwechselnd im Sommer und im Winter in bezug auf ihre Baulichkeiten und Einrichtungen (Lage, Größe der Zimmer unter Berücksichtigung der Schülerzahl, bauliche Beschaffenheit, Lufterneuerung, Heizung, Temperatur, Beleuchtung, Reinigung,

Beschaffenheit und Aufstellung der Schulbänke, Lage und Einrichtung der Aborte, Trinkwasserversorgung, Schulbäder, Spiel-, Turnplätze usw.) sowie in bezug auf den Gesundheitszustand der Schüler (Gesichtsfarbe, Haltung, Reinlichkeit, chronische und akute Krankheiten und Schwächezustände) unter Zuziehung des Schulvorstandes oder des Leiters der Schule, sowie des Schularztes einer Besichtigung zu unterziehen. Insbesondere ist auch darauf zu achten, ob sich bei einzelnen Schülern gesundheitliche Mißstände infolge gewerblicher Beschäftigung bemerkbar machen. (Vgl. § 20 des Gesetzes, betr. Kinderarbeit in gewerblichen Betrieben, vom 30. März 1903, Min.-Bl. f. Med.Ang. S. 153.) Der Landrat und der Kreisschulinspektor, bei Fortbildungs- und Fachschulen der Vorsitzende des Schulvorstandes, sind rechtzeitig vorher zu benachrichtigen.

Über die Besichtigung ist nach Formular IX[1]) eine Verhandlung aufzunehmen, welche der Regierung oder dem Regierungspräsidenten durch Vermittlung des Landrats (§ 12 d. Anw.) und des zuständigen Kreisschulinspektors einzureichen ist. Vorschläge zur Beseitigung etwaiger Mißstände sind im Begleitbericht anzugeben. (Vgl. auch § 38 Abs. 1 d. Anw.)

Die vorstehenden Bestimmungen finden auf Kommunikantenanstalten, Waisenhäuser, Rettungsanstalten, Kleinkinderschulen und -bewahranstalten, Kindergärten usw. sinngemäße Anwendung.

Außer bei diesen regelmäßigen Besichtigungen soll der Kreisarzt auch bei anderen Gelegenheiten die Schulen des Bezirks besuchen, sich die Beseitigung von Mängeln angelegen sein lassen, auch die Lehrer für seine Bestrebungen zu interessieren und ihr Verständnis hierfür durch Belehrung anzuregen suchen. Namentlich werden auch die Kreiskonferenzen der Lehrer in geeigneten Fällen dem Kreisarzt zur Erörterung schulhygienischer Fragen passende Gelegenheit bieten.

Die Vorschrift des Absatzes 1 findet auch Anwendung auf die den Bergbehörden unterstehenden Bergschulen nach Maßgabe der auf Grund des § 21 d. Anw. ergehenden Bestimmungen.

Die Zwangserziehungsanstalten der Provinzialverbände (vgl. Allerh. Erl. vom 12. Mai 1897, Anhang S. 205) sowie den Provinzialschulkollegien unterstellten Lehranstalten (Gymnasien, Realgymnasien, Realschulen, Seminare, Präparandenanstalten, höhere Mädchenschulen) sind nur auf Grund besonderen Auftrags einer Besichtigung zu unterziehen. (Vgl. Min.-Erl. vom 15. März 1905 und vom 14. Februar 1906; Min.Bl. f. Med.Ang. S. 157 bzw. 97.)

[1]) Der Kürze halber nicht abgedruckt.

Prüfung von Schulbauvorlagen.

§ 95. Bei Neubauten oder größeren Umbauten der in dem § 94 Abs. 1 bezeichneten Schulen sind dem Kreisarzt die Baupläne nebst Beschreibung zur hygienischen Prüfung vorzulegen.

Schulschließungen[1]).

§ 96. Der Kreisarzt hat darüber zu wachen, daß die Vorschriften zur Verhütung der Verbreitung übertragbarer Krankheiten durch die Schulen Beachtung finden (vgl. Min.-Erl. vom 9. Juli 1907, Min.-Bl. f. Med.Ang. S. 283)[2]). Bei den Ortsbesichtigungen wird er darauf zu achten haben, ob die Schulgrundstücke, namentlich die Umgebung der Brunnen und die Klassenzimmer, vorschriftsmäßig reingehalten werden.

Die Schließung einer Schule darf zur Verhütung der Verbreitung übertragbarer Krankheiten nur erfolgen:

1. wenn eine im Schulgebäude selbst wohnhafte Person an Aussatz, Cholera, Diphtherie, Fleckfieber, Gelbfieber,

übertragbarer Genickstarre, Keuchhusten, Masern, Mumps, Pest, Pocken, Röteln, Rotz, Rückfallfieber, übertragbarer Ruhr, Scharlach oder Typhus, oder unter Erscheinungen erkrankt, welche den Verdacht von Aussatz, Cholera, Fleckfieber, Gelbfieber, Pest, Pocken, Rotz, Rückfallfieber oder Typhus erwecken. Der Kreisarzt wird zunächst auf eine wirksame Absonderung der erkrankten Person oder ihre Überführung in ein Krankenhaus oder in einen anderen geeigneten Unterkunftsraum hinzuwirken haben. Wenn sich weder die wirksame Absonderung, noch die Überführung erreichen läßt, hat der Kreisarzt die Schulschließung zu beantragen. Ohne seine Mitwirkung ist die Schulschließung nicht gestattet.

2. wenn Cholera, Diphtherie, Fleckfieber, Gelbfieber, übertragbare Genickstarre, Keuchhusten, Masern, Mumps, Pest, Pocken, Röteln, Rückfallfieber, übertragbare Ruhr, Scharlach oder Typhus in der Ortschaft, wo sich die Schule befindet, oder in einer daselbst eingeschulten Ortschaft in epidemischer Verbreitung auftritt. In diesem Falle kann sich die Schließung auch auf einzelne Schulklassen beschränken. Außer bei Gefahr im Verzuge darf die Schließung der Schule oder einzelner Schulklassen nur nach Anhörung des Kreisarztes erfolgen. Vor Abgabe seines Gutachtens hat der Kreisarzt in der Regel eine örtliche Besichtigung vorzunehmen und zu prüfen, ob nicht durch weniger eingreifende Maßregeln ein ausreichender Schutz gegen die Verbreitung der übertragbaren Krankheit durch die Schule gewonnen werden kann, z. B. durch den Ausschluß der erkrankten Kinder und deren Geschwister vom Schulbesuch, durch den Ausschluß der Kinder aus den befallenen Häusern oder aus befallenen auswärtigen Ortschaften oder durch kurzfristige Schließung einer Schulklasse zum Zweck ihrer Desinfektion beim Auftreten der ersten Krankheitsfälle unter den Schülern.

Die Wiedereröffnung einer geschlossenen Schule oder

Schulklasse darf nur auf Grund eines Gutachtens des Kreisarztes angeordnet werden. Ehe der Kreisarzt sich für die Wiedereröffnung ausspricht, hat er sich davon zu überzeugen, daß die Schule oder Schulklasse sowie die dazu gehörigen Nebenräume gründlich gereinigt und desinfiziert worden sind.

[1]) S. Minist.-Erlaß vom 24. Juni 1924 (Pr.M.Bl. S. 276).

[2]) Neugefaßt durch Erlaß d. Ministers f. Volkswohlfahrt v. 22. September 1927 (Volkswohlfahrt Sp. 959).

Gemeinnützige Bestrebungen.

§ 97. Gemeinnützige Bestrebungen auf schulhygienischem Gebiete — Ferienkolonien, Kinderhorte, Kinderspeisungen, Zahnpflege, Schülerwanderungen usw. — hat der Kreisarzt anzuregen und zu unterstützen. Auch hat er auf besondere Fürsorgemaßnahmen zur körperlichen Kräftigung derjenigen Kinder hinzuwirken, welche trotz Erreichung des vorgeschriebenen Lebensalters wegen körperlicher Schwäche vom Schulbesuch zurückgestellt werden müssen.

Abschnitt XXVII[1]).

Kleinkinderfürsorge.

§ 98 usw.

[1]) Die folgenden Abschnitte sind, soweit sie eine reine Fürsorgetätigkeit des Kreisarztes behandeln, in diesem Band nicht abgedruckt.

Abschnitt XXVIII.

Fürsorge für Kranke, Sieche und Krüppel.

§ 99 usw.

Krankenfürsorge auf Kauffahrteischiffen.

§ 100 a. Der Kreisarzt hat den Reedern den Arzt und den Apotheker zu bezeichnen, denen die Prüfung der Ausrüstung der Kauffahrteischiffe mit Arznei- und anderen Hilfsmitteln sowie mit Lebensmitteln zur Krankenpflege übertragen werden soll (§ 15 der Bekanntmachung des Reichskanzlers vom 3. Juli 1905, Min.-Bl. f. Med.Ang. 1906, S. 16), und sich die Bescheinigungen über den Befund (Abs. 2 und 3 daselbst) vorlegen zu lassen. (Vgl. Ziffer 1b des Ministerialerlasses vom 11. Juni 1906, Min.Bl. f. Med.Ang. S. 291.)

§ 101 usw.

Mitwirkung bei der Konzessionierung von Privatanstalten.

§ 103. Der Kreisarzt hat die ihm vorzulegenden Anträge auf Erteilung der Konzession zu Privatbanken-, Privatentbindungs- und Privatirrenanstalten vom gesundheitlichen Standpunkte nach Maßgabe der hierüber erlassenen Vorschriften zu prüfen und in dem darüber zu erstattenden Gutachten auch ihm bekannte Tatsachen, welche die Unzuverlässigkeit des Unternehmens in Beziehung auf die Leitung oder Verwaltung der Anstalt dartun, zum Ausdruck zu bringen (vgl. § 30 Abs. 1 der Reichs-Gew.-Ordn. in der Fassung des Gesetzes vom 6. August 1896, RGBl. S. 685; Ziffer 36 der Ausführungsanweisung vom 1. Mai 1904, Min.-Bl. f. Med.-Ang. S. 231; § 115 des Zust.Ges. vom 1. August 1883, GS. S. 237).

§ 103a usw.

Abschnitt XXIX.

Fürsorge für Geisteskranke, Epileptische und Idioten.

§ 104 usw.

Abschnitt XXX.

Ärztliche Hilfeleistung in Notfällen.

§ 106. In Notfällen ist der Kreisarzt verpflichtet, an seinem Wohnorte sowie bei gelegentlicher Anwesenheit auch an einem anderen Orte seines Bezirks ärztliche Hilfe zu gewähren.

Abschnitt XXXI.

Öffentliches Badewesen.

§ 107 usw.

Abschnitt XXXII.

Heilquellen, Kurorte.

§ 108 usw.

Abschnitt XXXIII.

Begräbniswesen.

Leichenausstellung, Beerdigung.

§ 110. Der Kreisarzt hat die Befolgung der in bezug auf die Ausstellung von Leichen allgemein oder in besonderen Fällen, z. B. bei übertragbaren Krankheiten, erlassenen Vorschriften zu überwachen (vgl. § 84, XII d. Anw.).

Leichenbeförderung.

§ 111. Soweit die Ausstellung eines Leichenpasses abhängig ist von der Beibringung einer amtsärztlichen Bescheinigung über die Todesursache und die Unbedenklichkeit der Beförderung, hat der Kreisarzt nach Anhörung des Arztes, welcher den Verstorbenen in der tödlich gewordenen Krankheit behandelt hat, diese Bescheinigung auszustellen (vgl. Nr. 1—5, 7 und 8 der Anlage zum Min.-Erl. vom 6. April und Min.-Erl. vom 23. September 1888 — Anhang S. 205, 207 — und bezüglich der Beförderung auf dem Seewege die Vorschriften des Bundesrats vom 18. Januar 1906, Min.-Bl. f. Med.-Ang. S. 205, sowie bezüglich der Beförderung auf der Eisenbahn §§ 44 bis 47 der Eisenbahn-Verkehrsordnung vom 23. Dezember 1908, Min.-Bl. f. Med.-Ang. 1909, S. 96).

Genügen die dem Kreisarzt unterbreiteten Unterlagen nicht, um ihm die Überzeugung von der Unbedenklichkeit der Beförderung beizubringen, so darf die Ausstellung der Bescheinigung nur nach vorheriger Besichtigung der Leiche erfolgen.

Für die Beförderung der Leichen von Personen, die an einer gemeingefährlichen Krankheit (§ 1 Reichsgesetz vom 30. Juni 1900) gestorben sind, ist die Ausstellung der amtsärztlichen Bescheinigung zu versagen. Bei Diphtherie, Ruhr, Scharlach, Typhus, Milzbrand oder Rotz hat der Kreisarzt nach Lage des Falles zu entscheiden, ob mit Rücksicht auf die Gefahr einer Verschleppung der Krankheit die Bescheinigung zu versagen ist. Handelt es sich um die Leiche einer Person, die an einer anderen übertragbaren Krankheit gestorben ist, so ist aus diesem Umstande ein Bedenken gegen die Beförderung nicht herzuleiten.

Ausgrabung von Leichen.

§ 112. Bei der Ausgrabung von Leichen ist, falls sie nicht auf gerichtliche Anordnung erfolgt (vgl. § 86 Abs. 3 Str.-Proz.-Ord.), stets eine gutachtliche Äußerung des Kreisarztes darüber einzuholen, ob und unter welchen Bedingungen die Ausgrabung unbedenklich ist.

Anlegung und Erweiterung von Begräbnisplätzen.

§ 113. Bei der Anlegung neuer und der Erweiterung bestehender Begräbnisplätze hat der Kreisarzt auf Antrag nach örtlicher Besichtigung und nach Maßgabe der erlassenen Sondervorschriften sich gutachtlich zu äußern (vgl. Min.Erl. vom 20. Januar 1892, Anhang S. 208).

Die Entwürfe der zu erlassenden Begräbnisordnungen sind dem Kreisarzt vorzulegen und von ihm zu prüfen.

Auf die Einrichtung von Leichenhallen hat er tunlichst hinzuwirken (vgl. auch § 84a der Anw.).

Beaufsichtigung der Begräbnisplätze.

§ 114. Die Begräbnisplätze sind vom Kreisarzt auf Einrichtung und Ordnungsmäßigkeit des Betriebs von Zeit zu Zeit zu besichtigen. Die Schließung ungünstig gelegener Begräbnisplätze ist anzustreben, insbesondere wenn gesundheitsschädliche Einflüsse auf die Umgebung zu befürchten sind.

Abschnitt XXXIV.

Vertrauensärztliche Tätigkeit des Kreisarztes.

§ 115. Die vertrauensärztliche Tätigkeit des Kreisarztes gehört nicht zu den Obliegenheiten, welche mit dem Amte des Kreisarztes als solchem verbunden sind, sondern wird ihm erst im einzelnen durch einen besonderen öffentlichrechtlichen oder privatrechtlichen Akt übertragen. Zur Übernahme vertrauensärztlicher Tätigkeit ist der Kreisarzt, abgesehen von dem Falle einer allgemeinen Anordnung des Ministers der Medizinalangelegenheiten oder eines Auftrages des Regierungspräsidenten (vgl. § 34 Abs. 3 d. Anw.), nicht verpflichtet, doch ist sie auch dem vollbesoldeten Kreisarzt gestattet. Für Gewissenhaftigkeit bei Ausübung der von ihm übernommenen vertrauensärztlichen Tätigkeit ist der Kreisarzt dienstlich verantwortlich. Soll sie in der Form des Nebenamtes oder gegen fortlaufende Vergütung erfolgen, so ist in Ermangelung eines ausdrücklichen Auftrages des Regierungspräsidenten die Genehmigung erforderlich (vgl. § 27 d. Anw.).

Als vertrauensärztliche Verrichtungen kommen, soweit nicht gemäß § 34 Abs. 1 Ziffer 5, oder Absatz 2 eine andere Anordnung getroffen wird, in Betracht:

a) die ärztliche Tätigkeit in staatlichen Anstalten (z. B. Strafanstalten, Gefängnissen, staatlichen Erziehungs- oder Unterrichtsanstalten),

b) die Untersuchung und Begutachtung des Gesundheitszustandes von Reichs- oder unmittelbaren Staatsbeamten oder von Lehrern oder Lehrerinnen an öffentlichen Schulen im dienstlichen Interesse,

c) die Untersuchung und etwaige Behandlung der Transportgefangenen (Transportaten),

d) die Untersuchung von Ortsarmen auf Erfordern des Kreis- oder Bezirksausschusses (vgl. § 63 des Gesetzes, betreffend die Ausführung des Gesetzes über den Unterstützungswohnsitz vom 8. März 1871, § 41 des Zust.-Ges. vom 1. August 1883),

e) die Untersuchung hilfsbedürftiger Unteroffiziere und Mannschaften, welche an dem Kriege von 1870/71 oder den vorhergehenden Feldzügen ehrenvollen Anteil genommen haben und sich wegen dauernder gänzlicher Erwerbsunfähigkeit in unterstützungsbedürftiger Lage befinden, behufs Erlangung von Beihilfen aus den Mitteln des Reichsinvalidenfonds (vgl. Art. I, 3, III des Reichsgesetzes vom 22. Mai 1895 — RGBl. S. 237 —, Min.-Erl. vom 15. August 1895 — Min.-Bl. f. d. i. V. S. 191),

f) auf Ersuchen der Ersatzbehörden von Angehörigen Militärpflichtiger (Reklamanten) auf ihre Erwerbs- oder Aufsichtsfähigkeit (vgl. § 33 Nr. 5 Abs. 2 der deutschen Wehrordnung vom 22. November 1888, neu veröffentlicht in der Beilage zu Nr. 32 des Jahrgangs 1901 des Zentralbl. f. d. D. R.),

g) die Ausstellung von Gesundheitszeugnissen, welche für den Eintritt in den Reichs-, Staats- oder öffentlichen Schuldienst, für die Aufnahme in Präparandenanstalten, Lehrer- und Lehrerinnenseminare, sowie in der Turnlehrerbildungsanstalt für die Prüfung der nicht in solchen Anstalten vorgebildeten Personen usw. vorgeschrieben sind,

h) die Untersuchung und Begutachtung des Gesundheitszustandes von Personen, die nach Zulassung zu einer staatlichen Prüfung Verlängerung einer Frist oder Befreiung von einem Prüfungstermin wegen Krankheit beantragen,

i) die Ausstellung der Zeugnisse über die Körperbeschaffenheit und Gesundheit gewerblicher Arbeiter, die vor deren Beschäftigung in gewissen Betrieben nach den auf Grund der §§ 120e, 139a der Reichs-Gew.-Ordn. erlassenen und künftig ergehenden Anordnungen beizubringen sind, und die Überwachung des Gesundheitszustandes der Arbeiter in solchen Betrieben.

Vgl. die §§ 11, 19 der Bekanntmachung des Reichskanzlers, betr. die Einrichtung und den Betrieb der Bleifarben- und Bleizuckerfabriken, vom 26. Mai 1903, Min.Bl. f. Med.Ang., S. 237; §§ 10, 11, 12 der Bekanntmachung des Reichskanzlers, betr. die Einrichtung und den Betrieb von Anlagen zur Herstellung von Alkali-Chromaten, vom 2. Februar 1897, RGBl. S. 11; § 16 der Bekanntmachung des Reichskanzlers, betr. die Einrichtung und den Betrieb gewerblicher Anlagen, in denen Thomasschlacke gemahlen oder Thomasschlackenmehl gelagert wird, vom 25. April 1899, RGBl. S. 267; §§ 12, 14 der Bekanntmachung des Reichskanzlers, betr. die Einrichtung und den Betrieb der Zinkhütten, vom 6. Februar 1900, RGBl. S. 32; §§ 13, 15 des Erlasses des Handelsministers, betr. Vorschriften über die Einrichtung und den Betrieb der Quecksilber-Spiegelbelaganstalten, vom 18. Mai 1889, Min.Bl. f. d. i. V. S. 77; Nr. I, 5 der Bekanntmachung des Reichskanzlers, betr. die Beschäftigung von Arbeiterinnen und jugendlichen Arbeitern in Glashütten, vom 5. März 1902, Min.Bl. f. Med.Ang. S. 122, Nr. III, 4 der Bekanntmachung des Reichskanzlers, betr. die Beschäftigung von Arbeiterinnen auf Steinkohlenbergwerken, Zink- und Bleierzbergwerken im Regierungsbezirk Oppeln, vom 24. März 1892, RGBl. S. 331 und 20. März 1902, RGBl. S. 77; Nr. II 1 der Bekanntmachung des Reichskanzlers, betr. die Beschäftigung von Arbeiterinnen und jugendlichen Arbeitern in Walz- und Hammerwerken, vom 27. Mai 1902, Min.Bl. f. Med.Ang. S. 218; Nr. III der Bekanntmachung

(Fortsetzung auf Seite 412)

Formular I.
(§ 45 Abs. 2 d. Anw.)

Verzeichnis der Medizinal-

1.

Lfde. Nr.	Vor- und Zuname	Geburts- Tag und Jahr	Geburts- Ort	Religion	Tag, Jahr und Ort der Approbation	Tag, Jahr und Ort der Doktor-Promotion

2. Zahn-
gleichlautend

3. Apothekenbesitzer, Apothekenvorstand,

Lfde. Nr.	Vor- und Zuname	Geburts- Tag und Jahr	Geburts- Ort	Religion	Tag, Jahr und Ort der Vorprüfung, Approbation und der Doktor-Promotion	Tag, Jahr und Ort der Prüfung als Nahrungsmittelchemiker

4. Heb-

Lfde. Nr.	Vor- und Zuname	Geburts- Tag und Jahr	Geburts- Ort	Religion	ledig oder verheiratet? Stand des Ehemannes?	Tag, Jahr und Ort der Ausstellung des Prüfungszeugnisses	Nachprüfungen, wann, wo und mit welchem Erfolge?	Wiederholungslehrgänge, wann, wo und mit welchem Erfolge?

personen des Kreises ....

Ärzte.

Titel, Orden und Auszeichnungen, welche, und seit wann?	Niedergelassen		Verzogen		gestorben am	Bemerkungen
	wann	wo	wann	wohin		
ärzte. wie 1.						

Gehilfen und Lehrlinge.

Titel, Orden und Auszeichnungen, welche, und seit wann?	Erwerb der Apotheke (bei Gehilfen und Lehrlingen Eintritt in die Apotheke)		Verzogen		gestorben am	Bemerkungen
	wann	welche wo	wann	wohin		

ammen.

Bestrafungen				Niedergelassen		Verzogen		gestorben am	Bemerkungen, insbesondere über Einkommensverhältnisse und Anstellungsbedingungen
durch welche Behörde?	Datum des Urteils oder der Verfügung	Grund der Bestrafung	Strafe	wann	wo	wann	wohin		

5. Desin-

Lfde. Nr.	Vor- und Zuname	Geburts-		Stand	Tag, Jahr und Ort der Ausstellung des Prüfungszeugnisses	Nachprüfungen wann, wo und mit welchem Erfolge?
		Tag und Jahr	Ort			

6. Sonstiges

Lfde. Nr.	Vor- und Zuname	Geschlecht	Geburts-		Religion	Bezeichnung der Tätigkeit	Tag, Jahr und Ort des Erwerbs des Prüfungszeugnisses
			Tag und Jahr	Ort			

fektoren.

Wiederholungslehrgänge, wann, wo und mit welchem Erfolge?	Niedergelassen		Verzogen		gestorben am	Bemerkungen, insbesondere über Anstellungsbedingungen
	wann	wo	wann	wohin		

Heilpersonal.

Nachprüfungen, wann, wo und mit welchem Erfolge?	Niedergelassen		Verzogen		gestorben am	Bemerkungen, insbesondere über Gehalts- und Einkommensverhältnisse
	wann	wo	wann	wohin		

(Fortsetzung von Seite 407)

des Reichskanzlers, betr. die Beschäftigung jugendlicher Arbeiter auf Steinkohlenbergwerken, vom 24. März 1903; Min.-Bl. f. Med.Ang. S. 152; § 13 der Bekanntmachung des Reichskanzlers, betr. die Einrichtung und den Betrieb gewerblicher Anlagen zur Vulkanisierung von Gummiwaren vom 1. März 1902, Min.Bl. f. Med.Ang. S. 118; §§ 16, 18, der Bekanntmachung des Reichskanzlers, betr. die Einrichtung und den Betrieb von Anlagen zur Herstellung elektrischer Akkumulatoren aus Blei oder Bleiverbindungen vom 6. Mai 1908, Min.Bl. f. Med.Ang. S. 235; § 16 der Bekanntmachung des Reichskanzlers, betr. die Einrichtung und den Betrieb gewerblicher Anlagen, in denen Thomasschlacke gemahlen oder Thomasschlackenmehl gelagert wird, vom 3. Juli 1909, Min.Bl. f. Med.Ang. S. 332.

Die Zeugnisse dieser Art haben sich in ihrem Wortlaut den in jedem einzelnen Falle für sie maßgebenden Bestimmungen genau anzuschließen. In ihnen ist außerdem zum Ausdruck zu bringen, daß sie auf Grund einer körperlichen Untersuchung ausgestellt worden sind.

k) die Tätigkeit als Vertrauensarzt einer Invalidenversicherungsanstalt (vgl. Anweisung des Ministers für Handel und Gewerbe, betr. das Verfahren vor den unteren Verwaltungsbehörden vom 15. November 1908 und Min.-Erl. vom 14. Dezember 1908, Min.-Bl. f. Med.-Ang. 1909, S. 3 bzw. S. 10),

l) auf Ersuchen einer Berufsgenossenschaft die Untersuchung und Begutachtung des Gesundheitszustandes und der Erwerbsfähigkeit von Personen, die einen Betriebsunfall erlitten haben,

m) die Tätigkeit als hygienischer Beirat der Betriebsleitung von Wasserwerken (vgl. § 74 Abs. 5 der Anw.),

n) die Tätigkeit als Gesundheitsbeamter einer Gemeinde oder eines Schulverbandes (Stadtarzt, Schularzt u. dgl.).

Abteilung III usw.

Der Kreisarzt des Kreises ....

J.-Nr. .....

Formular II.

(§ 45 Abs. 3 d. Anw.)

...................., den .....ten .... 19.....

Nachweisung

der Veränderungen unter den Ärzten, Zahnärzten und Apothekern
des Kreises ....
für den Monat ....

Lfde. Nr.	Vor- und Zuname	Stand, Titel (ob promoviert)	Wohnort		Datum und Ort der Ausfertigung der Approbation	Bemerkungen: (erste Niederlassung — verstorben — bei Apothekern auch Angabe des Vorbesitzers oder Verwalters)
			bisheriger	jetziger		

An

den Herrn Regierungspräsidenten

zu

Formular III.

(§ 46 Abs. 2 d. Anw.)

Verzeichnis

derjenigen Personen, die ohne staatliche Anerkennung das Heilgewerbe ausüben.

Anmerkung: Zu Spalte 7 ist anzugeben, ob

Sympathie, Hypnotismus, Homöopathie, Elektrohomöopathie, Elektrizität, Magnetismus, Naturheilkunde, Wasserbehandlung, Kneippsches Verfahren, Massage, Orthopädie, Besichtigung von Harnproben und ähnliches geübt wird.

Zu Spalte 8, ob

Chirurgie: Behandlung von Panaritien, Wunden, Unterschenkelgeschwüren, Verrenkungen, Knochenbrüchen usw.

Innere Medizin: Behandlung von Gicht, Rheumatismus, Geschlechts- und Hautkrankheiten usw., Behandlung von Frauen-, Kinder-, Augen-, Ohren-, Nasen- und Zahnkrankheiten, ob Hebammenpfuscherei oder die gesamte Heilkunde ausgeübt wird.

Lfde. Nr.	Vor- und Zuname	Geschlecht	Tag und Jahr der Geburt	Ort der Geburt	Religion	Stand, früherer Beruf, Art der Ausbildung	Ausübung der Heilkunde nach: Art	Ausübung der Heilkunde nach: Umfang	Niedergelassen: wann	Niedergelassen: wo	Verzogen: wann	Verzogen: wohin	gestorben am	Bemerkungen (Einkommen, Reklame, Bestrafungen usw.)
1	2	3	4	5	6	7	8	9	10	11	12	13	14	15

Formular IV.

(§ 55 d. Anw.)

Zusammenstellung

über das Ergebnis der im Jahre 19...... ausgeführten Besichtigungen von Drogen-, Material-, Farbwaren- und ähnlichen Handlungen.

Kreis	Zahl der besichtigten Handlungen, in denen feilgehalten werden				Zahl der einer Besichtigung überhaupt unterliegenden Drogen- usw. Handlungen (je besonders)	Besichtigt von			Zu Beanstandungen					Zahl der erfolgten Bestrafungen			Besondere Vorkommnisse, Anfertigung von Rezepten, Haussuchungen usw.
	Arzneimittel und Gifte	nur Arzneimittel	nur Gifte und Farben	Darunter sind Drogenschränke		Medizinalbeamten	Apothekern	Beiden	gaben Anlaß	Handlungen, in denen feilgehalten werden: Arzneimittel und Gifte	nur Arzneimittel	nur Gifte und Farben	Darunter Drogenschränke	Strafbefehl	Erkenntnis	Strafmaß	
									a) wegen Übertretung der Polizei-Verordnung vom 22. Februar 1906.								
									b) wegen Übertretung der Kaiserlichen Verordnung v. 22. Okt. 1901.								
									c) wegen Verdorbenseins der Waren.								
									d) wegen sonstiger Ordnungswidrigkeiten.								

Formular V.

(§ 57 d. Anw.)

Zusammenstellung

der von den Hebammen im Kreise .... während des Jahres 19.... geleiteten Entbindungen.

Laufd. Nr.	Vor- und Zuname der Hebammen	Wohnort der Hebammen	Zahl der Entbundenen	Zahl der mit Hilfe des Arztes Entbundenen	Von den Entbundenen sind erkrankt im Wochenbett? an?	Von den Entbundenen sind gestorben bei der Entbindung? an?	Von den Entbundenen sind gestorben im Wochenbett? an?	Zahl der Neugeborenen lebend geboren?	Zahl der Neugeborenen tot geboren?	Von den Neugeborenen sind während der ersten vierzehn Tage nach der Geburt erkrankt?	Von den Neugeborenen sind während der ersten vierzehn Tage nach der Geburt gestorben?	Bemerkungen: (Am Schlusse ist dem Gesamtergebnis des Kreises die Zahl der standesamtlich gemeldeten Geburten und der hieraus berechneten, ohne die Hilfe der Hebammen Entbundenen im Kreise anzufügen)

Der Kreisarzt
des Kreises ....

Formular VI.
(§ 60 d. Anw.)

Stempel
(3 M.)

Fähigkeitszeugnis
für die Zulassung zum Hebammenberufe.

Ausgestellt auf Ersuchen des ....

I. Personalien.

Vor- und Zuname: ....
Familienstand (Ehefrau, Witwe, ledig): ....
Tag und Jahr der Geburt: ....
Geburtsort, Kreis: ....
Stand der Antragstellerin: ....
bezw. des Ehemannes: ....
Wohnort: ....
Religion: ....

II. Befähigung.

1. geistige:
Lesen: ....
Schreiben: ....
Rechnen: ....
Auffassung: ....
Gedächtnis: ....
2. sittliche: .... lt. Bescheinigung d. Ortspolizeibehörde.
3. körperliche:
Sinnesorgane (Hören, Sehen, Fühlen): ....
Gliedmaßen (Hände, Fortbewegung): ....
Schwangerschaft: ....
Chron. übertragbare Leiden (Lues, Tuberkulose usw.): ....
Ekelerregende Entstellungen: ....
Impfung, Wiederimpfung (Impfschein vom ....)
....

III. Urteil.

Die .... ist hiernach .... geeignet (nicht geeignet) für die Zulassung zum Hebammenberufe.

...................., den .... 19....

Der Kreisarzt.

(Siegel) Dr. ....

2. Preußisches Gesetz, betreffend die Dienststellung des Kreisarztes und die Bildung von Gesundheitskommissionen.

Vom 16. September 1899 (GS. S. 172).

§ 1—5 usw.

§ 6. Der Kreisarzt hat insbesondere die Aufgabe, Ziffer 1—3 usw.

4. den zuständigen Behörden Vorschläge zur Abstellung von Mängeln zu machen, auch für die öffentliche Gesundheit geeignete Maßnahmen in Anregung zu bringen.

§ 7. Der Landrat sowie die Ortspolizeibehörde sollen vor Erlaß von Polizeiverordnungen und sonstigen allgemeinen Anordnungen, welche das Gesundheitswesen betreffen, den Kreisarzt hören.

Ist die Anhörung unterblieben, so ist dem Kreisarzte von dem Erlasse der Polizeiverordnung oder Anordnung alsbald Mitteilung zu machen.

§ 8. Bei Gefahr im Verzuge kann der Kreisarzt, wenn ein vorheriges Benehmen mit der Ortspolizeibehörde nicht angängig ist, die zur Verhütung, Feststellung, Abwehr und Unterdrückung einer gemeingefährlichen Krankheit erforderlichen vorläufigen Anordnungen treffen. Diesen Anordnungen hat der Gemeindevorstand Folge zu leisten.

Die getroffenen vorläufigen Anordnungen sind den Beteiligten durch den Kreisarzt entweder zu Protokoll oder durch schriftliche Verfügung zu eröffnen.

Die vorläufigen Anordnungen sind dem Landrat und der Ortspolizeibehörde sofort mitzuteilen. Sie bleiden solange in Kraft, bis von der zuständigen Behörde anderweitige Verfügung getroffen wird.

Wer den von dem Kreisarzte getroffenen vorläufigen Anordnungen zuwiderhandelt, wird, sofern nicht die Vorschrift des § 327 des RStGB. Platz greift, mit Geldstrafe bis zu 150 Mark oder mit Haft bestraft.

§ 9. Der Kreisarzt ist der Gerichtsarzt seines Amtsbezirkes.

Wo besondere Verhältnisse es erfordern, kann die Wahrnehmung der gerichtsärztlichen Geschäfte besonderen Gerichtsärzten übertragen werden.

§ 10. Für jede Gemeinde mit mehr als 5000 Einwohnern ist eine Gesundheitskommission zu bilden.

Die Zusammensetzung und Bildung dieser Kommission erfolgt in den Städten in Gemäßheit der in den Städteverordnungen für die Bildung von Kommissionen (Deputationen) vorgesehenen Bestimmungen.

In größeren Städten können die städtischen Behörden Unterkommissionen für einzelne Bezirke bilden; der Minister des Innern[1]) ist ermächtigt, es bei der bisherigen Einrichtung der Sanitätskommissionen zu belassen.

In ländlichen Gemeinden befindet der Landrat über die Zusammensetzung, die Mitgliederzahl und den Geschäftsgang der Kommission. Die Mitglieder verwalten ihr Amt als Ehrenamt.

Die gesetzlichen Vorschriften über die Verpflichtung zur Annahme und über die Befugnis zur Ablehnung von Gemeindeämtern finden mit der Maßgabe Anwendung, daß die Ausübung der ärztlichen Praxis nicht als Ablehnungsgrund gilt.

Der Kreisarzt kann allen Sitzungen der Gesundheitskommission teilnehmen und darf jederzeit die Zusammenberufung derselben verlangen.

In allen Verhandlungen der Gesundheitskommission hat der Kreisarzt beratende Stimme und muß jederzeit gehört werden.

[1]) Jetzt Minister für Volkswohlfahrt.

§ 11. Die Gesundheitskommission hat die Aufgabe:

1. von den gesundheitlichen Verhältnissen des Ortes durch gemeinsame Besichtigungen sich Kenntnis zu verschaffen und die Maßnahmen der Polizeibehörde insbesondere bei der Verhütung des Ausbruchs oder der Verbreitung gemeingefährlicher Krankheiten in geeigneter Weise (Untersuchung) von Wohnungen, Belehrung der Bevölkerung usw.) zu unterstützen;
2. über alle ihr von dem Landrat, von der Polizeibehörde und dem Gemeindevorstande vorgelegten Fragen des Gesundheitswesens sich gutachtlich zu äußern;
3. diesen Behörden Vorschläge auf dem Gebiete des Gesundheitswesens zu machen.

§ 12. In Gemeinden mit 5000 oder weniger Einwohnern kann eine Gesundheitskommission gebildet werden. In Städten muß die Bildung erfolgen, wenn der Regierungspräsident dieselbe anordnet. In Landgemeinden kann sie von dem Landrat im Einverständnisse mit dem Kreisausschuß angeordnet werden.

Auf diese Kommissionen finden die Vorschriften in den §§ 10 und 11 entsprechende Anwendung.

§ 13. Innerhalb des der Zuständigkeit des Polizeipräsidenten von Berlin unterstellten Bezirkes tritt dieser an die Stelle des Regierungspräsidenten.

In den Hohenzollernschen Landen tritt an die Stelle des Landrats der Oberamtmann, an die Stelle des Kreises der Oberamtsbezirk und an die Stelle des Kreisausschusses der Amtsausschuß.

§ 14. Die Kreisphysikats- und Kreiswundarztstellen werden aufgehoben.

§ 16. Die bestehenden Sanitätskommissionen, insbesondere diejenigen aus dem Regulativ vom 8. August 1835 (GS. 240), werden unbeschadet der Vorschrift des § 10 Abs. 3 aufgehoben.

§ 17. Der Zeitpunkt des Inkrafttretens des gegenwärtigen Gesetzes wird durch Kgl. Verordnung bestimmt.

Der Minister des Innern[1]) erläßt, und zwar soweit das Ressort des Finanzministers (oder des Ministers des Innern[1]) beteiligt ist, in Gemeinschaft mit diesem die zur Ausführung des Gesetzes erforderlichen Bestimmungen.

[1]) Jetzt der Minister für Volkswohlfahrt.

Geschäftsanweisung für die Gesundheitskommissionen vom 13. März 1901 (MedMBl. 66).

I. Abschnitt.

Bildung und Zusammensetzung der Gesundheitskommission.

§ 1. In jeder Gemeinde mit mehr als 5000 Einwohnern ist eine ständige Gesundheitskommission zu bilden. In Gemeinden mit 5000 oder weniger Einwohnern kann eine Gesundheitskommission gebildet werden.

§ 2. Die Zusammensetzung und Bildung der Kommission erfolgt in den Städten mit mehr als 5000 Einwohnern in Gemäßheit der in den Städteordnungen für die Bildung von Kommissionen (Deputationen) vorgesehenen Bestimmungen. Insbesondere bleibt die Festsetzung der Mitgliederzahl der Beschlußfassung der städtischen Vertretungen überlassen.

Der Kommission sollen, soweit möglich, ein Arzt und ein Bauverständiger als Mitglieder angehören. Die näheren Bestimmungen über die Zusammensetzung der Kommission nach dieser Richtung sind vor der Wahl durch Beschluß der städtischen Vertretungen festzusetzen.

§ 3. In größeren Städten können die städtischen Vertretungen Unterkommissionen für einige Bezirke bilden; denselben muß jedenfalls ein Arzt als Mitglied angehören.

In den Beschlüssen über die Bildung von Unterkommissionen sind die den letzteren zuzuweisenden Bezirke und Geschäfte, sowie das Verhältnis zu der Gesamtkommission näher zu bestimmen; insbesondere ist anzugeben, in welchen Fällen zu den Vorschlägen oder Gutachten der Unterkommission die Zustimmung der Gesamtkommission erforderlich ist. Die von der Polizeibehörde, dem Gemeindevorstande oder der Aufsichtsbehörde erforderten Gutachten sind in der Regel von der Gesamtkommission zu erstatten.

§ 4. Die Dauer der Wahlperiode der Kommissionsmitglieder ist durch Beschluß der städtischen Vertretungen festzusetzen; die Wahlperiode soll mindestens sechs Jahre betragen. Die Gewählten verwalten ihr Amt als Ehrenamt. Die gesetzlichen Bestimmungen über die Verpflichtung der Annahme und über die Befugnis zur Ablehnung von Gemeindeämtern finden mit der Maßgabe Anwendung, daß die Ausübung der ärztlichen Praxis nicht als Ablehnungsgrund gilt.

§ 5. Sofern der Minister des Innern[1]) in größeren Städten es bei der bisherigen Einrichtung der Sanitätskommission belassen hat (vgl. § 10 Abs. 3 des Gesetzes vom 16. September 1899), behält es bei den dort bestehenden Bestimmungen über die Zusammensetzung der Kommission usw. sein Bewenden.

[1]) Jetzt der Minister für Volkswohlfahrt.

§ 6. In ländlichen Gemeinden mit mehr als 5000 Seelen befindet der Landrat über die Zusammensetzung und die Mitgliederzahl der Kommission und bestimmt den Vorsitzenden derselben. Der Kommission sollen, soweit möglich, ein Arzt und ein Bauverständiger als Mitglieder angehören.

Die Wahl erfolgt durch die Gemeindevertretung auf sechs Jahre. Die Mitglieder verwalten ihr Amt als Ehrenamt. Wegen der Verpflichtung zur Annahme und der Befugnis zur Ablehnung der Wahl gelten die unter § 4 angegebenen Bestimmungen.

§ 7. In Stadtgemeinden mit 5000 oder weniger Einwohnern kann eine Gesundheitskommission gebildet werden. Die Bildung muß erfolgen, wenn der Regierungspräsident dieselbe anordnet. Im Falle der Errichtung einer Gesundheitskommission finden die Bestimmungen in den §§ 2 und 4 dieser Anweisung Anwendung.

§ 8. In Landgemeinden mit 5000 oder weniger Einwohnern kann eine Gesundheitskommission gebildet werden. Die Bildung kann von dem Landrat im Einverständnis mit dem Kreisausschuß angeordnet werden. Auf diese Kommission finden die Bestimmungen des § 6 dieser Geschäftsanweisung Anwendung.

II. Abschnitt.

Aufgaben der Gesundheitskommission.

§ 9. Die Gesundheitskommission ist als ein aus den Wahlen der Selbstverwaltungskörper hervorgegangenes Organ nicht auf kommunale Angelegenheiten beschränkt, sondern sie hat nach der Absicht des Gesetzes auch staatliche Aufgaben zu erfüllen und dient als kollegiales Hilfsorgan für die Zwecke der staatlichen Gesundheitsverwaltung.

Sie hat die Aufgabe, von den gesundheitlichen Verhältnissen des Ortes durch gemeinsame Besichtigungen sich Kenntnis zu verschaffen, in Gemeinschaft mit dem Kreisarzte, welcher an ihren Sitzungen teilzunehmen berechtigt ist, die gesundheitlichen Maßnahmen der Polizeibehörde zu unterstützen, den beteiligten Selbstverwaltungs- und Polizeibehörden als beratendes und begutachtendes Organ zu dienen, über alle von diesen Behörden ihr vorgelegten Fragen des Gesundheitswesens sich gutachtlich zu äußern, durch Belehrung und

Aufklärung der Bevölkerung die Durchführung gesundheitlicher Maßnahmen zu erleichtern, Mißstände, welche den Ausbruch und die Weiterverbreitung gemeingefährlicher Krankheiten zu befördern geeignet sind, nachzuforschen und insbesondere aus eigener Initiative Vorschläge über die Beseitigung gesundheitswidriger Zustände, Verbesserung bestehender Einrichtungen und Einführung zeitgemäßer Neuerungen zu machen. Die sachgemäße Ausübung dieses der Gesundheitskommission zustehenden selbständigen Vorschlagsrechts wird für die Entwicklung einer fruchtbringenden Tätigkeit der Kommission von besonderer Bedeutung sein.

§ 10. Um sich über die gesundheitlichen Verhältnisse des Gemeindebezirkes eingehend zu unterrichten, hat die Gesundheitskommission gemeinsame Besichtigungen aller derjenigen Anlagen, Einrichtungen usw. vorzunehmen, welche das öffentliche Gesundheitswesen betreffen, sofern nicht derartigen Besichtigungen besondere Bestimmungen entgegenstehen.

Insbesondere können hier in Betracht kommen:

1. menschliche Wohnstätten und zum dauernden Aufenthalte von Menschen bestimmte Räume, Massenquartiere, Herbergen, Asyle usw., sofern begründete Veranlassung zu der Annahme vorliegt, daß sie nach ihrer Beschaffenheit oder Benutzungsart den sanitären Vorschriften nicht entsprechen;
2. die Art der Ansammlung und Beseitigung unreiner Abgänge auf den einzelnen Grundstücken sowohl wie für die gesamte Ortschaft (menschliche und tierische Exkremente, Haushaltungsabfälle und

Abwässer), Beschaffenheit der Leitungen (Rinnsteine, geschlossene Kanäle), Verbleib der Schmutzwässer, Zustand der Straßen, Pflasterung, Reinigung derselben;

3. Wasserversorgung des Ortes: zentrale Leitung, Wasserentnahmestellen, Reinigungsverfahren, Zustand der Leitungen, Brunnen, Straßen-, Hofbrunnen, Kessel-, Röhrenbrunnen, Lage der vorhandenen Düngerstätten und Jauchegruben, insbesondere im Verhältnis zu den Wasserentnahmestellen, und etwaige dadurch bedingte, gesundheitliche Bedenken;
4. öffentliche Wasserläufe, Verunreinigung, Mißstände;
5. Verkehr mit Nahrungs- und Genußmitteln (Fleisch, Milch u. a.), öffentliche Schlachthäuser;
6. gewerbliche Anlagen, etwaige gesundheitsschädliche Einwirkungen derselben, Belästigung durch Rauch, lärmenden Betrieb u. a.;
7. Schulen, allgemeine sanitäre Verhältnisse derselben, baulicher Zustand, Reinlichkeit;
8. Zustand der Armen- und Krankenpflege, Armen-, Siechenanstalten, ärztliche Hilfe für Bedürftige, Sanitätswachen u. a.;
9. öffentliche Bade- und Schwimmanstalten, Volksbäder, Schulbäder, ihre gesundheitlichen Verhältnisse;
10. Begräbnisstätten, etwaige gesundheitsschädliche Einwirkungen derselben, Leichenhallen.

§ 11. Die gemeinsame Besichtigung findet in der Regel mindestens alljährlich einmal statt.

Steht das Auftreten gemeingefährlicher Krankheiten z. B. nach Überschwemmungen zu befürchten, so sind öftere Besichtigungen, insbesondere derjenigen Ortsteile vorzunehmen, welche auch sonst zu gesundheitlichen Bedenken Veranlassung gegeben haben. Herrscht in einem Ort eine ansteckende Krankheit, so haben die Mitglieder von Haus zu Haus Besuche zu machen, zur schleunigen Feststellung der Krankheitsfälle beizutragen und der Bevölkerung mit Rat und Tat zur Seite zu stehen.

Wo für einzelne Bezirke in größeren Städten Unterkommissionen eingerichtet sind (vgl. § 3), werden die regelmäßigen Besichtigungen durch diese vorzunehmen sein. Haben sich in einem Bezirke so erhebliche Mißstände ergeben, daß eine gemeinsame Besichtigung durch die Hauptkommission erforderlich ist, so hat der Vorsitzende diese anzuordnen.

III. Abschnitt.

Verhältnis der Gesundheitskommission zum Kreisarzte.

§ 12. Der Kreisarzt kann an allen Sitzungen der Gesundheitskommission teilnehmen und darf jederzeit die Zusammenberufung derselben verlangen.

In allen Verhandlungen der Gesundheitskommission hat der Kreisarzt beratende Stimme und muß jederzeit gehört werden.

Von allen Sitzungen ist ihm rechtzeitig, und zwar mit Ausnahme besonders dringlicher Eilfälle mindestens acht Tage vorher Kenntnis zu geben.

Die Sitzungsprotokolle sind dem Kreisarzt alsbald nach der Feststellung in Abschrift mitzuteilen.

Die Gesundheitskommissionen haben an den regelmäßigen Ortsbesichtigungen des Kreisarztes auf Einladung desselben nach Möglichkeit teilzunehmen.

IV. Abschnitt.

Geschäftsordnung der Gesundheitskommission.

§ 13. Die Beschlußfassung über die Geschäftsordnung der Gesundheitskommission bleibt in den Stadtgemeinden den städtischen Vertretungen, in den Landgemeinden dem Landrat überlassen.

§ 14. Hierbei werden folgende Bestimmungen zu beachten sein:

Der Vorsitzende beruft die Mitglieder der Gesundheitskommission zu den Sitzungen und Besichtigungen und leitet die Verhandlungen. Die Kommission tritt mindestens alle drei Monate zu einer Sitzung zusammen. Durch Beschluß der Gesundheitskommission können regelmäßige Sitzungstage festgesetzt werden. In Ermangelung eines solchen Beschlusses sind die Mitglieder sowie der Kreisarzt (§ 12) zu den Sitzungen durch schriftliche Einladung, welche, abgesehen von besonders dringlichen Eilfällen, acht Tage vor der Sitzung zuzustellen ist, unter Mitteilung der Tagesordnung zu laden. Die Zustellung einer Tagesordnung hat auch bei regelmäßig festgestellten Sitzungstagen zu erfolgen.

Die Anberaumung einer Sitzung muß erfolgen, wenn dies von dem Kreisarzte oder einem Drittel der Mitglieder der Gesundheitskommission verlangt wird.

§ 15. Ist der Inhaber der Polizeigewalt oder sein Vertreter nicht zugleich Vorsitzender oder Mitglied der Gesundheitskommission, so ist dem Ersuchen der Polizeibehörde, bei den Verhandlungen über die von ihr erforderten gutachtlichen Äußerungen beteiligt zu werden, durch rechtzeitige Benachrichtigung des Polizeivertreters von allen Besichtigungen und Sitzungen zu entsprechen.

§ 16. Die Gesundheitskommission ist beschlußfähig, wenn außer dem Vorsitzenden mindestens die Hälfte der Mitglieder anwesend ist. Die Gesundheitskommission faßt ihre Beschlüsse nach Stimmenmehrheit: bei Stimmengleichheit entscheidet die Stimme des Vorsitzenden.

§ 17. Die Gesundheitskommission sowie der Vorsitzende sind berechtigt, in geeigneten Fällen Sachverständige mit beratender Stimme zu den Verhandlungen zuzuziehen.

§ 18. Über alle Sitzungen und Besichtigungen der Gesundheitskommission sind Protokolle aufzunehmen, in welchen das Wesentliche des Herganges zu verzeichnen ist. Dieselben sind von dem Vorsitzenden und mindestens noch einem Mitgliede der Kommission zu unterzeichnen.

Die Protokolle verbleiben in den Akten der Gesundheitskommission.

§ 19. Die Gesundheitskommission steht mit der Polizeibehörde bzw. dem Landrate, sowie dem Kreisarzte in unmittelbarem Geschäftsverkehre.

§ 20. Die vorstehende Geschäftsanweisung tritt gleichzeitig mit dem Gesetz, betr. die Dienststellung des Kreisarztes usw., 16. September 1899 (GS. 172) in Kraft.

3. Grundsätze für die Regelung des Hebammenwesens.

Bundesratsbeschluß vom 6. November 1917.

1. Erfordernisse für die Zulassung zur Ausbildung für den Hebammenberuf.

(1) Es sollen zur Ausbildung nur Personen zugelassen werden, die

a) das 20. Lebensjahr zurückgelegt und das 30. Lebensjahr noch nicht überschritten haben,

b) die erforderliche körperliche und geistige Tauglichkeit zum Hebammenberuf besitzen, insbesondere nicht schwanger sind und nicht an Krankheiten oder Körperfehlern leiden, die sie an der Ausübung des Hebammenberufs hindern oder ihre Pflegebefohlenen schädigen könnten,

c) eine erfolgreich abgeschlossene Volksschulbildung oder eine gleichartige andere Bildung erworben haben und durch eine Prüfung nachweisen, daß sie die auf der Schule erworbenen Kenntnisse noch besitzen,

d) ein behördliches Leumundszeugnis beibringen und außerehelich nicht geboren haben.

(2) Nur in Ausnahmefällen darf von diesen Erfordernissen abgesehen werden.

(3) Die Leiter der Hebammenausbildungsstätten sollen Personen, die sich im Laufe der Ausbildungszeit als ungeeignet erweisen, entlassen.

2. Art und Dauer des Hebammenunterrichts.

(1) Der Unterricht hat sich zu erstrecken

a) an der Hand des Hebammenlehrbuchs auf den Bau und die Verrichtungen des menschlichen, insonderheit des weiblichen Körpers, auf die allgemeine Krankheitslehre, auf die Schwangerschaft, die Geburt und das Wochenbett nach ihrem regelmäßigen Verlauf und ihren Abweichungen, ferner auf die Verrichtungen und das Verhalten der Hebammen dabei,

b) auf die wichtigsten Frauen- und Säuglingskrankheiten,

c) auf die Ernährung und Pflege des gesunden Säuglings.

(2) Die Ausbildung in diesen Gegenständen soll sich möglichst auf Anschauung gründen. Es ist anzustreben, die Lehrgänge nur in solchen Anstalten stattfinden zu lassen, in denen ein ausreichend großes Material nicht nur von stationären, sondern auch von poliklinischen Geburten vorhanden ist, so daß für jede Hebammenschülerin mindestens zehn Anstaltsentbindungen und womöglich zwei poliklinische Entbindungen zur Verfügung stehen, bei denen sie selbsttätig Beistand leisten kann.

(3) Der Unterricht soll sich außerdem erstrecken auf

a) die Dienstanweisung für die Hebammen und

b) die übrigen auf Hebammen bezüglichen Gesetze und Vorschriften, deren Abdruck dem Lehrbuch beizugeben ist.

(4) Die Dauer der Lehrgänge beträgt mindestens neun Monate, die durch allgemeine Urlaubserteilungen nicht gekürzt werden dürfen.

3. Prüfungen.

Die Prüfungen, in denen sich die Hebammenschülerinnen über ihre Kenntnisse und Fertigkeiten in den unter Ziffer 2 genannten Gegenständen auszuweisen haben, sind praktisch, mündlich und schriftlich. Sie finden unter dem Vorsitz eines Regierungsvertreters statt. Bei ungenügendem Bestehen dürfen die Prüfungen nach einer von der Prüfungskommission zu bestimmenden weiteren Ausbildungszeit einmal wiederholt werden.

4. Nachprüfungen.

Zweck der Nachprüfungen ist, festzustellen, ob die Hebammen noch die erforderliche körperliche, geistige und fachliche Befähigung zur Ausübung ihres Berufs besitzen. Sie sind von den Hebammen mindestens alle zwei Jahre vor dem beamteten Arzte, wenn möglich unter Zuziehung des Hebammenlehrers oder eines sonst geeigneten Facharztes, abzulegen. Sie sollen den Charakter der Belehrung und Beratung tragen. Bei ungenügendem Ausfall sind sie nach einer von dem beamteten Arzte zu bestimmenden Frist zu wiederholen. Bei abermaligem ungenügenden Ausfall haben die Hebammen so bald wie möglich einen Fortbildungslehrgang durchzumachen.

5. Fortbildungslehrgänge.

Diese Lehrgänge bilden eine Wiederholung des ersten Lehrganges unter Hervorhebung der wichtigsten Gegenstände des Hebammenlehrbuchs. Sie sind von mindestens 14tägiger Dauer. Zu ihnen sind alle Hebammen mindestens alle zehn Jahre, vom Tage der bestandenen Prüfung an gerechnet, einzuberufen.

6. Anmeldung der Ausübung und der Einstellung des Berufs.

(1) Die Ausübung des Berufs ist von den Hebammen, soweit sie nicht durch die Behörde unter Mitwirkung des beamteten Arztes bestellt werden, vor dem Beginn oder Wiederbeginn und in Fällen des Wohnungswechsels bei der zuständigen Behörde und beim beamteten Arzte anzumelden. Ebenso ist die Einstellung des Berufs anzumelden.

(2) Der Wiederbeginn nach einer mehr als zweijährigen Unterbrechung der Berufstätigkeit ist nur zulässig, nachdem die Hebammen vor dem beamteten Arzte eine Nachprüfung abgelegt haben. Bei ungenügendem Ausfall dieser Nachprüfung ist ihnen die Ablegung eines Fortbildungslehrganges aufzuerlegen.

7. Verbot der Anpreisung.

Jede standesunwürdige Anpreisung ist den Hebammen verboten.

8. Verhalten gegen Behörden und Ärzte.

(1) Den vorgesetzten Behörden und Beamten haben die Hebammen Achtung und Gehorsam zu erweisen.

(2) Den Anordnungen der Ärzte, mit denen sie beruflich tätig sind, haben sie Folge zu leisten, soweit dies nicht gegen die Bestimmungen der Dienstanweisung verstößt. Jeder Beeinflussung behufs Wahl eines bestimmten Arztes haben sie sich zu enthalten.

9. Pflicht zur Hilfeleistung.

(1) Bei Berufungen von verschiedenen Seiten für dieselbe Zeit haben die Hebammen sich, wenn ein Fall besonders dringend ist, zunächst dorthin zu wenden, sonst aber die Aufträge nach der Reihenfolge ihres Eingangs zu erledigen. Diejenigen, denen die Hebammen nicht zu Diensten sein können, haben sie an andere Hebammen zu verweisen. Hat die Geburt bei ihrer Ankunft noch nicht begonnen, so sind sie gehalten, falls sie wieder fortgehen sollten, von Zeit zu Zeit nach der Gebärenden zu sehen und diese zu benachrichtigen, wenn sie durch unaufschiebbare Zwischengeschäfte von den Besuchen abgehalten sein sollten. Hat aber die Geburt bereits begonnen, so dürfen sie, abgesehen von außerordentlichen und dringenden Notfällen, nicht früher fortgehen, als dies ohne Gefahr für Mutter und Kind geschehen kann.

(2) Im übrigen ist Vorsorge zu treffen, daß Hebammen in ausreichender Zahl vorhanden sind, die einem Rufe nach geburtshilflichem Beistand jederzeit ohne Unterschied des Standes und Vermögens sofort Folge zu leisten haben. Es ist erforderlich, daß den Hebammen in denjenigen

Fällen, in denen sie pflichtmäßig geburtshilflichen Beistand geleistet haben, und die Kosten von der Entbundenen oder deren Angehörigen trotz geeigneter Bemühungen der Hebammen nicht bezahlt werden, diese aus öffentlichen Mitteln gezahlt werden.

10. Tagesbuchführung.

Über die von ihnen geleiteten Geburten, einschließlich der unzeitigen, haben die Hebammen ein Tagebuch zu führen, das jährlich abzuschließen und dem beamteten Arzte vorzulegen ist.

11. Verhalten bei Todesfällen und gewissen Krankheiten.

(1) Bei Todesfällen unter den ihrer Pflege unterstehenden Schwangeren, Gebärenden oder Wöchnerinnen haben die Hebammen sofort dem beamteten Arzte Anzeige zu erstatten.

(2) Bei Erkrankungsfällen gilt folgendes:

a) Tritt im Wochenbett bei einer Pflegebefohlenen Fieber[1]) ein, so haben die Hebammen auf die schleunige Zuziehung eines Arztes zu dringen, sofort den beamteten Arzt zu benachrichtigen und sich, Notfälle ausgenommen, der Berufsausübung zu enthalten, insoweit sie nicht der beamtete Arzt wieder gestattet. Die Hebammen dürfen die Erkrankte bis zur Entscheidung des beamteten Arztes weiter pflegen.

b) Treten Nabelentzündung, Wundrose, Wundstarrkrampf, Augenentzündung oder Schälblasen bei einem Neugeborenen auf, so haben die Hebammen sofort den beamteten Arzt zu benachrichtigen, eine Berührung des Neugeborenen zu meiden und auf die schleunige Zuziehung eines Arztes zu bringen. Bei Wundrose und Schälblasen

---

[1]) Das Nähere bestimmen die Landesregierungen.

haben sich die Hebammen außerdem, Notfälle ausgenommen, der Berufsausübung zu enthalten, insoweit nicht der beamtete Arzt sie wieder gestattet.

c) Tritt eine übertragbare Krankheit, ausgenommen die nachstehend unter e) bezeichneten Krankheiten, in der Familie der Hebammen oder in der Familie einer ihrer Pflegebefohlenen auf, wie z. B. Kindbettfieber, Wundrose, Wundstarrkrampf, Scharlach, Diphtherie, Schälblasen der Neugeborenen, so haben die Hebammen sofort den beamteten Arzt zu benachrichtigen. Die Hebammen haben sich außerdem, wenn die Erkrankung in ihrer Familie sich ereignet hat, Notfälle ausgenommen, der Berufsausübung ohne weiteres zu enthalten, insoweit nicht der beamtete Arzt sie wieder gestattet. Sie haben sich der Berufsausübung auch dann zu enthalten, wenn die Erkrankung in der Familie einer ihrer Pflegebefohlenen sich ereignet hat, jedoch nur unter der Voraussetzung, daß der beamtete Arzt dies anordnet.

d) Haben die Hebammen selbst an den Händen eiternde Wunden oder Geschwüre oder leiden sie sonst an Eiterungen, übelriechenden oder krankheitsverdächtigen Ausflüssen, an Wundrose, Hautausschlägen, Syphilis oder an einer anderen übertragbaren Krankheit oder liegt der Verdacht auf Syphilis bei ihnen vor, so haben sie sofort den beamteten Arzt zu benachrichtigen und sich, Notfälle ausgenommen, der Berufsausübung zu enthalten, insoweit nicht der beamtete Arzt sie wieder gestattet.

e) Leidet eine Pflegebefohlene an Syphilis oder an örtlichen übertragbaren Krankheiten der Geschlechtsteile oder erfolgen aus den Geschlechtsteilen der Pflegebefohlenen verdächtige Ausflüsse, so sollen die Hebammen innere Untersuchungen unterlassen, ihre Hände vor Ansteckung schützen und auf die schleunige Zuziehung eines Arztes dringen.

(3) Wenn Hebammen trotz Vorliegens einer der vorbezeichneten Krankheiten in einem Notfall nach den vor-

stehenden Grundsätzen ihren Beruf ausüben, haben sie sich mit der äußeren Untersuchung der Gebärenden zu begnügen.

(4) Haben die Hebammen Grund zu der Annahme, daß eine Gebärende noch vor erfolgter Entbindung sterben werde oder daß der Tod schon unerwartet eingetreten ist, oder müssen sie annehmen, daß eine ihrer Pflege unterstehende Schwangere in den letzten Monaten ihrer Schwangerschaft sterben werde, so haben sie auf die sofortige Zuziehung eines Arztes zu dringen.

(5) Handelt es sich in den vorgenannten Fällen um eine übertragbare Krankheit oder sind die Hebammen sonst mit Personen, die an übertragbaren Krankheiten leiden, oder mit unsauberen oder ansteckungsverdächtigen Gegenständen in Berührung gekommen, so haben sie alsbald nach dem mit Ansteckungsgefahr oder Beschmutzung verbundenen Vorgang die erforderlichen Reinigungs- und Desinfektionsmaßnahmen vorzunehmen.

(6) Die Hebammen haben, wenn die von ihnen vorschriftsgemäß angeratene Zuziehung eines Arztes verzögert oder verweigert wird, hiervon sofort den beamteten Arzt zu benachrichtigen.

12. Verbot unbefugter Behandlung.

Die durch das Hebammenlehrbuch und sonstige Bestimmungen gesteckten Grenzen ihrer Tätigkeit haben die Hebammen streng einzuhalten. Zu den ihnen verbotenen Maßnahmen gehört die Anwendung von Mitteln oder Apparaten zur Verhütung der Empfängnis.

13. Pflicht zur Warnung vor der Behandlung seitens Unberufener und vor dem Gebrauch abergläubischer oder schädlicher Mittel.

Vor der Behandlung durch nicht staatlich approbierte Personen und vor dem Gebrauch abergläubischer, veralteter oder schädlicher Mittel haben die Hebammen zu warnen.

14. Pflicht, für das Selbststillen der Säuglinge zu wirken.

Die Hebammen sollen es sich angelegen sein lassen, auf die Mütter dahin zu wirken, daß sie ihr Kind selbst stillen. Bestehen Zweifel über die Möglichkeit des Selbststillens, so sollen sie die Zuziehung eines Arztes anraten.

15. Entbindungen in der Wohnung der Hebammen.

Hebammen, die eine Schwangere in ihre Wohnung zur Entbindung aufnehmen, bedürfen hierzu der Erlaubnis der zuständigen Behörde, sofern sie nicht gemäß § 30 Abs. 1 der Gewerbeordnung für das Deutsche Reich im Besitze der gewerbepolizeilichen Genehmigung zum Betrieb einer Privatentbindungsanstalt sind.

16. Nebenbeschäftigungen.

Die Hebammen haben Beschäftigungen nach Möglichkeit zu meiden, die geeignet sind, die Gebrauchsfähigkeit ihrer Hände im Hebammenberuf zu beeinträchtigen oder durch die Übertragung ansteckender Stoffe eine Gefährdung der Gesundheit von Schwangeren, Gebärenden, Wöchnerinnen und Neugeborenen herbeizuführen. Auch ist ihnen die Empfehlung, der Verkauf und die Abgabe von Mitteln oder Apparaten zur Verhütung der Empfängnis und von Nährpräparaten für Säuglinge verboten.

17. Beaufsichtigung.

Die Hebammen sind einer fortlaufenden Aufsicht durch den beamteten Arzt zu unterstellen. In angemessenen Zwischenräumen sind sie außerdem von dem beamteten Arzt unvermutet in ihrer Wohnung behufs Kontrolle ihrer Berufsausübung aufzusuchen.

4. Preußisches Gesetz über das Hebammenwesen.

Vom 20. Juli 1922 (Pr. GS. S. 179)[1]),
abgeändert durch Gesetz vom 31. Dezember 1922 und
15. März 1923 (Pr. GS. 1923 S. 2 und 64).

Recht auf Hebammenhilfe.

§ 1. Jeder Frau in Preußen steht nach Maßgabe dieses Gesetzes Hebammenhilfe zu. Diese erstreckt sich auf die Beratung und Hilfe in der Schwangerschaft, Hilfe bei Störungen in der Schwangerschaft, Hilfe bei der Geburt, Versorgung der Wöchnerinnen im Wochenbett und der Neugeborenen sowie auf Beratung über die Pflege und das Stillen der Kinder.

---

[1]) Das Oberverwaltungsgericht hat in seinem Urteil vom 7. Januar 1926 (Entscheidungen d. OVG. Band 80 S. 337) zum Ausdruck gebracht, daß die §§ 4 Abs. 1, 7, 8, 9 Buchst. i, 10, Abs. 1 u. 2 Buchst. a, 40 Abs. 5 u. 41 des preußischen Hebammengesetzes infolge Verknüpfung der reichsrechtlichen Zulassung zum Gewerbebetrieb mit der landesrechtlich neueingeführten „Niederlassungsgenehmigung" für Hebammen, die einmal ein preußisches Prüfungszeugnis erhalten haben, über eine zulässige Regelung der Art der Ausübung des Gewerbebetriebs der Hebammen hinausgeht, daß sie in die Vorschriften der Reichsgewerbeordnung über die Zulassung zum Gewerbebetrieb und die Ausübung des Gewerbes — §§ 1 Abs. 1 u. 2, 30 Abs. 3, 40 Abs. 1 u. 2, 53 Abs. 2 u. 1, 54 Abs. 1, 20, 21, 143 Abs. 1, 147 Abs. 1 Ziffer 1 aaO. — eingreifen und der Rechtsgültigkeit entbehren. Dieser Entscheidung hat der Minister für Volkswohlfahrt durch Erlaß vom 31. Mai 1926 und 31. Januar 1928 (Volkswf. Sp. 185) dadurch Rechnung getragen, daß bestimmt wird, daß alle ein Prüfungszeugnis besitzenden Hebammen ohne weiteres über den 1. April 1928 hinaus ihren Beruf weiter ausüben dürfen.

Ausübung der Geburtshilfe.

§ 2. Hebammen im Sinne dieses Gesetzes sind Frauen, die ein Prüfungszeugnis gemäß § 30 Abs. 3 der Reichsgewerbeordnung besitzen.

§ 3. Frauen, die weder eine ärztliche Approbation noch das im § 2 angeführte Prüfungszeugnis besitzen, ist die Ausübung der Geburtshilfe auch dann untersagt, wenn sie nicht gewerbsmäßig betrieben wird.

Notfälle sind von diesem Verbot ausgenommen. Ein Notfall liegt vor, wenn es nicht möglich ist, rechtzeitig eine Hebamme oder einen Arzt zuzuziehen.

§ 4. Hebammen ist die Ausübung der Geburtshilfe nur gestattet, wenn sie ihr Prüfungszeugnis von einer zuständigen preußischen Behörde erhalten haben oder auf Grund einer außerhalb Preußens erfolgten gleichwertigen Ausbildung vom Minister für Volkswohlfahrt zur Ausübung der Geburtshilfe in Preußen zugelassen sind und wenn ihnen eine Niederlassungsgenehmigung erteilt ist[1]).

[1]) Vgl. Anmerkung am Anfang dieses Gesetzes.

Der Niederlassungsgenehmigung steht die Annahme als Bezirkshebamme (§ 21) gleich.

Unberührt bleiben die durch Staatsverträge oder anderweit geregelten Verhältnisse in den Grenzgebieten.

§ 5. Die Niederlassungsgenehmigung wird für einen örtlichen Bezirk erteilt (Niederlassungsgebiet).

Das Niederlassungsgebiet ist nach Maßgabe der Bevölkerungsdichtigkeit und der Entfernungsverhältnisse in der Weise abzugrenzen, daß den Bewohnerinnen des Gebiets eine ausreichende Versorgung mit Hebammenhilfe (§ 1) gesichert ist.

In der Genehmigungsurkunde ist das Niederlassungsgebiet zu bezeichnen.

§ 6. Die Hebamme muß in dem Niederlassungsgebiete wohnen. In der Genehmigungsurkunde kann ihr das Wohnen in einem begrenzten Teile des Niederlassungsgebietes aufgegeben werden.

Bei der Ausübung ihres Berufs ist die Hebamme nicht auf das Niederlassungsgebiet beschränkt.

§ 7[1]). Die Niederlassungsgenehmigung ist zu versagen, wenn das Bedürfnis nach Hebammenhilfe (§ 1) in dem betreffenden Bezirke bereits ausreichend gedeckt ist; sie kann ferner versagt werden, wenn eine derjenigen Tatsachen vorliegt, die zur Zurücknahme der Genehmigung berechtigten (§ 9).

[1]) Vgl. Anmerkung am Anfang dieses Gesetzes.

§ 8[1]). Die Niederlassungsgenehmigung verliert ihre Gültigkeit:

a) wenn die Hebamme sich nicht binnen drei Monaten vom Tage der Genehmigung ab in dem Niederlassungsgebiete niederläßt. Die Frist kann von der Genehmigungsbehörde (§ 10) verlängert werden, wenn der Hebamme innerhalb der Frist keine angemessene Wohnung im Niederlassungsgebiete nachgewiesen wird oder wenn sich die Hebamme aus anderen Gründen ohne ihr Verschulden nicht innerhalb der Frist in diesem Gebiete niederlassen kann. Ist der Hebamme das Wohnen in einem begrenzten Teile des Niederlassungsgebiets aufgegeben, so gelten die vorstehenden Bestimmungen entsprechend für diesen Teil des Niederlassungsgebiets;

b) wenn die Hebamme den Wohnsitz innerhalb des Niederlassungsgebiets freiwillig aufgibt;

c) wenn der Hebamme das Prüfungszeugnis gemäß § 53 der Reichsgewerbeordnung entzogen wird oder wenn die nach § 4 Abs. 1 erteilte Genehmigung des Ministers für Volkswohlfahrt zurückgenommen wird.

[1] Vgl. Anmerkung am Anfang dieses Gesetzes.

§ 9. Die Niederlassungsgenehmigung kann zurückgenommen werden:

a) wenn die Hebamme eine vorgeschriebene Nachprüfung zweimal hintereinander nicht besteht;

b) wenn sie einen angeordneten Fortbildungslehrgang ohne genügenden Grund versäumt;

c) wenn sie Bücher oder Übersichten, die nach näherer Anordnung des Ministers für Volkswohlfahrt zur regelmäßigen Kontrolle ihrer Berufstätigkeit oder als Nachweise für Zahlungsansprüche an den Kreis dienen, trotz zweimaliger Verwarnung unrichtig oder unvollständig führt;

d) wenn sie wegen grober Verletzung der Dienstanweisung, wegen Nachlässigkeit im Beruf oder wegen ungleichmäßiger Berücksichtigung oder Behandlung der Hilfesuchenden innerhalb der letzten 5 Jahre dreimal durch die Kreishebammenstelle (§ 29) verwarnt worden ist;

e) wenn sie innerhalb des Niederlassungsgebiets eigenmächtig den ihr angewiesenen Wohnsitz wechselt;

f) wenn sie ohne Erlaubnis der in der Genehmigungsurkunde zu bestimmenden Stelle länger als 2 Monate innerhalb eines Kalenderjahrs oder länger als 3 Wochen hintereinander von dem Niederlassungsgebiet abwesend ist;

g) wenn sie länger als ein Jahr ihren Beruf nicht ausübt;
h) wenn sie infolge eines körperlichen Gebrechens oder infolge Schwäche ihrer geistigen oder körperlichen Kräfte zur Erfüllung ihrer Berufspflichten dauernd unfähig ist;
i) wenn sie das 65. Lebensjahr vollendet hat[1]).

[1]) Vgl. Anmerkung am Anfang dieses Gesetzes.

§ 10. Zuständig für die Erteilung und die Zurücknahme der Genehmigung ist in Landkreisen der Kreisausschuß, in Stadtkreisen der Magistrat (Bürgermeister). Vor der Erteilung und der Zurücknahme der Genehmigung ist die Kreishebammenstelle zu hören.

Der Hebamme steht gegen die Versagung oder Zurücknahme der Genehmigung innerhalb 2 Wochen seit der Zustellung die Klage bei dem Bezirksausschusse zu, der nach Anhörung der Provinzialhebammenstelle (§ 34) entscheidet.

Pflichten der Hebammen.

§ 11. Die Hebamme ist verpflichtet, alle in ihre Berufsgeschäfte fallenden Aufgaben nach Maßgabe der Dringlichkeit und unter Befolgung der hierzu vom Minister für Volkswohlfahrt erlassenen Vorschriften gewissenhaft auszuführen. Sie hat insbesondere folgende Berufspflichten zu erfüllen:
a) Beratung von Schwangeren und Ausübung der Geburtshilfe;
b) Versorgung der Wöchnerinnen und neugeborenen Kinder;
c) Förderung der natürlichen Ernährung der Säuglinge;

d) Mitwirkung bei der Säuglingsfürsorge nach Maßgabe des örtlichen Bedürfnisses.

§ 12. Die Hebamme hat sich nach Maßgabe der hierzu ergehenden Vorschriften des Ministers für Volkswohlfahrt Nachprüfungen zu unterziehen und an Fortbildungslehrgängen teilzunehmen.

§ 13. Zu einer Erwerbstätigkeit außer der im § 11 angeführten bedarf die Hebamme der Genehmigung. Bestehen gegen diese Erwerbstätigkeit Bedenken, so muß die Genehmigung versagt und eine erteilte Genehmigung zurückgenommen werden.

Zuständig für die Erteilung oder Zurücknahme der Genehmigung ist in Landkreisen der Kreisausschuß, in Stadtkreisen der Magistrat (Bürgermeister). Er entscheidet nach Anhören der Kreishebammenstelle.

Gegen die Versagung oder Zurücknahme der Genehmigung steht der Hebamme innerhalb 2 Wochen die Beschwerde an den Bezirksausschuß zu, der nach Anhörung der Provinzialhebammenstelle endgültig entscheidet.

§ 14. Die Berufstätigkeit der Hebamme unterliegt der Aufsicht des Kreisarztes.

Gebühren der Hebammen.

§ 15. Die Bezahlung der nach § 11a bis c geleisteten Dienste einer Hebamme erfolgt auf Grund einer Gebührenordnung, die von dem Regierungspräsidenten — im Ortspolizeibezirke Berlin von dem Polizeipräsidenten in Berlin — zu erlassen ist.

Es werden drei Teuerungsklassen gebildet. Die Gebührensätze sind für diese Klassen verschieden hoch zu bemessen und die Kreise oder Ortschaften nach Maßgabe ihrer Teuerungsverhältnisse in die Klassen einzugruppieren. Für jede Klasse sind in der Gebührenordnung unter Berücksichtigung der Leistungsfähigkeit der Gebührenpflichtigen Mindest- und Höchstgebühren festzusetzen. Ferner hat die Gebührenordnung die Erstattung der Ausgaben für Desinfektionsmittel, die von der Hebamme bei ihrer Hilfeleistung verwendet worden sind, zu regeln sowie über den Anspruch der Hebammen auf Ersatz der Auslagen für die Benutzung von Verkehrsmitteln oder auf die Zahlung eines angemessenen Wegegeldes Bestimmung zu treffen. Die näheren Vorschriften erläßt der Minister für Volkswohlfahrt.

Bei der Anwendung der Gebührenordnung hat die Hebamme die Gebührensätze derjenigen Teuerungsklasse in Rechnung zu stellen, zu der ihr Wohnort gehört.

Die Provinzialhebammenstelle, die Kreisausschüsse und die Gemeindevorstände der Stadtkreise sind vor dem Elasse der Gebührenordnung zu hören.

§ 16. Ergeben sich Streitigkeiten über die Höhe einer Gebühr, die von einer Hebamme gefordert wird, oder wird die Gebühr an eine Hebamme innerhalb einer angemessenen Frist nicht entrichtet, so setzt der Landrat, in Stadtkreisen der Bürgermeister, nach Anhörung der Kreishebammenstelle und des Zahlungspflichtigen die Gebühr nach Maßgabe der Gebührenordnung fest. Gegen diese Festsetzung ist binnen 2 Wochen die Beschwerde an den Bezirksausschuß zulässig, der nach Anhörung der Provinzialhebammenstelle endgültig entscheidet.

Die rechtskräftig festgesetzte Gebühr unterliegt der Beitreibung im Verwaltungszwangsverfahren durch den Kreisausschuß, in Stadtkreisen durch den Magistrat

(Bürgermeister). Hierbei gilt, unbeschadet des Rechtes der Hebamme auf die Gebühren, der Kreis als derjenige, auf dessen Rechnung die Zwangsvollstreckung im Sinne der Vorschriften über das Verwaltungszwangsverfahren erfolgt.

Besondere Bestimmungen für Hebammen, die eine Niederlassungsgenehmigung erhalten haben.

§ 17. Die Hebamme hat an den Kreis, in dessen Gebiet sie wohnt, Anspruch auf einen Zuschuß, wenn in einem Jahre ihr Einkommen aus der im § 11a bis c angegebenen Berufstätigkeit nicht einen Mindestbetrag erreicht. Als Zuschuß ist der Betrag zu zahlen, um den das Einkommen hinter dem Mindestbetrage zurückbleibt.

Der Mindestbetrag bestimmt sich nach der Teuerungsklasse, zu der der Wohnort der Hebamme gehört. Er beträgt für Orte

in der 1. Teuerungsklasse 12 000 Mark,
in der 2. Teuerungsklasse 9 000 Mark,
in der 3. Teuerungsklasse 6 000 Mark.

Der Mindestbetrag erhöht und vermindert sich jeweils in dem Verhältnis, in dem das Grundgehalt, das die unmittelbaren Staatsbeamten am 1. Juli 1922 bezogen haben, durchschnittlich erhöht beziehungsweise vermindert wird. Die Verhältniszahl wird jeweils von dem Minister für Volkswohlfahrt im Einvernehmen mit dem Finanzminister festgesetzt[1]).

Für die Zeit, in der die unmittelbaren Staatsbeamten Ausgleichszuschläge erhalten, werden die Mindestbeträge durch Zuschläge erhöht. Diese bemessen sich jeweils nach dem Hundertsatze, zu dem die Ausgleichszuschläge der unmittelbaren Staatsbeamten gezahlt werden.

Hat eine Hebamme neben ihrer Berufstätigkeit noch eine andere Erwerbstätigkeit (§ 13), so können die Einnahmen hieraus auf das Mindesteinkommen angerechnet werden.

Der Kreis kann die Zahlung des Zuschusses ganz oder teilweise verweigern, wenn die Hebamme in dem betreffenden Jahre aus der im § 11a bis c angegebenen Berufstätigkeit durch eigenes Verschulden, insbesondere durch Nachlässigkeit im Berufe, kein Einkommen bis zur Höhe des Mindestbetrags erzielt hat oder wenn die Voraussetzungen des § 9c vorliegen.

Vor der Prüfung, ob und inwieweit danach der Kreis im Einzelfalle zur Zahlung eines Zuschusses verpflichtet ist, und vor der Festsetzung des Umfanges, in dem eine Anrechnung nach Abs. 5 erfolgen soll, ist die Kreishebammenstelle zu hören.

[1]) Diese Sätze sind erhöht. Erlasse des Ministers für Volkswohlfahrt vom 21. Januar 1924, 2. Februar 1925 und 23. März 1928 (Volkswohlfahrt S. 343). Betr. der von den Trägern der Krankenversicherungen zu zahlenden Gebühren s. Verordnung des Ministers für Volkswohlfahrt vom 24. März 1928 (Volkswf. S. 341).

§ 18. Versichert sich eine Hebamme gegen Alter, dauernde Berufsunfähigkeit oder Invalidität, so hat ihr der Kreis (§ 17 Abs. 1) die Hälfte der Beiträge für eine Versicherung bis zur Höhe des Ruhegeldes der Bezirkshebamme nach § 26f zu erstatten.

§ 19. Für die Teilnahme an einer Nachprüfung und an einem Fortbildungslehrgang ist der Hebamme von dem Kreise (§ 17 Abs. 1) eine Reisekostenentschädigung und ein angemessenes Tagegeld zu gewähren.

§ 20. Wird die Hebamme von dem örtlichen Träger der Säuglingsfürsorge zu einer nach § 11d zu leistenden Berufstätigkeit herangezogen, so hat sie von diesem eine besondere Vergütung zu beanspruchen, die freier Vereinbarung unterliegt.

Bezirkshebammen.

§ 21. Bezirkshebammen sind Hebammen, die von einem Stadt- oder einem Landkreise für räumlich abgegrenzte Bezirke (Hebammenbezirke) auf Grund statutarischer Regelung durch Dienstvertrag angenommen werden.

Eine Annahme von Bezirkshebammen findet nur statt, wenn das Bedürfnis eines Bezirkes nach einwandfreier Hebammenhilfe nicht durch Hebammen gedeckt werden kann, die die Niederlassungsgenehmigung erhalten (§ 4 Abs. 1 und § 32 Abs. a). Die Kreise sind in diesem Falle verpflichtet, die zur Deckung des Bedürfnisses nötige Zahl Bezirkshebammen anzunehmen. Auf die Abgrenzung eines Hebammenbezirkes findet § 5 Abs. 2 entsprechende Anwendung. Für jeden Hebammenbezirk sind mehrere, mindestens zwei Bezirkshebammen anzunehmen. Ist die Bevölkerungsdichtigkeit eines Hebammenbezirks gering und können die Bewohnerinnen des Bezirkes durch eine Hebamme ausreichend mit Hebammenhilfe versorgt werden, so braucht ausnahmsweise nur eine Bezirkshebamme für den Bezirk angenommen zu werden.

Im Bedarfsfalle müssen die Kreise geeignete Frauen

in einer Hebammenanstalt auf ihre Kosten ausbilden lassen.

§ 22. Die Bezirkshebamme muß in ihrem Bezirke wohnen. Der Kreis hat sich in dem Dienstvertrage das Recht vorzubehalten, der Bezirkshebamme das Wohnen in einem begrenzten Teile des Bezirkes aufzugeben.

§ 23. Die Bezirkshebamme darf außerhalb ihres Bezirkes ihre Berufstätigkeit nur ausüben, soweit ihr dies im Dienstvertrag ausdrücklich gestattet oder aufgegeben ist, oder wenn keine zuständige Bezirkshebamme rechtzeitig hinzugezogen werden kann. Sie ist dann verpflichtet, außerhalb ihres Bezirkes Hilfe zu leisten, sofern sie nicht durch dringendere Berufsgeschäfte im eigenen Bezirke zurückgehalten wird.

§ 24. Die Bezirkshebamme ist zunächst probeweise auf 2 Jahre anzunehmen.

Ist sie bereits mindestens 1 Jahr in ihrem Berufe tätig gewesen, so kann die Probezeit auf 1 Jahr beschränkt werden.

§ 25. In dem Dienstvertrag ist zu bestimmen, daß das Vertragsverhältnis der Bezirkshebammen in den dem § 8b und c entsprechenden Fällen erlischt.

Im übrigen hat sich der Kreis in dem Dienstvertrag ein Kündigungsrecht vorzubehalten. Bei endgültiger Annahme der Bezirkshebamme darf das Kündigungsrecht jedoch nur auf die Fälle des § 9a bis e und g bis i, auf das Vorliegen eines wichtigen Grundes im Sinne des § 626 des Bürgerlichen Gesetzbuches und ferner auf den Fall beschränkt werden, daß eine Bezirkshebamme länger als 3 Tage hintereinander ohne

Erlaubnis der im Vertrage zu bestimmenden Stelle von ihrem Bezirk abwesend ist.

Über die Kündigung beschließt das Kollegium des Kreisausschusses beziehungsweise der Magistrat (Bürgermeister) nach Anhören des Kreisarztes und der Kreishebammenstelle.

§ 26. In dem Annahmevertrag ist der Bezirkshebamme zuzusichern:

a) die Gewährleistung eines Jahreseinkommens aus der im § 11a bis c angegebenen Berufstätigkeit. Das gewährleistete Jahreseinkommen muß ohne Einrechnung der nach Abs. b zu zahlenden Vergütung mindestens 8000 Mark betragen.

In dem Annahmevertrag ist ferner zu bestimmen, daß sich dieses Jahreseinkommen jeweils in demselben Verhältnis erhöht oder vermindert, in dem das Grundgehalt, das die unmittelbaren Staatsbeamten am 1. Juli 1922 bezogen haben, durchschnittlich erhöht beziehungsweise vermindert wird. Der Schlußsatz des § 17 Abs. 3 findet entsprechende Anwendung.

Für die Zeit, in der die unmittelbaren Staatsbeamten Ausgleichszuschläge erhalten, werden die Mindestbeträge durch Zuschläge erhöht. Diese bemessen sich jeweils nach dem Hundertsatze, zu dem die Ausgleichszuschläge der unmittelbaren Staatsbeamten gezahlt werden.

Der Kreis kann sich in dem Dienstvertrage das Recht vorbehalten, eine ihm danach obliegende Zahlung ganz oder teilweise zu verweigern, wenn die Voraussetzungen des § 9c vorliegen.

Abs. 5 und 7 des § 17 finden entsprechende Anwendung;

b) eine Vergütung für jede Entbindung, bei der sie Hilfe geleistet hat, und zwar in Höhe von 30 Mark;

c) eine angemessene Entschädigung für eine gemäß § 11d geleistete Berufstätigkeit.

Entfallen in einem Hebammenbezirk auf eine Bezirkshebamme durchschnittlich jährlich nicht mehr als 20 Entbindungen, so muß die Bezirkshebamme auf Verlangen des Kreises ohne besondere Entschädigung auf dem Gebiete der Säuglingsfürsorge mitarbeiten;

d) die unentgeltliche Lieferung der zur Berufstätigkeit der Hebamme erforderlichen Geräte, Bücher und Drucksachen sowie derjenigen Desinfektionsmittel, die für die von der Hebamme selbst oder an Minderbemittelten vorzunehmende Desinfektion erforderlich sind;

e) eine Reisekostenentschädigung und ein angemessenes Tagegeld für die Teilnahme an einer Nachprüfung oder einem Fortbildungslehrgang;

f) ein Ruhegehalt für den Fall der dauernden Berufsunfähigkeit (§ 9h) oder der Vollendung des 65. Lebensjahrs.

Auch der probeweise angenommenen Bezirkshebamme ist ein Anspruch auf Ruhegeld für den Fall zu gewähren, daß sie infolge einer Krankheit, Verletzung oder sonstigen Beschädigung, die sie sich bei Ausübung ihres Berufs oder aus dessen Veranlassung ohne eigenes Verschulden zugezogen hat, dauernd berufsunfähig geworden ist.

Das Ruhegeld ist nach dem Jahreseinkommen zu bemessen, das der Bezirkshebamme nach dem ersten und fünften Absatze des Absatzes a gewährleistet war. Im übrigen richtet sich die Höhe des Ruhegeldes nach den für die Kommunalbeamten geltenden Vorschriften. Das Ruhegeld erhöht und vermindert sich in dem Verhältnis, in dem sich das den Bezirkshebammen gewährleistete Jahreseinkommen gemäß dem zweiten Absatze des Abs. a erhöht beziehungsweise vermindert.

Ist eine Bezirkshebamme gegen Alter, dauernde Berufsunfähigkeit oder Invalidität versichert, so kann der Kreis auf das Ruhegeld eine von der Bezirkshebamme auf Grund der Versicherung bezogene Rente in demselben Verhältnisse zur Anrechnung bringen, in dem er die Versicherungsbeiträge gezahlt hat.

In dem Dienstvertrag ist die Zahlung des Ruhegeldes davon abhängig zu machen, daß die Bezirkshebamme unter Verzicht auf die im § 11a und b angegebene Tätigkeit ihr Prüfungszeugnis dem Kreise aushändigt.

§ 27. In dem Dienstvertrag ist auszubedingen, daß die Bezirkshebamme den Anspruch auf Ruhegeld verliert:

a) wenn der Dienstvertrag erlischt (§ 25 Abs. 1);
b) wenn der Dienstvertrag vom Kreise gekündigt wird (§ 25 Abs. 2) und die Kündigung nicht aus einem der im § 9h und i angegebenen Gründe erfolgt;
c) wenn sie wegen eines vor ihrer Versetzung in den Ruhestand in Ausübung oder anläßlich der Aus-

übung ihres Berufs begangenen Verbrechens oder solchen Vergehens, wegen dessen auf Verlust der bürgerlichen Ehrenrechte erkannt werden kann, rechtskräftig verurteilt worden ist. Der Anspruch auf Ruhegeld erlischt in diesem Falle mit der Rechtskraft des Urteils;

d) wenn sie, abgesehen von Notfällen (§ 3 Abs. 2), nach Versetzung in den Ruhestand gegen Entgelt oder gewohnheitsmäßig eine der im § 11a und b angegebenen Tätigkeiten ausübt;

e) wenn sie das Ruhegeld wegen dauernder Berufsunfähigkeit bezieht und die Berufsfähigkeit nachträglich wiedererlangt.

§ 28. Unterläßt es ein Kreis, den Vorschriften der §§ 21 und 24 bis 27 binnen der ihm von der Aufsichtsbehörde gesetzten Frist nachzukommen, so faßt auf Antrag des Regierungspräsidenten der Bezirksausschuß die zur Erfüllung der Pflichten des Kreises erforderlichen Beschlüsse. Gegen den Beschluß des Bezirksausschusses ist die Beschwerde an den Provinzialrat, für Berlin an den Minister für Volkswohlfahrt, gegeben.

Im übrigen bleiben die für die zwangsweise Etatisierung gesetzlicher Leistungen geltenden allgemeinen Vorschriften unberührt.

Hebammenstellen.

29. Für jeden Stadt- und Landkreis ist mindestens eine Kreishebammenstelle einzurichten.

Die Kosten der Kreishebammenstelle trägt der Kreis.

§ 30. Der Kreishebammenstelle müssen außer Hebammen und Müttern ein Vertreter des Kreisausschusses, in Stadtkreisen des Gemeindevorstandes, der zuständige Kreisarzt und zwei Vertreter der Träger der öffentlichen Krankenversicherung angehören. Die Berufung weiterer Mitglieder ist zulässig. Die Hebammen und die Mütter müssen in der Kreishebammenstelle in gleicher Anzahl vertreten sein.

Die Mitgliedschaft in der Kreishebammenstelle ist ein Ehrenamt. Nur die Erstattung von Reisekosten und die Gewährung von Tagegeldern ist zulässig.

§ 31. Die Wahlen der Hebammen und der Mütter für die Kreishebammenstelle erfolgen auf Grund des Verhältniswahlverfahrens, und zwar für die Hebammen durch schriftliche Abstimmung aller im Bezirke der Hebammenstelle wohnenden Hebammen, für die Mütter durch den Kreistag und in Stadtkreisen durch die Stadtverordnetenversammlung, in Berlin durch die Bezirksversammlungen. Die Vertreter der Träger der öffentlichen Krankenversicherung werden, wenn keine Einigung unter den beteiligten Kassen zustande kommt, nach den Vorschriften gewählt, die für die Wahl der Beisitzer beim Versicherungsamte gelten (§§ 42, 43 und 45 der Reichsversicherungsordnung), mit der Abänderung, daß auch Frauen wählbar sind. Die übrigen nach § 30 etwa noch in die Kreishebammenstelle aufzunehmenden Personen werden durch den Kreistag, in Stadtkreisen durch die Stadtverordnetenversammlung, in Berlin durch die Bezirksversammlungen berufen.

Für jedes gewählte Mitglied ist in gleicher Weise ein Stellvertreter zu wählen.

Die Mitglieder und Stellvertreter werden jeweils auf 4 Jahre gewählt.

Im übrigen wird die Zusammensetzung der Kreishebammenstelle durch Kreissatzung, in Stadtkreisen durch Ortssatzung geregelt. Die Geschäftsordnung für die Kreishebammenstelle erläßt der Kreisausschuß, in Stadtkreisen der Magistrat (Bürgermeister). Die näheren Bestimmungen über die Verhältniswahl erläßt der Minister für Volkswohlfahrt.

§ 32. Die Kreishebammenstelle muß gehört werden:

a) vor der Abgrenzung und Abänderung von Niederlassungsgebieten und Hebammenbezirken, insbesondere bei der Feststellung des Bedürfnisses nach einwandfreier Versorgung mit Hebammenhilfe (§ 21);

b) vor der Erteilung oder Zurücknahme einer Niederlassungsgenehmigung (§§ 7 und 9);

c) vor der Erteilung oder Zurücknahme der Genehmigung zu einer anderen Erwerbstätigkeit (§ 13);

d) vor der probeweisen oder endgültigen Annahme einer Bezirkshebamme;

e) vor dem Ausspruch einer Kündigung in den Fällen des § 25 Abs. 2;

f) vor der Festsetzung einer Gebühr nach § 16 und im Falle des § 17 Abs. 7;

g) vor der Einleitung eines Strafverfahrens nach § 41;

h) vor der Erhebung einer Klage auf Zurücknahme des Hebammenprüfungszeugnisses (§ 53 der Reichsgewerbeordnung) oder vor der Zurücknahme einer nach § 4 Abs. 1 erteilten Genehmigung des Ministers für Volkswohlfahrt;

i) vor allen übrigen wichtigen, das Hebammenwesen des Kreises betreffenden Angelegenheiten.

§ 33. Die Kreishebammenstelle kann im Falle des § 9d die Verwarnung einer Hebamme beschließen. Der Hebamme steht das Recht zu, innerhalb zwei Wochen von der Zustellung ab gegen die Erteilung einer Verwarnung die Entscheidung der Provinzialhebammenstelle anzurufen. Wenn die Provinzialhebammenstelle den Einspruch der Hebamme gegen die Verwarnung für unbegründet erklärt, kann sie der Hebamme ganz oder teilweise die durch die Anrufung der Provinzialhebammenstelle entstandenen Kosten auferlegen.

§ 34. Für jede Provinz, mit Ausnahme der Provinz Hessen-Nassau, ist eine Provinzialhebammenstelle zu bilden. In der Provinz Hessen-Nassau treten an die Stelle der Provinzialhebammenstelle die nach § 38 einzurichtenden Hebammenstellen der Bezirksverbände Kassel und Wiesbaden.

Die Kosten der Provinzialhebammenstelle trägt der Provinzialverband.

§ 35. Der Provinzialhebammenstelle müssen ein Vertreter des Provinzialausschusses, ein Regierungs- und Medizinalrat, ein Direktor einer Hebammenlehranstalt, oder wenn in dem Gebiete der Provinzialhebammenstelle keine solche Anstalt ist, ein Frauenarzt oder eine Frauenärztin sowie drei Hebammen, drei Mütter und zwei Vertreter der Träger der öffentlichen Krankenversicherung angehören.

Die Mitgliedschaft in der Provinzialhebammenstelle ist ein Ehrenamt. Nur die Erstattung von Reisekosten und Tagegeldern ist zulässig.

§ 36. Hebammen werden in die Provinzialhebammenstelle durch eine schriftliche Abstimmung aller den Kreishebammenstellen der Provinz angehörenden Hebammen gewählt. Die Vertreter der Träger der öffentlichen Krankenversicherung werden, wenn keine Einigung unter den Kassenverbänden zustande kommt, durch den Ausschuß der zuständigen Versicherungsanstalt, die übrigen Mitglieder durch den Provinzialausschuß gewählt.

Für jedes gewählte Mitglied ist in gleicher Weise ein Stellvertreter zu wählen.

Die Mitglieder und Stellvertreter werden jeweils auf 4 Jahre gewählt.

Die Vorschrift des § 31 über die Wahl auf Grund des Verhältniswahlverfahrens findet entsprechende Anwendung. Im übrigen wird die Zusammensetzung der Provinzialhebammenstelle durch den Provinzialausschuß geregelt.

Dieser erläßt auch die Geschäftsordnung für die Provinzialhebammenstelle.

§ 37. Die Provinzialhebammenstelle ist zu hören:

a) vor der Entscheidung des Bezirksausschusses in den Fällen der §§ 10, 13 und 16;
b) vor dem Erlaß einer Gebührenordnung (§ 15);
c) vor der Entscheidung über eine Ausnahme bei der Zulassung zur Ausbildung an einer Hebammenlehranstalt und zur Hebammenprüfung;
d) vor der Entscheidung, die auf eine Beschwerde über die Hebammenlehranstalt von der Aufsichtsbehörde in erster Instanz ergeht;
e) in allen übrigen, das Hebammenwesen der Provinz betreffenden Fragen.

Die Provinzialhebammenstelle entscheidet endgültig über Einsprüche gegen Verwarnungen (§ 33). Sie ist verpflichtet, sich auf Ersuchen einer Verwaltungsbehörde oder eines Gerichts gutachtlich in Hebammenangelegenheiten zu äußern.

§ 38. Die Stadt Berlin, die Bezirksverbände Kassel und Wiesbaden sowie der Landeskommunalverband der Hohenzollernschen Lande gelten als Provinz im Sinne der §§ 34 ff.

Landesteile, die nach den vorstehenden Bestimmungen keiner Provinzialhebammenstelle angehören würden, sind durch Verordnung des Ministers für Volkswohlfahrt und des Ministers des Innern einer solchen Stelle anzugliedern.

Staatsbeihilfe.

§ 39. Zur Gewährung von Beihilfen zur Aufbringung der durch dieses Gesetz entstehenden Kosten für das Bezirkshebammenwesen wird durch den Staatshaushaltsplan ein jährlicher Betrag in Höhe von 25 Millionen Mark bereitgestellt. Der Betrag erhöht und vermindert sich jeweils in demselben Verhältnis, in dem sich das den Bezirkshebammen gewährleistete Jahreseinkommen gemäß § 26a Abs. 2 erhöht beziehungsweise vermindert.

Die näheren Bestimmungen über die Verteilung dieses Betrags erläßt der Minister für Volkswohlfahrt im Einvernehmen mit dem Finanzminister.

Die Grundsätze für die Verteilung sind dem Landtage mitzuteilen.

Übergangs-, Straf- und Schlußbestimmungen.

§ 40. Hebammen, die vor dem Inkrafttreten dieses Gesetzes ein Prüfungszeugnis erworben haben, und

Frauen, die sich zu diesem Zeitpunkt in der Hebammenausbildung befinden, sind bei der Erteilung einer Niederlassungsgenehmigung und der Annahme als Bezirkshebamme in erster Linie zu berücksichtigen[1]).

Dies gilt nicht in folgenden Fällen:

a) wenn die Hebamme das 65. Lebensjahr überschritten hat[1]);

b) wenn sie infolge eines körperlichen Gebrechens oder infolge Schwäche ihrer geistigen oder körperlichen Kräfte zur Erfüllung ihrer Berufspflichten dauernd unfähig ist;

c) wenn sie die letzte Nachprüfung zweimal hintereinander nicht bestanden hat;

d) wenn sie in dem letzten Jahre vor dem Inkrafttreten dieses Gesetzes bei weniger als 10 Geburten Hilfe geleistet hat und nicht besondere Gründe für diese geringe Berufstätigkeit dargetan hat;

e) wenn sie sich wiederholt einer groben Verletzung der Dienstvorschrift, einer Nachlässigkeit im Beruf oder einer ungleichmäßigen Berücksichtigung oder Behandlung der Hilfesuchenden schuldig gemacht hat.

Die Annahme als Bezirkshebamme kann ferner abgelehnt werden, wenn sonst ein wichtiger Grund im Sinne des § 626 des Bürgerlichen Gesetzbuchs vorliegt.

Bevor die Niederlassungsgenehmigung oder die Annahme als Bezirkshebamme aus den im Abs. 2b bis e und im Abs. 3 angegebenen Gründen abgelehnt wird, ist die Kreishebammenstelle zu hören.

Im übrigen bedürfen Hebammen, die beim Inkrafttreten dieses Gesetzes das Prüfungszeugnis erworben haben, einer Niederlassungsgenehmigung oder einer Annahme als Bezirkshebamme erst nach Ablauf von 5 Jahren seit diesem Zeitpunkte. Vorher bedürfen sie einer solchen Genehmigung oder Annahme nur, wenn sie nach dem Inkrafttreten dieses Gesetzes ihren Wohnort wechseln oder länger als ein Jahr hintereinander ihren Beruf nicht ausüben. Bis zum Erwerbe der Niederlassungsgenehmigung oder bis zur Annahme als Bezirkshebamme finden auf sie die §§ 2, 4, 11, 12, 15, 19, 20, 32, 33, 37 und 41 entsprechende Anwendung[1]).

Die Vorschrift des § 13 gilt für Hebammen, die beim Inkrafttreten dieses Gesetzes neben ihrer Berufstätigkeit eine andere Erwerbstätigkeit ausüben, mit der Maßgabe, daß die Genehmigung zu der anderen Erwerbstätigkeit binnen einer von dem Minister für Volkswohlfahrt festzusetzenden Frist nachträglich einzuholen ist.

[1]) Vgl. Anmerkung am Anfang dieses Gesetzes.

§ 41. Eine in den §§ 3, 4 und im vorletzten Absatz des § 40 verbotene Ausübung der Geburtshilfe wird mit Geldstrafe bis zu 1500 Mark oder mit Haft bestraft, sofern nicht nach den bestehenden Bestimmungen eine höhere Strafe verwirkt ist[1]).

[1]) Vgl. Anmerkung am Anfang dieses Gesetzes.

§ 42. Die Vorschriften dieses Gesetzes gelten nicht für Hebammen, die an Entbindungsanstalten oder Krankenhäusern angestellt sind und ihren Beruf ausschließlich in deren Dienst ausüben. Der Minister für

Volkswohlfahrt kann jedoch für die Ausübung der Berufstätigkeit dieser Hebammen besondere Vorschriften erlassen.

§ 43. Der Minister für Volkswohlfahrt erläßt die zur Ausführung dieses Gesetzes erforderlichen Bestimmungen.

Insbesondere erläßt er, unbeschadet der Rechte der Kommunalverbände, die Zulassung zu den Hebammenlehranstalten durch Satzung oder Verordnung zu regeln, die Vorschriften über die Voraussetzungen der Zulassung und die Ausbildung der Hebammenschülerinnen, über die Zusammensetzung des Prüfungsausschusses, die Prüfung, Erteilung und Wiederverleihung des Prüfungszeugnisses, über die Berufspflichten, die Nachprüfungen und Fortbildungslehrgänge sowie über die vom Kreisarzt auszuübende Aufsicht.

§ 44. Alle bisherigen das Hebammenwesen betreffenden gesetzlichen und polizeilichen Vorschriften, insbesondere das Gesetz, betreffend die Gebühren der Hebammen, vom 10. Mai 1908 (Gesetzsamml. S. 103) treten außer Kraft mit Ausnahme des Gesetzes, betreffend die Ausführung der §§ 5 und 6 des Gesetzes vom 30. April 1873 wegen der Dotation der Provinzial- und Kreisverbände, vom 8. Juli 1875 (Gesetzsamml. S. 497).

§ 45. Dieses Gesetz tritt am 1. April 1923 in Kraft. Der Minister für Volkswohlfahrt wird jedoch ermächtigt, einen früheren Zeitpunkt für das Inkrafttreten des Gesetzes oder einzelner Vorschriften des Gesetzes zu bestimmen. Der Geltungsbereich des Gesetzes erstreckt sich nicht auf die Insel Helgoland.

Für die Hohenzollernschen Lande wird das Inkrafttreten des Gesetzes durch den Minister für Volkswohlfahrt angeordnet. Diese Anordnung muß erfolgen, wenn in den Hohenzollernschen Landen nicht bis zum 1. April 1924 für ein genügendes Mindesteinkommen und eine ausreichende Altersversorgung der Gemeindehebammen Sorge getragen ist.

5. Ausführungsbestimmungen zu dem Gesetz über das Hebammenwesen[1]).

Vom 20. Juli 1922
mit Abänderungen v. 31. Dezember 1922, 15. März 1923 u. 4. Februar 1924.

Auf Grund des § 43 des Gesetzes über das Hebammenwesen vom 20. Juli 1922 (Gesetzsamml. S. 179) und der zu seiner Abänderung ergangenen Gesetze vom 31. Dezember 1922 (Gesetzsamml. 1923 S. 2) und vom 15. März 1923 (Gesetzsamml. S. 63) wird unter Aufhebung aller entgegenstehenden Vorschriften folgendes bestimmt:

Zu § 1.

Der § 1 enthält den Grundsatz, daß künftig allen Frauen in Preußen eine ausreichende Versorgung mit Hebammenhilfe gesichert sein soll. Dieser Grundsatz, der bei dem Erlaß des Gesetzes und seiner einzelnen Vorschriften leitend war, hat auch bei der Durchführung des Gesetzes als Richtschnur zu gelten. Zugleich erläutert der Paragraph den Begriff „Hebammenhilfe". Einen im Verwaltungsstreitverfahren

[1]) Auch hier entbehren diejenigen Bestimmungen der Rechtsgültigkeit, die in der Anmerkung zu dem preußischen Hebammengesetz als rechtsungültig erklärt sind. (Siehe Abschnitt IV, 4.)

oder bei den ordentlichen Gerichten einklagbaren Anspruch auf Hebammenhilfe gewährt er den Frauen nicht.

Zu § 3.

Nach § 147 Ziffer 1 der Reichsgewerbeordnung ist bereits diejenige ärztlich nicht approbierte Frau strafbar, die die Geburtshilfe ohne das im § 30 Absatz 3 a. a. O. vorgeschriebene Prüfungszeugnis gewerbsmäßig ausübt. Durch den § 3 wird in Verbindung mit dem § 41 die nicht gewerbsmäßig betriebene Hebammenpfuscherei nunmehr ebenfalls untersagt und unter Strafe gestellt.

Zu § 4.

In einzelnen Gebieten, besonders in großen Städten und dichtbevölkerten Industriegebieten, ist die Zahl der Hebammen zurzeit übergroß. Wo zu viele Hebammen vorhanden sind, sind einzelne Hebammen so gering beschäftigt, daß ihr Können unter dem Mangel an Übung leidet und schließlich auch die Ergebnisse der besten Ausbildung verlorengehen. Ferner ist der gegenseitige Wettbewerb und die sich hieraus ergebende Minderung des Berufseinkommens geeignet, auf einzelne Hebammen ungünstig zu wirken und unzuverlässige Elemente des Hebammenstandes, insbesondere in den größeren Städten, durch die Unmöglichkeit, sich in redlicher Ausübung ihres Berufs einen sicheren Lebensunterhalt zu schaffen, auf Abwege zu drängen. Andererseits bietet eine ungenügende Versorgung eines Gebiets mit Hebammenhilfe die Gefahr, daß die Frauen in ihrer schweren Stunde die notwendige Hilfe entbehren oder sich Hebammenpfuscherinnen anvertrauen. Daher liegt es im öffentlichen Interesse, insbesondere im allgemeinen gesundheitlichen Interesse der Bevölkerung, daß die Hebammen unter Beachtung des im § 1 aufgestellten Grundsatzes angemessen über das ganze Land verteilt werden. Eine solche Verteilung will das Gesetz dadurch erreichen, daß es einmal zur Verhinderung eines zu starken Zuzuges von Hebammen in ein Gebiet die Ausübung des Hebammenberufs von einer Niederlassungsgenehmigung abhängig macht, und daß es ferner bei einem Mangel an Hebammen in einem Gebiet die Kreise zur Annahme von Bezirkshebammen verpflichtet.

Die Ausübung der Geburtshilfe durch eine Hebamme ist danach künftig an folgende zwei Voraussetzungen geknüpft:

1. Die Hebamme muß entweder ein von einer zuständigen preußischen Behörde ausgestelltes Prüfungszeugnis besitzen oder auf Grund einer in einem anderen deutschen Lande erfolgten gleichwertigen Ausbildung nach Erwerb eines nicht von einer preußischen Behörde erteilten Prüfungszeugnisses vom Minister für Volkswohlfahrt zur Ausübung der Geburtshilfe zugelassen sein;

2. die Hebamme muß ferner entweder eine Niederlassungsgenehmigung[1]) erhalten haben oder als Bezirkshebamme (§ 21) angenommen sein.

Ausnahmen hiervon bestehen nur für solche außerhalb Preußens wohnenden Hebammen, die auf Grund einer Übereinkunft mit einem außerdeutschen Lande in Grenzgebieten tätig sein dürfen oder die entsprechend dem bisherigen Recht von einem anderen deutschen Lande aus in preußischen Grenzorten unter Beobachtung der in Preußen geltenden Verwaltungsvorschriften Geburtshilfe leisten. Ferner nimmt § 42 diejenigen Hebammen aus, die an Entbindungsanstalten oder Krankenhäusern angestellt sind und ihren Beruf ausschließlich in deren Dienst ausüben. Für die Übergangszeit vgl. auch zu § 40.

[1]) Siehe Anmerkung S. 438.

Zu § 5.

Das Gesetz überträgt die Regelung des Hebammenwesens den Stadt- und Landkreisen. Ihnen liegen daher unter anderem die Erteilung von Niederlassungsgenehmigungen und die Annahme von Bezirkshebammen sowie die finanziellen Leistungen ob, die das Gesetz zugunsten der Hebammen vorsieht. Die Stadt- und Landkreise haben mithin auch die Aufgabe, innerhalb ihres Bezirks die im § 5 erwähnten Niederlassungsgebiete abzugrenzen.

Für die Einteilung der Kreise in Niederlassungsgebiete stellt das Gesetz nur allgemeine Richtlinien auf, indem es vorschreibt, daß sie nach Maßgabe der Bevölkerungsdichtigkeit und der Entfernungsverhältnisse zu erfolgen hat. Den Kreisen ist bereits die Möglichkeit gegeben, der Verschiedenartigkeit der Verhältnisse in den einzelnen Gebieten in weitem Maße Rechnung zu tragen. Nur insofern ist ihnen eine Schranke gesetzt, als unter allen Umständen den Bewohnerinnen eine ausreichende Versorgung mit Hebammenhilfe gewährleistet sein muß. Es ist weder notwendig noch erwünscht, den Niederlassungsgebieten einen so kleinen Umfang zu geben, daß in jedem von ihnen nur *eine* Hebamme ausreichende Beschäftigung fände. Von besonderen Ausnahmefällen abgesehen, sind sie vielmehr so abzugrenzen, daß mehrere Hebammen für das Gebiet die Niederlassungsgenehmigung erhalten können. In größeren Städten werden danach aus bestimmten, örtlich abgegrenzten Stadtteilen mehrere Niederlassungsgebiete zu bilden sein. Handelt es sich dagegen um Städte mittlerer oder geringerer Größe, so wird das Niederlassungsgebiet nur eine Ortschaft und, wenn nur kleine Städte und Dörfer in Frage kommen, mehrere Gemeinwesen umfassen können. Es ist auch nicht ausgeschlossen, daß die zum Niederlassungsgebiet gehörenden Ortschaften verschiedenen Stadt- und Landkreisen angehören, falls zwischen den beteiligten Verwaltungen eine Einigung über die Abgrenzung zustande kommt. Eine solche Ausdehnung eines Niederlassungsgebietes auf nicht dem Kreise angehörende Ortschaften hat aber nur stattzufinden, wenn und soweit sie wegen der örtlichen Lage jener Ortschaften im Interesse einer einwandfreien und leichteren Versorgung der Bewohnerinnen mit Hebammenhilfe geboten ist. Alle die Regelung des Hebammenwesens betreffenden Angelegenheiten sind dann für ein solches Niederlassungsgebiet einem Kreise zu übertragen. In keinem Falle darf die Abgrenzung der Niederlassungsgebiete schematisch erfolgen, vielmehr ist dabei stets auf die örtlichen Verhältnisse, vor allem neben der Bevölkerungsdichtigkeit und der Größe der Entfernungen auch auf die Verkehrsverhältnisse, Rücksicht zu nehmen.

Falls die Entfernungen und die Wege- und Verkehrsverhältnisse nichts anderes bedingen, wird im allgemeinen eine ausreichende Versorgung mit Hebammenhilfe angenommen werden können, wenn auf eine Hebamme gerechnet werden: in der Stadt und in dichtbevölkerten Gegenden mit städtischer Bauart, soweit nicht die Geburtenzahl die Zugrundelegung einer anderen Einwohnerzahl rechtfertigt, durchschnittlich 3500 Einwohner, auf dem flachen Lande durchschnittlich 2000 Einwohner, in der Stadt durchschnittlich 60 bis 65 Geburten, auf dem Lande durchschnittlich 40 bis 50, höchstens 60 Geburten.

Bei einer Zugrundelegung der Geburtenzahl ist zu beachten, daß dabei nur Hebammengeburten in Betracht zu ziehen sind, daher muß bei größeren Städten berücksichtigt werden, daß ein nicht unerheblicher Teil der Entbindungen in öffentlichen oder privaten Anstalten stattfindet, in denen außer dem Arzt nur Angestellte der Anstalt Geburtshilfe leisten. Von der gesamten Zahl der Geburten eines Niederlassungsgebiets wird daher für solche Entbindungen ein nach den örtlichen Verhältnissen verschiedener Hundertsatz abzuziehen sein. Ferner ist für die Übergangszeit zu berücksichtigen, daß nach § 40 Absatz 5 Hebammen, die schon jetzt ihren Beruf ausüben, nach dem Inkrafttreten des Gesetzes aber weder eine Niederlassungsgenehmigung erhalten noch als Bezirkshebamme angenommen werden, unter gewissen Voraussetzungen ihren Beruf noch weitere fünf Jahre nachgehen dürfen und daß daher zunächst eine

Anzahl von Geburten auch auf solche Hebammen entfallen wird. Bei den für die vorstehende Regelung erforderlichen Arbeiten hat der Kreisarzt ständig mitzuwirken. Wegen der Anhörung der Kreishebammenstellen vor der Abgrenzung und Abänderung von Niederlassungsgebieten vgl. § 32a.

In der Genehmigungsurkunde ist das Niederlassungsgebiet unter Angabe seiner örtlichen Grenzen zu bezeichnen. Der Hebamme ist eine Ausfertigung dieser Urkunde auszuhändigen. Gleichzeitig ist ihr mit Rücksicht auf den Beginn der Zuschußpflicht des Kreises (§ 17) aufzugeben, den Zeitpunkt, in dem sie ihre Berufstätigkeit aufgenommen hat, dem Kreise schriftlich mitzuteilen (vgl. zu § 17 im ersten Absatz).

Ein Muster für eine Niederlassungsgenehmigung ist beigefügt (Anlage A).

Zu § 6.

In der Genehmigungsurkunde ist zum Ausdruck zu bringen, daß die Hebamme verpflichtet ist, in dem Niederlassungsgebiet zu wohnen, daß sie aber bei der Ausübung ihres Berufs nicht auf jenes Gebiet beschränkt ist. Der Ausschluß dieser Beschränkung sichert den Frauen die freie Wahl unter den Hebammen, die auf Grund einer Niederlassungsgenehmigung tätig sind.

Von der Befugnis, der Hebamme in der Genehmigungsurkunde das Wohnen in einem örtlich begrenzten Teile des Niederlassungsgebietes aufzugeben, ist bei größeren Niederlassungsgebieten stets Gebrauch zu machen, um eine angemessene Verteilung der Hebammen innerhalb des Niederlassungsgebietes zu erreichen.

Zu § 7[1].

Den Kreisen bleibt es überlassen, in welcher Weise sie sich Angebote von Bewerberinnen um eine Niederlassungsgenehmigung verschaffen. Wegen des Verfahrens bei der ersten Erteilung solcher Genehmigungen vgl. zu § 40.

Ist das Bedürfnis nach Hebammenhilfe in einem Niederlassungsgebiet gedeckt, so dürfen für dieses Gebiet keine weiteren Niederlassungsgenehmigungen erteilt werden.

In der Übergangszeit ist bei der Auswahl der Hebamme der § 40 Absatz 1 bis 4 zu beachten. Der § 7 schreibt nur vor, daß einer Hebamme unter den Voraussetzungen des § 9 die Niederlassungsgenehmigung versagt werden kann. Liegen daher bei einer Hebamme, die eine Niederlassungsgenehmigung nachsucht, jene Voraussetzungen vor und ist ihr vielleicht deswegen bereits eine Niederlassungsgenehmigung entzogen worden, so ist trotzdem — abgesehen von dem Falle des § 9h — stets zu prüfen, ob der Hebamme gegenüber von dem Versagungsrecht Gebrauch zu machen ist. So kommt z. B. eine Versagung nicht in Betracht, wenn eine Hebamme, die ihren Beruf länger als ein Jahr nicht ausgeübt hat (§ 9g), nachher mit Erfolg an einem Fortbildungslehrgange teilgenommen oder eine Nachprüfung bestanden hat. Ferner wird in manchen Fällen eine Hebamme, die das 65. Lebensjahr vollendet hat und infolge ihres Alters in ihrem bisherigen Niederlassungsgebiet wegen weiter Entfernungen, schlechter Wegeverhältnisse usw. ihrem Beruf nicht mehr in dem notwendigen Maße nachgehen kann, in einem anderen Niederlassungsgebiet, das ihr keine solche Schwierigkeiten bietet, unter der Voraussetzung des Bestehens ausreichender geistiger Frische zur Leistung von Hebammendiensten noch imstande sein. Auch wenn eine der im § 9 angegebenen Verfehlungen einer Hebamme in Frage steht, ist unter gewissen Umständen zu prüfen, ob nicht von der Hebamme vielleicht eine einwandfreie Erfüllung ihrer Berufspflichten zu erwarten ist, wenn sie ihre Tätigkeit unter anderen Verhältnissen als bisher ausüben kann. Der zweite Halbsatz des § 7 will den Kreisen nur unter mehreren Bewerberinnen um eine Niederlassungsgenehmigung eine gewisse Auswahl ermöglichen, indem er ihnen gestattet, gegebenenfalls einer Hebamme, auf die eine der Voraussetzungen des § 9 zutrifft, eine andere Hebamme vorzuziehen, bei der dies nicht der Fall ist.

Ein die Niederlassungsgenehmigung versagender Bescheid ist der Hebamme zuzustellen (§ 10 Absatz 2).

[1]) Siehe Anmerkung S. 438.

Zu § 8[1]).

In den Fällen des § 8 bedarf es keiner besonderen Zurücknahme der Niederlassungsgenehmigung. Letztere erlischt vielmehr unter den im § 8 angegebenen Voraussetzungen ohne weiteres.

Die Vorschrift des Absatzes a folgt dem Vorgange des § 49 der Reichsgewerbeordnung. Es ist Pflicht der Kreise, sich auch ihrerseits darum zu bemühen, daß eine Hebamme möglichst bald im Niederlassungsgebiet oder in dem ihr zum Wohnen zugewiesenen Teile dieses Gebietes eine angemessene Wohnung erhält.

Gibt die Hebamme ihren Wohnsitz innerhalb des Niederlassungsgebietes freiwillig auf, d. h. verlegt sie ihn außerhalb des Niederlassungsgebiets (Absatz b), so liegt hierin ein Verzicht auf die Niederlassungsgenehmigung.

Im Falle des Absatzes c wird die Niederlassungsgenehmigung erst unwirksam, wenn die Entziehung des Prüfungszeugnisses oder die Zurücknahme der vom Ministerium für Volkswohlfahrt erteilten Genehmigung rechtskräftig geworden ist.

Hat die Niederlassungsgenehmigung ihre Gültigkeit verloren, so ist von der Hebamme die Rückgabe der Genehmigungsurkunde zu verlangen.

[1]) Siehe Anmerkung S. 438.

Zu § 9.

Da es sich hier nur um eine Kannvorschrift handelt, ist auch bei unstreitigem Vorliegen einer der in den Absätzen a bis i bezeichneten Voraussetzungen immer sorgfältig zu erwägen, ob unter Berücksichtigung aller Umstände des einzelnen Falles und — sofern es sich um Verfehlungen handelt — des bisherigen Verhaltens der Hebamme ein hinreichender Anlaß für eine Zurücknahme der Niederlassungsgenehmigung gegeben ist. Wenn aber nachgewiesen ist, daß eine Hebamme infolge eines körperlichen Gebrechens oder infolge Schwäche ihrer geistigen oder körperlichen Kräfte ihre Berufspflichten dauernd nicht mehr erfüllen kann, ist die Niederlassungsgenehmigung im gesundheitlichen Interesse von Mutter und Kind stets zurückzunehmen. Auch in diesem Falle ist aber, ebenso wie in allen anderen Fällen des § 9, in erster Linie zu prüfen, ob nicht eine Entziehung des Prüfungszeugnisses nach § 53 der Reichsgewerbeordnung in Betracht kommt. Ist dies der Fall, so ist die Zurücknahme dieses Zeugnisses zu betreiben, die nach erlangter Rechtskraft ohne weiteres die Ungültigkeit der Niederlassungsgenehmigung herbeiführt (§ 8c).

Eine Zurücknahme der Niederlassungsgenehmigung hat demnach nur dann zu erfolgen, wenn einerseits der vorliegende Tatbestand eine Entziehung des Prüfungszeugnisses nicht rechtfertigen würde und wenn es sich andererseits nicht um solche im § 9d erwähnten Verfehlungen handelt, für die eine Verwarnung durch die Kreishebammenstelle als eine ausreichende Sühne erscheint.

Im einzelnen ist folgendes zu bemerken:

Zu a. Wegen des Rechts der Hebamme, zu beantragen, daß eine Wiederholung der Nachprüfung vor einem anderen Kreisarzt und dem Leiter der Hebammenlehranstalt stattfindet, vgl. § 32 der anliegenden Vorschriften über die Ausbildung, staatliche Prüfung und Fortbildung der Hebammen (Anlage E). Hat die Hebamme einen solchen Antrag gestellt, so ist darauf zu achten, daß die Wiederholung der Prüfung tunlichst bald erfolgen kann und daß durch sie möglichst geringe Kosten entstehen.

Hat die Hebamme bei der zweiten Nachprüfung erhebliche Lücken in den für ihren Beruf nötigen technischen Kenntnissen gezeigt, so wird an Stelle der Zurücknahme der Niederlassungsgenehmigung die Entziehung des Prüfungszeugnisses in Frage kommen.

Zu b. Ein Fernbleiben von einem Fortbildungslehrgang ist unter anderem dann entschuldigt, wenn die Hebamme nicht rechtzeitig, d. h. nicht unter Beachtung der für die Einberufung zu einem Lehrgange vorgeschriebenen Frist, zur Teilnahme an dem Fortbildungslehrgange aufgefordert worden ist oder wenn die Hebamme nachweist, daß sie wegen eigener Krankheit oder wegen Erkrankung eines Familienangehörigen, der zu ihrem Haushalt gehört und ihrer Pflege bedurfte, an dem Fortbildungslehrgang nicht teilnehmen konnte.

Zu c. Wegen der Bücher und Übersichten, die eine Hebamme zu führen hat, vgl. die Dienstanweisung für die im preußischen Staatsgebiet tätigen Hebammen (Anlage F).

Zu d. Verletzt die Hebamme in gröblicher Weise wichtige Vorschriften der Dienstanweisung oder des Hebammenlehrbuches, so ist die Zurücknahme des Prüfungszeugnisses zu veranlassen. Eine Verwarnung durch die Kreishebammenstelle kommt dann nicht in Betracht.

Zu e. Hier ist Voraussetzung, daß der Hebamme gemäß § 6 Absatz 1 Satz 2 aufgegeben war, in einem begrenzten Teile des Niederlassungsgebiets zu wohnen, und daß sie eigenmächtig den Wohnsitz aus diesem Teil in einen anderen Teil des Niederlassungsgebiets verlegt hat.

Zu f. Es bleibt der Bestimmung des Kreises überlassen,

bei welcher Stelle von der Hebamme die Erlaubnis für eine Abwesenheit vom Niederlassungsgebiet nachzusuchen ist. Die Stelle ist aber in der Urkunde, die der Hebamme über die Erteilung der Niederlassungsgenehmigung ausgehändigt wird, zu bezeichnen. Der Hebamme muß, wenn ein tristiger Grund vorliegt, z. B. Erholung von einer Krankheit oder nach starker beruflicher Inanspruchnahme, auch eine mehr als dreiwöchige Abwesenheit gestattet werden, sofern die Fürsorge für ihre Schutzbefohlenen dadurch nicht beeinträchtigt wird. Es ist Sache der Hebamme, für eine geeignete Vertretung während ihrer Abwesenheit zu sorgen. Die Erlaubnis ist regelmäßig von der Beschaffung einer solchen Vertretung abhängig zu machen.

Zu g. Zu berücksichtigen ist, ob die Hebamme freiwillig oder durch besondere Umstände gezwungen ihrem Beruf länger als ein Jahr nicht nachgegangen ist und ob im Einzelfalle anzunehmen ist, daß sie an Berufskenntnissen erhebliche Einbuße erlitten hat. Von einer Zurücknahme der Niederlassungsgenehmigung ist abzusehen, wenn die Hebamme nachträglich mit Erfolg an einem Fortbildungslehrgang oder an einer Nachprüfung teilgenommen hat (vgl. zu § 7).

Zu i[1]. Wenn die Hebamme das 65. Lebensjahr vollendet hat, ist nicht ohne weiteres von der Möglichkeit, die Niederlassungsgenehmigung zurückzunehmen, Gebrauch zu machen. Entsprechend den Ausführungen im ersten Absatz sind vielmehr auch hier die Verhältnisse des Einzelfalles zu beachten, also die geistige und körperliche Rüstigkeit der Hebamme und im Zusammenhang damit die Anforderungen, welche die örtlichen Verhältnisse des Niederlassungsgebiets an die Berufstauglichkeit der Hebamme stellen.

Wegen der Möglichkeit, nach Zurücknahme der Niederlassungsgenehmigung, die Genehmigung für ein anderes Niederlassungsgebiet zu erteilen, vgl. zu § 7.

Der die Zurücknahme der Niederlassungsgenehmigung aussprechende Beschluß ist der Hebamme zuzustellen (§ 10 Absatz 2). Nach eingetretener Rechtskraft des Beschlusses hat die Hebamme die Genehmigungsurkunde auszuhändigen.

[1]) Siehe Anmerkung S. 438.

Zu § 10.

Außer der Kreishebammenstelle ist vor der Erteilung und der Zurücknahme der Niederlassungsgenehmigung stets der Kreisarzt zu hören. In manchen Fällen wird es sich ferner empfehlen, auch eine Äußerung der Gemeindevorstände der beteiligten Ortschaften zu hören.

Zu § 11.

Die Hebamme hat bei der Erfüllung der ihr obliegenden Aufgaben, insbesondere der unter a bis c des § 11 näher bezeichneten Berufspflichten, in allen Fällen die entsprechenden Vorschriften des im Auftrage des Ministers für Volkswohlfahrt herausgegebenen Hebammenlehrbuchs[1]) sowie der Dienstanweisung für die im preußischen Staatsgebiet tätigen Hebammen gewissenhaft zu erfüllen.

Wird die Hebamme gleichzeitig von mehreren Schutzbefohlenen in Anspruch genommen, so hat sie ihren Beistand nach Maßgabe der Dringlichkeit der verschiedenen Aufträge zunächst derjenigen Frau zu gewähren, deren Zustand zur Abwendung einer Gesundheits- oder Lebensgefahr besonders schneller Hilfe bedarf. Abweichungen von diesem Grundsatz sind nur dann zulässig, wenn sich die Hebamme sichere Kenntnis darüber verschafft oder selbst dafür Sorge getragen hat, daß eine andere Hebamme sofort den dringlichen Fall an ihrer Stelle zu übernehmen imstande und bereit ist (vgl. auch § 12 der Dienstanweisung für die Hebammen).

Die unter a bis c erwähnten Berufspflichten umfassen die wichtigsten und von der Hebamme in erster Linie zu erfüllenden eigentlichen Berufsaufgaben. Demgegenüber kommt die unter d vorgesehene Mitwirkung bei der Säuglingsfürsorge, abgesehen von dem besonderen Fall des § 26c Absatz 2, nur als eine nebenberufliche Tätigkeit und auch nur dann in Frage, wenn sie die Hebamme ohne Beeinträchtigung ihrer sonstigen Berufspflichten (§ 11a bis c) ausführen kann. Überhaupt soll die Hebamme in der Regel nur zur Unterstützung einer hauptberuflich tätigen Säuglingsfürsorgerin (Kreisfürsorgerin) mitwirken, doch kann sie in kleinen Bezirken ausnahmsweise auch die gesamte Säuglingsfürsorge allein ausüben, sofern es ihre übrigen Berufspflichten gestatten. Auch in der Säuglingsfürsorge hat sie das Hebammenlehrbuch und die Hebammendienstanweisung sowie die ihr etwa gegebenen sonstigen Vorschriften gewissenhaft zu beobachten. In besonderen Fällen, in denen sie für ihr berufliches Verhalten im Hebammenlehrbuch und in ihrer Dienstanweisung keine ausreichende Belehrung finden sollte, hat sie sich, soweit dies nach den Umständen des Falles möglich ist, vom zuständigen Kreisarzt Belehrung zu erbitten.

Wegen der Folgen, die bei einer Verletzung der Berufspflichten eintreten können, vgl. zu §§ 9 und 25.

[1]) Neu herausgegeben 1927 mit Erlaß v. 15. November 1927 (Volkswohlfahrt S. 1060) im Verlage Julius Springer, Berlin W 9, Linkstr. 23/24.

Zu § 12.

Über die von der Hebamme abzulegenden Nachprüfungen sowie über ihre Teilnahme an Fortbildungslehrgängen sind in den §§ 27 bis 41 der anliegenden Vorschriften über die Ausbildung, staatliche Prüfung und Fortbildung der Hebammen nähere Anweisungen gegeben.

Zu § 13.

Die Hebamme soll zum Wohle der ihr anvertrauten Schutzbefohlenen ihre gesamte Kraft auf die Erfüllung der ihr durch § 11 a bis d auferlegten Berufspflichten verwenden und sich tunlichst von jeder sonstigen Erwerbstätigkeit fernhalten. Nur ausnahmsweise und nur in besonderen Einzelfällen kann ihr deshalb eine andere Erwerbstätigkeit gestattet werden. Zu einer solchen Erwerbstätigkeit gehört jede nicht nur vorübergehende und nicht unter die im § 11 umschriebene Berufstätigkeit der Hebamme fallende Tätigkeit, die dazu dienen soll, der Hebamme geldliche Einnahmen oder andere wirtschaftliche Vorteile zu verschaffen. Das Halten von Kleinvieh oder die Bewirtschaftung eines Gartens zur Versorgung des eigenen Haushalts fallen auch dann nicht darunter, wenn die Hebamme ab und zu, aber nicht regelmäßig Erzeugnisse dieser Tätigkeit, die sie über den Bedarf ihres Haushalts erzielt, veräußert. Auch die Hilfe bei der Erwerbstätigkeit eines Dritten ist genehmigungspflichtig.

Sofern eine Hebamme aus zwingenden wirtschaftlichen oder ähnlichen Gründen eine solche andere Erwerbstätigkeit betreiben will, muß sie vor deren Aufnahme unter eingehender Begründung ihres Wunsches und unter Darlegung des Umfanges ihrer bisherigen Berufstätigkeit und des daraus erzielten durchschnittlichen Jahreseinkommens sowie der Art und des geplanten Umfanges der von ihr in Aussicht genommenen anderen Erwerbstätigkeit ein entsprechendes Gesuch an den Kreisausschuß bzw. in Stadtkreisen an den Magistrat (Bürgermeister) richten. Sie hat dieses Gesuch jedoch durch die Hand des zuständigen Kreisarztes zur Vorlage zu bringen. Der Kreisarzt hat das Gesuch alsdann mit einer gutachtlichen Äußerung darüber weiterzusenden, ob und welche Bedenken etwa vom gesundheitlichen Standpunkte (Möglichkeit einer Gefährdung der Wöchnerinnen oder Neugeborenen z. B. durch ungünstige

Einwirkung der Nebenerwerbstätigkeit auf die Beschaffenheit der Hände der Hebamme usw.) gegen die Ausübung der in Frage kommenden anderen Erwerbstätigkeit bestehen, ob eine Beeinträchtigung oder Behinderung der Hebamme in Wahrnehmung ihrer Berufspflichten oder eine Entfremdung von ihrem Hauptberuf zu befürchten ist und ob die Angaben der Hebamme über den Umfang ihrer bisherigen Tätigkeit und der daraus gezogenen Einnahmen als zutreffend anzusehen sind. Die Genehmigungsbehörde hat hierauf das Gesuch an die Kreishebammenstelle weiterzuleiten, die sich gleichfalls in erster Linie darüber zu äußern hat, ob und welche Bedenken gegen die beantragte Genehmigung bestehen.

Die Genehmigung muß versagt werden, wenn gegen sie Bedenken vorliegen. Sie soll aber, auch wenn solche Bedenken nicht vorhanden sind, nur dann erteilt werden, wenn sie aus Billigkeitsgründen oder behufs erheblicher Verbesserung der wirtschaftlichen Verhältnisse der Hebamme oder deswegen gerechtfertigt erscheint, weil die in Frage kommende andere Erwerbstätigkeit mit der hauswirtschaftlichen Tätigkeit der Hebamme in engem Zusammenhange steht. Die Genehmigung kann sowohl von vornherein als auch später, wenn sich gegen eine uneingeschränkte Genehmigung nachträglich Bedenken ergeben, an Bedingungen geknüpft werden.

Bei einer Zurücknahme der Genehmigung findet das oben angegebene Verfahren sinngemäß Anwendung.

Der Beschluß, in dem die Genehmigung versagt oder zurückgenommen wird, ist der Hebamme zuzustellen.

Wegen der nachträglichen Genehmigung einer Erwerbstätigkeit, die eine Hebamme neben ihrem Beruf beim Inkrafttreten des Gesetzes ausübt, vgl. zu § 40.

Zu § 14.

Die Aufsicht des Kreisarztes erstreckt sich auf die gesamte Berufstätigkeit der Hebamme. Insbesondere hat der Kreisarzt darüber zu wachen, daß die Hebamme die Vorschriften des Hebammenlehrbuchs und ihrer Dienstanweisung in allen Fällen gewissenhaft erfüllt. Bei festgestellten Verstößen der Hebamme soll er sie entsprechend belehren und nach Maßgabe der Ausführungen zu § 9 prüfen, ob die Voraussetzungen für die Entziehung des Prüfungszeugnisses, für eine Zurücknahme der Niederlassungsgenehmigung bzw. bei einer Bezirkshebamme für eine Kündigung des Vertrages (§ 25 Absatz 2) oder für eine Verwarnung der Hebamme durch die Kreishebammenstelle (§ 9 d) vorliegen.

Bei der Durchführung der Beaufsichtigung der Hebamme ist der Kreisarzt im übrigen an die einschlägigen Vorschriften der Dienstanweisung für die Kreisärzte gebunden (Anlage G).

Zu § 15.

Der § 15 entspricht im wesentlichen dem § 1 des Gesetzes, betreffend die Gebühren der Hebammen, vom 10. Mai 1908 (Gesetzsamml. S. 103). Die Gebührenordnungen, die nach § 15 erlassen werden, haben die Bedeutung von Taxen im Sinne des Bürgerlichen Gesetzbuches. Wie bisher, gelangen sie also auch künftig nur zur Anwendung, wenn zwischen den Beteiligten über die Höhe der Vergütung keine Vereinbarung getroffen ist (vgl. § 20 der Dienstanweisung für die Hebammen). Eine sachgemäß aufgestellte Gebührenordnung wird in den weitaus meisten Fällen eine solche Vereinbarung erübrigen, wenn folgende Richtlinien Beachtung finden: Die Höhe der Gebühren ist unter Anpassung an die jeweilige allgemeine Wirtschaftslage so festzusetzen, daß die Hebamme bei Anwendung der Gebührenordnung für ihre Dienste eine angemessene Vergütung erhält. Ein häufiger Wechsel der wirtschaftlichen Verhältnisse wird daher auch eine häufige Abänderung der Gebührenordnung notwendig machen. Nach den §§ 17 und 26 tritt ohne weiteres eine Erhöhung oder Herabsetzung der den Hebammen gesetzlich zugesicherten festen Mindestbeträge bzw. des den Bezirkshebammen von den Kreisen gewährleisteten festen Mindesteinkommens ein, wenn die Ausgleichszuschläge, die den unmittelbaren Staatsbeamten gezahlt werden, herauf- oder herabgesetzt werden. Eine solche Änderung der Ausgleichszuschläge, die in einer Ab- oder Zunahme des Geldwertes und der Entwicklung der Teuerungsverhältnisse ihren Grund hat, muß daher auch für eine Erhöhung oder Minderung der in der Gebührenordnung der Hebammen enthaltenen Sätze beachtet werden. Andererseits würde es bei der Hebammenschaft und der Bevölkerung Unsicherheit erregen, wenn bei schnell aufeinanderfolgenden Abänderungen der Ausgleichszuschläge der Beamten auch jedesmal die Gebührensätze der Hebammen abgeändert würden. Falls nicht eine besonders starke und rasche Zunahme oder Abnahme der Teuerung eine andere Regelung notwendig machen, wird es sich daher im allgemeinen empfehlen, die Gebührensätze der Hebammen in nicht zu kurzen Zwischenräumen, etwa nur alle zwei bis drei Monate, herauf- oder herabzusetzen und bei ihrer Bemessung schon von vornherein der voraussichtlichen Entwicklung der Wirtschaftslage während der nächsten Monate tunlichst Rechnung zu tragen. Wenn danach die Gebührenordnungen den begründeten Ansprüchen der Hebammen auf eine ausreichende Entlohnung für ihre Tätigkeit entsprechen sollen, so ist doch andererseits bei ihrem Erlaß auch das Interesse der Bevölkerung, der die Hebammen ihre Dienste leisten, insbesondere ihre finanzielle Leistungsfähigkeit, voll zu berücksichtigen. Ungerechtfertigt hohe Gebührensätze würden auch leicht die im Interesse der Volksgesundheit zu vermeidende Wirkung haben können, daß die rechtzeitige Heranziehung einer Hebamme unterbleibt oder daß sich die Bevölkerung Hebammenpfuscherinnen zuwendet oder daß die Neigung zu Abtreibungen der Leibesfrucht oder zur Einschränkung der Kinderzeugung in einem für das Staatswohl bedenklichen Grade gefördert wird. Soweit es die Lage der Verhältnisse in den einzelnen Regierungsbezirken gestattet, sind die Gebührenordnungen denjenigen der Nachbarbezirke — vor allem hinsichtlich der Höhe der Gebührensätze innerhalb derselben Teuerungsklasse — möglichst anzupassen. Aufgabe der Provinzialhebammenstelle, die vor dem Erlaß einer Gebührenordnung nach § 15 Absatz 4 zu hören ist, wird es sein, besonders auf diese gleichmäßige Gestaltung der Gebührenordnungen aneinandergrenzender Regierungsbezirke hinzuwirken.

Der Vorschrift, daß bei der Bemessung der Gebührensätze drei Teuerungsklassen zu unterscheiden sind, entspricht die Bestimmung des § 17, der für drei Teuerungsklassen verschieden hohe Mindestbeträge festsetzt, nach denen sich der Umfang der den Kreisen obliegenden Zuschußpflicht richtet. Aus dem Zusammenhang beider Vorschriften ergibt sich, daß zu der ersten Teuerungsklasse diejenigen Orte und Gemeinden gehören, in denen die Lebensverhältnisse am teuersten sind, also vor allem die großen Städte und dichtbevölkerten Industriegebiete. Zu der dritten Teuerungsklasse rechnen diejenigen Gebietsteile, in denen die Lebensverhältnisse am günstigsten sind, also im allgemeinen die kleinen Städte und das flache Land. Die zweite Teuerungsklasse umfaßt alle übrigen Ortschaften und Gebiete, in denen die Lebenshaltung nicht so kostspielig ist wie in der ersten Teuerungsklasse, aber teurer als in der dritten.

Der § 17 hat der Unterscheidung von drei Teuerungsklassen die Teuerungsverhältnisse des ganzen Landes zugrunde gelegt. Das ist auch bei der Durchführung des § 15 Absatz 2 zu beachten. Bei Erlaß der Gebührenordnung ist also nicht nur die Verschiedenheit der Teuerungsverhältnisse innerhalb des Regierungsbezirks zu berücksichtigen, sondern es müssen diese Teuerungsverhältnisse auch mit denen des ganzen Landes verglichen werden. Dieser Vergleich, bei dem das Ortsklassenverzeichnis einen gewissen Anhalt bieten wird, kann zu dem Ergebnis führen, daß eine bestimmte

Teuerungsklasse, z. B. die erste, welche die besonders teueren Orte und Gegenden Preußens umfaßt, für den betreffenden Regierungsbezirk überhaupt nicht in Betracht kommt. Es ist also nicht erforderlich, in jeder Gebührenordnung drei Teuerungsklassen zu unterscheiden. Rechtfertigen die Lebensverhältnisse eines Bezirks, auch im Vergleich mit denen der übrigen preußischen Landesteile, eine einfache Unterscheidung, so brauchen nur zwei Teuerungsklassen gebildet werden. In seltenen Ausnahmefällen wird sogar das ganze Gebiet eines Bezirks, für den die Gebührenordnung erlassen wird, nur einer Teuerungsklasse zugeteilt werden können. Stets müssen aber die Teuerungsklassen in der Gebührenordnung ausdrücklich bezeichnet werden, und zwar nach der aus § 17 folgenden, oben wiedergegebenen Unterscheidung des Gesetzes, da nach § 17 der Umfang der Zuschußpflicht der Kreise für die zweite Teuerungsklasse geringer bemessen ist als für die erste und für die dritte geringer als für die zweite. Sind also z. B. in keinem Teile eines Regierungsbezirks die Teuerungsverhältnisse besonders ungünstig und kommt daher die erste Teuerungsklasse für die Gebührenordnung nicht in Betracht, so sind die noch zu unterscheidenden zwei Teuerungsklassen in der Gebührenordnung nicht als erste und zweite, sondern dem Gesetz entsprechend als zweite und dritte Teuerungsklasse zu bezeichnen.

In der Gebührenordnung ist nicht jede einzelne Ortschaft des Regierungsbezirks unter Bezeichnung der Teuerungsklasse aufzuführen, zu der sie gehören soll, vielmehr sind, abgesehen von den Stadtkreisen, die meist in ihrem ganzen Umfange einer Teuerungsklasse zuzurechnen sein werden, größere Gebietsteile — mehrere Landkreise oder Teile von ihnen — geschlossen einer Teuerungsklasse zuzuweisen.

Mindest- und Höchstsätze sehen schon jetzt die für Hebammen auf Grund des Gesetzes vom 10. Mai 1908 erlassenen Gebührenordnungen vor. Im Anschluß an die bisherige Regelung ist in den Gebührenordnungen zu bestimmen, daß nur die Mindestsätze zu fordern sind, wenn die Gebühr aus Mitteln von nachweislich Unbemittelten oder Armenverbänden oder aus Mitteln einer milden Stiftung, eines Reichs- oder Staatsfonds oder einer Krankenkasse (§ 225 RVO.), knappschaftlichen Krankenkasse (§ 495 RVO.), Ersatzkasse (§ 503 RVO.) oder Gemeinde (§ 942 RVO.) zu zahlen ist. Ebenso erscheint es angemessen, nur diese Sätze für anwendbar zu erklären, wenn die Hebamme einer Frau Hilfe geleistet hat, die Wochenhilfe oder Wochenfürsorge beanspruchen kann, die Hebamme aber nicht berechtigt ist, die Zahlung der Gebühr auf Grund einer Vereinbarung mit einer der vorbezeichneten Kassen unmittelbar von der Kasse zu fordern. Um der Hebamme die Prüfung zu erleichtern, ob nur die Mindestgebühr zu erheben ist, wird sich ferner eine Bestimmung in der Gebührenordnung empfehlen, daß die Hebamme — abgesehen von dringenden Fällen — an die Mindestsätze gebunden ist, wenn ihr bei ihrer Inanspruchnahme durch Vorlage einer Kassenbescheinigung der Nachweis erbracht wird, daß die Frau, der sie Hilfe leistet, bei einer Krankenkasse versichert ist oder gegenüber einer solchen Kasse Anspruch auf Wochenhilfe oder Wochenfürsorge hat.

Über die Erstattung von Ausgaben der Hebamme für Desinfektionsmittel sowie über den Anspruch der Hebamme auf Ersatz von Auslagen für die Benutzung von Verkehrsmitteln oder auf die Zahlung eines angemessenen Wegegeldes haben schon bisher die auf Grund des Gesetzes vom 10. Mai 1908 erlassenen Gebührenordnungen Bestimmungen getroffen, die im wesentlichen überall gleichlautend waren und sich bewährt haben.

Ein Muster für eine Gebührenordnung ist als Anlage B beigefügt. Abweichungen hiervon sind zwar zulässig, abzusehen ist aber von der Festsetzung eines Pauschbetrages, der die Vergütung sowohl für die Geburtshilfe als auch für die

Wochenbesuche umfaßt, sowie eines Pauschsatzes, durch den eine Hebamme für die von ihr beschafften und verbrauchten Desinfektionsmittel abgegolten werden soll.

Erfordern rasche und starke Änderungen der Wirtschaftslage, daß die Gebührensätze in kurzen Zwischenräumen erhöht oder herabgesetzt werden, so würde das Inkrafttreten neuer Gebührensätze meist eine unliebsame Verzögerung erleiden, wenn gemäß dem letzten Absatze des § 15 jedesmal vor der Gebührenänderung die Kreisausschüsse (Gemeindevorstände) und die Provinzialhebammenstelle gehört werden. Es empfiehlt sich daher, unter solchen Ausnahmeverhältnissen ein für allemal mit den vorbezeichneten Stellen Grundsätze zu vereinbaren, nach denen jeweils die Gebührensätze der Hebammen herauf- oder herabgesetzt werden sollen. Ist eine solche Vereinbarung getroffen, so bedarf es einer vorherigen Anhörung jener Stellen im Einzelfalle nur dann, wenn entweder aus besonderen Gründen von diesen Grundsätzen einmal abgewichen werden soll oder wenn sich die Abänderung nicht nur auf die Gebührensätze beschränken soll.

Zu § 16.

Die Vorschrift des § 16 schließt sich dem § 2 des Gesetzes vom 10. Mai 1908 an, beschränkt sich aber nicht nur auf Bezirkshebammen, sondern gilt auch für Hebammen, die eine Niederlassungsgenehmigung erhalten haben.

Zu § 17.

Die Zuschußpflicht des Kreises soll die Hebammen in einzelnen Jahren, in denen ihre Berufseinnahme ausnahmsweise gering ist und den im Gesetz bestimmten Mindestbetrag nicht erreicht, vor Not schützen. Sie tritt erst mit dem Zeitpunkte ein, in dem die Hebamme nach Empfang der Niederlassungsgenehmigung in ihrem Niederlassungsgebiet den Beruf auszuüben begonnen hat.

Bei der Prüfung, ob das Einkommen der Hebamme aus der im § 11a bis c angegebenen Berufstätigkeit in einem Jahre den Mindestbetrag nicht erreicht hat, ist das Kalenderjahr zugrunde zu legen. Hat eine Hebamme ihren Beruf in einem Niederlassungsgebiet erst im Laufe des Kalenderjahres aufgenommen, so tritt für dieses Jahr eine verhältnismäßige Kürzung des Mindestbetrages ein.

Der Mindestbetrag bemißt sich zunächst nach einem im Absatz 2 für jede Teuerungsklasse zahlenmäßig festgesetzten Geldbetrag. Letzterer erhöht oder vermindert sich nach Absatz 3 jeweils in dem Verhältnis, in dem das Grundgehalt, das die unmittelbaren Staatsbeamten am 1. Juli 1922 bezogen haben, durchschnittlich erhöht oder vermindert wird. Da zurzeit das Grundgehalt der unmittelbaren Staatsbeamten seit dem 1. Juli 1922 um das 7,65fache erhöht worden ist, sind also die im Absatz 2 angegebenen Beträge einstweilen mit 7,65 zu vervielfältigen. Die so errechneten Beträge sind die Grundbeträge, die den Hebammen als Mindestbeträge gewährleistet sind. Zu ihnen treten noch gemäß Absatz 4 Zuschläge, und zwar in Höhe der Ausgleichszuschläge, die die unmittelbaren Staatsbeamten in dem vorhergegangenen Kalenderjahre durchschnittlich bezahlt erhalten haben. Bleibt das Einkommen, das eine Hebamme aus ihrem Beruf (§ 11a bis c) in dem verflossenen Kalenderjahre erzielt hat, hinter dem für ihre Teuerungsklasse in der vorbezeichneten Weise berechneten Mindestbetrage zurück, so hat der Kreis den Fehlbetrag zuzuschießen. Ändert sich die oben angegebene Verhältniszahl 7,65, weil das Grundgehalt der unmittelbaren Staatsbeamten nachträglich erhöht oder vermindert worden ist, so wird die neue Verhältniszahl am Schlusse des Kalenderjahres bekanntgegeben werden.

Die Hebamme hat den Antrag auf Zahlung eines Zuschusses alsbald nach Ablauf des Kalenderjahres bei dem Kreise einzureichen. Die Kreise haben hierüber sowie über die Zahlung von Vorschüssen nähere Anordnungen zu treffen. Der Hebamme liegt der Nachweis ob, daß ihre Einnahmen aus der in § 11 a bis c bezeichneten Hebammentätigkeit in dem Kalenderjahre hinter dem Mindestbetrage zurückgeblieben sind. Ausgaben, die ihr infolge ihrer Berufstätigkeit erwachsen sind, bleiben unberücksichtigt und sind also nicht von den Einnahmen abzuziehen. Es wird den Kreisen überlassen, nach Anhörung der Kreishebammenstelle und gegebenenfalls im Benehmen mit den örtlichen Hebammenverbänden näher zu regeln, wie die Hebammen jenen Nachweis zu führen haben. Nach ihrer Dienstanweisung hat die Hebamme sowohl ein Rechnungsbuch über ihre Einnahmen und Ausgaben zu führen als auch unter Benutzung besonderer, die Nachprüfung erleichternder Formulare beim Empfang einer Gebühr für ihre Hilfeleistung stets eine Empfangsquittung auszustellen und sich gleichzeitig eine Bescheinigung über die Zahlung der Gebühr aushändigen zu lassen. Wird ein Zuschußanspruch geltend gemacht, so kann der Kreis verlangen, daß ihm von der Hebamme das Rechnungsbuch und die Zahlungsbescheinigungen vorgelegt werden. (Vgl. hierzu § 20 der Dienstanweisung für die im preußischen Staatsgebiet tätigen Hebammen — Anlage F —.) Der Hebamme soll bei der Erteilung der Niederlassungsgenehmigung schriftlich mitgeteilt werden, wie sie gegebenenfalls den Nachweis für eine Zuschußforderung zu erbringen hat. Den Kreisen bleibt es aber unbenommen, die von den Hebammen beigebrachten Unterlagen im Einzelfalle durch Einholung von Auskünften nachzuprüfen.

Der Absatz 5 stellt es in das Ermessen des Kreises, die Einnahmen, d. h. die Reineinnahmen, die eine Hebamme aus einer ihr genehmigten Nebenerwerbstätigkeit bezieht, auf den gewährleisteten Mindestbetrag anzurechnen. Die Anrechnung kann in der Weise geschehen, daß der Kreis schon bei der Genehmigung der Nebenerwerbstätigkeit die voraussichtlich der Hebamme aus dieser Tätigkeit zufließenden Einkünfte in einem bestimmten Hundertsatz der Einnahmen aus der Hebammentätigkeit schätzt und der Hebamme bei der Zufertigung des Genehmigungsbeschlusses mitteilt, um welchen Hundertsatz der gewährleistete Mindestbetrag danach gekürzt wird. Es ist dem Kreise aber auch unbenommen, von einer solchen vorherigen Schätzung der Nebeneinnahme abzusehen und die Einkünfte der Hebamme aus der anderen Erwerbstätigkeit bei der Geltendmachung eines Zuschußanspruchs möglichst genau zu ermitteln. Welcher dieser Wege der zweckmäßigste ist, wird von der Art der Nebenerwerbstätigkeit der Hebamme, insbesondere auch davon abhängen, ob die Einnahme aus dieser Tätigkeit stärkeren Schwankungen unterworfen ist oder im wesentlichen die gleiche bleibt.

Ein Verschulden der Hebamme, das den Kreis kraft Gesetzes zur völligen oder teilweisen Verweigerung der Zuschußzahlung berechtigt, würde abgesehen von den Fällen der Nachlässigkeit im Beruf und mangelnden Pflichteifers der Hebamme unter anderem auch dann vorliegen, wenn die Hebamme in dem betreffenden Kalenderjahre durch Verbüßung einer Freiheitsstrafe in der Ausübung ihrer Berufstätigkeit verhindert gewesen wäre. Der Nachweis des Verschuldens liegt dem Kreise ob. In welchem Umfange der Kreis im Einzelfalle die Zuschußzahlung verweigern kann, richtet sich je nach dem Maß des Verschuldens der Hebamme und dessen Wirkungen auf deren Berufseinkünfte. Entsprechendes gilt für das Recht des Kreises, die Zuschußzahlung deswegen abzulehnen, weil die Voraussetzungen des § 9c vorliegen.

Zu § 18.

Die im § 18 den Kreisen auferlegte Erstattungspflicht soll den Hebammen eine Versicherung gegen Alter, dauernde Berufsunfähigkeit oder Invalidität erleichtern. Die Kreise sollen den Hebammen beim Abschluß eines Versicherungsvertrages auf Wunsch mit Rat behilflich sein und sie insbesondere darauf hinweisen, daß die Versicherungsprämien um so geringer sind, je früher die Versicherung stattfindet. Der vom Kreise zu erstattende Betrag ist in seiner Höhe insofern begrenzt, als der Kreis in keinem Falle verpflichtet ist, der Hebamme jährlich mehr zu erstatten, als der halbe Beitrag für eine Versicherung beträgt, auf Grund deren die Hebamme eine jährliche Rente in Höhe des Höchstruhegeldes einer Bezirkshebamme beziehen kann. Dieses Höchstruhegeld einer Bezirkshebamme ist nach § 26 f zu berechnen. Dabei ist das im § 26 a angegebene Mindestjahreseinkommen einer Bezirkshebamme von 8000 M. zugrunde zu legen, das sich jeweils entsprechend dem Grundgehalt der unmittelbaren Staatsbeamten erhöht und vermindert (vgl. zu § 26).

Handelt es sich um eine Altersversicherung, so kommt bei der Berechnung des vom Kreise jährlich höchstens zu zahlenden Beitrages das Ruhegeld in Betracht, das eine Bezirkshebamme jeweils in dem entsprechenden Alter gemäß § 26 erhalten würde, und zwar ist dabei davon auszugehen, daß der Bezirkshebamme nach vierzigjähriger Tätigkeit mit 65 Lebensjahren der Anspruch auf das Höchstruhegeld erwächst. Versichert sich also z. B. eine Hebamme in der Weise gegen Alter, daß sie schon mit 60 Jahren eine Rente beziehen kann, die dem Höchstruhegeld einer Bezirkshebamme entspricht oder dieses Ruhegeld sogar übersteigt, so ist zu berechnen, welches Ruhegeld einer Bezirkshebamme mit 60 Jahren nach § 26 zustände, die mit 65 Jahren in den Genuß des Höchstruhegeldes treten würde. Der Kreis braucht dann nicht mehr als die Hälfte desjenigen jährlichen Beitrages zu übernehmen, dessen Entrichtung der Hebamme mit 60 Jahren einen Anspruch auf eine Rente in der Höhe des Ruhegeldes einer sechzigjährigen Bezirkshebamme gäbe.

Der § 18 ist sowohl bei der freiwilligen Versicherung wie auch bei einer Versicherungspflicht der Hebamme anwendbar.

Die Hebamme hat dem Kreise bei Geltendmachung ihres Erstattungsanspruchs auf Verlangen den Nachweis ihrer Versicherung und ihrer Beitragszahlung zu erbringen.

Zu § 19.

Ein Tagegeld ist angemessen, wenn es in ausreichendem Maße den Teuerungsverhältnissen des Orts entspricht, an dem die Nachprüfung oder der Fortbildungslehrgang stattfindet. Bei Teilnahme an einem Fortbildungslehrgang ist es zur Deckung der Kosten für Unterkunft und Verpflegung der Hebamme in der Hebammenlehranstalt sowie sonstiger Unkosten bestimmt, die der Hebamme durch den Besuch des Lehrganges entstehen.

Zu § 20.

Wegen der Heranziehung der Hebammen zur Mitwirkung bei der Säuglingsfürsorge vgl. zu § 11. Nach § 17 kommt die besondere Vergütung, die die Hebammen für eine solche Mitwirkung erhalten, bei der Prüfung der Zuschußpflicht des Kreises nicht in Betracht.

Zu § 21.

Die Hebammen mit Niederlassungsgenehmigung bilden nach dem Gesetz die Regel. Eine Annahme von Bezirkshebammen ist nach § 21 Abs. 2 nur dann gestattet, wenn das Bedürfnis eines Bezirks nach einwandfreier Hebammenhilfe nicht durch Hebammen mit Niederlassungsgenehmigung gedeckt werden kann. Sie setzt also voraus, daß entweder trotz ergangener öffentlicher Bekanntmachungen keine genügende Anzahl Hebammen für den betreffenden Bezirk die Niederlassungsgenehmigung nachsucht oder daß die Hebammen, die in dem Bezirk tätig sind oder sich darin niederlassen wollen, keine Gewähr für eine einwandfreie Hebammenhilfe bieten. Fehlen diese Voraussetzungen, so ist die Einführung des Bezirkshebammenwesens nicht zulässig. Andererseits legt aber das Gesetz beim Vorliegen einer der Voraussetzungen dem Kreise die Pflicht auf, das Bezirkshebammenwesen einzuführen und soviel Bezirkshebammen anzunehmen, als zur einwandfreien Versorgung der Bewohnerinnen mit Hebammenhilfe notwendig sind. Vor der Feststellung, ob danach die Einführung des Bezirkshebammenwesens notwendig ist, hat nach § 32a eine Anhörung der Hebammenstelle zu erfolgen.

Für die Genehmigung oder Bestätigung der Satzungen, durch die das Bezirkshebammenwesen in einem Kreise geregelt wird, gelten die allgemeinen Vorschriften der Kreis- bzw. Städteordnung.

Wegen der Abgrenzung der Hebammenbezirke wird auf die Ausführungen über die Einteilung in Niederlassungsgebiete verwiesen (zu § 5). Da die Bezirkshebammen — anders als die Hebammen mit Niederlassungsgenehmigung — ihren Beruf grundsätzlich nur in ihrem Hebammenbezirk ausüben dürfen (§ 23), andererseits aber auch den Bewohnerinnen eines Hebammenbezirks eine Auswahl unter mehreren Hebammen ermöglicht werden soll, sind die Hebammenbezirke, soweit es die örtlichen Verhältnisse insbesondere die Entfernungen und die Wege- und Verkehrsverhältnisse gestatten, so abzugrenzen, daß in einem Bezirk mehrere Bezirkshebammen eine ausreichende Beschäftigung finden. Die Mindestzahl der Bezirkshebammen, die regelmäßig für einen Bezirk anzunehmen ist, setzt das Gesetz auf zwei fest. Von der im letzten Satz des Absatzes 2 erteilten Ermächtigung ist nur dann Gebrauch zu machen, wenn besondere örtliche Verhältnisse dazu zwingen, z. B. in gebirgigen Gegenden mit weitverstreuten kleinen Ansiedlungen. Es bedarf dann einer besonders sorgfältigen Prüfung, ob durch die Annahme nur einer Bezirkshebamme für den Hebammenbezirk auch tatsächlich dem Anspruch der Bewohnerinnen auf ausreichende Hebammenhilfe genügend Rechnung getragen ist.

Im § 32a ist die Verpflichtung des Kreises festgelegt, vor der Abgrenzung und Abänderung von Hebammenbezirken die Kreishebammenstelle zu hören.

Da die Zulässigkeit der Annahme von Bezirkshebammen nunmehr an bestimmte, gesetzlich festgelegte Bedingungen geknüpft ist, haben diejenigen Kreise, bei denen jetzt auf Grund einer Kreissatzung das Bezirkshebammenwesen besteht, zu prüfen, ob die gesetzlichen Voraussetzungen für seine Beibehaltung vorliegen. Gegebenenfalls haben sie neue, dem Gesetz entsprechende Kreissatzungen zu erlassen und nach Maßgabe des Gesetzes Annahmeverträge mit Bezirkshebammen abzuschließen. Sind dagegen die gesetzlichen Voraussetzungen für die Beibehaltung des Bezirkshebammenwesens nicht gegeben, so wird es sich für diese Kreise empfehlen, die betreffende Satzung ausdrücklich aufzuheben, da es immerhin zweifelhaft sein kann, ob durch den § 44 auch solche Kreissatzungen ohne weiteres außer Kraft gesetzt werden.

Zu §§ 22 und 23.

Es wird auf die Ausführungen im zweiten Absatz zu § 6 Bezug genommen. Der Kreis hat sich in dem Dienstvertrage über den § 22 hinaus auch das Recht vorzubehalten, der Bezirkshebamme einen Wechsel des Wohnortes oder der Wohnung aufzugeben, um z. B. bei einer nachträglichen Abänderung der Grenzen der Hebammenbezirke eine anderweitige Verteilung der Hebammen über sein Gebiet vornehmen zu können.

Der Bezirkshebamme wird eine Tätigkeit außerhalb ihres Bezirks besonders für den Fall zu gestatten bzw. aufzugeben sein, daß die Vertretung einer in einem anderen Bezirk wohnenden Bezirkshebamme wegen Krankheit, Beurlaubung usw. notwendig wird. Die Erlaubnis wird regelmäßig nur auf bestimmte andere Hebammenbezirke zu beschränken sein, da die Bezirkshebammen von ihrem

Bezirk nur in möglichst seltenen Fällen abwesend sein sollen. Ob die Berufsgeschäfte im eigenen Bezirk dringlicher sind als diejenigen, zu denen sie in den anderen Bezirk berufen wird, hat die Bezirkshebamme im Einzelfalle nach pflichtmäßigem Ermessen zu entscheiden. Für ihre Entscheidung darf ausschließlich die Dringlichkeit der Hilfeleistung maßgebend sein.

Die im § 22 Satz 1 und im § 23 den Bezirkshebammen bezüglich des Wohnens in ihrem Hebammenbezirk und der Berufstätigkeit außerhalb dieses Bezirks auferlegten Pflichten sind in die Dienstverträge aufzunehmen.

Zu § 25.

Wird der Bezirkshebamme das Prüfungszeugnis entzogen, so tritt das Erlöschen des Vertragsverhältnisses erst ein, wenn die Entziehung des Zeugnisses rechtskräftig geworden ist. Entsprechendes gilt für die Zurücknahme einer vom Ministerium für Volkswohlfahrt gemäß § 4 Absatz 1 gewährten Zulassung.

Der § 25 enthält nur Vorschriften für das Kündigungsrecht des Kreises. Unter welchen Voraussetzungen die Bezirkshebamme kündigen kann, regelt sich nach dem Dienstvertrage und den für die Kündigung eines solchen Vertrages geltenden Bestimmungen des bürgerlichen Rechts. Für die Kündigungsfristen sind in erster Linie die Vereinbarungen im Dienstvertrage, in zweiter Linie die Vorschriften des Bürgerlichen Gesetzbuches maßgebend. Im übrigen wird auf die Ausführungen zu § 9 Bezug genommen. Auch der Bezirkshebamme ist die Möglichkeit eines Erholungsurlaubs zu geben. Für ihre Vertretung hat der Kreis zu sorgen. (Vgl. zu §§ 22 und 23.)

Zu § 26.

Zu a. Die Ausführungen zu § 17 gelten entsprechend. Wegen der Berechnung des der Bezirkshebamme zu gewährleistenden Mindesteinkommens wird auf die dort näher angegebene Berechnung des Mindestbetrages verwiesen.

Ist einer Bezirkshebamme eine Nebenerwerbstätigkeit gestattet worden und soll ihr deswegen nach dem letzten Absatz des Absatzes a und § 17 Absatz 5 das gewährleistete Mindesteinkommen gekürzt werden, so hat diese Kürzung regelmäßig in der Weise zu erfolgen, daß die von der Bezirkshebamme voraussichtlich aus der Nebenerwerbstätigkeit bezogenen Einkünfte in einem bestimmten Hundertsatz des Einkommens aus der Hebammentätigkeit geschätzt werden und daß dieser Hundertsatz der Kürzung zugrunde gelegt wird.

Die Art, in der die Bezirkshebamme nachzuweisen hat, daß sie in einem Kalenderjahre aus ihrer Berufstätigkeit nicht das gewährleistete Mindesteinkommen erzielt hat, ist in der das Bezirkshebammenwesen des Kreises regelnden Satzung oder in dem Dienstvertrage zu bestimmen.

Zu b. Die Vergütung ist für jede Entbindung zu zahlen, gleichgültig, ob die Bezirkshebamme das gewährleistete Mindesteinkommen erreicht hat oder nicht.

Zu c. Der Kreis kann nur verlangen, daß eine Bezirkshebamme gegebenenfalls in einer von ihm eingerichteten Säuglingsfürsorgeorganisation ohne eine Entschädigung tätig ist. Vorausgesetzt ist dabei, daß auf die betreffende Bezirkshebamme jährlich durchschnittlich nicht mehr als 20 Entbindungen entfallen. Doch ist vorerst der Kreisarzt gutachtlich darüber zu hören, ob gegen die in Aussicht genommene Beschäftigung der Hebamme in der Säuglingsfürsorge keine Bedenken bestehen.

Zu d. Hierzu gehören vor allem das Hebammenlehrbuch, die Dienstanweisung und die sonstigen Bücher und Übersichten, die die Bezirkshebamme zur gesundheitlichen Kontrolle und zum Nachweise ihres Jahreseinkommens führen muß.

Zu e. Vgl. zu § 19.

Zu f. Der Anspruch auf Ruhegeld steht der Bezirkshebamme nur zu, wenn sie entweder dauernd berufsunfähig oder 65 Jahre alt geworden ist. Für andere Fälle braucht ihr nach dem Gesetz kein Ruhegeld vertraglich zugesichert zu werden. Der Eintritt dauernder Berufsunfähigkeit gibt aber den Anspruch auf Ruhegeld ohne Rücksicht darauf, wie lange die Bezirkshebamme nach endgültiger Annahme im Dienste des Kreises tätig war, und er gewährt ihn auch einer probeweise angenommenen Bezirkshebamme, sofern ihre Berufsunfähigkeit nicht durch eigenes Verschulden verursacht worden ist.

Der Berechnung des Ruhegeldes ist zunächst der feste, nach dem ersten Absatz des Absatzes a gewährleistete Geldbetrag zugrunde zu legen. Hatte sich dieser Betrag in dem Zeitpunkt, in dem die Bezirkshebamme in den Ruhestand tritt, erhöht oder vermindert, weil seit dem 1. Juli 1922 das Grundgehalt der unmittelbaren Staatsbeamten erhöht oder vermindert worden war — die Erhöhung beträgt zurzeit das 7,65fache (vgl. zu § 17) —, so ist das Ruhegeld nach diesem erhöhten oder verminderten Betrage zu berechnen. Dagegen bleiben die Zuschläge, die die Bezirkshebamme entsprechend den Ausgleichszuschlägen der unmittelbaren Staatsbeamten erhalten hatte, außer Ansatz. Übte die Bezirkshebamme eine Nebenerwerbstätigkeit aus und war ihr deswegen das gewährleistete Mindesteinkommen gekürzt worden (§ 26a letzter Absatz, § 17 Absatz 5), so ist diese Kürzung auch bei der Berechnung des Ruhegeldes zu berücksichtigen. Von dem so ermittelten Jahreseinkommen ist als Ruhegeld ein Bruchteil zu zahlen, dessen Höhe sich nach den für das Ruhegeld der Kommunalbeamten geltenden Vorschriften richtet. Dieser Bruchteil beläuft sich demnach im Höchstfalle auf $^{45}/_{60}$ und, wenn der Anspruch auf Ruhegeld vor dem Ablauf einer zehnjährigen Berufstätigkeit erwächst, auf $^{20}/_{60}$. Erhöht oder vermindert sich später das Grundgehalt der unmittelbaren Staatsbeamten, so ist auch das bis dahin der Bezirkshebamme gezahlte Ruhegeld verhältnismäßig zu erhöhen bzw. herabzusetzen.

Ob und inwieweit bei der Berechnung des Ruhegeldes eine Zeit anzurechnen ist, in der die Bezirkshebamme vor dem Abschluß des Dienstvertrages in einem anderen Kreise als Bezirkshebamme berufstätig war, ist mangels einer gesetzlichen Vorschrift der freien Vereinbarung zwischen dem Kreise und der Bezirkshebamme überlassen. Es kann erwartet werden, daß die Kreise beim Abschluß des Dienstvertrages billigen Wünschen, die eine Bezirkshebamme in dieser Hinsicht vorbringt, möglichst entsprechen werden.

Der Bezug einer Rente ist auf die Höhe des Ruhegeldes ohne Einfluß. Nur wenn der Kreis bei der Zahlung der jährlichen Versicherungsbeiträge unmittelbar oder mittelbar beteiligt war, kann er von dem Ruhegeld einen entsprechenden Teil der Rente abziehen. Erhält also z. B. eine Bezirkshebamme auf Grund einer Versicherung eine Altersrente und hat der Kreis die Hälfte der Versicherungsbeiträge unmittelbar an das Versicherungsunternehmen gezahlt oder der Bezirkshebamme erstattet, so ist er berechtigt, die Hälfte der Rente von dem Ruhegeld in Abzug zu bringen. Dabei macht es keinen Unterschied, ob eine Versicherungspflicht oder eine freiwillige Versicherung der Bezirkshebamme vorlag.

Zu § 28.

Die Kontrolle darüber, ob die Kreise den Vorschriften des § 21 und der §§ 24 bis 27 genügen, liegt der Aufsichtsbehörde ob. Gelangt sie zu dem Ergebnis, daß ein Kreis eine der ihm dort auferlegten Pflichten nicht erfüllt, so hat sie ihm zu eröffnen, in welcher Hinsicht den gesetzlichen Anforderungen noch nicht entsprochen sei, und ihn gleichzeitig unter Bestimmung einer angemessenen Frist aufzufordern, den Anforderungen zu genügen. Unterläßt es der Kreis, dieser Aufforderung innerhalb der Frist nachzukommen, oder widerspricht er der Aufforderung, so hat der Regierungspräsident bei dem Bezirksausschuß die im Einzelfalle notwendige Beschlußfassung zu beantragen und dem Antrage die mit dem Kreise geführten Verhandlungen und ihre Unterlagen beizufügen. Der Bezirksausschuß faßt dann an Stelle des Kreises die notwendigen Beschlüsse.

Für Berlin ist der Oberpräsident als Aufsichtsbehörde und als an Stelle des Bezirksausschusses beschließende Behörde zuständig geblieben. Im § 28 soll nur zum Ausdruck gebracht werden, daß über die Beschwerde gegen den Beschluß des Oberpräsidenten der Minister für Volkswohlfahrt entscheidet.

Kommt die zwangsweise Etatisierung einer Leistung in Frage, so bewendet es bei den hierfür geltenden allgemeinen Vorschriften.

Zu §§ 29, 30 und 31[1]).

Durch die Einrichtung der Hebammenstellen sollen sowohl die Hebammen als auch die Frauen, die auf Hebammendienste angewiesen sind, die Möglichkeit erhalten, bei der Regelung von Angelegenheiten des Hebammenwesens mitzuwirken und ihre hierauf bezüglichen Wünsche zur Geltung zu bringen. Die Hebammenstellen sollen also in gleichem Maße dem Interesse der Hebammen und dem der Hebammenhilfe bedürftigen Frauen dienen. Wenn sie auch — abgesehen von dem Falle des § 33 — nur eine gutachtliche Tätigkeit auszuüben haben, so wird ihnen

[1]) Vgl. die bereits im MinBl. f. Volkswohlfahrt veröffentlichten Ausführungsbestimmungen zu §§ 29, 30 und 31, 34 bis 36 und 38 vom 22. Januar 1923 (VMBl. S. 79 ff.).

doch regelmäßig ein maßgeblicher Einfluß auf die in Hebammenangelegenheiten ergehenden Beschlüsse einzuräumen sein.

In jedem Kreise muß **mindestens** eine Hebammenstelle vorhanden sein. Wenn es nach den örtlichen Verhältnissen geboten erscheint, kann ein Kreis also auch mehrere Kreishebammenstellen einrichten (§ 29 Absatz 1). Das Gesetz geht davon aus, daß die Stadt Berlin von dieser Ermächtigung Gebrauch machen wird. Daher ist im § 21 vorgesehen, daß die Mütter in Berlin nicht wie in anderen Stadtkreisen von der Stadtverordnetenversammlung, sondern von den Bezirksversammlungen in die Kreishebammenstelle zu wählen sind, und im § 38 bestimmt, daß in Berlin für das ganze Stadtgebiet eine den örtlichen Hebammenstellen übergeordnete Hebammenstelle gebildet wird, die die Aufgaben einer Provinzialhebammenstelle zu erfüllen hat.

Der Zuständigkeit der Kreisverwaltung für ein Niederlassungsgebiet oder einen Hebammenbezirk folgt auch die örtliche Zuständigkeit der zu dieser Kreisverwaltung gehörenden Kreishebammenstelle. Der Bezirk der Kreishebammenstelle kann sich daher über das Gebiet des Kreises hinaus erstrecken, wenn nämlich einem Niederlassungsgebiet oder Hebammenbezirk des Kreises auf Grund einer Vereinbarung der beteiligten Verwaltungen Ortschaften eines anderen Kreises angeschlossen worden sind. Ein solcher Anschluß wird sich regelmäßig nur auf kleine Gebietsteile eines Nachbarkreises beziehen und nur dann vorzunehmen sein, wenn er wegen deren örtlicher Lage, insbesondere der Wege- und Verkehrsverhältnisse der in Betracht kommenden Ortschaften für eine bessere Versorgung der Bewohnerinnen mit Hebammenhilfe notwendig oder zweckmäßig ist.

Der **Kreishebammenstelle** müssen mindestens zwei Hebammen und zwei Mütter angehören. Unter einer

Mutter ist eine Frau zu verstehen, die ein lebendes Kind geboren hat. Als weitere Mitglieder, die nach § 30 Absatz 1 Satz 2 in die Kreishebammenstelle berufen werden können, kommen in erster Linie Frauen und Männer in Betracht, die auf dem Gebiet der sozialen Fürsorge, insbesondere auf dem der Fürsorge für Mütter und Säuglinge, größere Erfahrungen gesammelt haben und dieser Fürsorge besonderes Interesse entgegenbringen.

Die Einrichtung der Kreishebammenstellen hat in den Landkreisen durch Kreissatzung, in den Stadtkreisen durch Ortssatzung zu geschehen. In den Satzungen sind u. a. zu bestimmen: die Zahl der Hebammenstellen, die in dem Kreise eingerichtet werden, ihre örtlichen Grenzen, ihr Sitz sowie unter Beachtung der §§ 32 und 33 ihre Aufgaben, ferner ihre Zusammensetzung, der Beginn und die Dauer ihrer Amtszeit, die Zeit, in der die Wahlen für die Kreishebammenstelle zu erfolgen haben, und das Verfahren, nach dem der Vertreter des Kreisausschusses, in Stadtkreisen des Gemeindevorstandes und deren Stellvertreter sowie die im letzten Satz des ersten Absatzes des § 31 bezeichneten Mitglieder und deren Stellvertreter, und zwar diese durch den Kreistag bzw. die Stadtverordnetenversammlung, in Berlin durch die Bezirksversammlungen, zu wählen sind. Schließlich müssen die Satzungen noch Vorschriften über den Vorsitz in der Kreishebammenstelle sowie gegebenenfalls über die Erstattung von Reisekosten und die Gewährung von Tagegeldern enthalten. Als Vorsitzender der Kreishebammenstelle wird nächst dem Vertreter des Kreisausschusses bzw. des Gemeindevorstandes in erster Linie der Kreisarzt in Frage kommen, der ihr kraft Gesetzes angehört. Er wird während der Dauer einer Vertretung durch einen anderen Kreisarzt von diesem auch in der Kreishebammenstelle vertreten.

Die beiden Vertreter der Träger der öffentlichen Krankenversicherung, die der Kreishebammenstelle angehören müssen, sind von den beteiligten Kassen oder ihren Verbänden zu benennen. Für den Fall, daß sich die Träger der öffentlichen Krankenversicherung über die Benennung der Vertreter nicht einigen, trifft der § 31 Absatz 1 Bestimmung.

Für die unmittelbare, geheime und schriftliche Verhältniswahl der Hebammen gilt die anliegende Wahlordnung für die Wahl der Hebammen in die Kreis- und Provinzialhebammenstellen (Anlage C). Wahlberechtigt sind alle Hebammen, die im Bezirk der Kreishebammenstelle ihren Wohnsitz haben (§ 31 Absatz 1). Für die Wählbarkeit einer Hebamme ist ein gleiches Erfordernis nicht vorgeschrieben, da ohne weiteres angenommen werden kann, daß die Hebammen regelmäßig nur solche Vertreterinnen ihres Berufs in eine Hebammenstelle wählen werden, die infolge ihres Wohnsitzes in dem Bezirk der Hebammenstelle mit den Verhältnissen dieses Bezirks genau vertraut sind. Das Wahlverfahren wird wesentlich vereinfacht und abgekürzt, wenn sich die wahlberechtigten Hebammen auf einen Wahlvorschlag einigen, da dann die in dem Wahlvorschlage gültig verzeichneten Bewerberinnen in der im Wahlvorschlage angegebenen Reihenfolge als gewählt gelten, so daß es einer weiteren Durchführung des Wahlverfahrens nicht mehr bedarf (§ 14 der Wahlordnung). Eine solche Einigung wird daher möglichst anzustreben sein.

Die Mütter, deren Wahl gleichfalls nach den Grundsätzen der Verhältniswahl zu erfolgen hat, und zwar in Landkreisen durch den Kreistag, in Stadtkreisen durch die Stadtverordnetenversammlung, in Berlin durch die Bezirksversammlungen, sind in Landkreisen nach den Bestimmungen für die Wahl von Kreiskommissionen, in Stadtkreisen nach den Bestimmungen für die Wahl von Gemeindekommissionen, in Berlin nach den Bestimmungen für die Wahl von Bezirksdeputationen zu wählen. Für die Wählbarkeit einer Mutter gilt das oben über die Wählbarkeit einer Hebamme Gesagte. Da für jedes gewählte Mitglied der Kreishebammenstelle ein Stellvertreter zu wählen ist, so müssen auch für die Mütter, die einer Kreishebammenstelle als Mitglieder angehören, Stellvertreterinnen gewählt werden. Sofern die vorbezeichneten Bestimmungen nicht schon die Wahl von Stellvertretern vorsehen, werden sie für die Wahl der Mütter wie folgt ergänzt:

1. Die Wahl der Stellvertreterinnen erfolgt auf Grund derselben Wahlvorschläge, auf Grund deren die Mitglieder gewählt werden.
2. Jeder Wahlvorschlag muß mindestens doppelt soviel Namen von Bewerberinnen enthalten, als Mitglieder in die Kreishebammenstelle zu wählen sind.
3. Die den gewählten Mitgliedern an erster (zweiter, dritter usw.) Stelle auf demselben Wahlvorschlage folgende Bewerberin ist als Stellvertreterin desjenigen Mitgliedes gewählt, das an erster (zweiter, dritter usw.) Stelle gewählt ist.
4. Lehnt eine als Mitglied Berufene die Wahl ab, so tritt ihre Stellvertreterin an ihre Stelle. Wird danach eine Stellvertreterin Mitglied, oder lehnt eine Stellvertreterin die Wahl ab, so tritt an ihre Stelle diejenige Bewerberin, die hinter der an letzter Stelle als Stellvertreterin Gewählten als nächste auf dem Wahlvorschlage oder, wenn dieser erschöpft ist, auf einem mit ihm verbundenen Wahlvorschlage steht. Ist keine solche Bewerberin vorhanden, so bleibt die Stelle unbesetzt.
5. Scheidet ein Mitglied oder eine Stellvertreterin aus, so findet die Ziffer 4 entsprechende Anwendung.

Die für die Kreishebammenstelle zu erlassende Geschäftsordnung wird u. a. die Führung der laufenden Geschäfte der Kreishebammenstelle, die Art und Weise ihrer Einberufung sowie die Beschlußfähigkeit und Beschlußfassung der Kreishebammenstelle zu regeln haben. Wegen ihres weiteren Inhalts vgl. zu § 33.

Zu § 33.

Wegen der Zurücknahme des Prüfungszeugnisses bei gröblicher Verletzung wichtiger Vorschriften der Dienstanweisung oder des Hebammenlehrbuchs vgl. zu § 9d.

Das bei dem Ausspruch einer Verwarnung zu beobachtende Verfahren ist in der nach § 31 für die Kreishebammenstelle zu erlassenden Geschäftsordnung zu regeln. Dabei ist u. a. vorzusehen, daß die Kreishebammenstelle den Tatbestand möglichst aufzuklären hat, bevor sie sich über den Ausspruch der Verwarnung schlüssig macht, ferner, daß vor der Entscheidung stets die beschuldigte Hebamme gehört werden muß, daß der schriftlich abzufassende Beschluß in dem eine Verwarnung ausgesprochen wird, die Tatsachen und die Gründe enthalten muß, auf denen er beruht, und daß er von den darin namentlich aufzuführenden Mitgliedern der Kreishebammenstelle, die bei der Beschlußfassung mitgewirkt haben, zu unterschreiben ist.

Der Einspruch gegen die Verwarnung kann sowohl bei der Kreishebammenstelle als auch bei der Provinzialhebammenstelle eingelegt werden.

Hat die Hebamme die Provinzialhebammenstelle ohne Erfolg angerufen, so sind ihr die durch den Einspruch entstandenen Kosten nur dann ganz oder teilweise aufzuerlegen, wenn sie den Einspruch unbegründet gelassen hat oder wenn ihr dessen Erfolglosigkeit offenbar von vornherein bekannt war. Im übrigen hat die Hebamme keine Kosten zu tragen, die durch das im § 33 geregelte Verfahren bei der Kreis- oder Provinzialhebammenstelle entstehen.

Zu §§ 34 bis 36.

Die Provinzialhebammenstellen sollen bei allen Fragen beratend mitwirken, die das Hebammenwesen der ganzen

Provinz betreffen oder wenigstens in ihrer Bedeutung über das Interesse eines einzelnen Kreises hinausgehen. Eine wesentliche Aufgabe dieser Stellen ist es, darüber zu wachen, daß auf dem vorbezeichneten Gebiet in der Provinz möglichst einheitlich verfahren wird. Entscheidende Beschlüsse haben sie nur im Falle des § 37 Absatz 2 zu fassen.

Der Bezirk der Provinzialhebammenstelle erstreckt sich auf das Gebiet aller Kreishebammenstellen, die ihren Sitz innerhalb der Provinz haben. Er kann also auch Ortschaften umfassen, die nicht zur Provinz gehören (vgl. zu §§ 29, 30 und 31).

Der Provinzialausschuß hat über den Sitz der Provinzialhebammenstelle sowie unter Beachtung des § 37 über ihre Aufgaben, über den Beginn und die Dauer ihrer Amtszeit, über die Zeit, in der die Wahlen zur Provinzialhebammenstelle stattzufinden haben, über das Verfahren, in dem der Stellvertreter des Provinzialausschusses, der Regierungs- und Medizinalrat, der Direktor einer Hebammenlehranstalt bzw. ein Frauenarzt oder eine Frauenärztin und die Stellvertreter dieser Mitglieder von ihm zu wählen sind, sowie über den Vorsitz in der Provinzialhebammenstelle und gegebenenfalls über die Erstattung von Reisekosten und Gewährung von Tagegeldern Bestimmungen zu treffen.

Die Zusammensetzung der Provinzialhebammenstellen ist im Gesetz erschöpfend geregelt. Wegen der zwei Vertreter der Träger der öffentlichen Krankenversicherung, die dem Provinzialausschuß von den Kassenverbänden zu benennen sind, vgl. § 36 Absatz 1 Satz 2.

Die Hebammen und die Mütter, die als Mitglieder und Stellvertrerinnen den Provinzialhebammenstellen angehören, sind nach den Grundsätzen der Verhältniswahl zu wählen, und zwar die Hebammen nach den Vorschriften der Wahlordnung für die Wahl der Hebammen in die Kreis- und Provinzialhebammenstellen und die Mütter auf Grund derselben Bestimmungen, nach denen der Provinzialausschuß die Mitglieder des Provinzialrats und des Bezirksausschusses wählt. Wahlberechtigt sind alle Hebammen, die als Mitglieder oder Stellvertreterinnen einer Kreishebammenstelle angehören, deren Sitz im Bezirk der Provinz liegt. Bezüglich der Wählbarkeit der Hebammen und Mütter wird auf die Ausführungen über die Wählbarkeit der Hebammen und Mütter in die Kreishebammenstellen verwiesen.

Die Geschäftsordnung der Provinzialhebammenstellen muß u. a. die Anordnungen über die Führung der laufenden Geschäfte der Provinzialhebammenstelle, über die Art und Weise ihrer Einberufung sowie über die Beschlußfähigkeit und die Beschlußfassung der Provinzialhebammenstelle enthalten. Ferner sind in sie Bestimmungen über das Verfahren aufzunehmen, in dem über den Einspruch einer Hebamme gegen eine Verwarnung entschieden wird. Die Ausführungen zu § 33 über den Inhalt der für die Kreishebammenstellen zu erlassenden Verfahrensvorschriften gelten auch entsprechend für die Bestimmungen, die das von der Provinzialhebammenstelle anzuwendende Verfahren regeln.

Zu § 37.

Das Gesetz schließt es nicht aus, daß die Provinzialhebammenstelle die Erledigung einzelner ihr obliegender Aufgaben kleineren Ausschüssen überträgt, deren Mitglieder schnell zusammentreten können. Dies kommt insbesondere für die gutachtliche Stellungnahme zu Änderungen von Hebammengebührensätzen in Betracht (§ 15), die unter den jetzigen Verhältnissen regelmäßig eine schleunige Äußerung der Provinzialhebammenstelle erforderlich machen werden. (Vgl. auch zu § 15.)

Zu § 38.

In den Fällen der §§ 35 und 36 tritt an die Stelle des Provinzialausschusses in Berlin der Magistrat, in den

Bezirksverbänden Cassel und Wiesbaden sowie in dem Landeskommunalverband der Hohenzollernschen Lande der Landesausschuß.

Zu § 39.

Der alljährlich durch den Staatshaushaltsplan bereitzustellende Fonds von 25 Millionen Mark erhöht oder vermindert sich nach Absatz 1 in Verbindung mit § 26a Absatz 2 jeweils in demselben Verhältnis, in dem das Grundgehalt, das die unmittelbaren Staatsbeamten am 1. Juli 1922 erhalten haben, durchschnittlich erhöht oder vermindert wird. Bisher ist jenes Grundgehalt seit dem 1. Juli 1922 durchschnittlich um das 7,65fache erhöht worden (vgl. zu § 17). Der Staatsbeitrag beläuft sich daher einstweilen alljährlich auf das 7,65fache von 25 Millionen Mark. Aus diesem Fonds erhalten diejenigen Kreise Beihilfen, die nach Maßgabe der §§ 21 ff. das Bezirkshebammenwesen in ihrem Gebiet eingeführt haben.

Über die Verteilung des Fonds wird im Einvernehmen mit dem Finanzminister folgendes bestimmt:

Die endgültigen Grundsätze für die Verteilung des Staatsfonds sollen erst festgelegt werden, wenn größere Erfahrungen darüber gesammelt sind, in welchem Umfange Kreise, die Bezirkshebammen angenommen haben, durch die gesetzliche Neuregelung finanziell belastet werden. Einstweilen wird der vom Staat jährlich zur Verfügung gestellte Fonds im einzelnen nach folgenden Grundsätzen verteilt werden:

1. Die Staatsbeihilfe wird nur gewährt, um den in Betracht kommenden Kreisen die Aufbringung derjenigen Kosten zu erleichtern, die ihnen durch die Gewährleistung eines Jahreseinkommens der Bezirkshebammen (§ 26a), durch die Zahlung einer Vergütung für jede Entbindung, bei der eine Bezirkshebamme mitgewirkt hat (§ 26b), und durch die Zahlung eines Ruhegeldes an Bezirkshebammen (§ 26f) entstehen.

Für diese Aufwendungen erhalten jedoch nur solche Kreise eine Beihilfe, bei denen sich die Zahl der vom Kreise angenommenen Bezirkshebammen auf mehr als ein Sechstel aller in dem Kreise wohnenden berufstätigen Hebammen beläuft. Zu jenen berufstätigen Hebammen gehören außer Bezirkshebammen und Hebammen mit Niederlassungsgenehmigung auch solche Hebammen, die nach § 40 noch während fünf Jahren nach dem Inkrafttreten des Gesetzes ihren Beruf ohne eine Niederlassungsgenehmigung und ohne eine Annahme als Bezirkshebamme ausüben dürfen. Dagegen bleiben die im § 42 bezeichneten Hebammen außer Betracht, die an Entbindungsanstalten oder Krankenanstalten angestellt sind und ihren Beruf ausschließlich in deren Dienst ausüben.

Die Beihilfe wird unter Berücksichtigung der finanziellen Belastung der Kreise durch das Bezirkshebammenwesen nach Maßgabe der Anzahl der Bezirkshebammen und der vorhandenen Mittel gewährt werden.

2. In manchen Kreisen werden noch Bezirkshebammen tätig sein, die infolge eines Alters von über 65 Jahren oder infolge geistiger oder körperlicher Schwäche nicht mehr den Anforderungen ihres Berufs genügen und den Anstrengungen, mit denen die Ausübung der Hebammenhilfe besonders auf dem Lande bei großen Entfernungen und schwierigen Wegeverhältnissen verbunden ist, nicht mehr voll gewachsen sind. Das Ruhegeld, das diesen Bezirkshebammen von dem Kreise vertraglich zugesichert ist, wird nicht immer der Teuerung der Jetzzeit entsprechen. Andererseits liegt es aber im Interesse von Mutter und Kind, daß sich Hebammen, die nicht mehr ihre Aufgaben in ausreichendem Maße erfüllen können, alsbald zur Ruhe setzen. Um nun solchen Bezirkshebammen den Übertritt in den Ruhestand zu erleichtern, ist es erwünscht, daß ihnen die Kreise unter der Voraussetzung der Bedürftigkeit und je nach dem Maße der Bedürftigkeit über das vertraglich

zugesicherte Ruhegeld hinaus eine jährliche Beihilfe zahlen. Dabei kommen aber nur solche Bezirkshebammen in Betracht, die tatsächlich bis zum Übertritt in den Ruhestand ihrem Beruf ständig und nicht nur gelegentlich nachgegangen sind. Bei der Prüfung der Bedürftigkeit und der Festsetzung der Höhe einer Beihilfe werden einerseits die Teuerung des Orts, in dem sich die Bezirkshebamme zur Ruhe setzt, und andererseits die Lebensverhältnisse der betreffenden Bezirkshebamme, die Höhe ihres Ruhegeldes, eine etwa daneben bezogene Rente, ihr sonstiges Einkommen, ein von Verwandten bezogener Unterhalt usw. zu berücksichtigen sein. Die Gewährung der Beihilfe ist davon abhängig zu machen, daß die Bezirkshebamme unter Aushändigung ihres Prüfungszeugnisses auf die weitere Ausübung der Hebammentätigkeit verzichtet. Den Kreisen erwächst durch eine solche Unterstützung in den Ruhestand tretender Bezirkshebammen eine weitere finanzielle Belastung. Daher sollen allen Kreisen, die anläßlich der Neuordnung des Hebammenwesens zwischen dem 1. April und dem 31. Dezember 1923 Bezirkshebammen aus den oben gekennzeichneten Gründen und unter den angegebenen Voraussetzungen zur Ruhe setzen, aus dem im § 39 bezeichneten Staatsfonds nach Maßgabe der verfügbaren Mittel laufende Beihilfen zu den Mehraufwendungen gegeben werden, die ihnen durch die Zahlung einer laufenden jährlichen Beihilfe an diese ehemaligen Bezirkshebammen entstehen.

Die Zahlung der Beihilfen erfolgt nur auf Antrag. Der Antrag ist jeweils für das abgelaufene Kalenderjahr bei dem Regierungspräsidenten einzureichen.

Werden Beihilfen gemäß Ziffer 1 beantragt, so ist das beiliegende Formular (Anlage D) zu benutzen.

Bei Anträgen, die gemäß Ziffer 2 gestellt werden, ist anzugeben:

a) die Zahl der Bezirkshebammen, die unter den in

Ziffer 2 angegebenen Voraussetzungen in der Zeit zwischen dem 1. April und 31. Dezember 1923 in den Ruhestand getreten sind und außer dem vertraglich zugesicherten Ruhegeld eine laufende Beihilfe vom Kreise erhalten,

b) der Gesamtbetrag der den betreffenden ehemaligen Bezirkshebammen alljährlich über das Ruhegeld hinaus vom Kreise gewährten laufenden Beihilfen.

Der Regierungspräsident hat die Anträge kreisweise zusammenzustellen und spätestens bis zum 1. April an den Minister für Volkswohlfahrt weiterzugeben.

Mit der Beihilfe für das vergangene Kalenderjahr wird gleichzeitig ein Vorschuß auf die Beihilfe für das laufende Kalenderjahr gezahlt werden, der auf ein Drittel der Gesamtsumme bemessen wird, die für das letztvergangene Kalenderjahr als Beihilfe gewährt worden war.

Zu § 40[1]).

Da die Vorschrift des § 4, wonach die Ausübung des Hebammenberufs künftig von dem Besitz einer Niederlassungsgenehmigung oder einer Annahme als Bezirkshebamme abhängig ist, für alle Hebammen gilt, also grundsätzlich auch für solche, die beim Inkrafttreten des Gesetzes bereits das Prüfungszeugnis besitzen, so müssen auch diese letzteren Hebammen sich alsbald um eine Niederlassungsgenehmigung bewerben oder ihre Annahme als Bezirkshebamme betreiben, gleichgültig, ob sie den Hebammenberuf schon ausüben oder nicht. Demgemäß haben die Kreise sogleich nach dem Inkrafttreten des Gesetzes und nach Maßgabe des letzteren die für ein Niederlassungsgebiet erforderliche Zahl Hebammen festzustellen und einer entsprechenden Zahl Hebammen die Niederlassungsgenehmigung zu geben. Das gleiche gilt für die Annahme von Bezirkshebammen.

[1]) S. Bemerkungen zu Beginn des Hebammengesetzes (S. 438).

Bei der ersten Erteilung von Niederlassungsgenehmigungen ist wie folgt zu verfahren:

Die Kreise haben die Niederlassungsgebiete unter Bezeichnung ihrer Grenzen, die Zahl der für jedes Niederlassungsgebiet in Betracht kommenden Hebammen sowie gegebenenfalls die für die Hebammen nach § 6 festgesetzten Wohnbezirke oder Wohnorte mit der Aufforderung öffentlich bekanntzumachen, daß binnen einer in der Bekanntmachung anzugebenden Frist Anträge auf Erteilung der Niederlassungsgenehmigung einzureichen sind und daß dabei folgendes anzugeben ist: Vor- und Zuname, Wohnort, Geburtstag, Tag des Erwerbs des Prüfungszeugnisses, Zahl der Geburten, bei denen die Hebamme im letzten Jahre vor dem Inkrafttreten des Gesetzes Hilfe geleistet hat, das Niederlassungsgebiet, für das die Genehmigung nachgesucht wird, und, falls Wohnbezirke oder Wohnorte für die Hebamme festgesetzt sind, den Wohnbezirk oder Wohnort, von dem aus die Hebamme ihren Beruf ausüben will.

Auf Grund der Anträge ist die für jedes Niederlassungsgebiet erforderliche Zahl der Hebammen auszuwählen und den ausgewählten Hebammen nach Anhörung der Kreishebammenstelle (§ 32 b) eine Niederlassungsgenehmigung zu erteilen.

Die öffentliche Bekanntmachung und Aufforderung an die Hebammen braucht vor der Erteilung der Niederlassungsgenehmigungen in einem Kreise oder für ein Niederlassungsgebiet nicht zu erfolgen, wenn dort auch ohne sie eine dem Gesetz entsprechende Regelung möglich ist.

Bei der Auswahl der Hebammen, denen die Niederlassungsgenehmigung gegeben wird oder die als Bezirkshebammen angenommen werden, muß in erster Linie für diejenigen Hebammen gesorgt werden, die beim Inkrafttreten des Gesetzes schon ein Prüfungszeugnis besaßen oder in der Hebammenausbildung begriffen waren. Diese Hebammen sind daher nach Absatz 1 bei der Erteilung der

Niederlassungsgenehmigung oder der Annahme als Bezirkshebamme vorzugsweise zu berücksichtigen. Die im Absatz 2 angegebenen Ausnahmen schließen zwar eine solche besondere Bevorzugung aus, sie hindern aber außer bei dauernder Berufsunfähigkeit (Absatz b) nicht daran, daß im Einzelfalle eine Hebamme unter Berücksichtigung der Eignung der übrigen Bewerberinnen und aus Gründen der Billigkeit auch dann eine Niederlassungsgenehmigung erhält oder als Bezirkshebamme angenommen wird, wenn bei ihr eine der Voraussetzungen des Absatzes 2 zutrifft. Die Ausführungen zu § 9 gelten hierbei entsprechend.

Ein „besonderer Grund" im Sinne des Absatzes d liegt unter anderem dann vor, wenn die Hebamme in einer Gegend tätig ist, die stets eine sehr niedrige Geburtenzahl aufweist, so daß eine Mitwirkung der Hebamme bei weniger als zehn Geburten während eines Jahres nicht als etwas Außergewöhnliches angesehen werden kann. Anderenfalls wird die Hebamme durch Vorlage ihrer Bücher darzutun haben, daß sie sich früher ihrem Beruf voll gewidmet hat und daß ihre geringe Berufstätigkeit in dem letzten Jahre vor dem Inkrafttreten des Gesetzes auf Umständen (z. B. Krankheit) beruhte, mit deren regelmäßiger Wiederkehr in den nächsten Jahren nicht zu rechnen ist.

Die Vergünstigung des Absatzes 5 ist solchen Hebammen gewährt, die beim Inkrafttreten des Gesetzes schon das Prüfungszeugnis besaßen, bei der Deckung des Bedürfnisses nach Hebammenhilfe aber zunächst unberücksichtigt geblieben sind. Dadurch, daß sie ihren Beruf auch ohne Niederlassungsgenehmigung und ohne eine Annahme als Bezirkshebamme eine Zeitlang fortsetzen können, ist vermieden, daß sie durch das Inkrafttreten des § 4 ohne weiteres brotlos werden. Da die Kreise — von den Fällen des Absatzes 2 abgesehen — verpflichtet sind, Hebammen, die zu dem vorbezeichneten Zeitpunkte bereits das Prüfungszeugnis hatten, bei der Erteilung einer Niederlassungsgenehmigung oder der Annahme einer Bezirkshebamme in erster Linie zu berücksichtigen, und diese Vorschrift nicht nur für die erstmalige Erteilung von Niederlassungsgenehmigungen oder Annahme von Bezirkshebammen, sondern auch für alle späteren Fälle gilt, in denen eine Niederlassungsgenehmigung zu geben oder eine Bezirkshebamme anzunehmen ist, so besteht auch für diese zunächst überzähligen Hebammen regelmäßig die Möglichkeit, im Laufe der Jahre eine Niederlassungsgenehmigung zu erhalten oder als Bezirkshebamme angenommen zu werden. Müssen sie nach Ablauf von fünf Jahren oder vorher wegen Wohnortswechsels oder Nichtausübung ihres Berufs die Hebammentätigkeit gemäß Absatz 5 einstellen, so bleibt ihnen auch dann diese Möglichkeit gewahrt. Denn die Bestimmung über die vorzugsweise Berücksichtigung von Hebammen, die beim Inkrafttreten des Gesetzes ein Prüfungszeugnis besitzen, gilt zeitlich unbeschränkt und eine Einstellung des Berufs, die auf Grund des Absatzes 5 erfolgt und den Besitz des Prüfungszeugnisses unberührt läßt, wird regelmäßig ohne das Hinzutreten weiterer Umstände nicht als ein dauernder Verzicht auf die Ausübung des Hebammengewerbes angesehen werden können. Die Absätze 1 bis 5 zielen dahin ab, daß in möglichst weitem Umfange diejenigen Hebammen, die beim Inkrafttreten des Gesetzes schon das Prüfungszeugnis besitzen, wenn nicht sogleich, so doch innerhalb der nächsten fünf Jahre und gegebenenfalls auch nach diesem Zeitraume eine Niederlassungsgenehmigung erhalten oder als Bezirkshebammen angenommen werden, so daß sie durch die neue gesetzliche Bestimmung gar nicht oder nur vorübergehend an der Fortsetzung ihrer Berufstätigkeit gehindert werden. Aufgabe der Kreise ist es, bei der Erteilung von Niederlassungsgenehmigungen oder der Annahme von Bezirkshebammen dafür zu sorgen, daß dieses Ziel tunlichst erreicht wird.

Die nach Absatz 6 erforderliche Genehmigung ist spätestens binnen einem Jahre nach dem Inkrafttreten des Gesetzes einzuholen. Die Ausführungen zu § 13 gelten entsprechend.

Zu § 42.

Die hier bezeichneten Anstaltshebammen bedürfen für die Ausübung ihres Berufs auch künftig nur des im § 30 der Reichsgewerbeordnung vorgeschriebenen Prüfungszeugnisses (vgl. zu § 4), doch gelten für sie die Vorschriften des § 40 der Dienstanweisung für die im preußischen Staatsgebiet tätigen Hebammen (Anlage F).

Zu § 43.

Auf Grund des § 43 Absatz 2 werden gleichzeitig mit diesen Ausführungsbestimmungen erlassen:

1. Vorschriften über die Ausbildung, staatliche Prüfung und Fortbildung der Hebammen (Anlage E),
2. eine Dienstanweisung für die im preußischen Staatsgebiet tätigen Hebammen (Anlage F),
3. Bestimmungen über die Abänderung der das Hebammenwesen betreffenden Vorschriften der Dienstanweisung für die Kreisärzte (Anlage G).

Zu § 44.

Statt 1918 ist zu lesen 1908.

Von den Anlagen sind der Kürze halber nur folgende abgedruckt worden:

Anlage E.

Vorschriften über die Ausbildung, staatliche Prüfung und Fortbildung der Hebammen.

§ 1.

Die Ausbildung und staatliche Prüfung von Hebammen findet ausschließlich in den Provinzial-Hebammenlehranstalten

(Landes-Frauenkliniken) sowie in denjenigen Universitäts-Frauenkliniken und sonstigen Anstalten statt, die hierfür vom Minister für Volkswohlfahrt eine besondere Genehmigung erhalten haben.

I. Bedingungen für die Zulassung zur Ausbildung als Hebamme.

§ 2.

Als Hebammenschülerinnen werden nur solche Frauen zugelassen, die

1. einen sittlich einwandfreien Ruf genießen und die für den Hebammenberuf erforderliche Zuverlässigkeit besitzen,
2. bei Beginn der Ausbildung mindestens 20 Jahre alt, jedoch nicht älter als 30 Jahre sind,
3. mindestens über eine abgeschlossene und gute Volksschulbildung verfügen,
4. die geistige und körperliche Tauglichkeit für den Beruf einer Hebamme nachweisen.

Ausnahmen von der unter Ziffer 2 erwähnten Bedingung kann der Oberpräsident zulassen.

§ 3.

Frauen, die sich für den Hebammenberuf ausbilden lassen wollen, haben ein Gesuch um Aufnahme in eine Provinzial-Hebammenlehranstalt an den Landeshauptmann (Landesdirektor) der betreffenden Provinz oder an den Direktor einer als Hebammenlehranstalt anerkannten Universitäts-Frauenklinik (oder einer sonst anerkannten Anstalt) zu richten. Die nach § 2 Ziffer 1 bis 3 erforderlichen Nachweise sind durch eine (gegebenenfalls durch Geburtsurkunde und Schulabgangszeugnis zu ergänzende) Bescheinigung der Ortspolizeibehörde, der Nachweis gemäß § 2 Ziffer 4 durch ein Zeugnis des zuständigen Kreisarztes zu erbringen. Weiterhin sind aber dem Gesuch um Aufnahme in eine Hebammenlehranstalt noch folgende Unterlagen beizufügen:

1. ein eigenhändig geschriebener Lebenslauf;
2. a) eine von dem Magistrat (Bürgermeister) eines Stadtkreises oder von dem Kreisausschuß eines Landkreises ausgestellte Bescheinigung darüber, daß die Bewerberin Aussicht hat, in absehbarer Zeit nach Abschluß ihrer

Hebammenausbildung in der betreffenden Stadt oder dem Landkreise eine Niederlassungsgenehmigung gemäß §§ 4 bis 7 des Hebammengesetzes zu erhalten oder als Bezirkshebamme gemäß §§ 21 bis 27 des Hebammengesetzes angenommen zu werden;

b) anstatt des Nachweises zu 2a eine Bescheinigung eines Krankenhauses, einer Hebammenlehranstalt, Frauenklinik oder Entbindungsanstalt, wonach die Bewerberin nach Ablegung ihrer Hebammenprüfung von der Anstalt als Hebamme angenommen werden soll.

Sofern keine der unter Ziffer 2a oder b erwähnten Bescheinigungen beigebracht werden kann, hat die Bewerberin eine eigenhändig unterschriebene und behördlich beglaubigte Erklärung darüber beizufügen, daß ihr die Vorschriften der §§ 4 bis 7 des Hebammengesetzes vom 20. Juli 1922 genau bekannt sind, wonach sie mit dem Hebammenprüfungszeugnis allein noch nicht die Berechtigung erwirbt, in Preußen den Hebammenberuf auszuüben.

§ 4.

Bei Entscheidung über Aufnahme der Bewerberinnen in eine Hebammenlehranstalt sind diejenigen Frauen, die eine Bescheinigung gemäß § 3 Ziffer 2a oder b beigebracht haben, nach Maßgabe der für Hebammenschülerinnen verfügbaren Plätze vorzugsweise zu berücksichtigen.

Hebammenschülerinnen, die nach dem Urteil des Direktors der Hebammenlehranstalt nicht die erforderliche geistige Befähigung zur Erlernung der Hebammenkunst besitzen oder aus gesundheitlichen Gründen als ungeeignet für den Hebammenberuf erscheinen, sollen frühestens 14 Tage nach Eintritt in die Anstalt wieder entlassen werden.

II. Verlauf der Hebammenausbildung.

§ 5.

Die Dauer eines Hebammenlehrganges beträgt 18 Monate. Der Lehrgang darf in der Regel nur durch eine der Hebammenschülerin — gegebenenfalls in mehreren Abständen — zu gewährende Ferienzeit von insgesamt drei Wochen unterbrochen werden.

Sofern im Einzelfall eine Hebammenschülerin durch dringende Gründe (Erkrankung, Schwangerschaft usw.) genötigt wird, den Lehrgang für eine längere Zeit zu unterbrechen, entscheidet der Minister für Volkswohlfahrt nach Anhörung des Landeshauptmanns (Landesdirektors) oder des Direktors der Anstalt darüber, ob und unter welchen Voraussetzungen die Schülerin später zur Beendigung ihrer Ausbildung in der betreffenden Anstalt wieder zugelassen werden kann.

§ 6.

Die Ausbildung hat das Ziel, die Hebammenschülerinnen über alle Vorgänge der Schwangerschaft, der Geburt und des Wochenbettes soweit theoretisch und praktisch zu unterrichten, daß sie in der Lage sind, Schwangere im Rahmen der für die Hebammen geltenden Dienstvorschriften ausreichend zu beraten sowie eine Geburt auch unter schwierigen Verhältnissen, aber unter strenger Wahrung der der Hebammentätigkeit gezogenen Grenzen und Beobachtung der ihr gegebenen Dienstvorschriften selbständig zu leiten und zu beendigen, daß die Gesundheit der Mutter und des Neugeborenen keinen Schaden erleidet. Die Schülerin soll ferner den Verlauf des Wochenbettes und alle dabei vorkommenden Regelwidrigkeiten und die Möglichkeiten ihrer Verhütung genau kennenlernen. Unbeschadet ihrer Erziehung zur Selbständigkeit soll aber die Schülerin ständig auf die mit den Schwangerschafts-, Geburts- und Wochenbettsvorgängen verbundenen Gefahren, auf die sich daraus ergebende besondere Verantwortlichkeit der Hebamme *und auf die vielfachen Bedingungen, unter denen sie rechtzeitig ärztliche Hilfe herbeirufen muß*, hingewiesen werden.

Weiterhin soll die Schülerin ausreichende Kenntnisse in der Pflege des Neugeborenen und Säuglings sowie in der Säuglingsfürsorge erwerben.

Schließlich sollen die Hebammenschülerinnen bei jeder sich bietenden Gelegenheit über die besondere sittliche Bedeutung des Hebammenberufs und über die Wichtigkeit der Erzielung eines widerstandsfähigen und gesunden Nachwuchses für die Zukunft unseres Volkes belehrt werden.

§ 7.

Der Hebammenunterricht ist in der Hauptsache von dem Direktor der Hebammenlehranstalt und zu dessen Unterstützung bzw. in dessen Vertretung von einem zweiten, als Hebammenlehrer besonders bestellten Anstaltsarzt zu erteilen. Doch kann der Direktor beim praktischen Unterricht außer dem zweiten Hebammenlehrer noch andere Anstaltsärzte, die Oberhebamme und sonstige ihm geeignet erscheinende Anstaltshebammen und Schwestern zur Unterstützung heranziehen.

Der gesamte Unterricht in der Säuglingspflege und -fürsorge muß von einem Kinderarzt (einer Kinderärztin) — gegebenenfalls von einem als Kinderarzt genügend ausgebildeten Assistenzarzt der Anstalt — erteilt werden.

§ 8.

Dem Unterricht der Schülerinnen ist in erster Linie das im Auftrage des Ministers für Volkswohlfahrt herausgegebene Hebammenlehrbuch zugrunde zu legen. Doch kann für die Ausbildung in der Säuglingspflege nach dem Ermessen des den Unterricht erteilenden Kinderarztes im Einvernehmen mit dem Anstaltsdirektor neben dem Hebammenlehrbuch noch ein anderes geeignetes Lehrbuch über Säuglingspflege benutzt werden.

Die Regelung des Hebammenunterrichts sowie die zeitliche Bemessung und Verteilung der einzelnen Unterrichtsgebiete bleiben in der Hauptsache der Provinzialverwaltung bezw. dem sachverständigen Urteil des Direktors der Hebammenlehranstalt und seiner Mitarbeiter überlassen.

Doch sollen hierbei nach Möglichkeit folgende allgemeine Richtlinien beachtet werden:

1. a) Im ersten Halbjahr der Ausbildung soll zunächst über die für das Verständnis der Hebammenkunst wichtigen Grundlagen, Bau und Verrichtungen des menschlichen Körpers, allgemeine Krankheitslehre, regelmäßige Vorgänge der Schwangerschaft, der Geburt und des Wochenbettes, Bedeutung von Infektion und Desinfektion usw., unterrichtet werden. Nebenher muß von Anfang an die praktische Betätigung der Schülerin auf den Kranken- und Wöchnerinnenabteilungen erfolgen. Tunlichst bald ist auch die Schwangerenuntersuchung zu üben

sowie Anleitung zu Hilfeleistungen in dem Entbindungssaal zu geben.

b) Im zweiten Halbjahr ist die Schülerin unter Vertiefung der bisher gewonnenen Kenntnisse vorwiegend über alle regelwidrigen Vorgänge der Schwangerschaft, der Geburt und des Wochenbettes sowie insbesondere über die Desinfektionslehre eingehend zu unterrichten. Dabei ist der Unterricht in ausgiebigem Maße mit der praktischen Ausbildung zu verbinden.

Weiterhin soll im zweiten Halbjahr der Unterricht in Säuglingspflege und Säuglingsfürsorge beginnen. Hierbei soll die Schülerin ausreichende Gelegenheit erhalten, auch den Betrieb einer Säuglingsfürsorgestelle kennenzulernen.

Schließlich soll vom zweiten Halbjahr ab die Schülerin auch über die wichtigsten gesetzlichen Bestimmungen und über die Dienstanweisung für die Hebammen unterrichtet werden.

c) Im dritten Halbjahr ist das gesamte Unterrichtsgebiet der ersten beiden Halbjahre zusammenfassend zu wiederholen, dabei aber auf die praktische Ausbildung das Hauptgewicht zu legen. Dies gilt auch für den in gleichem Umfange weiterzuführenden Unterricht in der Säuglingspflege und -fürsorge.

Im übrigen soll die Schülerin öfter Gelegenheit erhalten, sich auch in der Anfertigung schriftlicher Berichte, und zwar namentlich schriftlicher Geburtsberichte nach vorgezeichnetem Tagebuchmuster zu üben.

2. Der Gesamtumfang der theoretischen Unterrichtsstunden während der drei Halbjahre soll die Zahl 900 nicht überschreiten. Davon sind 100 Unterrichtsstunden auf die Ausbildung in der Säuglingspflege und -fürsorge zu verwenden.

3. Jede Schülerin hat während ihrer Ausbildung innerhalb der Anstalt bei mindestens 25 Geburten selbständige Hilfe zu leisten.

4. Weiterhin soll jede Schülerin tunlichst oft zur Beobachtung regelwidrig verlaufender Entbindungen und Wochenbetten herangezogen werden.

5. Soweit es durchführbar ist und keinen besonderen Bedenken begegnet, ist der Schülerin Gelegenheit zu geben, auch poliklinische Geburten zu beobachten, zu denen ein Arzt der Hebammenlehranstalt gerufen wird. Doch soll sie hierbei dem die Geburt leitenden Anstaltsarzt nur dann Hilfe leisten, wenn nicht bereits eine berufstätige Hebamme zugegen ist, oder wenn der Arzt außer der Unterstützung durch die schon anwesende Hebamme noch eine weitere Hilfeleistung benötigt.
6. In der unterrichtsfreien Zeit kann die Schülerin noch zu pflegerischen und hauswirtschaftlichen Diensten innerhalb der Anstalt herangezogen werden, soweit dies ohne Beeinträchtigung ihrer Ausbildung und ohne körperliche Überanstrengung möglich ist. Eine Beschäftigung der Schülerin mit Nebendiensten, die ihre geistige Spannkraft oder körperlichen Kräfte erheblich zu ermüden geeignet wäre oder die mehr einer übermäßigen Ausnutzung der Kräfte der Schülerin gleichkommen würde, ist unzulässig.

   Überhaupt soll den Schülerinnen nach Beendigung der Unterrichtszeit und des Anstaltsdienstes die Möglichkeit zu angemessener geistiger und körperlicher Erholung gewährt werden.

III. Staatliche Hebammenprüfungen.

§ 9.

Zur Prüfung als Hebammen werden nur solche Schülerinnen zugelassen, die eine den vorstehenden Bestimmungen entsprechende Ausbildung an einer preußischen Hebammenlehranstalt durchgemacht haben.

Ob und unter welchen Voraussetzungen auch Frauen, die eine an einer preußischen Hebammenlehranstalt genossene vorschriftsmäßige Ausbildung nicht nachweisen können, zur Prüfung zugelassen werden dürfen, wird auf ein dahin gehendes Gesuch, dem alle gemäß §§ 2 und 3 erforderlichen Unterlagen sowie Zeugnisse über die bisherige Ausbildung, praktische Tätigkeit und etwa schon abgelegte Prüfungen beizufügen sind, vom Minister für Volkswohlfahrt entschieden.

Vor Beginn der Prüfung hat die Hebammenschülerin an den Direktor der Hebammenlehranstalt als Prüfungsgebühr den Betrag von 15 Goldmark (Rentenmark) abzuführen. Anstatt der Bezahlung in Goldmark ist auch eine solche in Papiermark zulässig, doch muß bei Bezahlung mit Papiermark die Umrechnung nach dem für den Zahltag (u. a. durch Aushang in den Postanstalten) amtlich bekanntgegebenen Goldumrechnungssatz für die Reichssteuern erfolgen.

§ 10.

Der Direktor der Hebammenlehranstalt hat spätestens sechs Wochen vor dem in Aussicht genommenen Prüfungstermin die Zulassung der Hebammenschülerinnen zur Prüfung beim Oberpräsidenten — und zwar, soweit es sich um eine Provinzial-Hebammenlehranstalt handelt, durch die Hand des Landeshauptmanns (Landesdirektors) — zu beantragen. Dem Antrag ist eine Übersicht über Namen, Alter, Wohnort der Schülerinnen sowie gegebenenfalls über die Gemeinden, Kreise oder Anstalten, in denen die Hebamme später ihren Beruf ausüben will oder soll, und eine Erklärung darüber beizufügen, daß sämtliche Hebammenschülerinnen die vorschriftsmäßige Ausbildung genossen haben und daß auch im Hinblick auf ihren Fleiß und sonstiges Verhalten Bedenken gegen ihre Zulassung nicht bestehen.

Liegen im Einzelfalle solche Bedenken vor, so hat der Direktor unter Schilderung des Sachverhalts sich gutachtlich darüber zu äußern, ob etwa eine Zurückstellung der Schülerin von der Prüfung und eine spätere Zulassung zu empfehlen ist.

§ 11.

Die staatliche Prüfung der Hebammenschülerinnen findet innerhalb der letzten sieben Tage des achtzehnmonatigen Lehrganges in der Hebammenlehranstalt vor einem Prüfungsausschuß statt, der aus einem Regierungs- und Medizinalrat als Vorsitzenden, dem Direktor der Hebammenlehranstalt, einem Kreisarzt, einem weiteren Hebammenlehrer der Anstalt und dem für die Ausbildung der Hebammenschülerinnen in Säuglingspflege bestellten Kinderarzt (Ärztin, fachärztlich vorgebildeter Assistenzarzt der Anstalt) besteht.

Der Oberpräsident bestellt nach Eingang des ihm gemäß § 10 zu erstattenden Berichtes im Einvernehmen mit dem bzw. den Regierungspräsidenten (im Ortspolizeibezirk Berlin dem

Polizeipräsidenten in Berlin) einen Regierungs- und Medizinalrat als Vorsitzenden und einen Kreisarzt als weiteres Mitglied des Prüfungsausschusses und beauftragt zugleich den Regierungs- und Medizinalrat unter Zusendung der entsprechenden Unterlagen, wegen Abhaltung der Prüfung alles Weitere zu veranlassen.

Nur in denjenigen Fällen, in denen Bedenken gegen die Zulassung einer Schülerin zur Prüfung bestehen, entscheidet der Oberpäsident nach Anhörung des als Vorsitzenden bestellten Regierungs- und Medizinalrats darüber, ob die Hebammenschülerin von der Prüfung zurückzustellen ist, sowie, ob und nach welcher Zeit sie auf Grund einer Zusatzausbildung zu einem späteren Prüfungstermin zugelassen werden kann.

Gegen diese Entscheidung des Oberpräsidenten steht der Hebammenschülerin innerhalb 14 Tagen nach Zustellung des Bescheides Beschwerde an den Minister für Volkswohlfahrt zu.

§ 12.

Der Vorsitzende des Prüfungsausschusses gibt dem Direktor der Hebammenlehranstalt Kenntnis von der erfolgten Zulassung der Hebammenschülerinnen zur Prüfung und setzt im Einvernehmen mit ihm den Tag sowie eine Vormittagsstunde für den Beginn der Prüfung fest.

Die Prüfung soll die Dauer von acht Stunden nicht überschreiten und an einem Tage beendigt werden. Die Prüfungszeit ist durch eine mindestens zweistündige Mittagspause zu unterbrechen.

Mehr als 20 Prüflinge dürfen an einem Tage nicht geprüft werden.

§ 13.

Den Gang der Prüfung (Aufeinanderfolge der einzelnen Prüfungsabschnitte usw.) hat der Vorsitzende im Einvernehmen mit dem Direktor der Hebammenlehranstalt zu leiten. Insbesondere hat er im Falle der unvermuteten Behinderung eines Mitgliedes des Prüfungsausschusses einen Stellvertreter zu bestimmen.

Der Vorsitzende ist verpflichtet, an sämtlichen Prüfungsabschnitten teilzunehmen.

§ 14.

Der Landeshauptmann (Landesdirektor) ist berechtigt, der an einer Provinzial-Hebammenlehranstalt stattfindenden Prüfung beizuwohnen oder hierzu einen Vertreter zu entsenden. Weiterhin kann der Vorsitzende einem oder mehreren der dem Prüfungsausschuß nicht angehörenden Anstaltsärzte sowie der Oberhebamme der Anstalt die Anwesenheit bei der Prüfung gestatten. Die Anwesenheit sonstiger Personen ist nicht zulässig.

§ 15.

Die Prüfung besteht in einer mündlichen und einer praktischen Prüfung. Sie erstreckt sich auf das gesamte Gebiet des Hebammenlehrbuchs und der sonstigen wichtigen Erfordernisse der Säuglingspflege und Säuglingsfürsorge.

§ 16.

In der mündlichen Prüfung sollen die Kenntnisse der Schülerinnen über

a) Bau und Verrichtungen des menschlichen Körpers, allgemeine Krankheitslehre, Infektion und Desinfektion, regelmäßigen und regelwidrigen Verlauf der Schwangerschaft, der Geburt und des Wochenbettes und das Verhalten der Hebamme bei diesen Vorgängen,

b) Pflege und Ernährung, ferner Krankheiten des Neugeborenen und Säuglings und das von der Hebamme hierbei zu beobachtende Verhalten sowie Bedeutung und Durchführung der Säuglingsfürsorge,

c) die für den Hebammenberuf wichtigsten gesetzlichen Bestimmungen (Hebammengesetz, Krüppelfürsorgegesetz usw.) und die Dienstanweisung für die preußischen Hebammen

geprüft werden.

Die Prüfung zu a wird in der Hauptsache von dem Direktor der Hebammenlehranstalt, der über die gesamte Geburtshilfe, und dem zweiten Hebammenlehrer, der über Bau und Verrichtungen des menschlichen Körpers, allgemeine Krankheitslehre, Infektion und Desinfektion prüft, die Prüfung zu b von dem dem Prüfungsausschuß angehörenden Kinderarzt, die zu c von dem anwesenden Kreisarzt vorgenommen.

Der Vorsitzende prüft nach eigenem Ermessen über einige Fragen aus sämtlichen Gebieten.

§ 17.

In der praktischen Prüfung soll tunlichst jede Schülerin an einer Schwangeren oder Gebärenden eine Untersuchung behufs Feststellung der Kindeslage vornehmen, am Phantom regelwidrige Kindeslagen feststellen sowie eine Hilfeleistung bei einer Beckenendlage ausführen, insbesondere aber ihre genaue Kenntnis in der Ausführung der Desinfektion nachweisen. Außerdem sind den Schülerinnen noch sonstige praktische Aufgaben, wie z. B. Anlegen von Verbänden, Darreichung von Arzneien, Lagerung und Transport der Gebärenden und Wöchnerinnen, Dammschutz, Feststellung der kindlichen Herztöne, Handgriff zur Blutstillung und zur Entfernung der Nachgeburt, Wiederbelebung des scheintoten Kindes und dergl. mehr, zu stellen.

Auch die Prüfung in der Säuglingspflege und -fürsorge ist mit geeigneten praktischen Aufgaben zu verbinden.

Die praktische Prüfung wird in der Hauptsache von dem Direktor der Hebammenlehranstalt, dem zweiten Hebammenlehrer und dem als Kinderarzt prüfenden Mitglied durchgeführt. Doch bleibt es dem Vorsitzenden und dem anwesenden Kreisarzt überlassen, gleichfalls eine Prüfung über einige praktische Fragen vorzunehmen.

§ 18.

Bei der Beurteilung der Prüfungsergebnisse werden zunächst die mündliche und praktische Prüfung getrennt für sich behandelt.

Jeder Prüfer faßt sein Urteil über die Kenntnisse und Fähigkeiten der Schülerin unter ausschließlicher Verwendung der Worte „Sehr gut“ (1), „Gut“ (2), „Genügend“ (3), „Ungenügend“ (4), „Schlecht“ (5) zusammen. Am Schluß jedes Prüfungsabschnitts hat der Vorsitzende die Beurteilungswerte zusammenzurechnen und zur Ermittelung des Gesamturteils für die mündliche Prüfung durch 5, für die praktische Prüfung durch 3, 4 und 5 — je nachdem sich eine entsprechende Zahl von Prüfern an der praktischen Prüfung beteiligt hat — zu teilen. Ergeben sich bei dieser Rechnung Dezimalbrüche, so sind die halben Dezimalstellen sowie die unter einer halben Dezimalstelle liegenden Prüfungswerte nach unten (z. B. 2,5 oder 2,4 auf 2), die über einer halben Dezimalstelle liegenden Werte nach oben (also z. B. 2,6 auf 3) abzurunden.

Nach dem gleichen Verfahren wird dann das Gesamtergebnis der mündlichen und praktischen Prüfung zusammengerechnet und durch 2 geteilt. Das hierbei gewonnene Endergebnis wird als Gesamturteil der Prüfung festgelegt.

Bei der Feststellung des Gesamturteils soll das Urteil des Direktors der Anstalt über die theoretischen und praktischen Leistungen der Hebammenschülerin sowie über ihren Fleiß und die Führung in der Anstalt angemessen berücksichtigt werden.

§ 19.

Die Prüfung gilt als nicht bestanden, wenn die Schülerin auch nur in einem der beiden Hauptabschnitte (praktische oder mündliche Prüfung) das Gesamturteil „Ungenügend" oder „Schlecht" erhalten hat.

§ 20.

Nach Beendigung der Prüfung gibt der Vorsitzende den Schülerinnen das Prüfungsergebnis unter Angabe der einzelnen Gesamturteile bekannt. Im Anschluß hieran hat der Vorsitzende diejenigen Schülerinnen, die die Prüfung bestanden haben, unter Hinweis auf die hohe Bedeutung und die ernste Verantwortung des Hebammenberufs nach Maßgabe des für den Hebammeneid vorgeschriebenen Wortlauts (siehe Anlage 1) zu vereidigen.

Sofern eine Hebamme die Leistung des Eides ablehnt, ist von ihrer Vereidigung Abstand zu nehmen.

§ 21.

Über das Ergebnis der Prüfung ist für jeden Prüfling eine vom Vorsitzenden und den übrigen Mitgliedern des Prüfungsausschusses zu unterzeichnende Niederschrift aufzunehmen, die neben den wichtigsten Personalien (Name, Alter, Wohnort der Schülerin, Gemeinde, Kreis, Anstalt, in der sie später tätig sein soll usw.) genauere Angaben über die von ihr erledigten Prüfungsaufgaben (namentlich die praktischen Aufgaben) sowie über das Ergebnis der mündlichen und praktischen Prüfung und am Schluß das Gesamturteil enthalten soll. Auch ist eine kurze Angabe darüber beizufügen, ob die Hebamme nach der Prüfung gemäß § 20 vereidigt worden ist oder nicht.

Die sämtlichen Niederschriften sind vom Vorsitzenden mit einem Begleitbericht über den Verlauf der Prüfung dem Oberpräsidenten vorzulegen.

§ 22.

Von den Prüfungsgebühren erhält der Vorsitzende ein Drittel; hiervon hat er auch die etwa entstandenen sächlichen Unkosten zu bestreiten. Der Rest der Prüfungsgebühren wird zu gleichen Teilen unter die übrigen Mitglieder des Prüfungsausschusses verteilt.

Eine Schülerin, die von der Prüfung noch vor Beginn zurückgetreten ist, erhält zwei Drittel der bereits eingezahlten Prüfungsgebühren zurück.

§ 23.

Nach Eingang des Berichts des Vorsitzenden und der Niederschriften über die Prüfung stellt der Oberpräsident für jede Schülerin, die die Prüfung bestanden hat, nach dem Muster der Anlage 2 ein Zeugnis aus und sendet dies mit möglichster Beschleunigung und unter gleichzeitiger Einziehung des vorschriftsmäßigen Stempelbetrages der Hebamme oder — sofern dies von ihr besonders beantragt worden ist — dem Kreise oder der Anstalt zu, in deren Bereich die Hebamme ihren Beruf ausüben soll.

§ 24.

Frauen, die in einem anderen deutschen Lande als Hebammen geprüft sind und eine gleichwertige Ausbildung erhalten haben, können unter bestimmten vom Minister für Volkswohlfahrt festzulegenden Voraussetzungen (Nachweis genügender Kenntnisse auf dem Gebiete der Dienstvorschriften für die preußischen Hebammen usw.) auch ohne nochmalige Prüfung eine Anerkennung als Hebamme für das preußische Staatsgebiet erhalten.

§ 25.

Geprüften Hebammen kann gemäß § 53 der Reichsgewerbeordnung das Prüfungszeugnis entzogen werden, wenn sich die Unrichtigkeit der Nachweise ergibt, auf Grund deren das Zeugnis erteilt worden ist, oder wenn der Hebamme die bürgerlichen Ehrenrechte aberkannt sind, oder wenn aus Handlungen oder Unterlassungen der Hebamme der Mangel derjenigen Eigenschaften erkennbar geworden ist, die bei Erteilung des Prüfungszeugnisses vorausgesetzt worden sind.

Die Einleitung eines dahin gehenden Verfahrens darf erst dann erfolgen, wenn die Ortspolizeibehörde (auf eine bei ihr eingegangene Anzeige des Kreisarztes, der Kreishebammenstelle usw.) nach Anhörung der Kreishebammenstelle beim Regierungspräsidenten (im Ortspolizeibezirk Berlin beim Polizeipräsidenten in Berlin) die Ermächtigung nachgesucht und erhalten hat, beim Bezirksausschuß einen Antrag auf Entziehung des Prüfungszeugnisses der betreffenden Hebamme zu stellen.

Die Entziehung des Prüfungszeugnisses erfolgt im Verwaltungsstreitverfahren. Gegen die Entscheidung des Bezirksausschusses steht der Hebamme das Recht der Berufung an das Oberverwaltungsgericht innerhalb zwei Wochen zu.

§ 26.

Anträge auf Wiederverleihung des einer Hebamme entzogenen Prüfungszeugnisses sind durch Vermittlung der Ortspolizeibehörde und des Regierungspräsidenten dem Minister für Volkswohlfahrt vorzulegen.

IV. Nachprüfung der Hebammen.

§ 27.

Jede berufsmäßige Hebamme — mit Ausnahme der ausschließlich im Anstaltsdienst beschäftigten Hebammen — hat sich mindestens alle zwei Jahre einer Nachprüfung ihrer Kenntnisse vor dem zuständigen Kreisarzt zu unterziehen.

§ 28.

Zweck der Nachprüfung ist die Feststellung, ob die Hebamme noch im Besitz ausreichender Kenntnisse ist, ob und welche Lücken ihres Wissens entstanden sind, ob ihre Gerätschaften, Instrumente, Bücher und vorgeschriebenen Übersichten sich in vorschriftsmäßigem Zustande befinden sowie ob die eingetretenen Mängel ihrer Kenntnisse durch einmalige oder wiederholte Belehrungen und Ermahnungen des Kreisarztes beseitigt werden können oder ob hierzu die baldige Teilnahme an einem

Wiederholungslehrgange in einer Hebammenlehranstalt oder gar im Interesse der Bevölkerung die Entfernung einer untauglichen Hebamme aus ihrem Beruf erforderlich scheint.

§ 29.

Der Kreisarzt hat die in Frage kommenden Hebammen mindestens drei Wochen vor dem Termin zur Nachprüfung vorzuladen. Mehr als 15 Hebammen sollen zu einem solchen Termin nicht einberufen werden.

Die Hebamme muß gemäß § 12 des Hebammengesetzes bei Vermeidung der durch § 9 Ziffer d des Gesetzes angedrohten Strafe der Vorladung zur Nachprüfung Folge leisten, sofern sie nicht durch Erkrankung oder dringende berufliche oder sonstige Geschäfte am Erscheinen verhindert ist. Eine solche Verhinderung hat sie rechtzeitig mit entsprechender Begründung dem Kreisarzte zu melden.

Für die Teilnahme an der Nachprüfung werden der Hebamme gemäß § 19 des Gesetzes vom Kreise Reisekosten und Tagegelder gezahlt.

Weiterhin hat der Kreisarzt den zuständigen Direktor einer Provinzial-Hebammenlehranstalt (bzw. einer Universitäts-Frauenklinik) oder für den Fall der Behinderung des Direktors dessen ständigen Vertreter behufs Teilnahme an der Nachprüfung einzuladen.

§ 30.

Bei der unter Leitung des Kreisarztes stattfindenden Nachprüfung soll die Hebamme von den Prüfern (Kreisarzt und Hebammenlehrer) über das gesamte Gebiet des Hebammenlehrbuchs einschließlich Säuglingspflege, jedoch vorwiegend über die wichtigsten praktischen Fragen sowie über das Verhalten der Hebamme bei gefahrdrohenden Zuständen (Dienstanweisung) geprüft werden. Im Anschluß hieran sind die Instrumente, Geräte und Bücher der Hebamme auf ihre Brauchbarkeit und vorschriftsmäßige Beschaffenheit zu prüfen.

Im übrigen haben aber die Prüfer noch die besondere Aufgabe, die Hebammen über die festgestellten Mängel ihres Wissens entsprechend zu belehren, ihr Verständnis für alle Fragen der Hebammenkunst und Säuglingspflege sowie ihr Verantwortlichkeitsgefühl zu stärken und über alle von den

Hebammen mit Bezug auf ihren Beruf gestellten Fragen sachgemäßen Rat zu erteilen.

§ 31.

Über das Ergebnis der Nachprüfung ist eine kurze Niederschrift aufzunehmen, die den Hebammen bekanntzugeben, von dem Kreisarzt und dem etwa anwesenden Hebammenlehrer zu unterzeichnen und zu den Akten des Kreisarztes zu nehmen ist. Zugleich hat der Kreisarzt in das Tagebuch der Hebamme einen Vermerk über den Erfolg der Nachprüfung einzutragen.

§ 32.

Hat eine Hebamme die Nachprüfung nicht bestanden, so wird sie unter Hinweis auf § 9a des Hebammengesetzes spätestens nach Ablauf von vier Monaten vom Kreisarzt zu einem neuen Nachprüfungstermin geladen. Doch darf die Hebamme verlangen, daß diese zweite Nachprüfung vor einem anderen Kreisarzt und im Beisein eines anderen Hebammenlehrers stattfindet. Für den Fall, daß die Hebamme von diesem Recht Gebrauch zu machen wünscht, muß sie entweder nach Beendigung der ersten Nachprüfung oder spätestens sofort nach Eingang und unter Beifügung der Vorladung zu dem zweiten Nachprüfungstermin ein entsprechendes Gesuch an den Regierungspräsidenten (im Ortspolizeibezirk Berlin an den Polizeipräsidenten in Berlin) richten, der den Kreisarzt sowie den Hebammenlehrer, vor denen die Hebamme die zweite Nachprüfung abzulegen hat, gegebenenfalls im Einvernehmen mit dem Landeshauptmann (Landesdirektor), oder den Direktor der etwa in Frage kommenden Universitäts-Frauenklinik mit Vornahme der Nachprüfung beauftragt.

Der nunmehr bestellte Kreisarzt hat die betreffende Hebamme im Einvernehmen mit dem Hebammenlehrer — und zwar tunlichst auf einen Tag, an dem noch andere Nachprüfungen stattfinden — vorzuladen. Über das Ergebnis der Nachprüfung, die gemäß den §§ 31 und 32 der vorstehenden Bestimmungen, jedoch auf Wunsch der Hebamme in Abwesenheit anderer Hebammen vorzunehmen ist, hat der betreffende Kreisarzt den Regierungspräsidenten (im Ortspolizeibezirk Berlin dem Polizeipräsidenten in Berlin) unter Einsendung der Niederschrift zu berichten. Der Regierungspräsident (Berlin: Polizeipräsident) gibt dann dem für den Wohnort der Hebamme zuständigen Kreisarzt hiervon Kenntnis. Für den Fall, daß die Hebamme auch die zweite Nachprüfung nicht bestanden hat, hat dieser Kreisarzt nunmehr zu prüfen, ob etwa gemäß §§ 9a und 32b des Hebammengesetzes und der hierzu erlassenen Ausführungbestimmungen gegen die Hebamme einzuschreiten oder die Entziehung des Prüfungszeugnisses der Hebamme zu beantragen oder ob ihr aufzugeben ist, zunächst an einem Fortbildungslehrgang teilzunehmen.

§ 33.

Von der Nachprüfung einer Hebamme gemäß den §§ 29 bis 31 ist Abstand zu nehmen, wenn diese bereits zu einem Fortbildungslehrgange einberufen ist oder kurze Zeit nach dem in Frage kommenden Nachprüfungstermin einberufen werden soll.

Desgleichen wird eine Hebamme, die eine Nachprüfung nicht bestanden hat, von der wiederholten Nachprüfung befreit, wenn sie sich freiwillig und schriftlich bereit erklärt, innerhalb von drei Monaten einen Fortbildungslehrgang an einer Hebammenlehranstalt abzuleisten.

V. Fortbildungslehrgänge für Hebammen.

§ 34.

Zur Fortbildung der Hebammen finden in den Provinzial-Hebammenlehranstalten und in den vom Minister für Volkswohlfahrt im Einvernehmen mit dem Minister für Wissenschaft, Kunst und Volksbildung bestimmten Universitäts-Frauenkliniken regelmäßige Fortbildungslehrgänge von mindestens dreiwöchiger Dauer statt.

§ 35.

Jede berufstätige Hebamme — mit Ausnahme der ausschließlich im Anstaltsdienst beschäftigten Hebammen — soll in der Regel bis zu ihrem 55. Lebensjahre alle fünf Jahre an einem Fortbildungslehrgang teilnehmen. Hebammen, die das 55. Lebensjahr überschritten haben, sind nur in besonderen Ausnahmefällen und nur dann zu einem Fortbildungslehrgang einzuberufen, wenn nach dem Gutachten des Kreisarztes die betreffende Hebamme noch über soviel geistige Spannkraft verfügt, daß von der Ableistung eines solchen Lehrganges ein erheblicher Nutzen für die Hebamme erwartet werden darf.

Für Hebammen, die sich nach dem Gutachten des Kreisarztes in ihrem Beruf als besonders tüchtig und gewissenhaft erwiesen und die beiden letzten Nachprüfungen mit „Gut“ oder „Sehr gut“ bestanden haben, kann die Frist für die Einberufung zu einem Fortbildungslehrgang erheblich verlängert werden mit der Maßgabe, daß diese Hebammen spätestens zehn Jahre nach Abschluß ihrer Hebammenausbildung bzw. der Ableistung des letzten Fortbildungslehrganges zu einem neuen Fortbildungslehrgang einberufen werden müssen; doch gilt hierbei für Hebammen, die das 55. Lebensjahr überschritten haben, das im Schlußsatz des vorigen Absatzes Gesagte.

§ 36.

Der Kreisarzt hat bis zum 1. Oktober jedes Jahres der Kreisverwaltung (Landrat, Bürgermeister) ein Verzeichnis derjenigen Hebammen vorzulegen, die gemäß § 35 im darauffolgenden Jahre für die Einberufung zu einem Fortbildungslehrgang in Frage kommen. Dieses Verzeichnis ist von der Kreisverwaltung mit größter Beschleunigung dem Landeshauptmann oder Landesdirektor oder dem Direktor der für die Provinz als Hebammenlehranstalt dienenden Universitäts-Frauenklinik zuzusenden, der wegen Einrichtung und Beginn des bzw. der in den Hebammenlehranstalten der Provinz im darauffolgenden Jahre zu veranstaltenden Fortbildungslehrgänge das Erforderliche veranlaßt.

Der Landeshauptmann (Landesdirektor, Direktor der Universitäts-Frauenklinik) hat die Kreisverwaltungen der Provinz rechtzeitig, d. h. mindestens sechs Wochen vor Beginn eines jeden Fortbildungslehrganges, darüber zu benachrichtigen, zu welchem Termin und in welchen Anstalten die einzelnen Hebammen sich zu einem Lehrgang einfinden sollen. Jede Kreisverwaltung muß von den ihr zugehenden Einberufungen dem Kreisarzt und den Hebammen mindestens vier Wochen vor dem in Frage kommenden Termin Kenntnis geben.

§ 37.

Einer Einberufung zu einem Fortbildungslehrgang hat eine Hebamme gemäß § 12 des Hebammengesetzes Folge zu leisten, sofern sie die Einberufung nicht zu spät erhalten hat oder nicht durch Krankheit, dringende berufliche oder sonstige Geschäfte an der Teilnahme verhindert ist. In diesem Falle muß sie unverzüglich dem Kreisarzt unter Angabe der Gründe für die Behinderung (Beifügung ärztlicher Zeugnisse über eine Erkrankung usw.) eine entsprechende Mitteilung machen. Der Kreisarzt prüft hierauf sofort, ob etwa an Stelle der verhinderten Hebamme die Einberufung einer anderen Hebamme zu dem Fortbildungslehrgang zweckmäßig und möglich ist, und gibt der Kreisverwaltung und dem Direktor der Hebammenlehranstalt hiervon rechtzeitig Kenntnis.

§ 38.

Während des Fortbildungslehrganges sollen die Hebammen in der Lehranstalt wohnen und sich jeder sonstigen Berufstätigkeit außerhalb der Anstalt enthalten.

Für die Teilnahme an einem Fortbildungslehrgang erhält jede Hebamme gemäß § 19 des Hebammengesetzes vom Kreise eine Reisekostenentschädigung und angemessene Tagegelder.

Diese Tagegelder sind ganz oder teilweise zur Deckung der für Unterkunft und Verpflegung der Hebamme in der Hebammenlehranstalt entstehenden Unkosten an die Kasse der Hebammenlehranstalt abzuführen.

§ 39.

Die Fortbildungslehrgänge sollen in erster Linie dazu dienen, die durch die frühere Ausbildung erworbenen Kenntnisse der Hebamme wieder aufzufrischen und zu festigen sowie die Hebamme mit den seit ihrer Ausbildung auf dem Gebiete der Geburtshilfe und Säuglingspflege (bzw. -fürsorge) gewonnenen Neuerungen und praktischen Erfahrungen vertraut zu machen.

Um dies zu erreichen, sollen während des dreiwöchigen Fortbildungslehrganges die im § 8 Ziffer 1 bis 6 für den Hebammenunterricht gegebenen allgemeinen Richtlinien sinngemäße Anwendung finden. Dabei ist auf die Vertiefung der praktischen Ausbildung das Hauptgewicht zu legen.

Während des Unterrichts soll tunlichst oft durch Frage und

Antwort festgestellt werden, ob und inwieweit die Bedeutung des Vorgetragenen von den Hebammen richtig aufgefaßt worden ist.

Der gesamte theoretische und praktische Unterricht während des Fortbildungslehrganges soll mehr als 48 Stunden in der Woche nicht überschreiten. Mindestens vier Stunden der Woche sollen auf die theoretische und praktische Fortbildung in der Säuglingspflege und -fürsorge verwendet werden.

Körperliche Anstrengungen im Anstaltsdienst, insbesondere eine Hinzuziehung der Hebammen zu groben Arbeiten, die mit ihrer Fortbildung nichts zu tun haben, sind zu vermeiden.

§ 40.

Die Hebammen sind verpflichtet, sich während des Fortbildungslehrganges den Anordnungen des Direktors der Hebammenlehranstalt und seiner Beauftragten zu fügen und in ihrem Verhalten alles zu vermeiden, was den ordnungsmäßigen Betrieb der Anstalt zu stören geeignet wäre.

Sofern sich eine Hebamme einer Zuwiderhandlung gegen diese Grundsätze schuldig macht, kann sie sofort aus der Anstalt entlassen werden und hat eine Bestrafung wegen Verletzung ihrer Dienstpflichten (§ 9a des Gesetzes) sowie nach angemessener Frist eine neue Einberufung zu einem Fortbildungslehrgang zu gewärtigen.

§ 41.

Nach Beendigung des Fortbildungslehrganges soll der Direktor der Hebammenlehranstalt den zuständigen Kreisärzten eine kurze Mitteilung darüber zugehen lassen, ob die betreffenden Hebammen an dem Fortbildungslehrgang mit dem erforderlichen Fleiß und mit Erfolg teilgenommen haben sowie ob und auf welchen Gebieten ihr Wissen etwa noch weiterer Vervollkommnung bedarf.

Hat eine Hebamme gegen die im § 40 erwähnten Pflichten verstoßen, so ist auch dies dem zuständigen Kreisarzt umgehend mitzuteilen.

§ 42.

Alle bisherigen Vorschriften über die Annahme und Ausbildung von Hebammenschülerinnen, die staatliche Prüfung von

Hebammen sowie über die Nachprüfung der Hebammen werden hierdurch aufgehoben. Doch ist es denjenigen Personen, die bereits vor Erlaß dieser Vorschriften ihre Ausbildung als Hebamme begonnen haben, gestattet, die Prüfung noch nach den früher geltenden Vorschriften abzulegen.

§ 43.

Diese Vorschriften treten am 1. April 1923 in Kraft.

Berlin, den 23. März 1923.

Der Minister für Volkswohlfahrt.
Hirtsiefer.

Zu Anlage E. Muster 1.

Hebammeneid.

Ich schwöre [bei Gott, dem Allmächtigen und Allwissenden], daß ich nach bestem Wissen und Vermögen die Hebammenkunst und die Pflege der Neugeborenen nach den Vorschriften des Hebammenlehrbuchs und der Dienstanweisung für die Hebammen ausüben, Armen und Reichen mit gleicher Bereitwilligkeit helfen und mich stets so verhalten und leben will, wie es einer treuen und gewissenhaften Hebamme geziemt. [So wahr mir Gott helfe!]

(Der Schülerin bleibt es überlassen, den vorstehenden Eidesworten die ihrem religiösen Bekenntnis entsprechende Bekräftigungsformel anzufügen oder die oben eingeklammerten Worte fortzulassen.)

Zu Anlage E. Muster 2.

[Stempel.]

Hebammenprüfungszeugnis.

Die am .... in ....
geborene .... aus ....
ist vom .... bis .... in der

.... Hebammenlehranstalt (Universitäts-Frauenklinik) zu .... gemäß den vom Minister für Volkswohlfahrt unter dem .... 1923 erlassenen Vorschriften in der Hebammenkunst und Säuglingspflege ausgebildet worden und hat vor dem Prüfungsausschuß der genannten Anstalt am .... 19 .... die staatliche Prüfung als Hebamme mit dem Gesamturteil

„................................"

bestanden.

Hiernach wird der Genannten gemäß § 30 Absatz 3 der Reichsgewerbeordnung die Berechtigung zuerkannt, unter den Voraussetzungen der §§ 4 und 42 des Gesetzes über das Hebammenwesen die Geburtshilfe in Preußen auszuüben.

Der Oberpräsident der Provinz ....

Anlage F.

Dienstanweisung für die im preußischen Staatsgebiet tätigen Hebammen.

A. Allgemeiner Teil.

§ 1.

Pflicht zur Anmeldung beim Kreisarzt.

Die Hebamme hat sich vor Beginn ihrer Berufstätigkeit bei dem zuständigen Kreisarzt unter Vorlegung ihres Hebammenprüfungszeugnisses, der ihr erteilten Niederlassungsgenehmigung und der im § 194 des Lehrbuchs vorgeschriebenen Gerätschaften und Arzneimittel persönlich zu melden. Desgleichen hat die Hebamme dem Kreisarzt Meldung zu erstatten, wenn sie ihre Wohnung wechselt, ihren Wohnort verlegt oder nach längerer Unterbrechung ihre Berufstätigkeit wieder aufnimmt.

§ 2.

Tagebuch.

Über ihre Berufstätigkeit hat die Hebamme ein Tagebuch nach dem beigegebenen Formular (Seite 434 und 435 des Hebammenlehrbuchs) zu führen und die erforderlichen Eintragungen in dieses Buch sofort nach beendeter Geburt, auch wenn es sich um eine Fehlgeburt oder eine Frühgeburt handelt, eigenhändig vorzunehmen.

Am Schlusse des Jahres ist das Tagebuch von der Hebamme abzuschließen und ohne besondere Aufforderung bis zum 15. Januar des folgenden Jahres dem Kreisarzt einzureichen, dem es auch sonst jederzeit auf Verlangen vorzulegen ist.

§ 3.

Anzeige der Geburt.

(Reichsgesetz vom 6. Februar 1875 über die Beurkundung des Personenstandes und die Eheschließung — Reichs-Gesetzbl. S. 23 —, Gesetz vom 14. April 1905 — Reichs-Gesetzbl. S. 251 —, und Gesetz über den Personenstand vom 11. Juni 1920 — Reichs-Gesetzbl. S. 1209 —.)

Die Hebamme ist verpflichtet, jede unehеliche Geburt, bei der sie zugegen war, innerhalb einer Woche dem Standesbeamten des Bezirkes, in dem die Geburt stattgefunden hat, mündlich anzuzeigen, eine eheliche Geburt nur dann, wenn der zunächst zur Anzeige verpflichtete Vater verstorben, nicht zur Stelle oder an der Erstattung der Anzeige verhindert ist. Hat die Hebamme Zweifel über das Geschlecht des Kindes, so soll sie vor der Anzeige der Geburt für die Zuziehung eines Arztes Sorge tragen.

Ist das Kind totgeboren oder in der Geburt verstorben, so muß die Anzeige spätestens am nächsten Wochentage geschehen. Als totgeboren oder in der Geburt verstorben ist ein Kind anzusehen, wenn an ihm nach seinem Austritt aus dem Mutterleibe Herztöne nicht mehr wahrnehmbar sind.

Die Anzeige beim Standesbeamten unterbleibt bei denjenigen Totgeburten, die vor Ablauf des sechsten Schwangerschaftsmonats erfolgen oder bei denen die Länge der Frucht nicht mehr als 32 cm beträgt. In das Tagebuch der Hebamme müssen jedoch auch diese Totgeburten, mit einem entsprechenden Vermerk versehen, eingetragen werden.

§ 4.

Vorgeschriebene Geräte und Arzneimittel der Hebammen (§ 194 des Lehrbuchs).

Die Hebamme muß die im § 194 des Lehrbuchs unter Nr. 1 bis 23 vorgeschriebenen Geräte und Arzneimittel besitzen und bei jeder Entbindung und jedem Wochenbettbesuch in einer reingehaltenen Tasche mit sich führen. Doch ist es ihr auch erlaubt, bei einem Wochenbettbesuch die erforderlichen Geräte in einer besonderen, nur für solche Besuche bestimmten reinen Tasche mitzunehmen. Sofern diese Geräte bei der Wöchnerin vorhanden sind, ist die Mitnahme der Geräte zum Wochenbettbesuch nicht erforderlich.

Die Hebamme soll darauf hinwirken, daß sich jede Gebärende ein gläsernes Mutterrohr und ein gläsernes Afterrohr selbst beschafft.

Die Geräte sind unmittelbar vor und nach jedem Gebrauche vorschriftsmäßig zu reinigen und zu desinfizieren. Unbrauchbar gewordene oder verlorengegangene Gerätschaften und Arzneimittel sind sofort, nötigenfalls durch Vermittlung des Kreisarztes zu ersetzen.

§ 5.

Anwendung der Geräte und Arzneimittel.

Die Hebamme darf ihre Gerätschaften und Arzneimittel nur in den Fällen, die im Lehrbuch angegeben sind, und nicht zu anderen Zwecken verwenden.

Überhaupt hat sich die Hebamme der selbständigen Anwendung innerer und äußerer Arzneimittel, abgesehen von den Fällen, in denen ihr die Anwendung im Lehrbuche bis zur Ankunft des Arztes ausdrücklich gestattet ist, sowie jeder unbefugten Behandlung von Krankheiten, namentlich von Frauenkrankheiten, zu enthalten. Schutzpessare, Sicherheitsovale oder ähnliche Mittel, die geeignet sind, die Schwangerschaft zu verhüten, darf die Hebamme weder empfehlen noch auch selbst in die Scheide einlegen.

Auch ist sie verpflichtet, vor den Heilversuchen unberufener Personen zu warnen und dem Gebrauche abergläubischer und schädlicher Mittel bei Schwangeren, Gebärenden, Entbundenen und Neugeborenen, insbesondere des Branntweins, der Brech- und Abführmittel, nach Kräften zu steuern.

§ 6.

Verhalten der Hebamme im allgemeinen sowie gegen Behörden und Beamte. Kenntnis der bestehenden Bestimmungen und Fürsorgeeinrichtungen.

Die Hebamme soll in ihrem gesamten Verhalten die Würde und das Ansehen ihres Standes wahren und ihre Berufspflichten stets gewissenhaft erfüllen.

Anordnungen und Belehrungen der für sie zuständigen Behörden und des Kreisarztes, betreffend Wahrnehmung ihrer Berufspflichten, hat sie pünktlich zu befolgen. Beschwerden, die sich auf ihren Dienst beziehen, hat sie dem Kreisarzte oder den zuständigen Behörden durch Vermittlung des Kreisarztes vorzulegen.

Mit allen Gesetzen, Verordnungen und Vorschriften, die sich auf ihren Beruf und Wirkungskreis beziehen, soll sich die Hebamme fortlaufend vertraut halten. Weiterhin soll sie sich über die in ihrem Bezirk bestehenden Fürsorgeeinrichtungen für Schwangere, Wöchnerinnen und Säuglinge, wie z. B. Hebammenlehranstalten, öffentliche geburtshilfliche Kliniken, Wöchnerinnenheime, Kreisfürsorgeämter (Wohlfahrtsämter, Jugendämter), Säuglingsfürsorge- und Mütterberatungsstellen, ständig unterrichten, soll ihre Schutzbefohlenen in allen geeigneten Fällen an diese Stellen verweisen und, soweit möglich, selbst an jenen Fürsorgebestrebungen tätig mitwirken.

§ 7.

Musterungen, Nachprüfungen und Fortbildungslehrgänge.

Den regelmäßigen und außerordentlichen Musterungen ihrer Berufstätigkeit, ihrer Gerätschaften, Bücher usw. durch den Kreisarzt hat sich die Hebamme willig zu unterziehen.

Einer rechtzeitig an sie ergangenen Vorladung des Kreisarztes zu einer Nachprüfung muß die Hebamme Folge leisten. Ist sie durch dringende Berufsarbeit, Krankheit oder andere zwingende Ursachen verhindert, an einer Nachprüfung teilzunehmen, so hat sie sich rechtzeitig bei dem Kreisarzte oder dessen Vertreter unter Angabe der Gründe für die Behinderung zu entschuldigen.

Auch an einem Fortbildungslehrgange, zu dem sie einberufen wird, hat sie unter der Voraussetzung rechtzeitig erfolgter Vorladung teilzunehmen, sofern sie nicht durch zwingende Gründe an der Teilnahme verhindert ist. (Hinsichtlich Reisekosten und Tagegelder siehe § 19 des Gesetzes.)

Bei alledem hat die Hebamme die §§ 27, 29, 32, 33, 37 und 40 der vom Minister für Volkswohlfahrt unter dem .... erlassenen Vorschriften über die Ausbildung, staatliche Prüfung und Fortbildung der Hebammen genau zu beachten.

§ 8.

Verhalten gegen Ärzte.

Den zugezogenen Ärzten soll die Hebamme über alle an ihren Schutzbefohlenen gemachten Wahrnehmungen gewissenhaft Auskunft erteilen. Den ärztlichen Anordnungen muß die Hebamme, falls jene nicht mit den Bestimmungen dieser Dienstanweisung im Widerspruch stehen, pünktlich Folge leisten und auch bei ihren Pflegebefohlenen und deren Angehörigen Geltung zu verschaffen suchen. Dabei soll sie alles vermeiden, was geeignet sein könnte, das Ansehen eines Arztes zu schmälern.

Die Wahl des zuzuziehenden Arztes soll die Hebamme in allen Fällen ihren Schutzbefohlenen oder deren Angehörigen überlassen. Unter keinen Umständen darf sie gegen den Wunsch der zu behandelnden Person für die Zuziehung eines bestimmten Arztes werben oder gar von der Inanspruchnahme des gewünschten Arztes abraten.

§ 9.

Verhalten gegen Berufsgenossinnen.

Die Hebamme soll im Verkehr mit anderen Hebammen stets die einer Berufsgenossin schuldige Rücksicht üben, soll sie z. B. nicht durch unwürdige und unlautere Mittel aus dem Vertrauen der Kundschaft verdrängen, vielmehr im Bedarfsfalle beruflich unterstützen. Hat eine Hebamme aushilfsweise Dienstverrichtungen für eine andere übernommen, so ist sie verpflichtet, falls die Pflegebefohlene nichts anderes bestimmt, der ersten Hebamme die Behandlung wieder zu überlassen, sobald der Grund der Verhinderung aufhört. Es ist im Interesse der Hebamme erwünscht, daß sie einem Hebammenverein beitritt.

§ 10.

Verbot marktschreierischer oder unlauterer Reklame.

Der Hebamme ist es streng untersagt, durch wiederholte öffentliche Anzeigen, Veröffentlichungen von Danksagungen, durch Anerbietung von Rat und Hilfe in diskreten Fällen oder durch ähnliche Bekanntmachungen standesunwürdige Reklame zu machen.

§ 11.

Verhalten gegenüber den Hebammenstellen.

Ist eine Hebamme zum Mitglied einer Kreishebammenstelle oder Provinzialhebammenstelle gewählt, so hat sie an den Beratungen der Hebammenstelle teilzunehmen, falls sie nicht durch dringende berufliche oder sonstige Geschäfte an der Teilnahme verhindert ist.

Auf Ersuchen einer Hebammenstelle hat sie dieser alle zur Klarstellung einer zum Geschäftsbereich der Hebammenstelle gehörenden Angelegenheit oder Beschwerde erforderlichen mündlichen oder schriftlichen Auskünfte zu erteilen, sofern sie nicht durch die Vorschriften über das Berufsgeheimnis zur Verschwiegenheit verpflichtet ist (§ 17 dieser Dienstanweisung).

§ 12.

Pflicht zur Hilfeleistung.

Die Hebamme soll allen Schwangeren, Kreißenden, Wöchnerinnen und Neugeborenen, für die ihr Beistand gefordert wird, ohne Unterschied des Standes und Vermögens bei Tag und Nacht ungesäumt Beistand leisten, sofern sie ohne Verletzung anderer dringender Berufspflichten oder der Bestimmungen des § 23 des Hebammengesetzes dazu in der Lage ist.

Wird die Hebamme von verschiedenen Seiten für dieselbe Zeit berufen, so hat sie im allgemeinen die Aufträge nach der Reihenfolge ihres Eingangs zu erledigen. Liegt aber an einer Stelle ein besonders dringender Fall vor, so hat sie sich zuerst dorthin zu wenden. Diejenigen, denen sie nicht behilflich sein kann, soll sie an andere Hebammen verweisen. Hat die Geburt bei Ankunft der Hebamme noch nicht begonnen, so muß die Hebamme, falls sie wieder weggehen sollte, von Zeit zu Zeit nach der Gebärenden sehen und ihr im übrigen genaue Kenntnis geben, wenn sie etwa durch unaufschiebbare Zwischengeschäfte an weiteren Besuchen verhindert sein sollte.

Hat aber die Geburt begonnen, so darf die Hebamme die Gebärende frühestens zwei Stunden nach Vollendung der Geburt und auch nur dann verlassen, wenn dies ohne Gefahr für Mutter und Kind geschehen kann. Nur ausnahmsweise darf sie die Frau früher verlassen, wenn sie dringend zu einer anderen Hilfeleistung gerufen wird und sie sich dessen versichert hat, daß eine andere Hebamme in dem zuerst übernommenen Fall ihre Stelle vertreten kann.

§ 13.
Mitwirkung bei der Säuglingsfürsorge. Sonstige Erwerbstätigkeit. Angemessene Beschränkung der Berufstätigkeit.

Soweit es ohne Beeinträchtigung der Fürsorge für Schwangere, Gebärende und Wöchnerinnen angängig ist, ist die Hebamme berechtigt oder — im Falle des § 26c Absatz 2 des Hebammengesetzes — verpflichtet, auf Ersuchen des Kreises bei der Säuglingsfürsorge mitzuwirken.

Bei Ausübung der Säuglingsfürsorge hat die Hebamme die ihr hierfür gegebenen besonderen Vorschriften sowie die Anweisungen des Fürsorgearztes genau zu beachten.

Eine andere im § 11 a bis d des Hebammengesetzes nicht erwähnte Erwerbstätigkeit darf die Hebamme nur dann ausüben, wenn sie die gemäß § 13 des Hebammengesetzes und der hierzu erlassenen Ausführungsbestimmungen einzuholende Genehmigung des Kreisausschusses, in Stadtkreisen des Magistrats (Bürgermeisters), erhalten hat. Die etwa erteilte Genehmigung ist zusammen mit dem Prüfungszeugnis und der Niederlassungsgenehmigung aufzubewahren und dem Kreisarzte auf Ersuchen vorzulegen.

Im übrigen soll die Hebamme — unbeschadet der gewissenhaften Beobachtung der im § 12 gegebenen Anweisung — den Umfang ihrer eigentlichen Hebammentätigkeit derart regeln, daß jedes durch Annahme einer zu großen Zahl von

Entbindungen entstehende Übermaß von Beschäftigung sowie die dadurch bedingte Gefahr einer Vernachlässigung einzelner Schutzbefohlenen vermieden wird. Hat eine Hebamme während eines Jahres eine auffallend große, die geltenden Durchschnittsziffern erheblich überschreitende Zahl von Entbindungen (vgl. Ausführungsbestimmungen zu § 5 des Hebammengesetzes) vorgenommen, so hat sie sich auf Erfordern des Kreisarztes zu rechtfertigen, ob und inwieweit sie durch ein solches Übermaß von Hebammentätigkeit einzelne Schwangere, Gebärende oder Wöchnerinnen und Neugeborene gefährdet und gegen die Vorschriften des § 12 verstoßen hat.

Die ihr auf Grund einer solchen Prüfung erteilten Anweisungen des Kreisarztes, betreffend angemessene Beschränkung ihrer Tätigkeit, hat sie genau zu beachten.

§ 14.

Entbindung in der Wohnung der Hebamme.

Wünscht eine Schwangere in der Wohnung der Hebamme entbunden zu werden, so hat diese dem Kreisarzte rechtzeitig Anzeige zu erstatten. Zur Errichtung einer Entbindungsanstalt bedarf die Hebamme der Konzession des Bezirksausschusses.

§ 15.

Stete Bereitschaft und Erhaltung der Berufstüchtigkeit.

Um zur Ausübung der Berufstätigkeit immer bereit und tüchtig zu sein, soll die Hebamme

a) stets reinlich an ihrem Körper und ihrer Kleidung sein, besonders die Hände immer möglichst rein halten und die Nägel an den Fingern gehörig beschneiden;

b) keine Arbeiten verrichten, durch die ihr Körper, besonders die Hände, für den Hebammenberuf weniger geeignet oder unbrauchbar werden;

c) keine Pflegedienste bei Kranken übernehmen, die ihrer Hebammenhilfe nicht bedürfen, und Kranke, die an übertragbaren Krankheiten leiden, überhaupt nicht besuchen (siehe § 474 des Lehrbuchs);

d) die vorgeschriebenen Geräte und Arzneimittel (§ 194 des

Lehrbuchs) jederzeit sauber und zweckmäßig zusammengestellt zum sofortigen Gebrauch bereit halten;

e) die für ihren Beruf erforderlichen Kenntnisse und Fertigkeiten ständig festigen und verbessern;

f) dafür Sorge tragen, daß sie von Hilfesuchenden jederzeit leicht zu finden ist.

§ 16.

Verhalten beim Tode einer Schwangeren, Gebärenden, Wöchnerin oder eines Säuglings.

Hat die Hebamme Grund, zu vermuten, daß eine Schwangere in den letzten Monaten ihrer Schwangerschaft oder eine Gebärende noch vor erfolgter Entbindung sterben werde, so hat sie dies dem Kreisarzte oder dem nächsten Arzte rechtzeitig anzuzeigen, damit dieser in der Lage ist, sofort nach erfolgtem Tode der Mutter womöglich noch das Kind zu retten. Ist aber dem Anscheine nach der Tod schon eingetreten, so hat die Hebamme auf sofortige Herbeirufung des nächsten Arztes zu dringen, bis zu dessen Ankunft aber Wiederbelebungsversuche nach den Vorschriften des Lehrbuchs anzustellen.

Über jeden Todesfall einer Schwangeren, Gebärenden oder Wöchnerin in ihrer Praxis hat die Hebamme dem Kreisarzt ungesäumt einen schriftlichen Bericht zu erstatten. Desgleichen hat sie jeden in den ersten zehn Lebenstagen eintretenden Todesfall des Neugeborenen einer von ihr Entbundenen dem Kreisarzt unter Benutzung des vorgeschriebenen Vordrucks (S. 436 des Lehrbuchs) anzuzeigen.

§ 17.

Pflicht zur Verschwiegenheit.

Der Hebamme ist ebenso wie dem Arzte durch § 300 des Strafgesetzbuches jede unbefugte Mitteilung von Privatgeheimnissen, die ihr bei Ausübung ihres Berufes zur Kenntnis gekommen sind, an dritte Personen unter Androhung von Strafe (Geldstrafe oder Gefängnis) streng verboten. Die Hebamme soll deshalb über alles, was ihr in ihrem Berufe anvertraut wird oder was sie sonst im Hause der Pflegebefohlenen sieht oder hört, auch über körperliche Fehler, geheime Gebrechen, häusliche Verhältnisse usw., strengstes Stillschweigen bewahren, abgesehen von dem, was dem Arzte oder der Behörde pflichtgemäß mitzuteilen ist (s. §§ 8, 18 und 19).

§ 18.

Anzeigen von Vergehen oder Verbrechen.

Macht die Hebamme Beobachtungen, welche die Abtreibungen oder Tötung der Leibesfrucht einer Schwangeren, die Unterschiebung, Verwechselung oder Aussetzung eines Kindes, die Verübung eines Kindesmordes oder sonst ein Vergehen gegen das Leben oder die Gesundheit der Mutter oder des Kindes vermuten lassen, so soll sie sich unverzüglich beim Kreisarzt oder — falls dieser nicht erreichbar ist — bei dem nächsten Hebammenlehrer Rat für ihr weiteres Verhalten erbitten, bevor sie die für gewisse Fälle vorgeschriebene Anzeige bei der Ortspolizeibehörde erstattet.

Sie darf jedoch der betreffenden Frau ihren Beistand nicht verweigern.

§ 19.

Verhalten bei behördlichen und gerichtlichen Untersuchungen.

Wird die Hebamme von einer Gerichtsbehörde aufgefordert, den körperlichen Zustand einer für schwanger gehaltenen oder sich dafür ausgebenden Frau festzustellen oder zu ermitteln, ob eine Frau geboren habe, oder andere in ihren Beruf einschlagende Fragen zu beantworten, so hat sie sich bei ihrer Untersuchung streng an die Vorschriften des § 272 des Lehrbuches zu halten und dasjenige, was sie bei der Untersuchung gefunden hat, der Wahrheit gemäß und nach bestem Wissen anzugeben.

§ 20.

Erhebung von Gebühren. Rechnungsbuch.

Bei der Berechnung und Erhebung von Gebühren für ihre Dienstleistungen soll die Hebamme unter Beachtung der §§ 15 und 16 des Hebammengesetzes und der hierzu erlassenen Ausführungsbestimmungen in erster Linie die für ihren Kreis geltende Hebammengebührenordnung zugrunde legen. Doch ist die Hebamme an diese Gebührenordnung nicht gebunden in denjenigen Fällen, in denen sie mit der betreffenden Frau oder deren Beauftragten vor oder kurz nach der erfolgten Hilfeleistung eine besondere Vereinbarung über die Höhe der Gebühr getroffen hat. Indessen hat sich die Hebamme bei einer solchen Vereinbarung jedes unzulässigen Druckes auf die betreffende Frau oder deren Beauftragten zu enthalten sowie überhaupt alles zu vermeiden, was den Eindruck hervorrufen könnte, als ob die Hebamme das Maß ihrer Hilfeleistung von der Höhe der Gebühr abhängig machen würde.

Über die Höhe der berechneten und bezahlten Gebühren sind von der Hebamme und der behandelten Frau oder deren Beauftragten Doppelbescheinigungen nach dem Muster der Anlage III auszutauschen. Die Bescheinigungen zu B (Anlage III) hat die Hebamme aufzubewahren und auf Erfordern dem Kreise nach Jahresschluß oder am Ende eines Vierteljahres vorzulegen. Die Vordrucke für die Bescheinigungen sind in einem Block oder Heft zu führen und müssen mit fortlaufenden Nummern versehen sein.

Die Hebamme ist verpflichtet, ein Rechnungsbuch zu führen, aus dem alle in einem Kalenderjahr aus dem Hebammenberuf erwachsenen Einnahmen und Ausgaben ersehen werden können. Das Rechnungsbuch ist dem Kreise sowie dem Kreisarzt auf Verlangen nach Ablauf des Kalenderjahres vorzulegen.

B. Besonderer Teil.

Die besonderen Berufspflichten der Hebamme.

§ 21.

Die Hebamme soll bei Ausübung ihrer Berufstätigkeit die in dem Lehrbuche enthaltenen Regeln und Vorschriften sowie die nachträglich getroffenen Änderungen dieser Vorschriften gewissenhaft befolgen. Es ist ihr streng untersagt, die Grenzen der ihr durch das Lehrbuch zugewiesenen Hilfeleistung zu überschreiten.

Fühlt sie sich in besonderen Fällen durch die Vorschriften

der Religion oder durch ihr Gewissen verpflichtet, eine Nottaufe auszuführen, so muß sie sich hierbei vor jeder Zuwiderhandlung gegen die Vorschriften der §§ 24, 25, 26, 27 und 37 dieser Dienstanweisung und des § 192 Absatz 1 des Lehrbuchs hüten.

§ 22.

Schwangeren, Gebärenden und Wöchnerinnen soll die Hebamme ohne Unterschied jederzeit freundlich begegnen, soll die Furchtsamen beruhigen und die Ungeduldigen bei langsam fortschreitender Geburt durch freundlichen Zuspruch trösten. Gefährliche Zufälle sind der Gebärenden möglichst zu verschweigen, aber den Angehörigen sofort mitzuteilen. Dies trifft auch zu bei Tod oder Mißgestaltung des Kindes.

Auch dem neugeborenen Kinde muß die Hebamme große Aufmerksamkeit und Sorgfalt widmen, selbst dann, wenn das Kind scheintot, zu schwach oder mit irgendeiner Mißbildung zur Welt gekommen ist.

§ 23.

Die Hebamme muß in Ausübung ihres Berufes bei Geburten und Wochenbettbesuchen stets waschbare Kleider tragen, deren Ärmel so eingerichtet sind, daß die Arme bis zur Mitte der Oberarme hinauf unbedeckt gehalten werden können.

Während der Hilfeleistung bei Gebärenden und Wöchnerinnen hat die Hebamme über dem Kleide eine waschbare reine weiße Schürze anzulegen, die vom Halse an den ganzen Körper und die Oberarme bedecken muß.

§ 24.

Bevor sich die Hebamme zu einer Schwangeren, Gebärenden oder Wöchnerin begibt, hat sie ihre Hände zu reinigen, d. h. die Fingernägel zu säubern und die Hände und Vorderarme mit Seife und Bürste gründlich zu waschen.

§ 25.

Die Pflege der größten Reinlichkeit an ihrem Körper und ihrer Kleidung ist eine der wichtigsten Pflichten der Hebamme. Unter anderem soll sie auch die Mundhöhle und Zähne stets rein halten und ständig für gute Pflege ihrer Zähne Sorge tragen.

Die wertvollsten Werkzeuge der Hebamme sind ihre Hände. Sie sind sorgfältig zu pflegen und immer rein zu halten, besonders auch die Gegend der Nägel. Die Nägel müssen kurz geschnitten sein (§ 113 des Lehrbuchs).

Die Hände hat die Hebamme stets zu waschen, ehe sie ihre Schutzbefohlenen berührt, auch soll sie darauf bedacht sein, jede Berührung mit unsauberen Stoffen, unreinem Wasser und dergleichen von ihren Schutzbefohlenen fernzuhalten. Unmittelbar vor jeder inneren Untersuchung und bei jedem Wochenbettbesuch ist die vorschriftsmäßige Desinfektion der Hände vorzunehmen. Diese Desinfektion besteht 1. in dem Waschen der Hände und Unterarme mit heißem Wasser, Seife und Bürste mindestens fünf Minuten lang mit der sofort anschließenden Reinigung der Nägel; 2. in dem Waschen und Abreiben der Hände und Unterarme mit Alkohol drei Minuten lang; 3. in dem Abbürsten der Hände und Abwaschen der Unterarme mit einer $1^{1}/_{2}$prozentigen Kresolseifenlösung zwei Minuten lang (siehe § 113). Die Untersuchung ist mit der nassen, von Kresolseifenlösung noch triefenden Hand vorzunehmen, ohne daß die Hand vorher irgendeinen Gegenstand berührt hat.

§ 26.

Alle Orte und Gegenstände, welche die gefährlichen Wundspaltpilze enthalten, hat die Hebamme nach Möglichkeit zu meiden. Besonders soll sie sich vor Berührung mit Leichen, Kleidern von Leichen, faulenden Gegenständen, kranken, eiternden Wunden, übelriechenden Ausflüssen, wie sie im Wochenbett und auch bei krebskranken Frauen vorkommen, insbesondere aber vor der Berührung mit Wöchnerinnen, die an Kindbettfieber oder unter Erscheinungen von Kindbettfieberverdacht erkrankt sind, hüten. Es ist der Hebamme streng untersagt, die Unterlagen im Wochenbett oder sonstige Wäsche der Wöchnerin oder des Kindes selbst zu waschen.

Ist aber die Hebamme trotz aller Vorsicht mit solchen Gegenständen in Berührung gekommen, so muß sie unmittelbar nach der Berührung ihre Hände, wie im § 113 des Lehrbuchs vorgeschrieben, desinfizieren.

§ 27.

Die innere Untersuchung Gebärender ist so selten wie irgend möglich vorzunehmen. Dagegen soll die Hebamme die äußere Untersuchung während der Geburt häufig ausüben. Eine Schwangere soll äußerlich, wenn sie sich ratsuchend an die Hebamme wendet, innerlich nur, wenn dringend nötig, und in allen Fällen nur nach vorschriftsmäßiger Desinfektion untersucht werden. Bei einer Wöchnerin darf die Hebamme nie die innere Untersuchung vornehmen.

§ 28.

Zur Geburt soll sich die Hebamme mit der vorschriftsmäßigen Tasche begeben. Ihre Geräte und Arzneimittel müssen jederzeit sauber und in gebrauchsfähigem Zustande sein.

§ 29.

Alle regelmäßigen Vorgänge bei Schwangeren, Gebärenden, Wöchnerinnen und neugeborenen Kindern leitet die Hebamme selbst. Sollten ihre Schutzbefohlenen oder deren Angehörige einen Arzt wünschen, so hat sich die Hebamme diesem Wunsche zu fügen.

Alle regelwidrigen Vorgänge bei Schwangeren, Geburten, im Wochenbett und bei neugeborenen Kindern behandelt der Arzt. Nur wenn ein Arzt nicht rechtzeitig zu erreichen ist, und nur unter den im Lehrbuch näher angegebenen Bedingungen darf die Hebamme gewisse Regelwidrigkeiten selbst behandeln (siehe § 37). Es ist Aufgabe der Hebamme, diese Regelwidrigkeiten rechtzeitig zu erkennen und rechtzeitig einen Arzt zu benachrichtigen. Die Benachrichtigung während der Geburt muß schriftlich geschehen; doch kann sie auch durch Fernsprecher oder Drahtnachricht erfolgen. Übernimmt der Arzt die Behandlung, so ist die Hebamme seine Gehilfin.

§ 30.

Bei regelmäßiger Schwangerschaft hat sie ihrer Schutzbefohlenen die Befolgung der für Schwangere wichtigen Lebensregeln anzuraten.

Bei der *regelmäßigen Geburt* ist die *Hauptaufgabe* der Hebamme, Keime von den verwundeten Geburtsteilen fernzuhalten. Sie muß die Herztöne des Kindes sowie das Befinden der Gebärenden sorgfältig überwachen, ferner den Damm schützen, die Abnabelung, wie vorgeschrieben, ausführen, in der Nachgeburtszeit auf Blutungen achten und bei einem scheintoten Kinde Wiederbelebungsversuche machen.

Die Hebamme hat die Wöchnerin und das neugeborene Kind in den ersten zehn Tagen mindestens einmal täglich, wenn möglich, zweimal zu besuchen. Wie lange diese Besuche dann noch fortzusetzen sind, hängt von dem Befinden und dem Wunsche der Wöchnerin ab.

Im *regelmäßigen Wochenbett* muß sie für Ruhe und Reinhalten der Wöchnerin sorgen. Das Kind ist immer vor der Mutter zu besorgen. Die Wöchnerin wird durch tägliche Messungen mit dem Thermometer und Feststellung des Pulses beobachtet. Die ermittelten Temperaturen und der Puls sind auf einem Zettel zu vermerken und später in das Tagebuch einzutragen.

Die Hebamme *hat stets auf das Selbststillen der Wöchnerin zu dringen.* Bei Krankheiten der Wöchnerin entscheidet der Arzt (siehe § 248 des Hebammenlehrbuchs).

§ 31.

Bei allen *regelwidrigen Vorgängen* in der Schwangerschaft, während der Geburt, im Wochenbett und bei Neugeborenen hat die Hebamme gemäß den Vorschriften des Lehrbuchs einen Arzt zu benachrichtigen. Die wichtigsten Fälle, in denen während der Schwangerschaft ärztliche Hilfe besonders dringlich ist, sind folgende:

Unstillbares Erbrechen in der Schwangerschaft, ein Bruch, der sich nicht zurückbringen läßt, Entzündung von Kindsadern und Platzen eines Blutaderknotens, allgemeine Erkrankung der Schwangeren mit oder ohne Fieber, Krebs der Gebärmutter oder Brüste oder der Verdacht auf diese Krankheit, Syphilis und Tripper oder der Verdacht auf eine dieser Krankheiten, Harnverhaltung in den ersten Monaten der Schwangerschaft, Rückwärtsbeugung der schwangeren Gebärmutter, jede

Fehlgeburt, insbesondere bei der Blasenmole, Verdacht auf Schwangerschaft außerhalb der Gebärmutter, drohender Tod der Mutter.

§ 32.

Während der Geburt erfordern die regelwidrigen Lagen, Stellungen und Haltungen der Frucht die Leitung der Geburt durch einen Arzt.

Die Hebamme hat, wenn der Arzt gerufen wird, alles sorgfältig für ihn vorzubereiten, damit er, wenn nötig, ohne Säumen handeln kann; insbesondere soll sie bei Beckenendlagen an das Querbett und an die Wiederbelebung des Kindes denken.

Bei Schädellagen hat die Hebamme folgendes zu beachten: Wenn in der Austreibungszeit nach Ablauf von zwei Stunden ein Fortschritt der Geburt nicht zu bemerken ist, so ist sofort ein Arzt zu rufen, falls nicht etwa der Zustand der Mutter oder das Sinken der Herztöne in der Wehenpause oder andere Ereignisse seine Herbeirufung schon früher notwendig machten.

Bei Feststellung oder beim Verdacht auf Vorliegen eines engen Beckens, bei Geschwülsten oder Verengungen des weichen Geburtskanals, bei mehrfacher Schwangerschaft, bei Mißbildung des Kindes, insbesondere dem gefährlichen Wasserkopf, bei Eklampsie, beim Absterben und besonders bei Fäulnis der Frucht und ihrer Anhänge ist stets ärztliche Hilfe notwendig.

In jedem Falle hat die Hebamme die Einträufelung mit 1prozentiger Höllensteinlösung in die Augen des Kindes auszuführen (siehe § 380 des Lehrbuchs). Bei Syphilis an den äußeren Geschlechtsteilen der Frau ist die innere Untersuchung möglichst zu vermeiden und die Geburt einem Arzt zu übergeben. Auch bei jedem Dammriß ist die Zuziehung eines Arztes zu verlangen.

Bei allen Blutungen während der Geburt ist schleunigst ein Arzt zu erbitten. Bis er kommt, muß die Hebamme die Blutung zu stillen suchen und den Zustand der Frau überwachen. Im Falle der sehr gefährlichen Blutung bei vorliegendem Mutterkuchen muß die Hebamme, sofern ein Ausstopfen der Scheide erforderlich wird, ganz besonders sauber und sorgfältig verfahren.

Ein Zustopfen der Scheide bei Nachgeburtsblutungen darf nicht vorgenommen werden.

§ 33.

Im Wochenbett hat die Hebamme auf die Hinzuziehung eines Arztes zu dringen:

1. wenn die Temperatur über 38° steigt,
2. bei jedem Schüttelfrost der Wöchnerin,
3. sobald ein Geschwür an den äußeren Geschlechtsteilen, das sich oft hinter einer Anschwellung der Teile verbirgt, entdeckt wird oder eines der im § 479 des Lehrbuchs erwähnten Zeichen auftritt, auch wenn noch kein Fieber bestehen sollte,
4. sobald die Hebamme eine lebensbedrohende Gefahr anderer Art, z. B. eine Herzschwäche, erkennt. Diese ist anzunehmen, wenn Atembeklemmung auftritt und die Zahl der Pulsschläge beträchtlich, z. B. auf 120 oder mehr, in die Höhe geht, oder wenn eine auffallend niedrige Temperatur, besonders am Abend, vorhanden ist, z. B. 36° oder 35,5°.

Dem Kreisarzt ist jeder Fall von Fieber, das während der Geburt festgestellt wurde, sowie von Fieber im Wochenbett oder nach Fehlgeburt von mehr als 38° anzuzeigen. Die Hebamme hat sich bis zum Eintreffen einer mündlichen oder schriftlichen Belehrung des Kreisarztes jeder Tätigkeit als Hebamme bei einer anderen Person zu enthalten. Ist ein Arzt hinzugezogen, so muß sie dessen Namen gleichzeitig dem Kreisarzt melden. Der Kreisarzt entscheidet, ob sie die erkrankte Wöchnerin weiter pflegen darf.

Den Tod einer Wöchnerin hat die Hebamme sofort dem Kreisarzt persönlich oder schriftlich zu melden.

Liegt Kindbettfieber vor, so tritt der § 8 Absatz 1 Ziffer 2 Absatz 3 des Gesetzes, betreffend die Bekämpfung übertragbarer Krankheiten, vom 28. August 1905 (Landesseuchengesetz) in Geltung: „Hebammen, welche bei einer an Kindbettfieber Erkrankten während der Entbindung oder im Wochenbett tätig sind, ist während der Dauer der Beschäftigung bei der Erkrankten und innerhalb einer Frist von acht

Tagen nach Beendigung derselben jede anderweitige Tätigkeit als Hebamme oder Wochenpflegerin untersagt. Auch nach Ablauf der achttägigen Frist ist eine Wiederaufnahme der Tätigkeit nur nach gründlicher Reinigung und Desinfektion ihres Körpers, ihrer Wäsche, Kleidung und Instrumente nach Anweisung des beamteten Arztes gestattet. Die Wiederaufnahme der Berufstätigkeit vor Ablauf dieser achttägigen Frist ist jedoch zulässig, wenn der beamtete Arzt dies für unbedenklich erklärt."

Eine Hebamme, die gegen diese Vorschrift verstößt, ladet eine besonders schwere Verantwortung und hohe Strafe auf sich.

§ 34.

Hat die Hebamme irgendwelche verdächtigen Stoffe berührt, z. B. den Ausfluß einer fiebernden Wöchnerin, so hat sie stets und sofort eine gründliche Desinfektion (siehe § 25) auszuführen, auch schon vor Ankunft des Kreisarztes.

Wenn die Hebamme an ihren eigenen Händen eiternde Wunden oder Blutgeschwüre hat, so darf sie keine Geburt übernehmen.

N o t f ä l l e. Hat die Hebamme in ihrer Praxis eine Wöchnerin mit Kindbettfieber oder Kindbettfieberverdacht und kommt jetzt eine Meldung zur Geburt, bei der eine andere Hebamme sie nicht vertreten kann, so besteht ein Notfall. Sie muß ihre Hände mehrfach mit Alkohol und Kresolseifenlösung desinfizieren, ein Bad nehmen, die Kleider wechseln, ihre Instrumente desinfizieren und sich mit der ä u ß e r e n U n t e r s u c h u n g der Gebärenden begnügen. Zum Dammschutz und zur Reinigung der Geschlechtsteile hat sie ihre wohlausgekochten Gummihandschuhe über die desinfizierten Hände zu ziehen. Glaubt sie mit der äußeren Untersuchung nicht auszukommen, so ist ein Arzt zur Leitung der Geburt hinzuzuziehen.

§ 35.

Heftige Nachwehen mit reichlichem blutigen Ausfluß, plötzliches Aufhören des Wochenflusses, Blutungen im Wochenbett, andauernder übler Geruch des Wochenflusses, Blasenkatarrh, unwillkürlicher Abgang von Harn oder Kot, Anschwellung eines Beines gebieten gleichfalls ärztliche Behandlung.

Schrunden an den Brustwarzen, deren Heilung sich verzögert, eine Milchdrüsenentzündung erheischen die Behandlung durch den Arzt.

§ 36.

Die meisten der aufgeführten Erkrankungen der Neugeborenen erfordern sogleich ärztliche Behandlung. Insbesondere ist die Hebamme verpflichtet, bei der Augenentzündung der Neugeborenen sofort einen Arzt zu benachrichtigen. Bis zu seiner Ankunft sind kalte Umschläge und Auswaschungen des Auges zu machen.

§ 37.

Nur die folgenden Eingriffe ist die Hebamme berechtigt und verpflichtet, unter den im Lehrbuch dargelegten Umständen in der Praxis anzuwenden:

1. die Entwicklung des Kindes an den Schultern bei Kopflagen,
2. die Lösung der Arme und des Kopfes bei Beckenendlagen,
3. das Herunterholen eines Fußes bei Blutung infolge unvollständig vorliegenden Mutterkuchens nach erfolgtem Blasensprung,
4. die Tamponade bei Blutung infolge Fehlgeburt oder vorliegenden Mutterkuchens,
5. die Blasensprengung bei tiefem Sitz oder unvollständig vorliegendem Mutterkuchen und beim Sichtbarwerden der Blase in der Schamspalte,
6. die Nachgeburtslösung.

§ 38.

Arzneimittel ohne ärztliche Verordnung zu verabfolgen, ist der Hebamme nicht gestattet. Erlaubt ist ihr die Darreichung von warmem Kamillentee bei Krampfwehen und von einem Löffel Rizinusöl im Wochenbett sowie bei neugeborenen Kindern die Anwendung von Streupulver, um dem Wundwerden vorzubeugen.

Vor dem Alkoholmißbrauch in der Schwangerschaft und im Wochenbett soll die Hebamme warnen.

§ 39.

Anzeige an den Kreisarzt muß die Hebamme erstatten:

1. beim Tode einer Schwangeren, Gebärenden oder Wöchnerin;
2. bei jedem in den ersten 10 Lebenstagen erfolgten Tode eines Neugeborenen;
3. bei jedem Fall von Fieber während der Entbindung, im Wochenbett oder nach Fehlgeburt, wenn die Temperatur über 38° steigt, bei Wundrose und Wundstarrkrampf sowohl der Mutter wie des Kindes;
4. bei jedem Fall, in dem die Hebamme einem Arzte bei der an einer fiebernden Person vorgenommenen Ausschabung der Gebärmutter oder Einleitung der Fehlgeburt oder Beseitigung von Eiresten Hilfe geleistet hat;
5. bei jedem Fall von Augenentzündung der Neugeborenen;
6. bei jedem Fall von Schälblasen der Neugeborenen;
7. bei jedem Fall von Nabelentzündung;
8. bei jedem Fall von Verkrüppelung oder Anzeichen einer drohenden Verkrüppelung an einem Neugeborenen;
9. bei jeder der Hebamme bekanntgewordenen Erkrankung an Cholera, Pocken, Fleckfieber, Diphtherie, Kindbettfieber, Scharlach, Typhus, Ruhr, Wundrose und Wundstarrkrampf in dem Hause der Hebamme selbst oder in dem Hause, in dem sie eine Gebärende oder Wöchnerin zu besorgen hat;
10. bei Erkrankung der Hebamme an krebsigen oder auf Krebs verdächtigen Geschwülsten, an Geschwüren der Hände, der Brust oder an übelriechenden Ausflüssen oder anderen Eiterungen am Körper und bei Verdacht auf Syphilis;
11. wenn die Hebamme eine an Krebs der Gebärmutter oder der Scheide oder der äußeren Geschlechtsteile erkrankte Schwangere oder Gebärende untersucht hat;
12. wenn die Angehörigen bei Verdacht auf Kindbettfieber oder bei Kindbettfieber den Arzt verweigern;

13. wenn eine Schwangere in der Wohnung der Hebamme entbunden zu werden wünscht;
14. wenn die Hebamme eine Nachgeburtslösung ausführen mußte[1]);
15. wenn ihr eine schriftliche Bescheinigung über die Ablehnung der von ihr verlangten ärztlichen Hilfe verweigert wird.

§ 40.

C. Vorschriften für Anstaltshebammen.

Hebammen, die ausschließlich in Krankenanstalten, Entbindungsanstalten, Frauenkliniken und ähnlichen Anstalten tätig sind, haben sich vor Antritt ihrer Berufstätigkeit unter Vorlage ihres Prüfungszeugnisses und eines Ausweises der betreffenden Anstalt über ihre Anstellung gleichfalls beim Kreisarzt zu melden.

Im übrigen haben diese Anstaltshebammen noch die §§ 9, 11, 14, 17, 19, 21 bis 32, 33 Absatz 1 Ziffer 1 bis 4 und §§ 34 bis 37 sinngemäß zu beachten.

Unter Aufhebung der bisher geltenden Dienstanweisung für die Hebammen erlasse ich vorstehende neue Dienstanweisung für die im preußischen Staatsgebiet tätigen Hebammen. Diese Dienstanweisung tritt zugleich mit den Ausführungsbestimmungen des Hebammengesetzes in Kraft.

---

[1]) Die innere Wendung auf die Füße darf und muß die Hebamme nur in denjenigen Kreisen vornehmen, für deren Gebiet die Vornahme dieser Operation durch den Minister ausdrücklich vorgeschrieben ist. Hat die Hebamme die innere Wendung auf die Füße vorgenommen, so muß sie schleunigst dem Kreisarzt Anzeige erstatten.

Zu Anlage F. Muster I.

1	2	3	4	5	6	7	8
Laufende Nummer	a) Tag und Stunde der Geburt (Fehlgeburt, Frühgeburt). b) Wieviel Stunden dauerte die Geburt? c) Wann traf die Hebamme bei der Gebärenden ein?	a) Name, Stand, Alter, Wohnort, Wohnung der Entbundenen (bei Verheirateten: Name und Stand des Ehemannes). b) Wievielte Geburt?	a) Zahl, b) Lage, c) Geschlecht des Kindes. d) Wieviel Mondsmonate wurde es getragen? e) Länge, f) Kopfumfang, g) Gewicht des Kindes	Regelwidrigkeiten während der Geburt und in der Nachgeburtszeit (Einzutragen ist jede Abweichung der Lage. Ferner Blasenmole, Wasserkopf, Nabelschnurvorfall, Nabelschnurzerreißung, fehlerhafter Sitz des Mutterkuchens, Dammriß, Zerreißung der Gebärmutter, Blutungen, vor, während und nach der Geburt, Krämpfe und sonstige besondere Regelwidrigkeiten)	a) Blieb die Mutter gesund? b) Erkrankte sie, woran und an welchem Tage nach der Geburt? c) Starb sie, woran und an welchem Tage nach der Geburt?	a) Wurde das Kind totfaul, tot, scheintot oder lebend geboren? b) Blieb es in den ersten zehn Tagen gesund? c) Erkrankte es, woran, wieviel Stunden nach der Geburt? d) Starb es in den ersten zehn Tagen, an welchem Tage, woran?	Wurde das Kind durch die Mutter oder eine Amme gestillt oder nicht? Warum nicht?

9	10	11	12				
a) Durch wen wurde die Geburt beim Standesamt gemeldet? b) Warum erfolgte keine Anzeige?	Welche Kunsthilfe wurde durch die Hebamme geleistet und aus welchem Grunde?	Welche Kunsthilfe wurde durch den Arzt geleistet? Name des Arztes	Temperatur und Puls der Frau während der Geburt und im Wochenbett				
			Tag der Geburt	Morgens		Abends	
				Temperatur	Puls	Temperatur	Puls
			1. 2.				
			des Wochenbettes				
			1. 2. bis 10.				
			Tag der Geburt	Temperatur	Puls	Temperatur	Puls
			1. 2.				
			des Wochenbettes				
			1. 2. bis 10.				

Zu Anlage F. Muster II.

Bericht

der Hebamme (Vor- und Zuname) ....
in ...., Kreis ....
über den in den ersten zehn Lebenstagen eingetretenen Tod des ehelichen (unehelichen) Kindes der (Namen, Stand, Wohnort und Wohnung der Eltern bezw. der Mutter) ....

(Siehe § 13 der Dienstanweisung für Hebammen.)

1.	Tag der Geburt des Kindes:
2.	Tag des Todes des Kindes:
3.	Welche Lage hatte das Kind in der Geburt?
4.	War Kunsthilfe erforderlich und welche? (Zugezogener Arzt.)
5.	War das Kind unmittelbar nach der Geburt lebenskräftig und gesund?
6.	Welches Geburtsgewicht wurde festgestellt?
7.	Wurde das Kind von der Mutter gestillt? Warum nicht?
8.	An welchen Tagen hat die Hebamme das Kind besorgt?
9.	Wann erkrankte das Kind?
10.	Welche Krankheitserscheinungen hat die Hebamme beobachtet?
11.	Ist ein Arzt zugezogen worden und wann? Name des Arztes?
12.	Aus welchem Grunde ist die Zuziehung eines Arztes unterblieben?
13.	Woran ist das Kind vermutlich gestorben?

Zu Anlage F. Muster III.

Laufende Nr. ....

A. Bescheinigung über berechnete und bezahlte Hebammengebühren.

(Ort)......................, (Datum) ....

Für die am .... an der Frau .... in .... vorgenommene Schwangerenberatung, Entbindung*) einschließlich Wochenbesuche berechne ich

.... ℳ

Ich habe von der Frau ....
heute den Betrag von .... ℳ erhalten.

Unterschrift:

....

Hebamme.

Laufende Nr. ....

B. Bescheinigung über berechnete und bezahlte Hebammengebühren.

(Ort) ...., (Datum) ....

Die Hebamme Frau .... in ....
hat mir für eine am .... an mir vorgenommene Schwangerenberatung, Entbindung*) einschließlich Wochenbesuche eine Gebühr von .... ℳ berechnet.

Ich habe heute den Betrag von .... ℳ an die Hebamme Frau .... gezahlt.

Unterschrift:

....

*) Nichtzutreffendes ist zu durchstreichen.

6. Die Bestimmungen über das Hebammenwesen in den anderen deutschen Ländern.

Bayern. Allerh. Verordnung vom 4. 6. 99, betr. die gewerbl. Verhältnisse der Hebammen. Dienstanweisung für die Hebammen vom 9. 6. 99 mit Abänderungen vom 5. 4. 09, 9. 5. 11, 9. 1. 12. Verordnung über die beruflichen Verhältnisse der Hebammen vom 23. 3. 26.

Sachsen. Mandat vom 2. 4. 1818, die Erlernung und Ausübung der Geburtshilfe betr. Verordnung vom 16. 11. 97. Hebammenordnung vom 16. 11. 97, abgeändert durch Verordnung vom 5. 2. 12. Verordnungen über die Dienstanweisung der Hebammen vom 2. 4. 24, 23. 2. 26.

Württemberg. Gesetz vom 22. 7. 1836. Minist. Verf. vom 20. 9. 62. Verfügung vom 8. 4. 72. Gebührenordnung vom 25. 3. 89. Dienstanweisung vom 4. 7. 1900.

Baden. Verordnungen vom 10. 11. 65, 23. 11. 65. § 38 der Badischen Vollzugsverordnung zur Gewerbeordnung vom 23. 12. 83. Verordnungen vom 2. 1. 02, 22. 4. 03 und 30. 9. 06.

Hessen. Medizinalverordnungen vom 25. 6. 61, 31. 1. 91. Dienstanweisungen vom 19. 7. 05, 14. 8. 05. Gebührenordnung vom 9. 3. 08.

Mecklenburg-Schwerin. Verordnungen vom 9. 4. 85, 15. 10. 89 und 3. 12. 94. Gebührenordnung vom 8. 7. 11.

Mecklenburg-Strelitz. Medizinalverordnung vom 6. 5. 90. Gebührenordnung vom 1. 7. 73.

Oldenburg. Ministerialverf. vom 7. 9. 69. Dienstanweisung vom 16. 6. 06.

Sachsen-Weimar. Gesetz vom 29. 6. 74. Gebührenordnung vom 24. 5. 98. Dienstanweisungen vom 12. 10. 04 und 30. 11. 04.

Braunschweig. Medizinalgesetz vom 9. 3. 03. Dienstanweisung und Gebührenordnung vom 19. 1. 09.

Sachsen-Meiningen. Hebammenordnung vom 3. 4. 1838. Gesetze vom 12. 4. 65 und 13. 2. 1901. Gebührenordnung vom 30. 6. 94.

Sachsen-Altenburg. Verordnung vom 17. 7. 1841. Gebührenordnung vom 14. 9. 93. Bekanntmachung des Minist. vom 4. 4. 95.

Sachsen-Coburg-Gotha. Verordnung vom 25. 8. 88. Gebührenordnungen vom 10. 9. 99 und 28. 5. 1900.

Anhalt. Gesetz vom 15. 3. 89. Gebührentarif vom 25. 3. 04 und Gesetz vom 9. 6. 04.

Schwarzburg-Rudolstadt. Hebammenordnung vom 12. 10. 94. Gebührentaxe vom 17. 6. 98.

Schwarzburg-Sondershausen. Gesetz vom 5. 2. 92. Hebammenordnung vom 5. 2. 92. Gebührenordnung vom 11. 6. 09.

Waldeck. Bekanntmachung vom 27. 9. 87. Gebührenordnung vom 5. 8. 03.

Reuß ä. L. Regierungsverordnung vom 17. 12. 86. Hebammenordnung vom 16. 7. 04.

Reuß j. L. Gesetze vom 20. 4. 95, 2. 3. 01 und 7. 5. 10. Erl. vom 8. und 16. 9. 02.

Schaumburg-Lippe. Polizeiverordnung vom 23. 2. 1888. Gebührentaxe vom 4. 7. 92. Gesetz vom 17. 3. 02. Polizeiverordnung vom 9. 5. 06. Minist.-Erlaß v. 4. 12. 11.

Lippe. Verordnungen vom 4. 6. 72, 22. 9. 82, 7. 4. 97, 9. 2. 1900 und 3. 7. 06. Instruktionen vom 28. 12. 99, 16. 11. 1910.

Hamburg. Hebammen-Ordnung vom 29. 12. 99. Dienstanweisung vom 1. 6. 1900, Gesetz vom 15. 6. 10.

Bremen. Bekanntmachungen vom 2. 6. 1901, 29. 4. 11. Dienstanweisung vom 27. 5. 11. Gebührenordnungen vom 24. 5. 08, 27. 10. 27.

Lübeck. Gesetz vom 26. 7. 99. Dienstanweisung vom 28. 2. 1900. Gebührenordnung vom 23. 4. 98.

7. Krankenpflegepersonal.

Während als Krankenbehandler auf der einen Seite die wissenschaftlich gebildeten Ärzte, Zahnärzte, auf der andern Seite im scharfem Kampfe die freien, keines Nachweises irgend welchen Könnens bedürfenden Heilkundigen und die zu einer gewissen Anerkennung ihrer Existenzberechtigung gelangten Zahntechniker stehen (soweit sie die Prüfung abgelegt haben), steht als Krankenpfleger das Krankenpflegepersonal diesen behandelnden Gruppen gegenüber. Der Staat hat mit Recht den Hebammen eine Sonderstellung gegeben. Die Ausübung der Krankenpflege unterliegt keiner Beschränkung. Bei dem großen Interesse, das Reich und Staat aber auf diesem Gebiete hat, sind vom Bundesrat unter dem 22. 3. 06 Richtlinien für die Prüfung von Krankenpflegepersonal und ein Plan für den Ausbildungsgang in der Krankenpflege aufgestellt worden. Wer die Prüfung besteht, erhält einen Ausweis über die mit Erfolg abgelegte Prüfung als Krankenpflegeperson und darf sich als „staatlich geprüfte" bezeichnen.[1])

Auf Grund der oben angeführten Richtlinien haben die meisten Länder eine derartige Prüfung eingeführt.

Preußen: 10. 5. 07/19. 7. 21.

Bayern 31. 3. 99, 27. 1. 20, 20. 9. 22. Hier nehmen die geprüften Krankenpflegepersonen unter dem gesetzlich geschützten Namen „Bader" eine Sonderstellung ein.

Sachsen 7. 2. 09; Württemberg 23. 12. 08; Baden 22. 2. 08; Hessen 22. 2. 08; Braunschweig 15. 8. 08, 12. 1. 22; Thüringen 27. 2. 22; Anhalt 2. 4. 09; Lippe 15. 5. 08, 18. 1. 27; Bremen 10. 1. 09, 14. 9. 27; Hamburg 14. 10. 08, 28. 1. 21; Oldenburg 10. 7. 12; Mecklenburg-Schwerin 4. 5. 15.

---

[1]) Vgl. oben Abschn. IV, 1 § 64.

Desgleichen haben viele deutsche Länder Prüfungsordnungen für Heilgehilfen und Masseure erlassen. Die Bestimmungen darüber sind zu folgenden Terminen ergangen: Preußen 10. 7. 23; Thüringen 9. 3. 27; Hamburg auf Grund der Medizinalverordnung vom 29. 12. 99 am 17. 2. 15; Anhalt 12. 3. 04. In bezug auf Säuglingspflegerinnen sind in den einzelnen Ländern folgende Bestimmungen erlassen worden: Preußen 20. 2. 23; Württemberg 4. 10. 17; Baden 2. 1. 19; Hessen 15. 7. 14; Mecklenburg-Schwerin 1. 3. 20, 9. 3. 27; Oldenburg 20. 8. 19, 16. 4. 24; Thüringen 31. 8. 21; Bremen 20. 4. 19, 16. 7. 19, 17. 3. 26, 22. 9. 27; Hamburg 16. 1. 24; Lübeck 19. 2. und 19. 3. 19; Lippe 18. 1. 27.

Die Berufstrachten und Berufsabzeichen der Krankenpflege sind durch das Reichsgesetz vom 7. 9. 15[1]) (RGBl. S. 561) unter Schutz gestellt.

8. Erlaß des Preußischen Justizministers, betreffend Bekämpfung der Kurpfuscherei.

Vom 21. Dezember 1901.

Nach einer Mitteilung des Herrn Ministers der geistlichen, Unterrichts- und Medizinalangelegenheiten ist aus den Kreisen der Ärzte im Laufe der letzten Jahre wiederholt Klage darüber geführt worden, daß seit der durch die Reichsgewerbeordnung erfolgten Aufhebung des früher in Preußen bestandenen Kurpfuschereiverbotes (§ 199 des Strafgesetzbuches vom 14. April 1841) die Kurpfuscherei in einem solchen Maße zugenommen habe, daß ein Einschreiten im öffentlichen Interesse geboten erscheine. Die aus Veranlassung dieser Beschwerden veranstalteten Erhebungen

---

[1]) Preuß. AusfVerordg. vom 18. Dezember 1915 (PGS. 1916 S. 1).

haben ergeben, daß auf dem Gebiete des Kurpfuscherei-wesens, insbesondere durch Anpreisung von Heilmitteln und Heilmethoden gegen alle möglichen Krankheiten durch nicht approbierte Personen, Auswüchse entstanden sind, denen im Interesse des Publikums entgegengetreten werden muß. Zu den für die Bekämpfung der hervorgetretenen Mißstände in Vorschlag gebrachten Maßregeln gehört auch die Anwendung der Bestimmungen des Reichsgesetzes zur Bekämpfung des unlauteren Wettbewerbs vom 27. Mai 1896 (RGBl. S. 145) [jetzt neues Gesetz vom 7. Juni 1909].

Wie die Entscheidung des Reichsgerichts vom 16. Juni 1900 ergibt, hat das Reichsgericht die Bestimmungen des § 4 des genannten Gesetzes auch auf die von den sogenannten Heilkünstlern dargebotenen „gewerblichen Leistungen“ für anwendbar erklärt.

Nach § 12 a. a. O. (jetzt § 22) ist die Strafverfolgung in den Fällen des § 4 von einem Antrage abhängig, welcher von jedem der in dem § 1 Abs. 1 (jetzt § 13 Abs. 1) bezeichneten Gewerbetreibenden und Verbände gestellt werden kann. Zu den Antragsberechtigten werden außer den Ärzten selbst auch die zur Vertretung der Interessen des ärztlichen Berufes berufenen Ärztekammern bzw. deren Vorstände — §§ 1, 2 der Verordnung vom 25. Mai 1887 (GS. S. 169) betr. die Errichtung der ärztlichen Standesvertretung — zu rechnen sein.

Euer Hochwohlgeboren ersuche ich, die Ihnen unterstellten Beamten der Staatsanwaltschaft hierauf hinzuweisen und auf eine nachdrückliche Verfolgung der eingehenden Strafanträge hinzuwirken.

An den Herrn Oberstaatsanwalt in ....

9. Erlaß des Preußischen Ministers der Medizinalangelegenheiten, betr. Bekämpfung der Kurpfuscherei.

(M.N. 16921)[1])

Vom 28. Juni 1902 (Min.-Bl. S. 102 und 241).

Die Vorschrift des § 46 der Dienstanweisung für die Kreisärzte vom 23. März 1901, ersetzt durch § 46 der neuen Dienstanweisung für die Kreisärzte vom 1. September 1909, legt dem Kreisarzte die Verpflichtung auf, sein besonderes Augenmerk auf diejenigen Personen zu richten, welche, ohne approbiert zu sein, die Heilmethode gewerbsmäßig ausüben, und über sie unter Beihilfe der Ortspolizeibehörden und der Ärzte des Bezirks ein Verzeichnis zu führen, welches Mitteilungen über Vorleben, Beruf, Heilmethoden und etwaige Bestrafungen enthält.

Zur Sicherung der Ausführung der vorstehenden Bestimmungen erscheint die allgemeine Einführung der Meldepflicht der nicht approbierten Heilpersonen angezeigt; da die Anzeigepflicht aus § 14 der Reichsgewerbeordnung zufolge der Vorschrift in § 6 Abs. 1 daselbst auf die Ausübung der Heilkunde keine Anwendung findet, empfiehlt es sich, die Meldepflicht im Polizeiverordnungswege zur Einführung zu bringen.

Mit Rücksicht auf die empfindlichen Schädigungen, welche dem Publikum durch das Treiben der Kurpfuscher an Gesundheit und Vermögen vielfach zugefügt werden, ist es weiter angebracht, der marktschreierischen öffentlichen

---

[1]) Auch der Minister für Landwirtschaft beschäftigt sich mit der Bekämpfung der Kurpfuscherei, indem er durch Erlaß vom 11. Juli 1927 auf die Notwendigkeit des Hinweises auf die durch sie verursachten Schäden im Unterricht aufmerksam macht.

Anpreisung der Berufstätigkeit der Kurpfuscher in gleicher Weise entgegenzutreten.

Ich ersuche hiernach ergebenst, für den dortseitigen Bezirk eine Polizeiverordnung nachstehenden Inhalts zu erlassen bzw. etwa bereits bestehende Polizeiverordnungen entsprechend abzuändern.

1. Personen, welche, ohne approbiert zu sein, die Heilkunde gewerbsmäßig ausüben wollen, haben dies vor Beginn des Gewerbebetriebes demjenigen Kreisarzte, in dessen Amtsbezirke der Ort der Niederlassung liegt, unter Angabe ihrer Wohnungen zu melden und gleichzeitig demselben die erforderlichen Notizen über ihre Personalverhältnisse anzugeben.

Die Personen, welche bereits zurzeit die Heilkunde ausüben, haben die vorbezeichnete Meldung mit Angabe binnen 14 Tagen nach dem Inkrafttreten dieser Polizeiverordnung zu bewirken.

2. Die in Nr. 1 bezeichneten Personen haben dem zuständigen Kreisarzte auch einen Wohnungswechsel innerhalb 14 Tagen nach dem Eintritt desselben, sowie die Aufgabe der Ausübung der Heilkunde und den Wegzug aus dem Bezirke zu melden.

3. Öffentliche Anzeigen[1]) von nicht approbierten Personen, welche die Heilkunde gewerbsmäßig ausüben, sind verboten, sofern sie über Vorbildung, Befähigung oder Erfolge dieser Personen zu täuschen geeignet sind oder prahlerische Versprechungen enthalten.

4. Die öffentliche Ankündigung von Gegenständen, Vorrichtungen, Methoden oder Mitteln, welche zur Ver-

[1]) Nach der Rechtsprechung des Kammergerichts macht sich neben dem Anzeigenden selbst auch der Schriftleiter der Zeitung als Mittäter schuldig, wenn die Aufnahme der Anzeige von ihm bewußt in Kenntnis und Verständnis des Inhalts erfolgt ist.

hütung, Linderung oder Heilung von Menschen- oder Tierkrankheiten bestimmt sind, ist verboten, wenn

1. den Gegenständen, Vorrichtungen, Methoden oder Mitteln besondere über ihren wahren Wert hinausgehende Wirkungen beigelegt werden oder das Publikum durch die Art ihrer Anpreisung irregeführt oder belästigt wird, oder wenn
2. die Gegenstände, Vorrichtungen, Methoden oder Mittel ihrer Beschaffenheit nach geeignet sind, Gesundheitsschädigungen hervorzurufen.

5. Zuwiderhandlungen gegen die vorstehenden Vorschriften werden, soweit in den bestehenden Gesetzen nicht eine höhere Strafe vorgesehen ist, mit Geldstrafe bis zu 60 Mark oder entsprechender Haft bestraft.

Über die Ausführung des vorstehenden Erlasses will ich einem Berichte nach 3 Monaten sowie der gleichzeitigen Einreichung eines Exemplars der Nummern des Amtsblattes, in welcher die Polizeiverordnung veröffentlicht ist, entgegensehen[2]).

---

[2]) Diese durch den obigen Erlaß ausgelösten Polizeiverordnungen sind in mehr oder weniger gleichlautendem Text erlassen worden und zwar für den Regierungsbezirk Aachen 9. August 1902 (Amtsbl. S. 226), Arnberg 19. März 1904 (Amtsbl. S. 183), Aurich 29. September 1902 (Amtsbl. S. 53), Breslau 23. September 1902 (Amtsbl. S. 295), Bromberg 11. Mai 1903 (Amtsbl. 209), Cassel 2. Oktober 1902 (Amtsbl. S. 345) [hier ist auch noch die Pol.-Verord. vom 20. Oktober 1808 (Amtsbl. S. 286) teilweise in Kraft], Coblenz 11. November 1902 (Amtsbl. S. 303), Danzig 2. April 1903 (Amtsbl. S. 190), Düsseldorf 15. Dezember 1902 (Amtsbl. S. 576), Erfurt, Magdeburg, Merseburg, Pol.-Verord. für die Provinz Sachsen vom 16. August 1905 (Amtsbl. Erfurt S. 167, Amtsbl. Magdeburg S. 400, Amtsbl. Merseburg S. 241), Frankfurt a. O. 5. September 1903 (Amtsbl. S. 303) u.

10. Erlaß des Preußischen Ministers der Medizinalangelegenheiten, betreffend die Bekämpfung der Kurpfuscherei.

Vom 31. Dezember 1902

(Min.-Bl. f. Med.-Ang. 1903, S. 23).

In den Runderlassen vom 28. Juni d. J. — M Nr. 1692 I — (Min.-Bl. f. Med.-Ang. S. 241) ist über Nr. 1 die Bestimmung getroffen, daß diejenigen Personen, welche, ohne approbiert zu sein, gewerbsmäßig die Heilkunde ausüben, dies vor Beginn des Gewerbebetriebes unter Angabe

---

11. September 1923 (Amtsbl. S. 233), Gumbinnen 20. Januar 1903 (Amtsbl. S. 17), Hannover 26. Mai 1903 (Amtsbl. S. 135), Hildesheim 23. September 1902 (Amtsbl. S. 163), Köln 14. April 1903 (Amtsbl. S. 162), Königsberg 13. Oktober 1913 (Amtsbl. S. 518), Köslin 16. Juli 1902 u. 29. April 1903 (Amtsbl. S. 121), Liegnitz 10. Juni 1903 (Amtsbl. S. 182), Lüneburg 23. Juli 1906 (Amtsbl. 191), Marienwerder 23. Mai 1902 (Amtsbl. S. 201) u. 28. Mai 1903 (Amtsbl. S. 210), Minden 30. Juli 1903 (Amtsbl. S. 267) in Verb. mit Pol.-Verord. vom 10. August 1891 (Amtsbl. S. 211), Münster 3. März 1903 (Amtsbl. S. 856), Oppeln 7. Mai 1903 (Amtsbl. S. 152), Osnabrück 29. Oktober 1902 (Amtsbl. S. 274), Posen 26. November 1902 (Amtsbl. S. 566), Potsdam 19. Juli 1902 (Amtsbl. S. 429) u. 12. Februar 1903 (Amtsbl. S. 54), Schleswig 11. Oktober 1902 (Amtsbl. S. 386) u. 21. Februar 1903 (Amtsbl. S. 86), Sigmaringen 10. Juli 1903 (Amtsbl. S. 197), Stade 15. November 1902 (Amtsbl. S. 305), Stettin 7. April 1925 (Amtsbl. S. 153), Stralsund 20. Februar 1903 (Amtsbl. S. 31), Trier 12. Dezember 1902 (Amtsbl. S. 410), Wiesbaden 16. Mai 1902 (Amtsbl. 1902 (Amtsbl. S. 279) u. 13. September 1902 (Amtsbl. S. 472), Berlin 21. August 1903 (Amtsbl. Potsdam 408).

ihrer Wohnung dem zuständigen Kreisarzt „zu melden" haben. In gleicher Weise haben diese Personen nach Nr. 2 daselbst auch den Wohnungswechsel, sowie die Aufgabe der Ausübung der Heilkunde mit dem Wegzug aus dem Bezirke zu melden.

Zur Beseitigung hervortretender Zweifel bemerke ich, daß die Meldung in den vorstehenden Fällen nicht das persönliche Erscheinen vor dem Kreisarzte erfordert, sondern auch schriftlich erfolgen kann. Ich ersuche dies zur Kenntnis der Kreisärzte und der Polizeibehörden zu bringen.

In dem naheliegenden Interesse, welches die Polizeibehörden daran haben, von den bei den Kreisärzten eingehenden Meldungen der vorbezeichneten Personen Kenntnis zu erhalten, empfiehlt es sich, die Kreisärzte mit der Weisung zu versehen, daß sie nach jeder Meldung sofort der zuständigen Polizeibehörde Mitteilung zu machen haben.

In den Tagesblättern ist ferner ausgeführt, daß es für die verantwortlichen Seiten der Presse in vielen Fällen schwierig, wenn nicht unmöglich sein werde, die Straffälligkeit einer der unter Nr. 3 und 4 des Erlasses vom 28. Juni d. Js. fallenden öffentlichen Anzeige bzw. Ankündigung zu erkennen, und es unbillig erscheine, sie dennoch für Übertretungen dieser Vorschriften verantwortlich zu machen.

Um diesen Bedenken, welchen eine gewisse Berechtigung innewohnt, entgegenzukommen, empfiehlt es sich, die Polizeibehörden zu veranlassen, daß sie bei Veröffentlichungen durch die Presse zunächst die verantwortlichen Leute auf die Gesetzwidrigkeit der Aufnahme aufmerksam machen und erst, wenn dies ohne Erfolg ist, mit Strafen vorgehen.

Ich ersuche ergebenst, hiernach das Weitere gefälligst zu veranlassen.

11. Erlaß des Preußischen Ministers der Medizinalangelegenheiten, betr. Bekämpfung der Kurpfuscherei.

Vom 7. April 1903 (Min.-Bl. S. 163).

Zur Behebung von Zweifeln weise ich darauf hin, daß sich der Erlaß betr. Bekämpfung der Kurpfuscherei vom 28. Juni 1902, wie aus den Abs. 1—3 hervorgeht, auch im Abs. 4 Ziff. 4 (Ankündigung von Gegenständen, Vorrichtungen, Methoden oder Mitteln) nur auf diejenigen Personen bezieht, welche die Heilmethode gewerbsmäßig ausüben, ohne in Deutschland approbiert zu sein.

Es empfiehlt sich, diese Beziehung, wie es schon in einer Reihe von Bezirken geschehen ist, dadurch besonders zum Ausdruck zu bringen, daß die betr. Polizeiverordnung mit einer entsprechenden Überschrift versehen wird.

12. Erlaß des Ministers des Innern.

Vom 10. November 1914

(Zeitschrift für Medizinalbeamte 1914, S. 168)

(auszugsweise).

Es besteht ein dringendes gesundheitliches Interesse, das Publikum nicht im Zweifel darüber zu lassen, ob der Heilkundige ein approbierter Arzt oder ein Kurpfuscher ist. Daß das Treiben der Kurpfuscher eine Gefahr für die Volksgesundheit im allgemeinen bedeutet, liegt auf der Hand. Besonders groß wird die Gefahr für denjenigen, der sich der Behandlung einer Person anvertraut, die er irrtümlich für einen approbierten Arzt hält. Nur eine scharfe Kontrolle der Heilkundigen vermag der in dieser Hinsicht bestehenden Gefahr zu begegnen. Die auf ministerielle Veranlassung schon vor Jahren ergangene Umfrage der Preußischen Ärztekammern hat eine Fülle gerichtlich nachgewiesener schwerster Gesundheitsschädigungen und von Fällen fahrlässiger Tötung festgestellt.

Solche Gesundheitsschädigungen durch falsche Kurpfuscherbehandlung haben auch außerdem oft noch schwere finanzielle Schädigungen für staatliche Organisationen im Gefolge, wie beispielsweise diesbezügliche Zusammenstellungen der staatlichen Unfallberufsgenossenschaften dartun, da ja z. B. ein falsch zusammengeheilter Knochenbruch oder nicht richtig eingerenkter Arm die Erwerbsfähigkeit des Betroffenen hindern und die Krankenkassen schwer belasten.

13. Runderlaß des Ministers für Volkswohlfahrt, betr. Bekämpfung der Kurpfuscherei.

Vom 29. Dezember 1927.

Die Verhandlungen im Landesgesundheitsrat vom 9. und 10. März d. J. über die Mißstände auf dem Gebiete der Kurpfuscherei und Maßnahmen zu ihrer Beseitigung geben einen tiefen Einblick in die schweren, gesundheitlichen Schädigungen, die dem deutschen Volke durch die gesetzlich festgelegte „Kurierfreiheit" zugefügt werden. Es ist daher dringend erforderlich, die große Masse des Volkes bei jeder sich bietenden Gelegenheit über die Kurpfuscherei aufzuklären und dadurch dem schädigenden Treiben der Kurpfuscher nach Möglichkeit entgegenzuwirken. Ein geeignetes Mittel ist hierfür u. a. auch die planmäßige Belehrung der Schulkinder über die durch Kurpfuscherei entstehenden gesundheitlichen Schädigungen gelegentlich der Unterweisungen über Gesundheitsfürsorge.

Im Einvernehmen mit dem Minister für Wissenschaft, Kunst und Volksbildung ersuche ich daher ergebenst, darauf hinzuwirken, daß bei jenen Unterweisungen auch auf das schädigende Treiben der Kurpfuscherei und auf die daraus entstehenden gesundheitlichen Schädigungen in einer dem Verständnis der Schulkinder angepaßten Weise des öfteren hingewiesen wird.

14. Bestimmungen in den übrigen Ländern in bezug auf Bekämpfung der Kurpfuscherei.

Bayern. Erlasse vom 11. und 15. Oktober 1904. In erster Linie nur Verbot marktschreierischer Reklame.

Sachsen. Bekanntmachung vom 14. Juli 1903.

Baden. Gesetze vom 20. August 1904 und 7. November 1904.

Oldenburg. Bekanntmachungen vom 6. Januar und 16. Juni 1904.

Anhalt. Polizeiverordnung vom 9. Juni 1903.

Altenburg. Verordnung vom 1. Juni 1920.

Reuß j. L., Verfügung vom 11. Juli 1905.

Lübeck. Verordnung vom 12. März 1904.

Hamburg (Verordnung vom 11. April 1904) hat eine ähnliche oder gleiche Regelung wie Preußen getroffen.

Schaumburg-Lippe hat durch Polizeiverordnung vom 15. August 1903 nur öffentliche Anzeigen mit unrichtigen prahlerischen Angaben und Versprechungen verboten.

In Sachsen-Weimar (Bekanntmachung vom 15. Juli 1919); Braunschweig (Gesetz vom 8. Oktober 1919) und Schwarzburg-Rudolstadt (Verordnung vom 8. Oktober 1919) ist den Heilkundigen schon durch diese Bestimmungen die Behandlung von Geschlechtskrankheiten verboten worden.

Abschnitt V.

Das Dispensierrecht.

Das Recht zum Dispensieren, d. h. das Recht zum Herstellen, Feilhalten und Verkaufen von Heilmitteln, ist grundsätzlich den Apothekern vorbehalten. § 367³ des Reichsstrafgesetzbuches (s. I 6) verbietet auch das Überlassen an andere, hierunter fällt auch die unentgeltliche Abgabe.

Nur unter bestimmten Bedingungen sind Ausnahmen zugelassen.

1. Tierärzte dürfen die zur Behandlung der Tiere erforderlichen, dem freien Verkehr überlassenen Arzneimittel selbst dispensieren und dürfen auch die nicht freigegebenen Arzneimittel bei der Behandlung von Tieren unmittelbar selbst verwenden, nur nicht weitergeben. (Vgl. V 2).

2. Ärzte.

a) In Notfällen haben die Ärzte das Recht zur unentgeltlichen Abgabe von Arzneimitteln.

b) In Orten ohne Apotheken können die Ärzte, falls die nächste Apotheke wenigstens eine Meile (7,532 km) entfernt liegt, ohne dazu einer besonderen Prüfung zu bedürfen, vom Regierungspräsidenten, in Berlin vom Polizeipräsidenten, die Genehmigung zum Halten einer ärztlichen Hausapotheke erhalten, zum Zwecke der schnelleren und leichteren Versorgung der Patienten mit den von ihnen verordneten Arzneimitteln. Die Vorsicht und Beschränkung, die der Ministerialerlaß v. 14. 1. 61 (Pistor S. 51) obwalten zu lassen anempfiehlt, hat seinen Grund darin, daß ein besonderer Mangel darin zu liegen scheint, daß die Ärzte eine zu große Anzahl von Arzneimitteln halten, von denen viele wegen Nichtgebrauchs verderben müssen.

Die Befugnis fällt fort, sobald an dem Ort eine selbständige Apotheke errichtet worden ist. (V 3).

Das Recht zum Selbstdispensieren erstreckt sich im allgemeinen nur auf die dem freien Verkehr freigegebenen Arzneimittel. Zur unmittelbaren, von ihnen selbst vorgenommenen Behandlung der Patienten dürfen die Ärzte aber außer diesen Arzneimitteln auch alle übrigen Arzneimittel verwenden, nur darf den Patienten kein derartiges Arzneimittel mitgegeben werden. Die Rechtsprechung geht von dem Standpunkt aus, daß hier kein „Überlassen" vorliegt.

c) Das Recht zum Selbstdispensieren homöopathischer Arzneimittel wird erworben durch eine Erlaubnis des Ministers, die im allgemeinen abhängig ist von dem Bestehen einer Prüfung. (V 4). Ein weiterer Ministerialerlaß v. 19. 1. 97 (V 11) regelt die Frage näher und ein solcher v. 28. 2. 46 (V 6) nennt die wichtigsten Arzneimittel, die in derartigen homöopathischen Hausapotheken vorrätig gehalten werden sollen.

3. Zahnärzte stehen den Ärzten in bezug auf das Verbot des Selbstdispensierens gleich. Die für die Ärzte gemachten Ausnahmen (außer in den Fällen der Not) treffen für sie nicht zu.

4. Zahntechniker haben ebensowenig wie

5. Heilkundige das Recht zur Zubereitung, Feilhaltung, Verkauf oder Überlassen von Giften oder Arzneien. Auf diese beiden finden die Bestimmungen des § 367[3] des

Reichsstrafgesetzbuches Anwendung. Nur sei hier hingewiesen auf den Erlaß des Preußischen Ministeriums betreffend Abgabe von Giften an Dentisten. (III 3).

1. Medizinaledikt.

Vom 25. September 1725.

(Corpus constitutionen Marchicerum Teil V, Abt. IV Liep. 1 S. 224).

Das innerliche Kurieren bleibt den Ärzten allein, dahingegen sie sich aller äußerlichen Kuren wie auch des Dispensierens derer medicamentoren officinatium gänzlich vorenthalten und damit den Apotheken keinen Abbruch tun müssen.

2. Reskript des Kgl. Ministers der geistlichen, Unterrichts- und Medizinalangelegenheiten.

Vom 23. Juli 1833.

Die Befugnis der Tierärzte zum Selbstdispensieren der zur Heilung kranker Tiere zu verwendenden Arzneien betreffend (Annalen der preuß. inneren Verwaltung von v. Kamptz B. 17, S. 820).

Auf den Bericht vom 4. d. Mts., das Dispensieren von Medikamenten von seiten der Tierärzte betreffend, wird der Königlichen Regierung hierauf eröffnet, daß die Arzneiverordnungen der Tierärzte in der Gesetzgebung über das Apothekerwesen bisher noch nicht mit einbegriffen gewesen sind, weil der Zweck dieser strengen Vorschriften die Sicherung des Lebens und der Gesundheit der Menschen vor Gefährdung, bei Viehkuren von selbst wegfällt. Es würde daher erst eines besonderen Gesetzes bedürfen, wenn die Tierärzte, deren Gewerbe auch bisher überhaupt keinen so gemessenen Beschränkungen in der Ausübung unterlegen hat als das Gewerbe der übrigen Medizinalpersonen, gezwungen werden sollten, alle ihre Arzneien aus der Apotheke zu verschreiben. Hiernach sind auch die Bestimmungen der Positionen 15 b, 17 und 18 pag. 15 Nr. VI der Medizinaltaxe vom 21. Juni 1815 zu verstehen, bei denen es sein Bewenden um so mehr behalten muß, als hierdurch allein diejenige Wohlfeilheit der Arzneien für kranke Tiere erzielt werden kann, welche notwendig ist, wenn die Besitzer kranker Tiere nicht überhaupt davon abgeschreckt werden sollen, die Hilfe eines Tierarztes zu suchen. Es steht daher allen Tierärzten frei, die von ihnen zur Heilung kranker Tiere zu verwendenden Arzneien selbst zu dispensieren, resp. einzusammeln, und nur die Gifte müssen hiervon ausgeschlossen bleiben.

3. Ministerialverfügung vom 2. September 1840.

Die Befugnis zum Halten einer Hausapotheke fällt fort, sobald an den betreffenden Orten eine selbständige Apotheke errichtet worden ist.

4. Reglement über die Befugnis der approbierten Medizinalpersonen zum Selbstdispensieren der nach homöopathischen Grundsätzen bereiteten Arzneimittel.

Vom 20. Juni 1843 (Ges.-Samml. S. 305).

Da in bezug auf das Heilverfahren nach homöopathischen Grundsätzen eine Modifikation der Vorschrift, nach welcher Ärzte usw. die von ihnen verordneten Arzneien in der Regel nicht selbst dispensieren dürfen, angemessen befunden worden ist, so werden über die Befugnis der Medizinalpersonen zum Selbstdispensieren der nach homöopathischer

Weise bereiteten Arzneien für den ganzen Umfang der Monarchie nachstehende Vorschriften gegeben:

§ 1. Einer jeden Medizinalperson soll, soweit sie nach Inhalt ihrer Approbation zur Zivilpraxis berechtigt ist, künftig nach Maßgabe der nachfolgenden näheren Bestimmungen gestattet sein, nach homöopathischen Grundsätzen bereitete Arzneimittel selbst zu dispensieren.

§ 2. Wer von dieser Befugnis (§ 1) Gebrauch machen will, muß hierzu die Erlaubnis des Ministers der Medizinalangelegenheiten einholen.

§ 3. Da die durch das Prüfungsreglement vom 1. 12. 1825 angeordneten Staatsprüfungen der Ärzte und Wundärzte auf Erforschung der pharmakologischen Kenntnisse und der pharmazeutisch-technischen Ausbildung der Kandidaten nicht mehr gerichtet sind, bei dem Heilverfahren nach homöopathischen Grundsätzen auch mehrere in die Landespharmakopöe nicht aufgenommene Arzneistoffe angewendet werden, so kann die Erlaubnis zum Selbstdispensieren der erwähnten Mittel nur denjenigen Medizinalpersonen erteilt werden, welche in einer besonderen Prüfung nachgewiesen haben, daß sie die erforderlichen Kenntnisse und Fertigkeiten besitzen, um die verschiedenen Arzneimittel voneinander unterscheiden, die verschiedenen Qualitäten derselben genügend bestimmen und Arzneimittel gehörig bereiten zu können.

Diese Prüfung soll vor einer Kommission erfolgen, welche der Minister der geistlichen, Unterrichts- und Medizinalangelegenheiten aus dazu qualifizierten und insbesondere mit der Botanik, Chemie und Pharmakologie, sowie mit den Grundsätzen des homöopathischen Heilverfahrens praktisch vertrauten Männern, bestellen wird. Diese Kommission hat ihren Sitz in Berlin. Dem genannten Minister bleibt es indes vorbehalten, bei eintretender besonderer Veranlassung die erwähnte Prüfung auch anderswo, durch dazu besonders bestellte Kommissarien abhalten zu lassen

§ 4. Die Einrichtungen, welche zur Bereitung und Dispensation der Arzneien von den dazu für befugt erklärten Medizinalpersonen getroffen worden sind, unterliegen in gleicher Art, wie dies bei den Hausapotheken stattfindet, welche ausnahmsweise einzelnen Ärzten gestattet sind, zeitweisen Visitationen durch die Medizinalbehörde.

Bei diesen Visitationen müssen die betreffenden Medizinalpersonen sich darüber ausweisen,

a) daß sie zur Bereitung und Dispensation der Arzneien ein nach den Grundsätzen des homöopathischen Heilverfahrens zweckmäßig eingerichtetes besonderes Lokal besitzen,

b) daß die vorhandenen Arzneistoffe und Drogen von untadelhafter Beschaffenheit sind,

c) daß die wichtigsten Arzneistoffe, deren namentliche Bezeichnung erfolgen wird, in der ersten Verdünnung angetroffen werden, damit die erforderliche chemische Prüfung derselben in bezug auf ihre Reinheit angestellt werden könne; und

d) daß ein Tagebuch geführt wird, in welches die ausgegebenen Arzneien nach ihrer Beschaffenheit und Dosis, unter genauer Bezeichnung des betreffenden Patienten und des Datums der Verabreichung eingetragen werden.

§ 5. Es ist allen Medizinalpersonen untersagt, zubereitete homöopathische Arzneien zum Behufe des Selbstdispensierens, sei es in größeren oder geringeren Quantitäten, direkt oder indirekt aus ausländischen Apotheken oder Fabriken zu entnehmen.

§ 6. Wer homöopathische Arzneien selbst dispensiert, ist nur befugt, dieselben an diejenigen Kranken zu verabreichen, welche er selbst behandelt.

§ 7. Den Medizinalpersonen, welche die Genehmigung zum Selbstdispensieren homöopathischer Arzneimittel erhalten haben, bleibt es untersagt, unter dem Vorwande homöopathischer Behandlung, nach den Grundsätzen der sogenannten allopathischen Methode bereitete Arzneimittel selbst zu dispensieren.

§ 8. Wer ohne die im § 2 vorgeschriebene Genehmigung sogenannte homöopathische Arzneimittel selbst dispensiert, soll von der Befugnis hierzu für immer ausgeschlossen bleiben und außerdem nach den allgemeinen Vorschriften über den unbefugten Verkauf von Arzneien bestraft werden.

§ 9. Eben diese Strafe (§ 8) und zugleich der Verlust der Befugnis zum Selbstdispensieren soll denjenigen treffen, welcher sich einer Überschreitung der Vorschriften der §§ 6 und 7 schuldig macht.

§ 10. Übertretungen der §§ 4 und 5 sind mit einer Geldbuße bis zu 50 Taler zu ahnden und können, bei Wiederholung des Vergehens, nach vorangegangener zweimaliger Bestrafung, mit der Entziehung der Befugnis zum Selbstdispensieren bestraft werden.

§ 11. Die Untersuchung und Bestrafung der Vergehen gegen die Bestimmungen dieses Reglements erfolgt nach den allgemeinen Vorschriften über das Strafverfahren gegen Medizinalpersonen wegen Verletzung ihrer Berufspflichten.

§ 12. Auf die sogenannten isopathischen Arzneimittel findet gegenwärtiges Reglement keine Anwendung.

5. Zirkularverfügung an sämtliche Regierungen usw., betreffend die Prüfungen approbierter Medizinalpersonen zum Selbstdispensieren homöopathischer Arzneien.

Vom 23. September 1844 (Min.-Bl. S. 290).

Durch das mittels allerh. Order vom 11. 7. 1843 genehmigte Reglement vom 20. 6. 1843 bin ich ermächtigt, approbierten Medizinalpersonen die Erlaubnis zum Selbstdispensieren nach homöopathischen Grundsätzen bereiteter Arzneien zu erteilen, jedoch ist die Erlaubnis im § 3 des Reglements an die Bedingung eines Examens geknüpft. Um letzteres den Kandidaten nach Möglichkeit zu erleichtern, habe ich, außer der in Berlin niedergesetzten besonderen Prüfungskommission mit Berücksichtigung derjenigen Provinzen, in denen das homöopathische Heilverfahren bis jetzt Eingang gefunden hat, delegierte Kommissionen, und zwar vorläufig in Breslau und Magdeburg, angeordnet, und alle 3 Kommissionen über die Art der Prüfung, welche eine auf das homöopathische Heilverfahren angewandte pharmakologische sein wird, mit näherer Instruktion versehen.

Durch eine spätere allerh. Bestimmung bin ich noch in Rücksicht auf die Beschwerde, welche die nachträgliche Ablegung eines Examens bereits längere Zeit praktizierenden Ärzten bei unzweifelhafter materieller Qualifikation veranlaßt, ermächtigt, bewährten Homöopathen unter gewissen Bedingungen das Selbstdispensieren auch ohne besondere Prüfung zu gestatten. Es wird jedoch diese Ausnahme von der durch das Reglement feststehenden Regel nur bei solchen approbierten Ärzten stattfinden, welche sich entweder als Schriftsteller über Homöopathie ausgezeichnet, oder die Heilmethode erweislich seit mindestens 5 Jahenr vom 8. 3. d. J., als dem Tage der allegierten allerh. Bestimmung rückwärts gerechnet, ausgeübt haben.

Alle übrigen, das homöopathische Heilverfahren anwendenden Ärzte haben sich entweder der Prüfung zu unterwerfen, oder aber des Selbstdispensierens zu enthalten, und ist mit Strenge die Beachtung dieser Alternative zu überwachen.

Die Königl. Regierung ersuche ich usw.

In beiden Fällen sind die Gesuche durch die Königl. Regierung an mich zu richten.

Diejenigen Kandidaten, welche künftig gleich nach beendigtem Kursus auch diese in Rede stehende Befugnis sich erwerben wollen, haben ihre diesfalligen Anträge wie bei der Meldung zu den Staatsprüfungen zu machen.

6. Ministerialerlaß vom 28. Februar 1846, betreffend Vorrätighalten der wichtigen Arzneistoffe in homöopathischen Hausapotheken.

(Min.-Bl. f. d. innere Verw. S. 38).

Es sind folgende Arzneistoffe:

1. Aconitum Napellus,
2. Alunina,
3. Antimonium crudum,
4. Antimonium tartaricum,
5. Arnica montana,
6. Arsenicum album,
7. Aurum foliatum,
8. Belladonna (Atropa),
9. Bryonia alba,
10. Calcarea carbonica,
11. Cantharides,
12. Carbo vegetabilis,
13. Chamomilla (Matricaria),
14. China (regia et fusca),
15. Cina (Cinae semen),
16. Cocculus,
17. Coffea arabica,
18. Crocus sativus,
19. Cuprum (metallicum),
20. Digitalis purpurea,
21. Drosera rotundifolia,
22. Dulcamara (Solanum),
23. Euphrasia officialis,
24. Graphites,
25. Hepar sulphuris calcareum,
26. Hyoscyamus niger,
27. Ignatia amara,
28. Ipecacuanha (Cephaelis),
29. Kali carbonicum,
30. Lycopodium clavatum,
31. Magnesia carbonica,
32. Mercuris solubilis,
33. Natrum muriaticum,
34. Nitri acidum,
35. Nux vomica (Strychnos),
36. Opium,
37. Petroleum,

38. Phosphorus,
39. Pulsatilla pratensis,
40. Rhus Toxicodendron,
41. Sabina (Juniperus),
42. Secale cornutum,
43. Sepiae succus,
44. Silicea,
45. Spigelia anthelmia,
46. Spongia marinatosta,
47. Stannus metallicum,
48. Staphis agria (Delphinium),
49. Stramonium (Datura),
50. Sulphur,
51. Thula occidentalis,
52. Veratrum album.

7. Gutachten der wissenschaftlichen Deputation für das Medizinalwesen vom 28. Januar 1852 über den Ausdruck „in der Nähe".

Nur an Orten, die wenigstens eine Meile[1]) von der nächsten Apotheke entfernt sind, ist dem Arzt ausnahmsweise gestattet, Arzneimittel für seine Kranken zu dispensieren.

8. Ministerialbescheid vom 21. Dezember 1863 zu § 5 des Reglements vom 20. Juni 1843.

Zu § 5d des Reglements vom 20. Juni 1843
(Min.-Bl. f. d. i. Verw. 1864, S. 3).
(Auszugsweise.)

Wenn § 5 ausdrücklich untersagt, zubereitete homöopathische Arzneien weder direkt noch indirekt aus ausländischen Apotheken oder Fabriken zu entnehmen, so bezieht sich dieses Verbot noch mehr auf das Entnehmen derartiger Arzneien von Nichtapothekern.

---

[1]) Gemeint ist die deutsche Meile

9. Allgemeine Verfügung, betreffend Berechtigung der Ärzte zum Selbstdispensieren homöopathischer Arzneien.

Vom 13. April 1869 (Min.-Bl. S. 89).

Im Anschluß der Verfügungen vom 6. Juni und 18. Juli 1867, die Befugnis zur Ausübung der ärztlichen Praxis betreffend, bestimme ich, kraft der mir durch die allerhöchste Verordnung vom 13. Mai 1867 erteilten Ermächtigung für den Umfang der preußischen Monarchie, unter Aufhebung aller entgegenstehenden Vorschriften, daß das Reglement über die Befugnis der approbierten Medizinalpersonen zum Selbstdispensieren der nach homöopathischen Grundsätzen bereiteten Anzneimittel vom 20. Juni 1843 nebst den dasselbe ergänzenden und erläuternden Vorschriften hinfort für die Medizinalpersonen im ganzen Staatsgebiet Geltung erlangt und die nach Maßgabe jener Bestimmungen erlangte Befugnis im ganzen Staatsgebiet geübt werden darf, soweit der Inhaber derselben nach Inhalt seiner Approbation zur ärztlichen Praxis berechtigt ist.

10. Bescheid an die Kgl. Regierung zu Wiesbaden, betreffend die Berechtigung der Ärzte zum Selbstdispensieren homöopathischer Arzneien.

Vom 11. Dezember 1869 (Min.-Bl. 1870 S. 50).

Auf den Bericht vom 11. d. Mts. erwidere ich der Königlichen Regierung, daß für Beurteilung der Berechtigung praktischer Ärzte zum Selbstdispensieren homöopathischer Arzneimittel allerdings die Bestimmung der Zirkularverfügung vom 23. September 1844 maßgebend ist. Hiernach müssen diejenigen Ärzte, welche notorisch noch nicht fünf Jahre, vom Tage des Erlasses vom 13. April d. Js. ab rückwirkend gerechnet, die homöopathische Heilmethode und die Befugnis zum Selbstdispensieren homöopathischer Arzneien erlangen wollen, die vorgeschriebene Prüfung absolvieren.

Denjenigen Ärzten dagegen, welche sich entweder als Schriftsteller über Homöopathie ausgezeichnet, oder diese Heilmethode nachweislich schon länger als 5 Jahre ausgeübt haben, kann die Befugnis zum Selbstdispensieren homöopathischer Arzneien ohne Prüfung erteilt werden.

Die Königliche Regierung wolle diese Bestimmungen durch ihr Amtsblatt zur öffentlichen Kenntnis bringen, zugleich aber auch auf die Strafbestimmungen in den §§ 9 und 10 des Reglements vom 20. Juni 1843 aufmerksam machen.

11. Ministerialerlaß über das Dispensationsrecht homöopathischer Ärzte.

Vom 19. Januar 1897.

Die Vorschriften des Reglements über die Befugnis der approbierten Medizinalpersonen zum Selbstdispensieren der nach homoöpathischen Grundsätzen bereiteten Arzneimittel vom 20. Juni 1843 haben vielfach die Auslegung erfahren, daß Ärzte, welche die im § 3 des Reglements bezeichnete Prüfung bestanden haben, schon auf Grund des erlangten Befähigungszeugnisses sich zum Selbstdispensieren homöopathischer Arzneimittel für berechtigt halten, ohne hierzu die Genehmigung des Ministers der geistlichen, Unterrichts- und Medizinalangelegenheiten erhalten zu haben. Daß diese Auslegung eine irrige ist, ergeben die Vorschriften der §§ 2 und 3, welche das Recht, nach homöopathischen Grundsätzen bereitete Arzneimittel selbst zu dispensieren, außer von der durch das Bestehen einer Prüfung nachzuweisenden Befähigung noch von einer besonderen Genehmigung des Ministers ausdrücklich abhängig machen. Wer ohne diese Genehmigung homöopathisch Arzneimittel selbst dispensiert, soll gemäß der Bestimmungen im § 8 daselbst von der Befugnis hierzu für immer ausgeschlossen bleiben und außerdem nach den allgemeinen Vorschriften über den unbefugten Verkauf von Arzneimitteln bestraft werden.

Indem ich Veranlassung nehme, die vorstehenden Anordnungen des Reglements erneut in Erinnerung zu bringen, bemerke ich zugleich, daß ich beabsichtige, bei der Handhabung dieser Angelegenheit in Zukunft nach Maßgabe der nachstehenden Gesichtspunkte zu verfahren.

1. Denjenigen homöopathischen Ärzten, welche bisher ohne ministerielle Erlaubnis homöopathische Arzneimittel selbst dispensiert haben, wird die Genehmigung ohne weiteres erteilt werden, sofern nicht Verfehlungen des Antragstellers gegen die medizinalpolizeilichen Vorschriften oder sonstige die Zuverlässigkeit der Person in Frage stellende Hinderungsgründe eine Versagung erforderlich erscheinen lassen.
2. Der Umstand, daß bei den vorhandenen Apotheken eines Ortes homöopathische Arzneiabgabestellen eingerichtet sind, bildet kein Hindernis für die Erteilung der Genehmigung.
3. Beim Wechsel des Wohnortes des Arztes erlischt die Genehmigung nicht, dagegen ist der Arzt verpflichtet, von dem Wechsel dem Regierungspräsidenten und, falls der Wohnort in den Bezirk einer anderen Regierung verlegt wird, auch dem Präsidenten dieser Regierung Anzeige zu erstatten.
4. Die zurzeit bestehenden Vorschriften über die Einrichtung und Beaufsichtigung der ärztlichen Hausapotheken bleiben auch ferner maßgebend. (Vgl.

die §§ 49, 50 der Vorschriften über Einrichtung und Betrieb der Apotheken usw. vom 16. Dezember 1893 — Min.-Bl. f. d. i. Verw. 94, S. 11 — und §§ 1, 25, 26 der Anweisung zur amtlichen Besichtigung der Apotheken usw. vom 16. Dezember 1893 — daselbst S. 12 und 15 —).

Indem ich die entgegenstehenden Bestimmungen des Runderlasses vom 14. November 1895 aufhebe, ersuche ich Euer Hochwohlgeboren ergebenst, bei berichtlichen Anträgen die vorstehenden Gesichtspunkte gefälligst zu beachten.

Abschnitt VI.

Verschiedenes.

Der letzte Abschnitt macht uns mit einigen Begriffen bekannt, so unter anderem auch mit den Zahntechnikern. Auch finden wir hierunter die Bestimmungen über ihre Zulassung zur Krankenkassenbehandlung. Von Wichtigkeit sind auch die Bestimmungen über die Titelfrage, die ja, was die Heilkundigen anbetrifft, eigentlich schon durch die Reichs-Gewerbeordnung (I 2) geregelt ist.

Als letztes bringt das Buch die sog. Pinkerneilschen Richtlinien, die eine Grundlage bilden für eine Einigung zwischen Zahnärzten und Zahntechnikern, die sich bisher in ähnlich scharfem Kampfe gegenübergestanden haben wie Ärzte und Heilkundige.

1. Kreiswundarzt.

Er war bis zur Medizinalreform durch das Kreisarztgesetz vom 16. September 1899 (GS. 172) der zweite Medizinalbeamte im Kreise neben dem Kreisphysikus. Durch § 14 des Kreisarztgesetzes sind die Kreiswundarztstellen aufgehoben.

2. Wundärzte und ähnliche Bezeichnungen.

Wundärzte waren nach dem preußischen Prüfungsreglement vom 1. Dezember 1825, im Gegensatz zu den promovierten Ärzten, Ärzte mit geringerer wissenschaftlicher

Vorbildung, welche innere Kuren in der Regel nicht unternehmen sollten; sie schieden sich nach dem Werte ihrer Befähigung noch in Wundärzte erster und zweiter Klasse. Bereits durch Kabinettsorder vom 15. September 1848 ist die fernere Ausbildung von Wundärzten beseitigt. Die Gewerbeordnung (§ 29) erwähnt die Wundärzte noch und macht die Führung der Bezeichnung als Wundarzt von der Erlangung der Approbation abhängig. Die auf Grund der Gewerbeordnung erlassenen ärztlichen Prüfungsordnungen (siehe jetzt ärztliche Prüfungsordnung vom 28. Mai 1901 — ZBl. 136 —) kennen indessen die Prüfung lediglich als Wundarzt nicht mehr; demgemäß wird auch eine Approbation lediglich als Wundarzt nicht mehr erteilt.

Das Wort Wundarzt finden wir heute nur noch in dem Württembergischen Oberamtswundarzt wieder, die als zweite Gerichtsärzte in jedem Oberamtsbezirk tätig sind, ohne jedoch gesundheitspolizeiliche Obliegenheiten zu haben.

Kreisoberhebeärzte nennt man in Baden Ärzte, die zur Vornahme von Hebammenprüfungen ermächtigt sind.

3. Reichsversicherungsordnung.

Vom 19. Juli 1911 (RGBl. S. 509).

IV. Ärztliche Behandlung.

§ 122. Die ärztliche Behandlung im Sinne dieses Gesetzes wird durch approbierte Ärzte, bei Zahnkrankheiten auch durch approbierte Zahnärzte (§ 29 der Gewerbeordnung) geleistet. Sie umfaßt Hilfeleistungen anderer Personen, wie Bader, Hebammen, Heildiener, Heilgehilfen, Krankenwärter, Masseure und dergleichen sowie Zahntechniker, nur dann, wenn der Arzt (Zahnarzt) sie anordnet oder wenn in dringenden Fällen kein approbierter Arzt (Zahnarzt) zugezogen werden kann.

Die oberste Verwaltungsbehörde kann bestimmen, wieweit auch sonst Hilfspersonen[1]) innerhalb der staatlich anerkannten Befugnisse selbständige Hilfe leisten können.

§ 123. Bei Zahnkrankheiten, mit Ausschluß von Mund- und Kieferkrankheiten, kann die Behandlung außer durch Zahnärzte mit Zustimmung des Versicherten auch durch Zahntechniker[2]) gewährt werden. Die oberste Verwaltungsbehörde bestimmt, wieweit auch sonst Zahntechniker bei solchen Zahnkrankheiten selbständige Hilfe leisten können. Sie kann bestimmen, wieweit dies auch Heildiener und Heilgehilfen tun können. Sie bestimmt ferner, wer als Zahntechniker im Sinne dieses Gesetzes anzusehen ist.

---

[1]) Hiervon hat Bayern Gebrauch gemacht durch Zulassung der Bader, der in Bayern diesen Titel führenden geprüften Heilgehilfen. — Der Titel Bader ist geschützt.

[2]) Der Minister des Innern und der Handelsminister haben durch Erlaß vom 11. Mai 1914 folgendes angeordnet:

In der Öffentlichkeit sind mehrfach Zweifel hervorgetreten, wie diejenigen nicht approbierten Personen, die die Zahnheilkunde auf Grund des § 123 der Reichsversicherungsordnung bei Versicherten ausüben, zu bezeichnen sind.

Wenngleich die Bezeichnung „Dentist", sofern nicht besondere Umstände vorliegen, an sich nicht unzulässig sein mag, so ist doch, wie wir hiermit bestimmen, im amtlichen Verkehr entsprechend dem Wortlaut der Reichsversicherungsordnung allein die Bezeichnung „Zahntechniker" anzuwenden.

4. Verfügung, betr. die Ausführungsbestimmungen zu § 123 der Reichsversicherungsordnung.

Vom 2. Dezember 1913, Min.-Bl. f. d. i. Verw. S. 214.

Im Einvernehmen mit den Herren Ministern für Handel und Gewerbe, für Landwirtschaft, Domänen und Forsten und der öffentlichen Arbeiten erlasse ich zu § 123 der Reichsversicherungsordnung die folgenden Ausführungsbestimmungen:

1. Als Zahntechniker im Sinne der Reichsversicherungsordnung ist anzusehen, wer
   a) das 25. Lebensjahr vollendet hat und unbescholten ist,
   b) eine dreijährige Lehrzeit bei einem Zahnarzte oder einem zuverlässigen Zahntechniker durchgemacht hat,
   c) nach der Lehrzeit 4 Jahre als behandelnder Zahntechniker im Hauptberufe[1]) tätig gewesen ist[2]),
   d) das Gewerbe des Zahntechnikers im Hauptberufe ausübt[2]),

sofern nicht Tatsachen vorliegen, die seine Unzuverlässigkeit in bezug auf das Zahntechnikergewerbe dartun.

In dem Zeitraume von fünf Jahren nach Inkrafttreten der Reichsversicherungsordnung bedarf es des Nachweises der ordnungsmäßigen Lehrzeit (zu b) nicht für Zahntechniker, die dieses Gewerbe mindestens während der letzten fünf Jahre selbständig im Hauptberufe ausgeübt haben.

Der Versicherungsträger hat die Namen derjenigen Zahn-

---

[1]) Anrechnung der im Kriege nachgewiesenen Tätigkeit s. Erlaß vom 10. November 1919 MMBl. S. 257, sonstige Anrechnungen s. Prüfungsordnung vom 2. Dezember 1913 (abgeändert 14. Oktober 1920).

[2]) S. Abänderung durch den nachstehend (VI 5) abgedruckten Erlaß.

techniker, die zur Behandlung der Versicherten zugelassen werden sollen, dem für den Wohnort des Zahntechnikers zustehenden Versicherungsamte anzuzeigen und hierbei darzulegen, daß die obigen Voraussetzungen erfüllt sind; auf Erfordern des Versicherungsamtes sind ihm die betreffenden Nachweise, Urkunden usw. vorzulegen. Das Versicherungsamt prüft die Angaben des Versicherungsträgers unter Anhörung des Kreisarztes. Erachtet es die Voraussetzungen nicht für vorliegend, so ist die Entscheidung des Vorsitzenden des Oberversicherungsamtes einzuholen.

Gegen dessen Entscheidung steht dem Versicherungsträger die Beschwerde an den Minister des Innern und für Handel und Gewerbe zu.

Ist eine Landkrankenkasse oder eine landwirtschaftliche Betriebskrankenkasse Versicherungsträger, so ist die Beschwerde auch an den Minister für Landwirtschaft, Domänen und Forsten zu richten.

2. Ohne Zustimmung des Versicherten können Zahntechniker für Rechnung einer Krankenkasse selbständige Hilfe leisten, wenn nach der Entscheidung des Oberversicherungsamtes die Voraussetzungen des § 370 RVO. bezüglich der Zahnärzte vorliegen, oder wenn die zahnärztliche Versorgung der Kassenmitglieder durch den Mangel an Zahnärzten so erschwert ist, daß die Beschränkung auf die Zahnärzte den berechtigten Anforderungen der Erkrankten nach der Entscheidung des Versicherungsamtes nicht entsprechen würde. Das Versicherungsamt hat vor seiner Entscheidung den Kreisarzt zu hören.

3. Vorstehende Bestimmungen gelten für Knappschaftsvereine und besondere Krankenkassen (§ 5 des Knappschaftsgesetzes vom 17. Juni 1912) mit der Maßgabe, daß, insoweit Knappschaftsoberversicherungsämter bestehen, deren Vorsitzende für die Entscheidung nach Nr. 1 Abs. 3 Satz 3 zuständig sind, und daß für die Entscheidung nach Nr. 2 darüber, ob die zahnärztliche Versorgung erschwert ist, an Stelle des Versicherungsamtes das Oberversicherungsamt (Knapp-

schaftsoberversicherungsamt) tritt, welches von einer Anhörung des Kreisarztes absehen kann.

Für den Bereich der Betriebskrankenkassen der Staatseisenbahnverwaltung stehen dieselben Entscheidungsbefugnisse den für die Königlichen Eisenbahndirektionen errichteten besonderen Oberversicherungsämtern zu.

Euere Hochwohlgeboren ersuche ich ergebenst, diese Ausführungsbestimmungen alsbald weiter bekanntzumachen.

5. Erlaß vom 14. Oktober 1920, betreffend Vorschriften über die staatliche Prüfung von Zahntechnikern.

(M.-M.-Bl. S. 369)[1][2].

Im Einvernehmen mit dem Herrn Minister für Handel und Gewerbe, für Landwirtschaft, Domänen und Forsten und dem Herrn Reichsverkehrsminister wird der Erlaß des Herrn Ministers des Innern, betr. Ausführungsbestimmungen zu § 123 Reichsversicherungsordnung, vom 2. Dezember 1913 — M 7789 —, wie folgt, abgeändert:

Nr. 1c erhält folgenden Zusatz:

---

[1]) Prüfungsordnungen haben ebenfalls Bayern (17. November 1913, 20. April 1923, 19. Februar 1926), Sachsen (7. August 1924), Württemberg (15. Februar 1922), Baden (29. März 1920, 15. Januar 1925), Thüringen (10. November 1921), Hessen (7. März 1919), Hamburg (5. April 1922), Braunschweig (27. Juni 1921), Waldeck (6. Juli 1922). Abgedruckt in Veröffentl. des Reichsgesundheitsamts.

[2]) Ein Erlaß vom 10. Oktober 1924 (Volkswohlfahrt 1924 S. 422) spricht aus, daß die zahnärztliche Versorgung von Krankenkassenmitgliedern durch approbierte Zahnärzte und durch Zahntechniker soweit sicher gestellt sei, daß die Hinzuziehung weiterer Zahntechniker zur Krankenkassentätigkeit im allgemeinen zunächst nicht mehr erforderlich erscheint.

Auf diese Zeit wird die Ausbildung an einer anerkannten Lehranstalt für Zahntechniker bis zu einem Jahre angerechnet.

Außerdem kann auf die Lehrzeit eine Gehilfenzeit bis zu einem Jahre angerechnet werden, doch müssen Lehr- und Gehilfenzeit mindestens 7 Jahre betragen.

Der erste Absatz der Ziffer 1 erhält am Schlusse folgenden Zusatz:

e) die vorgeschriebene Prüfung bestanden und sich im Besitze eines hierüber ausgestellten Ausweises befindet. Die in einem anderen deutschen Lande abgelegte Prüfung wird für das preußische Staatsgebiet anerkannt.

Von dem Nachweis einer Prüfung sind alle bis zum 1. Oktober 1920 zur Kassenpraxis zugelassenen oder nach den bisherigen Bestimmungen zulassungsfähigen Zahntechniker entbunden, sofern nicht ein begründeter Einwand gegen die Berufszuverlässigkeit vom Versicherungsträger binnen 6 Monaten nach der Zulassung bzw. nach Veröffentlichung dieser Verordnung beim Oberversicherungsamt erhoben wird.

Ein solcher Einwand kann nicht erhoben werden, wenn ein Zahntechniker schon seit dem 1. Oktober 1918 in einem Vertragsverhältnis mit Versicherungsträgern steht oder an diesem Tage bereits eine 10jährige Tätigkeit als Zahntechniker im Hauptberuf ausgeübt hat. Der Erlaß des Herrn Ministers des Innern vom 26. März 1919 — M 5057 — (Verlängerung der Übergangsbestimmungen für Kriegsteilnehmer betreffend) findet sinngemäße Anwendung[1]).

Die bereits zur Kassenpraxis zugelassenen oder zulassungsfähig gewesenen Zahntechniker können, auch wenn sie den Voraussetzungen des Absatzes Nr. 1b und c nicht genügen, binnen 3 Jahren zur Prüfung zugelassen werden.

---

[1]) Durch Erlaß vom 26. Juli 1927 (Volkswohlf. S. 894) hat der Minister, entgegen seiner bisherigen Auffassung, bestimmt, daß auch bei Unterbrechung der Kassentätigkeit von

Wenn die Unzuverlässigkeit des Zahntechnikers in bezug auf seine Berufsausübung gerichtlich nachgewiesen ist, oder wenn ihm die bürgerlichen Ehrenrechte aberkannt sind, oder wenn er das Gewerbe im Umherziehen ausübt, oder wenn nachträglich festgestellt wird, daß er bei der Zulassung zur Prüfung unrichtige Angaben gemacht hat, kann der Ausweis von mir nach Anhörung des betreffenden Zahntechnikers und des Verbandes der Dentisten im Deutschen Reiche für ungültig erklärt und abgefordert werden. Unter denselben Voraussetzungen kann einem Zahntechniker, der in einem anderen deutschen Lande geprüft worden ist, eine gemäß § 123 der Reichsversicherungsordnung ausgeübte Berufstätigkeit von mir für das preußische Staatsgebiet untersagt werden.

Die Vorschriften über diese Prüfung sind in der Anlage in drei Abdrucken beigefügt[1]). Ich ersuche, diese Vorschriften durch das Amtsblatt bekanntzugeben, bezüglich der Durchführung das Weitere zu veranlassen und bis zum 1. Dezember d. Js. Vorschläge für die Bildung von Prüfungsausschüssen sowie über den Sitz des Prüfungsausschusses und die Prüfungsanstalt zu machen. Als Vorsitzende sind die Regierungs- und Medizinalräte in Aussicht genommen.

6. Verordnung über die Führung akademischer Grade.

Vom 30. September 1924 (GS. S. 605).

§ 1. Preußische Staatsangehörige, die einen akademischen Grad einer Hochschule außerhalb Preußens er-

---

den bisher ohne Prüfung zugelassenen Zahntechnikern bei erneuter Zulassung die Ablegung einer Prüfung nicht verlangt werden kann.

[1]) Der Kürze halber ist der Abdruck nicht erfolgt. Abgeändert durch Erlaß v. 10. Oktober 1924 (Volkswohlfahrt S. 422).

worben haben, bedürfen zur Führung dieses Grades in Preußen der Genehmigung des Ministers für Wissenschaft, Kunst und Volksbildung.

Diese Genehmigung kann hinsichtlich der akademischen Grade bestimmter außerpreußischer Hochschulen allgemein erteilt werden.

Eine Genehmigung ist nicht erforderlich, wenn es sich um den akademischen Grad einer deutschen Hochschule handelt, der auf Grund einer schon vor dem 1. Januar 1923 bestehenden Satzung verliehen worden ist.

§ 2. Für nichtpreußische Reichsangehörige und für Ausländer, die sich in Preußen aufhalten, gilt die Bestimmung des § 1 mit der Maßgabe, daß es, sofern sie sich nur vorübergehend und nicht zu Erwerbszwecken oder ausschließlich im amtlichen Auftrag in Preußen aufhalten, genügt, wenn sie nach dem Rechte ihres Heimatstaats zur Führung des akademischen Grades befugt sind.

§ 3. Diese Verordnung tritt mit dem Tage der Verkündung in Kraft. Gleichzeitig tritt die Königliche Verordnung, betreffend die Führung der mit akademischen Graden verbundenen Titel, vom 7. April 1897 (Gesetzsamml. S. 99) außer Kraft.

7. Preußische Bekanntmachung, betreffend die Führung des Titels „Dr.“ seitens eines nicht zum „Dr. med.“ promovierten Arztes[1]).

In dem Erlaß des Ministers der Medizinalangelegenheiten vom 27. April 1903 — M. 1149, 26. I — ist darauf

---

[1]) Die Führung arztähnlicher Titel oder aber solcher Bezeichnungen, die dem mit den Titelfragen durchschnittlich nicht sehr bewanderten Publikum die Eigenschaft und die Kenntnisse eines akademisch gebildeten und approbierten deutschen Arztes

hingewiesen, daß nach dem Erkenntnisse des Kammergerichts vom 2. November 1891 und des Oberverwaltungsgerichts vom 25. Februar 1897 die Führung des Titels „Dr." geeignet ist, im Publikum die Täuschung hervorzurufen, der Betreffende sei eine zur Führung des medizinischen Doktortitels befugte Persönlichkeit. Ein Arzt, welcher „Dr. phil." und nicht „Dr. med." ist, würde sich hiernach durch die Bezeichnung „Dr." ohne den Zusatz „phil." der Möglichkeit der Bestrafung aussetzen.

---

vortäuschen soll, gibt Veranlassung zu einem ständigen Kampf mit einer gewissen Sorte von Heilkundigen, die aus gewissen Gründen ohne eine solche Titelführung nicht auskommen zu können glauben.

Bei den im Ausland erworbenen Titeln, Dr. med., Professor, handelt es sich meist um Diplome von Instituten, die fast ausschließlich rein privater Natur sind, und die oft auch nur auf Grund einer schriftlichen Fernprüfung diese Titel verleihen. Die Führung derartiger Titel ist nur mit dem Zusatz gestattet, daß er im Ausland erworben ist und zwar muß diese nähere Bezeichnung unmittelbar hinter dem Titel stehen.

Das Oberverwaltungsgericht hat in seinem Urteil vom 21. Juni 1928 entschieden, daß Verbote „künftighin die Bezeichnung als Arzt in Annoncen zu unterlassen" unzulässig seien, da sie Präventivmaßnahmen darstellten, zu deren Erlaß die Polizei in diesem Sinne nicht berechtigt sei.

Zu der Anweisung, unzulässige Bezeichnungen auf den Briefbogen zu entfernen oder entfernen zu lassen und sie zu beseitigen, ist die Polizei (ebenfalls gemäß dieser OVG.-Entscheidung) auf Grund ihrer durch 10. II. 17 des Allg. Landrechts allgemein begründeten Zuständigkeit zur Verhütung strafbarer Handlungen oder zur Aufrechterhaltung der öffentlichen Sicherheit und Ordnung nicht befugt. (Vgl. auch Entsch. d. OVG. Band 23 S. 274, Band 40 S. 295). Sowohl die Geschäftspapiere wie die beanstandeten Annoncen

8. Erläuterung des Begriffs Facharzt.

Beschlossen in der Sitzung des Reichsausschusses für Ärzte und Krankenkassen vom 17. April 1926.

Die Berechtigung, sich als Facharzt zu bezeichnen, st an folgende Voraussetzungen geknüpft:

1. Der Facharzt muß eine genügende Ausbildung in seinem Sonderfach haben.

2. Als genügend ist eine Fachausbildung ohne weiteres anzunehmen, wenn sie nach erlangter Approbation und nach Beendigung des praktischen Jahres beträgt:

für „Chirurgie", „Frauenkrankheiten und Geburtshilfe", „Innere Medizin (einschließlich Nervenkrankheiten)" mindestens vier Jahre,

für die übrigen Sonderfächer mindestens drei Jahre,

für „Chirurgie und Orthopädie" und „Chirurgie und Frauenkrankheiten" mindestens sechs Jahre.

Hierbei kann die Tätigkeit in einem für das endgültig gewählte Sonderfach wichtigen anderen Gebiete der Heilkunde oder in mehreren bis zu einem Jahre angerechnet werden.

3. Die Ausbildung soll in der Regel in Assistentenstellen an Kliniken einer Universität oder Akademie für praktische Medizin, an von anerkannten Fachärzten geleiteten,

---

stellen Druckschriften im Sinne des Reichspreßgesetzes vom 7. Mai 1874 (RGBl. S. 65) dar, und die Herausgabe von Druckschriften unterliegt nach § 1 des Gesetzes nur den Beschränkungen, die durch das Reichspreßgesetz oder andere Reichsgesetze vorgeschrieben oder zugelassen worden sind. Solche Beschränkungen kommen hier aber nicht in Betracht, insbesondere liegen aber für ein Einschreiten d. Pol.-Präsidenten wegen der Geschäftspapiere die gesetzlichen Voraussetzungen nicht vor.

gesonderten Abteilungen größerer Krankenhäuser, an Heilstätten, an geeigneten Privatkliniken oder an Fachabteilungen von Lazaretten erworben sein.

Auch die Ausbildung in sogenannten Volontärstellen soll angerechnet werden, wenn der Nachweis geführt wird, daß der Volontär seine Tätigkeit in gleich verantwortlicher Stellung wie ein Assistent ausgeübt hat.

Desgleichen wird die Ausbildung als Assistent oder Volontärarzt an selbständigen medizinischen Universitätskliniken, wenn diese mit „Distriktspolikliniken" verbunden sind, voll, andernfalls nur mit drei Jahren angerechnet. Für die übrigen Sonderfächer wird die Ausbildungszeit an Polikliniken und in Sprechstunden anerkannter Fachärzte nur zur Hälfte angerechnet.

Ausnahmen können nur in besonderen Fällen unter Berücksichtigung der örtlichen und persönlichen Verhältnisse im Einvernehmen mit der örtlichen Facharztgruppe von der zuständigen ärztlichen Organisation gemacht werden (z. B. bei älteren praktischen Ärzten, die ein Sonderfach ergreifen wollen).

4. Der Nachweis der Ausbildung ist durch Bescheinigungen der ausbildenden Direktoren und leitenden Ärzte über die Art und Dauer der Tätigkeit zu erbringen.

9. Grundsätze vom 18. Dezember 1925, betreffend Einigung zwischen Zahnärzten und Zahntechnikern.

Auf der Grundlage der in der Sitzung vom 19. Oktober bzw. 14. November d. Js. formulierten, nunmehr auch von den Zahntechnikern grundsätzlich anerkannten Pinkerneilschen Richtlinien werden von den unterzeichneten Organisationen unter Voraussetzung, daß die §§ 122 und 123 der RVO. sinngemäß geändert werden, folgende Vereinbarungen angenommen:

1. Zahntechniker, die am 1. Oktober 1925 das 50. Lebensjahr vollendet hatten und eine zwanzigjährige Berufstätigkeit als Zahntechniker — darunter eine zehnjährige behandelnde — ohne Nebengewerbe nachweisen, sollen innerhalb drei Jahren nach Inkrafttreten der vom Reichsrat zu erlassenden Übergangsbestimmungen nach Teilnahme an einem höchstens einjährigen Fortbildungslehrgang zu einer mündlichen Fachprüfung vor einer besonderen Kommission zugelassen werden. Nach Bestehen dieser Prüfung erhalten diese Zahntechniker die Approbation als Zahnärzte.

   Es soll Vorsorge getroffen werden, daß Zahntechniker, die durch ihre Teilnahme am Kriege in bezug auf die nachzuweisende zwanzigjährige Berufstätigkeit als Zahntechniker ohne Nebengewerbe beeinträchtigt wurden, keinen Nachteil in dieser Beziehung erleiden.
2. Zahntechniker, die am 1. Oktober 1925 das 25. Lebensjahr vollendet, jedoch das 50. Lebensjahr noch nicht überschritten hatten und den Bestimmungen der abzuändernden Reichsversicherungsordnung entsprechen oder drei Lehrjahre und vier Gehilfenjahre nachweisen sollen innerhalb dreier Jahre nach Inkrafttreten der vom Reichsrat zu erlassenden Übergangsbestimmungen zu einer besonderen Begabtenprüfung innerhalb zehn Jahren nach jenem Inkrafttreten und nach viersemestrigem Studium zu einer Abschlußprüfung zugelassen werden. Nach Bestehen dieser Prüfung erhalten auch diese Zahntechniker die Approbation als Zahnarzt.
3. Die übrigen Zahntechniker sollen nur über die Reifeprüfung oder die allgemeine Begabtenprüfung durch ein ordentliches Studium und Ablegung der vollen Prüfungen die Approbation als Zahnarzt erhalten.
4. Außerdem soll die Möglichkeit geschaffen werden,

besonders hervorragenden, fachwissenschaftlich bedeutenden Zahntechnikern innerhalb der drei Jahre nach Inkrafttreten der vom Reichsrat zu erlassenden Ausführungsbestimmungen ohne Rücksicht auf das Alter ohne weitere Bedingungen die Approbation als Zahnarzt zu erteilen.

5. Zahntechniker, die zugelassen oder zulassungsfähig im Sinne der Reichsversicherungsordnung sind oder die Voraussetzungen der Ziffern 1 und 2 erfüllen, aber die zahnärztliche Ausbildung mit Prüfung nicht aufnehmen bzw. nicht mit Erfolg zu Ende führen, erhalten auf reichsgesetzlichem Wege die Berufsbezeichnung „Dentist".

   Zu diesen sollen solche in der Ausbildung stehende Zahntechniker treten, die am 1. Oktober 1925 drei Jahre Lehrzeit und zwei Jahre Gehilfenzeit absolviert haben und die nach zu vereinbarender Grundlage ihre Ausbildung vollenden.

   Eine Kommission aus Zahnärzten und „Dentisten" hat unter Vorsitz eines Regierungsvertreters die Durchführung der Bestimmung nachzuprüfen und die Berechtigung auszusprechen.

   Die Namen der Anwärter sind amtlich zu ermitteln und festzustellen.

6. Die sodann noch verbleibenden „Zahntechniker" werden in den Kunsthandwerkerstand unter Zusammenschluß zu einer Innung übergeführt. Sie gliedern sich alsdann in Lehrlinge, Gehilfen und Meister. Die Bestimmungen der Zulassung zum Studium ohne Reifeprüfung werden dadurch nicht berührt.

   Die Ausbildung dieser „Zahntechniker" soll nur noch den Meistern vorbehalten sein (Zahnärzte und Dentisten ohne Meisterprüfung müssen hierbei ausscheiden).

7. Der am 14. November 1925 eingesetzte Überwachungs-

ausschuß soll die Durchführung dieses Abkommens überwachen unter Hinzuziehung von Sachverständigen der beteiligten Verbände.

Für §§ 122 und 123 der RVO. wird folgende Neufassung vorgeschlagen.

§ 122.[1]) Die ärztliche Behandlung im Sinne dieses Gesetzes wird durch approbierte Ärzte bei Zahn-, Mund- und Kieferkrankheiten durch approbierte Zahnärzte (§ 29 der RVO.) geleistet. Sie umfaßt Hilfeleistungen anderer Personen wie Bader, Hebammen, Heildiener, Heilgehilfen, Krankenwärter, Masseure und dgl. nur dann, wenn der Arzt (Zahnarzt) sie anordnet, oder wenn in dringenden Fällen kein approbierter Arzt (Zahnarzt) zugezogen werden kann.

Die oberste Verwaltungsbehörde kann bestimmen, wieweit auch sonst Hilfspersonen innerhalb der staatlich anerkannten Befugnisse selbständige Hilfe leisten können.

§ 123.[1]) Bei Zahnkrankheiten, mit Ausschluß von Mund und Kieferkrankheiten, kann die Behandlung außer durch Zahnärzte mit Zustimmung des Versicherten auch durch Dentisten gewährt werden, die zur Behandlung des Versicherten bereits zugelassen waren oder die am 1. Oktober 1925 den für die Zulassung geforderten Bedingungen entsprechen.

[1]) Den jetzt gültigen Text dieser beiden Paragraphen finden wir oben Abschn. VI, 3.

Sachregister.

(Die Zahlen verweisen auf die Seiten.)

A.

G.

H.

J.

M.

N.

O.

P.

S.

T.

W.

Z.

Gedruckt bei A. W. Hayn's Erben, Potsdam.

Guttentagsche Sammlung

Deutscher Reichs- und Preußischer Gesetze

einschließlich

de Gruytersche Sammlung Deutscher Gesetze

(Handkommentare)

Systematisches Verzeichnis

Novbr. 1928

Walter de Gruyter & Co., Berlin W 10 und Leipzig

Bürgerliches Recht

Bürgerliches Gesetzbuch

Band

Reichsgesetze:

88/39. **Bürgerliches Gesetzbuch nebst Einführungsgesetz.** Von A. Achilles. In Verbindung mit F. André, O. Meyer, O. Strecker, K. v. Unzner herausgegeben von M. Greiff. 12. Auflage. — 1926. 24.—

84. **Sammlung kleinerer privatrechtlicher Reichsgesetze.** Von G. Müller. — 1903. 5.50

129. **Zivilrechtkriegsgesetze.** Von J. Fischer. — 1918. 1.50

116. **Kriegs-Zivil- und Finanzgesetze.** 3. Auflage. — 1915. 1.50

116 a. Desgl. Zweite Folge: Jahr 1915. — 1916. 1.20

Preußische Gesetze:

23. **Ausführungsgesetze zum Bürgerlichen Gesetzbuche.** Von P. Siméon. 3. Auflage. — 1914. 2.20

Textausgaben:

Bürgerliches Gesetzbuch nebst Einführungsgesetz. 16. Auflage. — 1928. 5.—

Schuldverhältnisse insbesondere

Reichsgesetze:

34. **Die Abzahlungsgeschäfte.** 3. Auflage von E. Wilke. — 1910. 1.20

93. **Sicherung der Bauforderungen.** Von E. Harnier. 3. Auflage. — 1912. 1.50

55. **Beschlagnahme von Lohn- und Gehaltsforderungen.** Von G. Meyer. 6. Auflage. — 1927. Mit Nachtrag 1928. 4.50

70. **Das Reichshaftpflichtgesetz.** Von G. Eger. — 1903. Vergriffen.
Als Ersatz: F. Seligsohn, **Haftpflichtgesetz.** — 1920. (Außerhalb der Sammlung.) 8.—, geb. 9.50

94. **Die Beamtenhaftpflichtgesetze des Reiches und der Länder.** Von H. Delius. 3. Auflage. — 1921. 3.20

52. **Rechte der Besitzer von Schuldverschreibungen.** Von H. Göppert. 2. Auflage von E. Trendelenburg. — 1915. 1.50

50. **Der Viehkauf (Viehgewährschaft).** Von H. Stölzle. 6. Auflage. — 1926. 15.—

90. **Das Internationale Privatrecht.** Die Haager Abkommen über. Von G. Bogeng. — 1908. 2.—
98. **Sechs Haager Abkommen über Internationales Privatrecht.** H. Dungs. — 1910. 1.50

Preußische Gesetze:

37. **Enteignung von Grundeigentum.** Von O. Meyer. 3. Auflage. — 1927. 5.50

Sachenrecht insbesondere

de Gruyter'sche Sammlung Deutscher Gesetze (Handkommentare):

Aufwertungsrecht von R. Michaelis. — 1926. Mit Nachtrag 1927. 16.—
Nachtrag einzeln —.30

Reichsgesetze:

135. **Erbbaurecht.** Von H. Günther. — 1919. 2.—
42. **Grundbuchordnung.** Von O. Fischer und R. Fischer. 9. Auflage. — 1927. 5.—
156. **Mietrecht und Wohnungsmangelgesetz.** Von O. Krieg. 4. Auflage. — 1928. 10.—

Textausgaben:

Aufwertungsgesetze mit Einleitung. Von R. Michaelis. — 1925. Mit Nachtrag 1927. 1.50
Reichsmietengesetz. — 1922. —.50

Familienrecht und Erbrecht

Reichsgesetze:

45. **Entmündigungsrecht.** Von P. Koll. — 1900. 1.20
58. **Recht der unehelichen Kinder.** Von H. Jastrow. — 1901. Mit Nachtrag 1925. 1.60
47. **Deutsches Vormundschaftsrecht.** Von M. Schultzenstein und P. Köhne. 2. Auflage. — 1901. Vergriffen.
124. **Todeserklärung Kriegsverschollener.** Von J. Partsch. — 1917. 2.—
59. **Beurkundung des Personenstandes und die Eheschließung.** Von F. Fibler. 2. Auflage. — 1912. 2.30

Preußische Gesetze:

8. **Nottestamente.** Von E. Kurtz. — 1904. 1.50

Handelsrecht

Reichsgesetze:

4. **Handelsgesetzbuch** ohne Seerecht. Von F. Litthauer und A. Mosse. 17. Auflage. Von E. Heymann. — 1926. 14.—
162. **Handelsrechtl. Nebengesetze.** Von O. Schreiber. — 1926. 14.—
169. **Bank- und Börsengesetze.** Von A. Nußbaum. — 1927. 11.—
41. **Börsengesetz.** Von Th. Hemptenmacher. 3. Auflage von O. Meyer. — 1915. 3.50
26. **Münz- und Notenbankwesen.** Von R. Koch. 7. Auflage von H. Schacht. — 1925. 14.—
117. **Darlehnskassengesetz.** Von H. Salomon u. K. Bud. — 1915. 1.80
40. Gesetz, betr. die **Pflichten der Kaufleute bei Aufbewahrung fremder Wertpapiere (Depotgesetz).** Von F. Lusensky. 3. Auflage. — 1916. Mit Nachtrag 1924/25. 1.—
24. **Aktiengesellschaft und Kommanditgesellschaften auf Aktien.** Von H. Keyßner und H. V. Simon. 7. Auflage. In Bearbeitung.
32. **Gesellschaften mit beschränkter Haftung.** Von L. Parisius, H. Crüger und A. Crecelius. 17. Auflage. — 1926. 3.50
29. **Erwerbs- und Wirtschaftsgenossenschaften.** Von L. Parisius, H. Crüger, A. Crecelius und Fr. Citron. 19. Auflage. — 1928. 4.—
51. **Hypothekenbankgesetz.** Von H. Göppert. 2. Auflage von H. J. Seidel. — 1911. Mit Nachtrag 1926. 2.20
100. **Kaligesetz.** Von B. Voelkel. — 1910. 2.40
167. **Verordnung gegen Mißbrauch wirtschaftlicher Machtstellungen** (Kartellgesetz). Von W. Staffel. — 1927. 3.50
115. **Das vertragliche Wettbewerbsverbot (Konkurrenzklausel).** Von G. Baum. — 1914. 3.—
113. **Postscheckgesetz.** Von J. Weiland. — 1914. Mit Nachtrag 1918. Vergriffen.
113 a. **Postscheckordnung.** Von J. Weiland. — 1914. Mit Nachtrag 1918. 1.50
85. **Scheckgesetz.** Von M. Apt. Vergriffen. Neue Auflage von W. Schmidt. In Bearbeitung.
    Kommentar von R. Michaelis. — 1927. (Außerhalb der Sammlung.) 16.—, geb. 18.—
5. **Wechselordnung.** Von J. Stranz und M. Stranz. 12. Auflage. — 1923. Mit Nachtrag 1926, enthaltend **Wechselstempelgesetz und Scheckgesetz.** 3.50
    Nachtrag einzeln —.60

36. **Privatrechtliche Verhältnisse der Binnenschiffahrt und Flößerei.** Von E. Löwe. 6. Auflage. — 1923. 4.—
19. **Die Seegesetzgebung.** Von W. E. Knitschky. 5. Auflage von O. Rudorff. — 1913. 8.—

Preußische Gesetze:

54. **Anlegung von Sparkassenbeständen in Inhaberpapieren.** Von H. Döhring. — 1914. 2.80
21. **Handelskammern.** Von F. Lusensky. 2. Aufl. — 1909. 3.—

Textausgaben:

Handelsgesetzbuch mit **Seerecht.** 11. Auflage. — 1924. 2.60
Wechselordnung. — 1908. Mit Anhang: Wechselprozeß und Ausführungsanweisung. — 1920. —.50

Versicherungsrecht

Reichsgesetze:

62. **Private Versicherungsunternehmungen.** Von H. Koenige. 3. Auflage von H. Koenige und A. Petersen. — 1927. 20.—
83. **Versicherungsvertrag.** Von P. Hager und E. Bruck. 6. Auflage. — 1928. Im Druck.
164. **Aufwertung von Versicherungsansprüchen.** Teil I: **Lebensversicherungen.** Von L. Berliner und E. Pfaffenberger. — 1926. 6.50
164 a. Desgl. Teil II: **Sach-** (Feuer-, Glas-, Wasser- usw.) **und Transportversicherung, Unfall- und Haftpflichtversicherung.** — 1926. Mit Nachtrag 1927. 3.50
Nachtrag einzeln —.30

Gewerberecht

Reichsgesetze:

6. **Gewerbeordnung** für das Deutsche Reich nebst **Kinderschutzgesetz** und **Hausarbeitsgesetz.** Von Fr. Hiller und H. Luppe. 21. Auflage. — 1928. 11.—
64. **Handel mit Drogen und Giften,** Gesetzsammlung, betr. den. Von H. Sonnenfeld. 3. Auflage. — 1926. 12.—
48. **Drogen-, Gift- und Farbenhandel außerhalb der Apotheken,** Gesetze, betr. den. Von J. Broh. — 1899. 1.20

130. **Ersatzlebensmittelverordnung.** Von H. E. Wendel. — 1918. 1,50
54. **Nahrungsmittelgesetze** mit Erläuterungen. Von Georg Lebbin. 2. Auflage in zwei Bänden.
a) I. **Lebensmittelgesetz** vom 5. Juli 1927 mit Nebengesetzen (Margarine, Fleisch, Milch, Süßstoff, Essigsäure usw.). Von G. Lebbin und R. Gießner. — 1928. 8,50
b) II. **Getränkegesetze und Getränkesteuergesetze** (Wein, Bier, Branntwein, Mineralwasser). Unter Mitarbeit von K. Kniebe. — 1926. 10,—
65. **Weingesetz.** Von G. Lebbin. 2. Auflage. — 1909. Vergriffen
71. **Kinderarbeit in gewerblichen Betrieben.** Von H. Spangenberg. 2. Auflage. — 1904. 1,20

Preußische Gesetze:

16. **Konzessionierung gewerblicher Anlagen.** Von W. v. Rüdiger. 2. Auflage. — 1901. Vergriffen.

Textausgaben:

Gewerbeordnung, Preußische Ausführungsanweisung zur. — 1904. 1,—

Arbeitsrecht

Reichsgesetze:

138 a. **Arbeiterschutz und Arbeitsrecht.** Von A. Günther. 2. Auflage. Teil I: **Arbeitszeitschutz.** Von R. Schneider und A. Günther. — 1927. 7,50
138 c. Teil II: **Schwerbeschädigtengesetz.** Von R. Schneider und A. Günther. — 1928. 8,—
138 b. **Betriebsrätegesetz.** Von A. Günther. — 1920. Vergriffen.
168. **Arbeitsgerichtsgesetz.** Von H. Depène. — 1927. 3,60
74. **Die Kaufmannsgerichte.** Von M. Apt. 3. Auflage. — 1904. Vergriffen.
112. **Kaufmannsgerichtsgesetz.** Von H. Depène. — 1914. 2,60
112 a. **Kaufmanns- und Gewerbegerichtsgesetz nebst Schlichtungsordnung.** (Ergänzungsband zu Bd. 112.) Von H. Depène. — 1924. 3,50
Die Bde. 112 und 112 a enthalten zusammen den vollständigen Text des Gewerbegerichtsgesetzes.

Preußische Gesetze:

58. **Arbeitsnachweis.** Von P. Wölbling. — 1920. 1,—

Sozialpolitische Gesetze

Reichsgesetze:

106—109. **Reichsversicherungsordnung.** Von F. Caspar und A. Spielhagen. 1913-1922. 4 Bände. Komplett. 18.—

161. **Reichsversicherungsordnung.** Von K. Lippmann. — 1925. 11.—

161 a. Desgl. **Ergänzungsband,** enthaltend die neue Fassung des **Unfallversicherungsgesetzes** sowie die Änderungen der übrigen Bücher der RVO. — 1926. 4.—

161 b. Desgl. **Zweiter Ergänzungsband.** 2., vermehrte Auflage nach dem Stand vom 1. Juli 1928. — 1928. —.80

155. **Reichsknappschaftsgesetz.** Von M. Reuß und F. Hense. 2. Auflage. — 1926. Mit Nachtrag 1927. 12.—

152. **Wohlfahrtsgesetze.** Von E. Behrend und H. Stranz-Hurwitz. Teil I. — 1923. 5.—

152 a. Desgl. Teil II. — 1925. 9.—

152 und 152 a zusammen bezogen 12.—

165. **Handbuch der Arbeitslosenfürsorge.** Von H. Schmeißer. Im Druck.

160. **Fürsorgepflicht.** Von E. Sandré. — 1925. 6.—

154. **Jugendwohlfahrt und Jugendgerichtsgesetz.** Von P. Drewes und E. Sandré. 2. Auflage von P. Drewes. — 1928. 11.—

Textausgaben:

Versicherungsgesetz für Angestellte. 2. Auflage. — 1927. 2.50

Geistig-gewerblicher Rechtsschutz

Reichsgesetze:

81. **Urheberrecht an Werken der bildenden Künste und der Photographie.** Von L. Fuld. 2. Auflage. — 1926. 6.—

60. **Das Urheberrecht an Werken der Literatur und der Tonkunst.** Von O. Lindemann. 4. Auflage. — 1921. 1.80

102. **Urheberrecht an Mustern und Modellen** und Schutz von **Gebrauchsmustern.** Von J. Neuberg. — 1911. 2.40

95. Die Berner Übereinkunft über **Internationales Urheberrecht.** Von H. Dungs. — 1910. 1.—

61. **Verlagsrecht.** Von V. Marwitz. 3. Auflage. — 1922. 1.60

22. **Patentgesetz.** Von R. Lutter. 9. Auflage. — 1928. 10.—

87 a. **Das deutsche Warenzeichenrecht.** Von Freund und Magnus. 6. Auflage von Jüngel und Magnus.
Teil I: **Die internationalen Verträge.** — 1924. 9.—
Teil II: **Das deutsche Recht.** In Bearbeitung.

37 **Unlauterer Wettbewerb.** Von A. Pinner und A. Elster. 8. Auflage. — 1927. 5.—

Zivilprozeß

de Gruytersche Sammlung Deutscher Gesetze (Handkommentare):

Zivilprozeßordnung. Von R. Sydow, L. Busch und W. Krantz. 19. Auflage. — 1926. 25.—

Reichsgesetze:

14. **Gerichtsverfassungsgesetz.** Von R. Sydow. Fortgeführt von L. Busch. 10. Auflage. — 1925. 6.—

15. **Das deutsche Gerichtskostengesetz.** Von R. Sydow. Fortgeführt von L. Busch und O. Krieg. 11. Auflage. 1928. 7.50

17. **Gebührenordnung für Rechtsanwälte usw.** Von R. Sydow. Fortgeführt von L. Busch und O. Krieg. 13. Auflage. In Bearbeitung.

16. **Rechtsanwaltsordnung.** Von R. Sydow. 5. Auflage von M. Jacobsohn. — 1907. Mit Nachtrag 1910. Vergriffen.

80. **Gerichtliche Registerführung.** Von O. Lindemann. — 1906. 2.40

Preußische Gesetze:

17. **Preußisches Gerichtskostengesetz.** Von P. Simèon. 8. Auflage von O. Lindemann. — 1928. 8.—

35. **Geschäftsordnung für Gerichtsvollzieher.** Von E. Exner. — 1904. 3.—

Textausgaben:

Zivilprozeßordnung mit **Gerichtsverfassungsgesetz** und **Einführungsgesetzen.** — 1924. 3.50

Freiwillige Gerichtsbarkeit

Reichsgesetze:

46. **Freiwillige Gerichtsbarkeit.** Von H. Jastrow. 7. Auflage von H. Günther. — 1928. 9.—
76. **Die Rechtshilfe im Verkehr mit den ordentlichen Gerichten.** Von A. Friedländer. — 1906. 1.50
163. **Notariatsrecht.** Von F. Szkolny und L. Kober. — 1925. 8.50

Preußische Gesetze:

4. **Gebührenordnung für Notare** vom 28. Oktober 1922. Von J. Rausnitz. 6. Auflage. — 1925. 7.—
29. **Ärztliche Ehrengerichte, das Umlagerecht und die Kassen der Ärztekammern.** Von F. Fibler. — 1901. 1.50

Textausgaben:

Freiwillige Gerichtsbarkeit. — 1920. 1.—

Konkursordnung und Zwangsvollstreckung

Reichsgesetze:

13. **Konkursordnung und Anfechtungsgesetz.** Von R. Sydow. Fortgeführt von L. Busch und O. Krieg. 14. Auflage. — 1926. Mit Nachtrag 1927, enthaltend die **Vergleichsordnung.** 10.—
Nachtrag einzeln —.80
127. **Geschäftsaufsicht zur Abwendung des Konkurses.** Von G. Klien und E. Jaeger. — 1917. Durch Nachträge ergänzt. 3.—
40. **Zwangsvollstreckung.** Von J. Krech und O. Fischer. 9. Auflage von O. Fischer. — 1922. 3.50

Textausgaben:

Konkursordnung. 2. Auflage. — 1915. Mit Nachtrag 1927. 1.50
Nachtrag einzeln —.80

Strafrecht

Reichsgesetze:

2. **Strafgesetzbuch.** Von Fr. v. Liszt und E. Delaquis. 28. Auflage von E. Kohlrausch. — 1928. 8.—
9. **Sammlung kleinerer strafrechtlicher Reichsgesetze.** Von R. H. Kriegsmann. 3. Auflage. — 1910. 4.—
53. **Reichspreßgesetz.** Von A. Born. 3. Auflage. — 1924. 4.—
133. **Reichswuchergesetzgebung.** Von Ad. Lobe. — 1918. 2.80
67. **Militärstrafgesetzbuch.** Von A. Romen und E. Rissom. 3. Auflage. — 1918. Vergriffen.
173. **Schußwaffengesetz.** Von E. Wündisch. — 1928. 5.—

Preußische Gesetze:

84. Sammlung der wichtigsten **preußischen Strafgesetze.** Von O. Lindemann. 2. Auflage. — 1912. 3.50
86. **Polizeiverordnungen in Preußen.** Von O. Lindemann. 2. Auflage. — 1912. 2.50

Textausgaben:

Strafgesetzbuch. — 1925. 3.—

Strafprozeß

de Gruyter'sche Sammlung Deutscher Gesetze (Handkommentare):

Strafprozeßordnung und Gerichtsverfassungsgesetz. Von A. Feisenberger. — 1926. Mit Nachtrag 1927. 17.—
Nachtrag einzeln —.80

Reichsgesetze:

12. **Strafprozeßordnung und Gerichtsverfassungsgesetz.** Von E. Kohlrausch. 21. Auflage. — 1927. 7.50
158. **Strafprozeßordnung und Gerichtsverfassungsgesetz.** Alte und neue Fassung synoptisch gegenübergestellt. Von A. Feisenberger. — 1924. Mit Nachtrag 1927. 4.50
3. **Militärstrafgerichtsordnung.** Von A. Romen und E. Rissom. 2. Auflage. — 1918. 5.—
128. **Verhaftung und Aufenthaltsbeschränkung.** Von A. Romen. — 1917. 1.20
73. **Entschädigung für unschuldig erlittene Verhaftung und Bestrafung.** Von A. Romen. — 1904. 1.70

Textausgaben:

Strafprozeßordnung. 5. Auflage. — 1924. Mit Nachtrag 1927. 2.50

Öffentliches Recht

Staatsrecht

Reichsgesetze:

137. **Reichsverfassung.** Von A. Arndt. 3. Auflage. — 1927. 8.—
166. **Das deutsche Ausländerrecht.** Von W. Fraustädter und M. Kreutzberger. — 1927. 9.—
86. **Die Auslieferungsverträge des Deutschen Reiches.** Von A. Cohn. — 1908. 4.—
44. **Auswanderungswesen.** Von F. Stoerk. — 1899. 2.—
134. **Der Ostfrieden.** Von K. Strupp. — 1918. 3.—
111. **Reichs- und Staatsangehörigkeitsgesetz.** Von A. Romen. 2. Auflage. In Bearbeitung.
141. **Sozialisierungsgesetze.** Von O. Reier. — 1920. 2.20
99. **Die Abkommen der Haager Friedenskonferenz.** Vergriffen. Jetzt: H. Wehberg, **Völkerbundakte.** — 1919. (Außerhalb der Sammlung.) 4.—

Preußische Gesetze:

1. **Die Verfassung des Freistaats Preußen.** Von A. Arndt. — 1921. 2.—
Ausführlicher Kommentar von Fr. Stier-Somlo. — 1921. (Außerhalb der Sammlung.) 8.—

Textausgaben:

Verfassung des Freistaates Preußen. — 1921. —.60

Verwaltungsrecht

a) Reichsrecht

Reichsgesetze:

82. **Reichsbeamtengesetz.** Von A. Arndt. 3. Auflage. — 1923. Mit Nachtrag, enthaltend die Änderungen bis 1924. 3.50
122. **Belagerungszustand.** Von H. Bürschel. — 1916. 3.50
35. **Die Reichs-Eisenbahngesetzgebung.** Von W. Coermann. — 1895. Vergriffen.
66. **Die Eisenbahngesetzgebung.** Von W. Pietsch. 2. Auflage. — 1913. Vergriffen.
91. **Eisenbahn-Verkehrsordnung.** Von E. Blume. 4. Auflage von W. Weirauch. — 1928. 9.—

89. **Vogelschutzgesetz.** Von L. v. Boxberger. — 1909. 1.—
69. Reichsgesetz über die **Naturalleistungen der bewaffneten Macht im Frieden.** Von W. v. Hippel. — 1903. 1.—
114. **Waffengebrauch und Festnahmerecht des Militärs.** Von A. Romen und C. Rissom. — 1914. 1.80
142. **Wirtschaftliche Demobilmachung.** Von Gg. Fischbach. — 1920. 1.—
170. **Luftrecht.** Von R. Busse. 1928. 10.—
171. **Seewasserstraßenordnung.** Von J. Sebba. — 1928. 8.50
173. **Schußwaffen und Munition.** Von E. Wündisch. — 1928. 5.—

Preußische Gesetze:

48. **Zweckverbandsgesetz für Groß-Berlin.** Von L. Brühl, K. Gordan und W. Ledermann. — 1912. 4.—

b) Landesrecht

Preußische Gesetze:

50. **Gesetz, betr. die Anlegung und Veränderung von Straßen und Plätzen in Städten und ländlichen Ortschaften.** Von O. Meyer. — 1913. 3.—
46. **Austritt aus der Landeskirche.** Von H. Caro. — 1911. 2.40
2. **Preußische Beamtengesetzgebung.** Von K. Pfafferoth. 5. Auflage. — 1916. 2.40
51. **Das preußische Disziplinargesetz für die nichtrichterlichen Beamten.** Von E. v. Dultzig. — 1914. 4.20
25. **Preußische Kommunalbeamtengesetzgebung.** Von F. Kremski. — 1901. 3.—
22. **Anstellung und Versorgung der Kommunalbeamten.** Von W. Ledermann. 2. Auflage von L. Brühl. — 1914. 2.—
26. **Diensteinkommen der Lehrer und Lehrerinnen.** Von E. Cremer. — 1900. 2.20
12. **Allgemeines Berggesetz.** Von W. Schlüter und Fr. Hense. 4. Auflage. In Vorbereitung.
47. **Feuerbestattung.** Von W. Lohmann. — 1912. 1.50
28. **Die Fürsorgeerziehung Minderjähriger.** Von P. F. Aschrott. 3. Auflage. — 1917. 2.80
31a/b. **Die preußischen Gesindeordnungen.** Zwei Bände. Von St. Gerhard. 5.50
24. **Die Hinterlegungsordnung (1879).** Von G. Bartels. 2. Auflage. — 1908. 2.—
53. **Hinterlegungsordnung** von 1913. Von R. Hagemann. — 1914. 2.20

41. **Die preußischen Jagdpolizeigesetze**, siehe Nr. 63.

19. **Jagdscheingesetz.** Von F. Kunze. 2. Auflage. — 1899. 2.—

45. **Rechtsverhältnisse der Juden in Preußen.** Von M. Kollenscher. — 1910. 2.40

15. **Die Kreisordnungen.** Von O. Kolisch. — 1894. Vergriffen.

57. **Landeskulturbehörden.** Von W. Holzapfel. — 1919. 2.—

42. **Allgemeine Landesverwaltung und Zuständigkeit der Verwaltungs- und Verwaltungsgerichtsbehörden.** Von K. Friedrichs. 3. Auflage. — 1927. 5.—

44. **Quellenschutzgesetz.** Von C. Voelkel. — 1909. 1.—

33. **Rentenguts- und Anerbenrechtsgesetzgebung.** Vergriffen.

30. **Preußisches Staatsschuldbuch** und **Reichsschuldbuch.** Von J. Mücke. — 1902. 2.—

59. **Bildung der neuen Stadtgemeinde Berlin.** Von P. Wölbling. 2. Auflage. — 1920. 1.40

32. **Städteordnung.** Von W. Ledermann und L. Brühl. 2. Auflage. — 1913. 6.—

56. **Das preußische Tumultschadengesetz.** Von Br. Friedländer. — 1919. —.80

60. **Umlegungsordnung.** Von W. Holzapfel. — 1921. 1.80

43. **Verschuldungsgrenze** für land- und forstwirtschaftlich benutzte Grundstücke. Von R. Leweck. — 1908. 2.40

49. **Gesetze gegen die Verunstaltung landschaftlich hervorragender Gegenden.** Von O. Goldschmidt. — 1912. 2.40

40. **Verwaltungsstrafverfahren.** Von R. Katzenstein. — 1907. 3.50

39. **Unterhaltung der öffentlichen Volksschulen.** Von A. Marcks. — 1906. 1.80

52. **Preußisches Wassergesetz.** Von G. Wulff und F. Herold. 2. Auflage von G. Wulff. — 1928. 12.—

55. **Preußisches Wohnungsgesetz.** Von B. Schmittmann. — 1918. 2.60

62. **Das preußische Fischereigesetz.** Von A. Born. — 1928. 7.50

63. **Die preußischen Jagdgesetze.** Von A. Born. — 1928. 8.—

64. **Die preußischen Baupolizeigesetze.** Von H. Heine. — 1928. 8.—

Steuerrecht

Reichsgesetze:

143. **Reichsabgabenordnung.** Von A. Nieberl. 2. Auflage. — 1927. Mit Nachtrag 1928. 12.—

126. **Besitzsteuergesetz.** Von A. Mrozek. Vergriffen.

151. **Einkommensteuer und Körperschaftsteuer.** Von A. Hollaender. — 1926. Mit Nachtrag, enthaltend die Änderungen vom 22. Dezember 1927. 24.—

77. **Das Erbschaftssteuergesetz.** Von B. Henckel. — 1920. Vergriffen. Neue Fassung von H. Schachian. 4. Auflage. — 1926. (Außerhalb der Sammlung.) 2.50

54 b. **Nahrungsmittelgesetze** mit Erläuterungen. Von Georg Lebbin. 2. Auflage in zwei Bänden. II. **Getränkegesetze und Getränkesteuergesetze** (Wein, Bier, Branntwein, Mineralwasser). Unter Mitwirkung von K. Kniebe. — 1926. 10.—

139. **Grunderwerbsteuergesetz.** Von O. Lindemann. 2. Auflage. — 1926. Mit Nachtrag 1927. 4.—
Nachtrag einzeln —.30

159. **Industriebelastungsgesetz.** Von H. Höpker. — 1925. 4.—

121. **Direkte Kriegssteuer.** Von A. Mrozek. — 1916. 3.50

131 a. **Reichsfinanzgesetzgebung 1918.** Bd. I: **Getränkesteuern.** Von G. Mayer. — 1918. 2.50

131 b. **Reichsfinanzgesetzgebung 1918.** Bd. II: **Einkommen, Umsatz** usw. Von G. Mayer. — 1919. 1.50

149. **Reichsnotopfergesetz.** Von A. Friedmann und R. Wrzeszinsky. — 1921. 4.—

18. **Reichsstempelgesetz.** Von P. Loeck. Vergriffen. Wird durch Kapitalverkehrssteuergesetz ersetzt. Erläuterte Ausgabe in Bearbeitung.

145. **Steuer- und Kapitalflucht.** Von E. H. Meyer. 2. Auflage. — 1921. 1.60

157. **Dritte Steuernotverordnung vom 14. Februar 1924** mit den Vorschriften über **Aufwertung.** 2. Auflage unter dem Titel: **Aufwertungsrecht.** Von R. Michaelis. — 1926. Mit Nachtrag 1927. 16.—
Nachtrag einzeln —.80

132. **Umsatzsteuergesetz.** Von O. Lindemann. 4. Auflage. — 1926. 10.—

110. **Wehrbeitragsgesetz.** Von A. Fernow. 2. Auflage. — 1913. 1.60

146. **Tabaksteuergesetz.** Von Fr. Wündisch. — 1920. Mit Nachtrag 1925. 4.—
Nachtrag einzeln 1.50
78. **Zigarettensteuergesetz.** Von W. Cuno. Vergriffen.
101. **Zuwachssteuergesetz.** Von W. Cuno. Vergriffen.
153. **Zwangsanleihegesetz.** Von H. V. Simon und W. Beutner. — 1923. 8.—

Preußische Gesetze:

20. **Die preußischen Erbschaftssteuergesetze.** Von U. Hoffmann. — 1905. 3.—
13. **Ergänzungssteuergesetz.** Von A. Fernow. 5. Auflage. 1914. 3.—
11. **Gewerbesteuergesetz.** Von A. Fernow. Vergriffen.
14. **Kommunalabgabengesetz.** Von F. Adickes. 6. Auflage von Falk. — 1922. 3.50
38. **Kreis- und Provinzialabgabengesetz.** Von F. Schmidt. — 1906. 1.20
18. **Preußisches Stempelsteuergesetz.** Von P. Loeck. 10. Auflage von K. Eiffler. — 1928. 13.—
61. **Preußische Verwaltungsgebührenordnung.** Von K. Eiffler. — 1925. Mit Nachtrag 1925. 6.—
27. **Warenhaussteuer.** Von G. Strutz. — 1900. 1.20

Textausgaben:

Erbschaftsteuergesetz. Neue Fassung von H. Schachian. 4. Auflage. — 1926. 2.50
Reichssteuergesetze 1925 (Steuerüberleitungsgesetz mit Durchführungsbestimmungen — Einkommensteuer, Körperschaftssteuer, Reichsbewertungsgesetz, Vermögensteuer, Erbschaftsteuer). — 1925. 4.—
Wehrbeitrag und Besitzsteuer. — 1913. —.50
Zuwachssteuergesetz. — 1911. —.50
—, **Ausführungsbestimmungen.** — 1911. —.40

FSC
www.fsc.org
MIX
Papier | Fördert
gute Waldnutzung
FSC® C083411

Kolibri 360 GmbH
Ferdinand-Jühlke-Straße 7
99095 Erfurt, Deutschland
produktsicherheit@kolibri360.de